驱动
你的心
ENERGIZE YOUR DREAM

明德成器 利物益世

十年行之成器之道

——中车株洲电机有限公司战略与经营决策文献集

中车株洲电机企业文化部 ◎ 编

周军军　宁文泽 ◎ 主编

中南大学出版社
www.csupress.com.cn
·长沙·

《十年行之成器之道——中车株洲电机有限公司战略与经营决策文献集》编委会

荣 誉 主 编	胡　洋　李　瑾　肖安华
主　　　编	周军军　宁文泽
编　　　委	（以姓氏笔画为序）
	王小方　卢雄文　刘建勋　江有名
	李敏良　余　乐　胡雄辉　聂自强
	晋　军　谢　欣
执 行 主 编	聂自强
执行副主编	袁明亮　姜尚昆
执 行 编 辑	高　松　颜　开　邓雪松　熊　骞
	徐紫凌　刘宗源

胡 洋

2010 年 1 月—2013 年 12 月　南车株洲电机有限公司　执行董事　总经理

周军军

2010 年 1 月—2013 年 12 月	南车株洲电机有限公司	党委书记
2013 年 12 月—2015 年 6 月	南车株洲电机有限公司	执行董事、党委书记
2015 年 6 月—2015 年 12 月	中车株洲电机有限公司	执行董事
2016 年 1 月—2017 年 12 月	中车株洲电机有限公司	董事长
2017 年 12 月至今	中车株洲电机有限公司	董事长、党委书记

肖安华

2010 年 1 月—2013 年 12 月　南车株洲电机有限公司　副总经理

2013 年 12 月—2015 年 6 月　南车株洲电机有限公司　总经理、党委副书记

2015 年 6 月—2018 年 8 月　中车株洲电机有限公司　总经理、党委副书记

李 瑾

2010 年 1 月—2012 年 12 月　南车株洲电机有限公司　副总经理
2015 年 6 月—2015 年 12 月　中车株洲电机有限公司　党委书记、副总经理
2016 年 1 月—2017 年 12 月　中车株洲电机有限公司　党委书记、副董事长

宁文泽

2018 年 8 月至今　中车株洲电机有限公司　总经理、党委副书记、董事

总序：与君俱少年

在汉语中，"十"是寓意丰富的数字：十全十美，十室容贤，十围之木始生如蘖，十步之内必有芳草。在人生体验中，"十年"又是那样令人感慨万千：十年磨一剑，霜刃未曾试；细数十年事，十处过中秋；十载长安得一第，何须空腹用高心。十年，在宇宙只是一瞬，于个人或是漫途，但对一家企业、一个组织而言，又意味着什么呢？自然，在适者生存的市场竞争中，不少企业没能活过十年，而对于基业长青的百年老店而言，最初十年，又仅仅是它的生命初始，宛如翩翩少年。

2010 年 1 月，原南车株洲电力机车有限公司控股的株洲南车电机股份有限公司升格为中国南车一级子公司，公司更名为"南车株洲电机有限公司"。2015 年，随南车、北车合并，"南车株洲电机有限公司"更名为"中车株洲电机有限公司"。

回顾初分立后升格之缘由，推百因而究其一，当时南车总部决策者的首要意图，即所属企业必须以市场化为立身成长之本，在业务分离重组之后，让集团业务新单元成为名副其实的市场主体。而所谓市场化，当为企业利用自身资源能力，直面并争取客户，置利他于利己之先，主动为客户创造价值，实现社会互利而与社会分享竞争成果。因此，株洲电机此次"升格"的本质意义，是在市场环境中的"升格"，从而在市场定位、市场反应和市场能力等方面实现角色的转换：从轨道交通牵引动力配套商，变为覆盖轨道交通、清洁动能、高效工业驱动和运载驱动乃至通用驱动装备领域的系统解决方案提供者。株洲电机由此从相对被动完成生产任务和经营指标，转向自主制定发展战略，主动研究、应对并创造市场，以高性价比的技术、产品和服务为客户提供价值，并由此实现制造型本体向经营型本体的嬗变，构成专业－客户－EVA 为核心的价值系统，成为全要素市场主体。

——**升格十年，事业全面进步**。这首先得益于 2004—2009 年，李志轩、刘万平、顾家骏、徐宗祥、周清和、肖安华、李瑾等领导人和经营者，克服改制初期的诸多困难，整合优良资产，成立现代股份制企业，建设新基地，推进"两车"项目，布局风力发电产业，推进新基地扩能，初创发展格局：销售收入从 3.85 亿元迅速增长到 18.39 亿元，净利润从 1203 万元增长到 1.52 亿元。而升格以后，公司持续巩固和扩大轨道交通和风电产业的优势地位，加快新产业发展，产业规模不断攀升，销售收入从 18.39 亿元增长至 2019 年的 80 亿元，2020 年即将突破百亿元，年均复合增长率达 15.8%。公司资产总额由 15.44 亿元增长至 82.8 亿元，增长约 4.4 倍，净资产由 4.4 亿元增长至 30 多亿元，增长超 6 倍。其间，公司持续加大技术创新力度，荣获中国专利金奖、银奖及中国工业大奖，在轨道交通牵引、大型风力发电、永磁和高速电机等领域，持续保持创新优势，并致力于内优外美的品质追求，经营品质和收益不断提升，净利润由 1.52 亿元增长至 2019 年的 4.5 亿元，十年累计实现净利润 31.89 亿元，年平均净资产收益 20.43%，综合业绩评价始终位居集团前列，连续六年获评 A 级企业和突出贡献奖。公司传承并践行"企业的生存与发展是为了员工的福祉"的宗旨，员工年平均收入增长 1.9 倍。

——**升格十年，能力显著提升**。十年市场化历程，让人深切感悟，无论是何种类型的企业，无论是成本领先还是差异化，无论是规模业务还是定制业务，获得客户认可的唯一途径，必是企业独有的能力优势。从很大程度上而言，公司事业进步的历程，正是公司综合能力和专业能力不断提升的历程，所以公司《确立竞争优势的企业能力行动纲要》得以有效执行。

公司资源逐步完善和丰富，产业区位布局从湖南株洲扩展至江苏盐城、内蒙古包头、四川成都、广东广州、新疆哈密、福建福清、广东阳江，并迈向欧盟、大洋洲、南非。公司专注于电机和变压器核心技术，系统构建了前瞻性技术研究、产品开发、基础性共性技术研究、试验验证、技术支持和技术管理六大平台，建设了国际一流的电机工程研究中心，构成全球领先的"2＋N"试验验证体系。公司将客户满意作为品质管理的唯一标准，始终直面终端业主和直接客户痛感而改善品质；持续提高工艺保障水平，着手轨道交通智能制造工厂建设。公司持续创新运控模式，经多次组织变革，打造了"平台化＋专业化"的组织架构，构建基于价值创造的经营型组织运作模式，全面导入和优化以持续改善和正向激励为核心的绩效管理，有效提升了组织效能和运营效率。公司全面推行精益生产，打造 5S

管理、标准工位、工位制节拍化生产线，精益车间建设全面梯次推进，同步配套建设"6621"运营管理平台，确保管理要素全面落实于现场工位，并积极延伸推动精益供应链与精益研发建设，从精益生产企业迈向精益管理企业。公司注重学习力培养，由理念而知识，由知识而实务，认知先导，知行合一，稳步推进学习型组织建设，并将学习力转化为创造力，推进学习工作化、工作学习化。学习型组织建设有效作用于团队建设，公司十年间七获集团四好领导班子，公司专业化，团队职业化，相得益彰。

——升格十年，战略日臻明晰。以"创建世界一流通用机电集团"为目标定位，公司明确了以"三创三化"为表述的战略愿景，即创百亿企业、精益企业、学习型企业，构筑专业化、集团化、国际化的百年基业。"百亿"言其规模，"精益"言其品质，"学习型"言其核心能力；而"三创"目标的实现，必须依赖专业化的竞争能力、集团化的产业和组织结构、国际化的业务和客户集群。

自升格之始，历任领导者均保持了良好的战略定力，历次组织变革均强化了整体战略管控，尤其是在学习型组织培建过程中，通过多层次、多途径、多领域的战略宣贯，将战略愿景与个人愿景紧密结合，将战略内化为员工内心意愿，外化为经营管理的实际行动，升华为推动公司进步的直接动能。公司轨道交通和风电两大产业持续占据国内领先地位，并逐步在新产业板块彰显优势，梯次产业格局日趋成熟。新能源汽车驱动随着技术经济问题的解决快速规模化，高速永磁电机因其技术优势已获得客户高度认可，特种变压器在新能源、轨道交通和工程总包领域已达成破窗，特殊装备、运动控制等正在加速孕育。当前，各新产业的方向已经明确，路径已经清晰，战略性客户正在加速聚集，技术优势持续积累，规模化市场正在形成。

——升格十年，价值观已然固化。升格之初，首任经营者倡导客户价值，在全员价值认知层面注入市场基因。由此，公司又提出"EVA不仅是公司价值的核心，而且是公司文化的核心"，结合公司差异化战略抉择，构成了专业－客户－EVA这一核心价值的稳定模型，并以此为依据，将公司核心价值观即企业精神表述为"明德成器　利物益世"。

十年价值认知的成果在于，通过专业能力取悦并获得客户认同，通过客户认同获得企业的经济增加值或曰超值收益。即专业－客户－EVA公司价值模型的成立，必须以"明德成器　利物益世"作为证明，必须以先贤亚当·斯密的"财富论"和"道德论"作为基础性理论和认知工具，践行利他先于利己，由利他实现利己。明德，成器，利物，益世，其要义即感恩，成长，创值，利人。"感恩""利人"是万德之本。企业与个体的一切成就均源于社会的进步、上下游产业的繁荣、业务平台的优势、客户与股东的认可、合作伙伴甚至竞争对手的支持以及员工团队的共同努力。因而，必须崇尚于"利他"中获取正当收益，在为客户创造价值的过程中获取自我价值，重视并善待包括供应商在内的各领域合作伙伴和利益相关方，与其结为长期战略同盟，同改善，同进步，同分享，共创进步与繁荣。"成长""创值"是益世之途。成长、价值有赖于竞争能力的保有和优化，能力提升又有赖于"比竞争对手学得更快的能力"。持续学习和自觉改善方可保证企业及其员工价值的有效提升，由此促成组织及其成员获得充分而持续的"成长"，从而让企业焕发出更大的生机，让员工活出生命的意义，获得生命的价值。

为回顾展示十年业绩、经验与认知，我们特编纂"中车株洲电机十年行"丛书，包括《十年行(2010—2019)》《驱动你的心》《成器之道》《精益之门》《兼程集》《精英录》《动心集》等7种。《十年行(2010—2019)》是规范性史志；《驱动你的心》是公司经营思想小结；《成器之道》是决策性文献结集；《精益之门》是专业能力成果展示；《兼程集》是新闻事件结集；《精英录》是对优秀员工的颂歌；《动心集》可视为员工心灵记录。

转瞬公司升格十年，事业适逢历史性节点。过往不可复得，未来只待求索。改变与创造，坚持与进步，在市场丛林中永葆生机活力，是公司及同仁的永恒使命。十年青春路，与君俱少年；青春须早为，岂能长少年。谨赋此志庆并以为序。

十年风云历经由小到大，四季更迭见证经营奇迹。从 2010 年经营收入 17.3 亿到 2019 年经营收入突破 80 亿元。历经无数次变革发展和战略调整，因为保持创业者的初心，中车株洲电机有限公司实现一个又一个艰难的跨越；因为坚守百亿目标不动摇，在经营路上公司行稳健远。

"备物致用，立成器以为天下利"。当此之时，公司聚十年发展之智，集十年应变之策，成战略与经营决策文献一书，意在透过十年来公司董事长、党委书记、总经理在企业战略决策、经营管理和党群共建工作中所作的思考和形成的智慧结晶，给予公司未来更高质量发展以借鉴和参考。

本书以时间为序，分两篇完整记录了从 2010 年到 2019 年期间在公司重大历史节点和年度重大会议中主要领导所作的讲话和战略研讨内容。所谓"道"，既指方式、方法，同时也有分享共探之意。中车株洲电机有限公司长期以来秉承"明德成器 利物益世"的企业精神，其"成器"既指在产品上要追求精良，同时在非物质成果的提炼上也要追求完美。此次成册集文分享正是借"成器"之机，行"益世"之事。纵览全文有以下几个主要特点：

一是参考性；本书摘录了中车株洲电机公司作为中国中车所属的动力装备产品研制企业在十年里的每个发展阶段主要领导所作的重要决策和讲话，内容涵盖了党政工团各个方面。对制造型企业，尤其是国有制造型企业在战略决策、经营发展、党建工作和群团工作等具有一定的参考和借鉴价值。

二是真实性；全书内容均来自十年来公司主要领导的讲话、研讨或报告当中，虽略有删减，但很大程度的尽量保证了内容的完整性和真实度。

江有名

Contents **目录**

第二篇　总经理讲话录

第一篇

董事长（执行董事）、党委书记讲话录

转变定位　加快步伐　打造更具竞争实力和发展活力的南车电机

——在公司 2010 年度工作会议上的报告

执行董事、总经理　胡　洋

2010 年 4 月 19 日

同志们：

　　这次工作会议，是在敲响南车电机产业整合的战鼓，是公司成为南车一级子公司之际召开的首次具有企业历史意义的会议。本次会议的主题是：认真贯彻中国南车集团公司暨中国南车股份有限公司 2010 年工作会议和南车电机产业重组战略要求，回顾总结 2009 年工作，分析目前面临的形势，部署 2010 年生产经营任务。动员和号召全体员工，以新公司成立为契机，抓住机遇，迎难而上，为努力打造更具竞争力和发展活力的南车电机而努力奋斗。

第一部分　开拓进取、攻坚克难的 2009 年

　　在公司全体员工的共同努力下，2009 年我们克服了产能不足、新员工增加快等困难，在市场开拓、技术创新、扩能改造等方面都取得了显著成绩，为公司"十一五"扩规模、上水平奠定了坚实的基础。

　　一、圆满完成既定目标，经营业绩持续增长

　　全年共新造完成和谐型机车产品 391 台车；SS4B、SS4G、TM3 等机车产品 105 台车；动车组电机 608 台，变压器 88 台；750 kW、800 kW、1.5 MW 等风力发电机 1243 台；高压电机、石油电机、电动汽车电机等 551 台。共实现销售收入 18.39 亿元，同比 2008 年增长 44%。各项指标创历史最好水平，全面完成了董事会制定的目标。2009 年，公司被评为湖南省加速推进新型工业化红旗企业、株洲市文明建设先进单位，得到了客户、政府部门的充分肯定。

　　二、突出自主创新，产品研发成果不断

　　2009 年，公司加快轨道交通、风力发电、工业特种三大产业技术平台建设。先后完成 HX_D1B 机车牵引电机、变压器技术引进及国产化研制；完成 HX_D1C 机车牵引电机、变压器的研制；完成 300 km/h 第一阶段、出口乌兹别克斯坦机车和

哈萨克斯坦牵引变压器项目、沈阳和南京地铁牵引电机项目；完成 3.2 MW 永磁半直驱风力发电机和 2.5 MW 永磁直驱风力发电机定子研制，1.65 MW 双馈水冷风力发电机的国产化研制和自主开发，1.5 MW 双馈风冷风力发电机的研制、1000/200 kW 水冷异步风力发电机以及 750 kW 出口古巴和高海拔的异步风力发电机的研制；完成 800 kW 直流全叠片油田电机的研制等；开展了 300 km/h 第二阶段和新一代高速动车组牵引电机和变压器项目。同时共完成 75 项科技专利的申报，获得专利申请通知单 18 项。

三、整治生产过程，产品制造突破瓶颈

鉴于公司制造进程面临的困境以及生产现场管理滑坡的现实问题，公司从 2009 年 6 月份开始，迅速组织开展生产过程大整治活动，以求达到生产进程"满足株机公司和客户要求、产品质量有效控制、生产现场整洁有序、工艺布局调整协同到位"四个目标。依据厂房建设、设备采购、设备搬迁现状，公司领导集体上阵，技术管理队伍全力以赴，重新理顺扩能建设实施计划，尽最大可能抢回建设进度。特别是为更加有效解决生产瓶颈问题，总经理办公会把协调解决各个制造单元存在的问题作为重要内容，并将生产任务完成情况与高中层收入挂钩。经过几个月艰苦卓绝的生产过程大整治活动，完成了 2 个多亿的厂房建设和设备增添工作，有效解决了大小六轴车电机、变压器产能瓶颈，生产进度、产品质量、生产现场基本达到目标，确保了公司全年生产经营目标的实现。

在看到过去工作成绩的同时，我们也需要正视我们存在的问题：一是在技术和产品创新的方向上还没有明确的战略定位，基础研究方面仍需加强和改进。二是质量的控制和工艺质量管理尚需加强，现场管理有待提升，出现的批量质量事故和设备安全事故影响了公司形象。三是以客户为中心的思想意识不强，市场反应速度和对用户要求的响应还不够快，服务水平和客户满意度有待提高。四是人才引进及培训开发工作面临较大的压力，成熟的技术管理人才明显缺乏，新员工培训需进一步加强。

回顾 2009 年的工作，我们有以下几方面的体会：

一、角逐激烈竞争的市场，必须加快技术创新步伐

这些年来在铁道部、集团公司、株机公司的支持下，我们不断创新并成功走出了一条引进消化吸收再创新的技术发展之路，自主研发的大功率电力机车、高速动车组、城轨地铁配套电机、变压器、风力发电机、工业特种电机等具有先进水平的产品使我们成为驱动世界轨道交通最高速的代表企业。特别是 7200 kW 电力机车电机、变压器的成功研制，新一代高速动车组电机、变压器的设计完成和国内功率最大的 3.2 MW 永磁半直驱风力发电机的研制，为我们奠定了站在行业排头的基础，更为企业发展开创了市场机会。我们只有进一步加大技术研发力度，做到生产一代，研制一代，储备一代，预研一代，积极抢占行业技术制高点，

才能实现以技术创新带动南车电机持续快速发展，全面达成"国内一流、国际知名"的战略目标。

二、坚持客户导向，必须强化市场与服务意识

客户价值是公司生存之源，管理之魂，执行之本。企业具有核心竞争力，就体现在拥有一群坚实的客户上。除了坚持走科技先导型企业之路，还要牢固树立服务客户的发展理念，真正具备能够抗衡国内外知名电机企业的市场竞争实力。狭义的客户是指那些可能成为用户的群体，他们对企业的感受影响企业的经营效果。广义的客户是指接受我们每个人劳动价值的人，我们的下工序、我们的领导、我们的用户等，都是我们应该用心面对的客户。只有建立客户意识，愿意服务于广义的客户，才能真正以客户为中心，服务于用户，贴近市场并创造更多的市场机会。客户是市场的主宰者，市场是企业的主宰者，为客户服务就是为企业自己投资。全体员工都要思考和理解客户价值，全面提升服务意识，努力在自己岗位上为自己的客户创造价值。这样的业务链如果衔接得好，环环相扣，才能最终实现超越客户期望的企业目标。

二、增强企业实力，必须着力提升三个能力

在激烈的市场竞争环境下，企业成败的重要因素是实力。如果今天面对高速发展的局面我们不能通过有效的管理抢抓机遇、扩大规模、实现品质与数量的双提升，那么市场的蛋糕就会被竞争对手分得大块。企业实力体现在人的能力、装备能力和管理能力上，人的能力是关键，管理能力是基础，装备能力是条件，相互支撑，相互影响，共同促进。

三、实现做强做大的目标，必须推进企业规模化建设

从中国南车层面来讲，要实现电机产业的做强做大，就必须整合南车内部电机业务，实现"重要零部件专业化"，全力打造电机产业的核心竞争力及产业规模化。从公司发展层面考虑，公司必须加快完成扩能改造建设，在硬件条件确保规模化的同时，积极开展规模化的产业布局。中国南车要求年内完成集团内部产业的重组，在将来一段时期，公司可能会面向国内外的相关产业开展资本运作、业务重组，扩大公司产业领域及市场规模。

同志们，2009 年是公司在成长中面临困难并在挑战中战胜困难、取得长足进步的一年；是公司调整管理思路、适应发展要求、取得显著成效的一年；更是公司克服重重困难、全体员工奋勇拼搏、团结进取的硕果年。伴随着企业"实现百亿规模，成就百年梦想"的前行步伐，南车电机也开启了新的发展元年。借此新电机新发展的开篇之际，我谨代表公司，向在 2009 年各项工作中尽职尽责，做出积极贡献的各级管理者和广大员工表示崇高的敬意和衷心的感谢！

第二部分　认清形势，加快实现战略目标的步伐

企业发展首先要明确方向、找准定位。明方向是确定企业的战略，找定位是规划企业发展的目标。南车电机的方向与目标一方面来自南车集团的安排，另一方面源自企业自身的追求。企业必须思考要成为怎样的企业，在行业中保持怎样的地位，为员工创造怎样的工作和生活环境。

"十二五"期间，公司将以轨道交通、风力发电、工业特种电机三大产业为主，努力拓展工业特种变压器市场，以资本运作等多种方式积极寻求产品多元化发展空间。培育精湛制造文化，拥有一流的技术，生产一流的产品，培养一流的员工，将企业打造成最具有社会责任感的行业先锋，建成行业一流、具有国际竞争力的现代制造企业，是我们的努力方向。"十二五"总体目标为：销售规模年均增长25%，到2012年公司营业收入达到50亿元，2015年力争达到100亿元。员工素质普遍提高，收入稳步增长，企业装备手段、管理水平达到国际先进水平。

战略目标的实现要有雄心壮志更要有脚踏实地的工作作风。如果我们不想成为行业的排头兵，我们大可不必兴师动众地去改善与改变。安于现状、舒舒服服地推着走也可混得过去。但是企业生存原则告诉我们：不进则退、弱肉强食。目前，我们在行业中有优势，但我们更应该了解我们的劣势。当我们走近竞争对手，了解行业发展的时候，就深切感受到市场竞争的压力，真切体会到企业需要改变的紧迫性。我们的现场控制、产品外观状态都与竞争对手有差距，我们对管理的认识和与先进管理对接的程度与竞争对手有差距，我们企业处在制度建设阶段，还没有形成文化影响力。永济与日立、常牵与庞巴迪、西门子在天津都在发展和建设电机企业，他们在技术合作的同时运用先进的管理方法构建了完备的生产过程管理和质量控制体系，通过员工能力提升实现了企业产品和形象的良好展现。面对如此竞争环境，我们要结合发展战略，让每位员工深切体会到要实现行业一流、具有国际竞争力的企业愿景，需要全体员工下苦功、出智慧；扎扎实实做好本职工作，点点滴滴积淀企业文化；在行业间互动开展学习与交流，细微处着手建立规则与规范，用一到两年时间赶超行业的先进水平。

2010年是公司发展至关重要的一年，也是国家整体经济形势从金融危机中走出，不断企稳回升、逐步向好的一年。企业面临许多发展机遇：

- 政府将保持经济政策的连续性和稳定性，继续贯彻执行《加快装备制造业调整振兴规划》，扩大铁路交通领域、新能源领域的投资。

- 国家铁路电气化改造、铁路客运专线建设、城市和城际轨道交通建设以及每年铁路机车车辆购置费用1000亿元，都将为公司牵引产品带来稳定的市场需求。

- 调整经济结构，发展低碳经济和绿色经济，为公司风电产业和电动汽车电

机产业的持续发展提供了宝贵的市场机会。根据国家《可再生能源中长期发展规划》，到 2020 年全国风电总装机容量达到 3000 万千瓦，市场需求巨大。

- 实体经济的复苏，传统能源产业和制造业投资的增长为工业特种电机产业带来快速发展的机会。电力、石油、汽车、船舶等传统产业随着经济复苏正在规模扩张和产业升级，市场对高水平特种电机的需求不断增长。
- 集团内部进行产业调整，公司承担了整合集团电机业务的重任，这给公司发展方向带来了根本性转变。随着整合的进行，公司将由单一的制造业务转为制造与投资结合的业务实体，这将为公司带来一个快速扩张的机遇。

当前，公司尽管面临难得的机遇，但也面临外部大环境和公司自身发展的较大挑战：

- 外部市场竞争依然激烈，如何在保持市场份额的条件下保证持续盈利是一项艰巨的工作。在经济结构转变政策的刺激下，风电和工业特种电机市场备受众多资本追捧。目前国内风电企业有 80 多家，激烈的竞争之势必然带来价格战，公司风电产品盈利能力 2009 年下降了 9.5％就是最好的佐证。
- 工业特种电机产品所占份额较小，如何打开市场局面是我们面临的主要课题。
- 在生产成本上升的巨大压力下如何降低成本、费用，确保盈利目标，这是摆在我们面前的一大难题。经济回升原材料价格逐步上涨，铜材价格已经从 2009 年最低 2.2 万元/吨上涨到目前 6 万元/吨，利润空间正被一步步压缩。
- 产能制约销售的突破。2008 年以来实施的扩能改造项目保证了最近两年的快速扩张，但产能不足制约着公司的更大发展。因此，怎样组织生产、配置资源、提升产能，完成 30 亿元销售收入以及保证今后的增长并不是一个简单的问题。
- 应对市场风险和内部控制风险是又一新课题。占有半壁江山的风电产业的客户单一性和竞争对手日益增多，是我们不可小觑的产业风险。公司升格后，内外部业务管理的幅度增加，流程复杂化与专业人才的匮乏的矛盾显现，内部控制风险增大。如何优化业务流程、完善内部控制制度、降低运营风险、提高运营效率是我们急需加强的工作。

机遇难得，挑战难免，唯有努力，才不会留下遗憾。

第三部分　振奋精神，扎实有效推进企业前行

2010 年是"十一五"的最后一年，也是南车电机升格为一级子公司的元年，做好全年各项工作，对南车电机保持持续快速发展、奠定南车优势企业地位具有十分重大的意义。2010 年公司的主要经营目标是：实现销售收入超过 30 亿元，利润总额超过 1.6 亿元，人均劳产率增长不低于 12.3％，全面完成集团公司下达的

各项经营指标。员工收入稳步增长，保持公司持续快速健康发展的良好态势。为圆满完成年度主要经营目标，并为"十二五"目标的完成奠定坚实基础，必须全力抓好以下工作：

一、转变企业定位，加快产业发展

成为南车麾下的一级子公司，在战略上改变了南车电机的定位。为适应这种变化，我们要做出许多的改变。管理的职级高了，我们的能力是否适应；衔接的客户多了，我们的价值观是否得当；公众化的程度大了，我们的表现力是否满足要求。改变从学习开始，走出去看行业发展变化，听客户意见和建议；请进来讲企业改善提高，带我们认识与转变。改变从用心开始，对工作认真负责不敷衍，对生活积极向上不懈怠。改变从用情开始，把同事当朋友，关心关怀换得和谐融洽；把客户当朋友，尽心尽力换得理解支持；把组织当朋友，尽职尽责换得价值实现。内心深处的思变像晨曦，会穿透视线，把希望的阳光洒向每一个角落，带给自己、带给组织超越期许的结果。让我们用改变自己来改变南车电机，在南车电机留下我们无数的用心时刻。

人要变，企业的产品发展思路也要变。抓住公司面临的良好机遇，坚持以客户为中心，分析客户需求，创新营销模式，以领先的技术、优质的质量和周到的服务，持续提升市场竞争力。

2010年是"十一五"收官之年，也是公司"十二五"规划开篇之年。在轨道电机方面，随着铁道部采购数量及主机企业生产能力逐渐稳定，无论是高速动车组还是大功率机车电机销售增长幅度都非常有限，铁路电机产业将处于平稳发展时期。因此，轨道电机产业发展必须在研发、制造上保持国内领先优势，整合南车内部电机资源，在做强、做精铁路电机包括直流电机和交流电机的基础上，迅速扩大城轨地铁电机市场，确立南车电机产业龙头地位。加强与株机、四方股份等主机企业的沟通，敏锐感知并满足用户需求，在做好和谐型机车、新一代动车组、城轨地铁既有订单基础上，进一步争取新订单和扩大市场份额，积极寻求中国北车牵引产品的切入点。

在变压器产业方面，公司目前只有轨道牵引变压器产品，如何让"奔驰着的变压器落地"，既是企业发展的梦想，更是南车电机的使命，还是南车的期盼。变压器产业要根据现有资源情况，在做强做精轨道交通变压器，特别是大功率机车、高速动车组变压器的前提下，不遗余力地采取灵活多样的方式，开拓工业特种变压器产品市场，寻求新的发展领域。

在风力发电电机产业方面，公司现在主要生产的是永磁直驱风力发电机定子，客户主要是金风科技。无论产品链条还是客户链条都比较单一。要做大风电产业，必须进一步加强和巩固与金风科技的合作，推进异地新的风电电机生产基地建设，就近服务于金风科技，积极与其他主机企业展开合作，力争实现风力发电机客户和订单的新突破。大规模地开展双馈风力发电机的研究开发和市场拓展，想方设法地拉长产品线，开辟更多的客户群，确保在陆上风电、海上风电等领域保持装机容量的行业领先地位。

工业特种电机产业无论是销售规模、市场占有率，还是品牌力，都还有很大提升空间。因此，在未来一个时期内，我们要改善经营机制，继续优化设计、制造、销售的一体化模式，完善对产品质量的监控，优化客户服务，确保交货进度，以电力行业这个高端市场为突破口，向湘潭电机和上海电机看齐。加强对新产业电机拖动系统、工业民用变压器、线路变压器等市场的调研和分析，发挥专有技术优势，筛选项目，迅速形成产业能力，为公司未来发展培育种子业务。

进一步提升自主创新能力，加快实施"走出去"战略，依靠国家政策，跟进各主机厂的国际市场扩张，进军国际市场。

二、调整组织结构，适应产业发展

为有效拓展轨道电机产业、变压器产业、风力发电电机产业、工业特种电机产业4个业务板块，公司搭建了3个业务部及4个分厂的组织架构。组织架构反映一个企业的管理思路。目前，公司着手搭建的业务部与职能部门纵横交叉的管理模式是从产业规模化的角度设计和考虑的，这是适应未来发展，满足一级子公司要求的新型矩阵式组织机构。优点是以业务为主线，产品的市场拓展相对专业化。缺点是管理的交叉线长、面宽，容易推诿扯皮或者相互重叠。不管哪一种组织结构，都不可避免地存在缺陷，解决之道是大力实施管理创新与文化创新，以流程建设为基础，以制度完善为手段，以文化优化为载体，以员工素质提升为根本，来弥补结构上的不足。今年，我们要从流程建设起步，理顺业务与职能部门间的关系，找到高效管理的方法，争取年内把以往的制度流程梳理完成。

三、推进技术创新，增强企业发展实力

技术创新是南车电机增强发展实力的关键，是引领企业持续发展、占据未来竞争制高点的强大动力。我们要结合电机业务整合与结构调整，认真研究各业务板块的技术创新体制和机制，努力建设具有强大竞争力的专业化、国家级的技术中心。改进和完善现有技术创新管理体系，加强与国内外知名院所、企业合作，组建具有国际竞争力的专业化研发机构或建立战略合作伙伴关系。进一步完善和巩固公司现有设计技术平台，健全设计标准，完善设计流程，优化设计方法，提高设计手段，提升整体设计技术水平。在建设变压器试验站、风电试验站的同时，积极建立与企业发展相适应的电机、变压器检测试验平台，系统建设先进和完善的试验验证体系，尽全力掌握完善的试验验证手段、设施和装备，着力提高试验验证能力，进一步确保设计的准确性和有效性。认真研究对电机、变压器关键材料的检测方法，逐步完善公司关键材料及绝缘结构的检测验证手段。坚持技术引领市场的原则，抓好重点科研项目和新产品的研发工作。

- 开展 160 km/h 交流传动客运电力机车、500 km/h 动车组牵引电机和变压器的研制。
- 开展土尔其伊兹密尔轻轨车辆牵引电机研制。
- 开展美国 NEMA 标准系列高压电机研制。
- 完成 6000 kW 电机型式试验系统和 15000 kVA 牵引变压器型式试验系统建设。
- 开展 5 MW 永磁同步风力发电机的研制和永磁电机失磁模式的研究。

要加强知识产权管理,加大专利申请和布局研究力度,依法保护自主创新成果,逐步实现知识产权管理的系统化、制度化、规范化。

四、强化过程控制,持续提升产品质量

产品质量的优势事关企业生死存亡。我们要把"高标准、讲科学、不懈怠"的要求贯穿于质量管理体系建设的始终,依托 IRIS(国际铁路行业标准)平台,加强内部质量审核,持续完善质量管理体系。积极采用 RAMS 可靠性改进方法,加强产品质量数据应用,努力提高产品寿命周期的可靠性。切实提高质量管理控制能力,强化对设计、工艺、制造等关键环节的监督和控制,以精益的理念、过硬的质量,体现企业的制造优势、技术优势和管理优势。2010 年要重点做好以下几项质量工作。

- 从设计质量控制、工艺质量准备、外购外委件质量控制、生产过程质量控制、焊接质量控制、人员培训以及前期运行中发现质量问题的梳理整改等方面开展系统工作,确保产品质量的稳定。
- 进一步优化质量体系,坚持有计划地滚动式开展质量内审工作,维护体系的有效运行。
- 全面落实质量四零管理的要求,继续抓牢抓实焊接、悬挂、无损检测、轴承、驱动单元装配、绝缘等关系行车安全的工序和部件的质量保证措施,确保产品质量零缺陷。
- 持续开展供应商现场监督审核,确保供应商产品质量的持续稳定,建立供应商质量问题库,加强供应商问题管理,系统开展供应商业绩评价。
- 开展工序自检合格率的评价考核,落实质量责任,提高全员质量意识。
- 编制产品故障词典,及时分析可能引发产品质量问题的原因并形成整改措施,以期在生产过程中控制,在故障发生第一时间处理,提升客户满意度。

五、加快工艺布局调整,不断改变现场管理状态

"一滴水可以折射出太阳的光辉。"作为制造型企业,现场管理的状态与企业整体管理的水平息息相关。现场即是市场,客户对我们现场感知的好坏也在很大程度上决定着订单成交量的多少。从 2009 年上半年以来,公司就一直在大规模地调整工艺布局,工作难度非常大,既要兼顾多种产品的并行生产作业,又要兼顾工艺环境的优化。2010年公司面临的生产任务更重，工艺布局调整的速度及工程质量将直接影响着全年各项生产经营指标的完成。因此，必须加快工艺布局调整步伐，在有效缓解产能压力的同时，公司上下要全力推行5S管理活动，通过不断改变现场人流、物流管理状态，提升现场管理水平。特别是各级管理者要克服工艺布局调整未完、现场不好管的畏难情绪，摒弃等调整完后再好好抓现场管理的消极思想，在最为简单的事情上把最难持续的管理做扎实、做认真、做好。公司升格为一级子公司之后，上级领导更加关注，用户更加关注，来公司视察和检查的领导和来公司考察和洽谈的客户都表达了对新电机、新形象、新作为的期望，所以，我们的现场一刻也不能放松。目前我们现场管理开始运用5S的方法进行改善，这是现场管理的一个良好开端。我们要进一步强力推行目视管理、看板管理、标准化作业、红牌作战等方式，不断优化现场管理，提升员工素养，提升产品质量和公司形象。

六、创新激励体系，着力提升全员能力

员工队伍素质是铸造一流品牌、提升企业竞争能力的重要基础。员工队伍建设是做大产业增强实力的关键，也是公司目前薄弱环节所在。选择适合各类人才成长的激励政策，为人才育成创造条件是企业人力资源建设的重中之重。引进人才与培训、开发人才是人力资源工作的第一要务。目前公司的人才非常短缺，引进工作十分迫切。对目前在各个工作岗位上努力工作着的同志们制定切实的激励机制是人力资源工作的又一件大事。不仅仅是薪酬政策，各种荣誉激励、福利和价值体现都要配合完善。被认同是人存在于组织的理由，如何体现认同是组织提升绩效的途径，我们要认真研究，多出新思路。公司必须对标国内外知名电机企业，花大力气提升全员能力，打造能够肩负南车电机发展使命的人才团队。要创新员工能力提升模式，以创建学习型组织为手段，重点抓好职业经理人团队、研发团队、营销团队、操作技能团队等四支队伍建设，重点培养中层管理者的执行力。公司战略的实现看高管团队更看中层，所以，企业管理中有"赢在中层、赢在执行"的定律。要继续深入开展职业经理人培训，切实加强中层管理者的领导力和执行力建设，以此深化公司治理，带动综合管理水平的提升。电机的事业看研发，电机的未来靠研发。要着力建立起一支成熟的研发队伍，构建更完善的自主研发体系，加大基础研究和检测试验能力建设，打造一支行业领先的研发团队。销售队伍是南车电机的软肋，要强化营销团队建设，突出"客户价值"的体现，塑造出更多的优秀营销人才，打造一支基于客户价值、高绩效的王牌营销团队。实现产品质量的根本在现场，要从企业对高技能操作员工的大量需求出发，把培训与技能鉴定、技师评聘有机结合起来，逐步形成一支以高级技师、技师为骨干，高级技工为主体的优秀技能人才队伍。企业的快速发展，不仅仅需要上述四支队伍的建设，还需要项目管理、物流管理、财务管理等各类人才，人才培养任重道

远。我们要不断完善培训体系建设，强化培训效果，不断提升员工整体职业化素养，确保企业运营效率的提高。要有针对性地设立项目工资、技能工资系数，开展技术比武、首席员工评选等激发员工士气的活动，促进员工成长成才。

七、开展精益制造，打造南车电机品牌

目前，精益思想、精益理念已成为集团提升管理竞争力的核心。在过去的工作中，南车电机的精益生产受提升产能的影响与集团的要求还有较大差距。我们要统一思想，按照南车统一部署，全力推进精益生产管理。一是认真落实精益生产实施规划，进一步明确工作方向和要求。今年要利用红牌作战等工具重点做好5S的全面推进工作，深入抓好现场管理，形成持续改善的工作机制；持续抓好精益生产示范工程建设，努力建设成熟的示范线。各车间必须至少建立一条精益示范线，并以此为基准，辐射整个车间。二是抓住精髓，务求实效。精益制造的核心是减少浪费，目的是创造效益。要继续保持企业的创利能力，必须在成本控制上下功夫。随着经济复苏，我们的主要原材料铜的价格在不断上涨，其他材料的价格也将回暖。一方面要控制各项费用支出，另一方面要加大各项成本控制力度，保证内定利润目标的实现。要细化成本费用的预算，进一步落实成本费用责任。我们要通过推行精益生产，减少浪费，提高产品质量，提升盈利能力，提高生产效率，夯实管理基础。三是组织引导，全员参与，扎实推进。通过全员参加的创意提案活动、持续改善活动，促进管理上水平。四是抓好精益理念的宣贯，将精益思想、精益理念融入员工的血液，变成员工自觉自发的行为，打造精益文化，形成企业创新发展的动力。五是深入开展精益物流，减少存货资金积压。建立高效生产组织机制，不断减少在制品；加快销售实现，有效降低产成品；实现物料准时配送，持续降低原材料库存。

我们要根据南车"品牌提升年"的规划，统一全员品牌思想，从VI、宣传手册、现场看板、文化理念等方面着手，由表及里，由浅入深，建立健全品牌管理和文化建设的制度及流程，系统开展企业品牌和文化建设。要通过员工手册的编写和学习、学习型组织的建设、精益文化的打造、非物质文化成果的固化、丰富多彩的文艺体育活动等文化建设工作来支撑公司品牌建设，使公司在市场上树立中国南车电机品牌。

同志们！新电机新发展的号角已经吹响，不畏艰难的电机人正迈向新的征程。让我们在2010年这个新的起点上竭尽全力地向前冲去，抛开顾虑，踢开羁绊，奋力向前，夺取公司发展的新胜利，开创公司发展的新纪元！

在新的起点上形成南车电机的核心价值观

——在公司2010年度工作会议上的讲话

党委书记　周军军

2010年4月19日

同志们：

这次会议是新南车电机组成后的首次工作会议，可谓新长征第一步的工作安排，不仅对于今年而且对于今后一段时期都具有战略性意义。刚才总经理在报告中充分肯定了过去获得的成绩，明确了公司总体工作思路、"十二五"战略发展目标及2010年主要经营目标，重点布置了七项工作任务，提出了具体实施方案。我们各级管理者必须把确保上述目标的实现作为首要任务，并作为年度绩效评价的关键指标，致力于执行和落实，实现新南车电机的精彩开局。今年公司党委、纪委、工会和团委的年度工作要点都已印发，在此不做赘述。下面，我代表公司党委，就公司核心价值观的培育谈几点想法。

一、围绕企业发展战略形成南车电机的核心价值观

公司今年升格成为南车一级子公司，按照集团公司电机业务重组的发展要求，我们必须适应新体制，谋求新发展，展现新作为。这次公司改组升格，不仅是组织平台和管控主体的变化，更重要的是战略构想、组织目标、运作机制、资源组合的变化，一方面必然导致组织文化在传承中创新，另一方面又迫切需要新的组织文化对新发展新作为产生积极的作用力，由此迫切需要我们关注、发现并培育出适应新组织成长的核心价值观。

我们知道，正确的企业价值观是企业竞争力和抵御风险能力的核心组成部分，决定着企业的命运。它是企业经营者和员工一致的价值取向和贯彻于组织行为之中的共同愿景和理念。但公司自2004年由三个主体单位整合成立，六年来，主要经营者和部分管理人员一再更替，经营团队相对不稳定。近年来，公司新员工剧增，导致企业价值观更是呈现出多样化，未能形成一以贯之、普遍认同的企业核心价值观。核心价值观的多样化在一定程度上影响了企业合力的充分发挥，减缓了员工素质的提升，削弱了产业发展的行动力。在目前形势下，新公司应该

形成什么样的核心价值观，建立什么样的价值取向，这不仅至关重要，而且迫在眉睫。

在此，我们南车电机各级经营管理者和全体员工必须能够清晰地回答三个问题：谁是企业的生身之父？谁是企业的养育之母？谁是企业的生命因子？回答了这三个问题，就弄清了构成企业核心价值观的三个关键因素，这就是股东、客户、员工。因此在思考南车电机新的发展谋略过程中，应将股东利益优先、客户价值至上、员工福祉共享作为企业核心价值观的三个关键因素。

二、建立健全机制培育企业核心价值观

企业价值观是整个企业运营、调节、控制的文化内核，是企业基业长青的必要条件。公司信奉并实践怎样的企业价值观，就会形成怎样的经营作风，就会塑造出怎样的市场形象，就会创造怎样的经营业绩。

在组织内部有效形成核心价值观的难点，在于有效引导和培训员工形成共同的价值认同。当前的首要任务在于，公司各级各类组织要着力在员工群众中做好公司新架构、新目标、新作为的宣传教育，开展好胡总工作报告中关于公司战略构想、发展谋略、经营目标以及市场形势和竞争环境的宣传教育，尤其要认真审视公司面临的挑战甚至危机，审视我们自身的缺失和差距，真正认识当前公司强化内部管理、优化细节管理的迫切性和丰富内涵。

企业核心价值观的建立是一个漫长而艰苦的过程，不可能一蹴而就，也不可能通过形式上的几次活动就取得效果。企业是利益体，更注重经济利益的实现，各种活动往往容易流于形式，无疾而终。核心价值观的培育不同于一般活动，它不是一种运动式的刮风，实际上核心价值观的建立需要各种制度的完善，用制度来固化核心价值观。各单位一定要做好打持久战的准备，建立长效机制，常抓不懈，不断强化，最终形成南车电机的非物质文化成果。各单位党政领导要高度重视，亲自主抓，要将企业核心价值观与生产经营有机结合起来，并渗透工作的具体环节。公司要利用新员工见面会、颁奖仪式、晨会、典型事例等载体对公司的价值观进行宣传、倡导和灌输。如果我们的核心价值观仅停留在语言上和墙上，不能融入员工的具体行动，价值观也就失去了存在的意义，必须狠抓落实，确保取得实效。

三、充分发挥党和群团组织在企业核心价值观培育过程中的积极作用

各级党组织要围绕发展大局，融入中心工作，深入开展学习实践科学发展观"回头看"和创建学习型组织活动，争创"四强"党组织，推进"四好"领导班子建设，争做"四优"共产党员，赋予党建活动以企业核心价值观的新内涵，创新开展各类党建活动。各级党员要立足岗位，充分发挥先锋模范带头作用，在实际工作中体现核心价值观，在员工中产生强大的凝聚力和号召力，从而加快企业核心价值观的培育步伐。

企业核心价值观是抽象而内在的文化现象。公司要通过人造器物的方式，将其形象化，显现在员工周围的文化器物上，使全体员工更易喜闻乐见，最终沉淀在员工内心，形成一致的认同。在物化的过程中，我们要加强团队荣誉及文化氛围的体现，让员工找到归属感、荣誉感。有了情感的投入，有了载体的再现，核心价值观就会逐渐固化和传承下来。

工会和团委要广泛深入各基层单位，在技术创新、市场开拓、产品质量控制、现场管理工作中，引领各级员工以企业核心价值观为出发点，全方位关注集团公司和客户利益，深入开展劳动竞赛和技术比武活动，及时解决员工群众的合理诉求，以特色群团活动带动核心价值观的落实，展现出浓厚的企业文化氛围。

各位领导、同志们，做好2010年的工作，对于我们在新的历史时期谋求新发展，在新的体制下开创新纪元，以及为2012年实现营业收入50亿元、2015年100亿元目标至关重要！让我们认真落实科学发展观，尽快形成统一、和谐的核心价值观，加快战略实施步伐，把我们预定的目标变成现实的经营成果，全面实现新电机的良好开局，在新的起点上推动南车电机又好又快发展！

谢谢大家！

挖掘潜力 调动激情 同心共力打造新南车电机

——在公司工会第一次会员代表大会暨一届一次职工代表大会上的讲话

执行董事、总经理 胡 洋

2010 年 4 月 29 日

各位嘉宾、代表、同志们：

此次代表大会，是在新电机顺利召开 2010 年度工作会议，逐步实施电机产业重组步伐，打响新电机事业发展战役之际召开的具有重大意义的会议。首先我谨代表公司向大会的召开表示热烈的祝贺！

过去的一年，我们克服了产能不足、新员工增加快等困难，在市场开拓、技术创新、扩能改造等方面都取得了显著成绩，为公司"十一五"的完美收官奠定了坚实的基础。全年共新造完成和谐型机车产品 391 台；SS4B、SS4G、TM3 等机车产品 105 台；动车组电机 608 台，变压器 88 台；750 kW、800 kW、1.5 MW 等风力发电机 1243 台；高压电机、石油电机、电动汽车电机等 551 台。共实现销售收入 18.39 亿元，，再创历史最好水平。湖南省加速推进新型工业化红旗企业的获得，HX_D1B、HX_D1C、300 km/h、350 km/h 动车组电机和变压器，3.2 MW 永磁半直驱风力发电机的顺利研制，再一次彰显了南车电机雄厚的实力。与此同时，通过公司全体员工创造性的工作和不懈努力，新基地扩能项目、工艺布局调整项目、生产过程大整治活动得以顺利开展，现场管理、产品质量水平稳中有升，企业基础管理得到加强，员工生活条件持续改善。

我们能克服比 2009 年初预想大得多的困难，圆满完成经营目标任务，与公司各级工会组织、广大会员代表、员工代表的出色工作和艰苦努力密不可分。在一年来的工作实践中，各级工会组织和广大工会工作者以企业的稳定与发展为己任，切实履行职责，积极开拓进取，工会各项工作都取得了优异的成绩，为公司"十一五"的扩规模、上水平做出了突出的贡献。在此，我代表公司向各级工会组织和全体工会工作者表示衷心的感谢！

当前，公司进入了继往开来、实现新电机新发展的关键时期。做好 2010 年全年各项工作，对南车电机保持持续快速发展、奠定南车优势企业地位具有十分重大的意义。在前段时间召开的工作会议上，我们曾深刻分析了公司目前面临的形势并提出了公司"十二五"战略发展目标。在"十二五"期间，公司将以轨道交通、风力发电、工业特种电机三大产业为主，努力拓展工业特种变压器市场，以资本运作等多种方式积极寻求产品多元化发展空间。培育精湛制造文化，拥有一流的技术，生产一流的产品，培养一流的员工，将企业打造成最具有社会责任的行业先锋，建成行业一流、具有国际竞争力的现代制造企业。公司"十二五"发展总体目标为：销售规模年均增长25%，到2012年公司营业收入达到50亿元，2015年力争达到100亿元。员工素质普遍提高，收入稳步增长，企业装备手段、管理水平达到国际先进水平。

作为经理层，围绕公司发展战略，方方面面要做的事情很多，但有两条是重中之重且始终不变的：一是竭力推动企业发展，完成经营目标，为公司创造更多的效益；二是竭力改善员工的工作和生活条件，让员工分享公司发展的成果。为此，在2010年，公司将立足三大主业，迅速转变企业定位，大力推进自主创新，持续提升产品质量，不断改变现场管理状态，增强公司核心竞争力。我们将不遗余力地创造良好经营业绩，让员工年均收入保持较高的增长幅度，为员工改善生活质量奠定基础。公司将加快新产品开发，积极拓展市场领域，为各类人才提供施展才干的空间。我们会更加重视员工与企业的同步成长，创造培训条件，提供展示机会，设计职业通道，创新激励模式，让优秀人才能够不断涌现并实现自我价值。我们还要关注广大员工的工作环境，特别是采取措施改善一线作业、特殊工种员工的工作条件和安全防护，让广大员工在安全健康的环境中愉快地工作。我们更要致力于建设和谐企业，给予广大员工更多的人文关怀，尊重大家的劳动价值，保护大家的工作热情，认真对待大家的意见和诉求。

在此，我希望公司各级工会组织和广大工会工作者、会员代表、职工代表，引导员工清醒认识公司发展所面临的严峻形势，牢固树立危机意识、责任意识；结合公司升格，帮助员工正确对待利益关系调整，以大局为重，增强对公司产业重组改制的认同感与支持程度。努力调动、保护、发挥员工的积极性和创造性，并使之有机地融入生产经营与改革发展的中心工作。组织动员广大员工钻研业务、提高素质，努力掌握新技能、多技能，为三大主业发展造就一支高素质的员工队伍。围绕公司产业发展战略，深入开展一些针对性强的竞赛与攻关活动。同时，继续做好困难员工的扶贫助困工作；积极探索现代企业制度下，员工民主管理与民主监督的新途径和新手段。

同志们！公司目前已经进入了一个崭新的阶段，实现电机产业大发展是集团赋予我们的使命，也是我们义不容辞的责任。积众之力，则无不胜；集众之智，则无不成。尽管荆棘满地、前路艰辛，但我们不畏艰难的电机人将一直奋勇向前，以强大的团队战斗力书写公司各项事业的新篇章，开创公司发展的新纪元！

团结全体员工　开创南车电机新局面

——在公司工会第一次会员代表大会暨一届一次职工代表大会上的讲话

党委书记　周军军

2010 年 4 月 29 日

各位代表、同志们：

　　在五一国际劳动节前夕，中华全国总工会成立 85 周年之际，我们隆重集会，在这里召开南车株洲电机有限公司工会第一次会员代表大会暨一届一次职工代表大会，我代表公司党委，向大会的召开表示祝贺！向各位会员（职工）代表表示亲切的慰问！并通过你们向公司全体员工表示节日问候，向受表彰的先进集体和先进个人表示热烈的祝贺！

　　会议期间，听取了工会筹委会主任余斌先生工会工作报告，选举产生了第一届工会委员会委员和经费审查委员会委员，通过了女职委委员和第一届职代会各专门工作委员会成员名单，签订了《集体合同》和《女员工权益保护专项集体合同》，表彰了 2009 年度工会工作先进集体和先进个人，大会取得了圆满成功。希望大家回去后传达好、贯彻好、落实好会议精神，团结一致推动企业又快又好地发展。

　　下面我代表公司党委讲几点意见。

一、用新南车电机战略统领员工

　　公司 2010 年的工作目标已经明确，任务十分艰巨。公司各级党组织和广大员工要认真贯彻落实，统一思想，振奋精神，圆满完成各项工作任务。要认真学习贯彻 2010 年度工作会和本次会议精神，利用会议、培训、报纸、网络、标语等宣传手段，进行广泛学习宣传，用全公司的统一声音来影响言论和意志，用公司的整体部署统一行动，把各级领导班子和广大员工的思想统一到落实公司发展规划上来，统一到打造更具竞争实力和发展活力的新南车电机上来，统一到各项工作部署上来，切实使会议精神深入到班组、贯彻到一线，并转化为员工群众的自觉行动，做到思想统一，目标明确，步调一致，促进各项工作。

二、用新南车电机文化凝聚员工

企业文化的生命力在于不断创新，在传承的基础上创新。我们的文化名片"传承、创新、进取"已经刻在文化石上，但是我们的企业文化体系是否已深入人心？公司的升格使南车电机面临新的形势、新的定位，我们也提出了新的发展战略和目标，同时我们必须有更加完善的、能够适应公司新的发展需求的企业文化来凝聚队伍、领航引路。一要加快企业核心价值观的培育，通过共同价值观的建立，统一员工思想，形成"股东利益优先、客户价值至上、员工福祉共享"的精神支柱和行为准则。二要迅速培育竞争意识，南车电机是老国有企业改制成立的新公司，受计划经济影响，还不能完全凭实力参与市场竞争。随着公司的升格，50亿、100亿目标的制定，仅依靠轨道交通领域市场规模是难以实现的，我们必须不断扩展产品领域，充分培育市场竞争意识，参与市场竞争，赢得市场份额。三要快速培育精益生产文化，精益生产是对现有管理模式的一次深刻变革，是南车提升管理水平的核心手段，我们要在现有精益改善和5S改善提案的基础上，扩大员工行为标准和操作标准的培训、宣传力度，不断将员工情绪等个人因素对产品质量的影响降到最低，向客户提供"精品"。

要建立健全学习培训机制，努力打造学习型组织，坚持集中学习与个人自学相结合、政治理论学习与业务知识学习相结合、座谈讨论与专题辅导相结合，让组织内部成员切实把组织当作"家"来建设，做到时间、内容、人员、效果"四落实"。要大力建设创新队伍，坚持尊重劳动、尊重知识、尊重人才、尊重创造的方针，全面实施人才强企战略。努力营造人才辈出、人尽其才、才尽其用的良好氛围。要努力带好管理骨干、技术骨干、党员队伍、员工队伍四支基本队伍，保证管理骨干队伍的团结、高效、廉洁；服务好技术骨干人员，使其有更多的精力投入产品研发和技术创新；指导和帮助党员队伍不断进步，真正发挥先锋模范作用；加大员工素质提升，改善员工精神面貌，特别要加大优秀技师培养力度，树立技师的重要地位，做好技师队伍的传接及壮大，促进企业的可持续发展。

三、用党的组织力量带动员工

公司各级党组织，特别是党员领导干部，要切实转变思想观念和工作作风，增强责任感、紧迫感和使命感，紧密联系公司生产经营的实际，以朝气蓬勃、充满激情的精神状态，全身心投入工作，进一步提高服务意识和工作效率，深入研究和解决本单位存在的突出问题，创新思维、创新方法，制定切实可行的工作方案和保障措施，全面完成各项工作任务。公司各单位和各级党组织要围绕年度各项重点工作，进一步解放思想，狠抓落实，合理安排各项工作，完善目标责任体系，层层分解任务，细化指标，把公司的任务目标分解到基层、贯彻到班组、落实到人头，做到级级有任务、层层有指标、个个有压力。要加大考核检查力度，坚持重实际、重实干、重实效，树立效益第一的观念，向管理要效益，向科学要效率，务求落实各项指标，完成各项任务。

各位代表、同志们，2010年的战斗已经打响，各位代表要始终保持一往无前的精神状态，自强不息的思想品格，锲而不舍的坚强毅力，无私奉献的工作态度，引导和带领广大职工，求真务实、团结奋进、开拓创新，全面完成全年各项生产任务，为南车电机的快速发展做出新的贡献！

谢谢大家！

打造神形兼备的精益文化

执行董事、总经理　胡　洋

2010 年 6 月

　　精益制造是南车追求持续、快速、健康发展的重要战略决策。之所以是战略决策，可以从精益生产和南车战略两方面来认识。精益生产是一项长期不懈的工作，具有战略的长期时效性；精益生产的宗旨是为客户创造价值，具有战略的目的性；精益生产追求质量与效益、生存与发展的平衡，具有战略的长短结合、点面结合的外在性；精益生产又是一种文化，具有战略的内在性。为此，精益生产成为中国南车"致力于轨道交通领域，成为行业世界三强"战略的重要组成部分就显得恰如其分，相得益彰。

　　如何在南车战略指引下开展精益生产，特别是像南车电机这样一个有着历史厚度的新企业如何推进精益制造，打造神形兼备的精益文化，我提出以下看法。不妥之处，请大家批评指正。

　　一、信心和行动协同是开展精益生产的完美组合

　　信心是开展工作的力量源泉，行动是实现目标的关键所在。精益生产工作中的虎头蛇尾、流于形式现象随处可见，其根源在于开展工作的信心与付诸实践的行动没有形成协同。在行动见效快时制度化不够，致使精益生产成了表面文章；在行动见效慢时持续化不够，导致松懈倒退。

　　信心在开展之初是催化剂。大凡要开展精益生产的企业都不缺少冲动时的激情和外溢的信心。但是许多企业没有把信心变成决心，不再能够坚持。所以信心往往是在遇到困难或挫折时的坚持。

　　信心在过程之中是稳定剂。企业的生产是一个持续滚动的过程，时时都在变化之中；员工的思想是最活跃的阵地，处处都有改善的需求。付出了艰辛与努力，没有看到明显的成效怎么办？好的做法时间一长变得平淡索味怎么办？改善过了效果适得其反怎么办？答案只有一个，精益生产贵在坚持。开展精益生产要有打持久战的准备，建立必要的组织机构保证日常的运作非常关键；确定精益战

略和推进计划十分重要。突击的活动要少搞，运动战要避免，"春风潜入夜，润物细无声"是形成全员精益制造文化的最高境界。

二、把握精髓是开展精益生产的根本所在

精益生产的精髓是消除浪费。识别浪费的存在是工作的重点，目前我们的生产存在七大方面的浪费，但是，在现场改善的活动中直接从这七个方面去识别并不是一个有效的方法。我认为应该根据生产作业流程，划小执行单元，开展"人、机、料、法、环、测"六要素检查，系统地发现问题并加以整改是企业识别浪费的有效手段。

关于"人"要素的思考。企业中的人从总体上讲是设计、工艺、管理、生产与辅助人员的配比，失衡即浪费；从生产现场讲是操作员工的能力和态度与企业技术和管理相匹配的问题，员工素养决定管理的设计，管理的设计影响效能的发挥。我们发现，现场人员的浪费不只是表现在停工等待这样表面化的事情上，更多是深层次的浪费现象，如高技能员工从事无技术含量的工作、优秀员工与普通员工接受同样的管理检查过程、骨干员工与一般员工平均分配工作量、激励政策不到位、大锅饭的存在使潜力得不到发挥等。

南车电机近两年的生产规模急剧扩大，公司开始大量引进劳务用工，从 2008 年不足 500 人，到 2009 年的 1400 余人，2010 年将近 2000 人，尽管这可以解决用工的灵活性并适度增加企业运营的价值，但在用人方面出现的新问题对企业开展精益生产提出了挑战。一是劳务员工比例大，在关键岗位上占比高，一旦出现异常时企业的经营风险大。二是人员增加解决了生产中的一些瓶颈，但企业的配套设施不能满足要求，如果增加投入，势必会造成非直接生产资源上限的突破，这恰恰是新的浪费的开始。三是"能干"的劳务用工使管理者更倾向于把"不好管"的正式员工"闲置"在关键工作之外，既造成劳动效率的降低，又造成人力资本的浪费，必然带来部分工序所用的人力资源超过了"绝对最少"的界限。

关于"料"要素的思考。在现场，料所引起的浪费不仅体现在原材料的使用，还表现在价格波动、产品质量、材料保管、废料处置等环节。一般来说质量损失是最大的损失，解决质量问题也是精益生产的核心。大家对这方面都有深刻的认识，不再赘述。在南车电机，原材料中价值连城的品种不在少数，绝缘纸、绝缘漆、铜材、硅钢片等，由于量大种类多，价格波动频繁，过程中的浪费也不少。所以，关注市场价格与减少浪费也十分重要。今年以来，铜价在 5 万 ~6 万元上变化，公司财务、采购、成本管理的部门和人员，紧盯价格适时采取果断措施，锁定原材料价格，在最低点获得采购量的 60%，为实现今年的经营目标奠定了基础。关注价值高的材料的使用过程，如电机实验的引出铜线"下料不定尺"，实验完成后，裁剪下的废料长短不一。通过制定标准长度，仅此一项每年就可减少 10 余万元的物料浪费。线圈包扎用的白布带多次反复利用，年降低物料成本 100 万以上。

关于"环"要素的思考。南车电机缺少仓储能力，使得原材料及零部件大部分堆放在生产现场，不仅因物料搬运造成人员及运输的浪费，而且占用了生产场地。为此，公司在物理流通道旁建立了体货架，提高了生产现场的产能。实行第三方物料配送，借助 ERP 系统，实时向供应商发布相关物料需求及供货进度信息，督促供应商定点、定时、定量送货，减少了因物料储运造成的浪费。公司还在生产现场建立标准件自动配送系统(自动售货机)，员工可按需刷卡领料，提高效率，杜绝浪费。

关于"法"要素的思考。在工艺布局调整的基础上，公司结合现有生产资源，有效分析各工序能力，识别核心增值环节，充分发挥其效益。将不合理、附加值不高的环节，通过引进外部资源，向供应链的上下游拓展，使其在公司生产现场中消除，避免不必要的投入，使公司更专注于核心竞争力的构建。在操作中，1.5 MW 风力发电机定子为双绕组结构，其原来的嵌线方法中的"翻槽工序"十分费力并造成绝缘的损伤，通过线圈改型设计和嵌线方法设计，有效提升了该工序工作效益和产品质量，使线圈匝间绝缘提高30%。

三、系统改善是开展精益生产的工作重点

精益生产在现场的表现是物流的状态，影响这一状态的原因可以是物资供应、质量管理、成本管理等因素。企业从现场出发开展精益生产，往往只能停留在表层，流于形式。如果从系统的角度来思考，就会有更加有效的方法。从设计、制造和销售三个环节来看，设计改善解决的是成本与可靠性问题，主要贡献在效益；制造过程解决的是产能发挥的问题，主要贡献在效率；销售主要解决的是均衡生产的问题，贡献在企业的运营效果。

设计的改善。追求工艺和技术设计中性能与经济性的最佳匹配，创造条件让研发人员掌握必要的成本信息，试行工艺、设计方案的经济性评价，从设计源头开展改善。设计的改善，可以有效降低设计后制造所需要的物料成本、人工成本、动能成本、制造费用、工装模具成本、劳务成本等。在1.5 MW 风力发电机定子研制过程中，我们发现电机运用状态的冗余较大，如果对电机的设计进行优化，在满足客户对产品技术要求的条件下，可大大降低制造成本，提升企业效益。为此，主动与用户沟通并得到认同，仅此一个变化，制造成本每台可节约 4 万元。

制造的改善。追求生产能力与企业快速扩充的最佳匹配，提高生产效率及劳动生产率。由于快速发展中的能力不足，对工序开展增值分析，把可以外委的工序进行条件排序。将不涉及系统能力的中间工序外包，例如加工、油漆工序等，与专业配套供应商协同发展。大力研发工艺装备代替人工作业，焊接机器人、槽楔推进装置、叠片机械、自动线圈包扎机等都在实验验证中。推行作业标准化。实施标准作业和作业标准的改善，建立现场操作规则，最大限度减少因人而带来的浪费和质量隐患，提高作业效率和质量保证能力。优化工序流程、现场布局，

实现生产节拍化，有效解决生产布局方式不适应大规模生产、部分工序布局不紧凑、工序间物流路线较长等问题。

销售的改善。追求销售与生产的均衡统一，是实现精益生产的重要保证。销售环节对内充分体现客户价值，对外充分展示企业经营成果。生产以市场需求为起始点，任何生产方式的转变，都是为了满足客户多样化、个性化的要求。对于一个企业来说，客户并不关心企业内部的运行情况，他们真正关心的是企业所提供的产品和服务是否能满足需求。因此，只有能适应销售的改善才能指导企业的生产，才能减少浪费。同时，销售必须从市场预测开始指导生产，在订单确定后督促生产，在兑现合同后强化服务不影响生产。销售改善必须准确预测客户需求，合理确定制造预投量，适时锁定订单，杜绝"一切没有价值的活动"，实现精益营销。

四、体现价值是开展精益生产的力量源泉

效率、效益、品质是开展精益生产的价值体现。只有在这三个方面取得成效，才能激励大家坚持下去。

效率的提高宏观来看是企业人均劳动生产率的提升，微观来看是设计手段、工艺方法的改善、工装工具的改善、操作方法的改善等。目的是在改善员工作业强度的同时提高企业效益。在这方面企业可做的事情是最多的，有些是长期与短期结合的。立足以人为本，先做劳动强度降低的减法再做劳动量增长的加法效果更加明显。

效益提高不同于效率的提升，它具有系统性，往往需要在整体的考虑之后平衡各方面的效率，有升有降保证大效益的提高。在这方面需要企业的生产单元有不断改善效率的热情与职能部门有综合配置资源的能力相结合，有企业投入产出的效能评价机制作保障。

品质包含企业的产出与企业的留存。产出是人、产品、服务与形象的组合，优秀的员工是生产优质产品的持续保障，服务是为客户创造价值的增值举措，形象影响企业在客户中的定位。留存是企业的历史与文化积淀，是企业的外在管理与现场表现，是企业的精神风貌。品质决定了企业能走多快走多远。

精益生产外要效率与效益，内要品质与文化，真正的精益生产是企业外在指标与内在发展后劲的结合，是员工气质的展现，是企业立身于行业和社会的强大气场。南车电机刚刚迈开新步伐，精益生产又处在高起点，我们会全力以赴地投入其中。假以时日，电机公司会成为一个具有精益思想和精益文化的行业先锋。

在纪念建党 89 周年暨七一表彰、创先争优活动动员大会上的报告

党委书记　周军军

2010 年 6 月 29 日

同志们：

七一来临之际，我们在这里隆重集会，纪念建党 89 周年，举行新党员入党宣誓、重温入党誓词仪式，表彰一年来在公司党建工作中取得突出成绩的先进集体和优秀个人，召开公司创先争优活动动员大会。在此，我谨代表公司党委，向为公司发展做出贡献的全体共产党员、党务工作者、入党积极分子致以节日的问候和衷心的感谢！下面，我代表公司党委就今天的三个主题讲三点意见。

一、回顾党的光辉历程，坚定中国特色社会主义信念

中国共产党自成立的那一天起，就把国家振兴、民族崛起、人民幸福作为己任。在 89 载岁月里，我们党历经艰难险阻，创造了举世瞩目的成就。改革开放以来的 30 多年，我们党带领全国各族人民以一往无前的进取精神和波澜壮阔的创新实践，谱写了中华民族自强不息、顽强奋进的壮丽史诗。特别是在国际金融危机期间，我国经济发展面临极大困难，金融危机持续扩散蔓延，世界经济深度衰退，我国经济受到严重冲击，出口大幅下降，不少企业经营困难，有的甚至停产倒闭，失业人员大量增加，经济增速陡然下滑。但在异常困难的情况下，全国各族人民在中国共产党的坚强领导下，坚定信心，迎难而上，顽强拼搏，从容应对国际金融危机冲击，在世界率先实现经济回升向好，改革开放和社会主义现代化建设取得新的重大成就，在全面建设小康社会道路上又迈出坚实的一步。

历史再次证明，任何艰难险阻都挡不住中华民族伟大复兴的历史进程，同时证明只有中国共产党才能带领我们建设惠及十几亿人口的小康社会；只有中国共产党才能带领我们克服前进道路上的一切障碍，从胜利走向新的胜利！

回顾我们企业发展进步的历程，各级党组织和广大党员的奋斗足迹历历在目。不论是顺境还是逆境，无论是困难时期还是历史性大发展阶段，党组织不辱使命、勇挑重担，团结带领广大党员群众战胜了一个又一个挑战，闯过了一道又

一道难关。特别是公司搬迁新基地之后，我们牢牢把握发展机遇，不断开拓创新，形成公司三大产业格局，将企业发展为中国轨道交通牵引产品、风力发电机、工业特种电机的主要研制基地，坚毅地朝着更加宏伟的目标阔步前进。

二、深入学习实践科学发展观，持续完善党建基础工作

2009年，公司按照上级党委的统一部署和要求，将开展学习实践活动作为一项重大政治任务来抓，思想上高度重视，工作上注重落实，组织上强化保障，认真按照学习调研阶段、分析检查阶段、整改落实阶段开展工作，主要抓好学习调研、课题确定、解放思想大讨论等工作，围绕两级领导班子专题民主生活会和党员专题组织生活会，形成公司、部门两级领导班子分析检查报告，针对影响制约公司科学发展及员工反映集中的问题，研究制定了有效改进措施，建立健全了公司科学发展的长效机制。

在广大党员和员工的共同参与努力下，确保了学习实践活动三个阶段、六个环节各项工作的落实，理清了公司科学发展的思路，破解了一些制约公司科学发展的突出问题，为员工群众办了一些好事、实事。主要表现为：以学习实践科学发展观为契机，开展生产过程大整治工作，生产组织、产品质量、现场管理等有了较大改善；新基地扩能项目进展顺利，为实现批量投产打下了坚实的基础；千方百计寻找外部资源，有效缓解了产能不足瓶颈，主机产品生产进度逐渐满足主机企业的要求；加强对周边企业产品质量管控，外供件实物质量有了明显提升。员工群众比较关注的均衡生产、作业环境、劳动保护、防暑降温、薪酬福利等问题也已经逐步得到解决或正在解决。

公司重组升格以来，立足于中国南车一级子公司平台，认真对照南车股份模式重新设计党群组织机构，并按照公司内部职能精简的要求将部分党委部门职能化，遵照"融入中心做工作，进入管理起作用"的思路，积极探索研究适应一级子公司、具有现代企业制度的党组织工作体制与运行机制。目前，已初步建立健全基层党组织，并通过各基层党组织架构的精心策划、搭建，优化支委年龄和素质结构，增强基层党组织的战斗力，并形成与现代企业制度和法人治理结构相适应的党组织工作体制和运行机制。在搭建组织结构的同时，公司党委根据上级党委的部署和要求，精心策划，全面组织开展深入学习实践科学发展观"回头看"活动，"加强党性修养、弘扬优良作风、促进科学发展"主题教育以及"四强""四优"活动，推进学习型党组织建设等重点工作。

三、正确认识，准确把握，扎实推进"创先争优"活动

（一）统一思想，正确认识"创先争优"活动的重大意义

党中央高度重视创先争优活动。胡锦涛、习近平、李源潮等中央领导同志先后对深入开展创先争优活动提出了明确要求。党的十七大也明确提出要在基层党组织和党员中深入开展此项活动。2010年5月21日，国资委李荣融主任对中央

企业创先争优活动进行了动员部署。6月10日，赵小刚董事长、郑昌泓总裁等领导通过视频会议，对中国南车企业进行了动员部署。6月11日，时任湖南省委书记周强莅临株洲视察千亿轨道交通产业群和创先争优活动联系点。在赵小刚董事长的安排下，周强书记将我们南车电机增补为继株机公司、株洲所之后的第三家创先争优活动联系点。这充分体现了周强书记和赵董事长对南车电机美好未来的认可和重视。党中央、国资委、省市委、南车股份党委的重要指示，为公司开展创先争优活动指明了方向。各级党组织要加强学习，认真领会，充分认识此次活动的重大意义，以积极的姿态投入活动，使整个活动有声势、有力度、见实效。

1. 创先争优活动是对学习实践活动成果的巩固和拓展

创先争优活动是进一步做好学习实践活动整改落实后续工作、巩固和扩大学习实践活动成果、建立健全科学发展长效机制的重要举措，是学习实践活动的继续和延伸。去年，公司党委学习实践活动领导小组高起点筹划、高标准推进、高质量落实，完成大量中短期项目整改，但深化和拓展学习实践活动成果的任务还很繁重，一些深层次的矛盾和问题有待进一步研究解决，体制机制也有待进一步完善。学习实践活动成果来之不易，巩固和扩大成果还需要付出更加艰辛的努力。深入开展创先争优活动，有利于把学习实践活动中形成的科学发展规划、思路和举措落到实处；有利于抓好各项整改任务的全面落实，兑现向员工群众做出的承诺；有利于建立健全促进各企业科学发展的长效机制。我们要以创先争优活动为抓手，把年初部署的学习实践科学发展观"回头看"和"加强党性修养、弘扬优良作风、促进科学发展"主题教育等活动抓实、抓好，推动学习实践科学发展观活动向更深层次发展，促进南车电机又好又快发展。

2. 创先争优活动是对推动公司发展战略实施的深化

公司"十一五"发展战略乃至前不久提出的"十二五"发展规划，是公司贯彻落实党中央、国务院、国资委和中国南车的有关要求，着眼于轨道交通装备行业发展规律和公司自身发展实际，所做出的战略抉择，完全符合加快发展方式转变的要求。当前，公司正处在全面研究部署"十二五"发展规划的关键时期。在年初公司年度工作会议上，我们提出要深入实践科学发展观，增强自主创新能力，提高科学管理水平，完善管控体系，提升品牌价值，适应市场需求，推进国际经营，全面实现"十一五"战略目标，2010年实现营业收入30亿元。要实现这一目标，重心在各基层单位，关键在各级党组织，责任在各级领导人员，表率在广大共产党员。要通过创先争优活动这个有效载体，切实把各级党组织和广大党员干部的积极性、主动性和创造性保护好、引导好、发挥好，在科研、生产、经营等工作岗位上，在完成急难险重任务的关键时刻，充分发挥党委的政治核心作用、党支部的战斗堡垒作用和共产党员的先锋模范作用，以推进公司的发展战略为己任，在改革发展、自主创新、精益生产、调整结构、拓展市场、转变方式、增加效益上贡献智慧和力量。广大党员干部尤其要加强学习、提高素质、争当先锋，带动和影响全体员工立足岗位、建功立业，推动南车电机战略目标的实现。

3. 创先争优活动是对公司党的自身建设的加强

党的十七届四中全会鲜明地提出了"提高党的建设科学化水平"的重要命题，这是今后一个时期党的工作的主旋律。开展创先争优活动是推进党的建设科学化、加强基层组织、落实管党治党要求的有力措施。公司刚升级为一级子公司，党的自身建设与一级子公司要求还有一定差距，各级党组织一定要充分利用开展创先争优活动的机会，对照先进找差距，切实克服当前一些基层党组织中存在的基础工作不足，个别党员领导人员对党建工作不够重视，个别党员发挥作用不够突出等问题。要通过开展创先争优活动，不断加强基层党组织建设，提高领导班子、干部队伍和党员队伍整体素质；坚持深化改革，推进发展战略实施，提高党的工作适应性；扎实有效地推进党内民主建设，充分调动全体党员的积极性、主动性和创造性，树立良好的组织形象，进一步扩大党组织的影响力，促进党建工作水平的整体提升，打造南车电机党建工作品牌。

(二) 把握内涵，保证创先争优活动方向正确

在党的基层组织和党员中深入开展以"创建先进基层党组织、争当优秀共产党员"为主要内容的创先争优活动，对于推动科学发展、促进和谐稳定、服务员工群众、加强基层组织建设具有重要作用，将为战略目标实施提供政治资源、精神动力和组织保证。中央、国资委、省委市委和中国南车等上级创先争优活动领导小组先后召开了动员部署会，下发了实施意见。公司党委也做了周密的安排部署，实施意见和具体计划将通过 OA 印发，各单位要认真学习领会要求，推动创先争优活动扎实有序开展。

1. 准确把握创先争优活动的总体要求和主要内容

创先争优活动要认真贯彻落实党的十七大和十七届三中、四中全会以及中央企业、中国南车深入开展创先争优活动动员部署会议精神，以邓小平理论和"三个代表"重要思想为指导，以学习实践科学发展观为主题，紧紧围绕公司年度生产经营工作这一中心任务，一切服务于市场开拓、成本控制、精益生产、产业扩张和新产品研发试制等工作，全力提升市场营销能力、新产业拓展能力、项目执行能力、精益制造能力，充分发挥党委的政治核心作用、党支部的战斗堡垒作用和共产党员的先锋模范作用，在推进公司发展战略实施、全力打造更具竞争实力和发展活力的南车电机中建功立业。

贯彻这一总体要求，要坚持以争创"五个好"党组织（即领导班子好、党员队伍好、工作机制好、工作业绩好、群众反映好）和争做"五带头"党员（即带头学习提高、带头争创佳绩、带头服务群众、带头遵纪守法、带头弘扬正气）为总体标准，结合公司实际，以"新电机、新发展、新形象"为主线，在公司党委层面，进一

步深化"四好"领导班子创建活动，深入开展以"政治引领力强、推动发展力强、改革创新力强、凝聚保障力强"为主要内容的争创"四强"党组织活动。在基层党组织层面，大力开展以"书记作用突出、班子坚强有力、队伍素质优良、制度规范健全、机制灵活有效、工作业绩显著"为主要内容的支部创建活动。在广大党员层面，大力开展党员双培养、党员责任区、党员品牌工程、党员攻关项目和以"政治素质优、岗位技能优、工作业绩优、群众评价优"为主要内容的争做"四优"共产党员活动等为主要内容的主题活动。

要以"推动科学发展、促进和谐稳定、服务员工群众、加强基层组织建设"为主要目标，围绕企业科学发展中心任务，切实开展好创先争优活动，把党的政治优势转化为企业的核心竞争力。推动科学发展，就是要继续巩固和扩大学习实践活动成果，进一步解决影响和制约企业科学发展的突出问题，促进公司战略规划目标的落地生根，推动公司又好又快发展。特别是在急难险重任务面前，各级党组织和广大党员要迎难而上，争当先锋，勇做表率。促进和谐稳定，就是要及时了解员工特别是五星劳务员工思想动态和利益诉求，舒缓员工压力，主动排查并及时化解矛盾纠纷，自觉维护企业和谐稳定，更好地履行社会责任。围绕建立学习型组织，打造一支政治过硬、作风优良、业务熟练的员工队伍。服务员工群众，就是要尊重员工群众、紧紧依靠员工群众，认真倾听他们的呼声，及时反映他们的愿望，主动关心他们的疾苦，诚心诚意为员工群众办实事、办好事。公司群团组织要开展丰富多彩的文体活动，活跃员工文化生活，激发广大员工积极投身于"站在新起点，跨越100亿"的伟大实践中。加强基层组织建设，就是要始终把抓基层打基础的工作摆在更加突出的位置，大力推进基层组织工作创新，进一步扩大党的组织和党的工作覆盖面，创新活动方式，积极推进学习型党组织建设，增强党员队伍的生机与活力，充分发挥企业党组织的政治核心作用和基层党组织的战斗堡垒作用。

这"四句话"目标，是一个有机整体。推动科学发展、促进和谐稳定，是创先争优活动的着力点；服务员工群众，是创先争优活动的落脚点；加强基层组织建设，既是创先争优活动的重要目标，也是搞好活动的基础和保证。公司主要领导在研究这项工作的时候，特别提出要把建立和谐稳定的南车电机作为公司特色工作和切入点，有针对性地做好五星员工队伍的宣贯工作，使五星员工队伍成为我们公司员工团队建设的一个有机整体，一个发挥作用、创造业绩的整体。这些目标任务，不但延续了先进性教育活动和学习实践科学发展观活动的精神，同时又赋予了新的内涵，反映了党的基层组织和党员队伍建设的时代要求，我们一定要认真把握，努力实践，使创先争优活动真正成为目标定位明晰、任务明确具体的一项工程。

按照中央、国务院、国资委、省市和中国南车党委要求，这次创先争优活动要有计划、有节奏地持续推进，既要着眼总体目标任务经常抓，也要明确阶段性目标任务集中抓。总的来说，可以概括为三个环节、两大阶段。三个环节是：广泛发动，安排部署环节；全面争创，扎实推进环节；系统总结，完善机制环节。两大阶段是：围绕迎接建党90周年、向党的十八大献礼两个重大节点持续展开，通过公开承诺、领导点评、群众评议、评选表彰等方式扎实推进。

从现在开始到2011年6月，着重围绕迎接建党90周年开展活动。当前，各单位创先争优活动的工作重点是扎实开展学习实践"回头看"系列活动，抓好整改落实的后续工作，切实兑现向员工群众做出的承诺，努力形成基层党组织履行职责、共产党员立足本职岗位争创一流业绩的良好局面。从2011年7月开始，着重围绕迎接党的十八大开展创先争优活动，引导基层党组织和广大党员以昂扬向上的精神风貌，更加出色的工作，向党献礼，推动活动向纵深开展，确保活动更富有成效。2012年七一前后，各级党组织要系统总结创先争优活动，要在理论、制度和实践层面形成一批重要成果。

2.紧密结合工作实际开展创先争优活动

各级党组织要把创先争优活动与自身工作实际紧密结合起来，必须紧紧围绕中心工作来谋划和推动。一要与企业的科学发展相结合。当前，各单位生产经营任务十分紧张，工艺调整和产能扩充非常紧迫，集团和公司正在大力推进精益生产。开展创先争优活动必须找准定位，紧密结合生产经营中心工作，紧盯年度经营指标和创先争优工作指标，实现企业科学发展。二要与整改落实工作相结合。抓好整改落实工作是学习实践科学发展观活动取得实效的重要经验。在创先争优的同时，对产品制造、质量管控、成本控制和后勤保障中发现的突出问题，要坚持边创建、边整改、边落实，在开展活动中解决问题，在解决问题中深化活动效果。要把员工群众参与，作为整改落实工作的动力，通过创先争优活动来带动和影响员工群众，充分发挥员工群众的民主监督作用。三要与队伍建设相结合。各级党组织要以创先争优活动为总抓手，大力推进员工队伍建设、党员队伍建设、干部队伍建设和技术队伍建设。重点是落实"四好""四强""四优"的要求，同时要带动工团组织参与创先争优活动。要以党组织和党员的创先争优活动，带动工会、共青团等群众组织广泛开展创建先进集体、争当先进个人活动，形成广泛开展创先争优活动的良好局面。四要与公司开展的各项主题活动相结合。公司党委先后开展了党员双培养活动、争创"四强""四优"活动、"建设学习型党组织"活动、深化"四好"班子创建活动和"加强党性修养、弘扬优良作风、促进科学发展"主题教育等多个活动，各单位要将这些工作与创先争优活动结合起来，丰富创先争优载体，引导各级党组织和广大党员共同参与。

3.灵活创新创先争优活动方式

创先争优活动是学习实践科学发展观活动的延展。要充分借鉴学习实践活动注重实践、务求实效的经验，以更丰富的内容、更灵活的形式、更有效的载体，保证创先争优活动取得实实在在的效果。鲜明、具体、实在的活动载体和主题，使目标看得清，工作能落实，党员好参加。各级党组织要结合实际，灵活创新创先争优活动方式。一要把创新活动载体贯穿始终。公司党委提出"新电机、新发展、新形象"是这次创先争优活动的主线，是从全公司来讲的，比较宏观。各级党组织要围绕这个主线突出本单位活动重点和特色，鼓励和支持各级党组织根据实际情况，按照有利于组织开展活动、有利于党员参加的原则，积极探索创新，精心设计载体，丰富活动内容，创新活动方式。组织开展多种形式的岗位奉献、岗位创新、岗位创效等活动，引导基层党组织履职尽责创先进，广大党员立足岗位争优秀。二要把典型带动贯穿始终。榜样的力量是无穷的。在创先争优活动中，要注意塑造先进典型，把"先"和"优"具体化、形象化，使基层党组织和党员学有榜样，赶有目标，见贤思齐。公司将在 2011 年建党 90 周年之际，对活动中的先进基层党组织、优秀共产党员、优秀党务工作者进行专项表彰。同时，推荐先进基层党组织、优秀共产党员参与中国南车党委专项表彰。2012 年还将由中国南车党委向国资委党委专项推荐表彰中央企业"2010～2012 年创先争优活动"先进基层党组织、优秀共产党员。

(三)扎实推进，确保创先争优活动取得实效

作为中国南车新的一级子公司，作为创先争优活动联系点单位，组织开展好创先争优活动，是公司的一项重大政治任务。各级党组织要高度重视，精心安排，周密部署，切切实实把创先争优活动的各项目标任务落到实处。

一要加强领导，强化责任。创先争优活动在公司党委的统一领导下进行，并已成立创先争优活动领导小组。各基层党组织要结合实际成立相应机构，把创先争优活动摆上重要议事日程，明确党总支书记为第一责任人，相关单位分工负责合力抓，切实做到思想到位、领导到位、组织到位、工作到位、措施到位。我再强调一点，我们许多基层单位的党总支书记是行政领导兼任的，更要在思想上高度重视，工作上切实抓紧，内容上认真抓实，切实履行好"一岗双责"，确保活动效果。

二要广泛宣传，营造氛围。各级党组织要切实加强宣传引导，广泛深入地宣传开展创先争优活动的重要意义、目标要求和进展情况，宣传各单位的好经验、好做法和取得的好成效，宣传在活动中涌现出的先进集体和先进个人，充分发挥先进典型的示范引领作用，营造浓厚的活动氛围。同时，各单位要做好信息上报工作，要把好的经验、方法和信息简报定期上报党委宣传部，以便进行及时宣传和推广。

三要深化督导，务求实效。公司创先争优活动领导小组办公室将择机以不定期检查和动态抽查的方式，加强对各单位活动开展情况的督导，确保创先争优活

动不走过场、不搞形式。各级党组织也要充分发挥本单位党员和员工群众的民主监督作用，通过开展座谈、调研等形式，把创先争优活动引向深入，确保创先争优活动落到实处。公司创先争优活动领导小组也可在适当阶段，采取相应形式，对创先争优活动进行交流。

　　同志们，开展创先争优活动，重在坚持、贵在深入、重在落实。各级党组织和广大共产党员要高度重视，强势动员，把握内涵，明确目标，设计载体，优化机制，着眼长效，狠抓落实，扎实开展好创先争优活动，把党组织的政治优势转化为推动南车电机发展战略实施的强劲动力，不断增强南车电机的政治影响力、社会影响力和市场影响力，为建设更具发展活力和竞争实力的南车电机做出新的更大的贡献！

在公司 2010 年上半年经济活动分析会上的讲话

公司执行董事、总经理　胡　洋

2010 年 7 月 19 日

同志们：

　　单纯从经营活动角度来看，上半年公司发展比较平稳。半年来，各项指标都按照年初既定的方针或既定的目标在推进。如果只从指标上分析总结，这个会意义不大。原本的会议议程，李瑾副总有一个经济运行情况分析，李敏良副总有一个成本费用控制的分析，即内部资金流方向上的分析，江有名副总有一个质量分析。这三个方面的分析覆盖了企业经济活动中最重要的几个环节。最重要的有哪几个环节呢？第一是质量，这是企业赖以生存的根本；第二个是现金流，这是对企业生存状况的一个评价；第三个是我们的各项管理活动，这是使质量、资金得以强化的很重要的一项措施。但是会议给三位副总安排的时间比较短，可能有很多核心内容没有讲全讲透，因为内容涉及企业经营的一些机密，所以我们不能下发。接下来，我会在我的讲话中再做一些补充。我的讲话有四个主题，第一个讲南车电机的经营思路，第二个话题讲我们的优势，第三个话题讲我们的差距，第四个讲我们应该怎样行动。

　　一、公司的经营思路

　　今年五月份，在集团中高层战略研讨会上已经非常明确地定义公司的经营思路为：先做强再做大。我们要先做强后做大。什么叫先做强后做大呢？做大这件事情大家都知道，我们不讲。我们讲一下，什么样的企业叫作强。

　　什么样的企业叫作强？我将从四个方面来描述。

　　1.产品的先进性

　　第一个方面从产品的角度来说。一个比较强的企业，他的产品必须具备先进性。就是说你的企业比较强，你的产品也要强，强在哪里？强在产品的先进性上。先进性从三个环节去评价，第一个是环节，是设计环节的手段、方法和理念。设计环节是否先进，就要看你的设计手段、设计方法与设计理念。如果我们的设计人员还是在用传统的图板绘图，还是在用传统的计算工具进行运算，比如计算器，我不能说这个产品不先进，但是从某个角度来说，可能最终的结果是这个产品还不错，但是它没有办法成为产品设计环节的示范。因此，对南车电机来说，产品设计环节的先进性目前并没有完全实现。大家不要以为我们有技术中心，有老专家，有年轻的专家，有一大堆的人，每人面前都摆着计算机，这就是设计的先进。对设计的先进来说，这些东西是工作或者说是实现先进性的手段之一。看上去这些东西只是硬件条件，我们拥有什么样的程序、什么样的设计软件，在同行业中我们的设计软件、所运用的数据是不是独到的，这是其一。其二，是我们拥有什么样的设计理念。我进入电机行业时间太短，太深奥的东西我说不清楚。但是我发现，南车电机相比于北车的永济电机来说，目前为止，我们在产品上，特别是在动车产品上，遇到了天然的缺陷。什么缺陷呢？从产品的先进性角度来说，我们是没问题的。这是从电机本身来评价。但是电机本身不能作为一个整体来存在，它只是一个整体系统的一部分。永济电机的功率比我们的电机大。我们是三菱平台，三菱平台设计的电机很精致、很实用，并不追求功率特别大。这样的产品在既有市场上表现出很好的优势，因为我们单位体积、单位重量的功率是最大的。可是一旦要提速，到 380 km/h，到 500 km/h，我们的电机就显得有点吃力。就像举重一样，举重的世界冠军是分重量级的，轻量级的冠军很难举得过重量级的，原因在哪里？就是你的身体单位重量举起的重量可能很大，但是人家拼的是绝对值。所以从这个角度来说，我们的产品在某些方面是先进的，但是我们怎么去适应客户的需要，追求在新的方面的先进？现在为止，我们 500 km/h 的试验车，就是新的动车，相比现在这样的方式，我们肯定要寻求一种新的方案，要不然我们的功率没办法做大。在传统的基础上去做的话，做不大，一定要放大电机的个头。设计环节上，手段、方法、理念等这些方法决定了我们是否先进，决定了我们产品的先进性。

第二个环节，是制造环节的装备、工艺和技巧。

制造环节的先进其实包括装备的先进，工艺的先进和员工的技巧。一样的装备在不同的工作方法下生产出来的产品，其差异大家都很清楚。员工的技巧决定了产品的先进性，这一条大家也很清楚，就不多说了。

第三个环节，是服务环节的规范、标准和无形。

一个产品先进不先进真的不完全靠设计和制造这两条，有的时候往往这两条先进但第三条没做好，问题反而更突显。我总是给大家举一个例子，到今天为止，"中国的海尔，世界的海尔"这句话大家都基本认可了，觉得海尔好像真的是一个高品质的产品。但是曾几何时，海尔就是一个残次品的代名词。为什么说是一个残次品的代名词，请仔细想一想，海尔为什么要做服务？在那个年代，为什么要服务，按我们常规的理解来说，有问题的时候才会找别人帮忙，那海尔为什么要做服务？就是因为海尔的产品问题特别多。道理其实就这一条，在有海尔的那个年代就有了日立、西门子等品牌产品，你发现这些企业服务人员整天在你家里晃吗？没有。你发现只有海尔的人一天到晚在小区里跑。所以，服务这个环节是产品先进性的一个重要环节。

产品的先进性从设计开始，到制造，再到运用，贯穿于产品从诞生到使用的全过程。我们要和运用贴在一起进行服务，来改变客户对产品的认知。我们设计的一个非常先进的产品，有可能在制造环节没有控制好，交给用户的时候就不那么先进了。但是我们通过服务没有让用户察觉，在用户不知道的时候把它给修复了，用户就会觉得这个东西真的很好。他觉得这个产品不错。所以，服务可以掩盖我们设计与制造的缺陷，这是一般情况下一个产品过程中间服务所起的作用。但是我想告诉大家的是，对南车电机来说，服务是重要一环，但不是去做修饰用的，更不是去掩盖毛病的。因为我们的产品特别是动车产品，当然机车产品也是如此，无论是电机还是变压器，用户从来没有按照你所制定的规范去运用。不是说他不会用，而是到现在为止，铁路提出的要求，200 km/h 速度等级的电机就得跑 250 km/h，300 km/h 速度等级的现在就跑 350 km/h。9600 kW 机车的牵引定数，它可能拉到一万吨，表面看起来是没问题的，但是它在一个长的大坡道上连续运行 70 分钟，速度一般都会在 40~60 km/h 之间，这样的话就造成我们的电机温升超过 200 度。经常会在温升超过 210 多度的情况下保持长时间的运行。对于机车来说，表面看 9600 kW 的车牵引 1 万吨它是允许的。但是我们做电机的知道，我们电机的绝缘等级最高 200 级，200 级的意思就是温升 200K 之内绝缘有保障，超过时绝缘寿命大幅度下降，绝缘会受到损伤。我们进行了一次跟踪检测，发现我们的电机已经完全不是我们想象的那样，它已经类似一个面容憔悴、满脸皱褶的 80 多岁的老太太，没办法去形容它，表面的颜色都变得不敢认了。所以这样的一个过程，机车如此，动车也是如此，你没有服务盯着就肯定要出问题。出了问题别人就会否定你的设计先进。他们就会说，"你看，不好用吧！""什么制造精良，出问题了吧！"设计与制造最终都要在运用过程中接受用户的评价。用户可不太懂电机啊。你不要以为开动车组的司机什么都懂，他和我们一样，除了会按那几个按钮之外，什么都不懂，一旦前头有问题他只会一声惨叫。现在所有的动车上都跟有机械师，机械师就是要处理故障的。机械师现在最会的就是打电话，一旦有问题赶紧给专家组、给总调度台打电话，问是什么故障，他该怎么办。其实他手里边有本册子，这本册子并不能真正意义上解决现实的问题。所以说，在这些过程中间我们的服务就起到了非常重要的作用。

我们的服务是怎么做的呢？动车每天运行回来之后，我们要例行检查。因此这些同志很辛苦。我在办公会上给大家讲过，今天这里有更多的同志在，我必须要讲一讲。做动车服务的同志生活是颠倒的，每天晚上 8 点钟开始上班，凌晨

3、4点钟下班已经很幸运了。如果有故障，就有可能拖到早上5、6点。无论是在武广、郑西还是在京津、沪宁，所有服务一线的同志全是这样一种生活状态，非常辛苦。做机车服务的稍为好一点，有了故障拖到库里，白天去确认，因为机务段晚上上班的极少。所以，从做机车和做动车角度来看，机车服务还稍微舒服一点点，动车的同志就难受得很。在南京那个地方，我去的时候，正好赶上那天有点小风。按道理夏天有点风会感到一点凉爽，但所有的人都害怕风，因为那边堆了一堆水泥，在施工，风一过水泥灰就会飘起来。同时，施工就会有大量的黄土。南京曾被誉为中国的"四大火炉"之一，是个特别炎热的地方，工地上的灰土特别容易被卷起来，然后我们所有人的头发、脸、衣服、裤子、裤脚全部都是灰土。但是我们的服务人员必须在这样的环境之下站着，没有一个地方有凳子，外头有钢轨可以坐，但是晒得特别烫，大家坐不下去。很多人都只好站着，两条腿一会这边换那边，一会那边换这边，很不容易。

铁路建设到现在，特别是高速铁路建设到现在，铁道部自己都说，京津线开通的时候，大家看着动车所都觉得条件不行，不具备办公条件。到了武广线开通的时候，还不如京津，说条件更差一些。到了福厦线，大家觉得这没法弄，觉得去干活很苦很难。到了沪宁线，才发现还不如福厦呢。每开通一条线，条件就更差一点。原因只有一个，速度太快。南京动车所，在使用的前一天晚上才刚刚把铁道的道钉给钉好。因此，在这么艰苦的条件下，我们的同志们在那里工作就显得特别的不容易。当然，这服务越是不容易越考验我们的产品质量本身。如果你的产品的可靠性稍差一点，保不准就要出娄子。

现实就是这样。所以，设计过程、制造过程、服务过程三位一体，而对于我们现阶段而言，服务很重要，它要弥补我们现在的不足。如果你设计的就是400 km/h的，制造过程又得到了保证，那我们的服务就应该相应地减下来。所以，我们说评价一个设计好不好、制造好不好，主要看你的服务人员投得少不少，而不是服务做得好不好。这就是我们产品先进性的体现。产品的先进性不是我们自己去吹嘘出来的，我们的设计多么好，我们的制造多么精良，我们的服务多么到位。你自己说一点用都没有。谁说了算？市场说了算。市场认可了，产品的先进性才有用，江总刚才讲到，南车电机的产品先进性相对于北车来说，目前来看我们是比他们好一点点，就是说我们的产品已经有了差异了，但并不大，我们比他们好一点点。为什么说比他好了一点点呢？我们自己跟自己比，三菱原装的变压器漏油了，比较严重；大同ABB的变压器漏油了，比三菱的严重。因此我们说，南车电机的变压器比他们的好一点。从电机的角度，跟永济制造的II型车的平台去比的话，差异并不大。但是由于我们有比较强的设计能力，所以要是有什么改善、提升时南车电机的响应速度比较快，这里后头还会讲，在此不多说。市场从这个过程中感觉到南车电机在设计上还不错，制造上可能也还不错，在对南车电机的认知里面，不太认可的就是我们的服务。经过我们这几个月的苦肉计，什么是苦肉计，就是所有人真抓实干努力适应用户要求，别人表现80分，我们就要表现出90分。说实在话，郑西线开通的时候，永济的总经理是没去的，除了永济其他大的供应商的总经理基本上都去了。每一次的新线开通，株洲的丁所长都去了。福厦线开通的时候，永济的总经理是没去的。沪宁线开通的时候，永济的总经理还是没去。连续三次都没去。但是铁道部主管这个事情的管市场的领导都去了。所以，我们的服务比永济的口碑在别人说来好一点，我们的设计好一点，制造上就算一样，服务上又好一点，那我们的产品的先进性就比永济的好一点。好了一点市场份额就应该多一点。这就是铁道部的逻辑，他们是这样去评价的。

如果回想一下我们南车电机这几个月走过的路，你说我们在设计上做了大动作了没有？没有。那是我们企业能力的积淀，在那摆着，慢慢积累起来的。在制造上做了什么？在搬家，搬家会影响制造水平和能力，但是我们的管理团队认识到了这个问题，很认真地克服了这个困难，使我们的产品质量保持了稳定，这是一个不容易的事情，是依靠管理来弥补制造环节的不足。在服务上我们下了功夫，我们做了设计，我们做了刻意的设计。我进入南车电机第一天是1月26日，是陪着领导去走一次现场，下来之后我跟肖总说了一句话，我说电机公司的现场缺乏设计。后来我了解了服务，认知到为什么外界对我们有意见，是我们的服务缺少设计。仅仅是缺少一个设计环节，大家也没少出力，事情都没少做，但是就因为缺少了一点点的设计环节而出现了一些偏差。设计有的时候恰恰可以决定后续的结果。你设计就是这个样子，后续做出来差不了多少，我们常常会有这样的感悟，往往说是设计出来的好看，做出来的都不如设计的。这是我们一般人都会有的一个共同的感知。所以，产品的先进性是一个企业强的标志，它必须表现在三个方面。

2. 员工的职业化

企业强，除了好的产品外，还要有好的员工。对员工来说，好就是指职业化的程度高。企业强不强要看我们员工职业化程度高不高。论世界上最强的公司，我们心目中间可能会数到沃尔玛、GE、西门子等。这些都是我们说得出来的最强的公司。沃尔玛之所以强，是因为它是全球连锁。连锁是指什么，就是所有的店都做成一个样子，所有的店都能达到一种要求，这是一种职业化的要求。GE的职业化道路更是值得推崇，做航空发动机的和做医疗器械的两个完全不相关的行业之间的领导者和基层管理人员可以任意调换，这些都是员工职业化的一个重要标志。比如说在我们南车电机，什么时候中层管理者之间可以轮岗，自由轮岗，而不是说我可能适合哪些岗位、哪些岗位不行，什么时候能做到这个了就职业化了。我们在讨论人事调整的时候，经常为我们的员工没有完全职业化而困惑。比方说我们这个岗位缺人，我们不能做到随便从其他岗位调一个过来，而是要挑来挑去。职业化对我们员工来说非常重要。职业化道路体现在两个方面：

第一个是做事的规则意识和创新意识。做事的规则意识大家都很清楚，照章办事。创新意识是什么，我的感悟是，南车电机的员工主要是中层管理者做事的规则意识不错，遵章守纪，照章办事，这不错。但是创新意识有点弱。创新意识有点弱怎么理解呢？就是说，做事情更重要的不是别人要求我怎么做就怎么做，而是融汇到自己的思想中间，创造性地去做一件事情，给别人惊喜，其实这个事情就做好了。我在我们的现场看到了一幅标语，这个标语我每一次看到都觉得这幅标语不够精彩。在我们 C 座，是模仿来的一句标语，但这句模仿的标语最关键的一个词没把它弄过来，这个标语是"第一次就把事情做对"，做对事什么意思？做事情是谁来评价对与错？你给谁做，谁来评价，客户说了算。客户说这事做得对和客户说这事做得漂亮、做得好是有差异的。"对"仅仅满足他的基本要求，"好"则超乎他的想象。所以我觉得我们模仿这标语和宣传词的时候，就是说能做对就可以了，觉得要求太低。我们有规则意识而缺少创新意识，这是做事情。其实我们思考的习惯会决定最后的行为结果。守规则的人一般都内在有一句潜台词："你叫我怎么做我就怎么做，错了是你的"，不愿意承担错误的责任。创新最怕的就是有这种心理障碍。创新是一定会犯错误的，创新一定要面对犯错误之后的代价。如果你没准备去承担这个责任，面临这个错误，你就一定会说我是一个守规则的人。守规则的人是对企业贡献比较小的人，创新的人是对企业贡献比较大的人，往往都是这样。所以，在员工的职业化道路中，我希望我们多一点创新意识，更多的时候不光要把事情做对，更要把事情做好，让别人认为是好。

第二个是做人的昂扬斗志和进取心。职业化面临更多的是职业的挑战与考验，当你面临挑战和考验的时候，你是用什么样的心态去面对的。一般来说，昂扬的斗志是前提，就是不怕这些事情，这是一个前提。进取心是什么？昂扬的斗志是一种气的象征，进取心是一种能力的表现。就是说你有勇气还得有能力，你胸脯拍得砰砰响，最后你还能做得到，两者要结合。因此在我们的企业精神、企业文化建设中，提炼我们南车电机精神的时候，我们把"进取"作为非常重要的一种精神，就是要希望大家能够理解，进取不仅是一个拍胸脯的态度，还有一个能做成事情的结果，所以是一个能力问题。

3. 管理的科学化

何谓强的第三条评价是管理的科学化。管理有很多方法。不是所有的方法我都用，这就是管理的科学化。我们的企业适合用什么管理方法，我们要研究我们处于管理的什么水平和状态。南车电机处于一种什么样的管理水平和状态呢？我观察的结果是，所有的体系都接触过，所有先进东西的名词都了解，但是所有的方法都没有真正地、系统地、全面地做过一遍，做着做着就没有坚持了。办公楼和生产现场都有很多这样的例子。江总说了，这几次检查别人对我们的评价很好，第一次超过了永济。我告诉大家，第一超过永济我们哪些超过哪些没超，我们在现场的表现都超过永济了，但是我们在办公楼里面基础的东西都没有超过永济。恰恰我们现在管理的很多方面都在办公楼里完成，现场离得比较远。所以我告诉大家，如果真正评价我们现在的管理水平是否科学的话，我认为是有科学的方法，但是运用的程度相对比较低一点。

第一个，是工作流程、工作制度的建立。去仔细评判一下我们的工作流程的话，我们很多东西都没有建立工作流程。做事情有没有方法可究，我们以前是怎么做的，为什么不把以前做的东西变成流程，然后评审一下，看看这个流程有没有可以提高效率的地方。关于我们的工作制度，我给中层管理者谈到流程和制度的关系的时候，我讲得非常清楚，我们的企业写了很多制度，但是没有写工作流程，那这个制度不用看，肯定没用，因为流程是做事情的每一个环节的一种描述和步骤的一种要求。比方说我们上班的流程，第一件事情一定是起床，然后出门，第三个环节是进到公司的大门，这三个步骤是不可缺少的，至于中间的其他环节，是流程之一但不是关键节点，关键节点是前三个。所以，流程是什么？是做事情的步骤的描述，是一个一个节点串起来的一个过程。制度是什么？制度是每个节点有什么要求，需要怎么去做的一种规范。没有制度就不能做事情吗？高效率的组织是不需要用制度约束的，高效率的组织往往是没有制度的。没制度的组织靠什么？靠文化，一呼百应。工作流程不建立，很多事情就不清晰，工作流程不仅是规定先做什么后做什么的一种步骤，流程中间非常非常重要的一点是两个节点之间要用多长时间去完成，这是工作中间要约束的。我们没有建立工作流程是因为我们有很多事情都知道步骤，就是不知道时间要求。很多事情，一说起来，先做什么后做什么非常清楚，但是他从来不回答多长时间做完。所以，管理的科学化，一定要建立流程。

第二个，运用先进的方法。一定要运用先进的方法。有很多的方法都是经过很多企业、很多人运用过的，认定为行之有效的，所以我们必须要用。哪些方法是行之有效的，别人认为好的呢？对中国南车来说，提出来的就是 TPS。TPS 是什么，是精益生产方式，这是中国南车现在强推的。在精益生产方式之下，有很多工具如 TPM、5S、TQM 等。TPM 是自主保全；5S 是现场五个步骤的改善；TQM 是全面质量管理活动，这些都是被认定为好用的方法。一个企业管理科学不科学，并不是看你的方法本身先进不先进，看的是你这个方法进行了多长时间、循环了多少回，就是 PDCA，转了几圈，转的圈数越多，你的管理就会越科学。如果一个方法，PDCA 还没转一半，又换了另一个方法，或者说今天我们用 6δ，明天又创造一个新的工具，天天都在换手段，那肯定有问题。传统的方法往往是最好用的，深入的循环使用，效果才会好。

4.文化的感召力

企业强的第四个标志，是文化的感召力。我们前头讲了产品，讲了人，讲了管理。产品讲的是物，人讲的是实现产品的和它终身相伴的活动体，管理讲的是一个组织，而文化讲的是存在于这个组织中的思想脉络，就是植于这个组织的思想脉络，文化感召力。

第一个，是价值观的引领作用。讲文化第一条一定讲价值观，企业愿景、奋斗目标等都是企业价值观的一部分。价值观是一个团队对事物的共同认识。南车的价值观是这样描述的，它是"五个共同"即股东、用户、员工、供应商和社会的共同认同，总之和南车打交道的所有人的认同就是南车的价值观。南车的价值观就是让全社会都认同南车，说穿了就是这个概念，只是字面上不能写成"南车的价值观就是全社会、全球都认同南车"，这似乎有点太张扬，也不是真正有文化的表述方式，所以南车就写了以上"五个共同"，把这五个群体加起来就是全社会。南车电机是南车的一级子公司，我们的价值观肯定要被大家认同。我们可以在现场讨论一下，大家认为南车电机首先应该被谁认同才是真正的认同？首先是自己，自己要认同自己，南车电机才能被外界认同。我们现在感觉得到南车电机的员工认同南车电机吗？你会发现在我们这个群体中间有大量员工，他们对南车电机到底是一种怎么样的认同度，我们心里是没有多少底数的。为什么感觉不到员工对我们的认同呢？主要是南车电机的价值观是什么，这个问题没有一个真正的全员都知道的答案。南车电机的价值观到底应该是什么？到现在为止没法给出一个人人都知道的答案。南车电机的价值观应该是什么，这是一个企业的文化所需要考虑的问题，这并不是由我提出来，让大家来作答这个问题，应该经过我们企业文化建设过程中的总结，提炼出南车电机的企业价值观。以上是文化感召力的第一条，公司价值观的问题不是特别清晰。

第二个，群体与个体的动力集中度与动力强度不一致。这句话有点拗口，群体指的是组织，个体指的是我们个人，动力就是驱动力，实现目标的那份力量。我们这个组织的动力不是特别强，因为没有形成共同的价值观，就没有办法说为了共同的目标去奋斗，所以组织的动力不是特别强。集中度当然也不特别高。个体的动力是不是也强？我感觉，不是说在座的，南车电机的3000多从业人员，在南车电机范畴之内的从业人员，他们真的有动力吗？有一种渴望吗？内心一定有，但是在黑暗中潜行，没看到亮光，他们不知道自己的方向在何处，没办法追寻。比方说，我们大量的劳务用工，不知道自己什么时间能成为南车电机的一分子。既然不知道就没有办法追求，没有办法追求就把自己当局外人，这是肯定的。所以，南车电机的动力集中度和动力强度，个体与群体之间都是不清晰的。

第三个，是企业的品位。就是进到南车电机的时候，要去感知企业的品位，包括硬件和软件两条。硬件看外在环境、设施、厂房、设备等。软件看什么，我经常为这一点去观察和思考。我认为南车电机的硬件设施应该是不错的。软件方面，从背后看可以，从侧面看可以，就是不能从正面看。每天早上早操之后，从我的办公室这边看过去，发现这支队伍非常好，整齐、有序、规范，大家都能按照统一的要求去做事，非常好。但是在前头一看，就会有一些和刚才不一样的感受，因为大家的面部表情不是那种让人看了之后会受到振奋的。大家该站着时站着，手在背后背着，但是面部一定是一种无奈的表情，我觉得是这样的一种感受。所以我们还差一点点，360度转的话，南车电机现在转了270度，就差90度了。从这个环境上去讲，这个90度是什么，就是我们的文化建设，是精气神的转变。在二楼学术厅开会，我对椅子的设计一直有意见，今天是第三次说这个事，楼上的椅子靠背太高，很多人都会躺在靠背里睡觉，这给主讲人很不舒服的感觉。今天的会议，一是人数比较多，二是想练一下没有高靠背是什么状态。我发现长期靠在高靠背里的同志，颈椎早已变形，所以在这种没有高靠背椅的情况下，大家依然会用自己的肩支着头，失去了靠背，大家只得挺直腰杆。会议时间过长时，压力会很大，但是我想说的不是外在的这个东西，而是一定要有内在的品味，有精气神。以往穿着旧工作服的时候，怎么看都不精神。自从新工作服发下来，看着就精神了很多，但是这种精神是外在的，要变成内在的，还需要通过一段时间对南车电机的认知来改变。

二、南车电机的优势

以上讲的是何谓强，何谓强讲了很大的一段。下面想简单讲一讲南车电机的优势是什么。如果想要做强，现在有哪些优势。公司现有优势有以下几条。

1. 关键时刻能冲得上去

我们经历了动联办、机联办，包括集团董事长、总裁来的那些时刻。在这些时刻，我们认真地在我们的环节和关键点去把控，我们都会让别人对我们有好的评价。这叫关键时候能冲得上去。我把它定义为一种文艺特性，文化艺术的意思。什么是文艺特性，是一种表演的状态，把最美的一刻留在舞台上亮相的一瞬间。很多同志都有在舞台上表演的经历，平时练的时候从来没有完整练过一遍精彩的，懒懒散散的样子，总不是这个错就是那个错，一上台就发现很兴奋，表现为有史以来最好的一次。很多同志参加过大合唱，上台以后会发现大家都觉得这次是自己唱得最好的，是表演特性。表演特性有一种不足，就是心存侥幸，一旦失误，追悔莫及。什么叫心存侥幸，平常的时候做得不那么好，总是自己安慰自己说关键时候就能做好了，等到那个时候我们肯定好了。既然有文艺特性，那么还有一种特性叫体育特性。体育特性是什么，经常有人会讲，看那些奥运冠军，经过长时间的刻苦训练，冬练三九，夏练三伏，索然无味的训练之后，有朝一日，遇到机会了，表现出了自己的能力，获得了金牌，叫不鸣则已，一鸣惊人。体育特性是平素的时候别人看不到、体会不到那个艰辛过程，一旦爆发出能力，会星光特别灿烂。不知道大家是不是这样的价值观，我是的，也许不对，但是我把它说出来。我对体育运动员或者奥运金牌的赞赏多于对明星的。我或多或少地觉得体育明星的付出是由汗水积淀的，文艺明星更多是靠天赋，靠上苍给予他的禀赋，往往是突出的个性能力而不是努力。当然也不完全，文艺界也有一句话叫"台上一分钟，台下十年功"，这更多讲的是那些传统意义上的京剧舞台上的唱、念、坐、打，讲的更多的是出力气的活。所以，在这两个特性中间，我得出的结论是：南车电机现在具备关键时刻能够冲上去的品质，在一个时点上做得好，做得非常亮，这一点没问题，但缺少一个平常能够兢兢业业、认认真真做好的习惯，缺少过程中间的表现。我们经常需要经过一番整理、梳洗打扮然后出来的效果不错，像出水芙蓉一样展现自己的天生丽质，但是平常经常是在灶头弄得满脸乌黑，就是一个农妇。南车电机的天生丽质需要日常的打理。

2. 基本条件好

前面那一条优势我并不赞赏。但第二个优势觉得很欣慰，就是南车电机基本条件好。这里讲的是比较优势。南车电机的基本条件是人、财、物。我们的人在知识结构上肯定比竞争对手好，在技能上到现在为止跟竞争对手相比可能会有一点点差距，但是我们年轻得多，我们平均20多岁，永济平均40多岁，我们的空间比他们大得多。知识、技能加修养，合起来叫素养，是素质与修养。我们的修养是什么，觉得自己一两句话无法表述。但可以讲到湖南这个地域，在中国都是被推崇为最有文化积淀、最有创造力的。这地方的人是最具创造精神的，这地方的人修炼自身和修炼别人的能力都很强。所以这地方的修养是很容易成为领袖级的，《论共产党员的修养》是湖南人刘少奇同志写的。所以如果从修养的角度，我们在行业内应该是别人的领袖才好，我们有这样天然的条件。从员工素质的角度，我觉得没问题；从设备、设施集约化程度，也没问题。单纯谈设备、设施，大家都清楚是什么概念。集约化讲的是我们的产业链相对他们来说短得多，"术业有专攻"，除了电机变压器，其实我们别的东西很少。所以我们最专注。我们生产过程中大量的是靠外界的能力和合作，这是集约化的一个方式。永济是什么都得干，可能说得好听是什么都能干，其实我说的那个词是什么都得干，他不得不能干。因为他周边没有人给他配套，他周边方圆200里之内也没有人给他配套，所以他是方圆200里之内产业链最长的。产业链长意味着什么？意味着规模化程度低，就是你的企业要去复制规模，迅速去规模成长时，产业链太长，没法成长。电机公司有两条龙很漂亮，这两条龙的长度，每条龙增加一倍，舞起来的难度是增加一倍还是若干倍？肯定的，要舞得这么好看，就增加若干倍难度。为什么？产业链条越长，每个环节、每个链条的能力的增长都需要加大投资，需要更多人员，需要的场地也就更多，管理环节也随之增多，管理难度更大。所以，南车电机具备集约化程度高的优点，我们要迅速做扩张很容易，想把我们的产品在别的地方复制形成生产能力，其实是相对容易的。

基本条件好之后，产品的销售与成本就相对稳定。尽管李瑾副总刚刚分析了成本、销售收入之间的关系，我们的销售利润率下降。但是我们要知道，产品的销售与成本的相对稳定意味着现金流的稳定。大家肯定知道"现金为王"这四个字，知道这个概念，讲的是一个企业如果没有了现金流作为支撑，这个企业一定会出问题。很多企业扩张做得很好，到最后死都死在现金上。只有投出去的钱，没有回来的钱，你就什么都做不了，这叫资金流断裂，很危险。我们这一点做得非常好。为了保持良好的现金流，其实我们必须要做的事情很多。李瑾副总刚才讲到，我们的应收账款一直在增加，增加在哪里，全增加在客户中间。虽然我们的客户本就没几个。我们没有下很大的功夫去催收应收款。你跟株机公司天天要钱，他会舒服吗？去金风天天盯着要钱，他会说，别的企业可以给我做，钱可以缓，你非得要钱，那我不给你活干了，给别人做吧。对我们来说，这些关系和指标之间都是矛盾的，所以，我们现在讲我们的现金流真的还是不错的。关键时刻，集团半年清一次款，我们的现金流遇到关键时刻，集团会支持的，特别是南车电机现在进入了集团的资金池，有钱没钱心里不要太慌，太慌了反而不好。我们财务运作是不错的。李敏良副总、王怀中经理的工作做得不错，有些重要指标可以表明财务的工作做得好。销售收入增长了，应收账款增长了，应付款同步增长了，财务没有在收到的钱不多时，给出去较多的钱，以上三个是同步的，这就是财务很大的贡献。有的财务就不这么做，应收款没回来，但是供应商天天盯着要钱就给，很大方。集团公司允许给南车电机的资金支持是 5.3 亿，现在为止我们只用了 3 个多亿，剩下的没要，财务觉得这个运作够了。省下的一个多亿是什么，就是企业效益。从这个角度来说，财务的运作情况不错。当然，南车电机今年有 30 亿的销售收入。我算了一下，我们的排名在南车都是排前几名的。去年我们的销售净利润率是南车第一名。在利润率上，我不觉得做南车第一名是一个好事情。南车电机应该做的是强身健体，扎扎实实做内部的事情。增加装备能力，改善员工工作环境，这些事情多做一些，积蓄一些资金放在以后的扩张上，这就是先做强后做大的思路。

3. 研发能力强

不再多说其他的，只说一个现象。7 月 17 日那天对南车电机来说是很关键的一天，因为那一天我们完成了新一代动车组电机变压器功率提升的产品交付，我们就在这一关键产品上占据了先机，成为一个让人人都看得见的与永济拉开差距的指标。那一刻，我们做得很漂亮，从研发到制造、物流控制，整个环节都非常努力、非常用功。这个产品能够在一个月的时间内完成，6 月 17 日下达布置任务，7 月 17 日能够交付产品。我们说产品的先进性的第三个指标，我们前头的两个指标研发与制造都是做得非常漂亮，这是我们的研发能力。永济和大同 ABB

什么时候能出产品我们拭目以待，反正我们的产品已经装车，他们的产品即便出来也没机会去试、没机会表现了。这就是南车电机的文艺性。

4. 外在优势

内在优势讲了三条，外在优势是我们与客户的关系非常密切。四个大客户，与株机公司是曾经的母子公司关系，与四方同是南车旗帜下的兄弟关系，与金风是共同利益链上的伙伴关系，与铁道部是目前为止逐渐获得青睐的上下级关系。

首先，要去理解什么是关系。很多人认为关系就是两个人之间的礼尚往来，能谈得来，像朋友一样对待。这是很重要的一方面。如果说关系深、关系好，还要加上一方面，就是有思想交流。前面这部分叫情感交流。说到两个人关系很好，十年不见一次面都是有可能的，不要停止思想交流就可以了。十年没见面，但是思想总是在沟通，总是在交流，关系也会很好。如果十年没见面，思想没交流，还说关系很好，那叫忽悠。关于忽悠，最近听到有人给了个定义，我觉得这个定语给得很好。南京机车验收办主任说，他们经过总结发现"忽悠"可以这样定义：超过自己能力的策划。超过了自己能力的策划就是忽悠，那么情感交流是有话说、有事做，和别人情感交流得很好，两个人很投缘，他有事的时候会让你做，你会获得现在的生意。思想交流，因为思想上的统一和认同，两个人之间觉得境界是一致的，这时候可以在他发展的同时提供给你发展的机会，可以谋大事，做大的发展。所以，情感交流做眼前的小事，是为做大事铺垫的，必须要有思想交流。到现在为止，我和金风公司武钢董事长只接触了十三个小时，中间谈话时间有两个小时，我们达成了一个共识：企业一定是人和人之间的交流，这是基层；加上管理层和管理层之间的对接，这是中高层；加上主要管理者之间的思想的融通。最上面是大脑保持同一性，中间是躯干保持同一性，然后加上步伐上保持同一性，这两个企业可以紧紧走在一起。本月24日金风在江苏大丰的第一台海上风电落成，装的电机定子是我们公司的，我们会到场祝贺。原因其实是在金风边上有一块地，大丰免费送给南车电机176亩地，就挨着金风，一墙之隔，我们期望这个地方挨着金风不光是做定子，目标很多。这是与客户的关系。

至于株机公司，与母体之间的关系，就不多说了，"儿行千里母担忧"是中国人情感中间重要的一部分。其实我们做得好与不好，株机公司很在意。这个在意是两个方面的。株机特别希望我们做好，因为他们曾经培育过的企业，有他们的文化元素在其中，有根基在这个地方，他们希望在这个根基上建起高楼大厦。但是如果我们做得好的过程中间，跟他们的差距太大，心里头会有一种奇妙的味道。所以在很多方面，我们要高度注意这些事情，后面会讲到。

与四方之间。我们在株机公司旗下时，四方给南车电机说好话的机会肯定会少一点的。至于为什么，我不想给大家解释。但是到现在为止，四方接受了两个任务，一个是集团的任务，集团要求四方公司尽力为南车电机创造市场空间，要为南车电机创造市场。第二是情感的任务，我与四方股份的总经理两个人有非常多的交流，思想和情感的交流都有，他们会用市场努力支持南车电机。我感觉这种关系到目前为止，基础很好，但是靠什么，靠维护，靠大家的维护。两个人之间的关系好作用不大，总经理对你再好，主管你的人不认可，一点用都没有。

给大家举个例子。在四方开会的时候，张曙光副总工本来那天就要拍南北车电机、变压器的份额。我进去说了很多话之后，郑总裁不失时机地对张总说："南车电机的份额还没定下来，是不是抓紧定了？"张总说："可以啊，永济的老徐叫来，老徐呢，怎么总是见不到？"此时此刻，有一位主管领导说："南车电机要这么大的比例肯定不行吧。"张总一听，就没再拍，沟通上还是有些问题。当然我觉得这个比例如果拍，当时也不可能拍得那么高，南车希望最好是100%，实在不行就90%，90%不行就85%，反正是往高里要。这个是不太可能的，因为北车的日立永济有日立的关系，大同ABB有ABB的关系，这些外资企业有这样一种合资的关系，唯独南车电机是完全自主知识产权的。另外，我们在做服务的过程中间感知到，四方在服务层面上无论是服务经理还是主管服务的人都对我们以前的服务有点微词，或多或少会说点什么。当然现在是不说了，现在是大会小会都表扬南车电机。我觉得不一定是好事，这个对比来得太大太快，但是这个关系层面上有基础。我可以实实在在告诉大家，我们获得75%的份额和我个人没有一点关系。我跟郑总裁和集团公司领导说，集团去找了铁道部，铁道部都没有表态，此时此刻我去找有用吗，一点用都没有。我说，我唯一能做的是带领南车电机这个团队，扎扎实实地把客户认为做得不好的事情改善，我唯一能做的就是做事情，至于说份额的事情就全拜托领导了。最后在四方股份和南车总裁的共同策划下，我们获得了75%的份额，这件事情，集团公司一直很帮忙。就在昨天早上，我和江总一起去北京开会的时候，我去感谢张总。张总说："满意吧。"我说："不光是满意，是特别满意。"郑总裁说："光满意不行，一定要干好。"其实这是在领导面前的一种态度。但是我想告诉大家的是，郑总裁跟张总是怎么说的。郑总裁说："在南车电机独立这件事情上，张总的意见南车是尊重了的，但是独立之后如果份额上不给予倾斜，那么我们就觉得独立这件事情没有价值，没有体现出做这件事情的价值，更何况很多人在等着看南车电机独立之后的问题，如果你不用市场给予支持的话，别人就会看笑话。"郑总裁用这样的方式去和张总勾兑，经过这样一个过程，经过几个月的观察，铁道部到现在为止能够认可我们，并给我们这个份额，应该说是我们南车电机人的骄傲和成功。更重要的是，铁道部的领导特别是张总有两句特别重要的话，他说："南车电机应该在两年之内超过其他企业，成为行业第一，如果你是行业第一，我给你多少份额都是应该的。"所以，我觉得从南车电机和铁道部的关系来看，我们南车电机公司诞生中有铁道部领导的期待，公司发展中有铁道部领导的期许。特别是王小方副总去过常牵，我们去过永济，我们对两年之内超过我们的竞争对手充满信心。

还有一条，南车电机在外部其实是一个受人羡慕的企业（不包括田心地区）。南车电机，无论是看发展速度还是看各项指标，这个企业值得羡慕。为什么说不包括田心，因为株机和株所也同样是受羡慕的企业。所以外人的感悟可能会更深一点。这种感悟说起来，包括永济、常牵这种地方，仔细去比指标，比企业经营速度这些指标，真的不值得骄傲。可正是因为我们在田心，我们一点都感受不到。在田心，不能说有"三座大山"压着我们，要知道我们是一个部件供应商。我们曾经说过，我们是"藤缠树"，我们仅仅是一棵藤，一棵经受很多曲折才能和别人达到同样高度的藤，所以我们在这个地方可能没有特别骄傲的感觉，没有自豪的感觉，这是很正常的。是不是永远会这样，不会，肯定不会！一个企业好与不好，是用这个指标来观测的——增加值劳动生产率。这个指标怎么计算，大家回去好好琢磨琢磨，研究一下，查一下什么是增加值劳动生产率。南车电机应该在这上面想办法，如果这个指标上去了，那有哪些指标会上去呢？管理费会上去，而管理费中间绝大多数是管理人员的工资，大家说是不是好事，那肯定要成为好事才行。然后，人工成本的占比会适当，什么是适当，就是员工收入会比较高，但是人工成本并不太高，因为其他指标比较好，这个就有这么个好处。我们南车电机要跟行业比，将来也是一定跟行业比，像永济、常牵这些企业，跟他们比。因为我们做的是电机行业，我们不跟这个行业比跟别的地方比，有时候会缺乏可比性。

三、南车电机的差距

上面说到的是优势，第三大点就说公司存在的差距。

1. 个体和组织的学习力都有些不足

个体的不足是指不论在行业内还是在集团内，优秀层面的员工比较少。可能有客观原因，原来是二级企业，没有多少机会在这个地方去表现，但是现在是一级企业了，怎么能够成就我们这样的一个梦想，个体上怎么成为行业内的佼佼者，值得我们去思考。从组织的角度来讲，我们的工作标准有待提高，创新力有待增加。工作标准有待提高，这一点尤其重要。因为很多时候我发现，我们做事情时选择的参照物不太有南车电机应有的品味。

2. 执行力不足

关于执行力不足，前面有讲过。有些东西不是说到就可以了，一定要有创新。评判执行力指标最重要的一条往往不是按标准、按要求做了，而是超乎想象，就是加上创造性。执行力中非常重要的一点是速度，速度是执行力评判的第一指标，速度分为三个阶段。第一是接受问题的反应速度，这个速度是理解的速度，就是接到这个问题马上就能理解；第二是行动速度，一旦理解或者在理解的过程中就开始有所行动；第三是取得效果的速度，什么时间给出一个结论，这个结论就是呈现出的效果。南车电机很多时候缺乏速度，很多事情，在前面讲流程的时候，我们对流程节拍的控制，这个地方讲执行力的时候，讲速度。综合起来，我们现在还并不是一个执行力特别强的团队。从动车组扩容产品成功实现在一个月内交付这个事情上去反思，中间还是有一些环节需要去改善的。我们报给四方的计划是两个月完成，内控计划是45天完成，执行起来是30天。这中间当然有很多变化因素如铁道部的要求等，但想象一下，如果没有外在压力，单靠我们自身动力去做事情，45天这个节点肯定是要花掉的。45天和30天效率差多少，按30天计算差了50%，按45天去算差30%。效率差30%，差多少，很大！所以在执行力上一定要速度第一、完美第二。评判执行力还有一条，要为速度付出代价。为速度付出什么代价，付出努力程度这一代价而不是付出失败这个代价。速度往往都是靠努力争取的，而不是靠按部就班的工作。所以，要想有执行力必须首先从工作态度的努力开始。

3.眼界与境界

眼界是看得到的东西，看过的东西；境界是看过之后思考所能想到的东西，是目前可能还不存在的东西。从眼界的角度说，看而不入心，是见过而无见识，就是看过了却没有记到心里，没有用心去思考，那仅仅是见过而不能叫有见识。从境界的角度说，看过而入心，是见识更是见解，境界是要用见解去体现的。如果说全国所有的风景区都去过，所有的城市都去过，并不表明你就是一个地理学家，也不表明你是一个鉴赏者或是一个优秀的导游，只表明你见过。如果对每一地方的风土人情、人文风貌都能有自己的阐述，能够给别人带来知识与欢愉，说明你有见解。见解源自什么，源自用心。所以，眼界是看过的东西，境界是想过的东西。南车电机既需要开阔眼界，也需要增加思考，需要在眼界与境界两方面都继续提升。二级企业向一级企业转型之后，关键的是境界的变化，特别是一级企业应该怎样在集团、市场、用户面前展现自己，这个境界需要我们好好修炼一下。

四、如何行动

有了以上的看法，接下来我们该怎么行动？我认为行动主要分以下两步。

1.员工层面上对组织的认识要有所变化

组织是什么？一个企业是一个组织，一个车间也是一个组织。组织最重要的是为员工创造体现价值的机会。员工价值怎么体现，马斯诺的"需求层次论"就是人生价值体现的五个步骤，这五个步骤最后一个是被人尊重的需要，最基本的是生存需要。在这一过程的变化中间，组织要为员工实现人生价值进行步骤的设计。价值并不是进了组织，混着混着就能够有的，一定不是的，一定要在组织中间，由组织提供机会，然后员工在机会中去实现自己的价值，一定是这样去配合的。

我们在7月份做了一件很多人看起来不可理喻或者很多人看起来不对的事

情，就是把正式员工和非正式员工做身份区分。用什么来区分，用回报，用价值回报，用钱也就是用收入做了一个区分。为什么要区分？组织给员工提供实现人生价值的空间，首先就要定义组织中的人，组织是由哪些人组成的。南车电机是由谁组成的，目前从法律的角度看是由1600多名在册职工组成的，这是法律的定义。南车电机的未来是由谁组成的，企业进步，个人进步，同步成长，未来南车电机可能是由3000多正式员工加上2000多劳务员工组成的，这是未来的南车电机。我们现在把南车电机定义为是由1000多正式员工和1000多劳务员工组成的。如果现在就定义，那么这个组织所应该具备的很多东西都不具备，这个组织形式上如果这么定义，实质上是不存在的。为什么呢？第一，就工人阶级来讲，劳务员工不是工会的一员；作为组织中最重要的党组织来说，他们不是党组织的一分子；作为行政规划来说，他们仅仅是生产过程中的一个环节。他们既没有在这个环节里获得个人价值的体现，又没有因为他们进入这个环节，这个环节而像当初设计那样，自己的人生价值得到更高程度的体现。所以，一定要重新认识现在的组织，要清晰定义这个组织。我们做了这样一个区分，区分是为了什么，是为了让员工有自己的价值体现步骤。

非正式员工，他们从实习员工到劳务员工到成为我们的一员，得有这种价值实现的过程。我们自己的正式员工，也要设计职业成长的通道。技术层级上，要让大家从普通的一名员工到成为专家、领军人物、首席；管理团队上，要让大家将来成为管理大师、集团的专家成员；操作层面上，那就一定是成为技师、高级技师、操作大师，一定要有若干通道。比如说劳务员工，没有人给他们评技师、高级技师。现在可以不这样做，但有朝一日我们自己的员工通道开始搭建起来，大家迅速成长起来，都成为技师、高级技师的时候，南车对技师、高级技师有若干待遇的时候，那些劳务员工怎么办？他们中的优秀分子怎么办？你没有资格去给他们做这些事情。所以现在必须要搞清楚我们的组织是什么，要有一个清醒的认识，再也不能混在一起，同工同酬这些模糊的概念放在一起是为了把今天的任务完成。这是对员工本身不负责任，他们今天在这个组织，是劳务的，你认可他。但无论他做得多么好，若干年以后，如果他即将老矣，60岁退休，在他58岁的时候还会留下他吗？不一定的。企业要拷问一下自身的价值观。因为企业今天都在淘汰曾经为企业做过贡献的老员工，那明天会跟他说，你老了我们也会留着你？他们永远没有归属感，他们永远会在漂泊的心态之下进入这个企业。南车电机自己要想一想，在我们的文化中间、战略中间去思考这件事情。一方面年轻的员工不断涌入，另一方面老员工被放在一旁，说岁数大了干不动了，边上去吧，待遇也开始降低。这个轮回不用20年就会面临，20年之后，年轻的这批员工就跟他们一样老，那时候南车电机会理所当然地说，因为你不是我的员工，是劳务派遣的，你干不动了所以不应该在南车电机呆着，应该被辞退。这些年轻的员工他们不懂这个，他们现在拼命工作就是挣点钱，一旦懂了这个就会对企业的价值观产生怀疑。还莫不如现在告诉他们，你不是我的员工，但是你可以是。我们有成为企业员工的标准和条件，满足就可以进入，进入之后，40岁如此，50岁如此，60岁还是如此。

这就是重新认识这个组织的重要性，如果这个认识不清楚，组织就会一锅粥，不知道该怎么处理一些事情。所以就有了七月份发半年奖时的事情。半年的奖励是福利性的，福利性的东西就应该谁掏福利费就给谁发才是比较公允的。劳务员工都是不掏福利费的，福利费都是正式员工头上出来的，但是考虑到劳务员工为企业做的贡献也给他们发了一部分钱，有差异。当然这有很多的声音，有很多的说法。我们前头做了一些工作，从七个方面做了分析，给他们讲为什么这么做。核心是组织的设计要有清晰的组织规则，组织内的人和组织外的人必须是两个不同的群体。文化的融合和组织的融合不是一回事，文化融合不代表组织就该混在一起。

组织要有一个清醒的认识，还原组织的本来面目，这样组织才会有活力。还原了本来面目就要构建成长通道。下半年，人力资源部要迅速行动起来，大力开展员工成长通道设计与建设。一方面是出台相关政策，该评级的评级，该给荣誉的给荣誉，该给待遇的给待遇，大量的活动都要搞起来。还要形成组织的文化，形成组织的文化要靠学习与培训来开展。因此，需要大量的学习与培训。

2.抓住关键的弱项开展重点突出的改进

抓住关键的弱项，加以改进，我们关键的弱项有四个方面。

第一是质量意识和行为。质量意识，江总刚才讲得很好也很深刻，大家按照江总讲的去多领悟就可以了。补充讲一点的就是服务，服务这件事情，经过我和客服人员、客服工作的接触，我认为服务人员自身对于服务的理解不是特别全面。因此，我在上海的时候跟他们进行了交流，现在开始要去做预防性工作的培训。我们内部对服务的认知和理解更加有差距，所以抓住一切机会和场合讲服务对我们企业很重要。从我个人的角度来讲，做的是一个示范，跟着服务队员的过程是一种示范。我希望骨干团队，尤其是中层以上管理者能够深入服务过程，去体会服务的辛苦，然后想办法从设计、制造这些环节来减轻服务的压力。

第二是效益意识。我认为，效益意识反映在内部是现场效益的流失。最近这一年都在做工艺布局的调整和搬迁。大家知道吗，从工艺布局调整中间扔掉了多少东西，淘汰了多少设备？大家可能没有去算过账，但是每走到一些地方你会发现，这个设备为什么不能用，原因是什么，花了钱没有，肯定是花了钱到现在不能用的。很多新设备，买进来就没用过，这回工艺布局调整给淘汰了，最贵的几百万，都淘汰了。这是从现场去发现效率意识。从外部去发现效率意识，卖完东西以后一定要催收货款，从销售回款时间到销售回款控制。现在销售给金风的产品还有 3 个多亿的应收款，3 个多亿的应收款是个大数吧？一个小小的北京销售公司，还有 1600 万的应收款，相比于他的销售来说是个大数吧，他们一年的销售业绩不过如此。从这些角度来说，内部是靠现场、质量、成本的控制来看效益，外部是靠销售和回款之间的关系来看效益。在搬迁的过程中，很多同志都不是很注意，把搬迁工作都让给了那些工程队。走到现场你会发现，今天早上来看昨天晚上搬的时候什么东西搬坏了，明天来看的时候什么东西又不行了，真的很可惜。效益意识需要控制，质量和效益之间经常会有冲突。如果遇到了质量和效益之间的冲突，首选保质量。我在了解风电的过程中间有这样一个了解，由于工艺的要求，劳动效率下降得非常多，为了保证产品质量，投入的人力增加了很多。原来风电的线圈一个人可以做 60 多个/天，现在只能做 20 多个，那就意味着比原来要多投 2 倍的人进去，这是效益的下降、成本的增加。原来叠片两层一起叠，现在要一层一层叠，那么这一变化使效率下降了 40%，人员要增加。这些变化，从设计的角度看根本是保质量的，所以得服从。在质量与效益之间，首选保质量，当然不是说为了保质量就可以无谓地放大成本，我认为要控制。

第三是规则意识。规则意识不是制度执行得真，南车电机制度执行的真，我认为总体来说还可以，尤其在风电。我的排序不一定对，规则意识排队依次为风电分厂、变压器分厂、特电分厂、电机分厂。不是批评电机，而是感觉电机分厂在做事情的时候，在规则意识检查中发现的问题更多一点。变压器分厂的规则意识更好一些，但是变压器分厂在制定规则的时候想法多一点，希望规则定得低一点。评判一下这样的做法，电机分厂的工作要增加规则意识，风电分厂和变压器分厂要增加担当意识。规则意识和担当意识是矛盾的，跷跷板的两头，规则意识强的人担当意识就会差，担当意识强的人规则意识就会弱，要找到平衡，就是规则意识与担当意识要去平衡。

第四是荣誉意识。南车电机是一个受羡慕的企业，什么时候南车电机是一个受尊崇的企业，如果有了这一天，南车电机就是一个好企业。现在为止羡慕我们是因为我们太年轻，很少有幼儿园的小朋友受到尊崇，但都羡慕他，这小孩什么都好。只有到了一定的年龄，有了足够的资历，才会受到尊崇，这资历可不仅是年龄本身，更多时候是一个成就。希望通过下半年的努力，南车电机这个企业，在明年初总结一年工作的时候，当我们有了 300 多天生命的时候，我们会有自信。再过若干时间，我们会受到别人的尊敬。

同志们，我讲的这些内容，和经营本身、和今年的经营本身关系不大，因为从完成今年的目标来说，南车电机早就充满了信心。但是和我们的明天、我们的未来关系很密切。希望通过对半年工作的回顾，能够坚定我们成为受人尊崇的企业的目标！

谢谢！

在南车株洲电机江苏大丰基地奠基仪式上的致辞

执行董事、总经理　胡　洋

2010 年 11 月 7 日

尊敬的倪峰书记、陈平市长，

尊敬的郭健总裁，

各位领导、各位嘉宾，朋友们：

　　经过艰苦细致的前期工作和精心筹备，今天，我们在这里隆重举行南车株洲电机江苏大丰基地奠基仪式。值此重要时刻，我谨代表南车株洲电机有限公司向为基地前期规划、设计工作付出辛勤劳动的同志们致以崇高的敬意！向给予基地项目建设政策扶持和无私帮助的各级政府及有关部门表示衷心的感谢！向一直关心和支持公司发展的各界朋友表示衷心的感谢和热烈的欢迎！

　　多年来，南车电机秉承着"传承、创新、进取"的企业精神，始终致力于大功率电力机车、高速动车组、城轨车辆牵引产品、风力发电机和工业特种电机产品的研制，坚持"技术领先""精益制造"和"国际化经营"三大战略方针，走高品质发展路线，实现了企业的跨越式发展。在轨道交通领域，先后与西门子、三菱电机、庞巴迪、GE、日立、ABB 等国际企业合作，通过引进消化吸收再创新，奠定了行业领先地位，公司研制的高速动车牵引电机、牵引变压器占据国内绝大部分的市场份额，并一举创下了 416.6 km/h 世界铁路运营第一速。在风力发电机领域，通过平移轨道交通的技术平台，在金风科技永磁直驱技术路线的引领下，紧紧抓住市场机遇，依托科技创新、产品的高可靠性和优质快速的服务，实现了产业的快速裂变。在工业特种电机领域，公司抢占高端技术，强势进入电力、石油、防爆、永磁同步等国内、国际高端市场。

　　江苏大丰基地建设是南车电机快速发展史上的又一大手笔，同时也是与金风科技战略合作史上新的里程碑。该项目计划总投资 10 亿元，分两期实施。第一期占地 176 亩，计划投资 3.5 亿元，建设厂房 6 万平方米，第一阶段注册资金 6000 万元，建设 1.2 万平方米厂房，2010 年 11 月开工建设。项目建成后，将极大提升公司风电产品的研制能力，形成年产 1000 台海上风力发电机的能力，必将更好地配套支持金风科技海上风电产业的战略，预计可实现年销售收入 10 亿元，税收 4000 万元。

在国家新能源特别是风电产业快速发展的形势下，我们将立足轨道交通市场，大力开拓风力发电机领域，为用户提供性能最优、质量最好的产品，共同打造青山碧水、蓝天白云的绿色发展之路。南车电机也将以优良的业绩回报社会、回馈员工，以优质品质、超值服务答谢客户、成就客户，将企业打造成最具责任感、受人尊敬的行业先锋。

谢谢！

打造为客户增值的精益企业

执行董事、总经理　胡　洋

2011年1月7日

各位领导、各位嘉宾：

大家好！

非常感谢金风科技在高速成长的过程中提供给我们企业的发展机会。今天，围绕风电产业的各路英豪汇聚一堂，在金风科技搭建的沟通交流平台上，增进友谊、加强合作。作为供应商代表，能够把自己《打造为客户增值的精益企业》的想法与大家分享，深感荣幸。

2010年初，南车电机肩负着中国南车壮大电机产业的使命成为中国南车一级子公司，为快速响应市场，提供更加优良的服务，创造更多的客户价值提供了巨大空间。同时，这也更坚定了南车电机服务用户、打造为客户增值的精益企业的信心和勇气。

一、正确理解客户价值，树立企业核心价值观

客户是企业价值的来源，是企业的衣食父母。客户价值是企业价值的唯一评判标准，只有客户的价值得以实现和增加，企业才能实现个体价值，才能生存和发展。正是基于对客户价值的认识，南车电机树立了为客户创造价值的核心价值观。

客户价值是指我们的产品和服务超越客户期望值的部分。有一个形象的比喻，可以清晰地说明客户价值。在高考这件极为特殊的事件中，父母希望孩子能考上大学，这是最基本的要求。比如600是分数线，那么父母最低的期望，也就是客户基本需求是600分。如果孩子考了600分，虽令家庭开心，但这仅仅满足了客户基本需求，上大学的选择余地小，创造的客户价值是0；如果考了640分，那么孩子选择学校的面更宽，上大学的机会更大，在分数线以上的部分是父母得以宽慰的价值。我们把超过期望值的这部分叫"客户价值"。如果考了599分，虽只比客户需求少一点，但是连客户的基本需求都未达到，和0分的区别不大，不但没给客户创造价值，反而带来伤害。所以，客户价值不是做了多少，而是工作成果超过客户期望值多少。之所以拿高考做比喻，是因为对人生和家庭影响都很大，而客户对企业的影响不亚于高考这样的人生十字路口对人生的影响。南车电机在过去的一年不断强化客户价值，增强对客户需求的认知和理解，尽力克服困难，全心满足客户需求，实践着思维观念和行为的双重改善。

二、超越客户期望，赢得客户信任，实现客户增值

为客户创造价值的第一个关键环节就是准确了解客户期望，充分掌握客户基本需求。企业在运营过程中，不能以自我感觉良好的结果，来代替客户的需求，更不能对客户的需求视而不见。一定要站在客户的角度，充分理解客户关于交货期、质量、服务、价格等四个方面的需求并全力以赴。准时交货、高品质的产品有利于客户提升产品的效用价值空间；合理的价格有利于客户控制成本，增强竞争力，提升产品的价格价值空间；完美的售前、售后服务有利于培养客户关系、赢得客户信任，可提升企业价值空间。

对客户而言，产品和服务是外在的价值，企业的管理(流程和制度)和文化(价值观和团队建设)是内在价值，内在价值通过外在的产品和服务表达更恒久的企业追求。南车电机认为每一件产品和每一次服务都凝聚着汗水和劳动，这份劳动让冷冰冰的物充满生机和活力，让铜和铁带着温情，让不会说话的电机传递深情厚谊。如果客户看到我们的产品和服务能联想到我们的管理和我们的团队，那么客户就在产品和服务上看到了我们企业的灵魂。所以，南车电机尽心让自己的灵魂纯净而高尚。于是，我们对质量不断改善，对交货严格按合同要求，对成本强化控制，对服务响应及时，这些努力在2010年初获成效，在2011年将再加一把力。

三、打造精益企业，全面支持客户发展

为客户创造价值就是要从跟客户接触的开始，就从战略、品牌、技术、质量、管理等方面对客户企业进行深度剖析，以支持客户战略为总纲，围绕精益企业的打造，以技术创新、成本控制、质量提升和完美服务为途径，全面提升产品的效用价值空间和价格价值空间，拓展企业个人价值空间，超越客户期望，为客户增值，全面支持客户发展。

(一)紧密跟随，全面支持客户战略

在中医的针灸学里有一句很著名的话：宁失穴、勿失经。穴是穴位，经是经络。扎错了穴位没关系，但是经络走向错了就会出问题。企业也一样，作为金风科技的供应商，我们是客户价值链的输入口，是客户创造价值的第一环节，需要围绕客户战略目标和产业布局，给予全方位的支持与配合，满足客户对交货期、质量、成本、服务的要求。

2010年，南车电机为全面支持客户战略，贴合客户产业布局，增强产业的协同发展和集群效应，也紧随客户的步伐，将海上出口风力发电机产业的布局放在了江苏大丰这片热土。这也成为南车电机与金风科技战略合作史上的又一重大里程碑，必将推动双方产业的迅速发展，成为推动中国风电产业发展的中坚力量。

（二）加速创新，强化技术领先地位

技术创新是增强发展实力的关键，是引领企业持续发展、占据未来竞争制高点的强大动力，更是企业提升产品效用价值空间，为客户创造价值的核心手段。因为设计和技术决定了产品价值的绝大部分，关系着产品运用的性能指标和表现情况，是企业内部价值链的第一环节，是满足客户多样化需求和超越客户期望的核心手段。

南车电机秉承技术创新的优良传统，在高速动车的关键技术上不断提升，尤其是 CRH380A 高速动车组在京沪试验中创造出了 486.1 km/h 的世界铁路运营试验第一速，电机和变压器表现出色。在风电电机的研发上，更为紧密配合金风科技技术开发和前瞻性技术研究，共同组建了国家风力发电工程技术研究中心电机研究室。建立绝缘试验室和风电试验站，完善试验验证体系，还正在努力建设专业化、国家级的技术中心，进一步确保设计的准确性和有效性，从而提升技术创新能力，强化技术领先地位。

（三）加强管理，降低供应链成本

新能源产业竞争激烈，风电产业与光伏发电、核电等产业强势竞争。为增强产业竞争力，需要我们整个产业链上的企业紧密合作，大力降低供应链成本。主要是降低供应链物流成本和企业的生产成本。物流成本主要靠运营管理的效率，生产成本则要通过企业内部管理的加强、精益生产的实施来持续有效地降低。

2010 年，我们狠抓成本控制，认真分析铜材、钢材等大宗材料的价格趋势，及时锁定价格，锁定成本；实施精益生产，在设计、制造、销售等环节持续改善，同时开展工序价值分析，将不增值工序合理外包，优化工序流程和布局，实现节拍化生产，减少在制品。通过内部管理消化价格因素带来的影响。未来还将继续加强全员成本意识的培养，提高成本控制水平，逐步提升产品价格价值空间，增强客户成本优势。

（四）提升质量和服务，解决客户后顾之忧

良好的产品质量是客户实现价值、建立客户认同感的前提，完美的服务是有效地补充，有利于赢得客户信任。为此，我们将风电产品与轨道牵引产品质量控制模式进行融合，加强供应商质量管理和监督，建立质量绩效评价考核机制，实行质量工资，严格落实质量责任，进一步优化质量管理体系。组织开展一场围绕质量责任和客户价值为主题的质量安全大检查、大整治活动，通过"冲世界第一速，面对成绩须清醒；创企业高品质，深挖问题不懈怠"的研讨，以提高全员客户价值导向意识和质量意识。

2011 年，我们还将开展标准化作业和预防性服务研究，在保证质量一致性的前提下，关注产品应用全过程，预防产品故障，提高产品寿命，全面打消客户忧虑，赢得客户信任。

在国家新能源特别是风电产业快速发展的形势下，我们将积极投身行业发展战略，以全面实施精益生产、加快技术创新、提升产品质量与服务，打造为客户增值的精益企业为出发点和切入点，支持客户战略发展，携手并肩为人类奉献白云蓝天，给未来留下更多资源。

坚持客户价值导向　打造企业核心能力
努力开创南车电机"十二五"美好蓝图

——在南车株洲电机有限公司一届二次职代会上的报告

执行董事、总经理　胡　洋

2011 年 1 月 9 日

各位代表、同志们：

现在，我向大会做行政工作报告，请审议。

第一部分　承前启后、励精图治的 2010 年

2010 年新年的钟声还余音绕梁，新南车电机就踏着春天的气息启航。升格为南车一级子公司，使南车电机面对市场和用户的距离更近；专业的部件供应商，在强化南车战略的同时更增强了市场竞争力；依存于新兴的产业，企业发展的机缘强劲。一年的光景，这个有着历史厚度的新企业传承了母体企业的优秀管理理念和文化，在和煦的春风中发芽，在炽热的市场中成长，在金秋的岁月里茁壮，在等待春天的时节绽放创新进取之花。

企业初生，百事待兴。新企业新班子新目标，如何解决好目标导向、团队融合、形象提升的问题；谋发展强管理提素质，如何解决好员工成长、制度建设、战略规划的问题；提效率增效益惠员工，如何解决好生活环境改善、生产成本控制、劳动组织调整的问题。从年初的思路堆积到此时的脉络清晰，从遍撒渔网到有的放矢，从现场的忙乱到逐步井然有序，我们这个团队走过了充满回味的三百多个日日夜夜，也留下难以忘怀的点点滴滴。

一、厚积薄发，技术创新成果不断

作为电机和变压器的专业研制企业，CRH380A 冲世界第一速，我们一马当先；400 km/h 检测车，我们责无旁贷；500 km/h 试验车，我们重托在身；CRH6 城际列车，我们占得先机。风电市场白热化的竞争态势迫使整机企业不断寻求技术的突破，产品功率等级节节攀高。工业特种电机产品品种的全覆盖成为研发追求的梦想。

二、服务客户，市场空间显著拓展

2010 年，公司坚定不移地加快客户需求响应速度，改变协商讨论问题的方法，建立高一档对接的工作机制，确定重要客户的工作流程，制定客户关系发展方案，对客户信息进行每周汇总管理，不断强化对客户和客户价值的认知。可靠的产品和良好的服务在市场领域获得了铁道部和客户的高度认同。

三、战略导航，发展目标更加清晰

2010 年，肩负电机事业做强做大的历史使命，新南车电机扬帆启航。4 月，充满激情的"站在新起点，跨越 100 亿"战略研讨会明确了先做强再做大的工作思路。大的目标要靠日常工作中的具体事件构筑，2010 年，目标导向成为各项管理活动的关键词。全年各项生产经营计划都如期完成。

四、管理改善，客户认同不断提升

2010 年，公司认真开展质量反思活动，系统改善制造计划，把现场管理纳入制造系统，使得公司生产任务捷报频传，全年共销售完成机车类产品 745 台车；动车组、地铁电机 1620 台，变压器 150 台；800 kW、1.5 MW、2.5 MW 等风力发电机 1283 台；高压电机、石油电机、电动汽车电机等 1021 台。

五、关注员工，凝聚企业发展力量

2010 年，公司建立了员工成长通道、系统培训、技能提升、荣誉设计、薪酬激励、团队建设等素质提升的方法和手段。特别是优化了现有的工资体系，对研发人员实行项目工资制，对营销人员试行项目提成制。同时搭建了工程技术人员、一般管理人员、技能操作人员的职业通道。

六、文化扬帆，品牌建设初显成效

公司统一全员品牌思想，从 VI、宣传画册、现场看板、员工手册等方面着手，建立健全了品牌管理和文化建设的制度及流程，系统开展企业品牌和文化建设。同时，作为湖南省周强书记创先争优联系点之一，开展了"以学习型党组织建设促动学习型企业建设"为主要载体的创先争优活动。

回顾过去的历史，我们激情澎湃，对未来充满信心。但是在肯定发展成绩的同时，我们也要看到存在的一些不容忽视的问题和不足。一是人才总量不足，无论是技术还是管理和高技能人才都十分短缺。虽然公司员工为了企业的成长殚精竭虑，但核心人才的匮乏以及后备力量不足的现状，使得公司发展的速度不能适应形势要求。短期内提高能力的可能性还由于人才储备问题无法实现。第二，由于先进装备和工作手段的运用较少，员工工作效率不能显著提升。三是员工客户价值意识及认知尚不能跟上企业发展的节拍。虽然公司已经通过质量安全大检查大整治活动开始强化员工的客户价值意识，但认识转化为行动还比较迟缓。四是在新产业扩张的过程中，思路不佳，步子不大，决心不够。虽然已经开始了公司产业布局的谋划，完成了大丰基地、北京销售公司的组建，但这些不足以支撑公司实现百亿目标。五是公司原来的精细化管理还有较大差距，精益的理念还没深入员工心中，精益的方法和工具还未有效应用在现场和管理中。六是员工的素养仍需提升，员工的约束、激励、培养机制还不健全。七是企业的文化内涵张力不足，向外的扩散面小，产生的影响力不强。对于这些问题，我们必须引起高度重视，深刻分析背后的真正原因，切实采取有效的措施加以解决，持续推进企业的发展。

同志们，2010年，我们付出了艰辛的努力，取得了骄人的成绩。面对客户需求，我们兢兢业业、奋勇争先。正是因为有广大员工的辛勤工作，有管理人员的精心控制，有技术人员的努力拼搏，有全体高中层领导的通力协作，才有了新电机今天的新气象。在此，我谨代表公司，向一直以来辛勤工作的各级管理者和广大员工表示崇高的敬意和衷心的感谢！

第二部分　认清形势，统筹谋划南车电机"十二五"发展目标

"十二五"时期作为新中国第三个三十年和"第三次转型"的新起点，是全面建设小康社会的关键时期，是深化改革开放、加快转变经济发展方式的攻坚时期，也是我国经济发展阶段从工业化中期向后期过渡的关键时期。对于南车电机来说，"十二五"时期是一个十分难得的战略机遇期和黄金发展期，我们必须着眼于公司"十二五"乃至更长时期的发展，认真把握形势和机遇，正确应对竞争和挑战，实现持续快速发展，努力使企业成长为具有强大竞争力的行业先锋。

一、国民经济的平稳较快发展为我们创造了良好的发展环境

宏观经济环境为轨道交通装备制造业实现高速发展提供了难得的历史机遇。一是构建扩大内需长效机制，加快建设资源节约型、环境友好型社会，走可持续发展之路，必将刺激和带动具有节能环保优势的轨道交通产业的快速发展。二是提升制造业核心竞争力，培育发展战略性新兴产业，发展拥有国际知名品牌和核心竞争力的大中型企业，有利于装备制造业在国家政策支持下不断做强做大。三是深入实施科教兴国战略和人才强国战略，加快建设创新型国家，有利于装备制造业不断增强自主创新能力，掌握核心技术，培养优秀人才，引领行业发展潮流。四是实施"走出去"战略，提高国际化经营水平，有利于装备制造企业进一步完善体制机制，加快国际化经营步伐。五是"十二五"中央企业整合力度加大，整合思路由大变强，要求中国南车乃至各子企业在品牌建设、核心竞争力、软实力等方面具备更强优势。六是加快转变经济发展方式，有利于轨道交通装备制造企业快步走上集约、集聚、技术创新、产融结合的发展道路，向全方位系统集成公司发展。要求我们必须提升现代服务，创新模式，在研发、设计、维修等环节开展增值服务，逐步实现由生产型制造向服务型制造的转变，成长为全面解决方案供应商。

二、轨道交通建设力度持续加大为我们提供了广阔的市场空间

随着我国国民经济的快速发展和城市化进程加快，轨道交通以其大运量、高效率、低污染等优势，已成为世界各国及大城市解决交通问题的首要选择，轨道交通装备产业发展空间巨大。随着中国高铁在全球的崛起，我国铁路积极实施"走出去"战略，已经具备参与全球业内高端产品竞争的优势和能力，将代表国家实现高端装备的出口，为南车制造走向国际创造了良好条件。对此，我们要有充分准备，更加积极主动地适应市场需求。

三、战略性新兴产业为我们带来了前所未有的发展机会

战略性新兴产业将成为下一个蓝海，必将对南车电机的快速发展创造良好的政策环境和难得的发展机遇。我们从事的高端轨道交通装备、风力发电机、电动汽车电机分别属于七大战略性新兴产业中的高端装备制造、新能源和新能源汽车产业，并同时对战略性新兴产业中的节能环保、新一代信息技术、新材料等产业起到相互促进、连带推动的协同作用。在国家政策的支持下，高压电机、油田电机、电力变压器等在今后5年均会有较快速度的增长，发展前景广阔。

四、"十二五"期间，我们也面临更加激烈的市场竞争和自我发展的严峻挑战

一是随着我国铁路现代化建设的快速发展，铁路安全特别是装备安全面临前所未有的挑战，我们面临的产品质量和安全运营的压力越来越重。二是后金融危机时代，发达国家重新回归重视发展高技术制造业，这将挤压我国轨道交通装备制造业的发展空间。三是国内外竞争对手的迅速发展和民营企业进入行业后的快速成长，将使市场格局更趋复杂，国内外竞争将越来越激烈。我们必须坚持以更广阔的视野，冷静分析，沉着应对，把握好发展新定位，积极创造参与国内外合作与竞争的新优势。

五、深刻认识发展形势，科学制定"十二五"发展战略

通过认真研究，在"十二五"期间，公司处于难得的发展机遇期，既面临难得的历史机遇，也面对诸多风险和挑战。我们要保持更加清醒的头脑，增强机遇意识和忧患意识，科学把握市场发展规律，主动适应市场变化，有效化解各种问题，有力推动企业发展。

"十二五"期间，公司将以轨道交通、风力发电、工业特种电机三大产业为主，努力拓展工业特种变压器市场，以资本运作等多种方式积极寻求产品多元化发展空间。培育精湛制造文化，拥有一流的技术，生产一流的产品，培养一流的员工，将企业打造成最具有社会责任感的行业先锋，建成行业一流、具有国际竞争力的现代制造企业。"十二五"总体目标为：销售规模年均增长25%，前三年的复合增长为41%，2015年力争达到100亿元。员工素质普遍提高，收入稳步增长，企业装备手段、管理水平达到国际先进水平。

我们要在"十二五"战略目标的指导下，认真落实和执行"技术领先""精益制

造"和"国际化经营"三大战略方针，不断加大技术创新、管理创新和机制创新，努力增强企业的竞争实力和发展活力；要团结带领广大员工，进一步解放思想，抓住机遇，加快发展，努力开创"十二五"良好局面，实现百亿目标。

第三部分　抛开羁绊、阔步前行的 2011 年

2011 年是"十二五"的开篇之年。良好的开端是成功的一半，做好全年各项工作，对南车电机"十二五"整体目标的实现、奠定行业领先地位具有十分重大的意义。

2011 年公司的经营思路是：以客户价值为导向，以价值链管理为手段，持续推进目标管理和精细化管理，全力打造为客户增值的精益企业，持续提升企业在市场和行业中的领先地位。

2011 年公司的主要经营目标是：实现销售收入超过 45 亿元，净利润有大幅增长，人均劳产率不断提高，全面完成集团公司下达的各项经营指标。员工收入稳步增长，保持公司持续快速健康发展的良好态势。为圆满完成年度主要经营目标，并为"十二五"目标的完成奠定坚实基础，必须全力抓好以下工作：

一、客户之道，关注价值创造

订单是企业生机勃勃的动力之源，客户是企业价值展示的衣锦之乡。

客户是那些可能为企业带来利益的组织和个人，是企业赖以生存的社会资源。从组织的外部讲，产品和服务的购买者是客户，他们直接为企业带来销售收入；原材料、零部件的供应商也是客户，他们提供给企业生产所需的资源，这些资源会通过企业的生产经营活动而增值；给企业政策环境的上级机关和政府部门也是企业的客户，他们间接创造了企业的效益。从组织的内部讲，成员间互为客户关系，每一个人都能为企业创造价值、带来利益，通过相互的协作，达成企业的目标。

客户价值是通过产品功能价值和组织情感价值来体现的。只有客户的价值得以实现和增加，企业才能实现个体价值，才能生存和发展。同时，员工个人的价值的实现依存于企业价值的实现，因此，客户价值也决定着个人价值。我们既要通过个人价值的实现，体现企业产品和服务的价值，更要在产品和服务的全价值链上体现企业的人文情怀，使客户看到产品的时候，不单看到了产品的外观，也看到了员工赋予产品的灵魂，感受到员工完美的服务带来的增值。这样就能打动客户，使客户需求在得到满足的同时，也为客户创造价值，为与客户建立充分的信任和持续的市场提供了可能。这个过程来不得投机取巧，只有以诚相待，以创造价值成就客户，用信任的情感牢牢拴住客户，用事业链条把客户紧紧地链接在一起，用价值链为每一个人创造价值。这是我们 2011 年孜孜不倦的追求。

二、质量之道，唯有不懈追求

质量是南车电机的立足之本。通过引进消化吸收再创新，南车电机已在设计上基本掌握了高速重载产品的特性，从根源上实现了质量的可控，随着制造装备投入的逐渐交付，产品制造过程的工艺保障能力大大提高。质量体系建设和运行，管控方式方法不断改进。这些，使南车电机拥有了基本满足用户需求的产品，但时不时暴露的质量问题和用户反馈，也让我们清醒地认识到在质量中存在的问题，综观起来，主要还是表现在人的行为方面。

内因决定外因，态度决定一切。产品质量往往是由短板决定的，任何一个环节的薄弱都会给产品带来致命的缺陷，所以，提高对质量的认识要成为南车电机坚持不懈的工作。一是要加强专业理论的学习，弄懂弄通设计原理和工艺思想；二是要学习一些基本的质量管理方法，了解分析和处理问题的手段；三是要大力开展标准作业的制定和学习，掌握正确工作的规则。

严谨统一，让每一位员工都成为标杆。标准作业是解决员工工作差异的有效手段，2011年，我们要通过编制标准作业的过程，总结提炼优秀作业方法，细化和完善工艺手段，培养和造就一大批掌握技术、熟知技巧的能工巧匠，让一个班组内的员工差异缩小，让规范的作业流程提高工作质量，让群体作业向团体作业和一体化作业转化。

质量问题，聚焦于日常和责任心。今年，我们要把日常行为中的小事作为考核的重点，着力纠正随意、违规等与责任相关的行为，考核日常化，以培养员工对待工作的态度，通过态度的转变寻求良好的结果。不再用结果去倒推责任，而是用过程去定义结果。质量问题发生后要更多去查当前操作和管理过程中的所作所为，纠正和预防行为偏差；对发生问题的场所和员工要开展专项质量培训；质量考核要与员工的技能考级、岗位系统评价挂钩，系统完善员工绩效评价办法，让责任意识成为 KPI 中的 KPI。

三、精益之道，理应效益当先

精益生产是南车品牌国际化的重要支撑，也是企业百年基业的灵魂。精益思想发端于利益追求，体现在成本控制，影响企业的各项生产经营活动，改变着员工的价值理念。南车电机要从成本控制入手传播精益思想，要从物流管理精细化展示精益成效。

南车电机成本中最大的一项是铜材，恰恰铜又非常国际化，并非自身可控之材。现在，铜价一直在高位盘旋，还没有看到走低的趋势。因此，对一个销售价格不变或还在走低的产品而言，控制成本是非做不可的事情。那么，我们现在的成本控制状况如何呢？从理念和行为都有很大的空间可提升。

外在压力是促使我们提高成本管控水平的第一声呐喊。过去风电价格较高，但无论是总装企业还是零部件企业并未赚着大把的钞票，原因其实挺简单：高价之下的高成本、低管理使效益并未积累。随着市场竞争加强，价格战打响，各个企业都在成本管控上做文章，结果是水涨船高，效益基本持平。我们的外在压力是什么呢？一是铜价高，但我们的售价有所降低，不降低成本就特难维持经营成效；二是企业要实现中国南车资产经营的高目标，必须增加企业收益；三是要创造更好的效益让员工分享发展成果，这些压力必须转化成内在的行为，实现成本可控的目标。

内在动力是实现成本管理效能的深情呼唤。涓涓细流汇成汪洋大海，铢积寸累修得财富满仓。从一堆堆被当作废品处理的闪闪发光的铜线中，我们看到了什么？从一台台锈迹斑斑的待处置装备上，我们想到了什么？企业的资产在我们的生产经营活动中创造了多少价值，贬损了多少价值，浪费了多少价值。从细微处着手的力量是无法估量的。从产品价值角度集腋成裘，从人的品质角度，日积月累、水滴石穿，一旦形成了精打细算的好习惯，不管是成本管控，还是做事的风格都会严谨细致起来，受益的就不只是效益了。这种可以教化人的品质的精细化管理，是产生内在动力的管理法宝。2011 年，公司各级成本管理组织要大力贯彻全员全过程的成本管理方针，应用作业成本管理系统，实施精益成本管理，努力消除不增值作业，各工序要把每一件产品产生的废弃物、边角料加以分析，寻找可以减少、消除或是再利用的可能，让清洁生产理念真正落实在我们的生产活动中。

精益物流是从采购计划开始、经过储运、发放、现场存放、投入生产、转化为产品和边角料及废品的全过程，物料转化为高附加值产品的程度体现精益管理的水平。从指标上评判，现场堆放物料及产品的数量越多，管理越差；退废越多，管理越差。我们的生产现场一直被认为非常紧张，但经过 2010 年的布局调整后，产能大幅提升但现场仍然井然有序，并还保留有一定的空间，说明物流正在改善。不过离精益生产的要求还有很大差距，需继续强化 5S、TPM 等基础管理，及早推动线边店建设，开展定时定量配送的 JIT 生产，让经营过程也创造出效益。

作为铁路运输装备企业，外在安全体现为内在质量，内在安全体现在员工幸福安康。高铁时代的安全观不仅要表现在产品上，更要表现在企业安全生产的方方面面，用人文关怀保障员工身心健康。2010 年，公司已经通过了安全/环境体系的审核，2011 年，公司要以此体系为基准，从精益的角度去思考安全工作的开展方式，系统地开展安全工作，为企业发展保驾护航。

四、能力之道，定要全力以赴

南车电机规模的扩张更多地体现在员工人数的增长上，这足以说明了我们是劳动密集型企业。由众多的人的劳动串联起企业的价值链，对组织机构的设计、组织成员的管理、管理流程和制度等都有比较高的要求，这些都集中体现在企业职能管理方面。因此，提升各级管理人员的能力是当务之急。

从组织结构看，我们的管理层级多，职能是叠加状设计，对应关系在中间层较厚，但基层较弱，管理活动中易出现与现场脱节的状况。如果个别管理人员工作作风不扎实，就很容易导致现场失控。所以，强化现场质量、进程、成本和安全控制十分必要，也非常关键。今年，要有计划地把"三直三现"管理推动起来（直达现场、直接现物、直面现实），并建立现场质量和进程控制办公点，让管理与生产活动有机结合起来。

从组织成员的管理看，我们升格为一级子企业后，对外要对接用户、集团，有一种媳妇熬成婆的手足无措，盲目自大和盲目自谦同时影响着管理的心态；对内要转化方式，由任务导向向目标管理迈进，从以往思考怎样干好向思考要干什么、怎样干好全面转化。目标搭建、目标分解、目标检查、目标评价，一个全新的目标管理要求组织成员更加积极主动地思考和工作，等待安排和推诿都不再适应新公司的新要求。今年，要更加注重目标设定、目标分级和检查工作，尤其是目标实施过程的控制方法要改善，达成目标的水平要提高，偏差要缩小。目标管理不是说完成的越超过目标就越好，而是看符合度，符合度越高，说明管控能力越强。

从管理流程和制度看，我们对流程的认知存在两方面不足，一是任何工作的开展都应建流程，以此为依据，推进不纰漏；二是流程有步骤、节点，但缺少必要的时间约束，流着流着就放任了，不知何时是终点了。当然以什么角度来定流程更是会影响到工作的结果。我们经常讲的以客户为中心、为客户创造价值，但是工作过程中是否以客户为流程的原点设计我们的工作步骤，这些还没有被大家普遍接受和采用，主观多了些，客户少了些，效果就差了些。2011年，我们要继续深化客户价值增值活动，围绕满足客户要求展开我们内外的工作。开展管理提效活动，分析我们的工作内容，把增值部分放大，把多余的活动削减，让忙碌之后有所建树，让辛苦过后有成就感，让自己的每一滴汗水都倾注在客户的需求上，不消逝在风中。

深入的培训活动是提升能力的不二选择。对培训的策划、组织和效果评价要着实开展起来。学习型组织建设是公司党委在创先争优活动中的一个明确的目标，学习型组织应该是自我提升型的组织，她洞悉自身的不足，深知未来要求，会及时地有效地补充营养。我们要挤出一些时间开展学习实践活动，在各项目标的实现道路上形成管理的思考，凝结更多的管理成果，服务于快速发展中的南车电机。

个人的能力体现在工作的成效上，组织的能力体现在客户的认知中。除了产品和服务，我们还应有一种文化的力量，应该用健康的生活方式和积极向上的工作态度展示南车电机的魅力，2011年，我们要全面发挥党组织的引领作用，深入开展创先争优活动，以学习型组织建设为主体，加速组织能力和个人能力的提升，用高度的工作责任心和社会责任感展示电机员工的价值，让南车电机人成为受人尊重的群体。

在努力提升员工能力的同时，公司也会从方方面面去提升员工的体面度，不断增强南车电机人的集体荣誉感和自豪感。2011年，公司将持续改善员工的工作和生活环境，进一步提升员工待遇和福利，激发员工的工作激情，使大家更好地在岗位上建功立业。

五、产业之道，必须深虑远谋

南车电机的十二五规划激励人心，但落实规划的要点在产业的形成。缺少了产业支撑蓝图就变成了乌有。

产品研发决定企业未来。"十二五"的科技规划要尽快出台，配合其实现的人才规划要尽快实施。以思想和智慧支撑的科技研发、工艺设计、质量保障等各环节，人才既是今天的短板，也是未来几年的瓶颈。如果缺少人才支撑，南车电机是不会有快速发展机会的。所以，产品研发问题首先是人才集聚和人才育成问题，然后是产业方向的追逐速度，对这一点应该有明确的认识。过去，我们设计研制一个产品按部就班地来，时间都相对较长，但2010年我们体会到了急迫的感觉，一个项目从提出到交付只有三四个月时间，有的更短，还不能讨价还价。在这种压力下，我们虽然也勉强完成了任务，但技术队伍干得很辛苦，也因为几个关键项目搁置了其他项目。产业发展速度有一个人才总量的问题。目前这种几个人一大堆项目的局面是不能有速度的。研发中的创新与企业效益结合点的选择是企业发展的重要指标。做一个产品，如果追求创新必然会在一段时间内损失可靠性和经济性，这些是矛盾的统一体。在动车和机车产品上，高可靠性是第一位的，有时宁可放弃经济性也要追求可靠性，在工特项目和风电项目中兼顾经济利益十分必要。如何把握好度，就需要研发过程中开展经济性评价，请研发之外的人参与其中，讨论如何创造更高价值，以此平衡三者之间的关系。

产业规模决定企业规模。我们现在的几个产业板块越来越清晰，机车、动车的跟随作用很强，乘势而为将之做优的要求很明确。在机车方面，我们必须努力适应主机企业的要求，着力解决好运用中暴露的问题，用共同的市场评价争取更多的市场份额。在动车方面，我们与对手会此消彼长，现在我们的努力在一定程度上压制了对手，但"哪里有压迫，哪里就有反抗"，我们丝毫不能懈怠，还需进一步从质量、交货期、服务中赢得更高的份额，巩固我们的地位。在动车新产品的开发活动中，我们已占有先机，从研发到试制都须更加精细地落实目标，为在市场上同样占据先机和大份额做好铺垫。在风电方面，虽然现在有很好的业绩，但天生的不足十分明显。一是永磁直驱只做定子，不是一个完整的电机产品，附加值大大降低，并且对整机的认知度不足，也影响定子的制造水平；二是双馈并未形成气候，小批量生产成本居高不下，缺乏对下游产业链的支持；三是客户面窄，风险防范能力差，稍有风吹草动，我们就会惊慌失措。我们一直有着清楚的认识，但是，我们脚步却总是迈不出去。这一点，2011年要有所改变，无论是品种还是市场都应有新的亮点。在工特方面，规模过小难以形成品牌效应，品种单一不利扩大市场份额。2011年是千方百计扩大品种和客户，创造业绩形成产品系列化的十分关键的一年，这一年如还不能在客户群和品种上有所突破，今后自主发展的路就极为艰难。所以，公司要不惜代价扩展销售队伍，增加销售规模，在市场和控点上有明显改善。变压器产业向轨道交通之外运用的想法存于内心已良久，但我们的行动实在是迟缓，不走出去，就不会有结果。2011年，要从市场和客户角度突破现有状况，寻找到变压器落地的归属。

产业的自生与资源整合并进。如果我们全部规模扩张的途径都由我们自己的脚步一点点丈量，通往未来的道路将十分漫长。所以，中国南车也要求我们把眼光瞄得远一点，视野放得开一点。产业整合不是我们想一想就可以实现的，也不是我们一厢情愿就可以做到的。首先应站在别人的角度回答一个必须回答的问题：整合带给我们利益在哪里。目前，我们有一些想法，但大都不确定、不成型。2011年，关于产业的思考和行为要经常化、要在探求中找到我们整合的那一方，以扩大南车电机的市场、品种，拓展中国南车品牌的影响力。

同志们，南车电机是一个为客户创造价值的企业，南车电机员工队伍是一个既可以展现个人价值又可以展现企业价值的团队。面对充满机遇和挑战的"十二五"，我们充满激情，百亿的战略目标让我们勇往直前。机遇稍纵即逝，让我们以高昂的士气，执着的精神，快速的步伐，在"十二五"的大发展中展示我们的能力，抒发我们的豪情，成就一个引领行业发展的新电机。

创百亿企业　精益企业　学习型企业

——在南车株洲电机有限公司一届二次职代会上的讲话

党委书记　周军军

2011年1月9日

各位代表、同志们：

本次大会全面总结公司"十一五"发展成绩和经验，科学谋划"十二五"发展战略和规划，坚定信心、明确方向、实施战略，意义重大，是公司鼓舞斗志的重要会议。截至目前，大会各项议程顺利完成，也同时开启了公司"十二五"跨越式发展的序幕。

回首过去一年，全体员工紧紧抓住公司升格和产业发展的内外机遇，全面完成了公司各项经营指标，迅速提升了用户认可度，充分改善了市场环境和公司内部环境，赢得了首战胜局！公司党委认为，过去一年，全体员工同心同德，敬业奉献，在各自的岗位上闪烁着群星般的光芒：各级经营班子谋划有方，执行有力，迅速开创了经营发展新格局；广大工程技术人员竭诚尽智，不舍昼夜，攻克了一个又一个项目课题；广大管理人员恪尽职守，勤勉奉公，有效执行并改善了公司各项内部管理；广大一线生产作业员工加班加点，任劳任怨，确保了生产计划的圆满完成。为此，我代表公司党委，向一年来为企业发展做出贡献的各位代表和全体职工，向长期关心、支持南车电机发展的广大用户、各级领导和员工家属，表示衷心的感谢！

刚才，总经理的工作报告客观、全面地总结了公司升格首个年度的工作，满怀真情地阐述了公司年度业绩、经验和感悟，深入分析了"十二五"特别是2011年所面临的机遇与挑战，详尽描述了"十二五"发展战略和发展目标，提出了2011年公司的经营目标和工作措施。公司各单位、各位代表要认真学习传达、贯彻落实好本次会议精神。传达并执行好本次会议精神的一个重要条件，就是引导公司全体员工真正感受到公司所面临的大好形势，明确中国南车赋予南车电机的历史使命和责任，形成一种声音、一个目标、一致步调、一心一意的内部环境和文化，迅速把大家的思想和行动、力量和智慧，统一到南车工作会议精神和这次会议确定的目标和任务上来。就此，我代表公司党委谈几点意见。

一、坚定发展信心，创百亿企业

中央十七届五中全会通过的"十二五"规划建议明确提出培育和发展战略性新兴产业，大力发展节能环保产业。中央经济工作会议将坚持以节约能源资源和保护生态环境为切入点，积极促进产业结构优化升级，坚持提高自主创新能力，加快建设创新型国家作为今年经济工作的重要任务。最近召开的全国铁路工作会议更是对"十二五"我国铁路发展面临的形势和任务做了令人鼓舞的谋划。省市地方政府明确提出要加快"两型"社会建设，实施产业转型战略，加快推进新型工业化，抓好轨道交通千亿产业园区建设。南车总部工作会议对于中国南车"十二五"期间的战略部署、市场分析、经营策划、发展要求，在这次总经理工作报告中已得充分阐述，我们必须悉心领会并充分把握南车电机经营和发展的大好形势和黄金环境。国家铁路建设的加快，特别是中国南车的机车、高速动车组、城轨等优势业务的快速发展，为公司成长奠定了核心业务基础。风电和高速重载产品作为新能源和低碳产业的有力代表，完全符合国家战略性新兴产业要求；工业特种电机产业在国家扩大内需、大力发展节能环保产业的大背景下，也有着广阔的市场空间。然而，外部挑战也依然严峻，轨道交通领域，国内、国际竞争对手你追我赶，潜在竞争对手实力强劲；风力发电机领域，诸侯云集，各老牌电机厂纷纷加入；工业特种电机产业，更是群雄盘踞，行业壁垒重重。

公司各级经营班子一致认为，我们正幸运地处于可以大有作为的时代。只有坚定不移地实施"技术领先""精益制造"和"国际化经营"三大战略，确立做精、做优轨道交通产业，做强、做大风力发电产业，做实、做快工业特种电机和变压器的产业目标，建立将企业打造成"国内一流，国际知名"、最具社会责任感的行业先锋的企业愿景，不折不扣地实现"两步走"的发展规划，我们才能不辜负历史寄予的厚望。

创百亿企业，既是愿景，是目标，更是全体南车电机员工扎扎实实的行动。为此，各级经营管理者、各级党组织要围绕这一行动计划，面向全体员工进行形势任务教育，广泛宣传公司的"利好"信息，让每一位员工深刻认识到企业面临的难得发展机遇，准确理解公司所制定的发展战略，让每一位员工在看到企业长远、宏伟发展目标的同时，也能深切感受到个人价值成长和实现的空间，能深切感受到南车电机是一个可以为之奋斗终身的事业平台，是一个可以成就个人价值的广阔平台，是一个个人与组织同步发展的和谐企业。这里特别强调，各级党组织开展群众性思想工作的首要任务，就是要围绕公司年度方针目标和"十二五"百亿战略目标的实现，凝聚人心，鼓舞士气，激发斗志，协同步调，正如赵董事长所要求的，通过对员工的"动员、提升、引导、凝聚"四个环节，"最终体现为一切积极的力量都汇集到一起"。

二、突显高铁意识，创精益企业

今年，举世瞩目的京沪高铁将通车运营，哈尔滨至大连、北京至石家庄、石家庄至武汉等多条高铁也将建成投运，高铁时代已经不速而至。然而，高铁时代带给公司的不仅仅是机遇，更多的是对产品质量和产能的巨大考验。产品质量关系到高铁安全运营，关系到人民生命财产安全，关系到党和政府的声望，是容不得一丝懈怠的责任；产能关系到客户满意度，关系到高铁事业的快速发展，关系到国家振兴高端装备制造业战略目标的达成，是必须着力解决的主要问题。公司上下必须要按照铁道部部长"高标准、讲科学、不懈怠"的要求，突显"高铁意识"，树立如临深渊、如履薄冰、如坐针毡的忧患意识，切实把质量安全作为核心工作，加强组织领导，狠抓贯彻落实，实现公司核心业务的"长治久安"。

郑昌泓总裁在中国南车传达全国铁路工作会议精神时强调指出：中国南车的发展，成败在质量。深入持久解决质量和产能矛盾，必须大力推广和坚守精益之道。这是公司为积极适应不断变化的市场环境，追求持续、快速、健康发展的重要举措，是公司目前乃至今后一段时间的一项核心工作；是公司提高管理竞争力，成为国际一流公司的一条重要途径，是公司大力降低成本、提高效率、提升品质的核心手段。公司已将精益制造作为实现"十二五"战略目标的三大战略方针之一。各单位要牢牢把握精益生产的战略意义，深刻理解精益生产的精髓，最终形成独具南车电机特色的精益文化。

精益无止境、改善是根本。精益生产的宗旨就是通过不断改善达到为客户创造价值，实现质量与效益、生存与发展的平衡。公司去年以5S现场管理改善为切入口，全面提升精益管理各项基础工作。今年，一要在全面实现第一阶段工作目标的基础上，实现由以现场为主的精益生产到管理提升的精益生产的转型，积极开展精益物流、精益品质、精益财务和精益企业等创建工作，探索建立适合南车电机的管理方式。二要运用系统思考的方法，从设计、制造和销售三个环节，围绕品质、效率和效益，分析作业流程，划小执行单元，开展"人、机、料、法、环、测"六要素检查，系统地发现问题并加以整改。三要抓好人才育成和素质提升工作。继续加强精益宣贯，不断提升对精益的理解和认识，强化员工培训，提升员工质量责任意识与理论水平，积极开展标准化作业，规范和提升员工操作，保证产品质量的高标准、一致性，全方位提升员工职业素养，着力培育优秀的精益文化，打造企业发展软实力。

三、开展创先争优，创学习型企业

去年，公司根据上级党委的安排部署，强势动员、高调启动了创先争优活动。各级党组织积极响应、广泛动员，并特色开展了公开承诺与愿景搭建活动，活动简单隆重、庄严神圣、振奋人心，有效激发了广大党员的奋斗激情。活动的有效开展取得了一系列成果，得到了股份公司党委、省委、市委创先争优活动组的高度评价。今年要继续围绕以学习型党组织建设促动学习型企业建设的活动主题，抓住省委周强书记创先争优联系点的重大机遇，借助学习型实验室的搭建，结合愿景搭建和公开承诺，发挥党员的先锋模范作用，持续开展工作改善，提升工作绩效，确保公司经营目标的实现，以优异的成绩向建党90周年和党的十八大献礼！

今年党建的首要工作是落实好公开承诺与愿景搭建的后续工作，扎实有效开展好群众评议和评比表彰环节。去年，各党总支、全体党员均以不同形式发布了组织或者个人愿景，并为之做出了公开承诺。各级党组织就是要在此基础上，发挥好监督引导作用，用组织的愿景去引导员工，用愿景的力量去激励员工。广大员工践行承诺，不断提升和改善工作理念和工作方法，实现绩效提升。党组织要给予肯定和鼓励，帮助其实现愿景，从而达到以愿景提升员工认同感、归属感的目的，最终促使员工职业发展生涯与企业战略规划的一致，员工价值取向与公司价值观的高度统一，员工职业素养与公司快速发展的适应。

创学习型企业是一项必须长期坚持不懈的任务。各级经营管理者和广大员工须真正认识到此项工作对于创先争优，对党组织工作载体和方法改善，对建设一个适应时代、适应市场的新南车电机的重要意义。让我们真正理解并践行"长寿企业"的显著特征——具有很强的学习能力。南车电机面对激烈市场竞争就必须具备这种学习能力，而这种能力正是通过团队学习、系统思考、树立共同愿景、改变心智模式、不断实现"自我超越"这五项修炼获得的。我们已经完成学习型组织概念的导入，下一步要着力建设好学习型实验室这个突破口，引入深度会谈、思维导图、头脑风暴等工具方法，加强学习促动师的培育，加快建设学习型企业的进程。同时，学习型实验室的建设要围绕精益生产和精益企业这个主题，通过团队系统的学习，把精益的理念带入生产经营的各个环节，集中群体智力，持续改善，全方位提升精益水平。将学习型组织建设所推动的员工自动自发的工作改善与公司精益生产所追求的持续改善紧密结合起来，充分调动和激发每个党员工作改善的积极性和创造性，使全体党员和广大员工在南车电机有很好的个人价值实现空间，让组织中的每个人体会到生命的价值和乐趣！

各位代表，同志们，"十二五"跨越式发展的号角已经吹响，阔步前进的步伐已经迈开。让我们肩负使命，坚定信心，圆满完成公司生产经营各项任务，全面开创南车电机科学发展的新局面，为创建百亿企业、精益企业、学习型企业做出自己的贡献！

正视质量问题 强化责任意识
努力打造更具信心更高水平的质量管理队伍

——在公司 2011 年质量工作会议上的讲话

执行董事、总经理 胡 洋

2011 年 3 月 1 日

同志们：

今天的会议是 2011 年度的第三个重要会议，第一个会议是职工代表大会，第二个会议是技术创新大会，第三个会议是质量工作会议。公司之所以把这三个会议作为公司级的会议召开，大家应该能看出公司对质量方面的一些思考。江总已经在他整个报告过程中间反映了公司在质量思考上的一些态度。

任何一家企业都有很多很多的宣传活动，但是很少发现一家知名企业会对自己的质量进行特别正面的或者用尽可能多的词语去形容，这种宣传是极少的。关于质量方面的追求和宣传，我们听到的最多的是"没有最好，只有更好"。南车电机也是如此。通过一年的观察与思考，我认为南车电机在质量管理方面与其他知名企业存在非常大的差距、非常多的缺失。直到 2010 年的 10 月，南车电机才有了真正意义上的质量考核。从这种意义上讲，PDCA 的工作办法和工作循环机制没有考核这一环节其实一直都是不完整的。没有一个完整的管理办法在其中做循环，我们说我们工作开展得非常好，这个是不太现实的。

在质量架构上，我们公司以前是 1.5 级质量管理架构，这个 1.5 级是什么概念呢？从质量管理的基本理论来说，质量是制造出来的，那么这个质量理念是怎么体现在我们的生产活动中的呢？我们建立了 1.5 级质量管理架构，所谓的 1.5 级就是干活的只管干活，而质量是由检查员最后来确认把关的。我们的质量存在一种依赖心理。所以，根据南车电机质量管控的这种现实，我们必须在质量管理上做出重要的调整。事实上，在一个星期前已经启动了组织结构的调整，我们把质量责任继续向下落实。我们要把质量责任落在生产过程中，落在工作质量转化为产品质量这种形式之上。也就是说，质量一定是先设计出来的，然后在制造环节中由员工的劳动去实现。质量检查、验收等环节只是辅助手段，只是过程控制要素，它不是产品质量形成的核心因素。所以在做调整的时候，我们一方面把质量检验的职能全部集中在质量管理部，另外一方面我们希望员工知道现场的质量检验，也就是以前我们分厂设立的那一级检验，要转化为员工自己对产品质量的把控，应该由自我控制来完成。这是在组织结构上做出的调整，希望能在观念上形成一种转变。除组织结构调整之外，我们应该非常深刻地认识到如果我们到现场去审视质量管理活动，或者说审视质量控制活动，我们与知名企业的差距非常大，缺失非常多。

春节之后，武汉验收办事处的黄卿局长来到公司做现场检查的时候，就像刚才胡志才主任说的那样，对我们的现场质量管理工作是非常不满意的。他发现我们的现场一是员工自身质量意识和质量责任不到位；二是所谓质量环节上的管理人员，包括质量检验员、工艺技术人员，整个体系上的人、机、料、法、环、测相关管理人员，都没有充分地去展现质量要素的管理，检查所到之处漏洞百出，没有展现出一个很好的管理过程。

江总在工作报告中已经讲得很清楚，南车电机有可能是注重实物质量比质量管理要强，也就是说产品质量本身可能还是比较在乎的，但是质量管理方法、手段、过程等这些都是缺失的。这是我们现在的一个回归和总结。事实上一个产品质量的控制首先应该源自一种方法、一种认识。如果这种方法和认识比较缺失的话，特别是在新产品开发过程中，实物质量的控制就可能会出现问题。我认为江总在报告中已经讲得非常好，如果大家认真学习、认真贯彻，一字一句地去理解，质量管理意识应该有很大的提升。我希望大家能够非常认真地去学习这个报告。

在江总这个报告中，我个人读出两个关键词，我觉得这是质量管理非常重要的两个方面。第一个关键词是"意识"，我觉得质量意识是质量工作最核心的东西。质量意识是什么呢？质量意识是正确的质量观念和正确的质量态度。如果没有正确认识质量这一观念，做事情的时候就会抵抗，质量工作要求提高时就会排斥。如果没有一个正确的认识，想做好事情是不一定能做得到的。因为认识上出现偏差的时候，在行为上是一定有偏差的。第二个关键词是"责任"，质量责任是什么呢？我感觉应该是在正确质量意识前提下的一种担当，就是你是否真正地去担当了一些东西。我认为质量意识在现场是不好检查的，质量意识强与不强这点不是太好评判，但是质量责任是非常容易检查出来的，给我的感觉是在我们生产现场最缺的就是质量责任。因为更多时候一个员工说他是怎么保证产品质量合格的时候，都会提到这个归检查员检查或是这个有验收室把关，明显感觉到员工在担当这方面还是有缺失的。从道理上说，质量意识和质量责任都可通过流程上的建设、制度上的建设来强化。但如果意识和责任都是在外部的压力下才有的，那这个意识和责任的境界会比较低，我认为意识和责任应发自内心。

我们南车电机所做的每一件事情都是意义深远的。从轨道交通来说，我们的电机和变压器产品首先保证的是人的生命价值，保证的是一种安全。如果说是在捍卫人的生命，可以想象这件事是挺神圣的。但我们很少这样去想，因为我们现在这个年代大多数人都是缺失理想和信仰的一代。我们做的很多事情不能说是低级趣味，最起码不是很高尚地去想这个事情。即使我们做的事情很高尚，但我们经常放弃了这种高尚，经常都落根于那种低俗。我们做的事情是在捍卫别人生命的权利，无论是机车还是动车都是与人打交道的，做的事情如果出了问题，其实是对生命的一种藐视。我们更多时候是对人权充分的尊重，我们是在尊重别人的权利也是在尊重自己的权利。如果这样去想，你的那份工作就有神圣感了，就会有一种责任意识。这一点其实是我接触到所有讲质量的领导在比较长的时间内都在讲的。

一个从事轨道交通行业的人，也就是铁路工作者（我们从事的是铁路工作，但不是铁道部的员工），我觉得我们都应该知道安全，对人生命的尊重是我们手中工作一个非常重要的内容，这是从捍卫生命的角度说。

另外大家应该很清楚，虽然铁道部更换了领导，但是大家能够看到中国的高铁仍然成为带动中国经济的非常重要的项目，这一点是没有变化的。高铁代表中国，作为高铁事业的奉献者，你做的工作是举世瞩目的，你做的事情得到世界的一致认可，你做的事情是非常有价值的，因此应该觉得从事高铁行业是很有意义的一件事。

再从风电的角度去分析，风电是绿色能源，是国家倡导的并着力要发展的产业。从事风电行业代表着为人类做贡献。你做的事情可能很小，但是人类的发展历史上一定会有你的贡献的重要意义。风电产业的发展我们曾经为之付出努力。你所做的是顺应潮流的事情，一个能够在人类留下印象的，一个能够为人类做出贡献的，一个能够保障人们生命财产安全的这样一种事业，难道从事这样事业的人不高尚吗？不值得敬仰吗？其实是应该的，但恰恰我们自身认识没这么去想，把事情想得都很小，经常抱怨我做的这个事情很简单，这个事情没什么大的价值。如果你那么想的话，就把伟大落根于平凡。这种思路可能是对的，但是你如果同时想到这个事业平凡中的一种伟大的话，你的责任意识会提高很多。我希望南车电机的每位员工都是有责任的人，体现在你的工作中，就是那种对质量把控特别严的人。如果你说你是有责任的人，你就应该对质量付出更多的努力。

今天会议的一个环节，是在南车表彰之后，对南车三大项目的核心人才又进行了我们内部证书的颁发。这次在南车的人才工作会议上颁发的这些特别奖，只是核心人才工作的一个启动，除了技术类的人才外，还包括管理类和操作类的人才。南车借助人才工作会议启动了"十二五"人才规划，在"十二五"整个人才规划中间我们读出了南车未来一个时期人才培养的目标，一个是国际化，就是南车要成为国际化的企业，人才必须国际化。南车的领导在整个报告中间非常凸显南车国际化人才短缺这一现状，因此要着力打造国际化的人才。第二个是人力资本问题，就是人才成为南车未来一个时期的建设资本，他就应该能够创造价值。今后一个时期作为人力资本的建设，人才怎么能够创造更多的价值？既然是创造更多的价值怎么予以回馈？建立了很多人才成长过程中间待立的相关性政策。第三个是核心人才的培养计划，要培养一万名核心人才，就是在中国南车八万多员工中间，当然在未来"十二五"期间可能还会增长一些员工数量，培养一个万名人才的计划。下一步，我们南车电机要根据人才会议的精神去进一步思考和策划公司的人才建设工作。

今年的质量会议我们只讲在质量管理的人才队伍上和南车未来的目标差距巨大。南车要建立一个标准体系，但到现在为止，我们从事质量活动的人，跟标准比还有很大的差距。换一句话说，其实我们每个人都有巨大的成长空间。比方说，在科技人才队伍中建立了首席技术专家、技术专家、科技拔尖人才等。在技术人才类中还分有两类，一类是工艺人才，一类是质量管理人才，要和研发人才同等受到表彰。我们目前从事质量活动的人员符合条件的人都相对比较少，那么不符合条件的原因是什么呢？你可能平常不太注重论文的发布这种硬件条件的准备，所以你可能在这方面缺失。同时，比方说从事工艺质量活动的人不像我们搞设计的有多少研究生有多少本科生，很多学历上还有差距，因此这块的上升空间很大。南车集团一定会在每个企业都放一些名额。从名额的角度来说，南车电机相比从前有很大的空间感。如果南车电机不成为一级子企业，这次南车表彰的8个首席专家，我们的成熹副总工程师就很难挤进去。原因是什么呢？一旦这个名额分到株机公司，株机公司分给电机公司名额的这种可能性比较小，因为株机公司那些做总体、组装的会淹没我们这个做部件的。正因为南车电机成为一级子企业，一下子凸显了作为10大核心部件中电机变压器的地位，虽然原来这个也很重要，但是没被彰显出来，电机变压器会被整车盖住。所以电机公司很有机会，因此大家都会有机会，这个希望大家去努力。当然我们会在接下来这一段时间去落实和贯彻人才规划，会使我们质量队伍的建设也步入正轨。

我们策划的这次会议没有用更多的这种表彰去渲染气氛。我们是想告诉大家电机公司一定要保持对质量的清醒认识，特别是关于质量工作会议，我们听到更多的声音都是我们的问题，都是我们的反思，这对电机公司来说是一种信心的表达。我曾经在职工代表大会上讲过，一个真正对自己自信的人往往不怕暴露和展现自己有问题的一面，只有不自信的人才总是表达自己的优势，总是说自己有多么多的长处。我觉得南车电机应该是有自信的。

从我们实物质量的表现上来说，我们比竞争对手在过去的一年表现得好些。成绩就让他过去，我们发现更多的是我们的问题，我们这些问题如果能够得到纠正，那我们会比我们竞争对手表现得更好。所以我们的目标是要比竞争对手表现得更好而不是现在只比他们好一点点，这一点点不值得我们去骄傲，所以我们提出了六大类问题，我们也制定出了具体的措施，我们要去想办法改善这些问题。

今天我们非常感谢以胡主任为代表的验收室领导能亲自参加我们的质量工作大会，我们也是想向对我们进行质量检验、代表客户一方的验收室表达南车电机正视困难、正视问题的积极态度。2011年，我们会在质量工作上加倍努力去提升、去改善，最终不仅是以产品的实物质量合格作为标准，而是要让整个产品质量管理的过程得到提升，让全体质量管理的人员得到个人成长的机会。我希望南车电机能够在清醒的状态之下去提升，让南车电机最终成为表里如一、内外兼修的一支队伍。我们有三个目标：百亿企业、精益企业和学习型企业。这三个目标转化为工作过程就是意识上的到位和行为上的到位，在质量工作上我们一定从意识开始，从自己的责任开始。到今年底总结时，我们要实现2011年相比2010年有比较大的提升这样一个目标，让我们一起努力。

谢谢！

立足新起点　创造新业绩
努力实现公司"十二五"发展目标
——在中共南车株洲电机有限公司第一次代表大会上的报告

党委书记　周军军

2011 年 4 月 28 日

各位代表、同志们：

　　这次大会是在公司升格为一级子公司后召开的第一次党代会。今年适逢中国共产党建党 90 周年，又是中国南车实施"十二五"发展战略的开局之年，赋予了本次会议特殊的现实意义和深远的历史意义。大会的主要任务是：认真贯彻党的十七届五中全会和即将召开的十八大精神，围绕中国南车"十二五"发展战略，落实"融入中心谋发展，有效切入争一流，全面深化重实效，着眼全局促和谐"的工作要求，回顾过去，总结经验，谋划未来，部署任务；选举产生中共南车株洲电机有限公司第一届委员会和纪律检查委员会；动员全体党员和广大员工认清形势，坚定信心，同心同德，奉献进取，为实现公司今后四年的目标而奋斗。

　　我受公司党委委托向大会做报告，请予以审议。

第一部分　过去工作回顾和基本经验

　　过去一年，我们在中国南车党委、株洲市委的正确领导下，立足一级子公司新起点，认真实践邓小平理论、"三个代表"重要思想，深入贯彻落实党的十七大精神，加强党的建设和思想政治工作，带领全体员工迅速适应组织环境和市场环境的较大变化，以团结奋发的精神风貌和令人信服的工作绩效，赢得了公司升格首战完胜。

　　——经营业绩快速增长。生产经营整体运行良好，超额完成"十一五"末年生产经营目标。营业收入较上一年度增长 79.7%，超过 33 亿元；全体员工共享发展成果，人均工资收入实现较大幅度增长。

　　——产业市场显著拓展。我们抢抓机遇，奋力开拓，在国内外市场领域连战皆捷。一年中完成新造机车类产品 745 台车；动车组、地铁牵引电机 1624 台，动车组牵引变压器 149 台；800 kW、1.5 MW、2.5 MW 等风力发电机定子 1283 台；

高压电机、石油电机、电动汽车电机等 1021 台。国内市场快速增长，全年累计获得订单超过 74 亿元。

——技术研发成绩斐然。在轨道牵引装备领域，自主研发了 380 km/h 高速动车组牵引产品。装备由公司自主研制的牵引电机和变压器的新一代 CRH380A 高速动车组在京沪高铁先导段创造了 486.1 km/h 世界最高运营试验速度。完成了 400 km/h 综合检测车和 500 km/h 试验列车牵引产品的研制并通过型式试验，200 km/h 客运机车和高原机车牵引电机和牵引变压器的开发和样机研制，新加坡、土耳其等多个城轨地铁牵引电机的开发与研制，标志着南车电机牵引电机和牵引变压器的自主创新体系和产品平台已基本构建。在风力发电领域，高海拔双馈风力发电机 2.5 MW 及 3.2 MW 永磁同步发电机的研制和批量生产，实现并网发电，标志着公司风力发电机普通异步、永磁直驱和双馈的三大技术格局基本形成。在工业特种电机领域，出口肯尼亚和伊朗交直流油田电机、美国大型 NEMA 电机相继开发成功。

——管理能力有效提升。推行目标管理，实施组织和个人 KPI 制定和考核，全员绩效观念明显增强，工作效率显著提高。推行 5S 管理，为全面实施精益生产和精益管理，培育精益文化打下了坚实基础。加强质量、安全、环境标准体系建设，全面关注企业的成长和员工的职业健康。信息化水平大幅提高，规划投资、财务管理、采购物流工作再上新台阶，项目控制、人力资源、综合管理、节能减排、审计监察等各方面工作都取得出色的业绩。

一年来，我们主要开展了以下工作：

一、适应升格形势，注重观念先导，思想舆论形成新氛围

我们坚持以邓小平理论、"三个代表"重要思想、科学发展观、党的十七大精神为重要内容，围绕公司发展大局，把握新思想，学习新论断，倡导新观念，研究新举措，切实增强各级领导班子驾驭全局的综合能力，激发与时俱进的思想活力。我们建立健全以党委中心组学习为主体的理论学习长效机制，深入研讨上级党委的方针、政策，当前热点、焦点问题，政治、经济理论，特别是前沿管理知识，进一步强化班子成员的政治觉悟和责任感、使命感，夯实领导干部开展实践、推动工作、创新局面的理论基础。在涉及公司发展和稳定的重大问题上，严格坚持"三重一大"集体议事和决策机制，将学习成果转化为工作思路和行动方案，不断提高了解决实际问题的能力。

二、肩负发展重任，加快素质提升，班子建设再创新局面

按照中国南车党委"四好"班子创建要求和标准，深入开展"四好"班子创建活动，大胆解放思想，积极进取，带领公司各级领导班子着力把各级领导班子建设成为既能创造突出经营业绩，又能承担发展重任、具有大视野的职业经理人，紧密抓好两级中心组学习和学习型组织建设，提升两级领导班子科学决策、驾驭市场、经营管理、团结协作的能力，有效增强了班子整体素质，强调抓好两级领导班子及其成员的作风建设，着力营造"一种声音、一个目标、一致步调、一心一意"的内部环境和文化氛围，推动了公司持续、健康、和谐发展，完成了国有资产保值增值的任务。公司班子荣获中国南车"四好领导班子"光荣称号。

三、突出愿景引领，创新工作方式，创先争优取得新进展

在深入开展学习实践科学发展观"回头看"活动和"加强党性修养、弘扬优良作风、促进科学发展"主题教育活动的基础上，根据党中央、国资委、湖南省委、株洲市委和中国南车党委的部署安排，"以学习型党组织建设促动学习型组织建设"为主题，扎实有效地开展了创先争优活动。

——广泛的愿景搭建。先后有7个党总支、16个党支部、495名党员和100余名群众参与此项活动，发布组织和个人愿景近600条。党员、群众积极改善工作、兑现、恪守承诺，组织帮助实现愿景，真正起到党组织凝聚人心、培养队伍、扩大影响、建立威望的目的，达到"五个好""五带头"工作目标。

——创新的队伍建设。针对公司劳务员工过半的员工结构，我们在设计创先争优活动方案时，将其也纳入公司活动，吸纳劳务党员参加所在支部愿景搭建及公开承诺活动。为帮助践行承诺的劳务员工实现个人愿景，把支部建到劳务公司，通过劳务党员带动全体劳务员工，形成公司合同制员工与劳务员工的整体合力，促进和谐企业的创建。

——深入的学习实践。以学习实验室为重要工具，将学习实验室与党员活动室、员工之家串联起来，以此为平台开展学习交流、技术研讨、设备改造预演、故障模拟和排查等，以实践操作来检验理论学习成果，形成"学习—实践—反思—学习"的良性循环。目前建立学习型实验室7个、成立课题专项组25个，仅工特学习实验室就攻克5项重大技术难关，节支增效300余万元。

——完整的活动策划。将上级党委的相关工作部署，从内容到形式，从制度到程序加以固化，编印了创先争优活动手册，用于详细记载愿景、公开承诺、实施计划方案、考核评价、检查监督责任人并跟踪提升改进等项目。

四、注重价值导向，突显学习内核，文化创新迈开新步伐

着眼于公司整体学习力和学习文化的养成，我们整备、完善两级党委（支部）中心组学习制度，按年度系统安排了学习课程，择机导入了学习型组织理论、知识和工具，以客户价值为导向，以精益改善为内容，以学习文化培育为目标，扎实推进学习型团队建设，公司重学习、重改善渐成风气，员工"精、气、神"焕然一新，各类团队工作态度和技能提升培训有效实施。

面对公司升格后的组织再造，致力于公司文化创新，我们主动谋划，顺势而为，以文化理念、公司品牌、组织行为、文化载体以及文化环境等五个方面的改善提升为重点，推进公司文化转型，取得了良好的效果。"传承、创新、进取""三创""五道"理念深入人心;积极实施中国南车统一品牌战略,大力开展对外宣传报道,公司宣传画册、专题片、展厅、网站等各种主题性展示表现出较强的传播力量;以学习型组织建设为载体的学习文化、精益文化、客户价值文化建设积极推进;南车电机报、电子显示屏、宣传橱窗、"启航"文化年鉴、文化走廊等一系列文化载体初成体系;公司理念文化石、主题雕塑、连体树等文化器物的构成,竹文化的提炼和传递,公司周年庆典系列活动的成功,展示了公司文化创新的累累硕果。

五、实践科学发展,完善惩防体系,廉政建设呈现新气象

认真贯彻落实中国南车纪检监察相关要求,不断完善监督管理约束机制建设,制定下发 15 项相关制度。对《惩防体系(2008—2012 年)工作规划实施办法》重新分解,确立惩防体系建设近期、中期、长期三个目标,为从源头上治理腐败现象发生打下良好基础。着力打造健康工作环境,指导纪委以领导干部和关键岗位人员为重点,扎实开展与供应商廉情交流活动。针对不同岗位业务属性和廉洁风险差异,分类制定廉洁从业评价标准及办法,运用绩效管理的方式对 204 名关键岗位人员进行评价。启动了与人民检察院惩防体系共建工作,有效形成企业与检察院开展惩治和预防腐败的协同工作机制。贯穿全年的廉洁从业谈话活动,有效营造了风清气正的工作氛围,促进各级管理人员责任意识和职业操守意识的增强。

六、奉行以人为本,关注员工福祉,群团组织展现新作为

加强对群团工作的领导,指导工会、共青团开展快乐工作研究,努力营造出和谐发展的生产经营环境,努力让员工在事业和集体中寻求生命的意义。工会围绕中心,服务大局,认真履行民主管理、维权保障、扶困帮贫等职能,大力开展"双创"竞赛和各类专项技能竞赛,积极组织丰富多彩的文体活动,促进了生产经营,舒缓了员工压力,协助行政为改善员工的工作、生活环境做了扎实工作。共青团在党委的指导下发挥应有作用,开展了一系列有特色的主题活动,激发青年员工的才智和力量,为改善青年员工成长环境做了有益尝试。公司员工满意度、体面度和幸福指数大幅提升,安居乐业的基本环境初步形成。

回顾过去的工作,我们深刻地体会到:

——把握大局是工作之本。确保党的路线、方针、政策的严肃执行,确保国有资产保值增值,确保企业和社会环境和谐稳定,是企业党委的重要职责。实现三个"确保"的关键因素和先决条件,是公司发展战略和经营目标的有效达成。过去一年,我们将工作开展与公司的经营和发展紧密结合,虑事同心,行事同步,为公司新的发展谋略、新的运控思维、新的管理实践形成,创造了积极有利的环境条件,公司上下忌空谈、干实事蔚然成风。

——持久创新是必由之路。这个世界唯一不变的东西就是变,面对公司升格后的巨大压力，唯一的解决之道也是变。变就是思维的创新引导行为的创新。过去一年，我们顺势提出了"价值创造的客户之道，不懈追求的质量之道，效益当先的精益之道，全力以赴的能力之道，深谋远虑的产业之道"，并由此形成了公司哲学和经营理念的五大内核。思维的创新，为公司全方位的持久创新奠定了坚实基础。

——高效团队是力量之源。党的事业的根基在于党员，公司的根基在于员工。过去一年，秉持"企业即人"的理念，我们充分正视公司新的历史进程对人力资源总量和结构提出的新要求，高度关注各类员工的构成、培育和管理，注重发挥党员骨干的先锋模范作用，广大员工的精神风貌和行为习惯显著升华，一支爱岗敬业、作风扎实、注重绩效的员工团队已经形成。

——文化再造是永续之基。公司经营管理的许多案例证明，文化再造是组织再造取得成功的必要条件。过去一年，伴随公司升格，公司文化的提升和创新，为公司组织再造构成相得益彰的内部环境条件。我们充满信心，秉持"传承、创新、进取"的南车电机，一定基业长青。

第二部分　公司面临的形势和今后四年的奋斗目标

"十二五"时期作为新中国第三个三十年和"第三次转型"的新起点，是全面建设小康社会的关键时期，是深化改革开放、加快转变经济发展方式的攻坚时期，也是我国经济发展阶段从工业化中期向后期过渡的关键时期。对于南车电机来说，"十二五"时期是一个十分难得的战略机遇期和黄金发展期。

在国务院《关于加快培育和发展战略性新兴产业的决定》中，明确节能环保、高端装备制造、新能源、新能源汽车为战略新兴产业，将从财税金融等方面出台一揽子政策加快培育和发展。随着国民经济持续快速发展，我国城市化进程明显加快，轨道交通运输以其运量大、速度快、能耗低、占地少，安全可靠、准点舒适、节能低碳等优势，备受各大、中城市青睐。为改变"能耗大国"这一西方对中国发展的印象，中国"十二五"规划启动了节能减排的新引擎，将通过大力度的财政补贴等一系扶持政策，推动高效节能电机在国内市场的应用；中国已庄严承诺至2020年国民生产总值能耗降低40%至50%，以风力发电为主的清洁能源将呈蓬勃发展的趋势。作为最年轻的一级子公司，南车电机肩负着做强做大电机变压器产业、成为具有国际竞争力的关键部件专业化研究与产业化基地的使命，中国南车必然会给予我们更多的关心和指导，并加大对我们优势产业的投资力度。

铁路体制变化给我们带来诸多不确定的因素；随着我国铁路现代化建设进程的快速推进，铁路安全特别是装备安全面临前所未有的挑战；风电产业质量风险也时刻警示着我们；国家紧缩银根，我们面临着成本管控和资金压力等多方面的挑战；工业快速发展，技能人才的短缺，人力成本优势已不复存在。

我们必须居安思危，超前谋划，做好应对各种挑战压力和危机风险的思想准备。根据南车"十二五"发展战略和公司"十二五"发展规划，未来四年我们的奋斗目标是：

适应公司升格后的企业党建工作的深刻变化，确保党的路线、方针、政策的严肃执行，确保国有资产保值增值，确保企业健康成长和社会环境和谐稳定，以学习型组织建设为载体，进一步加强研发能力、经营能力、管理能力、团队建设、文化创新、员工生活的提升和改善，做精做优轨道交通产业，做强做大风力发电产业，做实做快工业特种电机等延伸产业，构筑南车电机品牌。实现"两步走"目标，到2012年营业收入达到50亿元，2015年力争达到100亿元。

——领跑行业技术领域。抓住集团公司三大技术平台建设、战略型新兴产业发展和国际化经营的历史机遇及其对技术创新的要求，提高产品研发水平，增强自主创新能力，成为核心技术、前沿技术和基础技术完备的行业技术领跑者。

——拓宽经营思路和渠道。以轨道交通的成型技术拓展市场，努力在工业特种电机和变压器产业增加市场份额；以南车品牌的影响力，通过资本运营方式扩张工业电机和变压器领域。

——打造高效精益企业。以精益生产模式改善企业管理，用先进的装备手段和信息化技术，实现在激烈市场竞争中取得资源利用优势的目标。

——造就一流员工团队。按照南车"万名核心人才"工程要求，着力打造技术、管理、技能等三类核心人才队伍，从人才总量、结构、能力、素质等方面基本满足公司发展需求。

——建设全新公司文化。在中国南车的旗帜下，全面构成公司的企业哲学、企业精神和理念识别、行为识别、产品识别系统。形成独具优势、独显特色的精益文化和学习文化。

——营造和谐企业氛围。以"促发展、建和谐"为己任，注重人文关怀和心理疏导，为员工提供愉悦的工作环境和生活环境，创建良好的员工成长通道，保持员工收入的稳步增长。

第三部分 今后四年公司党委工作的指导思想和主要任务

为实现上述奋斗目标，今后四年公司党委工作的指导思想是：以邓小平理论、"三个代表"重要思想和科学发展观为指导，认真贯彻党的十七届五中全会、十八大和南车工作会议精神，在实施50亿~100亿"两步走"战略中，充分发挥党组织的政治优势，彰显党组织的战斗堡垒作用和党员的先锋模范作用，凝聚全公司员工的智慧和力量，为实现"百亿企业、精益企业、学习型企业"发展目标提供政治保障、思想和组织资源。

今后四年我们的主要任务是：

一、谋划企业未来，突出愿景引领，推进公司又好又快发展

引导各级党组织在公司"十二五"发展目标指导下，为公司又好又快发展献策给力。遵照中国南车党委"融入中心谋发展"的总体要求，以企业愿景为指引，围绕企业战略目标和发展中心，为真正落实企业党组织的三个"确保"，充分调动广大党员和员工的建言献策的积极性，集中群体智慧，确保规划在实施过程中不断调整完善并扎实着陆，尤其是做好规划及各项子计划的落实跟踪，积极研究发展形势和未来趋势，落实关键项目的实施进度，真正实现公司"十二五"期间的快速健康发展。

落实"三重一大"的集体议事和决策制度。"三重一大"事项关系到企业的健康、持续发展和广大员工的切身利益。我们要认真按照上级党委的要求，进一步完善相关制度，细化决策程序，科学界定"三重一大"事项，与时俱进的梳理和调整涉及重大决策事项、重要人事任免事项、重大项目安排事项和大额度资金运作事项的具体范围，严格履行"三重一大"决策程序。经过集体决策过的意见或决定，我们要团结带领全体党员和广大员工，推动决策的实施，并对实施过程中发现的与党和国家方针、政策不符或脱离实际的情况及时提出意见。

开展扎实有效的形势任务教育，将公司愿景分解为各业务板块、单位部门、员工岗位的愿景。"十二五"期间，公司面临良好的发展机遇，我们要面向全体党员和广大员工开展形势任务教育，围绕公司愿景的实现，凝聚人心，鼓舞士气，激发斗志，协同步调，通过对员工的"动员、提升、引导、凝聚"四个环节，汇集各方力量，推动公司发展。同时，要以公司愿景为总纲，认真做好愿景分解工作，将公司愿景分解到各个基层党组织和每个党员，分层次、有重点地搭建愿景，实现稳固的愿景支撑体系，保证公司发展战略和经营目标的实现。

二、注入发展内涵，深化创先争优，发挥党的政治优势

企业创先争优，优和先首先体现在经营成果和工作绩效上，这是中国南车党委"有效切入争一流"的核心内容。我们将持续以学习型党组织建设促动学习型企业建设为主题，以党组织和党员的模范引领作用调动广大员工的积极性，促动其自动、自发的工作改善，形成促进企业快速发展的巨大推力。

争创活动要与企业的科学发展相结合。企业党组织工作的出发点和归宿都是为了促进企业科学发展和公司生产经营目标的实现。党务工作者要将组织的政治优势与生产经营实际紧密结合起来，把争创活动作为推动生产经营发展的强大动力，形成良好的争创氛围。各级党组织要促使员工职业生涯与企业战略规划的一致，员工价值取向与公司价值观的统一，将公司科学发展的内涵注入实际岗位。

争创活动要与自发自动改善相结合。借助学习实验室，追求技术、工艺、生产、管理等实际项目的持续改善，践行组织和个人的承诺，不断提升和改善思维理念和工作方法。对于在活动中发现的突出问题，要坚持边发现、边整改、边落实，在实际工作中追求自动、自发的工作改善，在工作改善中实现绩效提升，促进企业各项工作的顺利推进。

争创活动要与队伍建设相结合。我们要以争创活动为总抓手，大力推进员工队伍建设、党员队伍建设。重点是落实"四强""四优"的要求，同时要带动群团组织参与争创活动，在公司各个业务口形成"学赶比超"和创新的热情，从多方面、多领域培养和发现人才，锻炼和加强队伍，形成以争创活动推动企业发展的良好局面。

三、加强理论学习，改善心智模式，为公司发展筑牢思想基础

推进观念转变。通过学习型组织建设积极引导广大党员和骨干，围绕中国南车和公司的"十二五"战略发展规划，广泛开展以解放思想、转变观念、更新思维方式为主题的学习活动，探索思想政治工作的新思路、新角度、新方法，使思想政治工作更好地发挥传播理念、引领方向、鼓舞士气、化解矛盾的功能，把员工的思想和行动统一到企业的发展目标上来。积极应对不断变化的市场环境，强化客户价值导向，树立全面深入的客户意识、质量意识、精益意识、能力意识和产业意识，以适应未来南车电机发展壮大的要求。

重视学以致用。先进的思想和思维方法需要寻求合适的切入点运用到生产管理当中，与实践活动相结合，才能达到以先进理论指导实践作用，否则思想、思维永远只是不切实际的空谈。南车电机根据技术、市场、产业和项目的实际，立足南车三大平台建设，大力推进技术创新，加强前瞻性技术和基础研究的力度，引领行业技术潮流；巩固核心业务国内市场领先地位；扩张专有技术延伸产业、丰富战略性新兴产业和海外业务；实施资本运作，提高品牌知名度。如此等等，都需要我们持续加强研究和分析，做到学以致用、用以促学、学用相长。

落实"学习规划"。《南车电机学习型组织中期建设规划纲要》已策划完毕并即将印发，下一步要遵循规划路线，扎实推进学习型党组织、学习型管理团队、学习型班组建设，全面导入自我超越、改善心智、共同愿景、团队学习、系统思考五项修炼，构建完备的学习型组织架构，以学习实验室等为主要工具，以精益改善为主要内容，以"国内领先、国际一流"为愿景，努力追求卓越，以思想、思维创新促进制度创新、科技创新和管理创新，以层出不穷的创新成果和优良业绩，使员工和公司共同成长，并在事业和学习中活出生命的意义。

四、重视人才价值，积极发挥作用，增强对人才工作的引领能力

充分发挥党的政治核心作用，充分发挥党的思想政治优势、组织优势和密切联系群众的优势，为做好人才工作提供坚强的政治保证，为公司"十二五"战略提供有效的人力资源支持。

进一步加强领导班子建设。继续坚持两级中心组学习制度，以制度保障学习时间，以精选内容突出学习重点，以多种形式提高学习质量，以创新成果深化学

习效果。始终激发和维护对新思想、新理念、新技术的浓厚兴趣，培养以客户价值为导向的思维习惯，提高班子团队的战略决策能力、经营管理能力、市场应变能力、开拓创新能力和风险防范能力，打造出善于驾驭全局、应对复杂局面、勇于担当责任的优秀团队。

优化人才选拔培养机制。在完善公司人才选拔培养各项制度安排的基础上，公司内部尤其要重视努力为人才发展营造良好的环境，用事业、用感情、用待遇把各类人才感召和凝聚到南车电机的发展中来。同时，要优化领导干部公开选拔和竞争上岗制度、后备人才培养制度，建立多维度职业发展通道和核心人才培训开发体系，系统推进高端人才队伍建设。

打造三支核心人才队伍。今年中国南车全面启动了"万名核心人才"工程，在"十二五"期间将着力打造经营管理、工程技术、技能操作三类核心人才。南车电机作为最年轻、最具成长性的一级子公司，人才总量、结构、能力、素养与公司发展要求的差距将在一定时间内存在，人才需求具有巨大的成长空间。要切实做好三支队伍的规划建设，寻找对接差距，有计划、有步骤、有策略地推进核心人才的建设工作，同时力争使党员骨干在南车"万名核心人才"中占据更多的比例。

五、深化目标管理，夯实工作基础，强化组织的政治优势

组织自身建设"全面深入重实效"，不断加强基层党组织的先进性建设，努力使工作始终符合时代要求和党员、员工的期待，不断提高党组织的创造力、凝聚力和战斗力。

加强基层组织建设。各级党组织建设要做到"三同时"：即新建组织机构的同时建立党组织，调整经营管理组织的同时调整党组织的设置，配置经营管理人员的同时配备党务工作人员。本着精干、高效、协调和有利于加强工作的原则，设立公司党组织内部机构和专职或一岗双责的党务工作岗位。结合公司劳务用工多的实际建立劳务用工基层党组织，抓好"三会一课"等各项基础工作，并开展针对性强、效果好的培训、研讨活动，增强劳务员工敬业爱岗、服务发展的意识。在组织建设、党员教育管理等方面运用现代信息技术，提高工作效率，开创基层党组织建设充满时代气息的新局面。

加强党员队伍建设。坚持高标准、严要求，培养党员勇于创新、敢挑重担、冲锋在前、无私奉献的精神，落实党员"经常受教育、永葆先进性"长效机制，使长效机制长期管用。大力推广"双培养"经验，把符合条件的生产经营骨干员工培养成党员，注意吸收优秀专业技术管理人员和生产一线优秀的正式员工和劳务员工，特别是劳动模范、高技能人才入党。把党员培养成生产经营骨干。要有计划地组织年轻党员到基层锻炼、到艰苦岗位锻炼，使党员成为企业最优秀的人力资源。

改进和完善基层组织活动方式。建立党委工作目标管理体系，有效激励和约

束各基层党组织和党群单位工作的开展，提高党委工作效率。积极推广党务＋业务、行政＋思政紧密结合的"双目标"管理模式，避免"两张皮"现象的发生。将党组织对党员的党内要求和企业对员工的岗位要求统一起来，党员必须成为工作中的先进分子，促进党建工作与企业经营工作紧密结合。积极推动公司文件精神及各项措施与制度的贯彻与执行力度，发挥党员示范引领作用，带动群众共同进步。

六、加快文化创新，彰显公司形象，确保南车电机基业长青

要通过理念培训、制度建设、行为导向、典型树立等方式，潜移默化地开展文化创新，改善员工的职业态度和从业价值观，塑造企业良好形象、展示员工精神风貌、培育企业理念和精神。

深入推进中国南车品牌建设。根据南车集团品牌提升规划，统一全员品牌思想，从视觉识别、宣传手册、形象广告、标语口号等方面着手，结合公司实际情况，落实中国南车统一品牌战略，完善品牌管理、品牌价值、品牌形象和品牌传播四大体系。建立健全品牌管理制度及流程，把文化建设与品牌传播有机结合，形成工作合力，系统开展品牌建设和提升工作，突出中国南车的社会影响力。

以先进典型树立文化的力量。以点带面扩大企业文化建设的规模。"十二五"发展过程中各条领域战线上将涌现出许多的先进集体及典型个人，这些先进集体和典型个人是企业精神、优秀理念生动、形象的体现和象征，公司党委将加大表彰力度和宣传力度，强化其示范作用。将榜样的力量辐射广大干部员工，鼓励大家向先进集体和个人看齐，争做先进，促使公司全体员工共同创造公司文化并传承下去。

大力推进特色文化建设。以建立学习型组织为重要载体，以信息技术平台为重要手段，紧密结合公司发展的实际，广泛开展学习和改善活动，通过对活动中先进集体和典型个人表现出的先进事迹进行系统整理和提炼，逐步形成具有南车电机特色的精益文化、学习文化、廉洁文化，以推进管理机制不断创新，发展目标不断超越，组织建设更具活力。借助社会媒体和专业媒体，深化对外新闻报道工作，大力提高公司在中国南车、社会公众、政府领导、潜在客户中的知名度和美誉度。

七、完善惩防体系，发挥群团优势，"着眼全局促和谐"

深化并完善惩防体系建设。坚持标本兼治、综合治理、惩防并举、注重预防的方针，以"讲党性、重品行、做表率"为主题，开展多种形式的廉政教育活动，筑牢思想防线。坚持"三重一大"决策程序，着力加强投资决策、产权交易、资本运营、营销采购、工程项目、人才选拔等业务环节上纪律监督体系的梳理，切实将国家、企业廉洁从业的相关规定内化为流程，置于有效监督之下。

深化并完善工会组织建设。工会组织要以"三创""五道"为内容，激发广大

员工的劳动热情和创造活力。通过继续大力实施技能培训、技能比武、"八比八创"、"当好主力军、建功'十二五'"的主题劳动竞赛活动，推动企业的快速发展。要深化落实"三关心、三保证"工作，贴近员工群众，听取员工心声，解决员工的后顾之忧。同时，要举办丰富多彩的文体活动，舒缓员工压力，强健员工体魄，努力让员工体会到工作的乐趣、生命的价值和意义。

充分发挥共青团生力军作用。公司共青团组织要围绕创先争优、安全生产、成长成才、岗位建功等主题，以培养青年人才、促进企业经济效益为目标，以深入了解青年思想现状、价值观念和文化需求为首要任务，找准定位，建立各种服务组织、活动阵地，发挥共青团员、青年员工的生力军和突击队作用，为企业发展、员工个人价值实现，以及员工与企业之间的和谐发展献策给力。

各位代表、同志们，时代赋予了我们神圣的职责，我们一定不辜负历史的重托，在中国南车党委和株洲市委的正确领导下，立足新起点，展现新作为，创造新业绩，为实现"百亿企业、精益企业、学习型企业"的宏大目标而努力奋斗！

谢谢大家！

在庆祝建党 90 周年、七一表彰颁奖典礼暨公司首届合唱艺术节上的讲话

党委书记　周军军

2011 年 6 月 26 日

同志们：

今天，我们在这里隆重集会，表彰一年来在公司创先争优活动中涌现出来的先进集体和优秀个人，同时以合唱艺术节的形式庆祝建党 90 周年。在此，我谨代表公司党委向为公司发展做出贡献的全体党员、党务工作者、入党积极分子和离退休老党员致以节日的问候和衷心的感谢！

回顾漫漫征程，一路辉煌一路歌。90 年来，中国共产党带领中国人民经过艰苦卓绝的武装斗争，建立了社会主义新中国，走上了改革开放、建设中国特色社会主义的强国富民之路，取得了经济社会发展的巨大成就，开创了亘古未有的宏图伟业，从根本上改变了中华民族的命运，写下了功彪千秋的光辉诗篇。事实证明，我们的党是富于创新精神、不断进取、与时俱进的党；是脚踏实地为人民群众根本利益奋斗不息的党；是值得广大人民群众拥护和信赖的党。

公司成立以来，各级党组织结合实际，务实创新，坚持"围绕中心抓党建、抓好党建促发展"，学习实践科学发展观，深入开展创先争优，特色开展愿景搭建与公开承诺，扎实推进学习型组织建设，显著提高了党建工作的活力和实效，锻炼培养了一批高素质党员干部队伍，党建工作的政治优势、组织优势和思想优势不断转化为促进企业科学发展的经济优势，有力地促进了企业改革发展。今年 1 至 5 月份，公司实现销售收入 25.5 亿元，完成全年预算的 48.8%，到 6 月底将顺利实现时间、任务"双过半"。牵引电机产能也历史性地突破到月产 1000 台。

总结过去，最重要的经验就是要始终坚持围绕企业中心工作抓党建、融入生产经营发挥作用，要在夯实企业组织基础、提高两级班子成员的思想意识和战略思维能力、调动广大员工积极性和团队协作能力等方面大有作为。当前，公司所处的内外部环境已发生深刻的变化，铁道部经营体制改革，国家风电行业发展暂时放缓，对内部生产经营造成一些影响。但这只是暂时性的，铁路"十二五"期间

总投资仍将达 2.8 万亿，铁路快速发展的步子不会放缓，随着风电并网问题的解决，风电行业仍将继续保持良好发展势头。公司也正积极开拓新的市场领域，高效能电机、CRH6 城际动车组、内燃机车、城轨牵引电机及维修业务的开拓将形成新的增长点。

面对新形势，公司党委提出以服务公司"两步走"发展战略为主题，深入开展"创先争优"活动，努力把党的政治优势、组织优势和群众优势转化为公司的创新优势、竞争优势、发展优势，以技术进步、产业扩展的新成就向党的十八大献礼。为此，公司党委号召：

——全体党员要发挥自身的表率作用，要进一步解放思想，与时俱进，用实际行动去影响和带动员工群众，克服当前的困难并为企业的发展献计献策，在构建和谐企业的实践中建功立业。

——各级党组织要发挥政治核心作用、党支部的战斗堡垒作用。在创先争优活动中，结合实际，着力服务中心工作，推进战略目标落地，实现企业愿景，在公司发展历史进程中争当排头兵、主力军。

——各级领导班子要坚定信心，强化执行力与管控力，坚定不移地推进公司发展目标。要认真总结好上半年经验，统筹安排部署好下半年的工作任务，要将创先争优贯穿到全年的工作中去，确保完成年度重点项目，全面实现全年经营目标。

同志们，面对新形势、新任务，让我们肩负起光荣而神圣的历史使命，不辜负时代和员工群众的重托，牢固树立责任感和紧迫感，坚定信念，攻坚克难，勇于探索，开拓创新，以奋发有为的精神风貌和干事创业的工作作风，努力开创南车电机"十二五"发展新局面！

转变发展模式　拓展经营思路
全力以赴开创南车电机发展新纪元

——在南车株洲电机有限公司一届三次职代会上的报告

执行董事、总经理　胡　洋

2012 年 1 月 10 日

各位代表、同志们：

现在，我向大会做行政工作报告，请审议。

第一部分　积极应对、开拓进取、逆势上扬的 2011 年

2011 年的南车电机，有点像坐过山车。从 1 月份将近 7 个亿的销售业绩，到 12 月份仅 2 亿左右的营收，陡升到骤降的感觉，使得成立才一年多的新公司仿佛坠入云雾之中。

2011 年中国铁路带给我们的是尘埃落定中太长太多的等待。主要业务的全面受挫，对处于持续高速发展中的南车电机是巨大的考验。市场拓展、新产品研发、队伍建设、质量保证等关乎企业生存的问题摆在我们这个年轻的团队面前。在过去的 365 个日日夜夜里，留下了太多难以忘怀的感人瞬间，让我们循着时间的隧道，重温 2011 年一起走过的日子。

一、拓展市场，夯实企业生存的基础

面对风云变幻的行业形势，南车电机人用自己的执着，潜移默化地影响着客户。2011 年，从现场"5S"管理的日臻成熟，到生产质量的精雕细琢；从客户服务的逐步推进，到市场营销的步步为营；从轨道交通的稳扎稳打，到工特产业的渐入佳境，南车电机凭借对客户价值的认知和坚守，赢得了市场订单的良好响应。

在轨道交通领域，由于铁路行业政策调整的原因，使得牵装产品市场在 2011 年面临了很大的困难，但这并没有影响南车电机人笃定前行的决心。通过全体员工的不懈努力，动车领域市场占有率实现了 10% 的增长。在城轨地铁方面，借助客户对南车电机现场和产品质量的认同，接连赢得重庆、广州、昆明等城轨市场订单，实现了销售收入同比增长 200%。

在风电领域，由于近几年过热的发展速度，使得风电产业面临重新洗牌和政

策调整，永磁直驱的风电生产面临巨大困境。世界新能源产业欣欣向荣的发展景象，坚定了南车电机在风电产业一如既往的信心。通过积极的前期筹划与部署，和联合动力、大唐华创、美国 GE 等主要风电厂商初步形成了合作意向，风电发展将迎来新的契机。

在工特领域，我们始终没有放弃做强做大的决心。2011 年加大了市场准入认证的攻坚力度，接连取得了煤矿防爆电机、船级社等体系认证，并跻身高效节能电机国家队名单。至此，南车电机已形成油田电机、防爆电机、高效节能电机等领域的多点切入。其中与格力合作的高速永磁同步变频电机，更是站在了技术的制高点。产品成功打入美国、希腊、南非、印度等国家和地区的市场，营业收入实现翻番。

二、产品开发，强化企业发展的根本

行业不景气，破解的方法只有推出更加贴合用户需求的新产品。在特别的 2011 年，我们的研发人员变得更加忙碌。为了拓展海外轨道交通市场，他们赶时间、追进度、夜以继日；为了开发新的风电产品市场，他们走访客户、遍求良策；为了打破工业特种电机的技术壁垒，他们苦心钻研、迎难而上；为了建立自己的绝缘研发体系，他们兢兢业业、殚精竭虑；为了打造完善的试验验证系统，他们加班加点、精益求精。

轨道交通行业形势的寒冬，为我们的研发技术储备创造了有利条件。2011 年开展了 160 km/h 客运机车、双源制电力机车、直线感应电机和悬浮电磁铁、土耳其地铁等 43 个项目的研发，为未来的市场拓展奠定了坚实的基础。

迫在眉睫的转型现实，坚定了我们谋求风电技术话语权的步伐。在这一年里，组织实施了 2.5 MW 和 6 MW 永磁同步风力发电机、5 MW 双馈风力发电机、电励磁同步风力发电机研制工作。系列化的风电研发能力，将使南车电机在海陆，以及整机制造方面，具备得天独厚的先天优势。

国家利好政策的驱动，鼓舞了我们开拓特种电机领域的信心。相继投入美国 NEMA 高效节能电机、大型同步电机、高速永磁同步变频调速电机、YJK 型高压电机、交流变频调速油田电机和煤矿电机等产品的研制，新产品开发已达 170 多种，为工特产业的可持续发展提供了有力保证。

在资源投入方面，科技研发历来都是我们重点关注的内容。在组织机构上，为提升工艺研发水平，促进产品工艺与质量的改善，我们成立了工艺研发部；在硬件投入上，为构建完善的绝缘研发体系，我们筹建了综合实验楼；在检测领域上，为搭建整套的检测试验体系，提升产品品质，我们建成了检测试验站；在智力支持上，我们加大了高学历人才引入和技术人才培养力度，成熹、李进泽等获南车首席技术专家，吴顺海等 21 人获南车各层次技术专家，研发人数达到 177 人，其中 2011 年增加 39 人。

三、队伍建设，保证企业发展的后劲

员工发展离不开机遇和平台。2011年，公司组织结构更加扁平化。调整中的人才短缺成为公司选才、用才的契机。随着岗位要求的提高，在历炼中成才的机会也相应增多。同时，扁平化使得在既有硬件环境不变的情况下，技术、管理、技能人才的知识素养和岗位要求更具专业化，服务生产经营更直接、更快捷。经过一年的磨炼，现有管理人才队伍正逐步趋于成熟，已经成为推动公司发展的生力军。

南车电机的发展需要一支逐步壮大和成型的员工队伍。近几年的快速发展，使我们的用工数量急剧增长。但随着今年风电等产业的波动，一批员工处于停工待岗状态。为促进队伍健康成长，一方面我们调减了用工总量，通过减少实习生及劳务用工比例，安排临时性待岗和疗休，增强企业应对市场风险的能力，提升效率及效益。另一方面通过大力开展全员培训和班组建设稳定队伍，共培训员工22600余人次，加强了企业凝聚力和团队建设，提升了人才储备质量和厚度。

四、提升质量，巩固企业市场的根基

2011年行业形势发生诸多变化，尤其是"7·23"事故后，"质量是企业生命"的理念再次得到强化。南车电机为此在内外两个阵地展开全面的行动。

在公司内部，从产品设计、工艺验证到供应商管理，从制造、例行试验到型式试验，全过程开展质量反思和检查，强化对产品质量和安全的再认识。通过调整组织架构，建立起了三级质量控制体系。依托IRIS平台，加强内部质量审核，持续完善质量管理体系，建立了较完备的管理流程和制度。积极采用RAMS可靠性改进方法，加强产品质量数据应用，努力提高产品寿命周期的可靠性。全工序开展标准作业活动，将覆盖663个工序的作业文件，通过"工艺一口清，操作一手精"，在员工中形成一致要求。推行"三直三现"管理活动，重在强调发生质量问题时，工艺和质量人员直达现场、直面现物，从人、机、料、法、环、测全面查证问题的真实原因，并制定解决和预防方案，有效提升了产品质量。

在公司外部，为保证产品服务成为产品质量的有机整体，我们大力开展客户服务重要性引导及实践活动。精心组织机车检修，全年完成HXD1机车两年检等82台。启动了中层以上领导全员动车包保流程，强化质量服务意识。积极组建武汉、上海等动车检修基地，抽调骨干力量，充实检修队伍，编制检修基地质量工艺规范，提升检修基地服务质量。丰富完善产品故障词典，及时分析产品可能发生问题的原因并形成整改措施，在生产过程中进行控制。赴段售后服务人员在故障发生时，根据故障词典第一时间处理，提高了客服效率及客户满意度。

五、效益先导，提升企业管理的水平

遵照南车对精益生产工作提出的由精益现场上升到精益管理的更高要求，公司在积极做好外部业务拓展的同时，推出了多项内部管理提升举措，从降本增效

上做文章，切实践行了精益之道。

2011 年公司从各方面加大了精益生产的投入力度。一是全面启动了标准作业，努力控制"人的不安全因素"，保证了产品质量，提升了生产效益，共创客户价值。二是精益生产示范线建设步伐加快。动车牵引电机、牵引电机线圈和动车牵引变压器等三条精益生产示范（区）线取得阶段性成果。三是鼓励员工积极提出精益提案。通过改善提案的评比、表彰与宣传，调动广大员工精益求精的工作热情。全员参加的创意提案、持续改善活动，促进了精益管理水平的上升。四是大力开展降本增效工作。通过开展电磁线价值链管理和风电定子降成本活动，全面推进动车组产品和风电产品降成本工作，全年节约成本约 3544 万元。

正是有着效益为先的措施，才使我们在形势骤变的 2011 年实现销售收入 39.1 亿元，同比增长 18.6%，较好地完成了南车下达的经营目标。

六、文化启航，塑造企业品牌的力量

文化是魂，魂牵梦绕的是企业命运。南车的定位是国际化，南车电机的目标是国内领先、国际一流。高品质的企业是高品质的产品、高素质的员工队伍和高水平的管理队伍的有机结合。南车电机是南车竹海中的一片新绿，应有比较快的增长速度，要具备谦逊、坚忍不拔的品质，要树立自己的目标、理想，以期能够拥有与所处竹林相匹配的高度和品质。要有"凌霜竹箭傲雪梅，直与天地争春回"的自信和"咬定青山不放松，立根原在破岩中"的坚强，在这种追求的引领下，我们从员工个人素养的提升到团队建设，各单位都全力而为；从产品交付、过程控制、入库检验等诸多生产环节的细微之处着手，全面开展质量问题查找、分析、整改；企业的管理逐步有板有眼，由简至精。

企业文化的内在是品质，外在是形象。最能生动和随时随地体现的，就是员工的形象。《员工手册》从价值观、行为规范及礼仪方面进行了引导；"文照辉工作室"从学习观、学习型组织建设的方法上开启了思路；"同心之歌"合唱艺术节、竹竿舞大赛、气排球等文体活动，营造了浓厚的健康向上氛围，激发了广大员工的学习工作热情。

上述成绩的取得，依赖于年初所提出的"三创五道"精神在南车电机打下的牢牢根基。但同时，我们也应该看到存在的一些不容忽视的问题和不足。"客户之道"核心是挖掘客户价值，重在客户的量和质。我们对开拓潜在客户的重要性认识不足，致使风电单一客户突破的步伐较为缓慢。"质量之道"关键是可靠与持续，责任意识首当其冲。我们清醒地认识到还有很多惯性问题有待解决，不可一俊遮百丑。"精益之道"最重改善无极限，用精益的眼光和精益的标准来看待我们的工作，差距就显而易见或者无处不在。"能力之道"讲究平衡的能力和技巧，多与少、过与欠都与时点相关。调整的节拍是否能跟上形势变化的要求，我们还有差距。"产业之道"看似务虚，实则是企业变通之本。工特发展的决心与单一产业单一客户的风险问题已暴露无遗，迫使我们必须突破。

在总结 2011 年经验的基础上，我们将继续高举"三创五道"的大旗，围绕并购和产业扩张，做好产业之道；针对客户价值和新的营销模式，力推客户之道；加强深度研发，塑造质量之道；深挖内部潜力，走好能力之道；开阔视野和思维，细化精益之道。创百亿企业，创学习型企业，创精益企业，应成为我们"十二五"期间矢志不渝的经营方针。

同志们，2011 年面对诸多不利形势及挑战，我们齐心协力、众志成城，取得了逆势上扬的喜人业绩。正是因为有广大员工的辛勤工作，有管理人员的精心控制，有技术人员的努力拼搏，有全体高中层领导的通力协作，才有了新电机今天的新气象。在此，我谨代表公司，向一直以来辛勤工作的各级管理者和广大员工表示崇高的敬意和衷心的感谢！

第二部分 提振信心，正确认识经营新形势

一、把握机遇，全力以赴谋发展

2012 年，中央将实行积极的财政政策与稳健的货币政策，提出要实现国民经济"稳中求进"的总体目标，"稳"在"进"前，意味着结构调整和效益提升将是今年发展的主旋律。但效益提升不代表放弃规模扩张，南车电机作为年轻的一级子企业，肩负做强做大中国南车电机产业的使命，只有转变经营理念，把握发展机遇，聚焦市场开拓，兼顾规模与效益，才能以稳健的步伐踏步前行。

综观全局，轨道交通产业仍然大有可为，战略性新兴产业方兴未艾，南车电机仍处于发展的重要战略机遇期。一是铁路发展环境逐步回暖。当前铁路运输能力与适应国民经济发展需要还有巨大差距。中央经济工作会议提出，确保国家已经批准开工在建的铁路、重大装备等项目资金需求；9 条共计 3600 多公里高铁新线将竣工开通。同时，在"7·23"事故结论发布之后，温家宝同志视察中国南车株机公司时，明确表达了在高质量下发展中国铁路的国家意愿。被放缓的中国高铁将再次成为推进经济发展的重要力量。此外，大秦运煤专线今年的运能将从 4.4 亿吨提升到 5.2 亿吨，增幅 18.2%，大功率电力机车市场需求强劲。二是动车机车检修服务成增长点。随着动车、机车运用里程的增长，修理数量相应增加，动车高级修和机车两年检业务不断扩大。武汉、上海检修基地的建成使用，将使我们进一步贴近市场，深入客户价值链。以核心技术为先导，加强检修市场的控制，检修业务的大幅增长指日可待。三是饱受诟病的城市堵车，让城轨地铁市场进入黄金发展期。全国已有 28 个城市获批建设城轨地铁，到 2015 年，总投资将达 1.16 万亿元，市场前景广阔。2012 年南车电机城轨地铁产品销售收入有望接近亿元大关。今年重点是对国家新批准的、首次运营的城市进行突破。要抢先一步，以我们的专业性，让客户接受全寿命周期服务的理念，做好订单的跟踪。四

是战略性新兴产业的春天来临。我国战略性新兴产业规划及相关专项规划即将陆续出台，高端装备制造、节能环保等产业将成为支柱产业，未来五年国家将对战略性新兴产业投资约10万亿。这对南车电机在高端装备制造、风电装备、高效节能电机等方面的发展十分有利。五是中国南车"十二五"发展目标没有变，南车电机坚定战略发展的信心也没有变。铁路行业的回暖让中国南车有能力支持南车电机新产业的发展，只要我们项目选择得当，在中国南车的支持下进行产业整合，百亿目标一定能够实现。我们要牢牢抓住发展机遇，因势而变、乘势而为、顺势而上，坚持传承、创新、进取的企业价值观和文化内涵，为南车电机的创新发展做好充分准备。

二、迎接考验，励精图治谱新章

宏观经济的不确定，市场竞争的愈加激烈，给南车电机带来了压力与挑战，但更多的是希望。一是"7·23"事故之后，铁路发展重心由速度为主转向质量为主，运输安全和用户要求越来越高，质量追究和索赔力度不断加大，我们的产品质量和运行安全面临巨大压力。二是今年是铁道部新体制新机制全面运行的第一年，我们的客户从铁道部变为全国18个路局，市场的争夺将更趋白热化。三是受银根紧缩和通货膨胀的影响，企业融资、人工、原材料成本大幅上涨，成本优势已不复存在。四是随着企业规模的快速扩张，核心技术、管理、技能等人才短缺现象的改善迫在眉睫。五是企业要转变商业模式，从产业经营向产业经营与资本运作相结合转变。对南车电机来说，在资本运作过程中如何解放思想、克服畏难情绪、激发昂扬斗志，将是我们面临的新课题。

2012年中国铁路将处于巩固调整期，我们要利用这个有利时机，迅速打造与公司硬件相匹配的软实力，完成由"增量"到"提质"的华丽转身。抓住轨道交通刚性需求带来的机遇，积极拓展200 km/h机车、城际动车以及既有机车等相关市场。把握铁路改革经营权下放带来的对装备管理服务体系需求的机遇，加快由生产型制造向服务型制造的商业模式转变。借力中国南车的品牌效应，以资本运作等多种方式对既有产业链实行前伸后延，深挖新产业市场，实现新产业腾飞。

同志们，伴随危机所带来的机遇就在眼前，实现战略发展的转型已箭在弦上，蓄势待发。当前，我们急需做的是突破开拓前行的渴望，快速推进同心多元化产业发展项目，致力于在发展中促转变，在转变中谋发展。

第三部分　锐意进取、寻求突破的2012年

2012年是南车电机转型的关键一年，对南车电机实现新的快速发展具有十分重要的意义。

2012年南车电机的指导思想是：深入贯彻党的十七届六中全会及全国铁路工作会议精神，围绕"十二五"发展战略，全面贯彻落实科学发展观，坚定百亿目

标，解放思想，遵循市场导向，助推新形势下的转型和提速。

2012年南车电机的经营方针是：着力整固和扩大现有产业，加快转变商业模式，紧密围绕核心能力，以扩大销售规模为重点，对产业链进行前伸后延，实现新产业的快速扩张。

2012年南车电机的经营目标是：以创新的思维拓展新业务，努力实现销售收入40亿元，利润总额超过2.2亿元，人均劳产率增长不低于5%，全面完成中国南车下达的各项经营指标。公司各项事业稳步推进，员工收入持续增长。为圆满完成年度主要经营指标，实现企业顺利转型和产业拓展，必须全力抓好以下工作：

一、聚焦市场，寻求经营目标的突破

市场是企业存在的理由。市场体量的大小决定了企业规模的大小。南车电机已经由不到4亿元的销售收入发展到接近40亿的销售规模，从而实现了小企业到大企业的跨越。无论是资产还是人员都已经具备了完成50亿元销售规模的能力。但2012年，我们可预见的既有市场产品的销售预算仅26亿元，只有中国南车要求40亿元目标的65%，差距甚远。是把企业变小，还是把规模做大，成为南车电机发展历程上一个方向性的问题。经过党委中心组和全体中层正职的研讨，我们坚定了克难攻坚谋发展的信心。于是，提出了聚焦市场的第一工作目标就是转变思维，全力拓展新市场。

并购，是南车电机发挥技术、管理优势，突破产业瓶颈，实现规模扩张的不二选择。一项成功的并购，能够使所在企业突破技术封锁，打破行业内外的技术垄断，占领技术领域的制高点。通过规模生产力的提升，加强市场掌控，提高在市场上搏击风雨的能力。

在并购项目的选择上，南车电机将在产业链的前伸后延上积极寻求突破。在产业链上游企业方面，南车电机希望通过整合的方式突破材料壁垒，实现国产化目标；在降本增效的同时，提高公司产品技术和对未来市场的控制力。在永磁风力发电机整机化方面，加快推进整合步伐，尽快形成整机制造能力。在电力或工业变压器方面，我们定位在重点发展铁路牵引变压器及地铁移相变压器，兼顾与现有产业关联度较大的风电变压器及其他盈利水平好的特种变压器。在工业特种电机方面，我们拟通过与市场上成熟企业开展合作、收购的方式，加快高压电机产业发展步伐。在产业链下游企业方面，希望能够并购一家当前销售规模在5亿~7亿元的配套企业，力争2012年形成并表销售收入。

调整产品开发思路是南车电机掌握核心技术、全面掌控开发设计规范、融入新兴产业市场的必由之路。满足客户需求，引领客户消费和前期预研是产品开发由浅入深的三个阶段。作为一家年轻的子公司，南车电机目前的研发尚处于第一阶段。这就需要我们在未来一段时期，要针对客户需求研发产品，保证大部分研发项目与市场紧密相关，形成市场影响力，做到研发项目能够有的放矢。

主攻市场，需要我们的研发技术形成强有力的支撑体系。轨道交通方面，要继续跟进主机企业的研发速度，全力配合新产品研发。在永磁直驱、永磁半直驱方面，加快拥有技术话语权的步伐和整机制造研发能力。在高效节能电机、防爆电机和油田电机等工业特种电机方面，打造南车电机的技术特色和品牌，缩短新项目上马研发的进程。同心多元化特色要凸显。上游技术领域要跟踪支持企业战略发展。专有技术领域要继续做强。通过对市场的充分接触，了解掌握流行技术趋势，研发具有市场驾驭能力的新产品，逐步加强市场控制力。

改变企业商业模式是南车电机顺应发展趋势、积极应对市场、谋求自身突破的有效途径。面对纷繁复杂的市场形势，南车电机要有所作为，就必须不断调整自身经营运作模式，适应市场变化，积极占领市场。树立有效的商业模式运行机制，规避企业发展过程中出现的瓶颈，实现自我突破。通过在产品构成、资本运作、企业形式的探索和有益尝试，改变企业目前较单一的发展格局。

一是要实现在产业链条上的前伸和后延。加大下游产业的扩张，丰富企业的产品形式和内容，提升企业发展厚度和潜力。在风电的整机和工特的下游产业等方面，要取得实质性进展。在绝缘产品方面，要与国外垄断产品形成同台竞技的能力。二是在资本运作方面，加大整合和并购脚步，通过参股、控股甚至全资控股的方式，实现企业规模和品质的提升，在两条铁轨的基础上，发展新的空间与层次。在新产业扩张过程中，充分借力资本运作，实现企业生产能力和产品市场的快速提升。三是建立高效率的组织机构。结合企业发展形势，特别是融合企业并入速度的加快，积极建立快速、高效的集团化组织，搭建强有力的市场营销机构，提升组织运行效率，加快对市场和竞争的动态反应。

二、应对变化，整固既有市场能力

巩固强化既有市场，是一个企业赖以生存的根本。南车电机近几年持续快速的发展节奏，惠及了很多人，很多人也适应了这种情形。但是 2011 年的形势，让部分员工感觉犹如进取中折翅的鸟儿，产生了困惑和不适应。因此，南车电机要继续保持高增长的发展速度，就必须整固既有市场、开拓新兴产业。但是，南车电机的发展绝不能一味地追求速度和发展规模，而是要脚踏实地地稳步推进。既有市场的巩固，离不开我们对质量工作尽善尽美的追求、对经营成本的有效控制、对交货进度一丝不苟的关注和对市场营销的倾力支持。

质量是在风云变幻的市场中安身立命之本。我们要继续加强质量工作。一是质量体系的深入推进。针对 2011 年 IRIS 体系评审中出现的问题，逐步加以整改，调动全员参与，促进公司质量建设更有效地进行。二是加强质量宣传力度。对生产过程中出现的质量问题，加大内部曝光力度，牢固树立质量第一的观念。三是持续开展质量大检查活动。从外部反馈到自查自纠，有效地发现问题，改进工作的循环，有效提升产品质量和服务工作。四是加快质量投诉响应速度，针对客户提出的问题，积极做出整改，加大责任方的考核力度。五是提高产品出入库检验水平，要有效运用公司逐步完善的试验验证体系，做精产品质量。六是加强零部件入库管理，完善供应商评价管理机制，有效降低入库品的不合格率。特别是工特产品要形成高端供应链。七是提升质量认知。逐步解决非自主产品质量问题。

价格竞争必定是企业成本水平之争。客户对产品的质量要求越来越高，且价格期望也在提高，这是必然趋势。成本是否具有优势成为衡量产品市场前景的重要因素。我们的研发制造在满足客户需求的基础上，要从本部门内部深挖潜力，提高产品的价格优势。项目研发时，在确保功能实现和产品安全的同时，充分引入成本观念。在制造过程中，稳步推进精益生产，在现有三条精益生产示范线的基础上，扩大示范线的范围，尤其要在工特和风电产业建立精益生产和精益物流体系，进行专业化生产，节拍式拉动，提升精益管理的层次和品质。

交货期比拼的是企业制造管理能力。"矛盾无处不在"很生动地表述了制造环节的推进进程。这就需要我们针对现场出现的问题，做好"三直三现"工作，及时有效地减少生产停滞时间，提高产品生产效率。在此基础上，充分运用目标管理方法，借助时间节点的把控，完成对产品生产的积极推进。继续深入开展"线边店"建设，减少物流环节，降低员工劳动强度，缩短产品生产周期。同时，完善ERP 等信息平台建设，提升生产单元工作效率。

客户关系是既有产业的新兴力量。随着铁道部政企分离和采购权下放，公司将面临铁道部、各路局以及主机厂等三方客户的局面。我们必须转变营销理念，与各级客户形成密切的关系。在重要部件市场上，要实现南车电机在整个市场销售格局上的突破，使南车电机真正成为铁路政策调整变化中的受益者。高效能电机产业方面要广泛布点，搭建销售网络，加强市场切入能力，形成高端产品覆盖。风电产业要努力打破单一客户市场，增强市场应对能力。

三、创新机制，促进人才高速育成

南车电机近几年跨越式的发展，得力于我们人才队伍的支撑。随着产业拓展步伐的加快，人才的急缺在某种程度上制约了企业的品质提升。由于缺乏专门技术人才，我们的民变等产业后继乏力。营销队伍的不完善，造成我们风电、工特市场的扩展离企业的定位还有一定的差距。栽下梧桐树，引得凤凰来。只要我们不断进行机制创新和优化，我们的人才队伍成长一定会迈上一个新台阶，更好地助推企业发展。

人才的认知，需要我们摆脱固有思维的束缚。在人才的定位上，不能拘泥于形式，要从公司发展角度思考问题，认知人才成长与企业发展的关系。活化思维，针对研发、质量、工艺和销售等，创建灵活的用人机制，围绕市场做文章。

研发人才层面，作为一家不断成长的年轻子公司，新进研发人员的研发能力育成亟需加速。我们要研究制定新进人员的成长育成机制，加快青年骨干力量的培养力度，通过岗位锻炼及人才交流形式，营造人才成长环境。对于公司自己培养的研发骨干，要丰富培训形式和内容，帮助我们的人才队伍整体健康快速发展。借助公司兼并等运作形式，积极吸收新并入企业的研发团队，早日达到研发体系的统一。

质量、工艺人才队伍和实力，在未来一段时期内要有比较大的提升。质量、工艺和研发被定位为南车电机技术体系的三大支柱。对质量与工艺人才层次、实力的关注度必须提高到与地位相匹配的高度。在现有的人才结构基础上，加大人才培训和学习力度，提升团队整体业务能力，注重业务骨干能力的培养。通过建立完善的评价体系，激发广大质量、工艺人员的积极性。

从企业发展的高度，在组织框架上，要把销售环节独立于制造单元之外，与研发构成产业的两极。在内部机构方面，细分市场，实行对重点领域专业负责、重点培育的营销策略。在人才的培养上，合理确立人才准入标准，建设一支懂技术、精管理、会营销的销售团队；引入交流培训机制，加大技术在团队中的普及覆盖面。在指导思想上，要从销售产品到销售品牌，通过市场建立中国南车在轨道交通领域的地位。在营销文化树立方面，坚持客户价值至上理念，积极创建南车电机营销团队的"狼文化"，增强团队行业竞争意识，抢占市场先机。

围绕并购和市场扩张，管理人才的需求压力凸显。我们对管理队伍的认识一定要迈上一个崭新的台阶。一是加快公司内部管理人员的融合，提高企业决策的执行力。二是加强精益生产制度体系建设，逐步丰富精益管理内容。三是针对海外采购以及大宗采购，要建设一支素质强、业务精的采购队伍，制定完善的实施办法。四是加快管理创新步伐。积极引入先进管理理念，提升管理层次和水平。五是要形成项目支持，全面推动绝缘材料、风电整机、特种电机、民变、下游产业、程序设计及控制等项目团队建设，加速新产业成型。

在转型过程中，我们的人才工作必须解放思想。在吸引人才方面，要形成专门的机制和制度。在整合企业的员工融合上，要通过积极调查和了解，制定贴合实际的融合方案，增强其归属感和企业认同度。在研究相关举措时，要评估好不同类型人员之间的相互政策影响，最大程度地发挥人的积极性和能动性。

在人才激励方面，要充分以市场开拓为核心，量身打造针对营销、研发等与市场紧密相关的员工的薪酬激励制度。在目标激励方面，引入项目目标评价体系，充分调动项目参与人员的热情，推进市场开发的广度和深度。在激励政策方面，要丰富内容和形式，在有效的物质奖励基础上，积极引入责任担当、风险担当和荣誉激励，通过共同价值观的引导，倡导向上的激励氛围。

四、强化管理，精益上台阶

管理水平决定企业的活力、市场竞争力和持续发展力。精益管理既是对细节完美的追求，也是对和谐的追求。精益是体现完整、系统和永无止境的管理理念，使企业中每个人都以精益的理念参与管理活动，增强企业竞争力。

精益管理是提升内部管理效益的有效举措。精益意味着速度，精益是加速企业各环节运行的有效技术。精益的推广就是企业流程优化的过程，也是暴露并解决问题的过程。精益追求速度。在速度加快过程中，需要不断解决组织机构、人员素质、产品质量、设备维护、薪酬体制和生产计划等方面的问题，并着力做好以下几个方面的工作。

5S管理必须常抓不懈。一年多以来，南车电机的"现场即市场"理念深入人心，5S管理取得了较大的进步。但是，我们也应该看到，5S管理目前在公司尚未形成步调一致的局面。2012年将实现在全公司，特别是在即将成立和并入的子公司中，打造统一的5S运作模式，强化并形成南车电机自己的特色。

标准作业要逐渐深入人心。经过全体员工将近一年的辛勤努力，我们拥有了663份标准作业的输出文件，这是大家集体智慧的结晶，后续将进行不断的完善，要让其成为教科书一样的操作典范。执行标准作业是一件枯燥的事，要将"平凡的事坚持做成不平凡"，因为这是一道绕不过的槛儿。标准作业制定了，不论条件如何发生变化，标准作业的理念不能变。

TPM建设要继续稳步推进。设备的使用要启用全员参与，改变以往"我使用，你维修"的思想，最大限度地发挥设备的有效性，改进设备的可靠性和可维修性，以提高劳动生产率和产品质量。这里所说的设备，不仅是传统的机器，还有我们执行设计制造的工装等。在设备的整个生命周期内，装备系统要创新管理模式，提高操作者和维修人员的技能，发挥设备的经济性，创立一个生机勃勃、积极向上的工作环境。

五、信息搭台，管理系统促升级

信息化是一个企业自身软实力的体现，决定了其发展质量和高度。随着南车电机整合和并购过程的加速，管理的复杂度也随之增加。IT和通信技术的发展，为我们升级管理系统提供了良机。借助集团信息一体化浪潮，我们要全力完善ERP、技术信息化平台和其他管理系统的建设。

ERP建设要进行持续完善。ERP系统是从MRP（物料需求计划）、MRPⅡ发展而来的新一代集成化管理信息系统。其核心思想是物流、信息流、资金流的结合，在公司建立起透明工厂。目前，公司的ERP建设还停留在基础阶段，显现化、网络化程度还不够，更多的是局部的管理，暂未达到应有的要求。今年公司将重点关注基于ERP系统的管理信息化平台建设，加强现有各功能系统的整合，着力推进生产现场信息化，提高公司整体运营效率，完善精益管理手段，提高管理层分析决策能力。

技术信息化平台搭建要出特色。根据南车三大技术平台建设的要求，积极开展产品全寿命周期的知识梳理，将信息化手段作为"优化设计控制流程，完善设计输入输出的内容，以及有效性评价等要求"的平台，实现设计、工艺与产品制造信息共享和工作协同。通过系统集成应用，实现从产品研发到生产制造全过程的数字化管理。实施仿真平台建设，实现多学科协同仿真功能，统一管理仿真数据，使公司设计手段和能力达到同行业国内领先水平。

各项管理要着力推进信息建设。在保证公司信息系统整体推进的情况下，e-HR和制造管理等系统要进一步完善和改进。档案管理、流程管理等都要选用适合的信息管理系统进行局部试用并推进，在运用中不断改进其与企业内部管理的符合性，提高工作质量和效率。积极并入新企业的信息系统，建立一体化管理决策流程，形成信息统一合力，大幅提升信息分析能力和科学管理水平。

六、监控运营，效能提升抓落实

经营效益的提升，离不开良好的监控管理。2011年在监控运营方面，我们取得了一些宝贵经验。2012年，恰逢南车电机整固和拓新之年，资金运作将趋于频繁，必须从以下几个方面加强监控力度和管控能力。

成本管控要下足功夫。从人工、采购和管理费用方面创新手段和方法，继续优化用工比例，合理统筹劳动时间，提升劳动效率，降低用工成本。对大宗原材料采购，特别是市场价格波动进行适时操作，提升采购运作水平，规避采购风险，有效降低采购成本。通过细化指标的方式，将管理费用指标落实到位，提高企业经营效益。

资金管控要行之有效。整合与并购的发生，必将引发巨大的现金流。一是要实时监控重大现金流的波动情况，统筹安排，降低财务成本。二是要强化资金统一结算管理，提高资金周转效率。三是加快应收账款的催缴力度，降低不良资产率，消化转移成本风险。四是要减少资金的不合理性支出，通过合理的现金理财手段，降低资金管控压力。

效能监察要体现特色。效能监察注重的是管理活动的效果，一看流程，二看制度，三看责任意识。在流程建设上，要在加强信息收集能力的基础上，进行实时、实地监察，逐步完善流程体系。在规章制度上，要在预防和配套的前提下，引入投诉机制，丰富制度内容。在责任心树立方面，要通过教育和学习，并结合考评机制，使相关人员树立正确的责任意识。

七、深挖内涵，文化发展显张力

企业并购并不是"麻袋装土豆"，要做到不引起机体的抵制和排斥，并且在兼并后能取得文化上的重组和认同，需要经历一个相当艰难的融合过程。南车电机在2012年要实现文化统一，就必须对自己的企业文化进行梳理和总结，形成一种可传播、易输出的成果，加快文化融合步伐。

南车电机自诞生之日起，已经走过了许多个难忘的日日夜夜，在我们身上也慢慢形成了一种具有南车电机特色的文化精神。在我们风餐露宿拓展市场的营销人员、夜以继日设计图纸的研发人员、挥汗如雨抢赶进度的生产人员、孜孜不倦谋求效益的管理人员身上，都体现着这样一种宝贵的"精气神"。而这也正是我们希望在新的子公司那里得到成功复制的一种精神。

要在整个南车电机打造形神兼备的电机文化，必须从几个方面入手，统一文化主旋律。一是要深化公司品牌内涵，加大对公司各种产业涌现出来的先进人物及事迹的宣传力度，提升企业知名度。二是要让客户实地了解南车电机的企业文化，从5S到精益生产，从质量管控到标准作业，多角度展现南车电机的自信和实力，从而赢得客户的信赖和肯定。三是努力加大品牌推广力度，要在更大的平台上展现南车电机的整体形象和企业品质。四是深化精益文化，为企业发展培养卓越的员工。以落实中国南车BI建设为契机，构建积极向上的员工行为规范，彰显企业经营理念和价值取向。五是培育融合文化，为企业并购创造良好的发展环境。对兼并企业员工采取"送出去"和"请进来"的方式，构建融合文化，促进共同进步与提升。

笋因落箨方成竹。经历春的潮湿、夏的酷热、秋的泥泞、冬的严寒，南车电机如春笋般长成翠绿的新竹，正全力输出我们优质的产品和服务，同时，也要让更多的人了解和认识我们的企业特色和文化。企业文化是内聚人心，外树形象，促进企业发展的灵魂。2012年企业文化工作要更加与时俱进，紧贴公司发展目标，提炼挖掘公司文化的深刻内涵，助力公司的产业并购，促进文化的生根、发芽、开花、结果和传播。

我们要通过各种文化舆论平台，让企业文化"走出去"，一是企业各种制度体系的输出。特别是客户价值、标准作业等凝聚了南车电机人心血与汗水的体系，是我们首先要强调的。二是南车电机的研发文化。一直以来，我们的研发人员总是在公司最需要的时候挺身而出，为公司发展尽心尽力，这也是我们在子公司中特别要灌输的一种精神。三是南车电机的人文精神。这是南车电机人"传承、创新、进取"的一种内在品质，我们要通过潜移默化的影响实现整个新南车电机的文化统一。

同志们，新的一年，我们重任在肩。百亿目标，激励着我们勇往直前。让我们聚焦市场，解放思想，坚定信念，转变发展模式，拓展经营思路，以勇闯新路的勇气和舍我其谁的气魄，全力以赴开创南车电机发展的新纪元，以优异的发展业绩，迎接党的十八大的胜利召开。

树信心　担责任　求超越

——在南车株洲电机有限公司一届三次职代会上的讲话

党委书记　周军军

2012年1月10日

各位代表、同志们：

2011年，虽然面对复杂多变的市场形势和经营环境，但公司上下沉着应对，依然取得了"十二五"的良好开局。审视2012，国内外经济形势依然琢磨不定，扑朔迷离，但国家经济、战略性新兴产业和铁路的持续发展对公司十分有利。面对如此形势，如何应对发展道路上的困难和挑战，如何开创公司转型发展的新局面，如何确保南车电机坚定不移地朝既定目标迈进，年初的本次会议就格外意义深远。本次会议是全面总结2011年公司积极应对市场变化的经验和成绩，科学谋划2012年转型发展、实现突破的战略措施和经营方针的大会，是坚定信心、鼓舞士气、激昂斗志的大会，是系统思考、自我超越、开拓进取的大会。

总经理的工作报告全面总结了2011全年的各项工作，肯定了工作成绩，指出了不足，客观分析了当前的经营形势和环境，重点部署了全年的经营策略，即着力整固和扩大现有产业，加快商业模式转型，紧密围绕核心能力，以扩大销售规模为核心，对产业链进行前伸后延，实现新产业的快速扩张。比较往年，总经理的报告更关注经营的问题、市场的问题、新产业的问题和南车电机如何发展与扩张的问题，提醒大家注意由此而来的公司发展战略和经营谋略清晰而又具体的变化，使之成为我们今后一个很好的、定位准确的、科学谋略的一个路线图。各单位、各位代表一定要传达贯彻好本次会议精神，使各级员工清醒地认识到公司面临的复杂环境，努力形成上下同心、干事创业的环境和氛围。下面，我结合当前形势和前段时间举行的学习型组织论坛上的"责任""信心""超越"三个关键词，就如何准确地领会总经理工作报告要点，尤其是如何围绕年度方针、目标实现的信心和责任问题再做强调。

一、百亿目标矢志不移

虽然当前和今后一个时期，国际国内形势复杂多变，但总的政策环境依然是有利于公司快速发展的。刚刚闭幕的中央经济工作会议和全国金融工作会议要求保持信贷总量的合理增长，有针对性地加强对国家重要项目和重大在建续建工程的资金支持。培育发展战略性新兴产业提到产业调整的首要位置，相关产业在2012年有望获得更多"真金白银"。铁路建设仍处于重要发展阶段，轨道交通领域刚性需求还在，发展周期还会持续10年以上。前几年铁路大发展所带来的检修业务的快速增长已开始显现；城市轨道交通建设掀起新一轮的高潮；风电装备等新能源和高端装备制造业也正迎来另一个十年黄金发展机遇期；欧美地区的债务危机也为我们开展国际化经营提供了有利时机。中国南车也正在加快由轨道交通装备向绿色环保的机电装备业的转型升级，并将在新产业领域实施重拳出击，进行重点投入，实现重点突破。在这次南车工作会议上，外部人包括总经理，我们一致认识到南车电机理所当然地应该是中国南车的新产业领军企业。

面对如此种种重大发展机遇，立足于南车电机多年形成的雄厚技术和经营实力，立足于苦心经营、精心呵护的铁路市场良好口碑，立足于品质为先、服务客户的风电市场良好形象，立足于四面开花、多点突破的工特市场广阔前景，局部的市场环境和条件发生的微妙变化决不能阻挡南车电机快速发展的步伐，决不能动摇"十二五"百亿战略！

2011年初，外部政策的变化对生产经营的影响开始突显，我们及时召开了战略研讨会。会上，各级领导毫不动摇，信心满满，积极出谋献策，应对挑战，有效拓展了经营思路，锁定了百亿目标。年底，经营规模有下行的危险，公司积极组织学习型组织建设论坛，再次集思广益，群策群力，探索企业发展战略。会议的核心成果就是百亿目标坚定不移，精益企业持之以恒，技术定位高端领先。两次战略研讨说明，南车电机的各级经营者头脑清楚、韧性十足、信念坚定，广大员工素质过硬、凝聚力强、敢打硬仗，有这样的干部和员工，我们不惧怕任何冲击和挑战！

2012年公司经营目标和策略已经确定，但在实践策略、达成目标的道路中我们还要有对目标的执着和坚定的信心，信心比黄金更重要！希望公司广大干部员工，上下同心、团结一致，坚定信念，努力拼搏，加速推进公司成功转型。

二、领军行业责无旁贷

中国南车"十二五"1500亿的目标坚定执着，我们与其他兄弟企业是完成中国南车战略目标的责任主体，任务艰巨，责无旁贷。作为中国南车最年轻、最具活力和发展潜力的核心零部件企业，承载着中国南车对我们的期待和希望，承载着中国南车做强做大电机产业的重要使命，我们绝不能辜负中国南车的信任与支持。2015年100亿相对于南车17家一级企业来说体量并不大，这既是中国南车对南车电机的要求，也是南车电机自我加压，立足自身发展提出的奋斗目标，还是对南车电机未来的一个勾画、一个描绘、一个愿景的指引。有了这个目标的指引和驱动，我们就不会失去奋斗的动力和激情。

2012年是公司转变发展模式的重要时段，是实施"十二五"发展规划的关键之年，是我们迎接挑战、攻坚克难、推动南车电机实现新发展的决胜之年。面对如此重大时机，切实增强广大干部员工的责任意识成为当务之急。在公司前两年快速发展的过程中，涌现出了很多优秀的经理人，他们谋划有方、执行有力，一直在为加快南车电机的发展恪尽职守、忘我工作，体现了职业经理人的素养。在新的形势面前，各级管理干部一定要进一步树立高度的责任感，勇于承担起突破发展的重任，勤勉奉公，脚踏实地，认真负责地开展工作。公司也将按照中国南车要求对新产业项目的拓展实施"一个项目、一套班子、一抓到底"的政策，班子对项目负责，主要领导对班子负责。这就要求各项目主要领导义无反顾地担负起第一责任，切实加强领导，主抓的工作要一抓到底，负责的事情要做出成效，确保推动公司转型中各项工作有效落实，确保公司从50亿到100亿的战略是脚踏实地而不是在空中行走。

公司也正在研究制定相应的管控和激励机制，以合理控制项目风险，并充分调动广大干部职工的创业积极性。新产业项目的开展将为各位提供广阔的事业平台，激励机制的出台将使各位深切感受到个人价值成长和实现的空间。希望各级领导干部尽快解放思想、更新观念，始终保持高昂的工作激情、旺盛的工作干劲和只争朝夕的工作状态，适应新形势，迎接新挑战，在新产业的拓展中各显神通、翻江倒海，实现公司经营模式的创新。

三、事业发展力求突破

中国南车正在考虑将自己定位为以轨道交通为依托的大型机电一体化装备的系统解决方案供应商。按照这个定位，中国南车视野从轨道扩展到机电。南车电机的核心业务是电机，从电机到机电，可能转型更快，更容易成功。然而扩展之后的市场领域将非常广阔，我们的战略目标也不那么遥远、那么模糊。这一切都在于我们要改变既有模式，解放思想，在产业链上系统思考，尤其是要在刚才总经理报告中所特别强调的产业前伸后延做深入的思考，实现自我超越、产业突破。面对新形势、新任务，学习型组织建设给我们提供了一条很好的解决途径。郑昌泓总裁在工作会议上也要求深入开展"创学习型企业、做知识型员工"活动，提升全体员工主动改善意识、持续创新能力和团队学习能力。

结合公司党委年度工作要点，我这里再强调学习型组织建设的问题，具体而言，就是要通过开展"四学四用"的学习实践活动，快速提升学习型组织建设水平，促进公司顺利转型。一是自主学，用以打开思想大门。公司发展需要新思想。在学习中工作，在工作中学习，是创新工作方法、提升工作水平的必然要求。全体员工，尤其是我们各级经营管理者要着眼发展实际、带着任务学；要立足本职岗位、带着问题学，进一步解放思想、更新观念，提高业务能力。二是专题学，用以推动科学决策。中心组专题学习既是学习新知识，促进思维模式转变的有效途径，又是用理论知识和创新思维指导科学决策的重要桥梁和纽带。要重点围绕公司经营发展的重大问题进行专题学习；要在学的基础上，使决策更科学，更完善。三是研讨学，用以破解发展难题。要充分利用好学习实验室这个载体，在当前广泛开设的基础上，进一步完善创建工具，深化创建成果，针对生产经营中的问题和产业拓展的难题，通过学习实验室立项、攻关，有针对性地专题学习，讨论，运用多种学习型组织技术和工具，寻求突破，促进企业发展。四是干中学，用以指导实践进程。实践出真知。工作中的事情只有亲自做了、学了才会发现其中奥妙，才能成为行家里手。转型发展是新的尝试，是一条新路，这就需要在前进中不断发现问题、解决问题、总结经验、探索规律，指导今后的工作实践。总之，就是要坚持组织学习、团队学习和个人的终身学习，通过学习凝聚经营能力，通过学习激活经营思路，通过学习转变经营模式，通过学习改善企业文化，通过学习实现南车电机不断超越、不断扩张、不断发展。

各位代表、同志们，在公司谋划转型发展的关键时刻，在公司迈向百亿目标的核心之年，我们要在这一次会议精神的指引下，坚持"一个目标、一种声音、一致步调"的工作原则，树信心、担责任、求超越，以高昂的斗志和顽强的作风，扎实推进各项工作的进展，勇担转型发展重任，努力开创公司发展新局面！

在经营目标责任状签订仪式上的讲话

执行董事、总经理　胡　洋

2012 年 2 月 27 日

2012 年即将过去两个月，环顾当前形势，公司经营压力与日俱增。为此，我们必须重点关注五个方面的内容：

一、南车层面的压力

中国南车在去年 12 月底召开了工作会议，并下达了今年的工作目标。今年 2 月份连续两次召开研讨会，讨论南车面临的经营形势和市场策略，又将专题讨论海外市场发展的策略，突出表现了南车的巨大压力，其主要原因是：2012 年对于南车制定的"十二五"的发展目标是一个重要的转折点。与此同时，北车已在 2011 年从规模上超过了南车，且 2012 年仍有超南车的趋势。虽然中国南车的动车、机车、客车品质很好，但是经营结果却没有北车表现得好，所以集团内部自上而下承受着这种压力。我对这种压力的理解是，从我们预算的 26 个亿，到集团下达 40 个亿的目标，增幅是 54%。按照管理学中的张力目标理论（张力目标的实现，制定的过程往往是在既有的现实之上，以 30%～80% 增幅确定未来的目标，即使完不成这个目标，最终实现的结果也会优于当初预想），50% 是一个中间偏上的水平，但并不是遥不可及的。所以，尽管总体的压力很大，但理论上可以实现。

中国南车目前的态度非常坚决，经营目标一定要实现。从战略的角度，从战术的角度，都在讨论如何实现。细数我们周边的企业，株机公司在很多场合表达了实现 400 亿规模并达到"十二五"目标的愿望。株洲所也表示"十二五"350 亿的目标没有问题。两周前，中国南车在株洲专门召开了市场策略研讨会，集团内排名前七的企业参加了会议。郑昌泓总裁在解释会议目的时说，要用株洲地区的思维影响整个南车，让所有的南车企业都向株洲学习，如何在很困难的情形之下，锁定目标，坚定发展的信心。在这次研讨会上，株洲地区的三个企业，谈到了一些共同的事情，例如，对目标的认知，实现目标的手段方法，也包含了我们想实现的目标，以及怎样去实现目标的一些想法。虽然都身处巨大压力之下，但是我们的兄弟企业能够拥有如此执着、如此坚定的态度，我们决不可退缩。我们要通过一定的方式把这些压力承接下来，而不是将其置之不理。

二、公司内部的压力

目标责任状的封底是一个攀登者的形象。其寓意在于，表面是一个责任目标，内在实质是一种攀登精神，抛开了攀登精神很难达到预期目标。各位公司领导的责任状封面是一只翱翔在天空的鹰，鹰的位置摆在我们目标之上、南车之下，是一只要飞得更高的鹰。达成目标认知上的一致非常困难，压力非常大。因此讨论这个目标的时间历经了两个月。

（一）财务系统是怎样分解目标的

目前的收入预算是26亿，但要分解40亿，差距之大，往哪个版块里面去落？预算的规则是，已确定的按实际去输出，不确定的按照需要努力的目标去设定。因此，财务系统在分解预算时，与很多的部门、很多的领导沟通，争取能够达成一致。从销售的角度，按照共担的原则落实下去，人人都要增加一些指标。从利润的角度，按照费用从紧的原则下达。虽然目前没有给各个相关费用单位提要求，但是有个基本原则，各单位上半年的费用不能超过全年费用的40%，并且要据经营实际的情况，在半年总结之后再安排下半年指标算。

（二）各位领导和业务单元如何认知目标

1. 各位领导和业务单元对目标的认知大致有三种状态

（1）对这个目标抱着一种无论怎么下达，都不讲条件，不讲代价，下达目标一定努力完成的态度。这是一种最积极的态度。（2）无所谓怎么下目标，将下达的目标与个人行为割裂开。这是最不积极的态度。（3）不管努力不努力，只要觉得对得起自己，尽心了就行，视目标于不存在。这是最不好的一种态度。

2. 大多数单位比较关注目标的实现

因此当针对目标进行沟通的时候，很多单位都关注目标的设定和现实之间的差距。很多单位都表示目标设定较高，最为突出和强烈的是表现在销售目标上。销售这个目标很直接，所以销售口表现出来对目标的敏感程度或者说感觉也更加强烈。

3. 销售收入的实现是至关重要的

对于销售目标，公司很坚持。因为没有足够的销售规模，利润就不可能实现。增加销售收入有两个必由途径，第一个是内生性的，就是要靠销售规模的增长，实现工业特种电机产业、风电产业的发展；第二个方面是外延性的，就是要做产业链的扩张，做并购和整合，并购和我们紧密相连的产业链。但是，企业只要做过并购整合，并且尝到了甜头，一般来说就不会停止脚步，就会开始拼命地做，做到最后这个企业就不是做企业，而是做投资公司，做虚拟经济。南车电机目前所处的这个阶段，以及今后若干阶段，一定要坚守"技术领先，精益制造"的实体经济的理念。因此，从内生性增长来说，高效能电机产业发展中心的发展很重要，其发展必须依靠销售来支撑。

三、公司如何考核责任

1月份，公司签过新产业、新市场拓展目标责任状，主要作为评价用，完成了会有相应的激励。但今天签的责任状，是要严格落入考核的。因为这是责任，既然在这个岗位，就要尽这个责任；既然尽这个责任，就要完成这个任务。对于如何考核，有以下几个原则。

（一）看结果也看过程

目标管理以结果为导向。首先看工作结果，目标是否达成，这将占比75%；其次看工作过程，主观上是否努力，这占比25%。

（二）细化具体项目（指标）的考核办法

不同的指标对应不同的考核方法。销售收入的指标可以是按每增加多少销售收入给多少分数去评价；利润的指标按金额数量来评价；除了销售收入、利润还有很多其他指标，可能评价的层级不一样。考核的结果与薪酬直接相关，比如年底你只得了80分，那么年度的岗位工资、绩效工资、风险工资等所有的工资最高只能拿到80%；如果你得了120分，那么至少在标准的基础上拿120%。

（三）完成目标的激励力度一定要大，没有完成目标的考核力度不会小

具体的考核办法会比较细致，企划部将会一项一项罗列出来。各位分管领导和各单位要将责任落实，做到"千斤重担人人挑，人人肩上有指标"，传递压力，勇担责任，有激励，也有考核。

四、各位分管领导和各单位如何落实目标

一个好的管理，是从战略到目标、到流程、到过程全方位控制的，绝不是只有战略的设计而没有战略的落实，只有目标的设定而没有目标的检查。具体的目标、具体的措施由各单位自行构思。因此，必须遵循PDCA循环的规则，严格落实计划、执行、检查、考核等环节，具体要注意以下两点，这两点也将是公司检查过程中特别关注的。

（一）责任要分解为具体可落实的项目

将目标分解为具体的项目，要有具体的责任人，公司在检查时会关注目标有无分解。如果没有分解，会先在管理上扣分数，所以责任一定要分解为具体的项目。

（二）每个项目都要建立相应的流程和考核办法

各单位内部一定要建立相应的流程和考核办法。要按PDCA的基本理论设计这个目标达成的过程，规范目标的建立、分解、落实、检查及评价和考核。

五、充分认知今年工作的中心和重点

(一)形势的认知要准确

1. 正确认知外部形势

(1)轨道交通仍会持续发展,但预期有很多不确定因素。

(2)宏观发展的要求是迫切的,但出口和内需不足,国家投资尚未明确。

(3)中国南车发展的思路很明确,即扩张海外市场和并购,但是资金有限。

(4)兄弟企业如"群狼扑虎",纷纷抢占中国南车资源,公司获取资金的额度存在很多的不确定性。

2. 正确认知南车电机

(1)过往发展的特殊性不会重复("过往发展"指 2004 年以后电机公司的发展)。

①特殊的政策机遇。引进吸收消化,让我们在主业轨道交通上从众多的企业中脱颖而出,成为少数拥有贸易保护的企业。但一旦铁道部的政策改变,公司特殊的身份环境将不复存在,众多电机企业将展开激烈的搏斗。

②主机企业的快速增长带给我们的增长。株机和四方股份的发展,研究所在地铁市场上的拓展,带来了轨道交通产业的快速发展。

③工业特种电机的发展,因为风电的发展而突然之间改变了格局。原始的工业特种电机没有真正意义上起到本质的变化,只是风电脱颖而出,一枝独秀。最需要发展的工业特种电机才刚刚起步。我们必须正确认知,产业发展的不均衡性,发展过程中机缘的特殊性是我们不能否定的。面对未来,不能再按照以前的思维去想,需要考虑的是还有没有这样的机会。

(2)公司在行业的地位。

①传统的行业。在电机行业中,纯粹做电机的企业越来越少,按照这个规律,纯粹做电机肯定没有竞争力。

②末端的产品。电机在产业链上是末端产业,独立的电机无法工作,必须要捆绑其他部件才能成为一个组件,这个组件配到系统上才能发挥作用,进而成为一个产品。电机是被系统控制的,被产品控制的。电机产品真正核心的是绝缘材料,是我们前面的供应商。这就是我们面临的地位和环境。

③品牌的影响力。南车电机品牌影响力不足,同样的电机,现阶段肯定卖不过西门子、三菱,因为他的品牌更加强劲,也更加值钱。

④国际化几乎是空白。一个有品牌、有国际影响力的企业,才会真正成为国内一流、国际知名的企业,这是我们的目标。我们现在连国际化的步伐都没迈出去,不可能说有影响力。因此从行业及企业的地位上去认知,我们不容乐观。

(3)并购和整合需具备的经验和能力。

①并购与整合过程中最缺乏的是人才和知识。整合并购可以借助中介机构,

但在做战略的选择和决策，符合代理机构的要求，不一定适合电机公司的要求。并购整合之后，是由我们来管理，所以必须是我们亲自去实施。可以借别人的智慧帮助我们做，而不能完全依靠别人。

②产品的单一造成对系统的认知不足。公司一直单一做电机。如果真并购一家风机企业，风机了解多少，形成系统之后到底能带来什么样的控制力，都是我们未知的。

无论是宏观的外部形势，还是微观的内部形势，都充满着很大的挑战，我们想做的事情都面临着巨大的困难。要做并购和整合，我们缺人，没有经验，产品单一，我们在这个行业里没有品牌，没有地位，这都是要面临的问题。其次，我们要内生性地发展，扩张工业特种电机的销售，必须要正确认知形势。

（二）任务的压力要承担得起

公司今年有七个主要的中心任务必须牢牢把握。

1. 发展工业特种电机，拓展风电发展领域迫不及待

以销售为中心，要深入到每个人的心底。发展工业特种电机，要聚焦四件事。一是销售战略的确定。高效能电机产业发展中心到底要在哪个领域销售，怎么进入，何时进入，何时形成销售，谁来负责等，这些销售的战略一定要在3月份形成，并且经过讨论、确定后颁布。产品销售策略和市场开发的产品策略是紧密结合的。所以3月份技术策略的初稿也要出来，要和销售策略契合在一起，两个策略构成一个坐标系，互相配合，仔细研判我们到底要往哪个方向去开发产品，配合销售的扩张。二是资源的建设。实现目标一定要思考必须具备怎样的资源。现在已经很明确要发展工业特种电机了，就一定要想办法配置资源。资源首先是硬件，即核心的设施。其次是资金。再者是人才，核心是销售人才和运营管理人才。三是管理模式的构建。要始终贯彻执行"以销售为中心，以利润为根本"的宗旨。以销售为中心，就是在销售策略设计上要配合公司战略，要导向很清晰，在战略、目标、流程、制度、激励、约束等环节全方位设计完备，否则，就无法评价销售符不符合理论目标。按照这种目标，将来在设计销售政策的时候，要区分符合公司战略的销售激励。要强化以销售为中心的产品研发的配合，一个新项目，自主开发设计也好，外部引进也好，策略可以灵活多样。除了研发的配合，还有财务的配合、制造系统的配合，全方位建立以销售为中心的理念。以利润为根本，首先要以利润为根本进行设计，合理确定材料的主要成本。第二个环节是销售。在拿订单的时候，除了配合南车的战略运行有亏本以外，其他的销售要符合战略销售。对于特别想进的新行业，刚进入可允许利润很少或者持平，甚至个别项目有一点亏损。但进入一个产业，客户已经有一定认知后，必须保证利润。第三个环节，制造过程要加强内部成本的控制，合理压缩制造费用。四是人才队伍建设，聚焦于人才队伍的建设，是实现未来发展非常重要的一环。今年，销售

队伍要改变传统模式，用销售业绩和本人挂钩的模式来做激励政策。销售新增订单、回款多少，是评价指标中的核心指标。对于销售队伍的工资模式，人资部抓紧时间采用销售业绩提成的模式。

2. 从外延的角度来说

已经明确的 8 个方向的项目要尽快落实，当前首要是风电整机项目和泵项目的启动。其他项目也要尽快有着落。

3. 品牌是改变企业地位的唯一途径

品牌企业非常受人尊敬，也在市场上获得了超额利润。打造南车电机品牌，途径是质量、服务、能力建设。质量要成为品牌建设中间的首要要素，服务是弥补我们不足的非常重要的手段，能力建设里面的核心是制造能力，要满足客户的需求，制造能力要从供应链的建设、自身内部能力的建设两方面着手。要选取供应能力好、能伴随企业不断成长的供应商作为合作伙伴。行业的地位靠品牌，高的质量、低的价格只是战略的考虑，南车电机在工业特种电机领域尚未建立品牌，要以客户满意的质量和服务，争取到相对合理的价格。

4. 工作的重心有两个策略

工特电的市场策略要在 3 月底形成并通过讨论发布，市场研发策略在 4 月底要发布。这两个策略要成为南车电机将来一个时期战略中的重要组成部分。企划部应根据这两个策略修订公司的战略。

5. 效益的保障举措要到位

(1)以利润为根本是创造效益的保障举措。以利润为根本，要落实到具体的控制流程上。市场策略怎么定，利润中心怎么体现，都需要具体的流程去控制。

(2)精益管理要逐步成为南车电机的管理模式。花的每一份钱是进入滚动状态还是进入停滞状态，是区分管理是否精益的根本方式。管理精益了，效益也就体现了。

6. 新的客户关系的维护及市场保护策略的实施要赶紧启动

针对铁路市场机制的调整，即铁路局成为市场主体的情况，南车电机应该要未雨绸缪，策划先行。

7. 海外市场要有所突破

海外市场的突破，对南车电机来说非常重要，需要一段时间来构思和谋划。

以上是公司今年工作的中心、重点，和一些与责任目标相关工作的思路，希望各级领导和各单位能够充分认识、准确理解、认真贯彻落实，勇担重任，确保经营指标的实现。

认清形势　凝聚力量　为公司转型发展加油给力

——在工会一届三次全委(扩大)会上的讲话

党委书记　周军军

2012 年 3 月 3 日

同志们：

今天，公司工会召开一届三次全委(扩大)会，深入贯彻落实公司一届三次职代会精神，回顾总结 2011 年工作，部署 2012 年工作任务，对引导、动员广大员工认清形势、坚定信心、凝聚力量、创新超越，全面完成年度经营目标，助推公司转型发展有着十分重要的意义。2012 年工会的各项工作，余书记在报告中已经做了详尽、完善的安排部署，这里不做赘述。下面，我主要讲两点意见。

一、认清形势，增强做好工作的责任感

审视 2012 年，公司经营压力巨大、危机四伏。南车股份下达公司年度经营指标为：销售收入不低于 40 亿元，净利润不低于 2.2 亿元。目前公司可预见的销售收入约 26 亿元，对照南车指标，还有近 14 亿元的缺口。市场开拓、产业扩展成为今年经营工作的重中之重。然而，当前国际、国内经济形势复杂多变，公司发展面临诸多挑战：一是铁道部新体制新机制全面运行，我们的客户从铁道部变为其下属的 18 个路局，市场竞争将更为直接和激烈，迫使我们必须未雨绸缪，提前谋划应对；二是占比较大的风电行业仍处于发展调整期，目前受行业政策、资金短缺的影响，行业出现洗牌格局，再次驶入快速发展轨道的时机仍不十分清晰；三是受银根紧缩和通货膨胀的影响，公司融资、人工、原材料成本大幅上涨，面临严峻的成本控制压力；四是既有产业增量有限，新产业的突破迫在眉睫，然而相关核心技术、管理、技能等人才短缺，我们面临着人才育成的压力；五是公司要转型发展，如何解放思想、改善心智模式，激发昂扬斗志，将是我们面临的又一压力。

面对如此严峻的经营形势，中国南车仍对实现"十二五"发展目标坚定不移，2 月份多次召开专题研讨会，从战略、战术等层面探讨市场、产业发展策略。环顾周边企业，株机公司在很多场合表达了实现 400 亿规模并达到"十二五"目标的愿望。株洲所也表示"十二五"350 亿的目标没有问题。如此压力之下，我们更不能退缩，决不能动摇，一定要坚定信念，勇担发展重任，以舍我其谁和干事创业的勇气承接、化解、转化压力。

二、围绕中心，凝聚广大员工智慧和力量

2012 年，公司面临着经营、市场和新产业如何发展与扩张的问题。工会作为群众性组织，在公司发展的关键时期，要主动发挥来自职工、贴近职工的独特优势，做好联系企业和职工群众的桥梁和纽带，发挥出不可替代的作用。

（一）加强宣传引导、凝聚力量，坚定发展信心

公司全年经营目标的达成需要公司上上下下、群策群力、同舟共济。各级工会组织要利用群众之家的特点，加强公司形势和目标的宣讲力度，使员工切实感受到公司当前所处的环境，使广大员工充分意识到公司发展直接关系到近期的收益与远期的个人发展，从而增强企业的凝聚力、向心力。要充分利用员工之家、学习型实验室等丰富多样的形式学习交流，推进思想转变，改善心智模式，围绕今年党群工作的核心给力点——销售和精益改善，开展课题研究，不断提升服务生产经营的能力。要广泛动员，用共同愿景凝聚广大员工的智慧和力量，号召广大员工勇担发展重任，谋求市场和产业突破，助推公司的成功转型和快速发展。

（二）围绕经营目标实现开展好各类劳动竞赛

公司年度经营指标实现的关键在于企业市场、经营及新产业的拓展，各级工会组织要牢牢把握这些关键环节，结合党组织年度创先争优活动，围绕经营目标的实现，创新、特色地开展各种形式的劳动竞赛。要在市场项目、新产业并购项目、新产品研发项目、专项降成本项目和精益改善项目上，系统性地设计竞赛方案，增强竞赛的吸引力与参与性，激励广大员工围绕公司经营工作重点建功立业。要重点选树竞赛中涌现出的模范、典型人物，充分发挥其导向作用和榜样力量，促使更多的员工学习提升。

（三）切实解决好员工群众工作和生活上的困难

"心系员工谋福祉，感恩企业展作为"，朴实的语言道出了企业与员工关系的真谛，也描绘了创建和谐企业的本质。企业只有真心地关心员工，为员工解决后顾之忧，不断为员工谋求更多福祉，才能激发出员工奋斗的激情与无私奉献的精神。工会要真正从维护员工权益的角度出发，用形式多样、喜闻乐见的活动载体，使员工在活动中陶冶情操、缓解压力，进而创造出"快乐工作、健康生活"的良好氛围；要在"两节"送温暖、"金秋助学"等帮扶的基础上，持续完善帮扶体系，健全日常帮扶机制，及时解决员工的生活困难和后顾之忧。要从根本上维护和保障职工权益，最终达到构建和谐企业的目的。

同志们，2012 年是公司转型发展的核心之年，也是工会工作围绕中心、发挥作用，大有可为的一年。相信只要我们以更加创新的思路，团结一致，锐意进取，围绕同一个目标，凝心聚力、上下同心、同舟共济，一定可以打好转型发展攻坚战，实现公司持续健康快速发展！

在五一国际劳动节暨工会工作
总结表彰大会上的讲话

党委书记　周军军

2012 年 4 月 28 日

同志们：

在这极具历史意义的五一国际劳动节来临之际，我们召开本次大会，总结过去，表彰先进，进一步激励和动员广大员工，为实现全年各项经营指标，开创公司转型发展新局面而努力奋斗。在此，我代表公司党委，向获得 2011 年度工会工作先进集体和个人表示热烈的祝贺！向辛勤工作在各个岗位的广大职工致以崇高的敬意和节日的问候！

过去的一年，公司经营形势面临着前所未有的考验。公司工会按照"融入中心、发挥作用"的原则，紧密围绕生产经营中心，积极贯彻落实年度职代会精神，深入开展党工共建创先争优活动，扎实推进"五型"职工之家建设，创新组织各类劳动竞赛，持续提升员工技能水平，特色举办各类文体活动，有力营造了和谐企业氛围，推动了公司持续快速发展。广大员工团结一心，沉着冷静，奋发进取，积极应对突如其来的变化，全面践行客户价值理念，深入推进技术创新和管理创新，圆满完成年度各项经营指标。这些成绩的取得，饱含着全体职工的辛勤汗水，凝聚着广大群众的集体智慧，是电机人努力争创一流业绩，强烈进取精神的体现，是艰苦奋斗、扎实工作，良好职业精神的有力佐证。

当前，公司正处在实现"十二五"发展目标的关键时期，既面临艰巨的历史任务，又充满着良好的发展机遇。在新形势下，正确研判经营形势、充分调动广大职工干事创业的积极性和责任心，对推进公司转型发展具有十分重要的意义。借此，我代表公司党委讲几点意见。

一、眼睛向外，全力开创产业发展新格局

市场是一切经营活动的前提。2012 年，公司市场十分严峻，经营压力巨大。中国南车下达公司年度经营指标为：销售收入不低于 40 亿元。截至 3 月，公司仅实现销售收入 5.08 亿元，完成年度预算的 12.68%，整个上半年乃至全年经营形

势不容乐观。目前公司在手订单 26 亿，距离 40 亿的销售收入仍有 14 亿的差距，这全部要靠新产业的发展提供有力补充。市场开拓、产业扩展自然成为今年经营工作的重中之重。

然而，面对当前严峻的经营环境与形势，要实现年度经营目标和"十二五"战略目标，必须发挥公司技术和资源优势，综合运用多种资本运营手段，围绕主导产业，积极进行产品结构战略性调整，向上下游产业链延伸，打造电机及上下游产业集群，实现规范化经营、专业化发展和集团化运作，促进产业扩张和多元化发展。综观电机行业，卧龙电气、湘潭电机、上海电气等众多优秀公司，无不是在最近几年通过资本运作和上下游企业兼并收购实现了快速扩张，电机作为传统行业，如果仅定位在纯电机业务，企业的发展很容易遇到天花板。

基于此，公司在年初便确立了 8 个新市场、新产业拓展项目，项目涉及风电整机、特种电机、民用变压器、核心材料和下游产业等五大方面。目前这 8 大项目正按照既定计划紧张有序地实施，今年有望取得重大突破的项目主要是风电整机和下游产业，如这两个项目能够成功实施，预计将贡献近 12 亿收入。近期，中国南车副总裁、财务总监詹艳景在公司调研资本运作时，也充分肯定了公司相关工作，对部分资本运作项目表示支持。这为公司开展资本运作提供了巨大的动力和信心。

在既有市场方面，好坏消息交织，风电行业一如既往的低迷；轨道交通行业却迎来了新的曙光。4 月 16 日，铁道部部长盛光祖在视察京石、石武专线时，传达了党中央、国务院对铁路发展的高度重视和关心，强调铁路必须加快发展，完成铁路"十二五"营业里程达到 12 万公里左右的目标，以带动经济的发展，保证国家"十二五"规划目标顺利实现。工业特种电机伴随国家产业结构调整和节能减排目标的实现，有着广阔的发展前景，只是当下面临更多的是焦虑和压力，产业方向和市场定位迷茫，市场拓展力度不强，未能实现有效突围。

环顾公司产业结构与"十二五"发展目标，清晰的产业结构和产业定位未能有效形成。2015 年销售规模 100 亿元，其中，轨道交通 35 亿元，风电装备 40 亿元，工业特种电机 20 亿元，工业特种变压器 5 亿元的规划目标如何实现，需要公司上上下下紧盯外部市场，充分运用内生式发展和外延式发展两种模式，形成具有产业和客户针对性，满足国内需求兼具海外市场的战略性产业布局。

二、内外兼修，全面提升企业核心竞争力

在坚持眼睛向外的同时，必须兼顾内部软实力建设，持续推进精益企业建设，深入提升内部管理水平，夯实各项管理基础，全面提升企业经营能力和抗风险能力。首先，要认真贯彻落实好国资委和中国南车管理提升活动的各项要求，结合实际，广泛发动，全员参与，仔细梳理、排除公司发展的"瓶颈"和"短板"，制定重点整改方案，解决制约当前和未来发展的问题。以全员消除浪费、创造价值、持续改善为指导，有效运用精益管理方法，探索兼顾品质、效率、效益和安全，具有南车电机特色的精益管理模式。重点在转型升级、降本增效等领域对标国内外先进企业，形成重点突破。其次，要深入推进学习型企业建设，以学习实验室平台为载体，通过专项课题研究，营造全员改善的学习文化氛围，激发员工改善潜能，育成全员学习改善文化，从而增强企业学习力，有效应对环境变化，提升综合竞争力。

三、齐心协力，充分发挥工会组织影响力

工会作为群众性组织，在公司发展的关键时期，要主动发挥来自职工、贴近职工的独特优势，做好联系企业和职工群众的桥梁和纽带，发挥出不可替代的作用。一是要加强宣传引导、凝聚发展力量。各级工会组织要加强公司形势和目标的宣讲力度，使广大员工充分意识到公司发展直接关系到近期的收益与远期的个人职业发展，从而积聚企业发展能量。二是要组织开展好各类劳动竞赛。重点在市场项目、新产业并购项目、新产品研发项目、专项降成本项目和精益改善项目上，创新手段与方式，使广大员工智慧竞相迸发、活力充分释放。三是要积极构建和谐企业。工会要通过各类文体活动的组织和协会、社团的作用努力营构"快乐工作"的良好氛围。要持续完善帮扶体系，健全日常帮扶机制，及时解决员工的生活困难和后顾之忧，确保广大员工全身心投入企业发展。

同志们，希望与艰辛同在，机遇与挑战并存。相信只要我们坚持"眼睛向外、内外兼修、齐心协力"，以更加奋发进取的作风和顽强拼搏的态度，围绕同一个目标，上下同心、凝心聚力、务实创新，一定可以打好转型发展攻坚战，实现公司持续健康快速发展！

最后祝全体员工五一节快乐！阖家幸福！

在电力设备电气绝缘国家重点实验室株洲实验基地揭牌仪式上的讲话

执行董事、总经理 胡 洋

2012年6月28日

尊敬的王建华书记

尊敬的刘友梅院士

尊敬的黄新亮主任

各位领导、各位嘉宾，朋友们：

今天，我们在这里隆重举行电力设备电气绝缘国家重点实验室株洲实验基地揭牌仪式。在此，我谨代表南车电机向各位领导和嘉宾的到来表示最热烈的欢迎！向各位领导、嘉宾长期以来的支持表示衷心的感谢！

南车电机是一个有着历史厚度的新企业。公司坚定不移地执行"技术领先"的方针，致力于打造"国内领先、国际一流"的专业化电机企业。而对绝缘技术的研究是评价一个电机企业是否真正具备完善技术研发体系的关键性指标。因此，南车电机长期致力于轨道交通牵引电机、变压器绝缘技术的研究与开发，历经几代绝缘技术人员的心血，南车电机绝缘体系已从19世纪60年代的B级绝缘系统，发展到目前高速动车组、大功率电力机车所采用的世界最高等级C级绝缘系统，绝缘研发能力大幅提升。

随着我国高速动车组、重载大功率机车和风力发电的快速发展，对电机的绝缘性能和可靠性提出了更高的要求。今天即将揭牌的"电力设备电气绝缘国家重点实验室株洲实验基地"是公司通过与西安交大、时代新材的联合，形成的从绝缘材料到绝缘结构，从实验验证到运用考核的全产业研发、制造和运用的系统工程。该基地综合了西安交大先进科研平台和绝缘技术、时代新材绝缘材料研究和工程化生产、南车电机高端产品绝缘结构研究和工程化应用的优势，是先进科学技术产业化的良好平台。基地的落成及运行，必将有利于我国关键绝缘材料和绝缘结构研究的突破，不断增强企业自主创新能力，有效提升我国轨道牵引电机、变压器以及风力发电绝缘技术的整体实力。

整合绝缘专业资源、建立绝缘实验室是技术进步和产业发展的必由之路。今年公司凭借雄厚的绝缘技术实力,成功中标铁道部"交流传动机车牵引电机高等级绝缘系统研究"课题。此课题立足国内自主研发,开展机车牵引电机高等级绝缘系统的开发研究及其核心绝缘材料的研制,最终将形成自主研发的交流变频牵引电机绝缘技术平台,和以此为中心的国内高端绝缘材料产业链。

　　各位领导、嘉宾,朋友们,南车电机正处在加快发展的关键时期,我们将在湖南省政府、株洲市政府的领导下,进一步加大科研投入,加快科研步伐,努力将该基地打造为国内一流电气绝缘技术的研发基地和科技人才成长的摇篮。

　　最后,衷心祝愿这个基地在三方紧密的合作下创造出辉煌的业绩。谢谢大家!

在纪念建党 91 周年暨七一表彰会上的讲话

党委书记　周军军

2012 年 6 月 29 日

同志们：

　　七一前夕，我们在这里隆重集会，共同庆祝中国共产党成立 91 周年，总结过去，表彰先进，进一步动员各级党组织和广大党员，牢记使命，明确目标，再创佳绩。在此，我谨代表公司党委，向奋斗在公司各条战线上，为公司转型发展做出贡献的全体党员、党务工作者、入党积极分子致以节日的问候和衷心的感谢！

　　中国共产党自诞生以来，走过了 91 年的辉煌历程，创造了举世瞩目的丰功伟绩。91 年来，我们党以其崭新的世界观，为民族解放、国家独立、社会进步和人民幸福，团结带领全国各族人民英勇奋斗，历经战争与和平、革命与执政、建设与改革、挫折与胜利，取得了一系列举世瞩目的辉煌成就，使党成为推动新中国不断进步的强大政治力量。事实证明，我们的党是伟大、光荣、正确的党，完全能够带领全国各族人民不断解放思想，开拓创新，开创中国特色社会主义事业的宏伟局面。

　　过去一年，在上级党组织的正确领导下，公司党委紧密围绕生产经营中心，以创先争优为契机，持续完善党的自身建设，深入推进学习型组织创建，充分调动各方积极因素，较好地完成了国有资产保值增值的目标。公司党委先后获评株洲市"先进基层党组织"、中国南车"四好领导班子"和湖南省创先争优先进基层党组织等荣誉。主要在以下几方面取得了突破：

　　一、创先争优掀起新一轮热潮

　　各级党组织和广大党员结合"外树形象、内优素质、提升绩效、促进发展"的总体目标，围绕公司创"百亿企业、精益企业、学习型企业"的战略目标，积极开展新一轮愿景搭建、公开承诺、领导点评和群众评议工作，努力践行"五个好""五带头"的工作要求，使公司在市场应变、精益制造、管理提升、产业拓展等方面有了显著提升。

二、学习型组织建设进一步推进

各级党组织和广大党员坚持"以学习型党组织建设促动学习型企业建设"的活动主题，通过开展井冈山干部管理学院创先争优专题培训、MBA及工程硕士学历深造项目和学习型组织建设论坛，多方位搭建创建平台；全面铺开的学习实验室，围绕精益管理和工艺技术开展课题研究，成果丰硕，为公司冲刺百亿造就了良好的文化氛围和遗传因子。

三、党建工作水平达到新高度

各基层党组织创新实践，探索党建"四化"机制（即活动多样化、基础规范化、工作目标化、考评体系化），注重融入生产经营中心抓党建，充分发挥党组织政治、组织和思想优势，坚定发展目标、提升员工士气，充分诠释企业转型发展期党建工作的特殊价值。

同志们，总结过去一年应对危机、化危为机的实践，最重要的经验就是要改革创新抓党建、融入中心谋发展。实践经验证明，企业越是深化改革、加快发展，越是要加强和改进党的建设，通过充分发挥党组织的战斗堡垒和党员的先锋模范作用，不断增强党组织的创造力、凝聚力和战斗力，为企业转型发展提供精神动力和组织保障。

今年上半年，公司面临国家经济增长放缓、铁路政策改革深化、风电行业持续调整的复杂环境，市场形势十分严峻，经营压力巨大。1月至6月份预计实现销售收入11亿，距离中国南车下达年度经营指标还有待进一步努力。我们在充分认识经营压力的同时也要看到国家转方式、调结构所带来的巨大发展机遇。国务院常务会议5月份研究部署的一揽子稳增长措施，带来了一大批在建、续建铁路项目的重新启动；铁路投融资体制改革的深入推进，《高速列车科技发展"十二五"专项规划》的颁布和近期铁路招标的启动，预示着铁路市场的复苏。科技部风电"十二五"规划的发布，给处于困境中的风电产业打了一针强心剂。多点开花的工特产业在国家节能减排和产业升级的政策下前景广阔。中国南车也高度重视发展新产业，并将公司列为发展南车新产业的核心企业。近期，南车高层领导也对公司新产业项目的扩张给予了高度的关注与肯定。

当前，公司在积极稳固既有产业的同时，正努力寻求发展模式的转变，通过延伸上下游产业链，促进公司产业扩张和多元化经营。结合企业实际，公司党委提出以"眼睛向外，坚守百亿；内外兼修，提升管理"为主题，以当期各项重点工作任务为载体，以市场、产业拓展取得重大突破为目标，构建创先争优长效机制，深化学习型组织建设，以技术进步、产业扩展的新成就向党的十八大献礼。为此，公司党委号召：

——各级党组织要围绕当前企业重点产业扩张、重大市场开拓、重要技术创新和精益管理提升项目，积极组织、动员、引导、凝聚，形成促进改革发展的合力。要在增强企业市场拓展能力、抗风险能力、辅助人力资源开发、提高企业管理人员的思想意识和战略思维能力、调动广大员工积极性、提高执行力和团队协作能力等方面加油给力。

——全体党员要进一步增强责任意识。首先，要有知责之心，秉承高度的职业精神，热爱和珍惜自己的岗位，将工作做到极致。其次，要有担责之能，对照优秀党员"五带头"的要求，刻苦学习业务知识，用心钻研岗位技能，努力成为本职工作的行家里手。最后，要有履责之行，努力将才华和技能付诸实践，以实际的工作业绩来体现共产党员的先进性。

——各级领导班子要解放思想、更新观念，要自我加压、自我超越，要创新思维、奋发进取，始终保持高昂的斗志、旺盛的工作干劲和只争朝夕的工作状态，坚定不移执行公司战略，齐心协力完成经营目标，在公司转变发展模式和产业扩张的进程中各显神通、翻江倒海，助力公司完成年度经营目标。

同志们，公司正处于转型发展的关键时期，各级党组织和全体党员要始终保持全心全意干事业、一心一意谋发展的工作作风，以强烈的政治责任感和历史使命感，团结和带领全体广大员工，上下同心、凝心聚力、务实创新、开拓进取，努力开创南车电机快速发展的新纪元，以优异成绩向党的十八大献礼！

聚焦产业拓展 强化创新驱动
为实现"十二五"战略目标奠定坚实基础

——在南车株洲电机有限公司一届四次职代会上的报告

执行董事、总经理 胡 洋

2013 年 2 月 20 日

第一部分 全面整固，创新探索，奋力突破的 2012

2012 年，国际、国内经济复苏缓慢，增长乏力，企业面临着严峻的宏观经济形势考验；轨道交通行业的持续深化改革、风电产业的深度调整洗牌给公司两大主业带来巨大经营压力。工业特种电机产业受整体经济影响，景气不足，订单短缺，合同项目延缓，年轻的南车电机经受了成长过程中阵痛的磨炼。正是这种磨砺使我们也变得更加成熟、更加坚强，增强了继续前行的信念和力量。在岁月的年轮又悄悄地延展时，让我们一起回顾在过去的一年里，大家齐心协力、创新探索、奋力拼搏的艰难历程。

一、产业扩张有成效

2012 年南车电机制定了转变发展模式、实施资本运作、全力拓展新产业市场的目标达成策略。历经一年的探索与实践，直驱永磁风力发电机整机项目顺利完成对江苏金风相关资产收购并划归江苏南车电机有限公司，完成对内蒙古金风80% 股权的收购，成立内蒙古南车电机有限公司，两个项目使公司成功获得直驱风电整机技术及业务领域，完整了公司的产业链。其他拓展项目也取得了阶段性的成果。几个项目的运作为公司锻炼培养了一批资本运作人才，积累了一定实践经验，为后续项目的开展打下了良好基础。

同时，我们加大技术拓展市场的力度，开展了 110 多个项目的研发工作。轨道交通领域，开展了 CRH6 - 160 城际动车组、格鲁吉亚动车组、南非窄轨电力机车等项目的研发，为未来轨道交通市场的拓展奠定了基础。风力发电领域，组织实施了内蒙古锋电能源 1.5 MW 双馈风力发电机、南车风电 2 MW 低风速双馈风力发电机、紧凑型 3 MW 半直驱永磁同步风力发电机、5 MW 高速永磁同步风力发电机等新项目，为公司在风电行业调整后占领并扩大市场积聚了力量。工业及特种电机领域，煤矿用变频防爆电机、商用空调用大功率永磁同步变频调速电机等项目的开发，为公司形成新的产业支撑提供了技术准备。

二、调整巩固有提高

巩固既有市场，是一个企业赖以生存的根本。从对客户关系的有效维护，对质量工作尽善尽美的追求，对产品交货期的准确把控，到对经营成本的有效控制，南车电机始终关注并努力实践。

在维护客户关系方面，一方面邀请客户来公司参观交流，提高客户对公司的认同度，另一方面对各铁路局、段开展深度走访，交流产品运用信息的同时增进客户关系。在质量方面，积极构建并推进质量安全风险管理，将IRIS质量管理体系覆盖到公司各检修基地，深入推行标准作业，将标准作业覆盖范围拓展到辅助生产岗位，有效保证了产品质量。在精益制造方面，我们通过业务部门的项目管理和职能部门"三直三现""三部联袂"等有效管理手段及时解决生产中的异常问题。大力推进节拍化拉动式生产，全面推进节拍工位制生产模式，提升生产效率。在效益管理方面，加强现金流管理，开发多渠道采购，解决独家供应，通过招议标采购，开展大宗原材料采购价格专项控制，实施多个产品专项降成本项目，实现成本效益的有效管控。

三、人才培养有突破

围绕公司发展战略，我们着力在技术及营销人才培养和人才激励机制上开展有效工作。

营销团队和研发人员的质量与体量是产业快速发展的核心要素。实施产业和市场扩张策略需要不断充实营销团队，为此公司以社会招聘、内部培养等方式，慎重甄选营销人才，逐渐充实了牵引装备、风力发电、工业及特种电机三支营销人员队伍。同时，加强研发人员培养力度，不断提升研发人才数量和能力。2012年，百余名重点高校研究生加入研发团队并参与项目，为技术的传承和创新注入了新鲜血液。合理的激励机制是充分激发、释放员工积极性的催化剂。结合发展形势的变化，南车电机及时完善和制定了针对营销、研发等与市场紧密相关的员工激励机制。完善研发人员项目工资制及营销人员提成工资制度，制定了营销人员激励政策，以市场为导向，构建个性化绩效管理体系。通过目标管理方式，提高员工工作积极性，促进工作绩效的提升。

四、精益管理有发展

管理能力及管理水平的高低直接影响企业效益。为贯彻中国南车推进精益管理战略的部署，南车电机以管理提升活动为契机，扎实开展精益管理工作。

重点运用目标管理方法，以贯彻落实集团精益管理实施规划为主线，编制和实施2012年精益管理工作计划，与各单位签订精益管理目标责任状，组织制定了系列管理办法和评价指标，推进精益管理工作。全年完成40余项精益管理改善项目，完成 655 份标准作业的编制和贯彻实施，产品质量和制造效率有了较大提高，在制品资金同比下降 5%。全面开展精益生产示范线建设工作，共建成 8 条精益示范线和 1 个精益示范车间。供应商评价机制初步建立，开展了选择评价和供应业绩评价，评价结果与供应商选择、招议标及付款相结合，有效提升了供应商管理水平。线边店的建设已全面完成并通过二维条码精益项目的建设，使物流信息数据化、网络化、集成化，显著提升了物料流转效率。

五、信息建设有提升

ERP 建设持续完善。2012 年，ERP 系统进一步深化应用到试点班组，在 ERP 系统中，实现班组成本管理系统自动考核。江苏南车电机 ERP 项目顺利实施并纳入总部 ERP 系统管理，为实现总部集团管控提供了有力工具。技术信息化平台进一步提升。设计平台整体从二维切换到三维，初步建立了三维标准件库，完成了公司三维建模通用标准的制定及评审发布，进一步提升了公司产品开发手段和方法。实施仿真平台建设，完成电机转轴强度校核及疲劳分析等 7 个仿真工程咨询工作，提出了电机机座静强度校核等 3 个仿真模板设计方案，初步构建了公司仿真分析能力。e-HR 系统、图文加密系统和制造管理等管理子系统进一步完善和改进。

六、风险管控有实效

风险监控管理的有效性，是决定企业是否健康发展的重要因素。南车电机在 2012 年整固既有产业、拓展新产业的发展过程中，严抓风险监控，为公司的发展提供了正能量。

针对净现金流过少的困难局面，公司积极应对，加大应收账款和现金流专项管理工作，组织制定详细可行的工作计划与目标，开展应收账款回收、存货资金控制、压缩各项支出等工作，完善客户信用管理，积极谋划融资方案，实现了中国南车要求的经营性现金流控制目标。同时，加强与金融机构、客户的多方合作以降低融资成本，提高资金使用效率。效能监察方面，充分发挥在降本增效方面的积极作用，重点围绕废旧物资处理、子公司投资运行情况后评价、工程建设等方面开展专项监察工作，保证公司运行效率和效益。

七、文化培育有成绩

2012 年公司延续了企业文化建设的进取之势。对内深挖内涵，推动企业文化的有力渗透。对外系统推进，加大企业品牌的有效扩张。

在培育文化张力方面，配合转型需要，利用 OA 新闻栏开辟各类专题栏目，重点加大营销、产业拓展相关案例宣传，传播企业理念，取得员工认同。为迅速形成风电产业合力，统筹制定文化融合方案，快速实施，初步完成了对子公司的文化整合。在提升企业品牌方面，设计多种形式的品牌文化载体，让来访客人"入脑""入心"，并把我们的文化"带回去"，进一步增进客户认知。积极开展对外新闻报道，出色完成中央媒体集中采访报道工作，扩大了公司的社会影响力。组织参与德国柏林轨道交通技术展会、北京风能展会等国内外行业展会，在及时掌握前沿技术的同时，依托中国南车的品牌影响，展示了企业形象，增强了影响力。

在看到成绩的同时，我们也要充分认识到公司在应对危机、实现公司持续快速发展上存在的问题：一是产业结构和客户过度单一的状况，没有得到根本改善，支柱型新产业没有形成，亟待实质性突破；二是产品运用过程中还存在大量的质量安全问题和隐患，部分严重影响到行车安全、危及运行秩序，必须加大整改力度，系统性解决；三是技术研发、国内营销、国际营销、资本运作、项目管理人才短缺，在很大程度上制约了公司产业拓展和市场开拓的步伐。四是受市场竞争加剧、要素成本上升、前期投资资产闲置等因素影响，公司的持续盈利能力正在经受考验；五是公司集团管控模式需进一步改进，子公司的管理还有待进一步加强，北京销售公司出现大额亏损暴露出管理的薄弱。这些问题归根到底是人才问题。从人才的数量到结构，从人才的素质到发展需求都存在着比较大的差距。我们必须高度重视，深刻分析原因，切实采取措施加以解决。

同志们，2012年是公司困难和挑战较为突出的一年。令人欣慰的是，在中国南车的正确领导下，各级管理者立足本职、顾全大局，广大员工和衷共济、奋力拼搏，克服不利因素，创造了令人鼓舞的工作业绩。借此机会，向为公司做出积极贡献的全体员工，表示衷心的感谢和崇高的敬意！

第二部分　坚定信心，准确把握经营形势

2013年是全面贯彻落实党的十八大精神的开局之年，也是公司实现"十二五"发展规划承上启下之年。当前，南车电机正处于转变发展方式、优化产业结构、全力拓展新产业的重要关头，我们必须着眼于"十二五"后三年乃至更长期的发展，把握机遇，直面挑战，振奋精神，锐意进取，向百亿既定目标前进。

一、抢抓发展机遇，助推企业持续发展

2013年，我们依然面临良好的发展机遇。一是轨道交通产业重新加速。2013年铁路基建投资预计为6500亿，"十二五"剩下的3年对铁路基建平均每年投资仍将超6000亿。这将进一步释放对铁路装备和服务的更大需求。二是短距离城际轨道时代到来。目前国家发改委已批复的城际铁路线路5600公里，在建城际铁路线达到1600公里，为我们提供了发展的新空间。三是风电产业复苏迹象显现。2012年底，国家发改委密集批复了包括酒泉、包头、大唐赤峰罕山、新疆哈密等30余个电力项目，总投资达572亿元。国家发改委再度批量批复风电建设项目的政策信号，预示着风电行业逐步回暖复苏。四是海外业务机遇增多。在国际市场，美国、俄罗斯、印度、巴西、南非、沙特等国家，已经陆续推出了轨道交

通建设及设备更新换代计划。按照欧洲铁路行业协会等机构分析预测，到 2015 年，全球轨道交通装备市场年均需求达 1000 多亿欧元。五是产业链扩张蓄势待发。2013 年，中国南车明确了走并购整合道路，我们 2012 年成功实施风电整机项目的并购，为今后产业链上下游延伸积累了经验，锻炼了一批产业并购人才，为再度实施并购整合奠定了基础。

二、直面市场变化，迎接挑战防范风险

2013 年，我们同样面临着严峻的挑战。一是铁道部实施机车及车辆招标采购改革，各铁路局成为购置主体，招标平台发生变化，必将对行业竞争秩序带来深刻变化，也将对企业的定价模式和市场占有率造成冲击，对公司机车和动车业务的营销模式提出了新的要求。二是独家供应的优势将逐渐减弱。铁道部认为制约车辆正常运行的瓶颈因素是由于一些部件独家供应，缺少竞争，影响了供应商提高质量和售后服务水平的主动性。对此，铁道部明确提出要打破独家供应瓶颈，引入民间资本进入配套产品市场。目前，在货车市场，已经出现了民营企业抢占南、北车货车市场份额的先例。三是风电设备行业产能过剩，竞争进入关键期。2011 年，我国新增装机容量 1760 万千瓦，根据《国民经济和社会发展第十二个五年规划纲要》，在"十二五"期间，我国规划风电新增装机 7000 万千瓦，"十二五"后三年平均每年新增装机仅为 1300 余万千瓦。可以看出，目前整个风电行业的产能大量剩余，风电市场竞争激烈。四是资金和成本压力巨大。近三年来，一方面公司产品价格持续下降，另一方面材料、人工成本和经营性费用逐年增加，致使公司在路内电力机车市场、路外风电市场的回报日趋微薄。公司实施并购后对子公司的流动资金支持，也增加了公司对资金的需求。五是产品安全风险逐步加大。运输安全和用户要求越来越高，铁路专用设备准入管理不断规范，质量召回和追究力度不断加大。随着大量新产品的投入运营，我们在产品质量和运营安全上面临巨大的压力。

在南车电机转型发展的关键时期，我们要清醒认识到面对的广阔机遇与严峻挑战。公司必须贯彻落实中国南车"精耕细作"大铁路市场，努力开展国际化经营和跨行业发展的经营思路，加快改善商业模式，利用资本运作等手段，对产业链进行前伸后延，在新的领域建立起竞争优势。

第三部分　振奋精神、锐意进取、砥砺前行的 2013

2013 年南车电机的指导思想是：贯彻党的十八大精神，积极落实中国南车工作会议精神，锁定百亿目标，持续解放思想，改善商业模式，为实现"十二五"战略目标奠定坚实基础。

2013 年南车电机的经营方针是：聚集公司力量，打造核心能力；提升产品质量，整固既有市场；聚焦产业拓展，探索国际化经营；完善管控模式，提高管理水平；以技术领先为品牌方向拓展市场，实现公司快速发展。

2013年南车电机的经营目标是：努力实现销售收入35亿元，保持员工收入与劳动效率同步增长，进一步提高公司在行业中的地位，完成中国南车下达的各项经营指标。

企业抓住客户的最大价值是品牌，最直接作用的是产品。实现企业最大价值就是企业的人通过市场调研、产品研发、制造和服务等一系列活动赋予产品企业的灵魂。企业价值是企业的精神家园，因此，需要企业人的思想境界。企业价值是客户心中的感受，因此，不能自我评判自我感知。海尔集团张瑞敏说，只有"拥有顾客才拥有核心竞争力"，技术和人才都构不成。仔细想来，颇有道理。当前南车电机的竞争力大多来自南车的自我保护，在这样的条件下，产品质量的问题才可能给你充分的时间来解决。离开了南车的雨伞，就全身湿漉漉。无论市场份额还是订单收益大多拼得只剩下骨头。怎样抓住顾客，我们要通过商业模式的思考和学习借鉴来完成我们企业价值的实现。

一、改善商业模式，推进产业升级

面对发展过程中暴露出来的业务结构不合理和"十二五"发展既定目标，南车电机迫切需要优化业务结构和实现规模的突破。改善公司商业模式，从明确公司定位入手，以企业价值最大化为目标，在标准化、科技化和人性化上下功夫，注重当期绩效与企业长期价值相结合，做好关键资源和能力的配置，不断提升企业在客户中的品牌地位。

1. 认知整合，推进风电产业向前发展

中外并购案例表明，至少有50%以上的企业并购没有达到预期的效果，甚至出现大量员工跳槽、新业务开展举步维艰的局面。以史为鉴，2013年我们要理清整合思路，优化资源配置，促进并购企业与南车电机的快速融合。

发展战略整合。为了实现企业战略上的协同，南车电机必须对江苏金风和内蒙古金风的竞争环境进行分析、评估，调整制定其发展战略，确定主要业务的发展目标和管理运作模式，并对内部资源进行重新分配，优化配置株洲、大丰、包头三地资源，盘活资产存量，使战略明晰，发展健康。技术资源整合。公司对于直驱风力发电机相关技术掌握得还不太充分，未来发展的思路不明确，特别是对于磁钢脱落、轴承故障等问题认识不够深刻，一定要抓住整合的前期时间，依托金风支持，真正全面了解和掌握整机技术及发展路线，在避免批量质量事故的前提下稳健发展。人力资源整合。我们要抓住人力资源整合这条主线，对人员情况进行全面分析，加强与员工的沟通交流，建立充分信任，明确责任。制定符合实际情况的人才激励政策，使员工的职业发展和企业发展同步。企业文化融合。有针对性开展既有文化调研，持续融合原有文化的特点与南车电机文化的优势，培育出中国南车下的特色子公司文化。做好新文化的导入、实施和推进工作，加强整合过程中的自查纠偏，合理处理文化冲突。加强供应链整合。为了降低磁钢风险，公司已与金风科技达成了采购协同协议，在风电供应链上开展深度合作，要积极谋划与上游稀土或磁钢企业建立战略合作关系，锁定磁钢价格。在供应商管理上要更加注重效益与效率相结合，形成稳定的供应链，降低经营成本。

2. 深化整合，促进电机产业规模扩张

中国南车在2013年的发展思路中明确了产业发展的路径：走并购整合之路。南车电机已经在2012年有了成功经验，我们在未来还想继续在电机及变压器的领域上开疆拓土，"走好两条钢轨，走出两条钢轨"。

我们要从电机领域向矿山强力推进，在变压器领域推进轨道交通全系列变压器产业平台构建，在系统配套、下游企业整合上有所建树。具有专有资质是目前进入一些市场的必要条件。在自主经营过程中，虽然我们具有技术上的优势，但迫于资质认证问题，南车电机的产品很难进入特定领域。自主去获得资质，时间周期很长，拿到某种产品的资质后，该产品也有可能随着技术的更新而处于淘汰边缘。因此我们要寻找具有特定资质的企业进行并购或与之合作，争取时间上的主动，取得资质迅速进入该市场领域并不断扩大市场份额。

在工业特种电机产业领域拓展系统集成能力。南车电机作为专业化电机企业，拥有系统集成能力是更专业化的表现，我们要加快工业及特种电机领域系统集成能力的建立。通过系统平台的搭建，为研发人员提供系统实践的机会，提升其对系统的全面掌握和认知，有助于对电机运行控制环境的了解，有利于产品性能提升和可靠性提高，为研制出更高性能、高可靠性电机产品提供技术保障。具备系统集成能力将释放隐藏在电机设计阶段的知识价值，进一步提高产品附加值，有利于公司占据工业特种电机产业未来价值链的高端。

3. 资源整合，提高公司发展核心能力

电机公司升格的三年，发展和进步是喜人的，但暴露出来的弱势也是十分明显的。按照优秀企业的标准，我们还要更加清晰产品定位、企业定位，集中资源强力发展核心能力，这里所说的核心能力是指满足客户需求的能力，是核心竞争力的基础。

产品定位问题是南车电机的走向问题。专注于电机是我们的基本定位，但随着电机技术的进步和发展，纯粹的电机已非客户之选择，特别是从直流到交流变频再到永磁电机的技术运用，电机已经由一个独立的部件产品变为驱动系统中的重要部分，以电机为牵头产品来配套驱动系统正成为部分客户的选择。在传统的工业电机市场，电机附属于泵、风机和磨机的状况并无多大改变，先进技术的高端电机引领客户需求局面并未形成。所以，在产品定位上一方面要从系统的角度完善电机的设计制造，特别是与系统的配套，另一方面要开展对传统电机如何转化为高端先进技术的市场调研，逐步形成南车电机的产品定位。

企业定位是公司商业模式的关键，也是企业价值的创造源头。我们曾经明确了技术领先的战略，那么在企业定位上应该像苹果公司一样"预研一代，开发一代，销售一代"，拥有大量的技术储备。一旦定位到一个概念上就必须想方设法让竞争对手无法超越，必须拿足够的资源来支撑定位、巩固定位。但是很显然，我们现在的技术领先还只是产品运用中的表现领先于竞争对手，而非真正地拥有了超前的技术储备来引领客户消费。

2013 年，我们要集中力量特别是有限的资源强力发展核心能力。一是研发能力。要在研究电机的基础电磁关系、机械结构的基础上对电机控制、运用安全预防等系统技术开展专业研究，做到不仅仅会设计制造电机，更能对其运用中可能出现的问题开展预防和控制。二是研发储备。要明确研发的未来方向，指定专人开展预研（市场研究与产品基本特性研究相结合的超前研究），使技术领先的战略从产品端向科研试验端靠近。三是先进技术推广能力。要挖掘潜在客户，用更为先进和适用的方案帮助客户找到解决现实问题的途径，让高附加值的产品打开市场。我们把南车电机的核心能力全部定位在技术能力上是因为只有技术领先的企业才有更美好的未来，这要成为我们在资源上向技术聚合的指引，也只有技术上的进步才能推动我们的产品发展、人才成长、企业规模提升和管理进步。

二、强化质量管控，稳固发展根基

稳固并提升质量是在风云变幻的市场中安身立命之本，是南车电机发展永恒的主题。在奋力拓展新市场的同时，我们要持续加强质量管控工作，确保产品质量可靠，客户满意。

1. 突出重点，认真解决既有问题

南车电机在由直流转交流产品的发展过程中，JD160A 牵引电机轴承故障、干式高压电压互感器烧损、HX$_D$1C 机车变压器 A 端子烧损等质量问题一直困扰着我们，这些问题如不彻底解决，将影响南车电机在市场拓展中前进的步伐。

全力查找问题产生的根本原因是解决系列质量问题的先决条件。要摒弃虚荣心理和侥幸心理，自我认知和反思，立足自身原因分析，通过试验验证得到正确的全面的结论。强化产品入库检验、终端检验、强制性检验能力，严格落实"谁制造谁负责"的工作原则。公司采购部门牵头，研发、质量部门相互协作，稳步推进供应商开发工作，彻底解决独家供应问题。按照深入开展质量安全风险管理体系建设的工作计划，落实各项管理工作，确保 2013 年度公司质量安全风险管理体系能够达到同行业内领先水平。加强异地检修基地及子公司质量控制。将公司本部质量管理体系平移覆盖到异地检修基地和子公司，并结合其自身特点构建质量管理体系。探索建立信息化管理系统，实现远程质量监控。

2. 全面思考，提高系统认知能力

2012 年发生的动车变压器送风机烧损事故让我们突然认识到，质量问题的发生，有时并不是我们产品本身的问题。我们的产品作为部件在整个系统中运行，系统中与我们产品相关联的部件如发生问题也会导致我们的产品受到损害。以此为鉴，我们要改变过去对产品质量的认知，从系统的角度全面思考质量问题。

基于对质量问题新的认知，我们要回头重新审视已上线运行产品的质量状况。全面开展对产品系统的学习了解，全面熟悉系统对公司产品的控制过程，及时发现存在的可能对我们产品造成伤害的质量隐患。发现质量隐患存在，积极与客户和系统制造商沟通，商定预防和整改措施并迅速整改。提升源头控制质量的能力和意识，在以往的工作流程基础上，设计环节要与系统制造商进行沟通，了解产品的运行控制环境的工作流程，产品设计时要进行系统评审，防止系统伤害部件质量问题的发生。

三、转变营销模式，优化市场结构

业务过于单一，新的增长点支撑力度不够的历程充分暴露出南车电机市场结构不均衡的弊端。因此，南车电机一定要在销售规模上有所突破。

1. 适应市场调整，明确未来发展方向

态度决定一个企业走得有多好、有多远。南车电机作为传统的轨道交通企业，订单的模式正悄然发生改变。要保持积极拓展、进取的态度，贯彻执行中国南车在铁路市场"精耕细作"的经营思路，做精轨道交通产业。要对机车动车产品近两年批量质量问题进行系统思考，建立起部件与系统、整车的关联性技术研究和试验以及部件内各零件间的全面协调性研究和试验能力。总体来说，客户对我们产品及服务是认可的，但希望做得更好的愿望也是强烈的，我们需更加努力。拓展市场上要敢于突破，眼睛不能只看到既有客户和中国南车内部市场，要多动脑筋，合理运用手段，抓住铁道部统一平台，实现主要配件标准互换的有利机遇，勇于争夺竞争对手市场，拓展新客户，扩大国内市场份额。同时将目光投向海外，结合南非项目，积极投入资源，加大海外营销力度，打开并扩大海外铁路市场。城轨市场拓展的战略已明晰，不要放松对终端客户的努力。要高度重视检修业务，牢牢把握好质量关。

在永磁直驱风力发电机发展上，要端正态度，合理定位，要建立依托一个企业（金风科技）、依靠风电产业、依存自身发展的思路。要持续深化与金风公司的合作，建立必要的沟通协调机制，把握工作细节的控制，做好客户关系维护。在强化与金风合作的同时，依靠整机技术，增强与其他公司的合作，寻找客户资源，通过国际化合作寻求单一客户的突破。南车电机要长期存在并发展，就要依存自身的团队，特别是在风电整机业务并购后，要加快研发团队、管理团队、制造团队、销售团队四大团队建设，不断完善自身能力，为未来"1＋1＋N"的发展格局打好基础。在双馈风力发电方面，由于我们没有抓住第一波市场发展机遇，现在风电行业正处于调整期，我们将利用这个喘息的机会完善产品型谱，抓紧研发与产品试制，采用跟进与创新的策略，以开放的心态与各主机厂进行合作，争取在下一波市场机会中立稳脚跟，有所斩获。

对工业及特种电机的发展决不能犹豫，要坚决往前推。拓展市场响应速度要快，调研深度要够，客户接触宽度要广。关于常规产品市场，我们研发的产品已覆盖各主要领域，缺乏的是获得订单的手段和方法，因此要建立一支数量合理的专业营销队伍来撑起未来广阔的市场空间。高端产品市场，要合理配置资源，加大技术开发力度，以永磁和变频技术为方向，以取代进口电机为突破口，向产业的高端发展，打开具有广阔市场空间的蓝海领域。持续推进分类营销策略，在普通高压电机、特种电机等不同的市场领域采用不同的营销策略，以市场的广度获取南车电机在全行业的品牌影响力，为未来获取新兴市场机会奠基。在特种电机方面，以技术引导市场的营销策略，充分利用中国南车在高铁、轨道交通领域的强大品牌影响力与技术优势，在一些对技术、安全要求很高的领域进行合作与产品创新，获取市场机会。

2. 坚持技术引领市场，强化市场开发项目管理

过去几年，南车电机投入研发资源开发了很多产品，但某些产品经过市场检验后，未能形成市场规模，出现了一单子买卖，浪费了研发资源，并错过了拓展市场的时机。未来发展过程中，我们要吸取经验及时做出调整，坚持技术与市场相结合的项目管理模式，使技术开发市场化，着力解决行业当前未解决的问题，满足客户当前未被满足的需求。

一是加强市场调研。建立情报收集研究机构，收集行业、竞争对手及客户需求信息，在公司开发新产品时，为研发提供详细的市场调研分析。从用户需求、市场容量、进入门槛、行业政策、市场发展前景、利润情况等方面进行深入分析，确定开发产品的可行性，保证研发产品迅速形成市场。二是针对市场需求，建立项目研发小组，实现客户长期价值开发。一旦确定了客户需求，要立刻转化为公司项目管理，建立起研发、制造、销售、服务跟踪、市场扩大全流程的管理，让研发不再是销售的附属品，"花开千万朵，时时都不同"的一次性开发和买卖尽量不做。

3. 合理构建营销队伍，转变企业营销模式

铁路体制机制深入改革势在必行，采购主体下移、分散，大规模集中采购的方式变为以路局为主的不定期、小规模采购方式。要大力推进风力发电、工业特种电机的市场拓展和突破，这些客观事实都要求南车电机未来的营销模式及营销队伍必须进行转变和重新构建，必须清晰地认识到投资在今天，成就在明天，收获在后天，加大营销投入力度。

迅速建立营销网络和营销策略。铁路体制的改革必将影响客户选择，为提升对市场的响应度，我们要做出相应的改变。一是以技术为服务前提的销售队伍建

设。要培养一支能够为客户提供解决方案和建议、能与客户沟通技术问题的营销员队伍。二是服务平台的搭建。要在业务部门构建支撑前方服务工作的综合平台，集中力量迅速响应，解决现场问题。三是提升服务人员整体水平。建立完备的工作指导书和工作流程、制度，提升服务质量。

工业电机的销售要从业务部的建立开始，产品分工、区域分工相结合，全面完善营销激励约束机制，瞄准方向性的，扩大已成熟的，抓住效益这个根本原则，在增收的同时创造更多的市场领域和利润空间，实现发展的长期目标。

四、提升运营能力，强化集团管控

三年来，公司在异地建立了子公司和检修基地。如何协调各子公司和检修基地的发展，做到资源共享，优势互补，降低成本，提升企业的运作和管理效率，提高企业创新能力和综合竞争能力，需要南车电机不断提升管理能力，强化集团管控。

1. 深化内部调整，完善总部管理机制

在实施集团化管理过程中，必须重新审视公司总部的管理机制，找出不足和问题所在并改进，适应集团化管理的需要。

一是建立科学合理的治理机制。借鉴中国南车及国内外先进集团公司治理模式，建立适合自身特点的治理机制。实行决策机构与执行机构相分离，明确决策机构、执行机构和监督机构的职责权限，形成有效的制衡约束机制。建立并完善能吸引人、留住人和激励人的激励约束机制，促进人才能力的发挥，实现企业发展目标和员工个人利益相一致的目的。二是明确管理体制和管控模式。内部不断优化、调整组织结构和权责分配，明确职能定位，建立高效的统分结合的管理体制，保证公司集团化管理的需要。加强公司战略管理力度，调整、完善战略规划，合理制定母子公司的发展方向和目标，实施战略控制型的母子公司管控模式，保证母子公司战略协同，并以子公司管理办法为纲，逐步建立子公司管控体系。三是加快信息化建设。为实现对子公司的有效管控，公司需依赖先进的信息技术手段，建立与完善信息管理系统，构建信息平台，确保总部可以实时监控子公司资金调配、生产进度和销售情况等重要信息。同时建立情报数据库，适时更新国家政策及行业信息、竞争对手动向、原材料及产品价格等信息，动态掌握，并实现母子公司数据共享。

2. 加快异地对接，增强子公司管控能力

一是采用动态组织结构。异地工作基地和子公司组织结构应随着目标的转变而变化，不搞一刀切。高效合理的组织结构，应有明确的责权利界定和运作机制，对人事、财务、分配等重要事项进行规范和说明，明确职能职责，以及提升组织工作效率的制度流程。二是强化子公司战略管理。建立组织保障，各子公司要结合实际设置战略管理职能部门，确保将公司总部战略思想贯彻下去。建立战略制定、实施、反馈的一整套制度和流程，保障战略的推进和落地，同时确保总部及时掌握子公司的战略方向和实施情况。三是完善管理标准、流程和制度。各子公司要加快与总部的对接步伐，建立健全标准、流程、制度管理体系，各项标准、流程和制度要全面覆盖市场、研发、采购、制造和销售等经营活动，加快标准化和流程化进程，保证生产经营的规范化。

五、加快创新步伐，促进管理提升

全面深化管理提升活动。落实管理提升第二、第三阶段的重点任务，实现管理制度化、制度流程化、流程信息化，全面提升基础管理水平。按照"积极、稳健、优化"的原则，全面推进第一阶段诊断问题尤其是关键和瓶颈问题的整改落实。做好问题整改的过程管理，实现问题整改 PDCA 循环并做到定整改措施明确责任人，定关键节点明确时间进度，定验收标准明确关闭流程，定保障条件明确考评机制。活动开展过程中注意树典型、立标杆并加大宣传力度，带动企业管理水平的全面提升。

持续推进精益管理。精益之旅是条漫漫长路，我们必须长期努力。持续落实精益管理实施规划，用精益理念统领经营活动。持续深化精益现场、精益示范线、精益车间建设，广泛推广工位制节拍化拉动式生产方式。积极推动各类流程的规范和完善，全面持续开展精益流程建设。继续推进精益供应链建设，推进与供应商的战略合作，形成更加科学的供应商准入、评价、退出机制和质量控制机制，完善竞争机制，强化源头质量和成本控制力度。开展精益采购管理，继续降低采购成本。

不断强化财务管理。严格预算执行过程控制，拓宽预算覆盖面，加强滚动预算在日常经营管理工作中的协调调度作用，提高预算管理的制度化、规范化和流程化水平，实现预算闭环管理，确保预算目标顺利实现。加强资金集中管理力度，提升资金管控水平。加强源头管理，提高货款回笼速度，降低财务费用。增强"过紧日子"意识，通过提高费用管理的精细化和规范化水平，严格控制日常费用的使用。

加强监察审计和风险管理。持续推进降本增效管理效能监察和专项治理任务，重点抓好制度执行、供应链建设方面的效能监察。继续深化内部控制体系建设，不断提升内部控制水平，促进企业实现增值和改善运营目标。继续研究制定风险管理和内部控制指引，重点把握市场扩张、资源整合过程中的重要环节的风险评估与分析，不断增强风险管控能力。

加快企业文化和品牌建设。持续推进南车电机核心价值观与文化理念的传播，促进广大员工对公司核心文化理念的全面认同，重点做好对并购子公司员工的文化理念与核心价值观的传播，使员工价值追求与企业文化保持一致性并得以实现。开展以"行业领先，国际一流"为目标的全员品牌创建活动，把品牌价值的提升与企业价值、员工个人价值的提升紧紧联系在一起，用行动构筑品牌的坚强堡垒。

　　同志们，2013 年，我们站在新的发展起点上，务必要进一步增强紧迫感、责任感和使命感，以更开阔的视野把握形势，以更有效的举措应对挑战，以更宏大的气魄谋划未来，开创企业持续健康、转型升级、快速发展的新局面，以昂扬向上的气势向"十二五"百亿目标迈进。

坚定信心　勇担重任　创新发展
——在南车株洲电机有限公司一届四次职代会上的讲话

党委书记　周军军

2013 年 2 月 20 日

各位代表、同志们：

　　新年伊始，我们会聚一堂，召开本次职代会。我们在座的各位领导以及全体职工代表，都要认识到此次会议的特殊背景，我们从成立，经历了 2011 年的小幅增长，以及去年的挫折，2013 年正好是整个"十二五"计划的中间财务年度，是为实现"十二五"战略目标奠定坚实基础的关键之年。大家不能把此次会议作为常规的年度职代会来看待，春节前，公司领导及主要部门负责人就如何实现"十二五"战略目标进行了深入研讨。现在有必要回顾中国南车成立南车电机的两个目的，第一是改善客户关系，做到尽善尽美；第二是做强做大电机产业，形成与北车产业的有力抗衡。我们在思考南车电机问题的时候，尤其是在理解这一次职代会的历史意义的时候，一定要立足于南车电机的经营背景，明晰作为中国南车年轻的一级子公司所肩负的使命，理解这一点才能理解召开此次会议的意义。这次职代会不仅要研究当前的形势和任务，更要共同破解时局之难、发展之困，直面挫折和现实，共同谋划产业发展、战略落地之道，更加凸显出本次会议意义之重大。本次会议既是一次全面总结公司 2012 年积极应对形势变化、全力谋求经营突围经验与成绩的大会，更是一次统一思想、振奋信心、激发斗志的大会。只有具备了信心，产业拓展目标、创新驱动的想法才会变成现实。

　　总经理的工作报告全面、客观总结了公司 2012 年所取得的各项成就，准确指出了当前存在的主要问题，深刻分析了面对的机遇与挑战，明确了 2013 年的经营策略和措施。即聚集公司力量，打造核心能力；提升产品质量，整固既有市场；聚焦产业拓展，探索国际化经营；完善管控模式，提高管理水平；以技术领先为品牌方向拓展市场，实现公司快速发展。跟以往相比，这一次工作报告更关注对公司经营环境的分析和研究，更加关注发展战略、产业和市场拓展，更加关注产业、资本运作的整合和转型，为公司未来发展提供了一个思路清晰、定位准确、方向明确、措施有力的发展路径。公司各单位、各位代表要认真学习、领会、贯彻落实好本次会议精神，使全体员工切实感受到公司所面临的复杂经营形势，迅速把大家的思想和行动、力量和智慧，统一到这次会议确定的目标和任务上来。就此，我代表公司党委谈几点意见。

一、认清当前形势，凝聚发展共识，坚定发展信心

温总理在 2008 年世界金融危机、国家经济出现问题的时候说过的一句话：信心比黄金重要。人的意志比布雷顿森林体系中的货币价值更加重要。纵观国家经济和行业形势，公司仍面临重要发展机遇。一是十八大的胜利召开为中国经济带来全新气象，中国经济一定会稳中求进，扎实开局，内需也将持续扩大；尤其是在今年中国南车工作的会议上，郑昌泓董事长特别讲到当前国家城镇化战略，上一个十年国家建设主要体现在城市化，下一个十年将重点放在城镇化。我们要充分看到城镇化给公司产业发展带来的重大机遇。二是随着国家铁路、高速列车"十二五"规划的颁布，特别是铁路"十二五"平均每年超 6000 亿投资的确定，我们主营业务仍大有可为，仍然是朝阳产业，势不可挡。三是国家发改委近期密集批复大量的城际、地铁项目和 5 个超大规模风力发电项目，蕴藏着城轨地铁的巨大市场，预示着风电产业的回暖复苏。四是在高端装备制造业和国家战略性新兴产业发展规划的出台为公司风电产业和节能高效电机产业提供了广阔的发展前景。中国南车工作会议上，郑昌泓董事长也高度强调要大力发展高端装备制造业。如果我们能搭乘中国南车这个平台，紧密抓住国家政策的倾向性机遇，进入重点扶持企业行列，必将能充分享受国家政策及国家资源配置所带来的重大发展机遇，享有发展新产业新的巨大空间。五是中国南车进一步确定了重要零部件专业化和实施并购整合的产业发展路径，公司去年的风电项目成为中国南车 2012年成功实施的 3 个资本运作项目之一，积累相关经验的同时赢得了集团认可，为后续进行产业链延伸打下良好基础。这一段主要是从郑昌泓董事长在南车工作会议的讲话中摘要出来的，就是要从南车总部主要领导的想法中找到南车电机的自信。既有的业务在增长，进入高端装备制造业之后，我们的机遇更是巨大。

面对如此重大机遇，虽然前进的道路还存在一定的不确定性，但是回顾 2012年公司经历的严峻考验，寻求市场突破、谋划产业拓展的迫切心情历历在目，市场疲软、生产任务不饱和的场景犹如眼前，我们没有理由不抓住当前的发展机遇。前些年，铁路的快速发展使公司经济规模得到壮大，技术水平得到提升，尤其是交流机车技术的引进，使整个牵引电机、变压器技术得到了质的变化。企业实力得到充分巩固。近年来，突发的行业变化也使公司有效调整整固了既有产业，完善了内部管理，积蓄了迸发的力量。未来，我们必须抢抓市场机遇，加快转型升级，真正做到行业领军，坚定不移地向世界一流企业迈进。希望大家有任何挫折的时候都不要忘记，南车电机做行业领跑者的梦想不要变，南车电机成为世界一流企业的梦想不要变，大家一定要有这个信心。

2013年，是全面深入贯彻落实党的十八大精神的开局之年，是"十二五"规划实现的承上启下之年，更是公司持续解放思想、转变发展方式、改善商业模式，提升内部管理的关键之年。落实好本次会议精神、开展好全年各项工作对于公司完成经营目标，实现持续快速健康发展具有重要意义。当前的首要任务是要引导员工进一步认清形势，做好充足的心理和精神上的准备；进一步凝聚共识，看到危机中有契机、有转机；进一步坚定信念，树立战胜困难的信心和勇气。只要我们身上凝聚一股敢于创新的勇气、负重奋进的韧劲、团结拼搏的精神，就一定能抓住机遇，从容应对挑战。

二、强化责任意识，创新发展模式，确保经营目标

当前，我们公司处于转型发展的重要战略机遇期，同时也面临着多重压力和挑战。对标国际先进企业，公司管控模式的优化、自主创新的深化、精益体系的健全、知名品牌的塑造、资源整合的效率、人才资源的支撑、管理基础的改善等方面，与世界一流企业还存在较大差距。要想改变这种局面，通过创新驱动，增强内生动力应该是不二之法。具体而言就是要在产业结构、资源配置、技术创新、运营方式上取得明显的突破和改变。一是优化产业结构，寻找培育能对冲轨道交通影响的新领域，支撑未来发展所需要的增量，形成支柱型新产业。所谓新产业，应该是全公司在未来很长一段时间要下定决心、坚定信心、脚踏实地去奋力攻关的方向，当前中国南车瞄准的绿色环保节能大型装备与公司的产业结构高度匹配，未来有巨大市场增量。二是要高效配置资源，坚持谨慎投资、盘活存量的原则，走轻资产经营的路子。公司的净资产收益率在整个南车一直位居前列，要保持这种能力，增加获取集团资金和政策的话语权。三是要完善技术创新，以技术创新支撑、引领企业发展。瞄准高端技术领域，依托、整合既有技术资源，探索具有良好发展空间的相关技术领域。四是要改善运营方式，要从制造型企业向经营型企业转变，从职能型企业向集团化企业转变，从内生发展向内生与资本运作并存的发展模式转变，将以往关注制造和职能管理的运营模式转变为关注经营指标，注重内部协调和战略协调的集团型运营模式。

企业即人。企业发展的速度与质量依赖于企业人的责任心与能力。责任是前提，能力是基础。创新发展模式，需要一批具有高度职业精神的经理人。这就要求各级领导干部一定要树立高度的责任感，勇于承担助推公司发展的重任，大胆创新、敬业守职、勤勉奉公，创造性地开展好各项工作。同时要不断学习，提升各方面的素质和能力，提升履职水平。要改进工作作风，摒弃官僚习气，时刻保持对事业的激情，保持奋发有为的精神状态，切实增强大局意识、忧患意识、进取意识，以自身正气鼓舞员工斗志，努力形成风清气正、干事创业的良好局面。

三、树立精益理念，培育学习文化，服务发展大局

当前，我们涉及的几个市场，包括我们主营的轨道交通装备市场均有民资、外资介入，各个产业都面临着一个产能过剩、竞争激烈、需求不足的市场，导致公司轨道交通产品价格持续下降，风电产品价格大幅下滑，工特产品也大多处于红海市场，然而，各成本要素价格持续上涨，企业经营成本高企，盈利能力被严重削弱。2012年底的中国南车工作会议明确提出打造"效率南车、效益南车"，南车今后的经营发展，必须要加快从重产能、重产量向重效益、重价值转变。在这个问题上，我们要有强烈的紧迫感。这些年，通过推进精益生产，开展以精益管理为核心的管理提升活动，我们在效率、效益提升方面有了较好基础。现在就是要在之前的基础上，把精益生产、精益管理做得更扎实、更到位。精益无止境，核心在理念，各级员工要切实树立精益理念，制造、管理处处精益，提升效率和效益。

精益的关键在于持续改善。公司创建学习型组织三年来，有效地将学习型组织倡导的员工自动自发改善与精益管理提出的持续改善有机结合。未来，形成一套行之有效的改善机制，创建以团队学习和自发改善为主题的学习实验平台，仍然是一项重要的工作。各单位要充分利用好学习型组织机制和平台，围绕制约效率和效益的关键问题，调动研发、管理、操作、营销等各类员工的参与积极性，不断学习、探索、实践新的工具、方法、措施，发挥群体智力，不断自我超越，真正堵塞漏洞，改善薄弱环节，提高效率和效益。要不断总结创建学习型组织过程中的经验、做法，并坚持持续创新改良，努力形成具有南车电机特色的创建学习型组织建设模式，打造成为中国南车学习型组织创建的标杆企业。

在这个过程中，南车电机各级党群组织要围绕中心任务，发挥紧密联系群众的优势，强化宣传教育和思想引导，帮助员工树立精益理念；主动搭建学习平台，提供资源支持，通过各级各类劳动竞赛，选树一批模范典型，进行宣传表彰，让员工学有榜样、赶有方向；要充分发挥在培育企业文化上的优势，坚持树立学习文化，以学习文化促动广大干部提升经营能力，激发经营思路，并促动公司不断发展。

各位代表，同志们，让我们坚定发展信心、不断解放思想，大胆创新经营，蓄势图强，自我超越，为创"百亿企业、精益企业、学习型企业"而努力奋斗！

在三八国际劳动妇女节庆祝活动上的讲话

党委书记　周军军

2013 年 3 月 5 日

女职工同志们：

大家好！

春回大地，万物复苏，又一年新的起点上，我们在这里隆重集会，纪念三八国际劳动妇女节。借此机会，我代表公司党政工团向在座的各位女同胞，并通过你们向全公司的广大女同胞致以节日的问候和美好的祝福！祝你们青春永驻，笑口常开，生活美满，家庭幸福！

今天主要讲一讲我们南车电机的女同胞们应该知道的一些事情，过去的一年，南车电机经受住了严峻的考验。广大员工积极整固既有产业，大力开拓新产业，努力寻求经营突围，虽然经营业绩出现了一些问题，但是我们仍然取得了风力发电整机并购项目的成功运作，一系列高端产品的研发，管理提升活动的有效开展，创精益企业与学习型企业的进一步推进等众多成绩。这些成绩的取得，是全体员工努力拼搏的结果，更是全公司广大女职工辛勤工作的结果。在这个过程中，也涌现了一大批忘我工作、开拓创新的先进典型，她们集中体现了女职工爱岗敬业的优秀品质和自强不息、勇于创新的时代精神，更显巾帼风采。在此，我代表公司对全体女职工为公司发展做出的贡献表示衷心的感谢！广大女职工要以她们为榜样，扎实工作，自我超越，为公司的发展做出更大贡献。为此，公司党委要求：

一、认清经营形势，营造积极向上的发展氛围

虽然当下，公司部分车间面临订单不足、任务不饱和的情况，但从长远来看，这都是暂时的困难。温家宝同志在 2008 年世界金融危机、国家经济出现问题的时候说过的一句话：信心比黄金重要。综观国家经济和行业形势，公司仍面临重要发展机遇。一是十八大的胜利召开为中国经济带来全新气象，中国经济一定会稳中求进，扎实开局，内需也将持续扩大；尤其是在今年中国南车的工作会议上，郑昌泓董事长特别讲到当前国家实施城镇化战略，上一个十年国家建设主要体现在城市化，下一个十年将重点放在城镇化。我们要充分看到城镇化给公司产业发展带来的重大机遇。二是随着国家铁路、高速列车"十二五"规划的颁布，特别是铁路"十二五"平均每年超6000亿投资的确定，我们主营业务仍大有可为，仍然是朝阳产业，势不可挡。三是国家发改委近期密集批复大量城际、地铁项目和5个超大规模风力发电项目，蕴藏着城轨地铁的巨大市场，预示着风电产业的回暖复苏。四是高端装备制造业和国家战略性新兴产业发展规划的出台为公司风电产业和节能高效电机产业提供了广阔的发展前景。在中国南车工作会议上，郑昌泓董事长也高度强调要大力发展高端装备制造业，如果我们能搭乘中国南车这个平台，紧密抓住国家政策的倾向性机遇，进入重点扶持企业行列，必将能充分享受国家政策及国家资源配置所带来的重大发展机遇，享有发展新产业新的巨大空间。五是中国南车进一步确定了重要零部件专业化和实施并购整合的产业发展路径，公司去年的风电项目成为中国南车2012年成功实施的3个资本运作项目之一，积累相关经验的同时赢得了集团认可，为后续进行产业链延伸打下良好基础。

面对如此重大机遇，虽然前进的道路还存在一定的不确定性，但是我们抢抓市场机遇、加快转型升级的信心没有丝毫减退，做到行业领军，成为世界一流企业的梦想没有变，大家一定要有这个信心。

二、把握多种角色，全面提高思想和业务素质

作为女职工，比男同志担当着更多的社会角色。作为女儿和儿媳，要孝敬父母。人们常说："女儿是妈妈的贴心小棉袄。"相比儿子，女儿与父母的关系更为亲密，也要承担更多照顾父母的责任，这就要求我们女职工首先从思想上重视父母，进而在行动上落实，更多地承担照顾家庭的责任。

作为妻子和母亲，要相夫教子，把自己的力量和爱心献给了家人。一般而言，一个家庭温馨、幸福的程度，大多取决于家庭女主人的能力和素质。妻子一般是一日三餐的主要承担者，负责家庭生活的美好口味和物质营养；是家庭欢乐的主要制造者，营造了家庭生活的美好氛围；是教育子女最重要的老师，帮助子女健康成长。因此，我们女职工要不断提升生活技能，呵护着家庭的幸福和美满。

作为一名职工，又把自己的精力和智慧奉献给企业。三八国际劳动妇女节起源于1909年3月8日，美国芝加哥的女工争取权利与自由的运动。这次运动充分显示了劳动妇女的力量。自此，劳动妇女开始在社会发挥越来越重要的作用。在公司也是如此，广大女职工巾帼不让须眉，多名女工获得中国技术专家、管理能手，更有大批女职工获得湖南省芙蓉标兵岗、芙蓉之星、中国南车三八红旗手等光荣称号，创造了卓越的工作成绩。女职工具有男性不可比拟的先天优势，扮演着企业生产经营核心角色，因此要持续提升业务技能，以饱满的热情、执着的追求，做好本职工作。

三、发扬敬业精神，助推公司持续快速健康

2013 年，是全面深入贯彻落实党的十八大精神的开局之年，是"十二五"规划实现的关键之年，更是公司持续解放思想、转变发展方式、改善商业模式、提升内部管理的关键之年。各级女工组织要发挥女职工桥梁和纽带的作用，持续推进学习型组织建设活动，大力弘扬社会公德、家庭美德、职业道德，紧跟时代步伐，着力和谐企业建设；要结合实际，组织开展主题鲜明、内容丰富、参与面广、有利于女职工身心健康的文体活动；要与服务女职工结合起来，扶贫助困，及时反映她们的意见、建议和要求，维护她们的权益。全体女职工要深入学习贯彻公司年度职代会精神，准确把握职代会实质，在企业转型升级、创新发展的历史进程中，积极行动起来，明确使命，恪尽职守，勇挑重担，自觉地把个人与企业紧密结合起来，全身心地投入企业发展大局，在助推公司产业、市场拓展中建功立业，用自己的勤劳和智慧创造优异的业绩，展示女性自身的价值。

展望 2013，让我们坚定信心，怀抱梦想，凝聚一股敢于创新的勇气、负重奋进的韧劲、敢为人先的闯劲，为南车电机成为行业领军、世界一流企业的梦想而努力奋斗。

最后，再次祝各位女职工节日快乐，祝你们阖家幸福、工作愉快、万事如意！谢谢大家！

在五一国际劳动节暨工会工作总结表彰大会上的讲话

党委书记　周军军

2013 年 4 月 27 日

同志们：

我们今天在这里隆重召开大会，热烈庆祝五一国际劳动节，表彰为公司发展壮大做出突出贡献的先进集体、优秀个人。在此，我代表公司，向受到表彰的先进集体和优秀个人，表示热烈的祝贺和崇高的敬意！并通过你们向辛勤工作在公司各条战线上，为公司生产经营做出突出贡献的全体员工，致以节日的问候和衷心的感谢！

过去一年，是极不平凡的一年，公司工会紧紧围绕公司生产经营中心，服务公司发展大局，围绕精益管理、管理提升、产业拓展等重点领域，大力开展"双创"劳动竞赛，有力促进了年度经营目标的完成。精心组织策划了"第二届员工技能大赛"和"管理提升杯"读书活动，切实提高了员工素质。扎实开展"服务员工在基层"活动，持续开展送政策、送健康、送安全、送生活、送温暖的"五送"活动，有效维护和保障了员工权益。以目标化和规范化为手段，逐步加强了工会自身建设。组织开展了形式多样的文体活动，在凝聚人气、提振信心的同时丰富了员工生活，提升了员工生活的品位。各级工会组织在这个过程中，勤勉尽责，大胆创新，围绕中心凝心聚力，创造了良好工作成绩。广大员工忘我工作，敬业奉献，在各级各类岗位上展示了良好作为。今天受表彰的集体和个人就是他们当中的优秀代表，是公司上下学习的楷模。

2013 年，是实现"十二五"发展战略目标的关键之年。开展好全年各项工作，对于公司开启新三年的重大发展机遇，实现转型发展具有重要意义。借此机会，我讲几点期望，与大家共勉。

一、正确认识并抓住公司的发展机遇

今年，中国南车下达公司年度经营指标为，销售收入 35 亿，截至 3 月份，公司完成销售收入 6.2 亿元。大家可以算一算，按理说一季度的两个指标是比较困难的，但是我们完成得还是不错的，为我们六月份年终双过半打下了良好的基础。而且较上年同期相比，有了显著的改观。

经历了去年的低迷之后，公司的整体经营形势发生了重大变化。一季度国家经济数据表明，虽然宏观经济运行仍处在缓慢恢复、平稳增长之中，但高技术产业呈现出加快发展的态势，国家转方式、调结构效果的突显为公司高端制造业的发展提供了机遇。铁路建设高达 6500 亿的年度投资计划，特别是今年国务院机构改革方案的正式发布，中国铁路总公司正式面世挂牌，铁路企业专用线与国铁接轨审批权的取消，将释放出大量的企业自行建造铁路、购置铁路运输设备参与铁路运输的重大需求，这都是我们面临的良好的、巨大的市场，预示着我们的主营业务依然方兴未艾。城轨市场，根据国家发改委已经批复的 5600 公里城际铁路线路规划，和 1600 公里在建城际铁路线，未来 3 至 5 年内，地铁城轨行业还将会蓬勃发展。我们的城轨市场应该说是一片光明。2012 年底，国家发改委密集批复风电建设项目的政策信号和近期风电市场价格企稳甚至回升，预示着风电行业也正在回暖复苏。随着国家战略性新兴产业的发展和节能减排目标的实现，工业特种电机更有广阔的发展前景。公司产业并购、整合经验的积累在中国南车新一轮并购发展的道路中，也为获取集团资源的大力支持提供了有利条件。

公司的一些问题，大都是暂时性的、当前的问题，并非是长期性、战略性的问题，广大干部员工一定要认清形势，准确分析，认识当前我们所面临的机遇性特征，于变幻莫测的形势中找到发展方向，于纷繁复杂的经营环境中寻找发展机遇，于烦琐庞杂的工作中理清发展思路，坚定完成目标的信心，充分发挥既有的产业优势，迎难而上，团结协作，推动公司战略目标的达成。

二、确保经营目标的实现

今年是中国南车新一届领导的首战之年，完成全年各项目标，对我们来说责任重大，意义深远。从刚才的形势分析来看，公司虽然面临重要的发展机遇，但要完成今年年度的预定目标，还有待付出更大的努力。还有待在市场、管理、变革、创新等领域迈出更大、更坚定的步伐，其中更加重要的是我们一定要聚焦新的产业发展。聚焦，就是要把我们的注意力聚集到一点，就是要在不断完善内部精益管理的基础上，将主要精力与时间放在市场上、投到客户中、进入项目里。重点抓好几个核心项目，从前期的项目策划、研究、实施、考核激励等环节统筹设计，以重大项目的争取、研制、推进培育新的增长点。要加强创新的步伐。所谓创新，重点是市场创新，市场创新一定要在我们既有的核心业务基础上，实现新的产业突破。再就是管理创新，所谓管理创新就是一定要巩固发展前三年在精益生产中取得的辉煌成果上，全方位地进行管理提升，达成精益管理。从现实来看，精益管理，也就是所谓的丰田生产方式，丰田生产方式的核心就是两项工作，一个是把销售做上去，一个是把成本降下来。所谓的精益管理，所谓的管理提升，不外乎就是盯住这两个目标，把销售做上去，把消耗做下来。这两个目标对我们南车电机来说，特别是要完成今年的销售和利润，都有特别的意义。这一点作为一个主要要求提出来，也就是说公司的各项工作，包括工会工作，包括生产竞赛活动，包括我们开展的一系列工会内部活动，都要围绕增收降耗来进行，这是一个总的要求。

三、切实形成工会活动和工会工作的效益

工会活动和工会工作是民主管理落地的主要途径。一是要当好提升公司"人气"的宣传者。各级工会要通过宣讲会、动员会等各种方式，加强对形势任务的宣传力度，让员工深刻理解公司的方针、目标、形势和任务，使员工明白企业发展与个人成长的密切关系，不断增强员工对发展的动力与信心。二是要当好提升员工素质的组织者。在积极抓好各类劳动竞赛的同时，要努力在创学习型组织的过程中发挥应有作用，鼓励和号召大家争当学习型员工，引导核心员工向紧缺型、战略性人才发展，以适应公司发展需要。三是要当好员工利益的维护者。各级工会组织要不断完善维权机制，继续开展"服务员工在基层"活动，全面了解员工困难，坚持开展"五送"工作，把关心与关怀做实，切实解决员工的实际困难。

同志们，今年公司转型发展的任务艰巨，责任重大，影响深远。我坚信，只要坚持眼睛向外，聚焦产业发展，加快创新步伐，更加坚定发展信心，更加大力实施战略，更加勇担发展重任，我们就一定能有效达成战略目标，把公司建设成为行业领军的、具有国际竞争力的国际一流企业！

在纪念建党 92 周年暨七一总结表彰大会上的讲话

党委书记　周军军

2013 年 6 月 28 日

同志们：

在建党 92 周年之际，我们在这里隆重召开七一表彰大会，表彰一年来在公司各条战线做出突出成绩的组织和个人。在此，我代表公司党委，向在公司各个领域做出杰出贡献的先进集体和个人，以及辛勤工作和战斗在各个岗位上的广大共产党员、党务工作者、入党积极分子致以节日的问候和崇高的敬意！

中国共产党在 92 年的辉煌历程中，领导中国人民走过了波澜壮阔而又艰难曲折的奋斗征程，取得了举世瞩目的丰功伟绩。特别是 64 年的执政过程及近 10 年来经济社会的巨大变化，彰显了中国共产党杰出的领导能力和巨大的成就。十八大以来，党中央明确提出要在全党深入开展党的群众路线教育实践活动，着力解决群众反映强烈的突出问题，集中清理党内存在的形式主义、官僚主义、享乐主义和奢靡之风，以实际行动密切党群干群关系，努力保持党的先进性和纯洁性，昭示着我们党正站在时代和历史的高度，带领全国各族人民，开创实现中国梦的伟大进程。

公司党委成立三年来，在上级党委的正确领导下，始终围绕生产经营中心，以创先争优活动为契机，持续创新完善党的自身建设，深入推进学习型组织创建，助推公司持续健康快速发展。公司党委先后荣获湖南省创先争优先进基层党组织，中国南车 2010、2011 年"四好领导班子"，并在以下几方面取得了显著成绩。

一、党组织建设不断完善，政治优势不断突显

我们成功召开了首次党代会，9 名党委委员顺利通过了 109 名党代表的正式选举。形成了与公司转型发展相适应的党组织运行机制，完善了党委议事规则和决策程序。根据"坚持标准、保证质量、改善结构、慎重发展"的方针，3 年来培养和发展党员 249 名。初步建立起基层党组织"双目标"管理模式和党委闭环项目标管理体系。

二、实抓"三支"队伍建设，致力营造健康向上的内部环境

按照"四好领导班子"要求，完善两级中心组学习，定期召开民主生活会，引导班子成员自我反思、自我超越，切实提高了两级班子的综合能力。通过开展MBA及工程硕士学历深造项目，组织中国南车核心人才申报，构建了核心人才库。利用"双创""技能运动会"等竞赛体系，建立了员工队伍培训平台。还通过各种途径开展形势任务教育，宣传应对举措，提振发展信心，努力创造健康向上的内部经营环境和文化氛围。

三、突出学习型党组织建设主题，深入推进创先争优活动

我们精心设计创先争优活动方案，将愿景搭建与公开承诺有机结合，以愿景墙、活动手册固化活动机制，以党委、行政双点评完善评议机制，以精益改善突显争创主题，及时总结提炼活动经验，形成创先争优长效机制。在学习型组织建设方面，制定下发学习型组织规划纲要，并邀请著名专家植入理念，特色创办学习型组织建设论坛，创建学习实验室，形成了一批物质文化和非物质文化成果。

2013年以来，公司面临着全新的挑战和机遇。国际国内宏观经济走势趋缓，GDP增长近10年来首次低于8%，业界追捧的克强指数（用电量、铁路货运量、银行中长期贷款数量）持续下滑，更显示出宏观经济增长乏力。年初的铁道部改革，预示着政策性采购的消失和铁路市场竞争的白热化，价格竞争将是今后市场白刃战的主要形式。风电行业性的产业过剩对企业成本控制提出了比以往任何时候更高的要求。从中国南车的层面来看，发展正处于转型拐点，中国南车在实体收入、经济增加值、股市表现等方面，与竞争对手相比，最近出现了新的情况。针对目前的形势，郑昌泓董事长在最近的讲话中指出，要高度重视转型拐点，增强危机意识和责任意识，始终围绕2018年"员工收入倍增"目标，坚决推进业务转型，积极应对低成本时代，转变经营理念，创新商业模式。对照南车要求，公司保增长压力巨大，截至6月份，公司预计可实现销售收入15亿，利润5000万，分别占全年目标的42.8%和32%，下一步如何在制造业微利时代，实现规模和效益的双丰收，成为我们面临的紧迫问题。

当前，2013年时间已经过半，要完成全年经营目标还有待进一步努力。结合目前形势，根据集团"抢机遇、抓市场、强管理、严管控"的统一要求，公司党委提出一定要"坚定信心、适应形势、改善心智、共渡难关"，争取在本轮国家经济、行业经济转型升级的过程中，有效抓住改革机遇，持续优化产业结构，完善商业模式，以高质量的增长实现保增长的目标。为此，公司党委号召。

一、坚定信心，坚持"三创"不动摇

虽然当下总体经济形势、行业环境极为困难，但今后仍然充满市场机遇。中国经济的转型升级及增长方式转变注定了一个大变革的时代、一个利益重新分

配、资源重新组合的时代已经到来。"十二五"国家深化改革、央企转型升级的机遇，给公司转变经营模式、优化经营绩效、开拓新的市场提供了足够的产业空间，我们一定要认清形势，勇于担当，坚定信心，化风险、挑战为转型、发展机遇，坚定不移实现百亿企业、精益企业、学习型企业的既定目标。

二、适应形势，完成战略转型

南车提出 2018 年实现员工收入倍增，这是时代的要求，也是社会进步的体现。但在目前业务结构下，行业残酷竞争态势带来的营业收入、盈利能力压力使我们面临巨大的挑战，这就要求我们必须同心同德，实现战略转型。南车电机作为央企，掌握了一批关键核心技术，具备了较好的开拓新产业的能力和比较优势。广大党员干部一定要充分利用这种优势，不断优化产业结构，实现跨行业发展、国际化经营，瞄准未来绿色制造和国家战略性新兴产业，谋求转型发展出路。

三、改善心智，转变增长模式

在我们行业内，规模性增长已经过去，质量性增长的时代已经到来。轨道交通和风电已经进入低成本时代，过去高固定资产投资经营模式已经不合时宜，必须快速转变经营理念，以全新的商业模式实现企业收入、利润的增长。要确保员工 2018 年收入倍增计划，核心就是要创新，创新商业模式、赢利模式，创新业务领域、投资方式。这就要求各级党组织和全体党员充分践行学习型组织理念，按照效率南车、效益南车的要求，不断创新思维，做到善用优势，停止劣势，成就机会，抵御威胁，实现 2018 年员工收入倍增目标。

四、共渡难关，实现年度目标

国资委和中国南车都分别下达了保增长的目标。综合企业所面临的经济形势和行业内外环境，压力和困难成为摆在我们面前的突出问题。各级党组织和广大党员必须以高度的使命感和责任感，团结带领广大员工，快速适应产业模式变化，发现市场新动向、新需求、新机会，转变营销理念，主动引导和创造客户需求。各级党群组织要调动一切力量，大力开展降本增效活动，通过内部管理提升、精益管理及各级各类专项降成本项目贡献效益，确保全年目标的实现。

同志们，目标非常明确，任务异常艰巨。各级党组织和全体党员一定要以强烈的责任感，更加昂扬的斗志，更加务实的作风，上下同心，开拓进取、全力以赴，迎难而上，为公司新时期更大发展而努力奋斗！

以学习型组织建设支持公司人才战略

党委书记　周军军

　　中国南车已经确定了"十二五"迈进世界 500 强的发展战略，并以此制定了"十二五"人力资源发展战略纲要。纲要提出了"3351"的人力资源战略目标体系，即严格控制三大总量目标，全力优化三支队伍结构，确保提升五项效能指标，悉心打造万名核心骨干。纲要还对南车电机人力资源战略目标值提出了指导性意见和建议。对比纲要提出的人才总量指标，经营管理、工程技术、技能操作三类核心人才结构指标，五项效能指标和核心人才素质、能力指标，作为中国南车最具成长性和净资产收益率最高的一级子公司，南车电机人才体系指标不仅与中国南车人才规划纲要中的各项指标存在差距，而且与公司内在发展要求也不匹配，人才队伍已经成为影响和制约企业快速发展的瓶颈。因此，南车电机须从战略高度将人才工作作为党委工作的核心课题。

　　成才环境尤其是学习文化的营构是首要工作。文化是环境条件的核心因素。我们所倡导的"学习文化"高度重视人的因素，特别是人的素质的全面提高，注重企业和员工的协调发展，是人本管理最高层次的体现，这是一种鼓励个人学习和自我超越的企业文化；是一种形成共同价值观、改善心智模式、培养系统思考能力的企业文化；是一种以学习力提升创新力进而增强企业和员工的竞争力的企业文化。如此文化下成长的员工必然具有强大的学习力，能够自动自发改善工作，系统、持续地学习企业发展所需的专业知识和技能，不断提高自身素质，在完成自我超越的同时实现企业的不断超越。

　　因此，我们充分发挥领导示范的巨大推动作用，坚持两级中心组学习制度，以制度保障学习时间，以精选内容突出学习重点，以多种形式提高学习质量，以创新成果深化学习效果。始终激发和维护两级班子对新思想、新理念、新技术的浓厚兴趣，培养以客户价值为导向的思维习惯，提高班子团队的战略决策能力、经营管理能力、市场应变能力、开拓创新能力和风险防范能力，打造出善于驾驭全局、应对复杂局面、勇于担当责任的优秀团队。

为帮助员工树立"终生学习"的理念，我们开设了"学习文化"建设系列讲座，邀请我国学习型组织领域著名专家、江淮 JAC 大学校长康易成女士和上海明德研究所张声雄教授来公司讲授学习型组织知识，组织部分高中层领导干部赴江淮汽车学习学习型组织创建经验，使公司广大党员、骨干深刻理解了创学习型企业的意义，完成了学习型组织概念的植入，达到了改善心智模式的目的。在创建"学习文化"过程中，还勇于拆除部门间和员工间的"篱笆"，努力营造出一种鼓励知识共享的浓厚学习氛围，不断强化协作意识，推动学习交流。初步在企业中营造了一种真诚、平等、自由的氛围，形成了一种相互尊重、高度信任，有利于知识传播和共享，并包容各种思维方式的人文环境。基本实现由"个体学习"向"团队学习"的转变，展现了企业良好精神风貌，提升了工作绩效。2011 年 3 月份，公司牵引电机各车间奋勇拼搏，团结协作，实现了牵引电机产量破千台的目标，风电项目部全体员工积极开展现场改善，优化工艺流程，实现了风力发电机定子产量超 240 台，两项指标均创历史新高。

当然"学习文化"的形成不可能一蹴而就，它需要企业领导高瞻远瞩，立足长远，持之以恒，同时更需要一个与其完美匹配的组织平台。学习型组织因"学习文化"内核而彰显生机，"学习文化"因学习型组织而繁衍不息。

——整体策划。我们着眼全局，谋划长远，制定下发了《南车电机学习型组织中期建设规划纲要》，作为公司创建"学习文化"的纲领性文件。纲要详细明确了"学习文化"的指导思想和总体目标，确定了五项基本原则（即一次规划，分阶段实施，分层次推进，理论联系实际，着眼提升精益水平，以学习实验室为载体，学习与创新并重），细化了创建"学习文化"的四项基本内容（创学习型党组织、创学习型领导班子、创学习型班组、创学习型团队）。同时，还成立了以公司党委书记和总经理为组长，以公司党委委员为副组长，以各单位负责人为成员的"学习文化"创建工作组。明确规定了组长与各成员的职责与权力，制定了详细的绩效考核评价规则。为真正系统创建"学习文化"，将创建过程分为三个阶段，即宣传发动阶段、基本框架构建阶段和完善运行阶段，保证了创建的有效落地。

——全员参与。公司建立了一套有效的与创建学习型组织相适应的激励机制。比如通过举办各类技能竞赛使学习模范、学习典型脱颖而出，并对其进行物质和精神奖励。2010 年，南车电机通过开展技能大赛活动，选拔表彰优秀技能人才，推动技能人才大练兵活动广泛开展，激发广大员工学技能、钻业务、增本领、求创新、比贡献的热情，努力造就了一支结构合理、技术精湛、作风过硬的技能人才队伍，为公司实现快速发展提供技能人才保证。我们每年还会在经营管理、工程技术等领域评选学习型组织创建卓越单位和个人，并给予一定的奖励，这样一套激励机制，营造了一种鼓励学习、崇尚创新的制度环境，为创建学习型组织提供充足的动力。

——愿景搭建。我们还根据创建学习型组织五项核心工具之一的共同愿景，开展了愿景搭建活动，以愿景的引导激励作用激发广大员工学习改善的积极性。通过高端引导、上下结合的方式，开展愿景树搭建工作，将公司愿景逐级公开分解，构建大愿景引导小愿景，小愿景支撑大愿景的愿景体系，引导管理、技术、营销和一线操作技能队伍结合企业生产经营目标和个人价值需求，提出契合公司发展和个人成长的愿景，以符合个人成长和组织发展的共同愿景来凝聚、激励广大员工，以立足岗位、体现先进的公开承诺来促进发展，初步形成了愿景凝聚人心、承诺促进发展的良好局面。

——创建学习实验室。为充分调动和激发广大员工工作改善的积极性和创造性，各党(总)支部利用学习实验室建设这个有力平台，创造性地将精益不断消除浪费、实施持续改善、追求卓越的精髓与学习型组织充分发挥员工的创造力，自动自发进行工作改善的目标紧密结合，实现了创学习型组织与创精益企业的匹配与同步。并在此平台上运用学习实验室的先进管理工具，如头脑风暴法、深度会谈、思维导图等开展学习交流、技术研讨、设备改造方案预演、故障模拟和排查等项目研究，然后以实践操作来检验理论学习成果，形成了"学习—实践—反思—学习"的良性循环。还根据单位性质的不同，分类别地创建学习型实验室，促动精益改善和精益企业创建。其中生产单位学习型实验室着重围绕精益生产目标，开展工作改善活动；技术部门学习型实验室着重搭建知识分享平台，引导工程师们在技术创新、质量和成本优化上开展工作改善；管理部门学习型实验室着重开展工作效度评价和管理创新活动，促成绩效提升。

经过半年的学习型实验室创建，学习型组织建设取得了一定成果，精益改善也初见成效。广泛的参与，营造了良好的学习文化和持续改善氛围；心智模式的改变，使产能提升的方法由单纯扩大场地、增加设备变为物流的理顺和工艺布局的调整；持续深入地改善提案活动，有效解决了生产中存在的"小而广"问题；长期的学习和实践，培养了一批高素质的精益人才。一系列的精益改善最终促成了3个精益生产示范线的建设。率先建立的工特电项目部党总支学习型实验室更是攻克4大课题、5项重大技术难关。其中1100 kW风力发电机仅4个月时间便成功试制，最终替代韩国现代公司，拿下150台订单。这些精益改善成果的取得极大坚定了广大党员和员工创精益企业和学习型企业的信心与勇气。

志存高远 众志成城
全速创造南车电机发展新局面

——在南车株洲电机有限公司一届五次职代会上的讲话

执行董事、党委书记 周军军

2014年1月19日

各位代表、同志们：

前不久集团在工作会议上透露出转型升级的强烈信号，我们电机公司在被集团赋予厚望的同时，也感受到了前所未有的压力。首先是形势不等人，目前集团上下争做国际一流企业的氛围越来越浓厚，向海外进军的号角声也是愈演愈烈，作为集团的业务单元之一，如何谋划好未来的发展显得尤为重要。其次是时间不等人，在弱肉强食的丛林法则盛行的市场环境下，没有规模、没有效益，就存在着沦为边缘企业甚至被吞并的危险，这促使我们必须做好科学长远的思考和规划。最后是任务不等人，集团在下达新的经营指标的同时，也将实行新的经济责任考核办法，双重压力促使我们必须做深层次的改革。压力催生动力，"三创"战略是员工集体智慧的结晶，我们必须毫不动摇地予以坚持，并通过勤奋务实和不懈奋斗，将电机公司打造成为具有国际竞争力的世界一流电机企业。

刚才总经理的工作报告客观全面地总结了2013年的工作，理性准确地指出了存在的问题，全面深刻地分析了当前面临的形势，就全力打造以市场为导向的南车电机，具体明确地提出了2014年的目标任务和工作措施，思路清晰明了，措施得当有力，对于我们进一步认清形势，统一思想，提高认识，加快企业改革发展，坚定不移地完成全年各项目标任务，必将产生积极的推动和促进作用。能否开创2014年各项工作的新局面，顺利完成大会确定的各项生产经营指标，关键在于全公司上下明确任务，盯紧目标，团结一致，不遗余力地狠抓落实。为把全公司干部职工组织好、发动好，全力以赴地做好今年的各项工作，顺利完成2014年的各项目标任务，我提三点要求。

一、志存高远，用全新战略思维铸就电机发展新引擎

所谓志存高远，是指我们一定要对企业的未来坚定信心，要对我们所从事的事业充满热情，要对我们的"三创"战略矢志不移，通过信念的力量，以全新的理念助推电机事业的新发展。

——毫不动摇地咬定百亿战略不放松。公司自 2004 年 3.8 亿元增长至 2010 年超过 30 亿元的规模,从只配套株机公司扩展到三大产业,创下南车复合增长率第一的成绩。2010 年公司升格成立,适时提出了"三创五道"战略目标,其中百亿目标是核心,四年过去了,受宏观经济形势和自身因素影响,产业发展有所停滞,以 2013 年 40 亿的销售收入来计算的话,我们还有 60 亿的缺口,但是周边兄弟企业株机、株所发展势头依然强劲,相比之下,我们还有很大的差距。在这个时候尤其需要我们志存高远,毫不动摇地咬定百亿战略不放松。市场竞争法则虽然严苛,但只要我们枕戈待旦,无所畏惧,百亿梦想就一定能实现。

——科学务实地做好战略落地工作。在全员形成共识,对战略进行优化并出台之后,就要着手进行战略落地工作的部署。一方面是要进行流程再造,对于影响企业生产效率,制约企业发展的流程,进行大刀阔斧的改革和新造。在完善生产、采购、物流等环节流程的同时,尽可能使各流程相互之间衔接,发挥最大合力,促使公司内部形成高效、有担当、有活力的工作文化氛围。另一方面是要科学筹划组织变革。任何企业的成功基本上都取决于两个根本性要求:战略和组织。如果企业在组织方面存在不足,那么它将无法实施自己的战略。我们一定要以"战略匹配、业绩导向、'权责利'对等和最优资源配置"为原则进行组织革新,减少冗余,释放生产力,激发组织活力,促成战略的实现。

——勇往直前地抓好战略分解工作。在公司宏观战略目标下,进行类似海外战略、市场战略、新产业战略等二级战略的细分,并制定科学务实的行动方案,在这个过程中,要充分地解放思想,打破旧有思维观念,敢想敢干,要有赶上株机和株所的理想。在海外战略方面,我们要有大视野和全局观,才能够实现大作为。在市场战略方面,我们要成为虎狼之师,就不能闭门造车,要采取"引进来"的方式,并形成具有真正意义上的战略性的完整市场策略。在新产业战略方面,要把握资源延伸、高端定位和有限多元的原则,破釜沉舟,勇于谋划出一个至少在集团内以我们为主导的新兴产业。

二、众志成城,用团队力量为企业腾飞提供坚强保证

众志成城,需要大家以我们共同的职业理想作为追求,胸怀远大,不搞小圈子,强调团队观念,搞好团队建设,为企业腾飞提供坚强保证。

——群策群力搞好团队建设。团队建设的好坏关系着我们的"三创"战略目标实现质量的好坏,关系着电机公司未来发展的何去何从。一是两级领导班子要亲密团结,协作到位,管理者要以"两关心一关注"为出发点,关心感染每位员工,激发员工的积极性和创造力。二是要在全公司范围内持续构建"一个声音、一个目标、一致步调、一心一意"的内部氛围和文化,以百亿战略为基础形成团队信念,激励大家风雨同舟,一往无前。三是在明晰总体愿景之后,团队建设要科学合理地制定团队经营目标和组织成员的个人利益目标，用愿景和目标的力量，指引团队建设取得一个又一个成功。四是要立足团队建设目标，以党建工作推动团队建设，党建工作要为团队建设确定主攻方向、汇聚资源和人才、优化管理提供坚强保证。

——抢抓机遇打造国际团队。要打造国际一流的世界先进企业，离不开优良的海外团队的建立。首先是海外团队要有开阔的视野，具备较强的业务能力，能够积极实施跟随捆绑战略，响应集团国际化号召，借助集团海外平台，紧跟主机厂国际化步伐，结合企业自身产业特点，积极谋求海外版图扩张。其次是要充分积累和酝酿资本运作的经验，借鉴成熟企业尤其是兄弟企业海外并购的成功案例，以技术和市场赢得海外并购项目的突破。再者是相关单位要鼎力支持海外团队的发展，进军海外不能只是某几个部门的事情，技术、质量、售后等部门都要鼎力支持，这样我们的国际化步伐才能走稳走好。最后是要打造优质的海外人才队伍，现有的人才层次和结构都要做根本改变，对于海外人才队伍成长要有宽容的心态，同时要形成多方位的支持，最终实现海外项目对于公司战略目标的有力支撑。

——借力学习型组织构筑团队建设基石。成为学习型组织，能够帮助我们通过学习提升整体的"群体智力"和持续的创新能力，筑牢团队建设基石，成为不断创造未来的组织。一是我们要对照公司整体战略目标，通过自身的不断学习，思考如何破除限制发展的因素和障碍，使团队能力不断得到提升，二是团队要在内部建立完善路线图，使团队成员在工作中学习，在学习中工作，不断形成战斗力。三是团队要形成整体思考的能力，在深度会谈的基础上，对于未来目标提出更好、更正确的发展思路和措施。学习型组织的核心是在工作中活出生命的意义，只有真正把握了核心，选对了方法，我们的团队建设才能发挥最强的战斗力。

三、抢抓市场，全速扩展企业的发展空间

南车电机要实现转型升级，就是紧盯"员工收入倍增计划"，围绕"双效电机"建设，跨行业发展，国际化经营，按照做强做大的高标准打造南车电机发展的2.0升级版，打造具有国际竞争力的机电装备制造业领军企业。要成为行业领跑者，必须要有足够的市场话语权，简单地说，就是要打造自己的平台，以此为舞台，制定游戏规则，只有这样，才能成为赚钱的企业。打造平台者赚钱，站在台子上的只能帮别人赚钱。我们之前配套供应商的自我定位，限制了我们的思维模式和市场拓展能力，使我们无法处于食物链的顶层，因此我们一定要在电机领域成为系统集成的供应商，有若干个能够形成市场垄断的产品，只有这样，我们企业未来的宏伟蓝图才有希望实现。

要拥有市场话语权，需要重点掌握"四个维度"，一是态度要好，要始终把客户的需要真正摆在第一位，急客户所需，想客户所想，根据客户的需求研发抢占市场先机的产品；二是速度要快，对质量问题的反馈和解决要快，对于市场的风吹草动反应要快，对于科技前沿机遇把握的能力生成要快；三是深度要够，对于市场的开拓和产业的升级一定要有足够的耐心和毅力，做好做强做深某一领域，形成市场话语权；四是宽度要广，视野要足够的开阔，要能够运用开放的思维，寻找企业未来的产业方向。

再好的规划，再好的措施，不落实就会流于形式。今年的大政方针已经明确，各项工作能否搞好，最重要就在于我们能不能抓好落实。因此，我们要增强紧迫感，以雷厉风行的工作作风，以只争朝夕的精神状态，把今年的工作抓实、抓早、抓紧、抓好，牢牢掌握工作主动权。在抓好工作落实的同时，各级组织要正确处理好工作部署与工作落实的关系、改革与管理的关系、安全与生产的关系、发展和稳定的关系，促进和保证全年各项工作的健康协调发展。

各位代表，同志们，天时人事日相催，冬去阳生春渐来。让我们以与时俱进的思想观念、奋发有为的精神状态和真抓实干的工作作风，同心同德，奋力开拓，全面完成大会提出的各项目标，全速创造南车电机发展新局面和崭新未来！

抢抓机遇 真抓实干
为成为世界一流的机电装备企业而努力奋斗

——在南车株洲电机有限公司工作会议上的讲话

执行董事、党委书记 周军军

2014 年 2 月

各位代表、同志们：

2014 年是我国全面深化改革的第一年，是全面推进公司各项事业的崭新一年，也是确定新目标、实现新跨越的首战之年。因此，部署并落实好今年的各项任务，显得尤为重要。

刚才，安华同志的报告全面总结了 2013 年的成绩，部署了今年的重点工作，各单位要按照工作报告的要求，认真落实好相关工作。

改革的浪潮已经滚滚而来，党的十八大提出要打造"中国经济升级版"，十八届三中全会提出要进行全面深化改革，面对中国经济升级和深化改革带来的重大发展机遇，为赢得企业未来发展空间，我们必须抢抓机遇、真抓实干、顺势而为，坚守百亿战略，坚定"做强做大电机产业"的理想，为将电机公司打造成为世界一流的机电装备企业而努力奋斗。

下面，我结合今年南车电机的各项任务，从三个方面谈一些意见。

一、内外兼修，南车电机战略基础进一步得到巩固

2013 年，我们经历了市场变幻莫测和生产任务骤然紧张等诸多考验，广大干部员工，团结拼搏、开拓奋进、扎实苦干，使各项工作呈现出蓬勃向上的喜人局面，进一步确立了我们在行业内的地位。在此过程中，南车电机各个方面所展现出的新的发展潜力，为我们后续战略的实施打下了坚实的基础。

生产制造日趋成熟。对标国际先进企业，积极寻求突破自身发展瓶颈，着力推进精益生产管理，全面启动模拟生产线和配送线建设，建成 3 个精益示范车间和 13 条精益示范线，着力加强内部现场管理，巩固成果、关注细节、持续改善，企业生产现场面貌焕然一新。通过苦练内功，抓好落实，公司的生产制造能力进一步得到夯实，并顺利通过了 2013 年的生产大考。进入 2013 年下半年以来，由于市场形势逐渐好转，公司生产任务趋于饱和，公司的生产制造能力和潜力得以

充分发挥，在没有增员的情况下，通过全体员工的不懈努力，公司的各项生产有条不紊，井然有序，并于 2013 年 10 月份创造了电机及变压器新造产量双双破历史纪录的成绩，有力保证了公司年度销售收入过 40 亿大关目标的实现。良好的制造能力也逐步赢得业界内外的一致认可，根据集团统一安排，公司向成都公司平移 7200 kW 电机的工作正有条不紊进行，同时实现了内部管理到铁总检修基地的输出。

科研能力稳中有升。在引进、消化、吸收德国西门子和日本三菱的技术平台之后，经过几年的培育和成长，我们逐渐树立了产品自信、市场自信和能力自信。通过卓有成效的投入，试验体系进一步完善。公司目前拥有目前国内规模最大的牵引电机和变压器的试验能力，进一步完善了产品设计过程中这一重要环节，持续提升了产品设计手段，科研实力稳步增强。借助研发人员的辛勤努力，我们的新产品层出不穷。2013 年，共开展科研项目 211 项，新增项目数 157 项，出口南非的双流制窄轨电力机车用牵引电机、牵引变压器，高寒动车组牵引电机，代表国际先进水平的 3 MW 混合传动永磁同步风力发电机的成功研制，使公司搏击市场的能力进一步增强。产品自信逐步增强，行业领先作用凸显。组织起草了行业内电机和变压器的多项标准性技术文件，提高了公司竞争力，扩大了公司在行业内的话语权。

市场拓展成效斐然。2013 年伊始，铁道部改革刚刚进入预定轨道，各种招投标久拖未决，加上总体市场经济环境不明朗，造成公司经营目标面临重大考验。我们审时度势，居安思危，多管齐下，制定了做精轨道交通领域，做细检修领域，做大风电市场，拓展工业特种电机市场的总体思路。积极与主机厂协调，实施跟随战略，成功攻下株机公司南非双制式机车 95 台车 100% 配置率，新签广州、重庆、昆明地铁线等项目，在动车领域与四方股份所签订单增加至其所有订单份额的 90% 以上，实现历史性突破。积极布局检修业务板块，2013 年累计实现近 2 亿元的销售收入，发展态势良好。与新疆金风科技股份有限公司正式签订了总金额为 20.9 亿元的风力发电电机整机销售合同，2013 年风电产品合同订单达 25 亿元，在中国直驱永磁市场占有率接近 50%。特种电机板块实现销售收入 1.2 亿元。

"双效"电机成效显著。2013 年，公司遭遇主要客户竞相压价，供应商产品问题造成的质量损失连续走高的不利态势，我们深挖潜力、周密部署，积极向内部管理要效益。以开展管理提升活动为契机，狠抓精益生产示范线建设，力推工位制节拍化管理，生产效率得到明显提升，使公司平稳度过了下半年的生产高峰期，为年度经营目标的实现赢得了时间。梳理质量管控流程，加强供应链管理，有效缓解了质量成本带来的压力。优化招议标程序，科学锁定大宗采购物资价格，全年实现采购降成本 6000 多万元，有力保证了全年利润指标的实现。长期以来我们在"双效电机"方面的努力和坚持,使我们公司在面临生产压力最为繁重的时候,能够更加自信和坦然,并为我们企业未来的发展创造了良好的条件。

产业开拓稳步向前。从电机公司近四年的发展历史来看,我们总的趋势是不断上扬的,但是2012年企业发展的不均衡,使我们的发展轨迹呈现出了一定的波动,最根本的原因是我们现有的产业结构太过于单一,造成我们抵御市场风险的能力比较弱,基本上还只能看"天"吃饭。针对这种现状,我们下决心在新产业做出更多的努力和尝试。在2013年,我们相继走访调研了近40家企业,确立了矿用电机、永磁电机、系统集成等产业研究重点方向并开展相关工作,取得了阶段性战果:与湖北某变压器企业联合中标鄂尔多斯铁路局线路变压器2000多万元,并对联合生产的方式进行了初次尝试;对广州骏发项目进行了专家评审,依据论证结论启动对广州骏发电气有限公司的并购工作,目前相关文件已报集团审批。不积跬步无以至千里,只要我们努力向前,我们企业的百亿目标就一定能够实现。

企业环境和谐稳定。2013年,公司按照上级要求开展了党的群众路线教育实践活动。在活动开展过程中,公司党委广泛征求职工群众意见,对照为民务实清廉要求和"四风"表现,认真查找问题,分析问题产生根源,提出解决办法和措施,制定落实整改方案,通过制度建设推动改进工作作风。采取面对面和背靠背相结合的方式,深入实际、深入基层、深入群众,收集员工意见和建议190余条。公司还建立了党委委员联系点制度,推行领导干部蹲点下基层,根据员工意见修改或制定《假勤工资计发管理办法》等22项制度。领导干部作风有了很大转变,员工群众反映比较强烈的问题得到了有效整改,干群关系进一步融洽,企业和谐稳定的发展环境进一步改善。集团督导组和国资委巡视组对电机公司的风气面貌和工作成绩均给予了正面肯定和高度评价。由于公司始终注重构建"一个声音、一个目标、一致步调、一心一意"的内部经营环境,为南车电机产业的持续健康发展营造了较好的发展氛围。

同志们,电机公司自升级成立以来已经过去了整整四年,在这四年里我们一起见证了企业的发展和壮大,一起为电机公司所经历的一切而努力奋斗,应该看到,虽然我们取得了一些成绩,但是距离集团做强做大电机产业的期许还有一定距离,跟同城兄弟企业的发展速度和质量相比,还存在不少的短板,市场经营形势风云变幻,瞬息万变,我们只有抢抓机遇,着眼未来,才能将南车电机真正打造为具有国际竞争力的世界一流企业。

二、抢抓机遇,将南车电机打造为具有国际竞争力的世界一流企业

2014年是我们实现百亿战略的重要时间"分水岭"。

当前世界经济仍将延续缓慢复苏态势。为稳定和促进经济增长,抢占经济科技制高点,世界主要经济体都进入了空前的创新和发展新兴产业时代,把突破核心关键技术、推动新能源等战略性新兴产业发展作为新的经济增长点，并明确确定了重点发展领域。国内经济方面，在党的十八届三中全会之后，改革大幕徐徐拉开，《中共中央关于全面深化改革若干重大问题的决定》对全面深化国资国企改革做出了总体部署，提出了一系列新思路、新任务、新举措。可以预见，国资委对于国有企业的改革力度将进一步加大，一是国有企业股权多元化改革将进一步加快，混合所有制经济将得到发展。二是国有企业管理体制改革将进一步深化。前者意味着我们在传统强势领域将越来越多地面临民营资本的竞争，后者则意味着国资委将"以管资本为主加强国有资产监管"，这必将推动国有企业更加市场化，体现更高的竞争活力，追求更优的发展质量和更强的经济实力。

在市场环境方面，轨道交通建设的良好发展态势，形成一个较好的缓冲期，为我们电机公司的快速有质发展创造了有利条件。我国的轨道交通建设与当前的宏观经济发展形成了跷跷板效应，宏观经济有下行压力，轨道交通建设反而投资强度大。目前，我国《中长期铁路网规划》的主要目标将加快实现，2013年度国铁突破10万公里，以后每年投资为7000亿元。还有"丝绸之路经济带"、打通欧亚运输大通道等，也将强化铁路建设强度。城市轨道建设，已批复了36个城市的规划，截至2013年底开通运营线路累计达2539公里，预计到"十二五"末还将新增1000公里，对城轨地铁车辆等形成持续的市场需求。在风电方面，截至去年年底，2013年全国风电累计核准容量1.34亿千瓦，全国风电年上网电量为1371亿千瓦时，同比增长36%。随着消纳形势的好转，业内人士普遍预计，从2013年三季度开始的行业弱复苏态势有望在2014年延续。在特种电机方面，国际电机市场的竞争日趋激烈，价格已达到几近临界的地步，除了特殊电机、专用电机、大型电机之外，一般通用中小电机制造企业在发达国家难以继续立足。劳动力成本低的较大优势促使世界范围内的电机制造业正在向中国转移。

虽然宏观环境蕴含了许多发展机会，但影响电机公司未来发展持续经营的潜在危机，也一直徘徊不去。铁路建设目前的投资高强度，也意味着未来投资的陡然下降；铁路管理体制改革和投融资体制改革的不断推进，正在对企业微观经营层面带来更多的市场冲击；风电产能过剩所带来的洗牌仍在持续，影响了公司风电未来发展预期；特种电机领域同质化竞争日趋激烈，成本劣势凸显，质量管理有待加强。作为国企的资源优势、政策优势，随着改革的深入将不断淡化，特别是如何突破50亿关口，实现产业突围，成为摆在我们面前的突出问题。市场倒逼南车电机打造发展的升级版，把面临发展"瓶颈"的南车电机重新推入一个可持续的欣欣向荣的上升轨道。

现在，公司正在对未来战略进行积极的优化，指导思想就是贯彻落实国务院国资委对国有企业的新要求，按照集团发展升级的统一部署，更加注重从规模扩张向提升质量效益转变，强调市场导向，从国内经营向国际化经营转变，从延伸产业链向专注高端转变，不断加快改革开放的步伐，努力做强做大，成为具有国际竞争力的世界一流机电装备制造企业。

战略清晰以后，我们的发展升级目标也随之进一步明确，就是以"员工收入倍增"计划为抓手，围绕"双效电机"建设，跨行业发展，国际化经营，把"有质量、有效益的增长"的经营理念贯穿于企业发展的全过程，打造具有国际竞争力的世界一流企业。

主要是在四个方面实现有作为：

一是业务结构升级要有作为。电机公司要成为机电装备制造业领军企业，就一定要形成"主业突出、适度多元、体系协同、产融结合"的新的业务格局，努力向适度多元化转变，致力于成为系统解决方案提供商。以提高技术含量、增加附加值、增强竞争力、绿色可持续为重点，促进公司现有资源向产业链的关键环节集中、向价值链的高端集中，特别是要解决过度依赖国外配套和卡脖子的环节，着力形成一个在集团内以我们为主导的支柱产业。

公司在轨道交通装备行业领域的深耕细作，使公司产品在集团内部的配置率进一步提升，但从逻辑上看，这个领域在未来时期不可能出现比较大的市场机会。我们必须在新型城镇化和新能源领域寻找更大的发展空间。一方面是国家新型城镇化的步伐进一步加快，轨道交通蕴藏着新的机遇，作为牵引装备制造商，我们要加快产品升级、技术升级，实施精益设计满足市场需求，牢牢把握轨道交通建设带来的机遇。另一方面是新能源领域将迎来巨大的发展机遇，未来中国将成为世界最大的可替代能源增长市场。在此背景下，我们应该充分抓住这次契机，做强风电产业、做大特种电机。

二是市场能力提升要有作为。市场布局上要将视野从国内转向世界，力争向世界先进企业迈进。市场角色定位要从响应市场需求向提高培育引导市场的能力转变，不断增强市场话语权。

公司要做强做大，就一定要有与之匹配的市场能力。现在，不论是国外市场，还是国内市场，市场形态已发生了变化，市场复杂程度也在提高。只具备响应市场需求的反应速度已远远不够，还要有培育引导客户的市场影响力，要能够在"四个维度"的基础上，形成具有战略性的完整的长期市场策略。要以技术创新为基础，以盈利为导向，通过推出新产品、新商业模式，培育引导市场；要加快科技资源整合和有效利用，加大前瞻性技术、基础性技术和共用技术的研究开发，力争在关键技术、核心技术上有作为，为加快推出新产品和制定全面解决方案奠定基础。

三是盈利能力上要有作为。要建立先进的效益理念，突出体现效益导向，淡化规模导向。从"产品经营"向"资本经营"转变，保持要素生产率处于行业领先水平。主要依靠技术进步和精益管理提升盈利水平，探索通过资本运作、资源整合，不断拓展效益增长来源。

如何提升效益是我们发展企业的关键所在。企业是以盈利为目的的经济组织，盈利是企业经济运行围绕的中心。利润是企业经济的血液，利润最大化是企业追求的目标，如果没有利润，我们就无法改进技术、扩大生产和改善管理。因此，企业必须追求经济效益。目前，依靠生产要素的投入和市场容量的快速扩张来获取利润，这个时期已经过去了。下一步重点是依靠技术进步和严格管理，通过提升产品附加值和资本回报率来提高盈利水平。

四是新产业突破上要有作为。在集团最新修订的"十二五"战略中，明确把新能源装备和电传动及工业自动化列为重点发展的新兴产业，这些产业领域都属于战略新兴产业，市场前景好，同时与我们息息相关，并且我们在这两个领域具备了一定的经营实践，掌握了一定的行业发展规律。在新产业发展上，我们要坚持"资源延伸、高端定位、有限多远"的原则，突出重点，倾公司之力扶持发展，到2015年，我们在这两个领域必须能够形成若干个业务和利润的主要来源。

在新产业的方向选择上，首先是要能够发挥好我们的既有优势，尤其是我们在业界已经获得公认的良好研发能力和产品质量，进一步扩大影响力，真正实现资源延伸。其次是要向政策要红利。在我国，政策红利很关键，在政策中找商机、规避风险特别重要。只有深入研究国家政策和产业导向，新产业才能进入发展的一片蓝海。再者是要选择好的产业发展机制。对于支柱型新产业，公司将"扶""放"结合，通过卓有成效的资源投入和积极有效的政策支持，适度宽容失败，加快实现公司新产业的历史性突破。在新产业发展上，强调定位高端，一开始就要纳入公司战略来展开。找寻新产业，要把净资产收益率、销售净利润率和资产周转率作为衡量尺度，宁缺毋滥。

我们要打破企业发展升级的"音障"壁垒，成就百亿企业的梦想，必须具备一种精神，一种"创新、冒险、创业、宽容"的精神。我们要能够干别人根本不能做的事，能够在逆境中求得生存和发展，在工作中体现出创造与冒险，体现出合作与进取。我们的经营管理团队，一定要敢于担当，具有甘冒风险和承担风险的魄力，在能够将已经做过的事做得更好一些之外，还要敢于做不同的事，艰苦工作，实现产品创新、技术创新、市场创新以及组织形式创新。我们要在资源、能力和制度方面没有任何优势的情况下，在条件极不成熟和外部环境极不明晰的情况下，敢为人先、锐意进取、艰苦奋斗、敬业尽职、勤俭节约，凭着对事业的忠诚和责任，通过学习和创新，通过对资源、能力和制度的综合运用，形成企业的核心竞争力。

一分措施，九分落实，中央新近出台的关于地方党政领导班子和领导干部的政绩考核标准，把有质量、有效益、可持续的经济发展和民生改善、社会和谐进步、生态文明建设、党的建设等作为考核评价的重要内容，选人用人不再简单以地区生产总值及增长率论英雄。集团今年也将实行新的经济责任制考核办法。实施分类考核,强化对标考核,突出集团利益最大化,加大对净资产收益率、销售净利润率和资产周转率的考核力度,更多关注企业资产占用的回报能力,加大对价值创造、资源优化、共同发展的引导力度。以此为背景,我们在绩效考核上,今年起也要实施新的办法,干部调整要和经济责任目标考核结合起来,学习上海经验,建立容错机制;通过完善考核,激励引导经营团队努力完成企业发展目标,强力推动电机转型升级。

三、面向未来,大刀阔斧地开创电机发展新局面

对标国际先进企业,我们清醒地认识到自身在思维观念、市场意识和经营管理等方面,均存在着比较大的差距,有不足是正常的,毕竟我们起步较晚。但是我们不能以此为借口,放松对自己的要求,因为市场是不等人的,也不会同情弱者,为实现美丽电机梦,我们必须要树立强烈的责任意识,跨越发展,迎头赶上,大刀阔斧地开创电机发展的崭新局面。

(一)突破传统固有观念,寻求产业发展新突破

轨道交通、风力发电和工业特种电机产业作为企业赖以生存的三大板块,近几年的发展,各自的产业现状也不尽相同。轨道交通产业虽然受政策环境影响较大,但受惠于国家宏观经济形势,最近几年发展势头一直是不错的,风电产业整体也逐渐呈现出复苏的迹象,但是工特产业经过近十年的发展,一直没有大的起色,从2004年近4000万的销售收入到2013年一个亿左右的规模,进步不是十分明显,这在某种程度上制约了企业百亿战略的实现。针对企业产业现状,我们必须建立多方位的思考,制定切实可行的发展方向和措施。

一是要在轨道交通和风电产业继续稳扎稳打。两个产业面对的都几乎是比较单一的大客户,这就需要我们在市场拓展方面稳扎稳打,特别是要严把质量关,逐步扩大我们在客户产品中的配置率。在轨道交通方面,要在检修业务和城轨地铁方面寻求突破,在可能面临的同质竞争面前,在做好既有业务的同时,稳步实现市场推进。在风电领域,在做好陆上风电的同时,要积极进入海上风电领域,同时努力进军海外市场。

二是工业特种电机产业要有新作为。工业特种电机产品的特殊性,使我们必须集中优势资源,摈弃"地摊货"的生产模式,主攻高端市场,不断培养我们在技术和成本上的优势,要敢于能够在某些领域形成垄断,只有这样,我们的工特产业才有可能有大作为。同时要紧跟世界节约型、高效型的产业发展趋势,努力将自己打造成为具有核心竞争力的、能够为客户提供全方位服务的系统集成供应商,以集团"十二五"期间重点发展电传动及工业自动化产业为契机,实现工业特种电机规模化的发展。

三是变压器产业的发展要有新突破。变压器要不要发展,要如何发展,在公

司近几年的历史中，始终没有一个清新的定位。2013 年，在这方面终于迈出了关键性的一步，我们与广州骏发的并购项目已经完成净值调查，并已完成了向集团的上报，一切顺利的话，我们在 2014 年将能够在变压器产业形成突破，进军城市轨道交通（地铁）牵引整流变压器、特种变压器和矿用防爆变压器等变压器制造业务，我们将拥有路内外产品的资质。衡阳就有一个专门生产变压器的企业做得很好，我们要有信心在变压器领域开辟出一片新天地。

（二）紧跟集团国际新战略，谋划海外市场新版图

在海外业务方面，我们的国际化管理、国际化供应链、国际化研发和国际化资源配置都要从零开始做。国家层面对于我们轨道交通企业走出去是相当支持的，李克强总理在对中欧、泰国访问时，就对我们的轨道交通产业进行了重点推介，在内外环境的刺激下，集团迈向海外的步伐也越来越快，在这个过程中，我们只有积极适应，主动出击，才能在新一轮的海外布局中赢得先机。

一是要密切跟踪市场风向标，稳居市场前沿。由于历史的原因，我们对于市场的响应速度，相对于一些兄弟企业，略显逊色。对于一个企业来说，市场意味着生命，特别是在现有市场竞争格局越来越复杂的形势下，我们只有敏锐捕捉市场信息动态，早做打算，才能赢得市场主动权。轨道交通产业要紧跟主机厂步伐，密切加强合作，实现共赢。风电产业要把握市场前沿，在做好永磁、双馈产品的基础上，拓展海外市场。工特产业要做系统思考，要积极主动在海外市场中分得一杯羹。

二是要稳固既有业务，开拓新兴业务。一定要坚守我们的既有传统优势领域，凡是可以拿到的业务一定要全力以赴，特别是在和主机厂合作的项目上。在坚守的同时，对质量工作绝不能有半点马虎，否则会对我们的海外布局产生很大的牵制，甚至会影响到集团乃至整个国家层面的声誉。在做好质量、市场调研和技术研发等前期准备的基础上，我们要积极地迈出进军海外的步伐。在这个过程中，紧跟公司百亿战略，视野要开阔，布局要自信，胆子要放开，要制定清晰而科学的路线图，坚定不移地将海外业务做起来。

（三）消除固有观念束缚，展现流程新造新力量

把南车电机打造成为具有国际竞争力的机电装备制造业领军企业，需要我们切实改变固有传统观念，引进先进思想和理念，在流程再造等基础工作方面实现新的变革，这也是当务之急、刻不容缓。俗话说，兵马未动，粮草先行，就是这个道理。在流程制度方面，我们改革的最终目标，就是要在内部形成高效、有担当、有活力的工作文化氛围。

高效，需要我们以国际先进企业的标准来重新审视目前的体系和制度。在对标西门子、ABB 和三菱等国外优秀企业的基础上，从人、财、物等角度出发，积极进行流程制度再造。在人尽其才方面，要看企业现有的人才培养和使用是否合

理，是否能够充分发挥干部员工的积极性，是否能够实现企业发展与员工的个人价值的良好互动；在财尽其用方面，要看公司的每一笔投资是否得到了最大的收益；在物尽其用方面，要看公司的每一笔固定资产是否发挥了最大的价值。

担当，需要我们以流程制度的新造实现我们工作作风的变革。我们要培育企业内部的一种狼性文化，成为业界内的一支虎狼之师，就需要有一些具备担当精神的组织和个人，能够代表我们企业去冲锋陷阵，但前提是我们的流程制度能够围绕这一目标做好设计。首先是流程制度的设计一定要科学，从技术层面减少冗余和交集的发生，肃清推诿扯皮的不良习气，真正形成顺畅的运作效率。其次是要能够为那些敢于担当的组织和个人免除后顾之忧，为他们提供流程制度保障。

活力，需要我们科学实施好"两个原则"在激励手段中的运用。要真正实现"三创"战略，就需要进一步激发广大干部员工的潜在动力，打造企业的活力，这就要求我们在流程制度再造的过程中把握好两个原则。一是公平原则，"干好干坏一个样，干与不干一个样，干多干少一个样"会对干部员工的积极性造成极大的伤害，我们要积极建立公平机制，有效保护那些能想事、敢做事、能成事的组织和个人的积极性，培育狼性文化。二是价值导向原则。我们要强调价值导向的重要性，真正为能力强的干部和员工铺好路，激发他们的成长潜力。

（四）积极服务生产经营，营造组织变革新气象

随着企业的发展，原有的组织架构已不能适应企业的发展，人员构成比例的亟待优化，产业拓展力度的亟待加大和工特产业市场开拓能力的亟待提升，促使我们必须进行组织的变革，以"战略匹配、业绩导向、'权责利'对等和最优资源配置"为原则，充分服务于企业战略和生产经营。

一是要以"三创"为核心，强调战略匹配。"三创"战略是基础，在公司未来发展中将起到提纲挈领的作用，我们所有的组织变革都将围绕这一目标进行，在这个过程中，广大干部员工要服从大局，落眼长远，牺牲小我，群策群力地把这件工作做好。

二是要科学引导，完善业绩导向。在进行组织变革的过程中，进一步完善绩效评价体系，加大市场营销、海外突破、产业拓展等领域的绩效考核权重，通过业绩导向使拔尖人才脱颖而出，增加干部任命考核中绩效输出的运用，提升整个组织的凝聚力和战斗力。

三是要明晰界限，强调"权责利"对等。部门之间权责交叉，相互掣肘，会直接影响我们的工作进程。我们要按照"权责利"对等的原则，不断优化组织架构，建立一个权有所属、责有所归、利有所享而又和谐发展的权责分配体系。

四是要科学合理，实现最优资源配置。组织变革中的资源配置，要以企业战略为出发点，围绕核心业务，服务生产经营，在人、财、物方面实现最优资源配置，最大限度地减少浪费，提高各级组织的运行效率。

（五）切实抓好安全生产，全力保障企业新发展

加强安全生产是国家的一项基本政策，是企业管理的一项基本原则，是关系到企业发展质量和员工群众生命财产安全的一项重要工作，具有重要的意义。各单位一定要坚持"安全第一、预防为主"的方针，从源头抓起、从基础抓起，做到未雨绸缪、防患于未然。

一是要进一步加强事故隐患整改和危险源监控。对安全生产大检查中发现的事故隐患和问题，要落实责任，制定整改措施，及时整改到位。对重大危险源要建立档案，落实责任单位、责任人和严格的防范措施，做到万无一失，确保安全。

二是要进一步强化安全生产教育培训。各单位要认真做好安全生产教育培训工作，进一步加大对各单位负责人、从业人员等关于安全作业操作方面的培训，提高各类人员的安全素质，进一步提升相关人员的持证上岗率水平。

三是要进一步提升对安全工作的重视程度。各级组织要按照"一岗双责、党政同责"的原则，落实各级领导干部的安全责任，并逐步细化到每一名操作员工。对于安全生产违法违规行为要坚决处理，绝不姑息。

同志们，回顾过去，我们拼搏奉献，奋勇争先；面向未来，我们斗志弥坚，豪情满怀。2014年注定是激情昂扬的一年，让我们解放思想、开拓创新、齐心协力、锐意进取，按照本次会议的具体安排，扎扎实实地抓班子、带队伍，抓基层、打基础，抓短板、调结构，抓创新、增效益，以仰望星空的激情和脚踏实地的实干，去迎接美好的春天，以把正在干的事情干得更好的决心和信心，为成为世界一流的机电装备制造企业而努力奋斗！

慎独自律　勤政廉政
以风清气正良好风气助力企业平稳发展

——在电机公司反腐倡廉建设暨纪检监察工作会议上的讲话

执行董事、党委书记　周军军

2014 年 2 月 25 日

同志们:

今天,我们在此隆重召开电机公司 2014 年反腐倡廉建设暨纪检监察工作会议,落实中国南车反腐倡廉建设暨纪检监察工作会议精神,推进电机公司反腐倡廉建设和纪检监察工作走向深入,此次大会是公司在全党深入开展反腐败斗争的大形势下,集中进行的一次系统教育和总结提升活动。刚才,余斌同志代表公司纪委做了工作报告,报告比较全面,有工作的总结,有形势问题分析,同时指出了存在的不足,对今年的工作做了一个系统的安排和部署,我完全赞同,请大家认真贯彻落实。

党中央和习近平总书记从党和国家事业发展大局和战略的高度,对新时期深入开展党风廉政建设和反腐败斗争提出了一系列新要求。十八届中央纪委三次全会中提到,全党要更加清醒地认识反腐败斗争的长期性、复杂性、艰巨性,把思想和行动统一到中央重要决策和部署上来。各级党组织和纪检监察部门一定要把认真学习贯彻习近平总书记系列讲话精神作为一项重要政治任务来抓,切实把广大党员干部的思想统一到中央精神上,落实好公司党风廉政建设和廉洁文化塑造工作。

下面,我讲四点意见:

一、充分认识新形势下推进反腐倡廉工作的重要性,切实增强企业落实党风廉政建设的责任感和使命感

公司升级以来,紧紧围绕企业发展战略目标,在技术引领、降本增效,并购整合、战略转型等方面迈出坚实步伐,特别是在风电行业重新洗牌的背景下,努力完成逆势收购,对公司风电产业发展进行了战略性的重新布局,有力支撑了企业的发展。2013 年,公司较为圆满地完成了中国南车下达的经营指标,展现了企业积极向上的良好发展态势。在推动企业发展过程中,公司党委始终高度重视反

腐倡廉建设，纪检监察各项工作不断深化，监督保障作用得到较好发挥，取得了明显成效。与此同时，要极力弥补与公司战略发展不相适应的薄弱环节，确保党风廉政建设责任制落到实处。

1. 勇于担当党风廉政建设的责任

各级党组织要严格执行党风廉政建设责任制，主要负责人要认真履行第一责任人的职责，领导干部要讲制度，知廉耻，切实担负起反腐倡廉的政治责任。各部门负责人要强化"一岗双责"和人人有责的意识，抓好职责范围内的党风廉政建设工作。积极支持和配合纪检监察部门依法依规履行职责，充分认识到反腐倡廉和廉洁自律各项要求的重要性，将反腐倡廉的各项任务融入部门月度绩效计划，实施滚动式管理。

2. 加大党风廉政建设教育引导和制度约束力度

开展党风廉政建设要在巩固既有成绩的基础上，弘扬与时俱进精神，不断拓展思路和内容，创新工作方式方法，有力增强党风廉政教育的针对性和实效性。坚持用制度管人、管事、管权，不断修订和完善反腐倡廉各项制度，用制度的笼子关住权力，真正发挥制度保障作用，规范各级管理人员廉洁从业的行为。加强"八小时以外"监管，完善预警制度，及时发现和纠正可能影响公正履行职务、有损企业形象的不当行为，倡导和培养健康有益、积极向上的工作生活方式。

3. 强化落实党风廉政建设责任的考核

"水激而跃，人激而奋"，纪检监察部门要加大对党风廉政建设责任制落实工作的考核力度。党风廉政建设责任能否得到有效落实，关键在于责任追究力度是否到位，监督考核是否做到赏罚分明，是否对分管责任人起到震慑作用。如果有法不依，重违轻罚，或者是轻违不罚，势必导致制度成摆设，长此以往，党风廉政建设责任制的落实就会成为空谈。纪检监察工作要在监督惩戒上下足功夫，将责任落实情况作为领导干部述职述廉的重要内容进行统一考核。杜绝各级管理者因领导不力、不抓不管而滋长蔓延的不正之风，对发生腐败和违纪行为的单位，以一杆到底的决心，实行"一案双查"，既追究当事人责任，还要追究相关人员的领导责任。

二、紧密结合企业实际，把八项规定的贯彻落实作为一项经常性工作来抓

工作作风问题绝对不是小事。作风建设，重在实际行动，贵在持之以恒。领导干部要严格对照八项规定实施细则，带头学好规定、执行规定，决不允许搞变通、想对策。在改进调查研究、精简会议活动、文件简报、厉行勤俭节约等方面，领导干部更要率先垂范，用更高的标准、更严的要求，从自身做起，从小事做起，认真对照检查，确保在八项规定精神长效落实方面取得实效。

2013年，公司以中国南车要求为指引，认真贯彻落实中央八项规定精神，以深入开展党的群众路线教育实践活动为主线，将八项规定具体措施要求与实际工作进行有机结合，领导干部聚焦"四风"方面问题，积极开展自我反思和检查，使八项规定的落实等工作取得了很好的效果，得到了集团督导组的充分肯定。其中，公司层面会议数量同比降低10%，会议费用同比降低56.6%，差旅费同比降低27.5%，业务招待费同比降低45.5%，出国（境）经费同比降低17.7%。公司领导班子严格执行领导干部职务消费管理办法的相关规定，在保证工作效果的前提下，带头调控职务消费指标。尽管如此，要真正形成八项规定贯彻执行的长效机制，依然存在着一些问题。有的同志对中央八项规定的重要性和紧迫感认识程度还不够深入，容易在贯彻落实方面放松警惕。有的同志创新性思维不够，求稳怕乱的思想较为顽固。有的同志紧密联系群众，贴近基层、服务基层的力度还有待提高。这些问题的存在，势必会对企业新时期的创新突破发展大局产生影响。

2014年，公司各级党组织、全体领导干部要对全党反腐败斗争的严峻形势保持清晰、客观的认识，严肃认真地贯彻落实八项规定精神，以"四风"方面问题的具体表现反思自身工作，切实维护好中央和上级党委指示精神在企业的落实。

1.加强八项规定教育，领会精神实质

各级党组织要把深入学习领会八项规定作为一项常态化工作持续抓紧抓实抓好。全体党员干部要领会好规定的具体要求，时刻紧绷艰苦奋斗、廉洁从业这根弦，充分结合自主学习和讨论交流的方式，领会八项规定的精神内涵和改进工作作风、密切联系群众的重要意义，在本职岗位上积极践行中央八项规定，以良好的个人风貌铸就企业整体形象。

2.执行指示不打折扣，力求落实到位

党员干部要时刻牢记党章规定，自觉遵守党的工作纪律要求，坚决执行八项规定决策部署，在思想上和行动上时刻同中央和上级党委保持一致，营造人尽其责、齐心协力的良好工作氛围。牢固树立"接受任务不找借口、执行任务不讲困难、完成任务追求圆满"的职业观念，对上级出台的政策、做出的决定、部署的工作，要"没有任何借口"地主动接受，确保指示要求落到实处。

3.落实中央八项规定，务必常抓不懈

贯彻落实中央八项规定，不能有风头过后、一切照旧的侥幸心理，要切实将执行规定的工作方式固化为制度流程，营造企业良好工作氛围，鼓励和带动全员进一步改进工作作风，建立健全企业执行八项规定的常态机制，把落实八项规定同高中层民主评议、绩效面谈等工作紧密结合，同部署、同检查、同落实、同考核，充分研究和学习八项规定在具体操作层面上的工作程序，把八项规定的要求融入日常工作。

三、创新惩防体系建设，切实提升企业反腐倡廉工作科学化水平

建立健全惩治和预防腐败体系，是关乎国家、企业根本利益的重要举措。各单位要严格按照中国南车党委要求，认真执行《建立健全惩治和预防腐败体系

2013—2017年工作规划》，继续固化惩防体系建设工作机制，形成计划有分解、责任有落实、过程有监督、效果有评价的建议格局。强化廉政教育，巩固过程监管，严肃案件处理，形成领导干部不想腐、不能腐、不敢腐的综合机制，通过切实有效的措施，共同推进公司党风廉政建设取得实效。

1. 做好新规划的分解落实工作

公司各级党组织要深入学习研究国资委党委和中国南车党委关于惩防体系建设的具体要求，持续改进惩防体系建设方法和策略，以制约和监督权力运行为主线，结合企业经营管理实际，共同参与规划的分解落实工作。在公司党委的统一领导，纪检部门的组织协调下，保持跨部门联动，高质量地完成新规划部署的任务，纪检部门要持续做好过程监督和效果评价工作。

2. 细化反腐倡廉源头预防措施

以规范权力运行为切入点，完善企业人员廉洁从业制度体系建设，强化制度约束力。进一步构建企业廉洁文化阵地，将廉洁文化教育作为日常性工作开展。要围绕企业经营中心任务，坚持把纪检监察网络平台建设、党风廉政建设学习资料、廉洁短信提醒等廉洁文化创建活动做实做细。结合典型案例，进行反腐倡廉警示教育，利用"他山之石"廉洁模范教育，传递廉洁从业正能量。

3. 加大贪腐案件惩治力度

惩治和预防是惩防体系的两个拳头，从严惩治是为了惩戒当事人，警示身边人，预防贪腐案件再次发生。针对苗头性的问题，要认真分析，严肃批评，立即整改，坚决杜绝，把问题解决在萌芽状态；时刻保持惩处腐败的高压态势，坚决查处违法违纪案件，对贪腐等违纪行为实行"零容忍"，发现一起、惩处一起，绝不姑息；对查处的案件要进行认真的剖析和反思，寻找体制、机制、制度方面存在的问题，持续提升企业抵制和预防腐朽思想侵蚀的能力。

四、围绕生产经营管理中心，充分发挥监督检查和效能监察的保障作用

开展监督检查和效能监察是推进企业强化管理的重要手段，是服务于企业生产经营的有效途径。纪检监察工作要围绕监督检查和效能监察职责，与公司发展实际有机结合，不断提高监督检查和效能监察工作水平。

1. 与管理提升相结合

结合管理提升活动及廉洁风险防控工作，深入开展潜在风险项点评估排查，同时系统、科学梳理重要领域的业务流程及其相匹配的制度，及时发现和纠正管理活动中存在的问题，加大对制度执行情况的监督检查，确保企业效能监察工作与管理提升形成合力。

2. 与效率提升相结合

建立效能监察保障体系，在党委的领导下，充分发挥纪检监察部门的协调监督作用，有效维护行政纪律，重点整治失职渎职、贪污腐败、推诿扯皮、消极怠工等不良行为，促使监察对象认真履行职责，勤政廉政，提高工作效率和管理水平。

3. 与效益提升相结合

提高经济效益，是实现企业长远发展的重要保障。监察部门要继续针对重大招标投标、企业并购整合、重大资金运作、大宗物资采购、存货管理、废旧物资处理等开展效能监察，依法执纪，为促进企业稳定、发展服务，保障企业的利益最大化。

同志们，深入推进党风廉政建设和纪检监察工作任重而道远，让我们时刻保持警醒的头脑，强化慎独自律意识，以风清气正的廉洁从业环境为企业创新突破发展打下更加坚实的基础。

在"转型与突破"论坛上的讲话

执行董事、党委书记　周军军

2014 年 3 月 5 日

　　今天的论坛质量是比较高的，发言准备得比较充分，思考得比较深入，按照会务组安排，还是要评价一下。但是要说有点不足，就是如果大家跨本部门的业务去做发言，会更加精彩。按照总经理的想法，通过开这种会征求大家的真知灼见，并写进三月份工作会的报告，可以让年初职代会的总体工作安排顺利落地。

　　一、树立愿景是让我们积极转型，获得突破的首要条件

　　一百个亿、一个规模化的新产业、一个规模化的出口业务，这是当时我和肖总跟南车总部的两位大领导立下的军令状。在大家系统发言时提到，敬请关注的四条，关于领导的待遇、关于领导跟公司员工之间的关系、关于公司员工收入、关于中高管职业生涯的处境等。这四条非常重要，这四条就是我们为什么要开这个会，或者说我们为什么把有些事放到这上面来，是我跟肖总当时在两位大领导面前讲"三个一"的原因。一百亿、一个规模化的新产业、一个规模化的出口业务，这"三个一"是目标、目的，或者叫愿景，但实际上还有一个做保证的意义。昨天石峰区委领导带队，为了 80 亩地的项目落地来公司，提出了新的想法，希望建立一个处于行业高端水平的研发中心。这不是头脑发热，不是拍脑袋想的，因为后面这个"一"是对前面"三个一"的保证。如果南车电机没有一个处于行业高端水平的研究院，要实现前面三个目标是不可想象的。当然，也许可以通过资本运作、产业兼并或重组等方式，勉强达到一百多亿的企业规模，但是即便如此，公司依然还是一个比较低端的公司，差异化战略没有一个处于行业高端水平的研究院支撑是不行的。

　　我们将今天的会称为论坛，是进行一次头脑风暴。头脑风暴也就是要讲我们平时不讲的问题，就是甲部门的领导要讲乙部门的事，如果讲本部门的事，那就不是头脑风暴，就是一个工作汇报会、业务分析会。论坛就是要有奇思异想，要超越，超越就是这样来的。如果我们要实现一百个亿、一个规模化的新产业、一个规模化的出口业务，就必须要依靠一个矗立于行业高端水平的研究院。

转型和发展第一个要素就是要有愿景。同志们，没有愿景是不行的。我们研究的是四个很低端的需要问题，正如马斯洛的需求层次论所说，人的生理需要，吃饭穿衣，养家糊口，高端的需要是自我实现，待遇和生活条件、生活方式的改善。电机公司从业人员是有身价的，在座大部分都是精英白领，大家的自我实现肯定不是为了五斗米折腰，这些东西的获得都有赖于愿景的实现。有了愿景，才能有转型和突破。

二、转型的关键是人的转型、意志的转型

战略管理中的目标战略学派提出，战略是目标、意志和目的以及为达到目的而制定的方针、计划模式。学管理、学 MBA 那么久，这句话一定要记住，松下幸之助（管理之神）讲，企业就是人，离开了人不要谈企业。安德鲁斯的战略理论很厉害，他提出战略就是意志，没有人、没有脑筋哪有战略，战略不是已经有的东西，而是存在于脑瓜子里的东西。战略是意志，要转型，首先是人的转型，意志的转型。

刚才我们提到了愿景，南车电机的研究院在哪里，还在脑瓜子里，是中国梦下面的一个电机梦，还不是现实，只是一个设想，存在于梦想中。愿景是意识的一种表现，要实现愿景，需要通过很多努力，要排除很多障碍。大量的障碍要靠意志去克服，要好好琢磨。对于"企业是人"的这个概念，按我的理解，企业是人群。我想起那天有竞聘的同志给我们领导提意见，要我学习专业知识。这种说法正确与否需要从两方面看，一方面确实要学习一般性的专业知识，但从另一方面来说不用学习具体的专业知识。因为我处于一个人群之中，人群中间有大量的、形形色色的专业人士。我记得汉高祖讲过一段话，跟大家分享一下，很有必要。汉高祖得了天下之后，就招待群臣，摆庆功宴，他是这样讲的：帝置酒洛阳南宫，上曰："列侯、诸将毋敢隐朕，皆言其情：吾所以有天下者何？项氏之所以失天下者何？"高起、王陵对曰："陛下使人攻城略地，因以与之，与天下同其利；项羽不然，有功者害之，贤者疑之，此所以失天下也。"这里说的是，在我们组织人群中，要共享其利，战略实现以后，大家都有好处。汉高祖回答说："公知其一，未知其二。夫运筹帷幄之中，决胜千里之外，吾不如子房；镇国家，抚百姓，给馈饷，不绝粮道，吾不如萧何；连百万之众，战必胜，攻必取，吾不如韩信。三者皆人杰，吾能用之，此吾所以取天下者也。"这是说组织内人群的力量，电机公司的人合在一起，才有力量。这是我对松下幸之助讲的"企业即人"的理解。

人一定要转型。我们的愿景、我们的意志力、目标还有人群，都需要转型。汉高祖讲的话有两层意思，第一是大家要有福同享，有难同当；第二层意思是大家要分工负责，张良不搞韩信的事，韩信不搞萧何的事，汉高祖也不要搞韩信的事，是一个道理。这就是我们所说的，最关键的是人的转型。今天我印象很深的

是，财务部门和人资部门，特别讲到了人的转型问题，这个非常重要。

三、突破应重点体现在思维突破、心智模式的突破

我们所说的经营规模、产业、业务、市场都要有突破，现在是进行头脑风暴，更要讲点思想突破、思维突破、心智模式的突破。假如李丹兵讲成本管理，讲财务、资本运作等东西，我不会感到很吃惊，但他讲到整个公司的门户网站建设，包括整个公司信息化系统，这让我感到非同小可，这些思考的落实将会带给我们南车电机整个商业模式革命性的突破。因为观念有了突破才是真正的突破。如果我们在思维方式上，每个人都能够实现跳跃，获得突破，那南车电机将成为了不起的、伟大的公司。

论坛的关键是下一步。这种头脑风暴活动要经常进行，要以各种各样的方式，把这种活动声音带来的信息量、带来的价值传递给经营班子。下一步关键是围绕探讨的成果，做好资源的配置设计。战略管理的三大流派的三句话完全是一致的。第一个是资源配置学派，第二个学派是讲目标、意志，第一个学派是强调战略的落地，讲配置资源的。我想配置资源这一块是经营班子的事情，领导的下一步工作是围绕研讨的成果做好资源配置的工作，最终起到提高企业竞争力的作用。

我在这里不对具体发言者的观点进行点评，单方面的解读不符合开放式讨论的原则，头脑风暴法对每一个发言者的发言都不做评价、不置可否。我与总经理的讲话角度不同，我希望从意识形态上更多地强调一种思维方式的变化。具体落实和执行层面的东西，这个还要靠经营班子下一步在工作会召开以后，扎扎实实地去做。

像公司门户建设的这个东西，是要花很多钱的，我从我个人现在职位的角度，一定督促经营班子，必须要投这个钱，花这个钱绝对是值得的，让一般合同在门户网站上就能够签掉，技术上没有问题，关键看经营班子下没下这个决心。下一步要把我们的技术中心建设好，让研发人员非常体面地投入工作。总的来讲，千言万语汇成一句话，经营班子的工作会议报告推出以后，要将各位的真知灼见实实在在地落地，落地比研讨更重要，这一点请大家拭目以待。

在纪念建党 93 周年暨七一表彰会上的讲话

执行董事、党委书记　周军军

2014 年 6 月 30 日

同志们：

在建党 93 周年之际，我们在这里隆重召开七一表彰大会，共同庆祝中国共产党成立 93 周年，总结过去，展望未来，表彰先进，进一步动员各级党组织和广大党员，牢记使命，明确目标，再创佳绩。在此，我谨代表公司党委，向获得表彰的先进集体和优秀个人表示热烈的祝贺！向奋斗在各条战线上，为公司转型发展做出贡献的全体党员、党务工作者、入党积极分子致以节日的问候和衷心的感谢！

自 1921 年中国共产党成立以来，党带领全国各族人民历经战争与和平、革命与执政、建设与改革、挫折与胜利，取得了一系列举世瞩目的辉煌成就。党的十一届三中全会的召开，开辟了改革开放和社会主义现代化建设的历史新时期，使党成为推动新中国不断进步的强大政治力量。十八大以来，中国共产党全面加强党的建设，系统部署深化改革，加快转变国家的经济发展方式，进一步完善社会主义市场经济，必将对中国特色社会主义事业和小康社会的全面建设产生重大而深远的影响。

正是在党的十八大和十八届三中全会精神的指引下，过去一年，公司党委有效抓住改革机遇，认真研判经营形势，紧紧围绕"双效南车"战略和高标准打造南车发展升级版的总体部署，坚持"三创"战略不动摇，扎扎实实开展群众路线教育实践活动，持续推进以学习型党组织建设促动学习型企业建设，有效参与"三重一大"决策，持续夯实党建各项工作，不断优化两级领导班子和人才队伍建设，带领群团组织积极发挥作用，有力营造了和谐企业氛围，助推了公司生产经营和变革发展各项任务的实现，各项经营指标圆满完成，赢得了企业发展扎扎实实的翻身仗。

2014 年是贯彻党的十八届三中全会精神、全面深化改革的开局之年，更是推进公司"十二五"发展战略，加快转型升级与市场突破的重要一年。今年的七一是流程再造取得阶段性成果、新的组织架构下营运的新起点，谋划好未来一段时期的工作对公司的转型升级有重大意义。为此，我代表公司党委讲以下意见。

一、全力以赴，确保公司全年经营目标的完成

公司上半年预计可实现销售收入20亿元，经济增加值5790万元，完成全年预算的44.7%和39%，离"双过半"要求还有不少的差距。综合分析目前经营形势，公司完成全年生产经营任务还十分艰巨。全体党员干部与广大员工要在新组织的框架下，围绕生产经营中心，认真分析研究、查找并解决好完成年度经营目标的难点，其重点是集中资源解决好产能提升、降本增效、中国标准动车组研制、成都电机整合等关键项目，确保全年目标顺利达成。特别是要关注好未来几个月内，在产能高峰期严酷高温对安全生产及制造进程的挑战，各级党群组织要积极关心、关注员工的作业环境，切实策划并组织好防暑降温各项工作，确保"战高温、夺高产"的目标顺利完成。

二、把握内涵，确保流程再造和文化再造的重点目标实现

本次公司流程再造的核心目的在于提升核心竞争力，重点是提升企业市场能力和技术能力；关键在于基于市场导向，形成全员参与的战略层面的良好互动，为新的产业发展提供充分的组织和资源保障；内涵在于提高组织效率，通过本次工作流程的梳理和明晰，建立起规范、科学、完善的绩效考核评价体系，着重强化指标设计与市场导向、考核评价和奖惩任用的关联，努力形成指标层层分解、压力层层传递，广大干部员工主动、创造性地开展工作的良好氛围。

文化再造的核心是要培育全公司经济增加值的理念。经济增加值衡量的是企业有效使用资本和创造价值的能力，企业的盈利只有高于其资本成本时才会真正创造价值。经济增加值的核心是"创值"，追求真正的效率、效益，这符合"双效南车"的要求，也跟公司核心价值观"利物益世"不谋而合。现在，国资委和中国南车已开始全面推行经济增加值考核。全体党员干部和广大员工要迅速形成经济增加值的理念，不断创新、改善工作，创造超出资本本身价值的价值。

三、准确定位，切实落实好中国南车新产业会议精神

过去几天，中国南车新产业工作会议在株洲召开，会议提出到2020年，中国南车新产业总体规模要达到900亿，与轨道交通产业规模大体相当，真正成为中国南车的支柱型产业。会议同时提出打造"5345"新产业工程，并将公司风电装备产业和工业特种电机及变压器产业分别纳入过100亿的支柱型产业和过20亿的潜力型产业。这对公司来说既是挑战、压力更是机遇。综合国家产业结构调整、南车战略和公司实际，可以肯定新产业就是南车电机发展的未来。我们必须与时俱进，探索出既符合时代特征与产业规律，又符合公司实际的新产业发展战略的新思路和新途径，在发展核心业务的同时，以"资源延伸、高端定位、有限多元"为原则大力开发新产业，把公司转型升级发展的主战场放在新产业上，将资源配置向新产业倾斜，探索新产业的激励和考核机制。要为转型升级插上资本的翅膀，由以产品制造为重心的工业思维向以业务经营为重心的资本思维转变，深刻认知"新产业＋资本运营＝转型升级"的新思路，运用资本的工具和手段，有规划、有方法、有步骤地推进新产业的培育和发展，开创公司适度多元的产业格局。

四、统一认识，充分发挥党群工作新合力

流程再造明晰了公司的战略脉络，提出了公司的核心价值观，勾画了转型升级的愿景，公司各级党组织、全体党员干部要紧跟战略发展方向，统一发展意识，持续营造"一个声音、一个目标、一致步调、一心一意"的组织氛围，充分发挥党群工作的优势，坚决维护公司和员工的根本利益，积极服从并服务于公司经营和发展大局，全力支持经营管理者及其团队行使职权、树立权威，悉心建设高效的员工团队，动员、激发、引导广大员工围绕"三创"战略贡献智慧和力量。

各级党群组织要持之以恒地做好学习型组织建设。要结合公司新的战略，立足流程再造以后新的事业平台，组织开展好新一轮的"愿景＋改善"活动。要结合公司《创建学习型组织达标评定标准》，进一步对照检查，做真做实学习型组织建设，使学习型组织的团队学习、系统思考、自我超越等工具成为助推新产业、新市场、新研发的强大动力，使学习型组织自动自发地改善成为公司转型升级的核心能量。

同志们，公司转型升级和战略发展意义深远，"三创"目标责任重大。各级党组织和全体党员要解放思想，志存高远，积极行动，高效协同，以更高的智慧、更大的勇气、更强的自信，打造更具实力和活力的南车电机，开创南车电机快速发展的新纪元！

统一经营理念　强化责任意识
坚定信心尽早实现"三创"战略目标

——在上半年经营活动分析会上的讲话

执行董事、党委书记　周军军

2014 年 7 月 28 日

同志们：

经营活动分析会议通报了上半年主要经营指标完成情况，分析了公司当前存在的主要困难和问题，明确了公司的年度经营调整目标和下半年工作重点。公司各单位要分解落实好各项工作部署，全面梳理工作现状，认真查找目标差距，集中精力解决短板，全面完成经营责任状目标，以确保公司年度经营目标实现。围绕会议议题，我想与同仁们分享几点思考。

一、一定要把 EVA 作为公司经营质量的标准

经济增加值不仅是公司文化的核心，更是公司价值的核心，作为一种新型的公司业绩衡量指标，应用越来越广泛，有其独到的内涵和功能。通俗地说，经济增加值是指企业经营获取的利润超过投入资金利息的部分，只有当企业的盈利高于银行利息时管理者才算为股东创造了价值，才真正拥有经营业绩，因为将资金存在银行不需任何运作即可获得稳定的利息。经济增加值被用作全面考核管理者有效使用资本和为股东创造价值能力的重要工具，被认为是企业价值管理的基础和核心。

经济增加值关注资本成本，能很好地解决法人治理结构下股东和管理者既分离又相互统一的辩证关系，可以促使管理者在选择战略和制定经营决策时谋求经营业绩与股东权益的统一，避免"明赚实亏"现象出现。同时经济增加值注重可持续发展，有助于管理者处理好企业发展速度与发展质量的辩证关系，实现速度与质量两者兼顾，有效规避经营短视行为。

正是基于此，公司以"双效南车"为引导，提出了"明德成器　利物益世"的企业精神，其中"利物益世"正是经济增加值理念的精炼诠释。公司各级管理者要利用流程再造和文化再造的契机，深刻领会经济增加值内涵，迅速培养起全公司全员的经济增加值理念，以经济增加值指导战略制定，指导投资决策，指导业务拓展，指导日常运营，提升效率和效益，开创公司转型升级发展新局面。

二、一定要做真做像绩效管理

公司流程再造已经取得阶段性成果，现正在着手绩效优化，要利用这次组织变革的机会，准确把握绩效管理的内涵，做真做像绩效管理，发挥绩效管理的实效。要将绩效管理与公司战略和年度目标有机结合，搭建起以战略为中心、以市场为导向的绩效管理体系，化解绩效与战略两张皮的问题，推进战略实施和目标实现；要树立全员绩效理念，科学设定绩效考评指标，将指标层层分解至部门和个人，将部门指标和员工个人指标与公司总体目标直接挂钩，清除经营指标压力止于经营班子、止于个别部门的弊端，落实好经营责任；要重点突出绩效改进，建立高效的绩效反馈、纠偏和跟踪系统，实现全员绩效管理体系的良性循环，助推公司管理升级；要强化绩效考评结果运用，建立与绩效管理体系配套的奖惩机制，将结果同部门、员工奖惩任用直接关联，探索建立增收节支降成本与员工分享机制，调动员工参与的积极性，避免绩效管理流于形式，促进公司目标的最终达成。

三、一定要咬住公司战略不放松

上半年公司生产经营整体平稳，完成了南车总部下达的半年度经营调度目标，但各种矛盾和困难不断显现：产销不匹配问题突出，库存积压严重；计划经济模式一直沿用，交易关系亟待理顺；资金供求矛盾加剧，垫资成本巨大；客户需求变更频繁，生产组织紧张；销售价格持续下行，盈利空间被严重挤压；风电工特形势变化不定，经营目标调控难度加大；产业布局不断拓展，并购整合复杂多变。以上的经营矛盾和困难，肖安华总经理和王小方副总在讲话和报告中已经详细阐述，并相应制定部署了切实可行的措施和方案，相信一定可以得到圆满解决。

而目前公司工作的重中之重在于快速渡过组织变革的"磨合期"，发挥变革效应，助推公司驶入转型升级的快车道。公司全体员工要直面挑战，积极投入，尽快适应新角色，特别是高中层管理者要率先垂范，变革管理思维，创新管理模式，提升管理能力，充分发挥组织合力，引导组织追求卓越的绩效，确保战略发展目标的实现。

各位同仁，让我们统一经营理念，强化责任意识，坚定发展信心，坚持"三创"不动摇，尽快实现公司治理的最佳成果！

志存高远　凝心聚力
为早日实现"三创"目标而努力奋斗
——在公司工会第二次代表大会上的讲话

执行董事、党委书记　周军军

2014 年 7 月 31 日

各位代表，各位同仁：

南车电机公司圆满完成了公司工会第二次代表大会的各项议程，我代表公司党委对第一届工会委员以及全体会员这些年来所做的贡献表示感谢，对新产生的第二届"两委"委员表示祝贺，也向公司全体职工群众及家属致以诚挚的问候！

四年来，公司工会在公司党委和上级工会的正确领导下，坚持正确方向，服务大局，服务职工，各项工作取得了明显成效，特别是在帮扶困难职工、关心员工生活、丰富业余活动、提升员工技能、搞好民主管理、营造和谐氛围等方面做了大量行之有效的工作，赢得了公司党政领导和上级工会的好评，为公司的健康发展贡献了力量。借此机会，我代表公司党委向各级工会组织和全体工会干部表示衷心的感谢！

这次会议是在公司转型发展、流程再造和文化再造的关键时刻召开的一次重要的大会。会上，余斌同志代表公司第一届工会委员会所做的报告，实事求是地总结了过去四年工会工作取得的成绩，全面部署了今后五年工会工作的主要任务。大会还选举产生了第二届工会委员会和经费审查委员会，通过了女职委委员名单，通过了工会工作报告、经审工作报告以及财务工作报告的决议，会议取得了圆满成功。尤其感觉这次工会的报告与上一次工会报告相比，在内容的广度和总结的深度上都有显著的进步。这次会议对于加快战略转型升级、推进"三创"目标实现具有十分重要的意义，希望代表同志们把会议精神带回去，团结和带领公司广大职工群众，宣贯落实好会议精神，推进公司健康快速发展。

新一届工会任期的五年，正处于公司"十二五"规划目标努力达成的关键时期，是工会工作充满机遇和挑战的五年，也是工会工作大有作为的五年。工会要充分认识肩负的重要责任和历史使命，在公司加快转型升级与市场突破的进程中做出新的贡献。

借此机会，我代表公司党委讲三点意见。

一、统一思想，用战略引领员工

今天市工会领导在讲株洲市的经济形势的时候，讲今年株洲市 GDP 的增长，实际上，株洲市没有南车事业板块，工业产值肯定是负增长，在株洲市除了南车事业板块，所有工业企业的经济是下行的。这说明什么问题？整个国家宏观经济形势、工业形势、制造业的形势都处于悲观的状态。铁路行业的增长完全是基于国家宏观经济的刺激。中国南车经营工作会对轨道交通整体市场形势未来五至十年的预判和分析表明，轨道交通都会呈现增长和平稳发展的趋势。前面这段话告诉我们一个什么道理？就是假如中国南车没有根据中国轨道交通的发展制定宏大可行的战略，而且这个战略不落地，我们会被整化掉。假设 2010 年南车电机公司没有升格为一级子公司（这个升格就是战略转型），没有这个转型，南车电机就没有最近几年的发展。如果说，大家现在想的是我们在电机分厂、变压器分厂和风电的时候如何如何，甚至是我们过去四年如何如何，这个地方提的是什么意思呢？我想告诉大家的是，过去的一切为未来发展打下了基础，但是过去的一切不代表南车电机，代表南车电机的是未来。轨道交通和风电产业不是新南车电机的本领，新南车电机的本领是要做一个具有国际竞争力的高端机电装备制造企业。

南车电机成为一个具有国际竞争力的高端机电装备制造企业跟我们的关系在于党委所提出的"两关心一关注"。关注员工的根本利益和关注员工的甘苦冷暖是两个层面的意义。关注员工的根本利益不是关注员工，是关注企业，关注企业的经营发展。企业的存在是为了员工的福祉，员工的福祉在于公司。企业的发展与员工的收益、福利以及职业发展紧密相关，公司百亿目标达成决定着员工收入倍增的幅度。关注员工的甘苦冷暖，是指只有关注员工的家庭和生活，才能保证员工队伍。

大家都知道丰田公司，但有个电工公司不为大家所熟悉，这个公司为丰田公司提供仪表盘，但电工公司的员工福利待遇是超过丰田公司的。我们和株机、株所就是这样的关系，那我们为什么不能在员工福利待遇上超过株机、株所？用战略引领员工，就是要打造百亿企业，打造精益企业，只有管控成本，最大限度减少生产环节浪费，精打细算过日子，才能有利润，才能提升员工的福利待遇。

广州骏发作为一个全市场环境下的企业，毛利润能够达到 30%；宁波菲士项目，做的也是伺服电机系统，跟主机单位也是配套的，也能够做到 30% 的毛利润。如果我们做不到 30% 以上的毛利润，怎么谈提升员工福利待遇？

7 月 29 日中国南车召开经营工作会议，会上郑昌泓董事长指出在装备制造业日子普遍艰难的今天，轨道交通整体市场形势要比预想的好，2014 年铁路固定资产投资总额已提高至 8000 亿元，根据市场形势，中国南车未来几年的经营都有基本保障。同时，会上确定了到 2025 年，中国南车要进入世界第一方阵，成为中国具有引领能力的制造类的核心大企业的战略目标。会议要求各一级子公司要总结"十二五"战略制定和执行过程中的得失，精心制定"十三五"战略，加速目标实现；要加深对市场的透彻理解，从被动响应到主动响应，开发市场广度和深度，做实发展战略。根据南车的战略要求，公司明确提出了坚持"三创"不动摇，推进五个方面战略转型升级的总体方针。确定了2015年实现销售收入60亿元、2018年员工收入翻番、2020年实现百亿企业的目标，创建具有国际竞争力的高端机电装备企业。

工作目标已经明确，任务十分艰巨。各级工会要紧紧围绕企业发展战略谋划、部署各项工作，坚持客户价值导向，助推市场能力提升，深入推进全员市场投入活动，引导员工通过市场意识升级促进市场能力升级。把广大职工的思想和行动统一到年度工作会精神上来，把智慧和力量凝聚到完成全年工作和公司"十二五"规划战略目标上来，统一到创建具有国际竞争力的高端机电装备企业上来。引导广大职工认清形势，坚定信心，进一步树立责任意识、大局意识、质量意识、竞争意识，积极地、创造性地思考公司战略转型升级的各项工作，发挥战略变革效应，加速转型升级发展。

我们讲文化再造的事。文化再造的关键是什么？上届班子提出竹文化，竹文化提出基于我们跟株机、株所是一片竹林，在这片竹林里面，厂、所是两棵高不可及的大竹子，我们还是刚冒出来的。在这么一片竹林里面，我们哪里来掌声和呐喊声？而且我们要做的是国际一流的高端装备制造企业，如果每天都是跟株机、株所对标，我们什么时候可以成长为ABB、西门子？所以，我们讲的是"明德成器　利物益世"。我们在京珠高速上投放的广告受到了企业推广人士的一致好评。"明德成器　利物益世"的企业精神，摆脱了田心小竹林的束缚，要做的是成器、益世，与世界发生关系，走国际化路线。"利物益世"的"世"就是世界、自然界，南车电机未来的机会就是国际化。

公司文化喷泉的改造是有意义的，有些东西是没有变的，定子型的雕塑表现磁力线，表现转子运转方向的，没有变，我们的核心业务没有变。但是，我们的理念有变化，看上去是三个台阶，仔细一看是四个台阶。三个台阶意味着目前的三大产业，第四个台阶是新产业，是四季发财。这与道德经相呼应：一生二，二生三，三生万物。在核心业务中间，中间是经营活动的支出项，喷出水线小，意味着精益减少成本支出；台阶的水流很大，这是产业收入。文化雕塑的支出项和收入项之间形成无比良性的关系。

所有的文化载体和平台都离不开工会，工会要让员工理解和接受公司文化。

二、志存高远，用文化凝聚员工

经济增加值作为公司文化的核心，不仅是全面考核企业经营者有效使用资本和为股东创造价值的重要工具，同时也是反映企业内部运营水平的度量计。经济增加值的实质是价值管理，以价值最大化为目标，一方面，要提高收入，经营管理层要大力拓展市场，实现收入增长；另一方面，要降低成本，全体员工要身体力行，以精益生产、精益管理为手段，减少浪费、降低成本，提高生产效率及管理效能。因此，于广大员工言，经济增加值的实质就是要降成本。

具体而言，我们要把"明德成器　利物益世"企业精神体系融入职工教育及工会组织建设的全过程，"利物益世"就是要创造价值，要培育员工经济增加值理念，切实增强全员价值创造意识。其次，公司各级工会要以精益生产、精益管理为载体，促使公司核心价值观"内化于心、外化于行"，将价值创造与爱岗敬业结合起来。操作员工通过积极参与工位制节拍化、精益生产线、精益车间的建设，优化生产流程，减少过程浪费，提高劳产率，留住易"蒸发"的利润；技管人员通过精益管理，优化研发设计，提升工艺质量，降低项目成本，节约费用支出，不断提高管理效能，赢得更多的利润。只有公司的经营效益好了，员工才能获得更大的实惠。经济增加值不仅仅是为股东创造价值的工具，更是公司发展、员工与企业共享发展成果的衡量标准。所以，我们要以经济增加值为文化核心，指导业务拓展和内部运营，提升公司效率和效益，开创公司转型升级发展新局面。

凝心聚力，用活力服务员工。什么叫活力？活力是主导党群组织的能力，更是公司经营的活力。公司是要有德性的，没有德性的公司是做不起来的。有家德胜苏州洋楼有限公司，他们做公司不仅是靠技术、管理、质量、工艺和市场营销，更靠道德，以德制胜，以德成器，公司要有品德，员工也要有品德。过去，我们对客户、在工作过程中可能因为品德缺失有这样或那样的瑕疵，但是不妨碍我们把品德放在最高层面。给用户提供电机，不仅仅是担心在现场出问题，而是担心客户评价公司职业道德不高，或者说，产品出去后客户评价电机公司是只知道赚钱的公司。德胜苏州洋楼有限公司是一个专注洋楼建筑的公司，它的宿舍是不准许打扑克牌的，它的员工小区是叫波兰特小区，一个花园小区，里面进去就像是个高档会所，它的员工学车的费用报销50%，员工每日只用5块钱，一日三餐在食堂吃自助。这样的公司令人羡慕，这样的公司肯定是凝心聚力的，凝心聚力到它的内部财务报销是不用领导签字的。要维持这样一家公司，一定是要经济增加值的，要把成本压到最低、尽可能获取更多利润的，才能给员工提供足够好的福利待遇。今天给大家介绍这个公司的目的是希望向这家公司靠拢，南车电机一定要像这家公司一样去赚钱，如果赚不到钱，没有很大的业务进来，不能通过有效的管理把成本降下来，那会连一个食堂都支撑不起，更何况是有这么多的福利项目。今天之所以讲这家公司，就是要向大家表达我们要像德胜苏州洋楼有限公司一样，为大家、为公司所有员工尽可能争取更多的利益，创造更好的生活和工作条件，但是，前提是要有足够好的效益。百亿企业和精益企业一定要同时做到才能真正实现员工福祉。

在座的，不管是基层经营班子、书记、工会主席，还是一线员工，大家要真正凝心聚力，把南车电机搞好。公司不发展，我们的福利待遇就上不去。我们要一起把南车电机搞好，一起把南车电机业务搞上去。

三、凝心聚力，用活力服务员工

工会要紧密围绕公司中心工作，认真履行职责，优化工会队伍建设，深入开展"三关心三保证"和"两关心一关注"活动；完善以"双创"竞赛为主线的劳动竞赛体系，不断扩大劳动竞赛范畴，开展应知应会竞赛活动，建立起覆盖技术、营销、管理和技能员工队伍的劳动竞赛机制；持续开展"创建学习型班组，争做学习型员工"活动，努力建设学习型、知识型、技术型、创新型员工队伍；不断提高帮扶救助工作水平，为职工群众提供一站式服务；继续发挥好职工社团作用，持续营造"快乐工作、健康生活"的良好氛围；全力支持经营管理者及其团队行使职权、树立权威，悉心建设高效的员工团队，动员、激发、引导广大员工围绕"三创"战略贡献力量。

各位代表、同志们，巩固发展成果、创新机制体制、实现精细管理，是我们肩负的新使命。让我们坚定信心，振奋精神，以饱满的热情、高昂的斗志，求真务实、团结奋进、开拓创新，为把公司建设成为学习型南车电机、精益型南车电机、百亿南车电机而努力奋斗！

在合资签约仪式上的致辞

执行董事、党委书记　周军军

2014 年 7 月

尊敬的杜锐钊书记、曾富强镇长：

尊敬的冯桂钗董事长、各位领导、各位同仁：

今天，我们相聚羊城，举行南车电机与广州骏发合资成立广州南车骏发电气有限公司签约仪式。这是双方响应国家经济体制改革号召，探索混合所有制经济，实现战略协同、优势互补、共同发展的重大举措。首先，我代表南车电机对出席签约仪式的各位领导表示热烈的欢迎，对关心和支持本次合资项目的所有领导及双方项目团队表示衷心的感谢！

南车电机作为中国南车旗下专业的电机及变压器研制企业，承担着做强、做大、做优中国南车电机、变压器产业的使命。近几年来，在发展战略的指引下，南车电机通过引进消化吸收再创新，在电机研发制造能力上已处于国内领先地位，形成了轨道交通、风力发电、工业特种三大电机产业平台。在变压器产业上，南车电机具有四十余年研发与制造经验，先后引进了德国西门子大功率交流传动机车牵引变压器技术和日本三菱高速动车组牵引变压器技术，掌握了铁路车载牵引变压器(油浸式)的核心技术，自主创新能力在国内处于领先水平，占据了国内轨道交通装备行业车载变压器供应商的主导地位。

经过详细调研、论证与协商，南车电机与广州骏发决定成立合资企业，定位于环氧浇注高端特种变压器及成套设备、电气自动化及系统集成产品的开发与研制，在维持、巩固、发展原有市场的基础上，逐步拓展轨道交通、风力发电、工业整流、煤炭矿冶等变压器市场领域，力争成为中国轨道交通变压器产品的技术领先者和首选供应商。这其中，南车电机将带来央企的品牌和资源优势，有利于合资企业尽快提升产业化能力，拓展轨道交通变压器等高端市场领域，吸引聚集技术和管理人才；而广州骏发作为民营企业，其机制灵活、机构精简、办事效率高、成本控制强的优势可有效解决国有企业的固有问题，通过充分发挥国企和民企各自的优势，促进合资企业的永续良性发展，最终实现将其打造成国内高端轨道交通系列变压器一流企业的战略目标。

此次合资合作的达成，是混合所有制经济的有益尝试，是双方合作共赢谋取未来的良好开端。我们有理由相信，通过双方精诚合作、携手奋进，以经济增加值理念为指导，充分发挥双方品牌、产品、市场、技术、管理等方面的互补和协同效应，扬长避短，同舟共济，合资企业的发展前景一定会一片光明，合作共赢的目标一定能够实现。

最后，衷心祝愿各位领导、各位同仁身体健康，万事胜意！

谢谢大家！

公司因员工而繁荣

执行董事、党委书记　周军军

2015 年 5 月

　　"企业的存在是为了员工的福祉。"是为若干年前公司的一条宣传标语。多年来，一直引发我们关于企业存在价值和行为意义的思考，在"创造利润""客户价值""股东利益"等诸如此类的常识中，进一步寻求企业存在和发展的真正动因。"为了员工福祉"，或仅是一个需要理解的概念，或应是必须坚守的信念，但更可能是企业必须生存具备的条件因素，甚至，它就是企业生命机体本身。

　　"企业即人"，经营之神松下幸之助说，"企业最大的资产是人。"我们只要不怀疑这些基本判断，就会真正领悟并由衷敬佩这位业界长者亲手创建的"终身雇佣制""年功序列"等制度带给企业员工的巨大福祉，带给人类社会的巨大回馈，当然，更有带给企业快速、健康成长的巨大动力。我们由此而领悟，人们之所以愿意加入某组织、某事业，首先一定是为了自身的福祉，由"利己"动机中发生"利他"之效应。经济学的一般常识提醒大家，员工只会乐意于为给自己提供了福祉的企业而努力工作，当然，在一家善待同仁的企业，员工一定会迸发无限的积极性和创造力，创造超乎寻常的价值。

　　明德成器　利物益世。作为肩负道德和信仰前行的学习型公司，南车电机必须信奉"最大限度满足员工需求"并"最大限度发挥员工的才能"之经营之道，并冀此而产生无可预设的价值能量。让员工衣食无忧、安居乐业，让员工利用勤奋、技能、知识和智慧获得应得的财富，让员工获得体面生活和幸福人生意义，让员工的"自我发展深深地蕴含在组织的使命以及做好工作的承诺和信心之中"。（彼得·F.德鲁克语），这些，都需要我们向员工提供实践层面的保证。

　　借松下老人的话："松下生产人，同时生产电器。"南车电机当然也是这样。

站在新起点 再创新优势
为实现公司"三创三化"目标建功立业
——在工会二届二次全委(扩大)会上的讲话

执行董事、党委书记 周军军

2015 年 2 月 16 日

同志们：

这次会议，是在公司上下深入贯彻落实党的十八届三中、四中全会和公司二届一次职代会精神，加快推进"十二五"战略落地的关键时期，召开的一次重要会议。刚才，余书记所做的工会工作报告，上年工作总结内容翔实、部署有力，新的一年工作任务具体、重点突出，我完全同意。下去以后，大家要认真贯彻落实。下面，我主要讲两点意见。

一、站在新起点，开创工会工作新局面

2014 年，得益于公司全体员工深入贯彻"市场导向、EVA 价值导向"的经营理念，公司经营发展取得了前所未有的重大突破，营业收入首次突破 50 亿元大关，经营收益创历史新高，各项工作也取得了卓越的业绩。但在快速发展的同时，我们应清醒地认识到，国际、国内形势复杂多变、任务繁重艰巨，机遇与挑战并存、希望与困难同在。一是"工业 4.0"概念的提出和深化，必将推动起世界经济新一轮的变革与发展，中国也深处这一势不可挡的发展浪潮中，我们能否抓住这一形势率先变革，并走上智能化发展的道路决定着未来的成败。二是新常态带来的不仅仅是速度的变化，更有结构的优化、动力的转换，是发展的更高要求、更高境界，这种调整也绝不是一年两年的短期行为，而是一种长期性、全方位的调整，这要求我们要快速实现全方位的变革，并做好打持久战的准备。三是新常态下铁路投资将成为主要抓手，再加之"一带一路"、制造强国和高铁外交的实施，未来两年轨道交通装备仍将延续良好的发展态势，但同时，国企改革加速、南北车整合，势必将加速新的竞争格局的形成，铁总已明确提出"动车组大部件供应要在 2 年内实现 3 家及以上供货"的新要求。四是风电电价下调，各大风场在 2015 年将掀起"装机潮"，风电市场增长率将达到 58%，我们也会因此而获益。但长远来看，风电市场将趋向于平稳发展，风火同价趋势将对我们的盈利能力带来新的考验。五是技术创新速度加快，增加了我们在新业务领域拓展的风险。

面对复杂的外部形势，面对公司"三创三化"战略愿景，"50亿"更应是我们迈向新的征程的新起点，这对工会工作提出了新的更高的要求。各级工会组织要站在新起点，突出特点，发挥优势，把广大员工的思想行动统一起来，把力量凝聚起来，把积极性、创造性调动起来，积极开创工会工作新局面。

二、凝聚广大员工智慧和力量，再创新优势

2015年是推进"十二五"战略落地、谋划"十三五"发展的关键一年，也是公司开展能力建设的元年。工会作为群众性组织，要主动发挥来自职工、贴近职工的独特优势，做好联系企业和职工群众的桥梁和纽带，充分凝聚发挥广大员工的智慧和力量，再创公司经营发展的新优势。

1. 加强宣传引导，凝心聚力促发展

公司"专业化、集团化、国际化"能力的打造、"百亿企业、精益企业、学习型企业"目标的达成需要公司全体职工的共同努力。各级工会组织要利用群众之家的特点，加强公司形势和愿景的宣讲力度，使员工切实感受到公司当前所处的环境，使广大员工充分意识到企业与员工是紧密的不可分割的利益共同体，从而增强企业的凝聚力、向心力。要充分利用员工之家、学习型实验室等丰富多样的形式学习交流，推进思想转变，改善心智模式；同时广泛动员，号召广大员工勇担转型升级重任，助推公司的跨越发展。

2. 创新劳动竞赛，全力打造职业化员工队伍

新形势下，面对改革发展的不断深入，作为工会工作有效载体的劳动竞赛活动，在目标、领域、内容、形式上都必须有所创新，才能切实发挥提高员工素质、推动企业发展的重要作用。各级工会组织要结合党组织年度创先争优活动及学习型组织建设，继续深化"全员市场投入"，重点突出"能力提升"，通过创新开展各种形式的劳动竞赛，努力打造职业化员工队伍。一是在竞赛内容上，既要有企业生产经营管理和研发、工艺层面的，又要有员工操作技术层面的；既要有发挥员工主观能动性方面的，又要有调动员工积极性方面的。二是在创新的形式上，既要有"短平快"的立功竞赛，又要有注重长远的争先比赛。要让广大员工在干中学、学中练、练中比、比中创，不断增强学习能力、创新能力、竞争能力、创业能力，努力造就一支高素质的职业化团队。

3. 深化"员工福祉"理念，全面提高员工幸福指数

"企"字无人则止，员工是企业发展主体，也是构建和谐企业的主力军。情系群众、心系员工，促进企业和员工和谐共赢是企业的出发点和落脚点，也是工会组织围绕企业发展的工作方向。2014年，公司再次明确了"员工福祉"理念，工会要在2015年持续深化"员工福祉"理念，坚持"两关心、一关注"，深入落实"三关

心、三保证"，真正从维护员工权益的角度出发，用形式多样、喜闻乐见的活动载体，使员工在活动中陶冶情操、缓解压力，创造出"快乐工作、健康生活"的良好氛围；要进一步推进员工心理援助计划和"三线"建设等活动，持续完善帮扶体系，健全日常帮扶机制，及时解决员工的生活困难和后顾之忧，从根本上维护和保障职工权益，最终达到构建和谐企业的目的。

同志们，2015年是公司创新发展的关键之年，也是工会工作围绕中心、务实求效、大展作为的一年。各级工会组织和工会干部一定要积极响应职工群众的热切期盼，肩负起时代赋予的光荣使命，站在新起点，振奋精神，再接再厉，奋发有为，为南车电机"三创三化"目标的实现做出新的更大的贡献！

在三八国际劳动妇女节庆祝活动上的讲话

执行董事、党委书记　周军军

2015 年 3 月 6 日

女职工同志们：

大家好！

公司召开三八庆祝大会已经是第五年，我作为党委书记也是第五次讲话，每次讲的时候总要讲一个话题。在座的女同志，在年龄上讲 80 后居多，大部分都是晚辈。召开这样一个会议，一方面是表彰先进，让先进人物得到公司的表扬和倡导；另一方面，我也很珍惜这样一个讲话机会，公司女员工占了 30% ~40% 的比例，像流水线纺织企业可能女员工比较多，而像我们这样一个机械制造业，我们的女同志是相对比较多的。

我认为刚才卢（沙衡）主任讲到公司女性受尊重的程度是社会文明的标志，这话是正确的，但我认为只讲了一个方面。从另一方面来讲，女性要能够受到尊重，就是说女性要具备受到尊重的条件，不是单纯地说社会对女性的尊重，因为社会不会去尊重一个不应该受到尊重的人，所以应该从两个方面去理解这个话。刚才卢主任说在尊重女性这个角度上，公司已经到了很文明的程度。作为女性代表讲的话，我也不能不同意，但反过来去验证这个话，电机公司的女职工是不是都具备了受尊重这个条件？从面上看，当然是这样的。

作为见过一些世面的一个男性、一个长者，应该跟女同事们分享一下一些经验，为大家工作、生活和职业发展提供一些经验。所以我很在乎这样一个讲话机会，希望通过讲话与大家分享一些看法。我记得 2012 年我讲的是穿戴的问题，这些东西都是很小的东西，但是每年都讲一点，希望能够对大家有所启发，我觉得也是挺好的。

电机公司升格一级子公司之后已经是第五年了，发展上已经成熟了，再讲小东西已经不行了。现在要讲的是职业化的问题，这个层次就比较高了，原来讲的很小的东西，慢慢积累起来就高了，今天主要讲的是做职业女性的话题。

今天，我们在这里隆重集会纪念三八国际劳动妇女节。在此，我代表公司向在座的各位女同胞，并通过你们向公司广大女同胞们致以诚挚的问候和美好的祝福！向刚才受表彰的先进集体和先进个人表示热烈的祝贺！

下面讲讲 2014 年。2014 年，公司的情况是比较好的。一是公司开展了内部流程再造，流程再造后，大家在不同的业务领域、不同的岗位发挥了很好的作用。第二，公司 2014 年的状况，销售也好，收益也好，以及经济增加值（我们讲的 EVA）也好，都创了历史最好水平。作为一个女职工，不关心公司的发展，不关心公司的明天，就不是职业化的表现。今天我们讲职业化的问题，一个职业化的女性，不仅要珍惜家庭、有很好的家庭、很好的私生活，还要有一个很好的职业、很好的职业归属以及自己事业发展的平台。所以，以公司现在的状况，这样一个成就与公司占 30% 以上的女职工的努力是分不开的。去线圈班参观的时候，了解到女职工的劳动时间都超过 12 小时，是很震撼的。人家说共产党员是用特殊材料做成的，我感觉我们线圈班的女同胞就是用特殊材料做成的。这些认识，对公司来说，是对员工的关注；对员工来说，尤其是对线圈班的女职工来说，是一种超值的个人价值的奉献，这种超值应该得到公司的认定与认可。当一个员工的工作为公司提供了超值的价值的时候，她（他）的工作就有了特别的意义，有了超值的劳动贡献。对于公司来说，也要有特别的评价，从而根据这个评价在工资上有特别的支付。

这些成绩的取得，是全体员工努力拼搏的结果，更是全公司广大女职工辛勤工作的结果。话是这么一句话，但是有很深的含义，就是当我们的员工对公司付出了超值价值的时候，公司才能获得更大效益。这个过程中，也涌现了一大批忘我工作、创新进取的先进典型，她们集中展示了公司女职工追求卓越、奋发有为的精神风貌，是公司广大员工的光荣和骄傲，这一部分群体能够给公司带来超值价值，就是全体员工的光荣和骄傲，是我们学习的榜样和楷模。在此，我代表公司对各级女工组织和全体女职工所做出的贡献表示衷心的感谢！同时，广大女职工要以先进为榜样，扎实工作，自我超越，为公司的发展做出更大贡献。

这段话都是基于职业化来讲的，一个职业化的女性首先要知道自己的公司。南车电机是一个什么样的公司，老电机的同志都知道，牵引电机、牵引变压器、风力发电机，现在做到了超过 50 亿的规模，上午开的工作会，定的目标是 2015 年要做到 60 亿，利润要超过 2 亿，这些都是我们对公司的基本认识。但是我们不能只是一个做牵引电机、牵引变压器的公司，或者说是做马达的公司，这个不符合时代对我们的要求，也不符合广大女职工个人职业发展对公司事业的要求。

今天上午还讲了功名利禄的问题，最低的是禄，禄就是我们的工资。大家的工资从哪里来，从我们的事业发展中来，更高一点，还有我们的职业生涯。在座的有做研发的、做营销的，也有做管理的，更大量的是一线员工。我们的希望在哪里？我们的希望是电机公司事业的发展，这个事业不仅仅局限于牵引电机、牵引变压器和风力发电机。这次后面的标语定位是高端动力装备，我们一定要把电机公司做成高端动力装备公司。60亿肯定不是公司发展的目标，我们的目标是做成100亿，

下面我会讲到100亿跟你有什么关系。事业发展了，跟大家的职业生涯、收益、生活的体面度、受尊重的程度都有关系。所以我们要认识到做职业女性，自己的职业生涯跟公司加快产业扩张步伐紧密相关，要不断提升组织业绩，坚定创百亿企业、精益企业、学习型企业，构筑专业化、集团化、国际化的公司。这回答了这么一个问题：我们的未来在哪里？我们的未来就是"三创三化"。百亿企业、精益企业、学习型企业，这个经常讲，大家都知道，但我们电机公司的未来是专业化、集团化、国际化，这个大家从今年的职代会才开始接触。比如，我们在座有做国际业务的，假设我们电机公司没有真正意义的国际化，那么所有做国际业务的职业生涯都没有保障。我们现在已经并购了几家公司了，包括成都、江苏、内蒙古，去年并购了成都、广州的骏发，年前我还专门去了欧洲，看了一家欧洲电机公司。假设我们没有集团化，没有不断地扩张、并购，如果我们不做这些并购，在座的做管理的，哪里有职业生涯？去年，在座的还有女同志专门跟我要求了技术管理层级的问题，你的技术管理层级哪里来？都要从我们的事业扩张上来，这就要求集团化，只有集团化，大家才很多机会，只有集团化，我们才有总经理、副总经理，下面才有部门经理，才有业务经理。我们做员工的，不能老不当班长，不当调度，不当工段长。这些机会都是公司发展才能带来的。这就是我们做职业女性（应该知道的）。去年讲女性要珍惜家庭，今年我们主要讲职业的女性。作为职业女性一定要关注公司的发展，没有公司就没有你的未来。当然很多女性很厉害，可以高就，可以找到很优秀的公司。但是我们，包括在座的各位，多数人还是要靠电机公司的发展，这点大家一定要清楚。所以你手上的工作的意义，是非常有价值的，首先，是对你产生影响，第二对公司产生影响。刚才卢主任特别地讲到学习化、智慧化，我认为这话是讲到点子上了。你的工作价值对公司产生影响，甚至是超值的影响，取决于你的学习能力、知识化的程度。

（举例：20世纪70年代农村女孩喝农药的例子）我用这个极端的例子说明什么东西呢？说明作为一个女性，没有自己的知识与能力，是无法在社会上获得基本的生存的条件和能力。电机公司新招的女孩子，大部分是高职学院毕业，你通过了高等教育，就获得了核心技能，就能够创造价值。学习化、知识化非常重要，甚至包括家庭地位的改善都与学习化、知识化有关系。在座的女同志如果能做好生活不靠男性，我认为这就是人生的一大胜利。但是，你不靠男性靠什么？靠学习、靠知识，改善自己。这个跟珍惜家庭是相辅相成的。只有靠知识化、学习化，不仅在公司才有地位，在家庭也才有地位，男同志绝对不会看不起有本事的女

人，你要相信这点，女人有本事，男人一定会敬你三分。

作为公司来说，还是希望通过你们的学习、知识，为公司贡献超值的价值来推动公司发展。2015 年是公司站在新起点全面落实"十二五"战略的收官之年，也是公司积极谋划"十三五"战略的关键一年。说到关键一年，我们 2015 年上去了，电机公司可能会迎来一个更大的发展；我们 2015、2016 年干得不好，2017 年又会迎来一个类似于 2012 年的局面。2012 年没有扣大家的工资，我当时的建议是：效益下来了，工资就一定要下来。但是未来，我们的效益下来，大家的工资肯定不好看。2012 年大家工资没有受影响，主要是解雇了七八百的劳务员工。今后，公司合同制员工和劳务员工之间所谓的界限，至少在我领导公司期间，将会打破，出于人道主义，也要打破用工边界：同工同酬、一视同仁，人格上、待遇上、情感上，完全一样。不能有风险吃亏的就是劳务员工，这个是不可以的。我们首先不希望未来三年出现这种情况，一旦出现这种情况，先给大家做个预告，我们不会大规模裁员，只能是降工资，从我开始带头降。我们的工作，我们的职业化水平，对公司的发展有很直接的意义。2015 年，我们定位是"十三五"的关键一年，要上，要芝麻开花节节高，步步登高，从一个高峰走向另外一个高峰。百亿企业，就是要保证大家的收入不断上升，能够实现"十三五"工资翻番，实现中国南车员工收入倍增计划。但是收入翻番，业务不翻番，天下没有这样的买卖。所以这个道理，大家要明白。所以，2015 年也是公司推进"三创三化"发展目标的重要一年。

各级女工组织要强化服务意识，发挥女职工桥梁和纽带的作用，切实为妇女办好事、解难事，巩固完善女员工帮困救助机制，努力实现好、维护好女职工的合法权益和特殊利益，这些事都要基于公司的经营效益。持续推进学习型组织创建活动，充分发挥周末女校、"芙蓉杯"竞赛活动等阵地作用，加大素质教育力度，培养一支高素质的女职工人才队伍；组织开展主题鲜明、内容丰富、参与面广、有利于女工身心健康的文体活动。全体女职工要深入学习贯彻公司年度工作会精神，准确把握形势，全面提升自身素质，争当具有"四自"精神现代职业女性，树自尊形象，展自信风姿，扬自立气概，创自强业绩，实现家庭和谐、职业发展的双赢，为公司"三创三化"战略发展再立新功。

最后，再次祝女职工节日快乐，祝愿各位阖家幸福、事业蒸蒸日上！谢谢大家！

狠抓从严治党　强化监督责任
以党风廉政建设助推公司发展新局面

——在公司反腐倡廉建设暨纪检监察工作会议上的讲话

执行董事、党委书记　周军军

2015 年 3 月 6 日

同志们：

今天的会议是在全党深入学习贯彻党的十八届三中、四中全会和十八届中纪委五次全会精神，全面深化改革和推进依法治国，公司加快推进"十二五"战略落地，系统谋划"十三五"战略的背景下召开的重要会议。刚才，余斌同志代表公司纪委做了工作报告，全面总结了 2014 年工作，指出了存在的不足，对今年工作做了系统的安排部署，我完全赞同，请大家认真抓好落实。

2014 年，公司认真贯彻落实国资委和中国南车对党风廉政建设和纪检监察工作的系列部署，坚持以惩防体系建设为主线，以落实中央八项规定精神为着力点，聚焦"四风"深化作风建设，不断强化对权力运行和领导干部的监督，营造出风清气正的发展环境，为公司转型升级提供了坚强的政治和纪律保障。在此，我代表公司党委向一年来为公司反腐倡廉和纪检监察工作付出辛勤努力的各级组织和领导干部致以衷心的感谢！

下面，根据中央精神和中国南车反腐倡廉暨纪检监察工作会议要求，结合公司实际，我讲四点意见。

一、深刻认识加强党风廉政建设的重要意义，增强党风廉政建设工作的责任感

党的十八大以来，党中央旗帜鲜明、立场坚定地推进党风廉政建设和反腐败斗争，反腐倡廉被提到了一个前所未有的新高度。中纪委五次全会强调，要坚持全面从严治党、依规治党，严明政治纪律和政治规矩，加强纪律建设，落实"两个责任"，强化监督执纪问责，持之以恒落实中央八项规定精神，坚定不移推进党风廉政建设和反腐败斗争。公司各级组织要认真学习领会中央有关会议和习总书记系列重要讲话精神，深刻认识党风廉政建设和反腐倡廉工作的新常态，自觉把思想和行动统一到中央要求和工作部署上来。

2015 年，是公司转型发展、蓄势突破的关键之年。面对更为复杂的外部形势，公司提出了"三创三化"的发展目标，确立了"1234"的工作思路。实现这一目标，迫切需要一个风清气正、干事创业的良好环境，需要一支作风过硬、清正廉洁的领导班子和干部队伍，需要各级纪检监察组织发挥更大的监督保证作用。面对新形势新任务，各级纪检监察组织和领导干部要按照国资委、中国南车以及公司反腐倡廉和纪检监察工作部署要求，切实把公司党风廉政建设提高到一个新水平。

二、强化党风廉政建设的主体责任，把从严治党要求全面落实到位

党中央多次强调了"治国必先治党，治党务必从严"的方针，习近平总书记最近提出"四个全面"，更是将依法治国和从严治党提升到了宏观战略高度，中纪委五次全会更进一步强调从严治党、依规治党，加强党的纪律建设的重要地位。从严治党，根本在责任、关键在担当。公司各级领导班子及班子成员要把从严治党的责任承担好、落实好，认真学习制度规定，贯彻落实"一岗双责"，牢固树立不抓党风廉政建设就是失职的责任意识，在严格自律率先垂范的同时，主动承担好职责范围内的党风廉政建设领导责任，明确"四大规矩"，做到"五个必须"，严防"七个有之"，对重要工作亲自部署、重大问题亲自过问、重要环节亲自协调、重要案件亲自督办。同时，要以监督、检查、指导的方式层层传导压力，强化责任追究，督促各级领导干部做到守土有责、守土尽责，确保党风廉政建设各项工作落实到位。

三、加大惩治约束力度与风险管控，建立健全惩治和预防腐败的体系

建立健全惩治和预防腐败体系，是关乎企业根本利益的重要举措。各级组织要认真执行《建立健全惩治和预防腐败体系 2013—2017 年工作规划》，通过切实有效的措施，推进公司党风廉政建设取得实效。一要认真落实《公司主要业务授权手册》，推进授权体系规范，不断健全完善"三重一大"集体决策制度。二要坚持零容忍、全覆盖、无禁区，进一步保持反腐高压态势，坚决查处违反党的政治纪律、组织纪律、保密纪律等行为，维护纪律的严肃性。三要继续完善风险防控体系，抓好惩治和预防腐败体系规划落实，围绕重大决策、项目实施、物资采购以及财务管理等关键领域，落实防控措施。四要加大案件查处力度，坚决遏制腐败，使之"不敢腐"；强化制度建设和监督管理，使之"不能腐"；加强理想信念教育，提升党性修养，提升职业生涯规划与职务待遇水平，使党员领导干部"不想腐"。

四、深化纪检监察"三转"要求，提高党风廉政建设和反腐倡廉工作水平

深入推进纪检监察组织"转职能、转方式、转作风"，是新形势下党中央和中央纪委做出的重要部署，也是今年公司党风廉政建设和反腐倡廉工作的重要任务。公司纪检监察工作实现"三转"要做到"四新"：一是在服务企业转型发展上要有新作为。要增强服务意识，把握发展大势，提高纪检监察工作的前瞻性、系统性和主动性，加强监督检查，提供动力保障，促进战略发展。二是在规范经营管理行为上要有新突破。通过加大效能监察、查办案件和廉洁教育，进一步规范关联交易，堵塞管理漏洞，坚决斩断利益输送链条，提升经营管理效益。三是在提升干部形象上要有新成效。深入研究反腐倡廉工作面临的新情况、新问题，加强一线监督，着力解决各级班子和领导干部作风存在的突出问题，树立廉洁奉公、公平公正的干部形象。四是在净化企业文化生态上要有新贡献。把反腐倡廉建设放在全局中谋划和部署，严明党纪政纪，严查违纪违法案件，营造风清气正的大环境。

同志们，做好新形势下的党风廉政建设和反腐倡廉工作任重道远，事关企业发展大计。让我们以更加坚定的信心、更加扎实的作风、更加有力的举措，深入推进党风廉政建设和反腐倡廉工作，为公司实现"三创三化"提供坚实的保障！

为实现"三创三化"发展目标提供思想和组织保证

——南车电机公司 2015 年度工作会议党委工作报告

执行董事、党委书记　周军军

2015 年 3 月

同志们：

目前，我国经济正在由传统态势转入新常态，这预示着新的变化、新的趋势和新的机遇。对南车电机而言，无论是南北车合并，还是国际化竞争加速，对我们 2015 年乃至今后很长一段时期都提出了新的要求。为此，2015 年的主要任务，一方面是要坚决贯彻落实党的路线方针政策，认真执行上级工作要求，努力完成年度经营目标，实现国有资产保值增值；另一方面，要着眼能力提升和积淀，为加快"专业化、集团化、国际化"进程，推进"三创"战略愿景落地奠定新优势。

刚才，总经理详细部署了 2015 年度生产经营工作任务，对此，我表示完全赞同，希望各单位认真组织落实。下面，我代表公司党委作 2015 年度工作报告。

第一部分　2014 年工作回顾

2014 年，在中国南车党委的正确领导下，公司党委认真学习贯彻党的十八届三中、四中全会精神，坚持"三创"战略引领，积极营造"一个声音、一个目标、一致步调、一心一意"的内部氛围，扎实推进群众路线教育实践活动整改，全面部署全员市场投入活动，持续推进学习型党组织建设，为实现年度经营目标，推动变革发展等各项工作提供了有力的思想和组织保证。

一、健全完善工作机制，确保重大决策民主化、科学化

进一步完善了党组织参与企业重大问题决策的程序和机制，制定了公司党委会、党委办公会等体系文件，推进公司党委参与重大问题决策，确保决策民主、科学。全年召开党委会 15 次，集体讨论研究议题 42 项。

在传达贯彻党的方针政策和上级决议、部署方面。传达了党的十八届四中全会，中国南车群众路线教育实践活动总结大会、新产业工作会、反腐倡廉建设暨纪检监察工作会、二届七次全委会及工作会等会议精神。学习了习近平总书记系

列讲话精神、党的十八届四中全会精神报告、国资委《关于以经济增加值为核心加强中央企业价值管理的指导意见》等相关文件。

在研究党建、思想政治工作、精神文明建设方面。审议了公司"严格党内生活、严肃党的纪律、深化作风建设"专题民主生活会相关材料。听取了"七一"评选表彰、党员发展、全员市场投入活动总体方案以及"双创"评选情况等汇报。研究了年度党委工作要点、年度经营工作报告、成立成都南车电机有限公司党委和广州南车骏发电气有限公司党总支等事宜。

在研究领导班子和干部队伍建设方面。审议了公司领导班子述职报告、《公司派出董事、监事管理办法》《子公司高层管理人员薪酬管理暂行办法》等制度文件。研究了中层职数调整，部分中层管理者岗位公开竞聘方案，子公司董事、监事及经营层推荐人选以及公司干部任免等事宜。以"面对面述职、背靠背评议"形式组织对公司10名领导班子成员和106名中层管理者进行了民主评议，优秀称职率分别达到99.6%、99.2%。

在研究党风廉政建设等方面。学习了南车反腐倡廉建设暨纪检监察工作会议精神、南车关于落实党风廉政建设党委主体责任和纪委监督责任的意见。审议了公司反腐倡廉建设暨纪检监察工作会议工作报告及讲话、公司2013—2017年惩防体系建设任务分解以及纪检监察配套制度规定学习汇编手册。

在参与其他重大问题决策方面。参与审议了国有资本预算工作专题汇报材料、公司三年滚动发展规划、2014年经营计划、流程再造项目、广州骏发并购项目、成都公司电机业务整合等事宜。参与研究了子公司管理办法、子公司资产经营责任制考核办法等规章制度和公司核心能力建设规划等事宜。

二、构建长效机制，持续巩固和扩大教育实践活动成果

深入推进整改完善。本着"对症下药、措施具体、操作性强"的原则制定整改落实方案，明确了作风改进、联系群众、员工利益、企业管理等8个整改方向、100个整改项点，并进行了责任分解。

通过党委会、党委办公会等形式部署督导，各级单位积极推进整改落实。截至2014年末，共完成16项制度流程修订、100个项点的整改，领导班子个人整改合计完成98项，整改落实率100%。

整改成效显著。一是各级领导干部接受了一次严格的党内政治生活锻炼，按规矩办事意识显著增强，拉近了同群众的距离，强化了宗旨意识。二是贯彻落实八项规定和反"四风"成效明显。2014年，公司会议数量同比降低21.0%，会议费压缩61.54万元，同比降低53.0%；业务招待费同比压缩302.3万，下降56.7%。三是为企业转型升级、创新发展营造了健康和谐的发展环境，推动经营业绩再创新高。

三、激发市场活力，深入推进学习型组织建设

组织系统学习，增强市场意识。以全员市场投入为主题，深入推进学习型组织建设。坚持并完善两级中心组学习制度，发挥公司领导带头学习的示范效应。基层组织采取集中学、团队学与个人学相结合的方式，组织开展超过 140 小时的学习活动，系统思考本职岗位与市场的关系，增强全员市场意识，提升工作效率。

加强改善超越，提升市场能力。组织员工从本职岗位出发，查找影响工作效率、市场开拓、转型发展的瓶颈问题，共梳理工作作风、降本增效、团队建设等方面改进项点 206 个，制定改善提升措施 311 项。并结合各阶段的重点、难点工作，以"愿景＋改善"的方式开展精益改善提升、愿景树搭建、市场知识竞赛等系列特色主题活动，强化了广大员工群众的服务意识和市场工作能力。

完善考评达标体系，助推组织建设实效。编制了《学习型组织建设实操手册》，为推进学习型组织建设提供实用的工具和方法。同时，进一步完善《达标评定标准》，细化和丰富学习型组织建设的具体内容。建立并实施考评激励机制，每季度开展学习型组织建设工作督查，评选公司学习型组织建设年度先进单位和个人，促进学习型组织建设落地。

四、创新党建工作方式方法，充分发挥政治核心和战斗堡垒作用

基层党组织活力持续增强。一是落实"三同时"要求，快速搭建完成适应集团化模式的党组织架构。二是加强对子公司专题培训指导，出台《子公司党组织党建工作管理办法》，促进子公司党建工作规范化、系统化。三是搭建沟通交流平台，组织 4 次全员市场投入活动经验交流活动，通过《组工简报》加强基层特色党建工作宣传推广，激发了基层党建工作活力。

党员队伍凝聚力不断提高。一是扎实开展党内主题实践活动，深入开展党员双培养、模范党员事迹展等活动，发挥了党员的示范带头作用。二是开展七一评选表彰活动，调动了党员队伍改善超越的积极性。三是加强党员队伍管理，坚持"三会一课"制度，落实民主生活会、座谈会，开展民主评议党员活动，注重吸收和培养核心骨干加入党组织，提升党员队伍素质水平。

党建目标管理有效落实。制定发布《2014 年公司基层党组织党群绩效考评标准》，并签订了年度党建目标责任状，坚持党建工作与经营业务同步谋划、联动推进，加大党建工作绩效考核权重，深入落实党建工作责任制。

五、坚持党管干部、党管人才，优化两级领导班子和人才队伍建设

加强领导班子建设。制定和完善公司领导干部队伍管理办法，进一步优化中层管理岗位选拔任用程序，提高了选人用人工作的满意度和公信度。通过流程再造，超过 53% 的中层管理者实现轮岗调整，激发工作效能；开展"四好领导班子"创建评比，江苏公司等 6 个单位受到表彰。同时，以公司党委中心组学习为载体，构建了高中层管理者每月"学习日"定期学习机制，加速打造职业经理人团队。

推进高素质人才队伍建设。一是完善公司员工培训管理体系，促进核心骨干能力素质提升。二是打造市场营销队伍，选拔20余名国际化储备人才开展系统培训，培育国际市场开拓主力军；围绕市场开拓项目，加强职业化营销队伍培养和锻炼。三是开展战略人才盘点，梳理公司中层管理者和核心骨干岗位胜任力，建立人才梯队培养计划，出台《后备人才管理办法》及《培养方案》，夯实人才队伍建设基础。

六、着力打造品牌形象，企业文化建设取得新成效

提炼"明德成器 利物益世"企业精神，培育EVA价值导向，推进企业文化建设。坚持新闻、品牌、文化"三位一体"，聚焦产业、市场、技术价值点，加强以市场为导向的外宣策划，开启了微信、微博等自媒体传播，有效提升公司品牌影响力。构建精神层、行为层、形象层文化体系，并与CIS系统相融相促；依托"BI全员推广年"，推进员工行为规范；充分利用展会的传播平台和商业平台，在柏林展、北京国际风能展等展会上成功展示品牌形象。

七、加强党风廉政建设，创建风清气正的发展环境

一是切实履行"两重"责任，构建"纪委牵头、分级管控、各负其责、按期归总"格局，形成了"党委—纪委—基层单位"三级管控体系。二是分解落实2013—2017年惩防体系建设，强化公司惩防体系建设执行力。三是强化履职行为监督，围绕废旧物资处理、物资采购等重点领域，集中开展廉洁风险防控。四是全面启动"系安全带工程"，狠抓廉洁从业专题教育，强化党员干部理想信念和廉洁从业意识。

八、不断激发群团活力，营造和谐企业氛围

工会精品工程成效显著。持续推进"八比八创"劳动竞赛，广泛开展技能比武和文体活动。宣传劳模、先进代表的理想信念，倡导员工创先争优。发挥职代会作用，推进民主管理，持续做好"三关心三保证"帮扶工作，全面开展售后服务站点"三线"建设，发挥协会团体效用，打造周末女校、心悦联盟等精品项目，提升组织凝聚力和归属感，营造健康和谐的经营氛围。

团组织展现青年新作为。坚持党建带团建，以"号、手、队"为依托，将企业形势任务与青年工作相结合，坚定青年与企业同发展的信念，通过搭建青年联谊平台、成长成才平台和文体活动平台，激发青年活力，凝聚青年思想，提升青年素质，有效发挥了团组织在经营活动中的生力军作用。

第二部分　当前的形势和任务

形势复杂多变，机遇与挑战共存。当前，南车电机已处于或止步难进或奋力跃进的关键时刻。从国家层面看，十八届三中全会提出"全面深化改革"的目标、四中全会"依法治国"的理念和中央经济工作会议"稳中求进"的总基调将推动改

革渐入落实期，改革红利加速释放的同时，也必然将带来更多的挑战。一是"依法治国"为全面深化改革提供了长期的制度保障，国有企业只有加快"依法治企"步伐，依法合规经营，做好经营风险管控，才能在改革中受益。我们要快速厘清"依法治国""依法治企"和"公司永续经营"之间的关系。二是中央大力推进国企党风廉政建设和反腐败工作，已圈定 26 家央企展开新年首轮专项巡视，今年将成"国企反腐年"，国企作风建设、纪律监察以及选人用人等方面势必会成为巡视重点。我们要在中国南车的领导下，健全完善公司相关制度体系，明确权责追究机制，规范制度流程，为深化改革开路，坚定不移做大做强公司产业，确保国有资产保值增值。三是无论是国家加速国企改革、探索混合所有制，还是用法制划清政府与市场的作用边界，都将进一步放宽市场准入门槛，深化垄断行业改革，我们将从过去"寡头垄断"局面走向全竞争时代。在南北车整合的大背景下，我们尤其需要提前预判并做好市场格局变化的能力储备和应对措施。四是"工业 4.0"概念的提出和深化，必将推动世界经济新一轮的变革与发展，中国制造 2025、"两化深度融合"与之不谋而合，我们能否抓住这一形势率先变革，并走上智能化发展的道路将决定着未来的成败。五是经济增长方式发生转变，技术进步和创新成为决定成败的"胜负手"，要求公司密切关注技术发展态势，坚持技术创新，并全面提升企业软实力。

市场方面，面对新常态下经济增长下行压力加大，基建投资是扩大内需的重要抓手。一是从短期内看，铁路投资仍是国家实施调控的首要抓手，2015 年将有 12 条高铁建成运营，投建里程将达到 3534 公里。我国加快实施自由贸易区、"一带一路"、制造强国、高铁外交带来的出口增量空间也将成为促进行业发展的积极因素。同时，风电电价即将下调，各大风场在 2015 年势必会掀起新一轮的"装机潮"，风电市场增长率将达到 58%。二是发改委明确将重大工程建设作为定向调控的重要抓手，涉及清洁能源、水利、交通、油气及矿产资源等重大项目，同时，跨区域输电、区域主干电网、城市电网和农村电网建设以及风电跨区外送电力的需要，将加快拉动输配电产业、高效节能电机、风力发电机等产业新一轮的发展。

随着国企改革加速、全球铁路市场竞争白热化，在中国"高铁"走出去战略的催化之下，南、北车整合已成为大势所趋，必将为公司的发展带来新一轮的机遇和挑战。国内市场，南北车合并将打破边界壁垒，原有内部配套将成为历史，公司面临的市场体量更大，充满发展机遇；但同时，内部竞争也必将更加激烈。一方面，铁总已明确提出"动车组大部件供应要在 2 年内实现 3 家及以上供货"的新要求，同时，对产品的性价比的诉求更加强烈，部件企业依附主机企业发展的态势将逐步改变。另一方面，平台优势不再，公司产品在北车平台运用较少，机车、动车产品更是无从涉足，而北车永济已在南车内部市场与公司角逐多年，将带来更大的竞争威胁。海外市场，南北车合并，将统一中国轨道交通装备产业的资源与能力，在海外市场与西门子、阿尔斯通、庞巴迪等国际知名企业一竞高下，公司也会随之受益。但作为高度同质企业，与永济电机在共同面对主机客户时，在海外市场各自能分得多少杯羹，完全取决于公司竞争能力。

面对当前形势，总部明确：不断培育竞争新优势，全面打造世界一流企业，加速向国际化经营和跨行业发展转变。同时，突出强调了"世界一流的国际竞争力、改革创新的发展原动力、深耕博收的市场开拓力和强化执行的精准管控力"四个能力的提升。同样，这是公司实现"三创三化"的信念基础和行动目标，也是我们在全体员工中普遍开展形势任务和方针目标引导的一条主线。

今年，公司党委的主要任务是：动员、组织公司各级领导班子和全体员工，把思想和行动切实统一到对当前形势的准确研判和任务的明确部署上来，围绕"十三五"战略谋划和核心能力建设任务，按照"提升、协同、深化、突破"的原则，矢志不移、居安思危、因势利导，推动南车电机科学发展、协同发展、可持续发展，打造更具竞争实力的高端动力装备先锋，为创百亿企业、精益企业、学习型企业，构筑专业化、集团化、国际化的百年基业提供强大的思想动力和组织保证。

第三部分　2015年工作安排

一、站在新起点，加速开创发展新局面

今年是公司站在新起点全面落实"十二五"战略的收官之年，也是公司积极谋划"十三五"战略的关键一年。当前，我们的首要任务，就是深入学习领会、坚决贯彻执行党的十八届三中、四中全会和习近平总书记系列讲话精神，把学习贯彻活动与生产经营实际有效结合，着力提高依法治企、合规经营的能力和水平，不断增强运用法治思维和方式推动企业改革发展的能力；主动适应国有企业改革趋势，优化法人治理结构、提高企业经营"双效"水平、加快战略发展步伐，提高核心竞争力和可持续发展能力；加强党风廉政建设和反腐败工作，强化党风廉政建设主体责任，持之以恒落实八项规定，纠正"四风"，加强纪检制度创新，推动纪委双重领导体制落到实处。通过学习贯彻活动，努力把学习成果转化为推动各项工作的思路和措施，提升广大党员干部综合素质和运用新理论解决实际问题的能力，组织动员全体干部员工围绕年度生产经营任务完成和公司"十三五"战略规划目标实现创造佳绩。

本年度的思想舆论导向和学习教育活动的开展，在解决方向、目的和责任问题的前提下，一是矢志不移，坚定"三创三化"发展目标不动摇；二是居安思危，在新形势下保持清醒头脑，开拓创新，实现新价值；三是因势利导，将"三创三化"目标要求融入"十二五"战略落地和"十三五"发展脉络。

同时，面对复杂的外部环境，我们要正确认识新形势，站在新起点下，充分

发挥党的组织优势和战斗堡垒作用，坚持"三重一大"制度，积极参与重大问题决策，加快公司创新变革，加速开拓新的发展局面。通过科学、民主、有效决策，重点做好战略谋划、新产业扩张与组织绩效提升工作。

深度谋划战略。战略谋划是我们在新一轮发展机遇到来时能否抢得先机的关键，也是公司"三创三化"愿景目标实现的基础。一是要高标准、高起点谋划"十三五"战略。要理顺"三创三化"之间的关系，"专业化、集团化、国际化"是实现"百亿企业、精益企业、学习型企业"的主要方法和途径。在全球竞争时代，要整固专业化，塑造更具竞争实力的核心专有业务结构；推进集团化，塑造与发展相适应的管控模式；对标国际化，塑造具有国际竞争力的资源配置能力，从而全面推进"三创"进程。二是要以战略性思维统筹和推进能力建设。能力建设是实现战略的基础和保障，是要将企业做大做强先练好内功的核心工作，要全面对标ABB、三菱、东洋等先进企业，将市场能力、技术能力、项目管理能力和以供应链优化为核心的成本控制能力作为重点提升对象，全面打造企业整体竞争力。

加速产业拓展。现阶段，公司要抢夺行业话语权的关键在于规模，但我们一定要明白规模是靠一系列高度协同的高端的产业点紧密联系、支撑起来的。为此，一方面，要加快产业扩张步伐。立足电机与变压器两大业务优势积淀，集中资源加速轨道交通与风电两大核心业务的产业技术升级，把高效电机现有商机转化为落地的产业项目；同时，紧密围绕高端动力装备定位，系统研究国内外在新一轮发展中的改革重点，做好产业顶层设计，加快研发智能、集成、安全、具有竞争力的新产品，着力培育有一定规模、有竞争优势的新产业，在更广的领域、更高的层面去开辟蓝海市场。另一方面，要做好内部体系机制的支撑。一是要引入与市场接轨的业绩评价方式方法，推进技术、营销与项目管理之间的高效互动与联通；二是要重点做好质量、成本控制，寻求全球化供应链等资源支撑；三是全面做好风险防控，有预见性地做好产业并购和海外市场开拓过程中涉及的政治、法律、文化、技术专利、金融及履约等方面的风险识别和控制，尤其要注重海外项目质量风险的管控。

提升组织绩效。有效的组织绩效管理是确保企业发展战略落地的基石，也是凝聚组织战斗力的重要纽带。我们要以战略为导向，进一步研究、完善组织绩效管控体系，不断提升组织业绩。一是固化、优化流程再造效果。系统回顾分析流程再造后的组织绩效运行情况，通过绩效评估发现问题、查找差距、督促改善、完善机制，达到提升组织绩效效度、信度和强度的目标。二是突出绩效管理导向。以"战略一致性"为原则，合理运用组织绩效，从宏观上引导各类组织深入贯彻战略发展意图，将企业核心能力建设作为绩效管理的重要内容，加强对重点项目的考评力度，落实"三创三化"愿景目标，建立企业长期的竞争优势。三是完善集团绩效管理体系。公司已具备集团化雏形，但与之配套的管控模式仍在探索完善中，要针对不同性质的子公司，科学制定授权体系及绩效考评体系，形成以战略管控为主的集团化绩效管控体系，充分体现各类组织特色，促进各级各类组织创造性地开展工作。四是加强对经营管理者的绩效考评。经营管理者是组织绩效提升的关键，要逐步建立公司优胜劣汰、奖优罚劣的经营者内部竞争和激励机制，必须进一步实行严格的经营者"奖罚兑现"的现代企业制度，强化组织绩效与个人绩效的关联度，确保组织绩效的最终落地。

二、增强软实力，培育职业化员工队伍

企业与企业之间的竞争，是人才的竞争，而实质上是员工职业化素质高低的较量。（这就像一场足球比赛，职业化运动员与业务运动员的同场竞技，其结果不言自明。）所谓职业化团队，就是拥有职业化素养、职业化行为和职业化能力的员工团体。但目前，我们职业化团队建设才刚刚起步，无论在数量、结构、梯队配置方面，任职资格和职业化人才标准的研究方面，还是职业化团队培养和能力塑造上，都不能很好地满足公司战略发展需要，我们的职业化团队建设离"像回事"和"做成事"还有很大的差距。刚才，肖总在报告中提到要用3年时间打造职业经理人、国际化人才、核心技术人才、核心管理人才、核心技能人才5支人才队伍的建设，各单位要认真落实，同时，要结合5支人才队伍建设，全面提升各类人员的职业化水平。

一是科学制定职业化人才发展规划。把职业化工作放在践行"三创三化"的愿景目标中来思考、谋划和推进，扎实有效地开展全员职业化建设，周密策划、制定并落实公司全员职业化建设规划。二是构建以任职资格为基础的职业化人才标准体系。任职资格只是职业化的基础，要高起点、严要求，对标国内外先进企业职业化人才标准，与市场接轨，加强任职资格和职业化人才标准研究，从职业素养、职业知识与技能和职业行为标准等方面，探索制定各层次、各类别岗位的职业化标准体系。三是系统策划并完成职业化团队的搭建。要根据职业化标准体系，建立基于任职资格标准的招聘选拔机制；围绕5支核心队伍，开展"千名核心人才队伍"职业化培养，重点关注工程技术、市场营销与客服职业化团队的建设以及永磁技术、电动汽车、系统集成等行业领军人物的引进，同时，加强职业经理人、工程技术人员的继任梯队建设。四是精心策划5支职业化团队的人才培育工作。按照职业化人才标准，结合全员胜任力、职业经理人领导力模型，向"大视野、高聚合、强价值""专业、系统、创新"方向开展有针对性、科学性和系统性的职业化培训和教育活动，提高全员对职业化的认知和理解，从而全面做好职业化团队培养和能力塑造。五是进一步完善职业化人才的评价和激励机制。以"外部竞争性、内部公正性"原则，逐步建立企业内部自身的职业化评价机制，在此基础上，进一步优化基于职业化标准的绩效和薪酬体系。

企业的软实力不仅体现在职业化的员工队伍上，更体现在"内化于心、外化于行"的企业文化上。优秀的企业文化能够引导员工的价值取向，将各项刚性制度转化为自觉行动，激发工作积极性及创新精神，从而创造优良业绩。公司已提炼了"明德成器 利物益世"企业精神，但企业文化的建设不能停留在核心理念的宣贯上，更重要的是融入整个生产经营活动和员工团队建设，准确把握深刻内涵和实践要求，做到"知晓真义"，内化于心；在学习践行上出实招，做到"行善明德"，外化于行，达到"知行合一"的境界。

一是完善企业 CIS 体系建设，探索符合"大品牌体系"要求的品牌管理新方法，使品牌建设融入生产经营关键环节，真正形成品牌建设合力。二是做好文化聚合、引领工作，以文化理念"上墙、上桌、入现场"、行为规范"入耳、入心、入行"为目标，开展新理念、新思维、新模式的全员宣贯，引导广大员工对公司核心价值的全面认同与实践。三是按照"同一个愿景、同一个目标、同一个声音、同一个步调"要求，构建母子公司统一的品牌体系，实现文化的协同与融合。四是注重新媒体运用，塑造公司品牌形象。开创"传统与新兴媒体、国内与国外媒体、线上与线下媒体"的全面品牌传播的工作局面，提升公司品牌的市场影响力。五是紧密围绕产业发展和国际化经营两条战略发展主线，发挥好展会的传播平台和商业平台作用，创新参展形式与配套活动，充分与市场联动，提升参展效果。

三、致力永续改善，建设学习型组织

环境永在变化，变革是永恒的主题。发展永无止境，学习就没有止境。学习型组织建设不只是一项党务工作，更不是简单的形式主义工作，学习型组织建设是公司"三创"战略愿景之一，是举全公司之力要努力达成的组织目标。

完善学习机制，深化学习型组织建设。一是围绕知识共享、价值提升、日常改善，对照学习型组织建设标准和实操手册要求，对学习型组织建设的组织设计、学习行为、学习工具、学习绩效进行管理，系统化、规范化推进学习型组织建设。二是对标国际先进，寻找短板和差距，推进"学习＋改善"模式常态化、工作化，促使工作理念、行为规范、视觉形象、职业素养向国际一流企业看齐，打造行业领跑者品牌形象。

增强学习实效，调动员工自我改善积极性。一是深层次创新学习型组织建设。建设学习型组织并不是学习型组织理论的简单移植，要从工作实际出发，在思想观念、学习方式和学习机制等方面进行深入创新，挖掘学习深度、广度，助推公司市场、技术、制造能力提升。二是增强培训学习实效性，结合生产经营活动实际需求开展具有针对性、高水平的培训学习，提升员工培训学习的效果。三是在员工职业发展制度上采取措施，调动员工主动改善、不断超越的积极性，让改善成为工作习惯，让员工学有方向、学有目标，进而学有所成，学有所用。

致力持续改善，推进与精益管理有机融合。目前公司学习型组织建设与精益管理的交集主要集中在生产一线的精益改善，还没有贯穿到生产经营管理的全过

程，两者的结合不够紧密。学习型组织建设与精益管理之间的关系是"道"和"术"的关系，相容相促，要通过推进两者的有机融合，提升公司学习型企业建设水平。一是要进一步将精益管理的理念和方法延伸至生产、经营、服务各个领域，着眼经营质量的大幅提升，对标学习型组织建设达标标准，实施全局性精益改善，推进学习型组织建设深入发展。二是充分利用学习型组织建设载体和工具方法，开展攻关、改善活动，消除各种浪费，优化资源配置，提升效率和效益。三是建立内部信息共享机制，搭建知识管理平台，发挥集体智慧，系统思考在精益改善中的价值，推动改善，加速创新，提升学习型组织建设成效。

四、创新方式方法，增强党组织的战斗力

积极发挥党组织的政治优势，适应新常态，展现新作为，创新组织体系，创新工作平台，创新教育方式，创新活动载体，创新责任落实机制，以"深化、创新、突破、聚力"工作原则为指导，强化公司党委在转型升级发展中的定向把关、凝心聚力的作用，团结和调动各方面力量，发挥党建新优势。

担当职责，落实党风廉政建设主体责任。公司党委将切实加强对党风廉政建设和反腐败工作的领导，党委书记是第一责任人。各级领导班子及成员要认真落实"一岗双责"，抓好党风廉政建设，抓严明纪律，抓惩治腐败，带好队伍，用好人才。一是要落实从严治党责任制，坚持党建工作和中心工作同谋划、同部署、同考核，推动各项工作落到实处。二是要严格按照党内政治生活准则办事，严格遵守党的组织纪律，不折不扣地执行上级党组织的路线方针政策。三是要坚持不懈抓好作风建设。巩固和拓展群众路线教育实践活动成果，持之以恒整顿"四风"问题，努力改进党员干部作风。四是要从严管理党员干部，坚持"讲政治、守纪律、讲规矩、敢担责"原则，践行"三严三实"要求，使党员干部心有所畏、言有所戒、行有所止。

围绕中心，推进党的建设工程。在认真学习贯彻十八届三中、四中全会和习近平总书记系列重要讲话精神的基础上，围绕"提升、协同、深化、突破"各项任务，发挥党员干部先锋模范作用，深入推进核心能力建设。一是完善党组织体制机制，提高党的建设科学化水平，营造健康和谐的政治环境，为生产经营保驾护航；二是围绕经营中心，全面推进公司党的思想建设、组织建设、作风建设和制度建设，着力在市场竞争和战略发展的实践中发挥作用，把党的政治优势转化为全面推进企业改革发展稳定的能力。

突出重点，加强党组织建设。一是完善组织体系，坚持"三同时"原则，适应公司跨地区发展，及资本和人才流动加快的趋势，优化基层党组织设置；二是加强对子公司党建工作指导与支持，促进公司党建工作系统化、规范化发展；三是创新党内主题实践活动的内容、形式和载体，提高党组织的凝聚力；四是加强党员队伍能力素质建设，党员发展要重点关注技术、营销、管理核心人才的引导、吸收，努力建设一支结构合理、素质优良的党员队伍。

五、服务经营发展，营造凝心聚力内部环境

面对当前的新机遇和新挑战，要加强和改进新时期党工团工作，充分发挥组织群众、引导群众、服务群众的作用，使广大员工认清发展形势，理解公司发展使命和责任，提高工作的主动性、创造性，促进公司又好又快发展。

纪委要强化纪律的刚性约束，确保八项规定和反"四风"机制长效落实；严格落实党风廉政建设监督责任，确保企业和谐稳定发展大局；落实"两个为主"，加强惩防体系建设；深化廉洁风险防控，继续做好九大关键领域的风险管控落实。同时变"一线参与"为"监督推动"，把主要精力放在正确履职的监督上，围绕制度建设、应收账款管理、存货管理等重、难点问题开展监督；要加大案件查处力度，坚决遏制腐败，使之不敢腐；强化制度建设和监督管理，使之不能腐；加强理想信念教育，提升党性修养，使党员领导干部不想腐。突出监督主业转职能，创新监督方法转方式，加强队伍建设转作风，推进纪检工作"三转"，完善纪检监察制度体系建设，形成廉洁从业的长效机制。

工会组织要围绕改善民生，不断完善职代会制度和厂务公开制度，构建和谐劳动关系，为落实企业重大决策部署提供可靠保证。突出市场与能力主题，深入开展劳动竞赛；深化"三关心三保证"和"两关心一关注"活动，加强员工权益帮扶，提升员工满意度；持续开展"三线"建设，在做好硬件配置的同时，加强氛围营造和文化提升；切实发挥好社团协会作用，持续营造"快乐工作、健康生活"的良好氛围。

团组织要继续以"深化五小"等创新创效载体搭建青年员工成长舞台，完善"搭、帮、送"职能，做优精品活动，促进青年员工业务水平和能力素质提升，打造一支职业化的优秀青年队伍。大力开展青年员工喜闻乐见的文体、娱乐活动，关心青年团员的思想生活，有针对性地开展贴心服务工作，发挥共青团的纽带作用，做好青企融合工作。

同志们，"三创三化"责任重大、使命光荣、大有作为，让我们统一思想、凝聚力量，抢抓机遇、攻坚克难，齐心协力，创造优异业绩，为创百亿企业、精益企业、学习型企业，构筑专业化、集团化、国际化的百年基业做出更大的贡献，为将南车电机打造成具有国际竞争力的高端动力装备的领跑者而努力奋斗！

弘扬创业精神　建设职业化队伍
为推进"三创三化"战略目标再立新功

——在五一劳动节暨工会工作表彰会上的讲话

执行董事、党委书记　周军军

2015 年 4 月 29 日

同志们：

今天，我们汇聚一堂，共同庆祝即将到来的五一国际劳动节，表彰为企业转型升级发展做出突出贡献的先进集体和优秀个人。在此，我谨代表公司，向受到表彰的先进集体和个人表示热烈的祝贺！向辛勤工作在公司各个岗位上的全体员工，致以节日的问候和衷心的感谢！

过去一年，是公司转型升级发展的开篇之年，公司工会按照"围绕中心、凝心聚力"原则，积极贯彻落实年度职代会精神，扎实推进学习型班组建设，创新组织各类劳动竞赛，持续提升员工技能水平，深入开展服务员工在基层活动，推进员工之家建设，特色举办多样文体活动，丰富了员工业余生活，更提升了员工生活体面度，为公司发展营造了和谐的内部氛围。借此机会，我代表公司党委，对各级工会组织取得的成绩表示祝贺，对广大工会工作者为促进公司发展付出的劳动表示衷心的感谢！

今年是全面落实"十二五"战略、系统谋划"十三五"布局的重要一年，也是公司明确提出"三创三化"战略目标的首个年头，更是公司工会发挥好联系企业和员工的纽带作用，组织动员广大职工发扬创业精神，打造职业化员工团队，加快能力建设，全面提升公司核心竞争力大有作为的一年。借这个机会，我宣传几点意见。

一、准确把握形势，积极应对机遇和挑战

当前，公司面临的形势复杂多变，机遇与挑战并存，公司处于止步难进，或者是奋力跃起的关键时期。从国家层面看，一是中国的经济正迈入新常态，一季度国家经济增速定格在 7%，宏观经济下行压力增大。国家经济结构正从增量扩能为主转向调整存量、做优增量并行的深度调整。公司的产品与制造业密切相关，制造业跟实体经济的发展密切相关，目前股市兴盛，实体经济低迷，机电装

备需求不充分，对公司产品市场带来了不利的影响。二是无论两化融合、工业4.0，还是"互联网＋"、物联网、云设计等新的经济形态，对传统的电机制造领域提出了新的挑战，传递的都是新一轮科技革命和产业变化，创新驱动、数字化、智能化制造都给公司带来了压力。公司目前的创新驱动能力还很弱，更谈不上数字化、智能化制造，而整个机电装备的洗牌，一定会融入新一轮科技革命的内容，而公司的准备还不充分。在国家宏观经济不景气和公司面临的产业准备不充分这两个压力下，我们也有动力。国家重点实施"一带一路"倡议、京津冀协同发展和长江经济带建设等，将直接撬动上万亿的投资规模，为高端装备、新能源和高效电机产业提供了广阔的发展空间。

　　第二，从南北车整合形势来看，原有的在中国南车的内部配套机制将成为历史，公司面临的将是全方位的市场竞争，市场体量更大，充满发展机遇，但内部竞争也必将更加激烈。一方面，铁路总公司2015年固定资产投资计划总规模和装备购置投资均有降低（这个在电机和变压器事业部的生产上都有反映了），对产品性价比的要求更高，而且机车修程修制的改革进一步压缩了营收空间。同时，核心零部件招标逐步引入"第三家"，民营和外资企业将有进入的机会，我们面临的形势将更加严峻。另一方面，南北车子公司间的资源和能力大同小异，未来中车对配件企业的投资导向尚未明确，公司的工程技术中心的投资是中国南车最后一笔投资，未来能不能顺利获得中车投资，取决于公司经营状况，也跟大家切身利益密切相关。同时，永济的产品系列比我们覆盖更为全面，永济占据了国内油田电机90%以上的份额，并在南车内部市场与公司角逐多年，如永济的电机供应给青岛四方的动车组，而公司产品在北车动车市场没有份额，相比之下，公司在北车市场的开拓效率较低。最近公司部分产品出现系列质量故障问题，譬如供应青岛四方的电机温度传感器质量问题影响重大（反省、追责、改善），在南北车合并的关口，对公司争取主机客户、抢占合并先机带来极为恶劣的影响。

　　面对复杂的外部环境，我们要直面挑战，要锤炼能力，要紧跟国家政策方向，充分利用国内产业结构调整、消费结构升级的巨大市场空间和需求潜力，加快创新驱动、开拓新产业，推进数字化、智能化制造，抢占先机，赢得主动，扩大市场占有率，提升企业品牌。同时，南北车已经合并，作为子公司，我们不仅要看到合并带来的利好（公司工资水平比永济高，说明公司经营品质相对要好），更要对合并后的内部竞争有准确的研判和充分的应对策略。稍有不慎，公司便可能陷入被动局面，不仅是公司总部，各子公司更要有竞争意识。广大员工要树立危机意识和竞争意识，加强内部软实力建设，补齐短板，化阻力为助力，变压力为动力，打造核心竞争力，全面领先竞争对手。

　　二、明确发展目标，全面打造职业化队伍

　　坚定"三创三化"发展目标。公司"三会"的顺利召开，明确提出了"三创三化"发展目标和"高端动力装备先锋"的发展定位。"三创"是公司发展的内涵要求，百亿企业是要做大，精益企业是要做强，学习型企业是要做久；"三化"是外延的条件，"三创"目标需要通过专业化的竞争能力(即行业里做得最好)、集团化的产业和组织架构及国际化的业务形态来实现。面对国内外竞争形势，我们要整固专业化，塑造更具竞争实力的核心专有业务结构(专业化就是指有技术能力、竞争能力，做出最好的电机产品，还包括子公司研究院/基地)；推进集团化，塑造与发展相适应的管控模式(后面还将盖起公司总部大楼，综合技术楼和A、B座将是牵引电机和变压器的研制本部)；对标国际化，塑造具有国际竞争力的资源配置能力。国际化包含四个内涵：一是国际市场，公司未来国际市场份额至少要达到30%。二是国际标准，包括收入水平、产品的技术标准，公司目前的电机产品在技术、质量、工艺上没有达到国际标准要求。三是全球采购，一定要走出田心，展开全球采购，SKF公司配件也有从国内采购的。公司供应链一定要改，要适应国际化发展步伐。第四，跨国经营，要做全世界的买卖。"高端动力装备先锋"，"高端"就是要走高端产品和技术领先路线；"动力"是对公司核心业务的定义(专注于电能的动力，即电机)；"装备"是指与"动力"相关的延伸业务；"先锋"即要坚持技术领先，以实现市场引领。"三创三化"目标和"高端动力装备先锋"定位的达成需要公司全体职工的共同努力。工会作为群众性组织，要加强宣传引导，推进"三会"精神宣贯落实，使广大员工充分意识到公司发展直接关系到近期的收益与远期的个人职业发展，广泛动员、凝心聚力，号召广大员工勇担重任，助推公司跨越发展。

打造职业化员工队伍。人力资源能力是核心能力建设重要内容之一，不论是"三创三化"发展目标，还是打造高端动力装备先锋的发展定位，都急需一支具有核心竞争力的职业化队伍。职业化队伍就是要建设一支拥有职业化技能、职业化形象和职业化素养的员工团队，员工的职业化是公司专业化的体现。说具体些，职业化就是在合适的时间、合适的地点，用合适的方法，说合适的话，做合适的事。但目前，我们职业化团队建设无论在数量、结构、梯队配置方面，还是职业化团队培养和能力塑造上，都不能很好地满足公司战略发展需要。公司已经制定了职业化团队中期(2015—2017年)建设规划，对今后三年职业化队伍建设提出了实施纲要。作为公司员工，要积极主动地借助学习型组织建设的载体和职业化团队建设的平台，加强学习改善，实现自我超越，促进业务技能水平提升，使自己的工作状态趋向标准化、规范化、制度化。同时，在日常工作、生活实践中践行企业文化，领悟核心价值观，提高职业素养、职业形象，助推公司品牌形象。

三、加强作用发挥，展现工会工作新作为

面对新形势、新挑战，工会工作只能加强，不能削弱。公司各级工会组织要发挥好联系职工群众的桥梁和纽带作用。一是要不断提升员工工作和生活品质。

加强员工之家、员工休息室等硬件建设，优化工作环境，改善生活方式。二是要组织开展好各类劳动竞赛。突出"市场"与"能力"主题，加强与职业化队伍建设互联互动，创新手段与方式，开展技术创新、管理创新、生产创新的劳动竞赛，促进广大职工才智发挥，弘扬劳动精神、创业精神，全力打造一支高素质的员工队伍，汇聚公司发展的正能量。三是要积极构建和谐企业。通过组织开展多样的文体活动丰富职工群众的文化生活。要贯彻"两关心一关注"，密切联系群众，扎实推进"三关心三保证"工作，想方设法协调、解决好涉及职工利益福祉和实际困难的问题，确保广大员工全身心投入企业发展。

党委建议，今后或者是今年，公司工会工作的核心是要提升公司员工的工作体面度，尤其是一线员工的工作体面度。工作体面度包含五个维度：一是员工的工作面貌、精神状况；二是解决工作价值的问题；三是完善员工工作条件；四是结合精益改善，降低劳动强度；五是提升员工福利待遇，营造"尊重工作、尊重劳动"核心文化，要从与员工关系密切的细节地方做起，不断投入、改善，提高员工的生活和工作体面度，让员工在公司觉得"值得"。

同志们，劳动承载梦想，奋斗成就伟业，"三创三化"目标已然明确，"高端动力装备先锋"发展思路更加清晰，让我们坚定信念，上下同心，弘扬"创业"精神，创新工作思路，打造核心竞争力，谱写公司发展的新篇章！

最后，祝大家五一节快乐！健康如意！

未来竞争机遇的把握和优势的创造

——在 2015 年年中执行董事会上的讲话

执行董事　周军军

2015 年 10 月

同志们：

2015 年，经营班子齐心协力，整体工作稳步推进，经营发展成效显著，全年各项经营指标再创新高，为"十二五"的圆满收官和"十三五"的良好开局奠定了基础。但同时，也要看到公司在前进的道路上仍存在的一些不可忽视的问题，具体来说就是"强当期、弱预期；强管理、弱经营；强主业、弱新产；强营销、弱市场；强制度、弱执行；强现场、弱项目"。

刚才，总经理在报告中对下阶段的工作进行了部署，希望各分管领导认真落实各项工作。同时，借此机会，我结合当下以及未来面临的内部外形势，对总经理和公司经营班子提出以下建议。

一、认清形势，牢牢把握发展机遇

当前和今后一段时期，公司面临的经营环境错综复杂，机遇与挑战并存。从挑战来看：

宏观经济下行趋势明显。目前世界经济复苏缓慢，全球产业竞争格局正发生重大调整。我国经济进入新常态，面临着"三期"叠加的新形势。国家统计局刚刚公布的 2015 年 3 季度 GDP 增速为 6.9%。自 2013 年 3 季度的 7.9%，中国 GDP 增速已经连续 8 个季度下滑。而世界货币基金组织预测中国 2016 年经济增速将成为 25 年来最低的一年，为 6.3%。经济下行压力较大，企业面临的需求不足、产能过剩、价格下滑和成本刚性增长的挑战增大。

新中车的成立尚未给公司带来积极影响。中车成立首先面临的问题就是解决好重复投资和产业同质化的问题。从投资上看，中车严控投资的态度很明确，公司融资能力在弱化。从产业同质化来看，新中车未来战略框架基本清晰，并开始着手研究货车、机车企业以及制动系统业务的转型升级和资源优化配置。对于电机产业，尚无定论，为电机公司在新中车站稳脚跟留有一定的窗口期。但从新中车成立至今的这段时间来看，集团对于永济的重视和关注程度远远高于电机公司，并且有将永济电机作为中车电机产业主导的趋势。长期来看，电机产业的内部资源优化配置和转型升级将是大势所趋。

同时，新格局为公司带来了更加严峻的竞争形势。相比而言，永济电机产业结构更多元、市场客户群体更丰富、规模效益排名更靠前、企业积淀更深厚。此外，公司面临着合资企业和系统厂商的侵蚀。大同ABB、大连东芝、常牵庞巴迪等合资企业凭借其外资企业的技术制造实力占据成本优势，特别是常牵庞巴迪毛利率达到了50%以上（电机公司17%）；株所凭借系统优势，一直有发展电机产业的强烈愿望；永济电机也在系统领域实现了突破，占据了一定先机。

从机遇来看：

主导产业发展势头正劲。国铁市场趋势不减，"十三五"期间铁路固定资产投资将超过"十二五"的3.51万亿元，达到3.5万~3.8万亿元左右；"十三五"末，铁路营运里程由目前的12.1万公里增加至15万公里，高铁营业里程从目前的1.9万公里增加至3万公里，城际铁路里程从3500公里增加至8500公里；未来10年全球高铁投资也将进入井喷时代，年均投资超万亿，轨道交通零部件产业市场总规模也将突破650亿。风电产业持续发展，国家风电"十三五"规划预计到2020年装机达到2.5亿~2.8亿千瓦，按2015年年底累计装机将达1.2亿千瓦测算，未来五年年均装机2600万~2800万千瓦，同时，巴西、印度、土耳其、墨西哥等发展中国家陆续启动并加大风电产业投资，前景可期。

新产业发展空间十分巨大。在当前经济下行及转型期，新能源汽车、节能环保等具有稳增长及转型升级双重效应的战略性新兴产业成为发展重点。其中，国家绿色经济发展主力军新能源汽车产业将呈现喷发式增长，根据《节能与新能源汽车产业发展规划》，到2020年新能源汽车产销量将达500万辆、规模近千亿，配套驱动电机年需求量200亿左右；高速永磁电机以其不可比拟的技术优势，备受制冷、污水处理、医药、化工、机床、气体输送、储能等国家重点支持领域青睐。近日，国家能源局印发的《配电网建设改造行动计划》给变压器发展注入强心剂，"十三五"期间，变压器市场新增市场容量或将达到50亿千伏安。同时，城市轨道交通、新能源、智能产业等新兴领域的快速崛起也将带动特种变压器产业的快速发展。

国家着力推进"走出去"，为公司国际化发展提供了政策支持。为进一步扩大对外开放，国家加快实施"走出去"战略，积极开展高铁外交，扎实推进"一带一路"、非洲"三网一化""两洋"铁路建设，积极与有关国家和地区协商签订自贸、投资协定，上海自贸区试点拓展，"区域全面经济伙伴关系"谈判和亚太自贸区建设稳步推进。这些国家战略正在对中国中车以及公司在国际市场的发展产生深远的影响，将成为公司未来国际化发展的有力依托。

总体研判，机遇大于挑战，未来仍有很大空间。我们必须认真分析研判，抓住新中车整合的窗口期和巩固主导产业、拓展新兴产业的过渡期，结合中车"全球领先、跨国经营的高端装备系统解决方案供应商"定位，深入思考和研究公司在中车内部的定位、在电机行业中的定位、与永济电机的竞合关系以及国际化的经营策略。

二、坚定自信，勇当建功创业先锋

回顾这几年电机公司的快速发展，我们有很多优势。一是不服输、求变的精神。田心，这个地方一直有一种产业发展的优势，核心就是这种勇于担当、不服输的精神，或者说是湖湘文化"穷则思变""恰得苦、霸得蛮、耐得烦"的具体体现。这也是未来我们事业成功的关键。二是技术能力。这次中国标准动车组牵引电机、牵引变压器的成功研制，特别是高速动车组永磁牵引电机在大西线上的良好表现，赢得了铁路总公司、中国工程院及主机厂等组成的评审组的充分肯定和高度认可，证明了电机公司优于永济、株洲所的专业技术实力。当然，我们在现场管理、精益生产上面也有一些优势。这些优势是我们得以立足的根基和谋划未来的基础，更是我们有能力取得大发展的最好证明。我们必须坚定自信，勇于建功创业。

建功就是要担负历史使命，认清环境变化，提升经营业绩，确保基业长青。我们的历史使命源于两个方面，一方面源于中国中车对我们电机、变压器产业做大做强的期望，另一方面是基于我们经营班子乃至整个电机公司的生存和发展的需要。担负这样的历史使命，我们必须稳扎稳打，从眼前、近期、未来三年三个阶段做好电机公司自己的事，眼前就是要认清环境的变化，深入剖析自身的优劣势，谋划好未来的发展思路；近期就是要提升经营业务，保质保量完成年度经营目标；未来三年，就是要做大电机产业，做好能力建设，为可持续发展奠定基础。

创业就是要集中优势资源，打造新产业，坚决实现"三创三化"。这几年得益于于轨道交通、风力发电机产业多年的积累和发展，电机公司经营状况比较好，在机电行业萧条、制造业衰退的时候，我们还能够成长，在原中国南车内部占据了一席之位，可以说是名列前茅；而面对新中车，我们任重道远。在当期轨道交通和风电生命力依然旺盛的阶段，是发展新兴产业的绝佳时机，我们必须要坚定"三创三化"，集中资源，配置政策，做大子公司、做大新兴产业、做大集团、做大国际化。

三、积极行动，加快产业发展步伐

未来三年，中车总部在产业结构、子公司布局、商业模式等方面的调整将对我们的发展带来极大的不确定性。电机公司未来跟系统的关系，跟竞争对手的关系都不明朗。电机公司要想在未来的中车内部、在电机行业站稳脚跟，就必须在新产业、国际化、集团化上有大的突破。中国中车的内部整合，给公司发展留有的窗口期不多，时间紧迫，这就要求我们加速行动，应对形势压力，集合公司能力，实现公司发展"质、速"双升。

一是要盯住目标产业。经过多次分析和研讨，基本确定了特种变压器、高速永磁电机、新能源汽车电机三大新产业。其中，变压器产业是我们唯一有话语权的领域、唯一没有顾虑的领域；而新能源汽车电机、高速永磁电机产业是公司实现差异化发展获取相对竞争优势的标的。要建立"一个项目、一套班子、一抓到底"的政策机制，明确发展路径，班子对项目负责，确保新产业项目尽快落地。

二是要做大子公司。当务之急不是做强子公司，而是率先做大子公司。要充分利用各子公司的区域优势、业务优势和历史积淀，充分发挥各子公司的积极性，紧密围绕"质、速"双升，以扩大销售规模为核心，实现产业的快速扩张，打造一个过 50 亿元、三个过 10 亿元的子公司集群，真正形成集团化发展形态。

三是强推海外并购。国内市场增长有限，未来国际市场才是我们与永济真正的决战之地，国际化战略的成功与否也是公司在中车站稳脚跟的关键。主机配套难以形成自身的国际化资源和能力，自主出口步伐缓慢，而海外资本运作才是公司快速抓住先机、抢占区域市场、跟上集团国际化步伐的不二之选。要抓住当前正在跟进的海外并购合作项目，在充分调研市场、严防风险的基础上，伺机而动，快速形成国际化经营能力。

四、创新变革，全面增强企业能力

无论中国制造 2025、工业 4.0，还是"互联网＋"、众筹等新经济形态，对传统制造业都提出了全新的挑战。如何适应未来经济社会发展以及新的市场竞争？公司必须大胆变革，改善全员心智，对标国际一流，着力创新驱动，实现市场、技术、商业模式、项目管控、业务结构、企业文化等核心价值链的再造，抢抓国内产业结构调整、消费结构升级的巨大市场空间和需求潜力，赢得先机，赢得主动。这里重点谈下市场、技术、项目这三大能力。

市场能力。市场能力不仅仅是销售能力，而是创造市场需求的能力，主要有两层意思，一是创造一种全新市场的能力，另外一层是扩大现有市场需求的能力。它直接决定了企业把握市场主动权的大小和水平的高低，决定了企业能否自如地运行在规模经济的水平上。为此，一方面要创新。不断融合新的技术和新的思想，努力发现解决客户当前产品体验中的痛点，创造出一种全新的产业领域。另一方面要提升营销能力。要培养一支营销上的虎狼之师，完善企业销售网络、不断提高市场策划能力和品牌美誉度。

技术能力。技术是企业安身立命之本，我们至少要在这三个方面下力气抓好。一是人才先行。加快行业领军人物的培养和引进，构建合理的技术人才梯队。二是手段保障。要结合产业、产品升级，完善研发手段、工具、设备，完善实验验证能力，当前公司正加快推进的电机工程研究中心就是这个目的的产物。三是体制机制。创造一个鼓励创新、适合研发的环境，构建市场导向的研发管理机制。

项目管理能力。目前，公司尚未形成真正的项目管理能力。理论上讲，项目管理有五个核心要素即 SPPT——Strategy 战略目标、People 优秀人才、Process 制度流程、Tools 管理工具，结合公司现状，再加上一点就是项目管理文化。在未来公司项目管理能力的提升过程中，都必须同时伴随着项目管理的这五个核心要素的配套支持。战略目标已定，一是要尽快树立项目管理文化，搭建完全项目管理组织，确立项目管理规则，配套相应的责权利；二是要拓展项目管理范围，前端延伸至客户，后端延伸至售后服务，实现项目全生命周期管理；三是要尽快解决制约项目管理的三个关键因素，即进程、质量、成本；四是加强项目管理团队建设，从项目团队人员的数量和素质两方面不断强化。

能力提升是确立竞争优势的必修课

——在 2015 年年中执行董事会上的讲话

执行董事　周军军

2015 年 10 月

同志们：

2015 年，经营班子齐心协力，整体工作稳步推进，经营发展成效显著，全年各项经营指标再创新高，为"十二五"的圆满收官和"十三五"的良好开局奠定了基础。

刚才，总经理在报告中对下阶段的工作进行了部署，希望各分管领导认真落实各项工作。同时，借此机会，结合当下以及未来面临的内部外形势，我们这里特别强调：加速能力提升是当前我们谋求竞争优势，实现"十三五"发展目标的新的任务。对此，提出基于如下几个方面的考虑。

一、市场环境的变化

宏观经济下行压力加大，催生企业转型升级动力。目前世界经济复苏缓慢，全球产业竞争格局正发生重大调整。我国经济进入新常态，面临着经济增速换挡期、结构调整阵痛期和当前大规模经济消化期"三期"叠加的新形势。国家统计局刚刚公布的 2015 年 3 季度 GDP 增速为 6.9%。自 2013 年 3 季度的 7.9%，中国 GDP 增速已经连续 8 个季度下滑。而世界货币基金组织预测中国 2016 年经济增速将成为 25 年来最低的一年，为 6.3%。前十年经济高速发展时期积累的产业结构性矛盾正在显现，国家经济结构调整速度正在不断加快，企业面临的传统产业需求不足、产能过剩、价格下滑和成本刚性增长的挑战也逐步放大，这些都加速推动着企业产业转型升级的步伐。公司必须迅速抓住国家经济结构调整的契机，走在调整的前面，快速实现转型突破。

主导产业发展势头正劲，为新产业拓展留有过渡期。国铁市场趋势不减，"十三五"期间铁路固定资产投资将超过"十二五"的 3.51 万亿元，达到 3.5 万～3.8 万亿元左右；"十三五"末，铁路营运里程由目前的 12.1 万公里增加至 15 万公里，高铁营业里程从目前的 1.9 万公里增加至 3 万公里，城际铁路里程从 3500

公里增加至 8500 公里；未来 10 年全球高铁投资也将进入井喷时代，年均投资超万亿，轨道交通零部件产业市场总规模也将突破 650 亿。风电产业持续发展，国家风电"十三五"规划预计到 2020 年装机达到 2.5 亿～2.8 亿千瓦，按 2015 年年底累计装机将达 1.2 亿千瓦测算，未来五年年均装机 2600 万～2800 万千瓦，同时，巴西、印度、土耳其、墨西哥等发展中国家陆续启动并加大风电产业投资，前景可期。

新产业发展空间十分巨大，更加坚定了发展的信心。在当前经济下行及转型期，新能源汽车、节能环保等具有稳增长及转型升级双重效应的战略性新兴产业成为发展重点。其中，国家绿色经济发展主力军新能源汽车产业将呈现喷发式增长，根据《节能与新能源汽车产业发展规划》，到 2020 年新能源汽车产销量将达 500 万辆、规模近千亿，配套驱动电机年需求量 200 亿左右；高速永磁电机以其不可比拟的技术优势，备受制冷、污水处理、医药、化工、机床、气体输送、储能等国家重点支持领域青睐。近日，国家能源局印发的《配电网建设改造行动计划》给变压器发展注入强心剂，"十三五"期间，变压器市场新增市场容量或将达到 50 亿千伏安。同时，城市轨道交通、新能源、智能产业等新兴领域的快速崛起也将带动特种变压器产业的快速发展。

国家"走出去"战略提速，为公司国际化发展形成有力依托。为进一步扩大对外开放，国家加快实施"走出去"战略，积极开展高铁外交，扎实推进"一带一路"、非洲"三网一化"、"两洋"铁路建设，积极与有关国家和地区协商签订自贸、投资协定，上海自贸区试点拓展，"区域全面经济伙伴关系"谈判和亚太自贸区建设稳步推进。这些国家战略正在对公司在国际市场的发展产生深远的影响，将成为公司未来国际化发展的有力依托。

二、竞争格局的变化

新中车带来新格局。新中车成立，公司面临着更加严峻的竞争形势。相比而言，永济电机产业结构更多元、市场客户群体更丰富、规模效益排名更靠前、企业积淀更深厚。此外，公司面临着合资企业和系统厂商的侵蚀。大同 ABB、大连东芝、常牵庞巴迪等合资企业凭借其外资企业的技术制造实力占据成本优势，特别是常牵庞巴迪毛利率达到了 50% 以上（电机公司 17%）；株所凭借系统优势，一直有发展电机产业的强烈愿望；永济电机也在系统领域实现了突破，占据了一定先机。新格局带来新要求。集团明确提出不再做低水平、重复性投资，"维护竞争秩序，控制重复投资、重复建设"是作为一级子公司的我们必须遵守的底线。未来，轨道交通国内市场将秉持"均衡发展"原则，国际市场贯彻"先到先得""专业化与区域化相结合"的原则发展；而对于新产业，无论从产业投资还是业务支持角度，均将秉持"差异化"的原则发展。

新产业带来新竞争。2010 年，《国务院关于加快培育和发展战略性新兴产业的决定》正式开启了战略性新兴产业发展的序幕，经过"十二五"期间的培育和发展，战略性新兴产业初具规模；而且在未来很长一段时间内，战略性新兴产业将作为经济结构调整的载体保持高速增长。新能源汽车、高速永磁电机、特种变压器产业与之完全契合。然而，新产业必会带来新竞争。如在新能源汽车驱动系统领域，部分民营及外资企业凭借其灵活多变的机制体制已经率先实现了突破、抢占了先机。行业佼佼者大洋电机，在 2008 年 A 股上市后，利用上市公司的体制和资源，加速开展产业外延扩张，先后通过入主北方凯达，与北理工合资合作，增资宁波科星，收购芜湖杰诺瑞、美国佩特来、上海电驱动，入股香港泰坦能源等方式，从驱动电机、系统集成、磁性原材料、整车配套等方面实现了全产业链的介入和发展，产业规模从 2001 年的 1.27 亿元发展到 2014 年的 44.43 亿元。除此之外，江特电机、中纺锐力、北京精进电动等企业也占据了一定的市场份额。新竞争要求新认知。对新的竞争，我们必须要有清醒的认知，我们所面对的不仅仅是国有企业与民营、外资企业体制间的竞争，更多的是完全市场化的竞争。电机公司受益于铁路和风电产业实现了快速的发展，但正是铁路的计划经济和风电的寡头垄断，让我们忽视、弱化了市场化竞争能力的培育，当轨道交通、风电两大支柱产业逐渐触碰天花板时，市场化竞争能力将决定着公司发展的深度和广度。

三、思维方式的变化

市场环境和竞争格局的变化比我们想象的都快，随之而来的不仅是企业经营模式的变化，还有整个产业的业态变化。如何适应？只有创新变革思维，就是要我们重新审视市场、用户、产品和企业价值，系统思考贯穿产品设计、生产、物流、营销的全流程，进行创新性、变革性思维。它不是传统的技术思维、营销思维，也不能简单概括为互联网思维、电商思维。具体而言有以下几个方面的意思。

一是突破性思维。要善于进行思维突破，对传统的思维观念、思维方式、管理流程、经营方式等进行思维扬弃，不断转换思维视角，以新的思维角度、新的思维层面、新的思维方向，对公司发展问题进行新的思考。而突破性思维关键的一点就是要在市场定位、产品研发、生产销售以及售后服务整个价值链各环节贯彻"以用户为中心"的理念，主动站在用户立场思考。

二是开放性对接思维。要突破传统思维活动方式的封闭性，树立开放性思维，主动走出去对接客户、对接市场、对接新技术、对接国际化规则，进行全产业链合作，从而实现更多的资源对接，不断实现产品、产业的快速迭代，拓展公司发展的开放性空间。

三是树立整合性思维。要跳出行业的条条框框，明晰自身的资源和能力、优势和弱势，善于吸收行业和整个大环境下新技术、新创意、新产品、新渠道等各种优质资源，形成发展的系统优势，拓展国内外市场发展空间。

四、发展模式的变化

当前，公司基本仍处于制造型企业发展模式，主要表现有"强当期、弱预期；强管理、弱经营；强主业、弱新产；强营销、弱市场；强制度、弱执行；强现场、弱项目"。面对"互联网＋"、增材制造、众包众筹、项目总包等新业态、新模式的飞速发展，公司迫切需要由制造型企业向经营型企业转变。经营型企业的内涵包括资产经营和资本经营，二者相辅相成、相互促进。其中，资产经营是利用自身的人、财、物等资源，通过一定的组合，开发产品，拓展市场，获取经济效益，需要项目管控能力的支撑；资本经营是利用自身所有的存量资本，通过公司改造、兼并收购、股权重组等一系列方式进行有效运营，以最大限度地实现企业资本的保值增值，需要商业模式创新的支撑。

探索完全项目管理模式。完全项目管理模式即公司化模式下的项目运作方式。项目即企业，完全项目管理模式就是让项目像公司一样既做管理也做经营，将公司的部分经营和管理活动下沉到项目部，使项目部成为真正的项目运作的"主体"。"主体"与"客体"相对应，项目部既是权利的享受者，也是责任或义务的承担者。目前，公司尚未形成真正的项目管理模式，无论是组织机构设置、人员配置，还是体制机制建设方面，都无法支撑完全项目管理模式。

着力创新商业模式。我们要运用国际化视角、市场化观念来打开思路，把互联网思维与行业发展结合起来，促进新一代信息技术与制造业的深度融合、制造业与服务业的融合、产品经营与资本运营的融合，主动适应生产方式变革，围绕提升产品附加值，推进制造业的服务化，促进发展模式从以产品制造为核心，向产品、服务、金融和系统解决方案并重转变；积极探索提升企业价值的资本运作模式，引入金融思维，创新盈利模式，变革体制机制，充分运用资本手段，发挥资本作用，整合社会资源，实现对新兴产业、高新技术、优质资源、管理方法，以及国际化经营等高级要素的整合利用，拓展产品价值空间，实现转型升级。

最后，我在这里再次强调，要高度关注承载着公司战略发展的能力建设工作，切实落实好能力建设重点和支撑项目。

一是要加快技术能力提升。突出人才先行。加快行业领军人物的培养和引进。构建手段保障。完善研发手段、工具，完善实验验证能力，重点推进好世界电机行业一流工程研究中心建设。创造一个鼓励技术创新、以市场导向的体制机制。

二是要加快市场能力提升。市场能力直接决定了企业把握市场主动权的大小和水平的高低。而这种市场能力不仅仅是销售能力，还包括创造市场需求的能力。要不断融合新技术和新思想，努力发现解决客户当前产品体验中的痛点，创造出一种全新的市场领域。同时，完善企业销售网络，不断提高市场策划能力和品牌美誉度。

三是要加快职业化团队建设。公司战略是一个动态的、长期的历程，需要具备专业知识、执行力强、忠诚的职业化团队来实施。要扎实有效地开展全员职业化建设，周密策划、制定并落实公司全员职业化建设规划，使之成为公司能力建设的有力支撑。

四是要认真落实新产业发展规划实施纲要。目前，公司明确的新能源汽车电机、高速永磁电机、特种变压器产业是公司实现差异化发展、获取相对竞争优势的标的。要建立"一个项目、一套班子、一抓到底"的政策机制，明确发展路径，班子对项目负责，确保新产业项目尽快落地。

五是加快国际化能力提升。无论从中车角度考虑还是从公司自身发展角度考虑，唯有国际化才能满足自我生存、自我发展和自我创造的需要。要抓住当前正在跟进的 T、V、A 海外并购合作、巴西风电本地化等项目，在充分调研市场、严防风险的基础上，伺机而动，快速形成国际化经营能力。

六是快速形成集团化形态。达成百亿战略目标需要更多新的产业点和子公司来支撑，而"集团化"是实现规模化发展的最好途径。对于子公司，当务之急不是做强，而是率先做大。要充分利用各子公司的区域优势，充分发挥积极性，紧密围绕"质速"双升，实现产业的快速扩张，打造一个过 50 亿元、三个过 10 亿元的子公司集群，真正形成集团化发展形态。

七是加快运控能力提升。从大型集团企业的各种管理变革和创新实践来看，管控变革趋势将集中在组织结构、公司治理层面。组织重构更趋于"扁平化""虚拟化"及"无边界组织"，这正是我们在流程再造基础上要持续深化的方向。

在纪念建党 94 周年暨七一表彰会上的讲话

党委书记　李　瑾

2015 年 6 月 30 日

同志们：

今天，我们在这里隆重召开七一表彰大会，共同庆祝中国共产党成立 94 周年，总结过去，表彰先进，进一步动员各级党组织和广大党员，牢记使命，明确目标，再创佳绩。在此，我谨代表公司党委，向奋斗在各条战线上，为公司发展做出贡献的全体党员、党务工作者、入党积极分子致以节日的问候和衷心的感谢！向即将受到表彰的先进集体和优秀个人表示热烈的祝贺！

建党 94 年来，党领导全国各族人民历经社会主义革命、社会主义改造和社会主义建设的创新实践，在实现中华民族伟大复兴的道路上创造了彪炳千秋的历史功绩。改革开放后，在党的领导下建立了社会主义市场经济制度，推进国民经济，尤其是国有企业取得快速发展。其间，国有企业党群工作坚持发挥保驾护航作用，为社会经济发展做出了巨大贡献。

一年来，在公司党委统筹部署下，各级党组织、广大党员干部坚持围绕中心、服务大局，持续巩固和扩大群众路线活动成果，系统部署全员市场投入活动，深入推进学习型党组织建设，有效参与"三重一大"决策，完善党群绩效考评体系，不断优化两级班子和人才队伍建设，宣贯践行"明德成器　利物益世"企业精神，严格落实党风廉政建设"两个责任"，带领群团组织有效发挥合力，营造了和谐的内部氛围，有力促进了公司健康快速发展。

2015 年是"十二五"的收官之年，也是"十三五"的布局之年，还是中国中车新发展的一年。在这个关键节点上召开七一大会意义重大。下面，我代表公司党委讲几点意见。

一、公司党群工作任重道远、大有可为

要准确把握党群工作的新形势、新特点。随着社会经济发展，党群工作也出现了一些新情况、新特点：一是在市场经济条件下，思想认识问题和现实利益问题相互交织的特征更加突出；二是社会结构深刻变动，体制外人员(劳务员工、外派人员)的规模越来越大；三是移动互联网加速普及应用，网络空间对现实社会的影响越来越大；四是社会思想意识多元多样多变，各种社会思潮交锋加剧。

要认真领会上级党组织的新任务、新要求。6 月 5 日，中央全面深化改革领导小组第十三次会议通过了《关于在深化国有企业改革中坚持党的领导，加强党的建设的若干意见》以及《关于加强和改进企业国有资产监督，防止国有资产流失的意见》，突出强调，国有企业要坚持党的领导的独特优势，把加强党的领导和完善公司治理统一起来，不断增强国有经济活力、控制力、影响力和抗风险能力。中国中车党委在中车第一次党群工作例会上明确提出，要按照"统一、融合、创新、聚力、发展"的原则，进一步融入中心、主动作为、丰富载体、完善机制，为打造跨国经营、世界一流的中国中车提供坚强的保证。

新形势、新任务带来新考验的同时，也为公司党群工作提供了更加广阔的发展舞台。公司党群工作任重道远，又大有可为。各级党组织要积极发挥政治核心和战斗堡垒作用，认真研判形势，积极贯彻上级工作部署，将工作做实、做精、做出成效，推进公司党群工作新发展。

二、公司党群领导干部要坚持高标准、严要求、做表率；党员同志要切实起到先锋模范作用

当前，保持和发扬共产党员的先进性，对于推动各项事业的发展具有重要的现实意义。全体党员干部应当主动作为，充分体现"先进性、模范性"。各级党群工作者要肩负使命，以身作则，率先垂范，照镜子、正衣冠，严格按照"信念坚定、为民服务、勤勉务实、敢于担当、清正廉洁"共产党员领导干部的标准，从严要求、做表率。

全体党员要切实起到模范带头作用，主动加强学习提升，立足本职岗位，增强创新意识，挖掘创新潜能，发挥创新才干，出色完成各项工作任务，为党的建设和生产经营建功立业；同时要为员工群众做出表率，争创"政治素质优、岗位技能优、工作业绩优、群众评价优"的四优党员，争当先锋榜样。

三、公司党群工作要促进、服务于企业经营发展

各级党群组织、全体党员干部要坚持"把握要务、融入中心、服务大局、促进和谐"的工作理念，推动党的建设与生产经营同步谋划，实现体制、机制、制度、工作上的紧密对接，推进生产经营持续快速发展。

按照国资委党委的要求，公司党的工作要充分发挥政治优势和组织优势，要把这种优势转换为企业的核心竞争力，为企业市场竞争打造优势。在这样的转换过程中，公司党群工作一是要围绕企业的生产经营开展，要避免党群工作自成一体、自主循环，与生产经营脱钩的情况出现；二是要融入企业发展改革中心，建设政治引领力强、推动发展力强、改革创新力强、凝聚保障力强的"四强"党组织,引领企业科学发展;三是要加强党(总)支部建设,各党(总)支部既担负着生产经营工作,也担负着基层党组织的建设工作,特别是在基层单位的生产经营工作中要发挥组织引领作用、党员先锋模范作用、党员领导干部表率作用。基层党(总)支部要充分认识使命,真正发挥公司党组织在生产经营中的战斗堡垒作用。

同志们,展望未来,我们尤需加倍努力和奋斗。各级党群组织和全体党员干部要奋发有为,高效协同,开拓进取,推进公司核心竞争力的提升,为打造高端动力装备先锋提供坚强的思想和组织保障,为实现公司"三创三化"战略目标而不懈努力!

谢谢大家!

迈好"十三五"的第一步

——在中车株洲电机有限公司一届一次职代会上的讲话

董事长　周军军

2016 年 1 月 25 日

同志们：

今天，各位职工代表肩负着公司全体职工的重托，认真履行代表职责，圆满完成了一届一次职代会各项议程。本次会议是在全面开启"十三五"新征程的背景下召开的一次重要会议，必将对公司未来五年发展和 2016 年起好步、开好头产生重要影响。

回首 2015，公司上下一个声音、一个目标、一致步调、一心一意，坚定"三创三化"愿景目标，积极应对一系列困难挑战，形成了同心协力、谋事创业的发展氛围，各项工作均取得了新的突破，经营业绩达到历史最好水平，全面达成了"十二五"战略目标，销售收入从"十一五"末 33.04 亿元增长至 65.38 亿元，增长 98%，净利润、EVA 持续保持较高水平，员工收入基本实现翻番。战略认同度和引领作用不断强化，改革发展迈上新台阶；内部经营环境明显优化，内部发展活力和合力逐步放大；技术创新引领效应不断增强，在国家和行业内树立了高端、优质、超值的良好形象；营销服务意识显著提升，客户及总部对公司的评价持续改善；精益理念深入生产经营各个层面，效率、效益明显提升；"明德成器　利物益世"企业精神深入人心，团队活力和公司新文化的张力显著加强；党群各项工作有效服务生产经营，营造了和谐发展氛围。

展望 2016，外部形势错综复杂，机遇与挑战并存。从国际形势看，一方面，世界经济仍然处在深度调整期，复苏仍然缓慢，增长仍然脆弱，发展不平衡问题远未解决。另一方面，新一轮科技和产业革命蓄势待发，催生"互联网＋""分享经济""智能制造"等新理念、新业态，孕育着时不我待的历史性机遇。从国内发展看，国家经济步入新常态，发展不平稳、不协调、不可持续问题仍然突出。但中国经济发展长期向好的基本面没有变，经济韧性好、潜力足、回旋余地大的基本特征没有变，经济持续增长的良好支撑基础和条件没有变，经济结构调整优化的前进态势没有变。

2016年是中车"十三五"的开局之年，也是中车完整运营的第一年。1月19日，中车召开了成立后的第一次工作会议，无论是中车集团还是中车股份都对我们提出了更高的要求。"十三五"发展聚焦全球化、高端化。中车"转型升级、跨国经营"为主要特征的全球化战略，要求我们必须坚持创新驱动、转型升级、变革发展，着力做好创新驱动、结构调整、开放合作、深化改革、提质增效、加强党建六篇大文章；中车跨国经营、全球领先的高端装备系统解决方案供应商的历史使命，要求我们必须坚持高端化、国际化、多元化、协同化的发展定位。2016年经营突出融合、变革、升级三大主题。融合，就是要求我们主动融入同一个中车理念，在以优质的产品和服务不断创造市场、培育市场、发展市场的同时，与竞争对手重塑竞合秩序，实现共赢；变革，就是要求我们进一步推进业务主导型的运营模式，突出提质增效，走内涵式、精益化、质量效益型的产业发展道路；升级，就是要求我们推进商业模式升级和技术升级，围绕全产业链增值，大力推动商业模式升级，同时，高度关注行业潜在竞争和跨界竞争，加大对前瞻性、基础性、实用性技术和产品的研究，在基础技术、核心技术等领域实现快速升级。

"知其事而不度其时则败"。在这样的变与不变之下，适应和引领经济发展新常态，成为来而不可失的"时"；准确把握战略机遇期内涵的深刻变化，成为蹈而不可失的"机"。"时"和"机"决定了我们必须围绕市场轴心、强化价值认同、深化创新驱动、致力自我超越的发展原则，加速创新变革，迈好"十三五"的第一步。

——围绕市场轴心，加速企业市场化战略转型。之前，轨道交通、风力发电作为公司的支柱型业务依靠市场需求和投资拉动实现了快速发展，但产业发展到今天已经进入了一个全新的阶段，整个行业很快就会经历由增量时代到微利时代的洗礼。在当前形势下，传统市场持续低迷，战略性新兴产业的发展让我们看到希望的同时，也使我们更加清醒地认识到市场能力的不足。集团货车企业渐入"寒冬期"，机车企业面临市场需求持续下滑带来的挑战更是为我们敲响了警钟。危机已离我们如此之近，市场化改革和市场化能力建设已迫在眉睫，我们必须居安思危，围绕市场轴心，加速战略转型。

要加快战略市场化转型。所有的战略都是基于对市场的充分了解而做出的判断和决策。但目前，我们对市场环境分析不够透彻，对要进入的行业和领域的认知不够系统，对竞争对手的了解不够深入，必须要强化市场研究，增强市场研究的系统性、严谨性和常态化，用精心的市场策划、强大的市场能力助推战略落地，真正让市场贯穿战略始终。

要实现全价值链管理市场化转型。一切管理活动的落脚点都是提升市场能力。要以市场为轴心，以满足客户价值体验需要为根本加快全价值链管理的市场化转型，从产品设计到售后服务全过程与客户互动，了解客户未被满足的需求，与客户共同创造差异化的产品及服务。

要推动产业资源配置市场化转型。一切资源的配置与投入都要围绕市场。过去公司的资源配置相对集中于轨道交通和风电产业，在当前和可预见的未来市场增量有限的形势下，要统筹考虑产业布局，不断调整产业结构，推动人才、技术、项目、组织和政策等资源向产品有市场、投资有收益、科技含量高等新产业倾斜，实现资源的合理、高效配置。

——强化价值认同，营造共生、互生和再生的生态圈。企业即人，就像人具备人格一样，企业需要具备自己的经营哲学和经营理念。对电机公司而言，需要遵循的就是"明德成器 利物益世"的企业精神。简单地说就是要"有爱""利他"，就是要让为员工、为客户、为社会、为他人好的理念占据内心。日本经营之圣稻盛和夫就是以这种理念成功创办两家世界五百强企业。关于这方面，《周易·坤·文言》里也有相关表述，"积善之家，必有余庆"。对企业而言，就是对客户积善、对公司积善、对同事积善、对竞争对手积善，主动构建、优化与客户、竞争对手、员工和公司本身等利益相关者的关系，营造共生、互生和再生的商业生态圈。可以说积善就是明德，明德就是积善，这必须是公司核心价值观的恒定内涵，也必须是全体员工所严格遵循和践行的处事原则和行为准则。

积善于客户，必能获取供不应求的市场认同。客户决定了企业是什么、生产什么，以及能否取得好的业绩。在当前及未来市场开拓过程中，我们必须要用客户思维来思考市场，把握任何时刻与机会，以谦虚有礼的态度服务客户，做为客户创值的公司，以客户高度认同实现企业的基业长青。

积善于公司，必能获取兴旺发达的事业环境。"企业的存在和发展是为了员工的福祉"，这是"共生"和"利他"的经营理念。而所有员工对公司积善，充分发挥工作的积极性和创造力，主动自发持续的改善提升工作，才能在助推公司持续发展的同时，实现个人的价值。

积善于同事，必能获取无坚不摧的团队合力。团队是企业发展实施的载体。一个团队成员的素质、团队沟通的和谐度、团队的执行力无时无刻不在支撑着企业战略发展的落实。对同事积善，才能促进团队共识的达成，进而构建高效团队，在不断提高企业业绩、提升团队工作效率的同时，创造快乐幸福的企业氛围。

积善于竞争对手，必能获取不战而胜的共赢局面。优秀的企业要有优化市场环境的能力。在当前市场形势和竞争格局下，要实施竞合共赢策略，与竞争对手形成差异化发展，实现共生；形成行业自律，坚守不在客户和上级面前讲对手是非的底线，坚决不搞价格战等恶性竞争，探索利益共享机制，实现互生；在竞争中发展，在发展中创效，把竞争层面转向高端产品、高端价格，实现再生。

——深化创新驱动，适应发展新形势、新要求。创新是引领发展的第一动力，是企业持续发展之基、市场制胜之道。当前，新一轮产业革命蓄势待发，颠覆革新、跨界经营不断冲击着我们的观念和视野，新模式、新业态层出不穷。中央经济工作会议着重强调了供给侧结构性改革，将发展方向锁定在了新兴领域、创新领域。中车2016年度工作会议，"创新"成为提及最多的关键词，创新也将成为未来中车发展和公司发展的主旋律。

要通过创新改变发展模式。要不断深化对社会主义市场经济条件下中央企业发展规律的认识，以提高效益、创造价值为中心，创新发展理念，探寻与市场环境最为适合的发展模式。要围绕产业链、价值链部署创新链，大力推进经营模式创新，拓展业务领域与业务形态，探索与中车集团及中车股份两个投资平台的有效对接。

要通过创新创造有效供给。供给侧改革就是要释放新需求，创造新供给，推动新技术、新产业、新业态蓬勃发展，加快实现发展动力转换。要充分激发创新活力，不断塑造先发优势，完善关键技术创新平台，持续不断创造新产品、新服务、新业态等新供给。

要通过创新引领新的市场。我们要定位高端，以更加开放的心态、更加广阔的视野、更加快捷的思维，结合国内外技术创新发展的新形势和政策契机，充分挖掘商机，以新型优质的产品和服务不断创造市场、培育市场、发展市场，寻找属于我们的新蓝海。

——致力自我超越，深入推进学习型组织建设。美国《财富》杂志指出："未来最成功的公司，将是那些基于学习型组织的公司。"学习型组织是指持续开发创造未来的能力的组织。公司在"十二五"起势之时，导入了愿景理念，将组织战略目标以愿景的方式落实到员工工作与学习中，用共同愿景凝聚了广大员工的智慧和力量，初步达成了员工个人愿景与组织愿景趋同。同时，制定《学习型组织中期建设规划纲要》《学习型组织建设标准》和《实操手册》等纲领性文件，并以学习型实验室为载体深化了学习型组织建设。

得益于学习型组织理念的导入，公司近几年经营发展取得了良好的成绩，得到了中车的肯定。满招损、谦受益，越是在安逸、舒服的时候越要正视我们存在的问题。"强当期、弱预期；强管理、弱经营；强主业、弱新产；强营销、弱市场；强制度、弱执行；强现场、弱项目"是公司目前突出存在的问题。最近出现的动车牵引电机速度传感器、唐山福州城轨项目电机运输防护问题，这些问题的存在和发生，表面看来是易发问题，但用学习型组织系统思考的方法来分析，说到底，还是我们的质量管理理念、方法和效果仍没有达到市场要求，其中，主要还是能力的问题，所以我们提出了能力建设。学习型组织建设也是能力建设的核心要素，其目的就是要实现组织和个人的自我超越。其核心是心智的转变：从把问题看成是由"外部"的其他人或者因素造成的，转变为认清我们自己的行动如何导致了我们所面对的问题，从而找到问题产生的根本原因，促进个人及组织多方面能力的持续精进、超越，使企业具有强大的复杂环境应变能力及市场响应能力，构筑起持久进步的百年基业。

各位代表、同志们，公司"十二五"期间的优异成绩激发我们坚定信心，明确目标，创新变革，顺势而为，激发新活力，展现新作为，坚实迈好"十三五"的第一步！

加强民主管理　凝聚发展合力
为公司"十三五"改革创新营造优良环境

——在公司一届一次职代会上的讲话

党委书记　李　瑾

2016 年 1 月

各位职工代表，同志们：

刚才，肖总在他的报告中，已经对公司今年的经营成果做了简要回顾。应该说，2015 年公司收获颇丰，成绩令人欣喜。销售收入和利润同创历史新高，产品研发、项目管理、市场营销、商业模式、党建机制创新都亮点纷呈。同时，公司荣获了中国中车绩效考核 A 级企业、突出贡献奖和管理一等奖，这些都是难得的，这是对我们工作的充分肯定。

本次职代会，公司副总经理也分别就员工密切相关的培训、福利、劳动保护及业务招待的年度情况向大会做了报告，职工代表提出的多项提案经会议审核通过。之后，我们还要接着开展职工代表民主评议公司高层管理者的工作，往常的时间都是我们高管评价职工，今天借这个机会由职工给高管进行评价。这是我们国有企业开展民主管理的主要方式。我们党历来重视职工群众参与国有企业的管理，切实维护职工的各项权利，确保公司职工分享企业发展的成果，在一定程度上，也体现了职工是国有企业的主人。

"企业即人，人和企兴"。一年以来，公司秉持"企业存在和发展是为了员工福祉"的理念，致力于员工成长与企业发展的共赢。不断改善员工工作环境，丰富员工业余生活，拓展员工职业空间，提升员工福利待遇，强化员工权益帮扶，促进了企业发展成果惠及广大职工群众。同时，开展民主管理，维护职工群众参与发展的管理和监督权利，有效调动了职工群众工作的积极性，为公司持续健康快速发展注入了源源不断的动力。

下面，我就公司进一步加强民主管理，创建协调共享的内部环境谈几点意见。

一、加强民主管理是改革攻坚的必然选择和内在要求

民主管理是调动职工群众工作激情，凝聚职工智慧和力量的利器，是法律赋予广大职工的权利。早在建党初期，我们党就根据最低纲领的要求，提出了工人参加劳动管理的主张。后来在革命根据地公营工厂里，探索实行了由厂长、党支部书记和工会委员长组成的"三人团"制度。新中国成立初期，先后建立了工厂管理委员会和职工代表会议和党委领导下的职工代表大会。特别是，党的十八大再次提出，要"全心全意依靠工人阶级，健全以职工代表大会为基本形式的企事业单位民主管理制度，保障职工参与管理和监督的民主权利"。

加强企业民主管理，对于充分调动职工群众参与公司改革发展的积极性、主动性、创造性，依靠职工办好企业具有不可替代的作用。在公司推进改革的关键时期，进一步健全以职工代表大会为基本形式的民主管理制度，有利于保障广大职工对企业改革和生产经营的知情权、参与权、表达权和监督权；有利于充分调动职工群众支持改革、投身发展的积极性、主动性和创造性，凝聚广大职工群众的智慧和力量，从而实现科学决策、正确决策，推动企业更好地改革和持续发展。同时，在现代企业制度下，人力资本是起决定性作用的生产要素。随着形势的发展和社会的进步，广大职工的文化素质越来越高，民主意识、法治意识、权利意识和参与意识也越来越强，通过职代会等民主管理形式参与企业的经营管理和决策监督，能够满足职工群众更高层次的需要，体现员工的社会价值。

二、深化民主管理建设，需要从多方面完善机制

公司党委将进一步加强对工会和职代会的领导，深化民主管理建设，丰富民主管理内容和形式，营造和谐、稳定、团结、进取的内部氛围和环境，促使领导干部和职工群众对改革发展，认识上更加到位，行动上更加自觉，工作上更加有为。

（一）找准突破口，服务发展大局

要理顺职代会、厂务公开、职工监事等企业民主管理制度与法人治理结构的关系，找准民主管理工作在围绕中心、服务大局中的切入点、着力点和落脚点，使民主管理与现代企业制度更好地衔接，既要保障职工行使民主管理的权利，又要保障法人治理结构依法履行职责。同时，要充分尊重、信任职工，激发和释放职工爱企敬业、推动发展的热情，回应职工群众的期待，切实保障职工参与管理和监督的民主权利，发挥民主管理的积极作用。

（二）完善管理机制，推进有效落实

坚持和完善民主管理组织机制，形成党委统一领导、党政共同负责、各职能部门齐抓共管、工会组织具体运作实施、职工群众全员参与的领导体制和工作机制，确保组织不缺位、工作不断线。同时，要完善联系职工代表的机制，经常听取职工代表的意见，倾听广大职工的心声，及时调查核实情况。尤其要高度重视职工代表提案的征集、办理和反馈工作，在落实上加大监督考核力度，切实调动和保护职工代表参与职代会工作的积极性。刚才征集的提案，与群众利益息息相关，从我们党委角度要加紧落实。

（三）打造沟通平台，营造民主管理氛围

不断完善职工互动交流平台，畅通沟通交流渠道，打通"舆论场"，推倒"隔心墙"。一要加强宣传教育的及时性，依托公司内刊、内网以及微信等平台设立专题报道、形势教育，促进职工群众掌握最新形势，了解企业管理动向，提高民主管理效率。二要确保信息传递的针对性，通过厂务公开栏、宣传栏等形式，及时把职工群众普遍关注的、与职工群众切身利益密切相关的问题进行公开，提高管理的透明度。三要实现意见建议的互动性，通过网络意见箱、员工论坛等形式，听取职工群众的意见和建议，确保意见互动的时效性和职工的隐私性，提高职工参与管理的积极性。

（四）强化评议和监督，推进党风廉政建设

积极稳妥推进厂务公开制度建设，重点强化公开改革发展的难点、经营管理的重点、贴近职工切身利益的热点、涉及党风廉政建设的焦点，保护好职工的知情权、参与权和监督权。通过职代会评议领导干部，强化对领导人员和重点岗位、重要环节的监督，把公司决策机制和程序、经营管理和领导人员的廉洁自律等情况置于广大职工群众的监督之下，实现对领导干部责、权、利、廉的监督，使党内监督、民主监督和群众监督有机结合，促进两级班子建设和党风廉政建设，为公司科学健康发展提供坚强保障。

（五）注重权益帮扶，构建和谐劳动关系

构建和谐的劳动关系是企业民主管理的重要职能。要注重以人为本，重视职工群众工作条件的改善，注重职工的精神需求和心理健康，及时了解掌握职工思想动态，有针对性地做好思想引导和心理疏导，加强对病困职工群众关怀和帮扶。切实维护职工根本权益，统筹处理好促进企业发展和维护职工权益的关系，建立健全科学有效的利益协调、诉求表达、矛盾调处和权益保障机制，推动企业和职工协商共事、机制共建、效益共创、利益共享。

三、职工代表要履行好职责，充分发挥在民主管理中的作用

作为一名职工代表，希望大家能够认真履行好职责，一方面要加强对相关法规的学习，熟悉职工代表的职责以及职责的实现方式和途径，不断增强履职能力，正确履行职责。另一方面，要经常深入基层，深入职工群众，了解职工群众的思想、工作、生活状况和利益诉求，及时反映职工群众的呼声。同时，要善于集中职工群众的智慧和力量，积极为公司的改革发展建言献策。

同志们，"十三五"的大幕已经拉开，改革创新的号角已经吹响，让我们牢固树立主人翁意识，充分发挥民主管理作用，创造和谐发展环境，积极参与改革发展，引领改革发展，同心协力、奋勇攻坚，为打造高端动力装备先锋，实现"三创三化"愿景目标而努力奋斗！

谢谢大家！

以变革促成战略

——在中车株洲电机有限公司 2016 年工作会议上的讲话

董事长　周军军

2016 年 2 月 29 日

同志们：

　　经过大家的共同努力，公司 2016 年工作会议即将圆满完成预定议程。本次会议将全面总结 2015 年及"十二五"工作，科学谋划"十三五"战略发展，必将对公司未来发展产生深远影响。会议期间，安华同志、李瑾同志分别做了工作报告，对今年乃至更长一段时间内的生产经营和党的建设做出了具体的安排部署，我完全赞同。希望大家认真学习，深刻领会，抓好落实。刚才，我们还举行了2016 年度各单位目标责任状和各子公司资产经营责任书签字仪式，各单位、各子公司要不折不扣落实好责任状和责任书要求，全体员工要认真履行好自己的岗位职责，全面落实好年度经营目标。

　　"十二五"是公司升格后走过的第一个五年。五年来，公司积极贯彻落实集团公司的各项决策部署，牢牢把握发展目标，积极应对一系列困难挑战，公司战略发展迈上了一个新台阶，销售规模和 EVA 达到 65.38 亿元和 3.88 亿元，分别较"十一五"末增长了 98% 和 90%，基本实现翻番。公司治理持续完善，市场开拓亮点纷呈，技术创新行业领先，精益生产特色鲜明，商业模式不断创新，经营管理水平位居集团首阵。特别是 2015 年，面对外部宏观形势持续严峻，国家经济进入新常态，中车成立等多重挑战，公司上下沉着应对，奋勇拼搏，依然保持了良好的发展态势，超额完成了中车下达的经营业绩考核指标，在 40 余家企业的效绩考核评比中，排名 A 级企业，并荣获了"突出贡献奖"和"管理一等奖"，实现了"十二五"的完美收官。这些成绩的取得，离不开各级班子的敬业尽职，离不开广大员工的艰苦努力。在此，我代表公司，对各级班子和广大员工卓有成效的工作和取得的成绩表示衷心的感谢！

　　关于今年的工作，在年前职代会上，已经就"市场轴心、价值认同、创新驱动、自我超越"四项原则，特别是价值认同及创新驱动做了阐释，这里不再赘述。

借此机会，重点强调变革，以变革促进发展，达成"十三五"战略。

一、加快完善产业结构

合理的产业结构是企业百亿规模和百年基业的重要保障。从若干成功企业的发展经验来看，拥有若干竞争力强的核心业务，保持结构性业务的协调发展是有效抵御风险的重要手段。ABB、西门子、GE等大型跨国企业均依靠合理的产业结构，成功抵御了多次全球经济和金融危机，构筑了长青基业。"十二五"期间，伴随轨道交通、风电行业的大发展，公司取得了骄人的业绩，但面对当期及未来一段时间严峻复杂的外部形势，产业过于集中，业务发展失衡，将制约公司的快速发展。集团内货车、机车企业的困境已经为我们敲响了警钟。货车企业全面亏损，产能利用率不到13%；机车市场，除株机、大连依靠海外市场和多元业务结构依然盈利，其他企业全线亏损。古人云，"居安思危"，"未雨绸缪"。今明两年高铁、风电产业仍处平稳发展期，我们必须抓住这个窗口期，加快发展新产业、新业务，不断完善产业结构，以平抑经济和行业周期性、结构性波动对公司经营产生的巨大风险。

——把握完备产业结构的大方向。回顾公司的发展，我们做过很多新产业的探索，有成功也有失败的案例。轨道交通是公司先天的基因，能发展到今天靠的是紧紧跟上了国家铁路大发展的步伐，满足了客户的需求；风电则是凭借专业化的经验创造性地满足和赢得了金风科技这个大客户。两个产业为公司提供了近60亿元的销售规模。但是公司自主选择的产业鲜成规模，究其原因还是国家政策研究不够透彻，市场研究不够充分，技术方向研究不够清晰，产业进入策略不匹配。当前，国家着力推进供给侧改革，其中蕴含了大量的商机和产业空间。同时，中车明确提出要加大对新产业的支持，资源和政策支持将重点向产品有市场、投资有收益、科技含量高的业务倾斜。为此，我们一定要加强基于市场分析的产业研究，加大与政府部门、行业协会、科研院所的对接，充分研判要进入产业的竞争态势、技术方向、发展空间，积极对接中车产业结构调整的政策，确定好产业发展方向和新市场破窗点。

——找准新产业发展的着力点。具体就是要大力推进新产业、新模式、新业态发展，打造新的"发动机"。一是要走高品质发展路线。将战略性新兴产业、现代制造业、现代服务业作为新产业发展的着力点。二是扩大现有市场覆盖，推动全面业务创新和拓展新的市场领域。变压器产业要抓住中车结构调整契机和"中车唯一"的优势，不断扩大中车内部市场份额，在全力保持牵引变压器优势地位的同时，探索形成供电系统全面解决方案能力，借力中车品牌，完善技术和市场能力，尽快做大做强集团独有的变压器产业平台；新能源汽车、高速永磁电机产业要充分发挥整合能力，寻找战略合作伙伴，为客户提供系统解决方案。三是创新发展模式。继续探索产融结合，通过参股产业链上下游优质公司，做强做优类金融业务的同时，与公司产业发展形成良好互动，实现全价值链增值。持续开展资本运作，充分挖掘当前制造业低谷的潜在价值，按照"资源效用、产业延伸、技术高端、市场充分"的原则择机实施并购。

——构建新产业发展的机制保障。新的产业拓展需要有新的机制支撑。一是要创新组织和管控模式。强力实施项目制，以充分意义的项目管理保证新产品研发、工艺、质量、价格和交付，使项目责任者成为项目运作"主体"，既是权力运用者，更是责任或义务承担者，完善责权利同步机制。二是要积极探索新产业的运营机制。充分研究产业竞争要素、产业盈利模式和商业模式，利用中车集团和中车股份投资平台，探索产融结合的方式，拉动新产业增长。三是认真研究新产业评价、考核和激励机制。探索研究专项奖励、以业绩为导向的绩效合约年薪制等多种激励手段，针对经营性业务与战略性业务，分类制定不同的业绩评价考核办法。四是搭建完善的资源配置机制。针对业务的生命周期，在业务组织、技术研发、人力资源、资金保障等方面区别对待、合理匹配。

二、加快国际化经营突破

在经济全球化趋势下，企业是否强大并具有持续生命力，体现为国际化的运营能力、对全球资源的驾驭能力，以及对国际分工比较优势的合理运用。总结"十二五"，国际化是我们很大一块短板。国内轨道交通业务已经逐步开始面临市场饱和、产能过剩的局面，面对国际市场巨大的空间，面对国家高端装备"走出去""一带一路"带来的巨大机遇，大力推进国际化已迫在眉睫，正当其时。中车的成立对世界形成了巨大的冲击，打响了全球竞争响亮的号角，我们作为中车的一员，背后有国家政策的大力支持，为我们国际化经营创造了历史性的机遇，机不可失。

——深刻认知自身差距。回顾、研究株机、株洲所和永济电机等企业的国际化进程，能够更清晰和深刻地认知自身存在的差距。株机公司 2015 年海外销售收入 86 亿元，达到了总收入的 33%，并在南非、马来西亚、印度等地设立了子公司；株洲所 2015 年海外销售收入近 80 亿元，达到了总收入的 25%，并在"十二五"期间，相继并购了英国丹尼克斯、澳大利亚戴尔克、德国 E + M 和 BOGE 公司、英国 SMD 公司，境外一级、二级企业达到了 12 家，跨国经营指数超过了25%。永济电机 2015 年海外销售实现了 1.3 亿元，在印度组建了合资公司，抢占印度市场先机，成为印度铁路牵引电机最高级别供应商，产品累计出口达到了1100 余台。同时，在国内与日立、阿尔斯通合资成立子公司。相比之下，我们无论是海外销售规模还是在海外市场布点、产业布局方面均存在较大差距，还需加快迎头赶上。要力争用 3 至 5 年时间，实现轨道交通、风力发电、高效电机和特种变压器国际市场的全面突破，具备若干区域市场、稳定客户和海外产业布局，基本形成跨国企业的初步格局。

——着力提升国际化能力。对于国际市场，我们起步晚，缺乏营销积累和专业的人才。我们必须加紧部署，快速培育国际化能力。一是提升快速获取市场的能力，这种能力包括对新市场的开拓和占领以及市场营销手段的创新。要充分把握市场需求，将产品、服务和商业模式相结合，提升客户价值；通过产品出口、技术输出、资本合作等方式，创新国际化策略；通过建立可靠、通畅、高效的海外营销网络，打造持续的市场开拓和发展能力。二是培育国际化运营能力，它是全方位能力的总和，其关键是对接国际标准、打造国际品牌。要对标 ABB、施耐德、三菱等国际标杆企业，推动企业全方位运营能力向国际标准靠拢；着力提升国际商务能力、项目履约能力、品质保证能力、服务保障能力和价值创造能力，塑造高端、优质、超值的品牌形象。三是要加快国际化人才的培养，全力打造一支具有国际化意识和胸怀以及国际一流的知识结构，视野和能力达到国际化水准，在全球化竞争中善于把握机遇和争取主动的高层次人才队伍。

　　——扎实做好既有项目。按照配套出口、自营出口、合资合作、本地化四位一体的发展思路，扎实推进既有国际化项目。充分借助"一带一路"倡议和高铁"走出去"战略，利用中车品牌优势和本地化契机，加快海外市场自主开拓。利用出口欧盟海上风力发电机项目经验和示范作用，迅速争取海外风电市场的批量化突破和本地化发展。结合国内外节能减排和绿色产业发展的新趋势，积极探索高速永磁电机产业的发展机遇，充分发挥技术引领优势，不断满足国际市场需要和要求，创造属于我们的"新蓝海"。加快推进海外合资合作项目，按照成为行业领袖、培育支柱产业、创造投资价值的原则，锁定三家欧美同类企业作为合资合作对象，要在充分调研、严控风险的基础上，力争取得国际并购的实质性突破。

三、加快落实能力建设

　　能力就是集合资源和技术，创造价值效能的本领。在当前经营条件和市场环境下，特指构建整合公司的功能性能力（产品开发并品质保证能力，生产服务并项目控制能力，市场营销并客户维护能力）和组织绩效优化能力，以确保竞争优势，达成战略目标的能力系统。当前，公司高速永磁电机、新能源汽车电机等一批技术创新成果，在行业内形成了一定的影响力，产品大有市场，但产品的质量、成本、进程管控，以及市场开发的能力不足严重制约了产业的快速步伐，影响了新产业战略的落地。因此，能力建设已刻不容缓。

　　——把握文化核心。公司文化构成公司核心能力。好的公司文化产生巨大的正能量，释放组织活力，激发员工潜能，是公司全方位能力提升的心智和行为基础。作为公司能力建设的公司文化建设，其关键因素是价值认同。有了价值认同，就有了忠诚尽责、进取超越的内生动力；有了价值认同，就有了自觉学习、持续改善的全员行为；有了价值认同，就有了齐心协力、谋事创业的整体氛围；有了价值认同，就有了贯穿全业务链的最基本的目标和方法指引。关于价值认同，我在职代会上，就"明德成器 利物益世"企业精神，尤其是"积善"的概念做了初步阐述。实际上，就我们所从事的事业和职业而言，讲饮水思源、知恩图报，讲积善成德，遵奉组织伦理、社会伦理、商业伦理和职业伦理，讲组织和个人、事业与职业共同进步，讲利他创值、造福社会，最根本的还是要将价值认同从理念层面落实到行为层面，以在市场、客户、技术、现场、产品和服务全业务链、全方位展示的"善行"赢得认可和尊重。说到底，公司文化必须从意识形态转变为行为形态、管理形态和价值形态。

——落实能力纲要。公司结合总体发展战略，按照"开拓战略市场、固化能力结构、坚持性价制胜、持续变革创新、优化组织文化、创立一流企业"六大原则，编制形成了"确立竞争优势的企业能力指引行动计划"，这将是公司未来 3 至 5 年所有能力提升的指引。公司各级班子要强化担当，主动认领责任，领会能力内涵，将能力建设融入战略发展、融入日常生产经营过程。同时，研究制定各专项能力建设的工作方案、阶段任务及工作计划，充分明晰内部资源配置需求，合理有效利用内外部资源，分步实施，高效推进，确保能力建设落到实处、取得实效。

——健全管理机制。能力建设是一项持续渐进的常态化工程。要加强宣传引导，统一认识，充分调动广大干部员工的积极性和创造性。要建立健全管理机制，以 PDCA 管理评价能力项目推进，从量化工作目标、细化措施落实、强化检查督导、优化反馈激励四个维度，形成工作持续改进和螺旋式上升的良性动态循环，推进能力建设工作的标准化、规范化、常态化和科学化。要科学评价能力建设效果，及时总结提炼能力建设工作经验，以标准和制度体系加以固化，持续丰富和完善能力建设工作机制，不断引发、促成新的能力提升。能力项目的执行情况，要作为组织和岗位绩效评价、考核的关键指标。

四、加快推进系统变革

变革就是要革除旧弊，激发组织发展新动能，消除组织系统熵增，以新秩序取代旧秩序。企业内外部环境的变化、自身成长的要求，都促使企业进行主动或被动的变革。从外部看，在中车统一开放的市场局面下，各主机企业产业结构分散、产业布局交叉，对公司原有营销、技术资源带来了巨大的耗费。同时，中车业务结构调整的大势，又要求我们必须主动作为、提前谋划。从内部看，组织变革是自我生存和发展的需要。我们去年经过多次研讨，明确了"三创三化"战略，审视目前的组织结构、职责分工、运营体系，与产业发展的要求不相匹配，更无法有效支撑"十三五"战略目标的实现。内外部形势都要求我们必须加速变革，推动公司转型升级。我们要利用这一年时间搭建好适应"三创三化"战略的组织架构和运作机制，为"十三五"的创新发展夯基垒台、立柱架梁。

——充分调研，积极配合。组织变革的目的就是要激发内部潜在的创新力和活力，创造市场领跑的内部条件。一是各级班子、各单位要高度重视，充分认知变革的意义，积极主动拥抱变革，并担起变革的责任，全面配合咨询公司做好调研和评估工作。二是要全面分析公司总体战略和各业务、职能定位与战略目标，找准组织变革的出发点。三是坚持问题导向，明确目前组织架构、职责设置与战略之间的主要矛盾和矛盾的主要方面，找准组织变革的落脚点。四是全面梳理公司核心业务流程，以实现战略规划为出发点，找准阻碍组织高效运转的症结点。

——顶层设计，加快变革。变革不是一蹴而就，要做好顶层方案设计。要秉持"符合企业的核心价值、匹配公司长远发展战略、体现企业核心竞争力、具备适应环境变化动态调整的能力"的原则，做好组织变革顶层方案设计，把握好节奏，加速推进。一是做好组织方案设计，适当考虑长远发展和当期发展的衔接和过渡，做好公司治理结构设计、组织结构设计、部门职能与关键岗位职责明确、关键权责划分以及管控方式设计等，力求做到覆盖全面、科学系统、切实可行。二是做好流程优化方案。重点构建业务主导的高效运转的流程体系，优化核心业务与管理流程，将业务、职能进行串联，充分发挥组织内在联动性。三是做好资源配置方案。职能及架构明确后，需要将关键流程及管控体系进行落实，要在职能的分解和串联过程中匹配相应的资源，确保组织能够高效运转。

——承前启后，稳妥前行。希腊哲学家赫拉克利特指出，"世界上唯一不变的就是变化本身"。管理大师彼得·德鲁克也指出，"只有将领导变革视为己任的组织，才能生存下来"。我们必须充分理解并践行这黄金般的警示。未雨绸缪，主动变革，超前变革，持续变革，将变革作为取胜市场、赢得未来的真功夫。公司各级班子和全体员工要重视并直面变革，强化责任担当，既确保变革有效，又确保公司经营工作的稳定。要坚守岗位职责，在变革前要平稳推进各项经营工作，坚决杜绝观望、等待，要确保经营工作在组织变革期间的顺利、通畅；更重要的是主动融入变革，积极、快速适应新的组织环境、新的部门和岗位职责，主动思考、大胆创新，创造性地开展各项工作，提升工作绩效。

同志们，这次工作会议的召开，标志着"十三五"新征程的全面开启，让我们统一认识、同心协力、主动创新、大胆变革，努力开创中车株洲电机有限公司未来发展的新篇章。

加强党的建设　服务创新变革
为企业持续健康发展提供坚强保证

——中车株洲电机有限公司 2016 年度工作会议党委工作报告

党委书记　李　瑾

2016 年 2 月 29 日

同志们：

　　刚才，肖总作了经营工作报告，对 2016 年的生产经营工作进行了详细部署。对此，我表示完全赞同和支持。各级党组织要动员和组织广大党员干部、全体员工群众，深刻学习领会报告精神，创造性地策划好全年工作，认真落实好全年任务，为实现公司 2016 年度发展目标付出新的努力，做出新的贡献。下面，我代表公司党委作 2016 年度党委工作报告。

第一部分　2015 年工作回顾

　　2015 年，在中国中车党委的正确领导下，公司党委以党的十八大、十八届三中、四中、五中全会精神为指导，深入学习领会习近平总书记系列重要讲话精神，按照"统一、融合、创新、聚力、发展"的工作思路，积极发挥政治核心作用，推进党建制度化和决策科学化，激发基层党组织工作活力，营造了和谐良好的内部环境，对公司顺利实现年度目标发挥了重要作用。2015 年，公司党委主要开展了以下工作。

一、强化理论武装，深入贯彻执行上级方针政策

　　公司党委始终把学习贯彻中央、国资委党委和中国中车党委有关精神和工作部署摆在突出位置，在思想上和行动上与上级党委保持高度一致。2015 年共开展了 15 次党委中心组学习，深入学习了习近平总书记系列重要讲话精神；学习了十八届五中全会、中央经济工作会议以及中车党建工作会等重大会议精神；学习了"一带一路"建设、中国制造 2025、"互联网＋"等方面的知识；开展了"严以修身""严以律己""严以用权"三个专题学习研讨。通过学习，各级领导干部坚定了理想信念，提升了思想政治素质和政策理论水平，运用科学理论引领企业发展、解决实际问题的能力显著增强。

二、完善体制机制，充分发挥党委政治核心作用

1.贯彻落实央企党建新要求，做好管党治党顶层设计

认真贯彻中央关于"把加强党的领导和完善公司治理统一起来，明确国有企业党组织在公司法人治理结构中的法定地位"的要求，修订了公司章程，明确了党委的法定地位和党建工作的总体要求。同时，将党的建设写入公司"十三五"规划，切实做到党建与经营工作同步谋划、同步实施。坚持和完善"双向进入、交叉任职"的领导体制，通过法定程序，8名党委委员进入董事会，1名党委委员进入监事会，8名党委委员进入经理层，使党组织有效融入了法人治理结构，保障了党委政治核心作用的有效发挥。

2.推进决策科学化，实施重大事项集体决策

修订了《公司"三重一大"决策制度实施办法》《公司党委会会议制度》，制定了《公司党委参与重大决策管理办法》，明确了公司党委参与重大决策的职责、范围、途径和程序。加强班子内部的沟通交流，在决策过程中，班子成员都能够积极按照事前沟通、事中讨论、事后总结的过程，不断交换意见和想法，提高了科学决策水平和决策效率。2015年，公司召开党委会15次，集体研究讨论议题46项，主要研究了干部任免、制度修订、评先表彰以及党风廉政建设等方面的重要事项。

三、落实管党治党责任，提升基础党建工作水平

1.夯实党建基础，提升党建工作水平

一是完善党委机构设置，规范职能职责。根据公司组织机构发展变化，新组建了广州公司党总支。同时，系统梳理党群机构设置，搭建起包含8个党群部门、13个基层党组织的组织架构，进一步明确了职能职责。特别是根据新时期从严治党的工作要求，成立了纪委办公(审理)室和纪委检查(监察)室，进一步细化纪委职责分工，强化了监督执纪力量。二是扎实做好党员发展和管理。严格贯彻"控制总量、优化结构、提高质量、发挥作用"的方针，党员发展适度向一线员工队伍倾斜，全年共发展党员34人。加强党员教育管理，分11批次组织1000余名党员赴韶山开展党性修养专题培训。严肃党内政治生活，严格开展"三会一课"、党员干部双重组织生活和民主评议党员等活动。三是完善党群制度体系。根据中国中车党委下发的制度文件和新时期加强公司党建工作的需要，建立了涵盖3个级别、7大板块、99个制度文件的党群制度体系。

2.创新丰富党建载体，激发基层党建活力

策划实施"党建工作提升年"活动，开展标准化党组织创建、党务工作者业务培训、党建工作沙龙。深入推进"四强四优"活动，发挥党组织战斗堡垒作用和党员先锋模范作用。推动公司党建网络平台上线运行，建立起集党建信息发布、典型经验展示、党员干部教育、基层党务管理于一体的学习交流和宣传阵地。引导

和鼓励基层党组织结合生产经营开展特色党建活动。牵引变压器事业部党总支的"微课联盟"、检修事业部党支部的驻外党员远程教育等,都有效地增强了基层党组织活力。以广州公司党总支为蓝本,开展混合所有制党建工作研究,积极探索混合所有制企业党组织设置方式、职责定位和管理模式。

四、落实党管干部和人才,为企业发展提供人才支撑

1.高标准、严要求,加强领导干部队伍建设

坚持每月开展高中层管理者"学习日"活动,提升两级班子素质和履职能力。修订中层管理者选拔任用、交叉任职、轮岗交流等制度,完善了领导干部管理体系。推进内部竞争上岗作为公司中层管理人员选拔补充的重要方式,选拔了 9 名青年人才,充实了领导干部队伍。制定并严格执行《领导干部联系点制度》,领导班子成员深入基层调研指导,紧密联系群众,了解群众的呼声和利益诉求,切实解决了一批群众关心、关注的生产、生活问题。深入开展"三严三实"专题学习,召开两级班子专题民主生活会,查摆不严不实的突出问题,制定系统全面的整改措施,持续深化干部作风建设。

2.着眼长远发展,推进职业化团队建设

持续推进公司职业化团队中期(2015—2017 年)建设规划有序落地,以"能力+业绩"为导向,陆续构建研发技术、工艺技术、支持技术等岗位人才标准体系。加大内培外引力度,推进国际化经营、核心技术研发等紧缺型高端人才队伍建设。实施高潜人才发展计划,建立后备人才库。设立国家级博士后科研工作站,与浙江大学等高校建立战略合作关系,为高端人才引进和培育搭建了平台。建立和完善了职业化人才激励体系,激发员工潜力价值。拓宽员工职业生涯发展通道,为各类人才提供广阔发展空间。

五、落实从严治党,深化党风廉政建设

1.强化责任意识,落实党风廉政建设责任制

坚持从严治党与依法治企相结合,全面落实党风廉政建设党委主体责任和纪委监督责任。召开 3 次公司党委专题会议研究部署党风廉政建设有关工作。组织签订《任期党风廉政建设责任状》和《廉政从业承诺书》。党委书记切实履行"第一责任人"职责,班子成员抓好分管领域的党风廉政建设,带动基层抓落实,促进了"两个责任"在公司落地生根。全力配合中车党委巡视四组对公司的巡视,顺利完成现场巡视工作,在同期被巡视的四家单位中,巡视反馈结果最好。同时,在落实巡视意见整改过程中,认真制定了整改方案并扎实推进,努力建设防患于未然的长效机制。

2.加强教育监督,营造风清气正环境

以"职业行车安全"为主题,围绕党性党规党纪等主题内容,推进廉洁文化建设。组织干部群众观看《家风、家教、家庭》教育片;开展《落实八项规定,保障

"安全驾驶"》专题宣讲；组织党员干部学习研读《中国共产党廉洁自律准则》及《中国共产党纪律处分条例》，促进党规党风党纪教育深入人心。分解落实公司2013—2017年惩防体系建设任务，扎实推进惩防体系建设。同时，充分发挥纪检监察、审计等监督资源作用，抓住重点环节，坚持把涉及企业人、财、物、事的"三重一大"集体决策制度的执行作为日常监督的重点，加强对授权、行权、用权过程的监督。恪守八项规定，严肃整治"四风"，净化企业发展环境。

六、推进思想文化建设，提升企业发展软实力

1. 开展形势任务教育，凝心聚力促发展

扎实推进"新中车 中车心"宣教活动，将宣教活动融入"三严三实"、"三会一课"、班组晨会，推进"同一个中车"理念进车间、到部室、入工区。在完成规定动作的同时扩展活动外延，组织子公司、售后服务站、检修基地进行专题学习宣贯，开展"新中车 中车心"党史党建知识竞赛、亲子开放日、升旗仪式等活动，着力强化"同一个中车"意识。同时，开展中车整合、质量大反思等形势任务教育活动，引导全员提高思想意识。

2. 坚持文化引领，塑造品牌高端形象

开展新理念、新思维、新模式的全员宣贯，引导广大员工对文化理念的全面认同与实践。构建母子公司统一的品牌体系，实现文化的协同与融合。2015年，公司荣获"全国企业文化建设先进单位"。聚焦永磁高铁、中国标准动车组、长沙磁悬浮等重大项目开展外宣策划，促进公司高端产品和先进技术深入人心。特别是永磁高铁新闻获评"中国十大科技进展新闻"，在中国中车内部以及行业和社会上都引起了极大反响，获得一致点赞。拍摄"工匠精神"微视频，树立公司高铁品质的良好形象。组织参加深圳高交会、土耳其铁路展等国内外重大展会，有力提升了公司的品牌影响力。

七、发挥群团工作活力，营造良好的内部环境

加强对群团工作的领导和指导，把群团工作纳入党建总体部署。广泛开展"双创"竞赛、"新中车 新贡献"劳动竞赛等活动；打造"周末女校"、亲子开放日、心悦联盟等精品项目；深化售后服务站点"三线"建设；召开了公司一届一次职代会，积极落实民主管理及厂务公开，全年工会工作开展得有声有色，荣膺"全国模范职工之家"称号。加强对团组织工作的指导，开展青年联谊、"暑期帮扶青年行"等活动，搭建了青春风采大赛、国学知识大比拼等青年成长成才平台。凝聚青年思想，服务青年生活，促进青年成长成才。

第二部分　当前的形势和任务

时代和实践的发展，总是不断对我们党提出新要求和新任务，赋予党的建设新的时代内涵。面对党要管党、从严治党和深化国有企业改革等新形势，公司党建工作也面临着新要求、新任务和新课题。

一、全面从严治党对党建工作提出了新要求

党的十八大以来，以习近平同志为核心的党中央站在新的历史起点上，提出治国理政"四个全面"的战略布局。全面从严治党作为实现其他三个"全面"的根本保障，被提到前所未有的高度。中央、国资委党委先后做出一系列重大部署，一边扎牢制度篱笆，一边剑指沉疴顽疾，开创了管党治党的新局面。2015年，中央政治局常委会两次听取了中央企业巡视工作情况的汇报，中央领导同志在充分肯定中央企业改革发展成绩的同时，指出了当前存在的突出问题，特别是党的领导弱化、主体责任缺失，党要管党、从严治党没有落到实处。国资委党委书记张毅同志用四个"前所未有"强调了落实全面从严治党要求的极端重要性和紧迫性。这就要求我们要把加强党的领导、落实管党治党责任作为首要的政治任务来抓，并且务必要从严从实、常抓不懈。

二、深化国企改革对党建工作提出了新任务

党中央、国务院历来高度重视国有企业的改革发展和党建工作。2015年，中央印发了《关于深化国有企业改革的指导意见》和《关于在深化国有企业改革中坚持党的领导加强党的建设的若干意见》。该"指导意见"是指导国有企业改革发展的纲领性文件，从总体要求到分类改革、完善现代企业制度和国资管理体制、发展混合所有制经济、强化监督防止国有资产流失等方面提出了国企改革目标和举措。也列出专门章节对国有企业党的建设提出要求，指出要坚持党对国有企业的领导，贯彻全面从严治党方针，充分发挥党组织政治核心作用，创新基层党建工作，为国有企业改革发展提供坚强有力的政治保证、组织保证和人才支撑。而"若干意见"从8个部分16条对国有企业党建工作做出部署，旗帜鲜明地指出要增强党的意识，坚持党的领导，加强党的建设，特别强调要做到"四个同步"，实现"四个对接"。这两个文件相互策应，把国企改革发展和党建工作紧密结合，为我们在新时期做好党建工作指明了方向，也提出了新的任务。

三、公司创新变革对党建工作提出了新课题

"十二五"的圆满收官，让我们站到了新的历史高点上，也让中国中车对我们有了更高的期许。当前，我们仍然面临错综复杂的经营形势和结构性的矛盾，经济下行压力不断加大，轨道交通市场遭遇瓶颈，风电市场，弃风限电让行业在热潮下充满了变数，新兴市场的发展前景仍然不太明朗。产业发展不均衡、国际市场有待突破、管理模式跟不上发展速度、集团化管控能力尚不健全等众多结构性矛盾在很大程度上将制约我们的发展。为此，公司将创新变革，破解经营瓶颈提上了议事日程。各级党组织和广大党员作为公司的战斗堡垒和核心骨干，是创新变革的中坚力量，将对创新变革进程起到决定性的推动作用。如何紧紧围绕企业改革发展稳定来谋划部署党建工作，把党的政治优势、组织优势和群众工作优势，转化为企业的创新优势、发展优势和竞争优势对我们提出了新的课题。

2016年，公司党委工作的总目标是：打造学习型、服务型、创新型的党组织，将党的政治优势、组织优势、群众工作优势，切实转化为企业的核心竞争力。

总体要求是：深入贯彻党的十八大、十八届历次全会和习近平系列重要讲话精神，全面落实中央企业党的建设工作座谈会和中国中车党建工作会的各项任务，组织和动员全体干部员工，把思想和行动切实统一到加强党的建设、推进企业创新变革上来，为企业持续健康发展提供坚强保证。

按照2016年党委工作的总体要求和主要目标，我们要深入贯彻"创新、协调、绿色、开放、共享"的发展理念，进一步提升和巩固公司党建工作，积极落实"12345"的总体工作思路，就是围绕公司创新变革"一"个中心，以中车党建工作会和巡视整改工作"两"个分解表为抓手，推进党建组织、制度和活动"三"方面的创新，落实"四"个同步和对接要求，努力实现"五"方面的突破，即在提升意识上求突破、在锤炼队伍上求突破、在筑牢基础上求突破、在廉政建设上求突破和在思想引领上求突破。

第三部分　2016年工作安排

一、在提升意识上求突破，进一步增强创新变革的政治定力

1. 提高思想境界，把握创新变革的机遇

坚持开展中心组学习和高中层"学习日"活动，加强对深化国有企业改革、供给侧改革、"大众创业、万众创新"等国家宏观政策的学习，深入研究"一带一路"、京津冀协同发展、长江经济带、"互联网＋"、中国制造2025等国家政策中蕴藏的战略机遇，进一步解放思想，拓宽思路，提高各级领导干部引领发展、推动发展的能力，将党的政治优势转化为实实在在的领导力和发展力。

2. 落实管党治党责任，把握创新变革的政治方向

中央明确要求，要把党的领导贯穿于国有企业改革全过程。"指导意见"提出国有企业党组织要切实承担好、落实好从严管党治党责任，建立健全党建工作责任制，聚精会神抓好党建工作，做到守土有责、守土负责、守土尽责。为落实管党治党责任，强化党建责任落地，公司党委已制定了《公司党建工作责任制暨一岗双责工作指引》《公司基层党组织设置及主要职责规定》，明确了公司两级领导班子及班子成员的党建责任。各级党组织要认真学习领会，强化主业主责意识，深入贯彻执行。同时，要努力构建抓书记、书记抓，抓班子、班子抓，一级抓一级、层层抓落实的党建工作格局，把握创新变革政治方向，切实将党建转化为企业核心竞争力的重要组成部分。

3. 积极参与重大决策，切实发挥政治核心作用

公司党委已经出台了《公司党委参与重大决策管理办法》等系列制度文件，要

扎实推进制度文件的贯彻执行，发挥党委参与决策谋全局、议大事、抓重点的优势，对关系企业创新变革稳定的重大问题提出意见和建议，确保公司发展的正确方向；支持法人治理结构依法行使职权，促进科学决策，实现国有资产保值增值；维护企业、员工的合法权益，促进企业和谐发展。同时，在重大决策制定后，要做好决策实施的宣传动员、解疑释惑工作，团结带领党员、员工群众把思想和行动统一到推动决策实施上来。

4.依靠广大员工群众，深化企业民主管理

加强企业民主管理，充分调动员工群众参与公司改革发展的积极性、主动性、创造性。进一步健全以职代会为基本形式的民主管理制度，理顺职代会、厂务公开、职工监事等企业民主管理制度与法人治理结构的关系，找准民主管理工作切入点、着力点和落脚点。积极稳妥推进厂务公开制度建设，公开变革发展的难点、经营管理的重点、贴近员工群众切身利益的热点、涉及党风廉政建设的焦点，保护好员工群众的知情权、参与权、表达权和监督权，促使领导干部和员工群众对创新变革发展，认识上更加到位，行动上更加自觉，工作上更加有为，推动企业和员工群众协商共事、机制共建、效益共创、利益共享。

二、在锤炼队伍上求突破，进一步增强创新变革的保障能力

1.选优配强干部队伍，打造创新变革的中坚力量

深化"四好"领导班子建设，推行"年初创建策划，年中跟进督查，年底考评表彰"的建设模式，特别要加强子公司领导班子队伍建设，努力打造经营有道、创新有术、管理有方、兴企有为的领导班子。坚持好干部标准，把竞争上岗作为干部选拔的重要方式，严格执行选人用人程序，完善考察评价指标体系，建立规范、实用的工作流程和管理标准，持续提升公司选人用人的公信度和满意度。贯彻落实《公司中层管理人员岗位交流管理暂行办法》，加大领导干部岗位交流力度。编制领导人员任职资格标准体系，持续推进领导干部职业化培训，培育忠诚意识、拓展世界眼光、提高战略思维、增强创新精神、锻造优秀品行。研究中长期激励政策，充分调动领导干部的创业激情，更好地推动公司国际化经营和新产业开拓。加强后备人才培养管理工作，加大推行轮岗交流、海外实践等工作力度，推动形成常态化培养、合理化配备、制度化运行的后备人才管理机制。

2.落实人才强企战略，增添内生发展动力

坚持管宏观、管政策、管协调、管服务的工作思路，不断扩大人才总量，优化人才结构，提高人才素质，优化选用育留机制，为公司发展提供强有力的人才支撑。牢固树立"人才资本"的理念，把人才资源视为企业的重要发展资本，加大投入，推动人才素质提升、人才总量提高。以"职业化团队＋组织活力"建设为目标，进一步完善公司"十三五"人才发展规划及职业化团队建设规划，建立健全战略导向、高端引领，系统化、一体化、规范化和信息化的人才管理体系。拓宽选

人用人视野，开展"全球引智"，加大高层次人才引进和国际化人才开发培养力度。围绕能力建设，构建职业化人才标准体系，搭建核心人才发展平台，重点做好五支职业化员工队伍培育。

3. 加强领导干部管理和监督，提升干部队伍建设水平

加强对领导干部的日常监督管理，坚持和完善以综合考评为基础的任期制，贯彻落实《公司所属企业领导班子和领导人员综合考核评价暂行办法》。综合运用提醒谈话、函询、诫勉等方式，结合监察、审计、信访处理等相关结果及舆情反映的情况，切实加强领导干部日常管理监督。做好领导干部报告个人有关事项工作，规范领导人员因私出国(境)管理和兼职管理。同时，加强对子公司选人用人工作的监督指导，提升公司干部队伍建设的制度化、规范化、系统化水平。

三、在筑牢基础上求突破，进一步增强创新变革的组织活力

1. 固本强基，强化党组织建设

一是加强基层党支部的设置。以"支部建在连上"为引导，根据公司基层党组织设置与公司组织结构同步设置的要求，在符合党支部建立条件的一级单位，全部建立"基层党组织"，作为公司党建的基本组织单元，要在"基层党组织"之上设立联合党总部，优化党组织结构，实现与行政机构设置的充分对接。选优配强基层党(总)支部书记，严格按照《公司党支部工作细则》组织开展党支部建设，强化支部书记工作考核评价。二是加强党员培养和示范。做好党员"双培养"工作，把党员培养成骨干，把骨干培养成党员，把骨干党员输送到重要岗位，发挥党员示范带动作用。做好党员"可视化"身份识别，将党员身份形象、工作标准、工作业绩及考核结果在工作岗位和生产现场进行公开，旗帜鲜明地彰显党员先进性，增强党员的自豪感和使命感，更好地发挥先锋模范作用。三是组织开展好公司一届一次党代会。充分发挥党员民主权力，严格履行相关程序，做好换届选举前各项准备工作，确保一届一次党代会顺利召开。

2. 巩固提升，推进党建制度创新

以《贯彻落实中车党委党建工作部署任务分解表》为抓手，全面推进公司党建工作提升。一是优化党群组织绩效考评体系。科学设置党建目标责任状指标，落实党建主体责任。建立动态跟踪考核与年度集中考核相结合的综合评价体系，努力把党建工作"软指标"转化为"硬杠杠"。二是探索建立基层党组织书记抓党建述职评议机制，形成基层党建工作的有力抓手和载体。三是要完善公司一级党建工作机制。坚持党委会、党委办公会、月度党群工作例会和党政工联席会议的工作机制，开展公司党建工作和重大经营决策的研究、决策和部署；探索建立公司党建工作研究的方法和机制，及时发现公司改革发展中出现的新问题，总结和推广行之有效的经验做法。四是要持续完善基层党组织建设的工作规范，严格开展"三会一课"、民主评议党员等党内政治生活，全面提升公司基层党组织的凝聚力

和战斗力。

3.与时俱进，增强党建工作活力

弘扬改革创新精神，鼓励基层创新创造，推进党的建设理念思路创新、方式方法创新和制度机制创新，推动基层党建工作在探索中前进，在创新中发展。一是构建"互联网＋党建"模式，积极使用微信、微博等现代技术手段，创新基层党建工作方式方法，使公司党建工作更加体现时代精神、符合企业实际、贴近党员群众。二是深入开展"四强四优"等党建活动，完善"四强四优"考评标准及机制，创新和丰富"党员先锋岗""党员示范岗""党员红旗责任区"等创岗建区、立项攻关的党内主题活动载体，把党建与生产经营、技术创新、市场营销等工作有机结合起来，通过上级党组织为下级党组织服务、党组织为党员服务、党组织和党员为员工服务等措施，充分调动广大党员干事创业的热情，发挥先锋模范作用。三是持续开展基层党组织负责人、党务干部学习培训，有效利用网上党校、国资委党建培训等高质量平台，培养党务工作者抓党建的专业思维、专业素养、专业方法，提高党建工作能力。四是持续加强混合所有制企业党建工作研究。构建适应混合所有制企业特点的管理模式，促进党建的创新性、灵活性。

四、在廉政建设上求突破，进一步增强创新变革的监督效力

1.落实两个责任，加大党风廉政建设力度

一是学习贯彻中央纪委六次全会和中国中车2016年党风建设和反腐败工作会精神，落实党风廉政建设党委主体责任和纪委监督责任，严明政治纪律和政治规矩，加强反腐倡廉教育，推进惩防体系建设，深化廉洁风险防控，把党风廉政建设和反腐败斗争不断引向深入。二是开展"守纪律、讲规矩、明底线、知敬畏"主题教育活动，学习贯彻《中国共产党廉洁自律准则》《中国共产党纪律处分条例》和《中国中车党员领导干部纪律手册》，筑牢党员干部廉洁从业思想防线。同时，大力弘扬中华优秀传统文化，汲取家规家风中的精华，教育引导党员干部廉洁修身、廉洁齐家、廉洁从业。三是贯彻落实力度不减、节奏不变、尺度不松的反腐要求，加大案件查处和惩治腐败力度，抓住关键节点和典型案例，通报曝光违纪违法行为，用身边事教育身边人。四是深化纪律检查体制改革和组织制度创新，深入推进三转，构建党风廉政建设责任分解、检查监督、倒查追究的完整链条，建立健全不敢腐、不能腐、不想腐的有效机制。五是持续推进中车巡视反馈意见建议整改工作落实，高度重视制度建设，加强制度执行情况的监督和检查，进一步巩固和扩展巡视整改成果。

2.运用好"四种形态"，强化对权力运行的制约和监督

一是把纪律和规矩挺在前面，运用好监督执纪的"四种形态"，严查"五种行为"。盯住领导干部这个"关键少数"，加强对各级领导干部的日常管理、教育和监督，强化党员干部的红线意识、底线意识，从源头上阻断不正之风和腐败滋生

的通道。二是严格检查监督，抓早抓小，防患于未然，完善并严格执行"三重一大"决策制度，规范议事规则和决策程序，强化对权力集中、资金密集、资源富集、资产聚集等重点部门和岗位的监管，并对关键岗位人员定期岗位轮换制度落实情况开展专项监督检查。三是贯彻《中共中央建立健全惩治和预防腐败体系2013—2017 年工作规划》，落实 2016 年阶段性目标任务，深化廉洁风险防控，推进惩防体系建设。四是加强责任追究和警示教育。建立健全责任追究制度，落实"一案双查"。综合运用考核评价和纪检监察、审计等工作成果，做到有错必纠、有责必问。加大案例通报警示教育，充分利用"面对面""一对一""咬耳扯袖"等方式，强化纪律提醒，抓好谈话教育。

五、在思想引领上求突破，进一步凝聚创新变革的内生合力

1. 开展"两学一做"学习教育，建立"三严三实"长效机制

按照中央部署和上级党委要求，组织公司党员干部深入学习贯彻习近平总书记系列重要讲话精神，把思想和行动统一到中央决策部署上来；深入学习贯彻党章党规，尊崇党章，进一步增强党章党规党纪意识；把中央从严治党的实践成果转化为全体党员共同遵守的纪律和道德要求，争做合格党员。同时，推动"三严三实"整改落实，将"三严三实"专题教育纳入党员干部的经常性学习教育中，使"三严三实"制度化、常态化、长效化。

2. 抓好思想政治和宣传教育工作

认真贯彻落实中央印发的《党委（党组）意识形态工作责任制实施办法》，增强抓好意识形态领域工作的积极性和主动性。深入开展思想政治工作研究，认真践行社会主义核心价值观。大力加强宣传教育工作，深化"新中车 中车心"宣教活动，进一步强化"同一个中车"认识；做好中国"第一代高铁工人精神"宣传推广，选树宣传各类先进典型。加强形势任务教育，及时阐释市场环境的新变化和创新变革的新任务，宣贯企业发展的长远规划和实施步骤，将干部员工的思想和行动统一到推动发展上来。积极开展精神文明创建活动，加强职业道德教育，推动"道德讲堂"建设。完善舆情研判和应对机制，提高新闻危机意识和应对能力。

3. 推进企业文化和品牌建设工作

健全企业文化建设运行机制，推进企业文化与公司制度、流程有效融合，抓好文化落地。加强异地子公司文化建设，强化母子公司文化融合，形成既集中统一又包容开放的文化体系。落实中车统一的 VI、BI 建设要求，全面构建公司 CIS 体系。将品牌管理渗透生产、技术、质量、营销、服务等经营管理全过程。加强媒体合作和国际参展，打造高铁品质形象。注重现代传播媒体建设，用好微信、微博、网络等新兴媒体，做好舆论引导。

4. 加强和改进群团工作

落实好中央《关于加强和改进党的群团工作意见》，加强和改进党组织对群团

组织的领导，发挥群团组织作用。大力开展经济技术创新活动，充分尊重和发挥员工群众的首创精神，丰富员工文体生活，突出"四比、一创新""双关心、两维护""六送、三关注"等活动，努力建设有为工会、维权工会、温馨工会、创新工会和活力工会。扎实推进"加强思想引领、提升青年素质、深化创新创效、夯实团建基础"四项工程，深入开展"公司发展与青年使命"主题实践活动，持续打造青年成长成才通道，充分发挥"青"字号品牌影响力，严把"推优"质量，团结带领广大团员青年为公司发展贡献青春智慧和力量。

　　同志们，落实全面从严治党要求，推进创新变革，实现升级发展的任务艰巨而又繁重。让我们在思想上、政治上、行动上与党中央保持高度一致，大力加强和改进公司党的建设，坚定信心，同心同德、齐心协力，为打造高端动力装备先锋提供坚强的政治保证，带领全体员工朝着"三创三化"的宏伟目标奋勇前进！

保持坚强政治定力 坚持全面从严治党
为公司改革发展提供有力纪律保障

——在公司2016年党风建设和反腐败工作会议上的讲话

党委书记 李 瑾

2016年2月29日

同志们:

刚才,余斌同志向大会做了党风建设和反腐败工作报告。这份报告是代表党委做的,联系公司实际,提出了2016年的工作任务和要求,目标明确,重点突出。周军军同志从职业操守、职业素养和企业文化等方面对廉洁从业进行了深刻阐述,大家要认真领会,抓好落实。

下面,我就如何贯彻执行中国中车党委有关工作精神,在新的一年里抓好公司党风廉政建设工作,再强调三个方面的意见。

一、深刻学习领会党风廉政建设新常态、新要求

十八大以来,党中央以强烈的历史责任感、深沉的使命忧患感,坚定不移推进全面从严治党,把党风廉政建设和反腐败斗争引向深入,深得党心民心。党中央旗帜鲜明、立场坚定、意志品质顽强、领导坚强有力;各级党组织和党员领导干部学习贯彻习近平总书记系列重要讲话精神,落实管党治党的政治责任、全党动手、齐抓共管的局面巩固发展;广大干部群众大力支持、积极参与;各级纪检监察机关聚焦中心任务,强化监督执纪问责,踩着不变步伐,推动党风廉政建设和反腐败斗争取得新进展、新成效。

习近平总书记在中央纪委六次全会上指出,做好今年的工作,重点是把握好五个要点:一是尊崇党章,严格执行准则和条例;二是坚持再坚持,把作风建设抓到底;三是实现不敢腐,坚决遏制腐败现象滋生蔓延势头;四是推动全面从严治党向基层延伸;五是标本兼治,净化政治生态。这条工作主线是当前和今后一段时间内,我们推进党风廉政建设的重要遵循。

习近平总书记同时强调,必须坚持、完善、落实民主集中制,强化党内监督,确保党内监督落到实处、见到实效。要完善监督制度,做好监督体系顶层设计,把党内监督的效用激发出来。要整合问责制度,健全问责机制,坚持有责必问、问责必严。要坚持用好批评和自我批评这个武器，让批评和自我批评成为每个党员、干部的必修课。要抓住"关键少数"，破解监督瓶颈问题，领导干部责任越大、岗位越重要，就越要加强监督。

以上是我们归纳的习近平总书记在中央纪委六次全会上的讲话精髓，会后，同志们还要对习近平总书记的讲话精神和六次全会精神，以及中央企业和中国中车反腐败工作会精神进行系统深入的学习。

二、清醒认识党风廉政建设的紧迫感和复杂性

近年来，公司党委认真贯彻上级工作部署，把履行主体责任作为党的建设重要内容，纳入全局工作，积极推进落实。及时召开党委会、干部大会和党委中心组学习等，宣贯传达中央会议精神和中国中车反腐败工作要求。在年度工作会议和党风建设工作会议上，对党风廉政建设做研究、提要求、抓落实，并把党风廉政建设纳入公司"十三五"规划和改革顶层设计。健全完善党建制度体系，制定《公司党委参与重大决策管理办法》《公司党风廉政建设责任制实施办法》等重要制度，为工作层层落实提供制度支撑。根据巡视反馈意见，调整优化纪检部门内设机构，领导和支持企业纪委依照党章全面开展工作，为纪委监督执纪问责创造条件。定期开展党风廉政建设责任制专项检查，加大纪律审查力度，严肃责任追究，"监督推动力"不断增强。公司纪委积极协助党委抓党风廉政建设，认真履行监督责任，聚焦主业主责，深化"三转"要求，取得了阶段性成效。各级党员领导干部对党风廉政建设的认识逐步提高，较好地发挥了表率作用。

分析当前形势，我们的党建工作和党风廉政建设整体情况是好的，这也得到了中车党委巡视组的肯定。扎实的党风廉政建设为公司改革发展提供了有力保障。但是，我们也要清醒地看到存在的问题和不足，简要概括起来，就是有的基层党组织在落实主体责任方面还存在不到位的情况；有的党员干部对企业做强做优做大的新常态认识不足，低估了党风廉政建设形势任务；还有少数领导干部在"三严三实"和"六大纪律"的大环境下，对全面从严治党的理解还不透彻。

这些问题再次提醒我们，党风建设和反腐败工作永远在路上。我们要充分认识到，我们的党风廉政建设状况与中央全面从严治党要求、与公司持续健康发展的要求还有差距。我们要高度重视这些问题，透过现象看到本质问题，看到企业管理机制上的问题。各级组织、各级领导干部要增强党风廉政建设的紧迫感，认真学习贯彻中央纪委六次全会精神和上级组织工作精神，认真落实好公司党风建设和反腐败工作会议提出的目标和任务。

三、从严从实抓好党风廉政建设重点工作

（一）严格执行准则和条例，切实加强纪律建设

习近平总书记讲到今年党风廉政建设工作五项要求，第一项就是遵从党章。各级党员干部要遵从党章党纪，严格按规章制度办事。当前看，一些制度已经建

立和完善了,大家一定要认真学习党纪条例,特别是廉洁自律准则和纪律处分条例。同时,制度建设要立足于扎紧党规党纪的笼子,要立足于形成具体的落实办法,特别在"三重一大"决策制度、岗位交流、履职待遇、选人用人及作风建设等方面,要加紧完善相关制度,加大制度监督与考核力度,把纪律的笼子越织越密。

(二)落实全面从严治党主体责任,强化责任追究

推进全面从严治党,关键是抓住主体责任这个"牛鼻子"。公司从上到下要树立"不管党治党就是失职"的意识,坚决把全面从严治党主体责任扛在肩上、抓在手中,落到实处。具体而言,公司党委承担管党治党的主体责任,党委书记和行政主要负责人共同对党风廉政建设负主要领导责任,党风廉政建设工作要与企业经营管理、改革发展同步规划、同步部署和同步落实。其他班子成员要按照工作分工,严格履行"一岗双责"要求,对职责范围内的党风廉政建设情况、分管领域和分管部门领导干部党风廉政建设情况负主要领导责任。如此自上而下,直到各级党组织、各级领导干部、各基层单位,所有组织和个体都承担着责任。大家要认清各自责任,出现问题都要负责。

(三)持之以恒不放松,把作风建设抓到底

应该说,近几年通过驰而不息"反四风",作风建设取得了一些成果,但也存在一些不足。一些良好的作风风气还需要进一步稳固,有些单位在如何平衡业务工作与八项规定尺度之间还存在疑惑。各级组织、各级领导干部要切实担负起党风廉政建设责任,自觉遵守作风建设相关规定,对身边的"四风"问题做到早发现、早报告,配合主责部门做好监督检查和调查核实,及时纠正、处理纪违规行为。

这里要着重强调一下家风建设问题,总书记在中央纪委六次全会上反复强调,抓作风建设要返璞归真、固本培元。新修订的《中国共产党廉洁自律准则》首次写入了"廉洁齐家,自觉带头树立良好家风"。可以说,家庭是反腐败的重要环节,好的家风引人向善向上,能为廉洁自律提供精神支持。我们的领导干部要以身作则,克己奉公,对家庭成员起到示范带动、言传身教的作用,管好子女亲属和身边人。

(四)把握并运用好"四种形态",坚持抓早抓小

组织培养一名领导干部非常不容易,干事创业也需要大量干部。我们希望既能培养干部、使用干部,也能爱护干部。一个干部出现问题,不只影响本人,更影响事业,影响家庭子女,影响上下几代人,所以必须贯彻惩前毖后、治病救人的方针,运用好"四种形态",多开展批评帮助,抓早抓小,抓苗头抓预防,防止小错酿成大祸,体现组织对干部的爱护。企业党风廉政建设工作不仅仅是查处,更重要的是要爱护,要加大函询、约谈、诫勉谈话的力度,包括运用民主生活会等党内监督形式。各级党组织、各单位也要通过工作例会、谈话谈心等,加大对

干部员工的教育、监督和管理。

（五）持续抓巡视整改，把党内监督摆在重要位置

针对巡视反馈意见，各主责单位要抓好整改落实，突出成果转化和运用，以巡视整改促进企业党建工作和廉政建设工作提升。上周，公司巡视整改报告已经向中国中车进行上报，中车党委巡视工作办公室将适时组织"回头看"监督检查。各单位要从懂政治、讲规矩的高度出发，将推进巡视整改与建立长效机制统一起来，细化整改措施，完善制度体系，特别是在"三重一大"决策、党管干部、党管人才以及经营风险防控方面，要抓好建章立制，进一步规范决策程序，发挥出长效体制机制的防治功效。

（六）加强重点领域监督，巩固和深化反腐倡廉体制机制

要全面加强改进监督工作，进一步强化党内监督，综合运用好集体领导和个人负责、民主生活会、廉政谈话和个人有关事项报告等党内监督方式，抓住领导干部这一"关键少数"，将咬耳扯袖、红脸出汗固化为一种常态。要结合2013—2017年惩防体系建设规划，有效整合纪律审查、行政监察和财务审计等监管职能，加强对重点领域、重要岗位和关键环节的廉洁风险监督，围绕关键岗位人员定期岗位轮换制度落实情况开展专项监督检查。要从源头上把关，建立健全企业经营管理核心领域的配套管理制度，把制度建设贯穿到反腐倡廉各个领域，落实到制约和监督权力的各个方面，发挥制度的激励约束作用。

（七）努力建设忠诚、干净、担当的纪检监察队伍

一年来，公司纪委做了大量工作，保障了风清气正的企业发展环境。对照党风廉政建设新形势新任务新要求，我们的纪检工作还有差距，下一步要综合从队伍、力量和业务素质上予以加强。纪检同志在坚持原则、加强监督执纪问责的同时，还应该通过学习教育，让大家在有些问题上更加明确底线和原则，这是我对纪检干部提出的一个进一步的工作要求，希望纪检队伍对公司健康发展，以及党的建设和经营管理都能继续发挥好的作用。

同志们，今年是"十三五"开局之年，我们将坚决贯彻落实习近平总书记重要批示和上级工作会议精神，坚持全面从严治党，不断深化党风建设和反腐倡廉工作，努力营造风清气正和积极向上的企业氛围，为加快推进公司转型发展、实现公司"十三五"规划目标提供坚强保障。

谢谢大家！

坚守廉洁从业 担当发展使命

——在公司2016年党风建设和反腐败工作会议上的讲话

董事长 周军军

2016年2月29日

同志们：

刚才，余书记对2015年纪检监察工作进行了总结，并对2016年工作进行了布置安排。各单位、各级领导干部要认真学习领会，抓好落实。

2016年，是公司"十三五"开局之年。公司如何开好局、起好步，是摆在各级领导干部面前的重要课题。在公司变革发展中，依法依规从严治企，坚守廉洁从业，是公司实现"三创三化"战略发展的基本保证。因此，我们一定要深刻领会本次党风建设和反腐败工作会议精神，坚定对党风建设与反腐败的决心和信心。下面，结合廉洁从业和公司"十三五"战略发展，我着重讲三点的意见。

一、廉洁从业是职业操守

操守是指人的品德和气节。职业操守就是个人品德在职业活动中的具体体现。这里讲廉洁从业是职业操守，就是每个员工都要遵守行为规范，以形成一种行为习惯，在工作中保持做人的责任和风骨，坚守廉洁从业的底线。对每个员工来说，一旦养成遵守廉洁从业职业操守的习惯，就不会为各种物质利益所惑，就能筑牢防腐之堤，在思想上构筑一道"防火墙"，从而做到"心不动微利之诱，目不眩五色之惑"。但是，罗马并不是一天建成的。贪腐往往从小事、小节打开，从小节不保到大节丧失。"蚁穴不察、必崩大堤，小贿不拒、定成大贪"，作风上不拘小节，思想上就会放松警惕，行为上就会放纵自己，最终就会滑入罪恶的深渊，这也是一些领导干部走向犯罪的普遍规律。养成廉洁从业职业操守的习惯，非一朝一夕，关键在于持之以恒。作为领导干部，要知方圆，明尺度，保持清正廉洁的职业操守，做到原则不动、底线不松、规矩不乱。只有这样，我们的职业生涯才会更从容、更平实、更长久。

二、廉洁从业是职业素养

推进公司创新变革发展，达成"三创三化"战略目标离不开职业化的员工团队。职业素养是职业化的核心内涵。职业素养植根于职业活动，是职业过程中表现出来的综合素质，包含职业道德、职业行为、职业意识以及职业作风。在座的都是领导干部，抑或业务骨干，手中都掌握着一定的人、财、物支配权力，在做各种决策时，一定要秉承高度的职业素养，做到公正有德，不为个人或小团体之利而损害企业利益。不能因一己之私，而做出不公不正的决策，丧失职业道德。不因各种诱惑，做出泄露公司商业和技术秘密的非职业行为，损害企业利益。不廉洁从业，也就意味着没有职业素养，失去了职场上被认同的基础，企业也会失去客户、投资者的认可。基本的认可失去了，何谈企业的长期持续健康发展。

三、廉洁从业是企业文化

人是受环境影响而发生不同的改变，正所谓"近朱者赤，近墨者黑"。廉洁从业，不能只是单一个体的自我修炼，归根到底要靠企业文化。建设廉洁从业的企业文化，能够聚人、聚心、聚力，净化发展环境，引导干部职工遵守行为规范，提高能力素质，为打造企业竞争力提供持久的动力源泉。推进廉洁从业文化建设，首先要从思想入手教育为先。时时"吹廉风""把廉脉""敲廉钟"，营造"人人思廉、人人崇廉、人人促廉"的氛围，引导干部职工树立正确的人生取向，接受廉洁从业文化的熏陶，将廉洁从业内化于心。其次要从制度入手规范行为。用制度做法尺，将防范关口前移，把廉洁从业融入规章制度之中。用制度体系规范从业行为，弘扬廉洁从业精神，形成长效机制。最后要从督导入手推动实践。通过活动促廉、典型引廉、家庭助廉、岗位述廉、基地示廉等载体，督促广大干部职工把廉洁从业的要求外化为自觉行动，打造一支忠诚、干净、担当的职业化队伍。只有廉洁从业的企业文化扎根于干部职工之中，才能真正营造风清气正的从业环境，为各项工作实现良性管理，推动公司创新变革发展发挥有力的作用。

同志们，"十三五"征程已经开启，我们要认清形势，坚定信念，保持廉洁从业的职业操守、提升廉洁从业的职业素养，推进廉洁从业的企业文化，为实现公司"十三五"开局营造良好的环境和氛围，为推进公司"三创三化"战略进程而努力奋斗！

在干部大会上的讲话

董事长　周军军

2016 年 4 月 17 日

同志们：

　　这次组织机构和干部调整有几个特点：

　　一是目标明确。兼顾了战略和管理，既有基于未来的考虑，也满足了公司的现实需求。组织结构是随公司战略目标和经营状况变化而进行相应调整的，一个企业的目标一直在进步，组织调整相应会很频繁，这是一个定律。组织的活力来源于内部结构的调整优化，越有活力的组织，它的内部结构和人员调整越频繁。如果公司发展得不好，像困难企业一样，比如僵尸企业，细胞没有活力，组织就不需要调整。这次组织调整正是着眼于公司的战略、目标和公司现在的经营情况进行的变革。

　　二是准备充分。调整方案从 2015 年 12 月开始至今年 4 月，历时近 5 个月，经过多轮专业讨论最终确定下来。其中，组织机构调整方案，在总经理办公会、党委会、董事会都做了分层次、充分且严肃的论证和审议，科学性、可操作性很强；干部安排也经过了反复酝酿和讨论，通过高管之间的建设性意见征集等各个程序使干部安排的合理性得到充分保证。期待这次干部人事调整为今后开展调整工作积累经验，成为公司有特色的、有效的管理成果。

　　三是调整合理。此次干部调整幅度达到 40%，既满足了适应组织变革、激发干部活力的要求，也结合了公司干部的能力和专业素质，执行了上级党委关于进行干部岗位交流的政策。我们认为这次调整幅度是合理的，期待这次调整对公司发展产生尽可能多的、积极的影响。公司的管理骨干都要积极适应组织机构和干部调整的变化，展现全新的工作面貌。

　　刚才，安华总经理、李瑾书记都做了重要讲话，希望大家认真领会、积极落实。就这次调整工作本身和调整以后我们应注意的事项，我再着重强调几点。

　　——增强危机意识。现在国际、国内宏观经济形势，铁路行业形势，南北车整合后内部各企业的经营形势，大家应该都很清楚，但可能还有部分干部对我们所面临形势的严峻程度缺乏基本了解。货车的寒冬期已经让所有货车企业全面亏损，机车的寒冬期也已经到来，2015年除株机和大连依靠多元化产业结构依然处于盈利状态，其他机车企业全线亏损，2016年机车招标需求更是降低了近50%。总结起来就是"货车的今天就是机车的明天，机车的明天可能就是动车的后天"。从公司涉足的产业看，轨道交通完全依赖于中车轨道交通业务的发展，之所以把三个营销部合并成立营销中心，就是告诉大家轨道交通三个业务板块面临的局面一样。当然，公司由于"十一五""十二五"期间所开创的风电产业，尽管面临着弃风限电和单一客户的形势，但未来相当一段时间内，还有一个稳步发展的局面。高速永磁电机、新能源汽车电机、特种变压器等新产业市场前景广阔，但由于自身能力的不足也大大制约了产业的发展。同时，公司内部管理中也潜藏着风险。无论是去年动车组温度熔断器、风电绝缘问题，还是今年发生的南非电机轴承等质量问题，都充分说明了我们在技术研发、工艺、质量、现场制造、项目管理等各项职能管理方面存在着不足。关于质量问题，在周一绩效讲评会上做了阐述，这里不再赘述，只是再次强调"所有的问题都是质量问题，所有的竞争都是质量竞争；要命的危机都是质量危机；要命的耻辱都是质量耻辱"。

正是由于内外部环境的深刻变化以及潜藏的危机因素，促成了我们此次组织结构和干部的调整。公司高管不再担任子公司董事，对子公司充分授权，给予子公司领导班子更大的空间。特别是针对高效电机和特种变压器产业，在人事调整和授权机制上都进行了补强和提升。充分授权也代表着完全责任，各子公司、高效电机事业部领导班子要进一步增强危机意识和责任担当意识，在不好的环境中寻求突破，化解产业发展不均衡、各子公司经营发展不平衡的风险。在这次组织和干部调整过程中，在岗位上没有变动的干部要重整旗鼓，岗位变化的要"而今迈步从头越"。要实现这一点，达到这个要求，必须树立高度的危机意识。今天陷入困境的企业经营状况曾经都比我们好，而现在公司的经营状况在未来几年要比竞争对手和主机厂好。但如果在这样好的局面下，我们坐享其成，我们今后将要面对什么，是所有干部要考虑的问题。经营层解决了方法论的问题，大家要解决认识论的问题，没有认识论就没有办法带领部门开展工作。有很多干部到了压力大的岗位，比如曹飞，管质量的时候压力很大，现在要管高效电机事业部压力更大，把领导班子做强，都基于我们对现实的危机感。我们经营层、党委、公司的中层干部都是管事的，重点是要把大家的想法激活，把大家对外部市场状况和内部经营状况的想法激活。

——要持续变革创新。这次组织机构和干部调整本身就是变革和创新，从相关职能和制度上，大家会感受到这种变化。干部岗位调整后，对高效电机事业部的授权更大了，对子公司经理考核指标更直接了，收益和经营状况挂钩的力度也进一步加大了，这些都是经营管理上的变革。另外，我们工作的方式、方法也要变革。精益研发的深入推进，质量对一线作业人员的工资的约束力度，精益管理、精益物流水平的提高，这些是工作方式方法的变革。企业学习力、创新力、质量文化等方面的变化，始于在座的各位理念、观念的变化。无论是公司整个高管团队还是公司所有中层干部，想法一定要变化，由想法变化带动做法变化，最终形成与竞争对手实力对比上的变化。

——致力学习超越。学习超越最关键的内核，是基于职业化经营管理者的学习超越。公司轨道交通、子公司、新产业三大业务板块的发展不是取决于"车间主任"，而是取决于总经理或董事长，取决于有多少职业化的总经理，这是所有中层干部在下一步履行职责的过程中首先要解决的认识问题。公司很多干部之前长时间做车间主任工作，调到子公司任职总经理或董事长后思维方式、行事方式都慢慢发生改变，从车间主任提升到了经营者的高度，这个适应岗位的过程就是学习的过程。人力资源部的职业化教育，要和这次干部调整结合起来，使公司员工树立有理想、有责任、有能力、有境界的职业形象。

有理想。就是要将"空洞的"报效祖国、报效公司，变成为实现个人人生价值而工作。公司所有中层干部都要树立正确的价值观，我们不是为别人工作，而是为实现个人人生理想而工作。个人的人生理想得到实现，株洲电机的理想才能实现；株洲电机组织理想的实现，才能报效国家，实现中国梦。

有责任。在4月份月度绩效发布会上，很多干部都没有搞懂我为什么让大家学习南非轴承问题的质量评审报告。第一，是让所有干部知道我们所处的岗位、所履行的职责跟我们的质量管理有什么关系、关系点在哪里。第二，它不仅仅是一份质量问题的报告，还是一份管理报告，我们要向株机公司学习这种管理，目的是好好思考我们自身在管理上存在哪些问题。学习是个软性的东西，但如果软性的东西到位，硬性的东西才能更好。我们强调的是长期的职业生涯文化，而不是短期收益的影响。中层干部有没有潜质？只要这个报告学习到位，那么就是有潜质的，将会对职业生涯产生积极的影响。上次强调党委会每年要专门讨论安全管理工作，董事会每年要讨论一次质量工作，不是为了解决实际问题，而是为了提高我们的认知，形成全面质量管理的氛围。

有能力。我们讲德才兼备，光有德还不行，还要有能力。我们现在讲公司的能力，说到底是由所有干部的能力构成。

有境界。第一是奉公，工作可以为自己，但是为自己工作的效果是献给公司的，奉公反过来影响你为自己工作。第二是团结，我们凡事都要有境界和高度。大家在一起可以谈谈形而上的东西，平时谈管理谈工作、谈公司发展这些事情会觉得很累，那么我们可以谈文化、谈哲学、谈读书，我们要努力变成有境界的人。第三个是补位，不要拆台。同一级别领导之间，与上级领导之间，各个部门之间，补位是很重要的。拆台是不择手段,补位是大局观,是高风亮节。要忍让,要以积极的心态推动大局发展。这些年,凡是到过电机公司的,无论是领导还是供应商,对我们这种氛围都是有好的评价的,我们一定要珍惜这种团结补位的作风。最后,就是廉洁。廉洁从业,从我们高管自身做起,我们所有的高管都不会为亲朋好友在各个业务口做相关的业务"打招呼"。但是各个业务口,包括子公司,如果在私下接受高管亲朋好友的"打招呼",一旦被查实,首先追究你们的责任。这个要作为一个非常严肃的纪律,在这里声明、澄清,并执行下去。实际上,公司在这方面做得还是不错的,得到了供应商的好评,这种风气一定要保持下去。最后浓缩成一句话,职业生涯比当期收益重要得多。

最后,希望大家认真落实总经理提出的近期工作安排,严肃执行公司党委对好干部团队建设的总体要求,切实在公司的战略和管理的全流程上履职尽责,创造工作的新面貌、新气象、新绩效!

在庆祝五一国际劳动节暨 2015 年度
工会工作总结表彰大会上的讲话

党委书记　李　瑾

2015 年 4 月 30 日

同志们：

今天，我们在这里隆重集会，共同庆祝即将到来的五一国际劳动节，表彰为公司持续健康发展做出突出贡献的先进集体和优秀个人。在此，我谨代表公司党委向受到表彰的先进集体和个人表示热烈祝贺！向辛勤工作在公司各条战线上的全体员工，致以节日的问候和衷心的感谢！

2015 年我们实现了"十二五"的圆满收官，实现销售收入 65.38 亿，并获得中国中车"四好领导班子"、突出贡献奖和管理一等奖等荣誉。这些成绩的取得，是公司全体员工兢兢业业、努力劳动的结果，也是公司各级工会组织积极发挥凝心聚力作用，带领广大员工创新争优的体现。

过去的一年，公司各级工会组织积极开展"新中车 新贡献"劳动竞赛等竞技活动，提升员工技能素质；举办球类比赛、"周末女校"等文体活动，丰富了员工业余生活；积极开展"一年四季送关怀"等活动，强化维权帮扶，营造了和谐发展环境。由此公司工会也荣膺了"全国模范职工之家"称号。借此机会，我代表公司党委对工会工作取得的成绩表示祝贺和感谢！

今年是"十三五"规划的开局之年，也是公司在新中车环境中完整运行的第一年。开展好工会工作，对于完成年度经营目标，推进"三创三化"战略发展，具有重要的作用和意义。借此机会，我对公司各级工会组织年度工作开展讲四点意见。

第一，要强化权益帮扶，构建和谐的劳动关系。把维护好广大员工的合法权益作为群众工作的根本出发点和落脚点，努力促进员工体面劳动、舒心工作、全面发展。践行"双关心两维护"理念，扎实开展"六送三关注"工作。注重以人为本，持续改善员工群众工作条件；关注员工的精神需求和心理健康，及时了解、掌握员工思想动态，有针对性地做好思想引导和心理疏导；加强病困员工群众关怀和帮扶。建立健全科学有效的利益协调、诉求表达、矛盾调处和权益保障机制，切实维护员工根本权益，为企业营造和谐稳定的发展环境。

第二，要广泛开展竞技活动，提高员工的能力和素质。组织动员广大员工深入开展以"新中车 新贡献"为主题的"四比一创新"竞赛活动，不断激发员工的劳动热情和创造活力，为员工施展聪明才智提供广阔的舞台。同时，要着力推进劳模工作室、专家工作室建设，发挥工作室服务生产、创新攻关和人才培养的综合效应，促进公司员工队伍整体水平提升。同时，要带领广大员工群众主动适应企业发展的新形势，不断拓宽知识领域，提升素质层次，争做行业标兵、技术能手、新型人才，为公司创新变革发展做出积极的贡献。

第三，要推进厂务公开，切实保障员工的民主权利。各级工会组织要深入推进以职工代表大会制度为基础的民主管理建设，重视职工代表提案，坚持民主评议高中层等工作，拓宽员工民主诉求渠道。同时要落实好厂务公开制度，强化公开创新变革发展的难点、经营管理的重点、贴近员工切身利益的热点、涉及党风廉政建设的焦点，保护好员工的知情权、参与权和监督权。要充分尊重、信任员工，激发和释放员工爱企敬业、推动发展的热情，回应员工群众的期待，切实保障员工参与管理和监督的民主权利，发挥民主管理的积极作用。

第四，要发挥好桥梁纽带作用，在服务大局上有更大作为。一是要加强对形势任务的宣传力度，引导员工深刻理解公司的方针、目标、形势和任务，进一步提振精神状态，为推进公司"三创三化"战略发展做出佳绩。二是要做好劳模和各级先进典型的宣传、学习，大力弘扬中国第一代高铁工人"学习创新、技能报国、为中国梦提速"的精神品格，营造凝心聚力的发展环境。三是要深入开展"两学一做"学习教育，加强工会干部队伍建设，密切与员工群众的联系，着力强化服务意识，创新工会运行机制、活动方式、工作方法，推动工会工作再上新台阶。

同志们，劳动托举梦想，奋斗铸就伟业。"十三五"的崭新征程已经开启，新的发展蓝图已经绘就，让我们坚定信心、扎实工作，锐意进取、勇于创造，发扬民主、提升能力，为实现"三创三化"战略目标的伟大征程做出新的贡献！

最后，祝大家"五一"节快乐！谢谢！

引领新常态　展现新作为
努力开创"三创三化"新征程
——在中共中车株洲电机有限公司第一次代表大会上的报告

党委书记　李　瑾

2016 年 6 月 14 日

各位代表、同志们：

　　本次大会是公司作为中国中车一级子公司召开的第一次党代会，也是在公司实现"十二五"完美收官，昂首跨入"十三五"的历史性时刻，召开的一次重要大会。大会的主要任务是：认真贯彻党的十八大和十八届三中、四中、五中全会精神，回顾过去，总结经验，谋划未来，部署任务；选举产生中共中车株洲电机有限公司第一届委员会和纪律检查委员会；动员全体党员和广大员工解放思想，振奋精神，乘势而上，奋发进取，为实现公司"创百亿企业、精益企业、学习型企业，构筑专业化、集团化、国际化的百年基业"的"三创三化"愿景目标而努力奋斗。

　　下面，我受公司党委委托向大会做工作报告，请予以审议。

第一部分　砥砺奋进的"十二五"

　　"十二五"是我们升格为一级子公司后走过的第一个五年。五年来，公司在上级党委的正确领导和支持下，团结一致、锐意进取、开拓创新，经受住了市场格局变化、行业起伏波动等各种考验，创造了骄人的发展业绩。公司治理日臻完善，技术实力显著提升，市场能力明显增强，产业布局多元发展，已经从田心两棵"大树"边扦插的"幼苗"成长为生机勃勃的"小树"，成功跻身中国中车下属企业的"第一梯队"。五年间

　　——我们积极应对形势变化，坚持发展质量与发展速度同步提升，再造了一个"新电机"。五年间，营业收入从 33.04 亿元增长至 65.41 亿元，增长 98%；EVA 由 2.04 亿元增长至 3.89 亿元，增长 91%；年均净资产收益率达到 18.76%，全面达成公司"十二五"发展目标。

　　——我们不断创新发展模式，坚持自主投资与资本运作同步驱动，构建了"多元发展"的经营格局。2010 年，自主投资海上及出口风力发电基地；2012 年，

收购金风科技包头、大丰总装厂，实现风力发电机的整机业务延伸；2014年，借助集团内部电机业务整合契机，完善了内燃机车电机产业链条；合资成立广州中车骏发电气有限公司，拓展了特种变压器产业；2015年，投资标的金力永磁成功挂牌"新三板"，实现了产融结合的突破。

——我们持续深化全员市场导向，坚持主导产业和新兴产业同步发展，树立了"高端优质"的品牌形象。得益于全员市场导向的持续深化，形成了"人人为了市场、处处服务市场"的良好氛围，市场业绩稳步提升。轨道交通既有市场持续稳固，北方市场接连取得突破。风电业务直驱与双馈并行发展，市场占有率持续攀升。高效电机、特种变压器打入高端市场，孕育了新的希望。独立出口实现零的突破，海外并购稳步推进，国际化经营步伐加速迈进。

——我们大力实施技术创新战略，坚持科研平台与产品研发同步推进，确立了"技术领先"的行业地位。成功跻身国家技术创新示范企业、国家认定企业技术中心，搭建了CNAS认可国家级检测试验站、电气绝缘电力设备国家重点实验室等国家级试验检测平台。创造486.1 km/h世界铁路运营试验最高速的CRH380AL高速动车组、实现3万吨重载突破的和谐型电力机车、具有完全自主知识产权的中国标准动车组、国内首列高速永磁动车组均由公司提供核心牵引动力。同时，在新产业领域，成功研制了出口欧盟的5 MW海上半直驱风力发电机、国内首台套集成式高速永磁电机以及新能源汽车轮边电机等一批高新技术产品。

——我们深入贯彻精益管理理念，坚持经营效益和效率同步提升，营造了"持续改善"的管理氛围。精益生产推动产能大幅提升；标准作业助推产品质量持续提高；现场5S管理征服了诸多客户；流程再造促使组织运转更加高效；项目标准化、精细化管理，促进成本控制和交期保障能力大幅提升；职业化团队建设，使企业和员工树立了焕然一新的形象。

五年来，公司党委不断加强和改进党的建设，带领各级党组织和广大党员融入中心、服务大局，积极投身技术创新、市场开拓、管理提升等各项生产经营活动，为公司改革发展提供了坚强的政治、思想和组织保证，为国有资产保值增值发挥了重要的作用。

党委这五年的主要工作是：

(一)把方向，谋发展，政治核心作用有效发挥

公司党委坚持在深化企业改革中，不断完善党建工作的领导体制和工作机制，保障政治核心作用有效发挥。修订了《公司章程》，明确了党委的法定地位和党建工作的总体要求。坚持和完善"双向进入、交叉任职"的领导体制，党委委员通过法定程序进入董事会、监事会和经理层，使党组织有效融入了法人治理结构。积极参与公司重大问题决策，制定了《公司"三重一大"决策制度实施办法》、《公司党委参与重大决策管理办法》等制度，明确了党委参与重大决策的职责、范

围、途径和程序，不断推进决策科学化。五年来，共召开党委会 56 次，全面参与"三重一大"事项讨论、议决，充分发挥了把关定向和政治保障的重要作用。

围绕"十二五"发展目标深入开展形势任务教育。组织召开了"转型与突破""变革与发展"等多次专题务虚会，统一领导人员思想，凝聚发展共识。落实《公司领导干部联系点制度》，公司党委委员深入基层单位宣贯新形势、新任务，让广大员工了解和拥护公司变革发展的各项举措。开展"全员市场投入"活动，增强了广大员工的市场意识、竞争意识和发展意识。开展"质量整改大反思"活动，全面提升员工质量意识。组织开展"新中车 中车心"宣教活动，引导员工在思想上、行动上迅速融入中车文化。

（二）抓班子，育人才，干部人才队伍建设持续深化

公司党委以创建"四好领导班子"为主线，全面加强各级领导班子和干部队伍建设。坚持和完善两级中心组学习制度和高中层"学习日"活动，持续提升领导干部政治素质和履职能力。修订中层管理者选拔任用、交叉任职、轮岗交流等制度，完善了领导干部管理体系。把内部竞争上岗作为公司中层管理人员选拔补充的重要方式，五年来选拔了 33 名青年人才，充实了领导干部队伍。推广"党务＋业务、行政＋思政"的"双目标"管理模式，把各级领导班子建设成既是担当组织发展重任、具有大格局大视野的职业经理人团队，又是政治坚定、能力过硬、作风优良、奋发有为的高素质干部队伍。五年来，公司 4 次荣膺集团"四好领导班子"，10 个基层单位先后荣获集团"基层单位四好领导班子"殊荣。

大力实施人才强企战略，系统策划了公司职业化团队中期（2015—2017 年）建设规划，搭建"三横五纵"人才架构，培育职业经理人、国际化人才、核心管理人才、核心技术人才、核心技能人才五支职业化团队。建立和完善职业化人才激励体系，引导员工价值发挥。实施高潜人才发展计划，建立了后备人才库。与浙江大学等高校建立校企合作关系，为高端人才引进和培育畅通了渠道。培养、选树先进典型，五年来，共培养出国务院特殊津贴获得者 2 人，茅以升铁道工程奖 4 人，全国技术能手 1 人，全国、集团公司、省市劳模和五一劳动奖章获得者、"芙蓉百岗明星"36 人，集团公司级核心人才 62 人，公司级专家、拔尖人才 178 人，高级技师 341 人，为企业发展提供了坚实的人才保障。

（三）强载体，重实效，基础党建工作特色鲜明

公司党委紧跟中央全面从严治党战略部署，在履行管党治党主体责任上明确新重点、运用新思维、整合新优势，层层压紧、上下互动，扎实推进管党治党落到实处。

——深入开展创先争优活动。在开展愿景搭建、承诺践诺的基础上，策划组织了领导点评、群众评议等活动，增强了党组织的凝聚力、向心力和感召力，让党员的先锋模范作用深入人心。公司党委荣获了"湖南省创先争优先进基层党组

织"荣誉。

——扎实推进群众路线教育实践活动。深入开展以"为民、务实、清廉"为主题的群众路线教育实践活动，以落实中央八项规定精神、整治"四风"问题为切入点，密切联系群众，推进领导干部作风建设。广大党员干部受到深刻的政治思想洗礼，宗旨意识明显增强，工作作风持续改善，汇聚成推动公司发展的正能量。

——认真做好"三严三实"专题教育。聚焦"修身用权律己、谋事创业做人"，组织领导干部深入学习、践行"三严三实"。开展"严以修身、严以用权、严以律己"专题研讨，查摆存在的作风问题。聚焦政治纪律和政治规矩，组织党性修养专题培训，提升干部素质修养。通过"三严三实"专题教育，有效增强了"忠诚干净担当"意识，巩固了群众路线教育实践活动成果。

——持续推进学习型组织建设。制定了学习型组织《中期建设规划纲要》与《达标评定标准》等纲领性和指导性文件。先后搭建文照辉等4个专家工作室，充分发挥工作室示范引领和价值创造作用，推动由"个体学习"向"团队学习"转变。以"愿景＋改善"形式建立了21个学习实验室，提高广大员工的学习力、带动力和创新力。

——大力夯实党建基础。制定《公司党建工作责任制暨"一岗双责"工作指引》《公司基层党组织设置及主要职责规定》，推进各级领导干部落实党建工作责任。构建了涵盖3个级别、7大板块的党群制度体系，推进党建制度化、规范化。根据"四个同步"要求，梳理完善了公司党委机构职能职责。以"支部建在连上"为引导，创新基层党组织设置，为落实"四个对接"奠定了组织基础。认真抓好"四强四优"和党员"双培养"工作，五年来，共发展党员206名，涌现出集团公司级以上先进党组织16个、优秀共产党员18名、优秀党务工作者13名。

(四)展形象，树品牌，宣传文化工作成效显著

构建了"三创三化"愿景目标，提炼了"明德成器　利物益世"企业精神和EVA核心价值观。坚持"积善"文化导向，引导员工秉持高尚德行，不断创新、改善工作。积极参加柏林国际展、北京风能展等国内外大型展会，树立了高端动力装备先锋的品牌形象。紧扣生产经营和党群建设，通过OA新闻、《新动力》报、电子显示屏、宣传栏、文化走廊、公司志、年鉴以及微博、微信等新媒体，广泛开展宣传，以正确的舆论引导人，先进的事迹感染人，敬业的精神鼓舞人。创新探索"新闻营销"，永磁高铁新闻获评"中国十大科技进展新闻"，收获了良好的社会反响。宣传文化领域卓有成效的工作，让公司荣膺2015年"全国企业文化建设先进单位"。

(五)严纪律，强教育，党风廉政建设抓铁有痕

按照党要管党、从严治党的要求，全面落实党风廉政建设"两个责任"和领导干部"一岗双责"。抓住领导干部这个关键少数，组织学习《中国共产党廉洁自律

准则》和《中国共产党纪律处分条例》，不断强化领导干部廉洁自律的意识和行为。组织开展"落实八项规定精神，严查'四风'问题""系安全带工程"等主题活动，增强了各级领导干部廉洁从业的自觉性。每年通过警示教育、现场教学、企检共建等形式开展宣传教育，筑牢拒腐防变的思想防线。坚持党员干部廉政谈话制度，做好年关等重要节点的廉洁预防，对各级领导干部进行教育提醒。签订《任期党风廉政建设责任状》《廉洁从业承诺书》。坚持把涉及企业人、财、物、事四项权力的"三重一大"集体决策制度的执行作为日常监督重点，加强对授权、行权、用权过程的监督，确保了企业风清气正的发展环境。

（六）办实事，聚合力，群团工作不断丰富创新

认真落实中央《关于加强和改进党的群团工作的意见》，坚持"党建带群团建设"，支持和指导工会、共青团组织开展工作，发挥群团组织作用。各级工会组织不断完善职代会制度，切实加强源头参与；扎实开展民主评议和厂务公开；积极推进群众性经济技术创新活动、"双创"劳动竞赛、技能运动会等活动；打造"周末女校""心悦联盟"等特色项目；强化员工权益帮扶，五年里共筹集"三关心三保证"专项资金479万元，走访慰问困难员工家庭479户，探望生病住院员工1927人次。2015年，公司摘得"全国模范职工之家"称号。共青团组织始终以"服务企业中心工作，服务青年成长成才"为宗旨，围绕青年"学习提升、成长服务、岗位建功、工作历练"，组织开展了"团干服务在一线 青年突击保生产"、青春风采大赛、人物访谈、青年联谊等活动，充分发挥"青字号"品牌工程影响力，凸显共青团生力军和突击队作用，奏响了富有时代特色的青春主旋律。

回顾过去五年的奋斗历程，我们深刻地体会到：

——发挥政治核心作用，是推动企业科学发展的保证。党组织必须始终把加快企业发展作为第一要务，坚持在企业发展方向、发展思路、重大原则、重大决策等方面，统揽全局、审时度势、把关定向，引领企业改革和发展，提供坚强有力的政治保证。

——持续变革创新，是推动企业健康长远发展的动力。五年来，正是由于我们未雨绸缪，主动变革，持续不断地转变经营观念、再造组织流程、创新商业模式、变革内部机制，才使我们成功抵御了市场和环境复杂变幻的风险，破除了阻碍企业发展的"樊笼"，铸就了公司"三创三化"的发展根基。

——加强领导班子建设，是推动企业变革创新的关键。领导班子建设，事关企业兴衰成败。必须努力把各级领导班子建设成为有担当的坚强领导集体，把班子成员培养成讲政治、识大局，会管理、善经营，团结协作、勤政廉洁、锐意进取、开拓创新的核心力量，才能带领全体员工不断攻坚克难、建功立业、御风前行。

——增强基层党组织活力，是发挥企业党建优势的核心。只有不断探索基层

党建工作新途径、新方法，增强基层党组织的活力，充分发挥基层党组织的战斗堡垒作用和党员的先锋模范作用，企业党组织才会有凝聚力、战斗力和创造力，才能带领广大员工落实好各项重大举措和工作任务。

——建设先进企业文化，是保持企业生机和活力的根本。五年来，我们之所以能够经受住各种考验，保持稳定发展的态势，根源在于始终保有生机和活力的企业文化。"三创三化"战略愿景，激励着我们励精图治、奋发进取；"明德成器利物益世"企业精神，建立起员工、社会、股东、客户与公司之间的纽带，也让我们赢得了认可和尊重；以 EVA 为核心的价值观，让广大员工在价值认同的基础上，自发改善，不断创造新的价值。

——坚持以人为本，依靠员工办企业，是企业发展的宗旨。广大员工是企业的发展之本、力量之源，是推动企业可持续发展最为宝贵的动力资源。必须践行"企业的存在与发展是为了员工福祉"的理念，切实为广大员工谋利益，办实事，才能赢得员工群众的信任、支持和拥护，才能调动和发挥广大员工的积极性、主动性和创造性，为企业稳步发展提供强大动力。

在总结经验、肯定成绩的同时，我们也要清醒地看到存在的问题和不足：基层党组织活力有待进一步增强，新形势下党建载体创新、党组织作用发挥方面还需要进一步探索；领导干部的政治素养和创新精神需要进一步提高；党建思想政治工作的针对性和有效性还需要进一步增强；广大党员的先进性和纯洁性还应该进一步彰显。这些问题和不足需要在今后工作中认真加以解决。

第二部分　面临的形势和今后五年的奋斗目标

当前和未来一段时期，我国仍将面对复杂多变的国际环境和艰巨繁重的国内改革发展任务，公司未来发展所面临的内外环境也将呈现出不同于以往的重要变化。如何深刻认识当前形势，科学把握挑战和机遇，对于公司可持续发展至关重要。

(一) 必须清醒认识"十三五"面临的严峻形势

"十三五"期间，经济形势依然扑朔迷离，复杂程度前所未有。从国际看，世界经济仍然处在深度调整期，复苏仍然缓慢，增长仍然脆弱，发展不平衡问题远未解决。发达国家高端制造回流与中低收入国家争夺中低端制造转移同时发生，对我国形成"双向挤压"。此外，国际贸易规则重塑，TPP 等新的贸易保护壁垒正在形成，跨界融合和颠覆性技术出现将成为常态。从国内看，今年政府工作报告明确将"十三五"经济增长速度定位在6.5%～7%，国家经济步入新常态，经济增速换挡、结构调整阵痛、新旧动能转换相互交织，经济下行压力加大。

(二) 必须深刻认识企业改革发展面临的突出矛盾

"十二五"期间，公司成绩喜人，但面临的突出矛盾和问题仍然存在。从中车层面来看，内部发展不平衡、不协调问题比较突出，特别是中车内部同质企业竞争、资源重复投入等问题和矛盾亟须解决，资源整合、转型升级将成为中车"十三五"的大势。从公司内部看，产业发展不平衡、集团化全方位运控能力不足、国际化经营能力欠缺、人才总量不足和高端人才缺乏等新的发展瓶颈凸显。同时，企业发展面临的风险日益复杂，收购兼并、产品质量、海外市场、干部廉洁等方面的风险愈发突出。如何有效破解发展瓶颈，防范和化解经营风险，对于保障企业持续稳定发展尤为重要。

（三）必须充分认知企业改革发展的有利条件

正确认识形势，在看到困难的同时，也要看到发展中的有利因素，坚定发展的信心。中国经济正处于从"量的扩大"向"质的提高"的重要转折期，我国工业化和城镇化进程正与信息化加速融合，不断创造新动力；全社会创新创业的"创时代"来临，不断激发新活力；"一带一路"倡议、京津冀协同发展和长江经济带等区域战略稳步推进，不断拓展新空间；国家积极推进"高铁外交"，为我们拓宽海外市场创造了新机遇。从内部看，经过多年的发展和积累，我们巩固了在中车下属企业中的地位，全局已经发展到了更高的层次，管理水平显著提升，品牌形象更加突出，综合实力全面增强。展望未来，我们的产业均布局在国家战略性新兴产业范畴，发展后劲强劲；内部变革创新的氛围已越发浓厚，形成了自身独特的文化优势，这些都为建设一流现代化企业奠定了良好基础。

（四）必须认真贯彻管党治党的新任务新要求

党的十八大以来，以习近平同志为核心的党中央站在新的历史起点上，提出"四个全面"的战略布局，并明确将"全面从严治党"作为协调推进"四个全面"的关键。中央先后印发了《关于深化国有企业改革的指导意见》和《关于在深化国有企业改革中坚持党的领导加强党的建设的若干意见》，向全党昭示，党的领导、党的建设必须在国有企业改革中得到充分体现和切实加强。中央和国资委党委要求，各级党组织要全面加强和改进企业党的建设，把管党治党责任扛起来，把纪律规矩挺起来，把监督管理严起来，把改革旗帜举起来。这就要求我们要担负起全面从严治党主体责任，坚持高标准和守底线相结合，敢于较真、注重日常、抓早抓小、防微杜渐，从严从实推进思想建设、组织建设、作风建设、反腐倡廉建设、制度建设，常抓不懈，做到真管真严、敢管敢严、长管长严，不断提高管党治党的水平，努力推动党的建设全面进步、全面加强。

总体而言，虽然世情、国情继续发生深刻变化，但是"十三五"仍然是我们大有可为的战略机遇期，也是公司变革创新的关键"窗口期"。我们要正确把握形势，增强机遇意识和忧患意识，主动适应环境变化，有效化解各种矛盾，更加奋发有为地推进企业又好又快发展。根据面临的形势，公司未来五年的总体目标是：

坚持"创新、协调、绿色、开放、共享"的发展理念,坚定"创百亿企业、精益企业、学习型企业,构筑专业化、集团化、国际化的百年基业"的"三创三化"愿景目标,以"市场轴心、价值认同、创新驱动、自我超越"为战略发展原则,围绕战略性新兴产业、现代制造业、现代服务业等发展领域,完善产业结构,推进国际化经营,落实能力建设,系统推进组织变革,全面从严管党治党,力争到2020年,销售收入突破百亿规模,实现产融结合和全球资源配置,成为高端动力装备先锋,具备国际一流企业的基本特征,全面实现"十三五"战略目标,让发展成果惠及广大员工。

——形成"1+1+3+X"多元发展格局,百亿企业初具雏形。保持公司经营业绩持续增长,到"十三五"末,营业收入突破百亿规模,销售净利润率不低于5%。基本形成结构合理、定位清晰、分工明确、资源集中的梯次化产业结构,构建"1+1+3+X"多元发展格局,即持续巩固轨道交通产业核心作用,不断提升风电产业发展地位,着力培育新能源汽车、高端流体机械、特种变压器三个支柱型新产业和若干孵化产业。

——建成贯穿价值链始终的精益体系,精益企业优势凸显。由以现场为主的精益生产向全价值链精益管理转变,构建以"6621"为核心的精益管理体系,效益、效率、质量、安全、环境等指标国内领先、国际一流。加快现代信息技术与装备制造业的结合,基本建成数字化企业。融入绅士风度、工匠精神和高铁工人精神,全方位提升员工职业素养,初步形成独具公司特色的精益文化。

——塑造追求卓越的组织创新能力,学习型企业孕育成形。创建以共同愿景为基础,以"持续改善"为核心,以团队学习为特征,以企业和个人的全面发展为中心的学习型组织形态,构建不断创新发展的组织能力。促动全体员工主动学习、持续学习,不断改善心智模式,提升系统思考能力,自发自我超越,在实现企业愿景的过程中达成个人愿景。

——成为电机、变压器领域旗舰企业,专业化能力业界领先。成为掌握核心技术、拥有国际知名品牌、具有较强话语权的电机、变压器行业领导者。企业文化、市场创新、技术创新、战略管理、组织效能、项目管控、人力资源等能力全面对标ABB、三菱电机等国际标杆企业。建成具有国际标准的工程研究中心(研究院),形成以前瞻性技术研究、产品研发、基础研究和试验验证能力为核心,完整的电机、变压器专业化技术创新体系。

——推动协同、共享、融合,集团化的运控能力和竞争优势形成。坚持战略协同、优势互补、市场带动辐射作用强、资源要素禀赋优的原则,形成若干产业点和布局。构建战略型集团管控模式,形成统一的市场营销、技术创新、财务管理、人才培养、文化融合平台,推进集团化组织和产业的协同与融合。

——海外营销向海外布局跨越,初步形成国际化经营。通过国际化业务、国际并购推动公司国际化经营由初级阶段向中、高级阶段转变。加快实现轨道交通、风力发电、高效电机和特种变压器在国际市场的全面突破，具备若干区域市场、稳定客户和海外产业布局。企业全方位运营能力向国际标准靠拢，在国际上树立高端、优质、超值的品牌形象。

第三部分　今后五年公司党委工作的指导思想和主要任务

目标高远，责任重大，任务艰巨，如何有序推进"十三五"期间的各项重大举措，保持和谐稳定的大局，促进公司健康快速发展，需要公司党委、基层党组织和广大党员有效起到"压舱石"和"推进器"的作用。

为此，今后五年公司党委工作的指导思想是：全面贯彻党的十八大和十八届三中、四中、五中全会精神，以马克思列宁主义、毛泽东思想、邓小平理论、"三个代表"重要思想、科学发展观为指导，深入学习贯彻习近平总书记系列重要讲话精神，贯彻落实国资委党委和中国中车党委的重大部署和株洲市委的要求，围绕公司改革发展中心工作和"十三五"战略目标，加强党的自身建设，健全工作机制，以"学习型、服务型、创新型"党组织创建为主线，充分发挥党委的政治核心作用、基层党支部的战斗堡垒作用和广大党员的先锋模范作用，把党的政治优势、组织优势和群众工作优势切实转化为企业的竞争优势、创新优势和科学发展优势，为实现公司"三创三化"愿景目标提供坚强的政治和组织保障。

一、贯彻执行党和国家方针政策，保证公司改革发展的政治方向

强化党的理论学习与应用。深入学习中国特色社会主义理论体系，准确把握党的十八大、十八届三中、四中、五中全会和习近平总书记系列重要讲话精神，引导广大党员干部深刻认识新常态下中央的各项战略部署，从中敏锐地捕捉发展机遇。进一步加强学习型党组织建设，完善党委中心组学习制度、党员教育培训制度，采取专题党课、理论辅导、主题实践活动等形式，加强对党的理论创新成果和国家方针政策、法律法规的学习培训，积极构建领导班子理论学习和党员学习教育的长效机制。加强对企业改革发展新形势、新情况、新问题的调查研究，科学研判、准确把握宏观经济形势和市场经济规律，深入研究和提出推动企业改革发展的方向性、针对性意见，及时化解企业面临的突出矛盾，引领企业科学发展。

充分发挥保证监督作用。全面贯彻党中央、国务院关于深化国有企业改革发展的部署和要求，加快法规、制度建设，推动企业积极承担经济责任、政治责任和社会责任。营造学法、守法、用法的氛围，督促党员干部树立依法治企观念，带头遵守国家法律法规，提高运用法治思维和法治方式推动发展、破解难题的能力。严肃政治纪律，健全监督考评机制，充分发挥党内监督、工会监督、职工代表监督、群众监督和舆论监督的作用，加强对遵守党章党规党纪、执行党和国家

方针政策以及上级党组织工作部署、企业党风建设和贯彻落实民主集中制等情况的监督，确保企业决策部署以及其执行过程符合党和国家方针政策。

引导变革创新，实现自我超越。持续加强"三创三化"愿景目标的激励和引导作用，确保在广大党员和员工中真正入耳、入脑、入心。强化变革创新的思想引领，引导广大领导干部解放思想，志存高远，树立使命意识和担当意识。鼓励党员干部在创建学习型企业过程中，大胆创新，持续推进组织变革、机制创新、商业模式创新、管理模式创新、研发技术创新、观念文化创新等全方位的变革创新，以学习改善促进自我超越，形成持久的创新优势和竞争优势，保持业内领跑者的姿态，努力成为中车变革创新的"试验田"和"高产田"。充分研究国家和中车发展"十三五"规划，结合公司实际，科学制定公司"十三五"发展规划，细化职能战略和业务战略，同时围绕机制、商业模式、市场、技术、供应链制定长期的差异化竞争策略。大力推进《确立竞争优势的企业能力指引行动计划》实施，扎实推进能力建设。加快国际化步伐，努力实现全球化资源配置。

二、参与企业重大问题决策，促进公司科学、和谐发展

健全党委参与重大问题决策的体制和程序。坚持依法治企，进一步完善现代企业制度，规范法人治理结构和相关制度，创新实践公司党委与法人治理结构在体制对接、机制对接、制度对接、工作对接上的实现途径、方法和措施，使党组织成为公司法人治理结构的重要组成部分。坚持和完善"双向进入、交叉任职"的领导体制，完善党组织参与重大问题决策的规则和程序，既支持董事会、经营班子依法行权，又充分体现党的主张，把党委参与企业重大问题决策贯穿于决策、执行、监督的全过程。加强民主集中制建设，保障"三重一大"集体决策制度和监督制度的有效实施。深入开展调查研究，准确捕捉各个时期的工作重点和企业面临的重大问题，及时提出决策议题、有价值的决策思路，促进科学决策。

组织落实重大决策部署。在公司重大决策发布后，充分发挥党组织的组织优势和思想政治工作优势，做好企业重大决策实施的宣传动员、解疑释惑工作，广泛发动群众，把思想和行动统一到企业发展战略目标和重大决策部署上来，不断提高企业领导人员、广大党员和员工的执行力。团结带领广大员工立足本职岗位学业务、比贡献、当先锋、做表率，在推动企业变革创新中体现党的先进性，确保各项目标任务顺利完成。

三、落实党管干部和党管人才，保障改革发展的人才支撑

健全选人用人机制和程序，从严选拔公司领导人员。坚持党管干部原则，建立适应现代企业制度要求和市场竞争需要的选人用人机制，努力做到"用事业造就人才、用环境凝聚人才、用机制激励人才、用制度保障人才"。坚持好干部标准，严格把好政治关、品行关、廉洁关，选拔政治素质过硬、懂专业、有经验、责任心强、业务能力强的人才充实到干部队伍中来。拓宽选人用人视野，完善竞争性选拔干部方式，合理增加市场化选聘比例，着力建设适合职业经理人发挥作用的管理体系。畅通现有经营管理者与职业经理人身份转换通道，加快建立市场化退出机制。重视党务干部的培养使用，加强党务干部的交流轮岗力度，注意选拔经营管理骨干充实党务干部。加强领导干部职业素质开发，着力提高领导班子决策能力，识别、培育与选拔人才能力、战略规划能力和企业文化塑造能力。进一步完善激励与约束机制，激励各级领导人员奋发有为。

大力实施"人才强企"战略。坚持党管人才原则，以"管宏观、管政策、管协调、管服务"为重点，大力实施"人才强企"战略，创新人才工作体制机制，完善人才培养、吸引、使用、评价、激励机制，统筹抓好各类人才队伍建设。以"职业化团队＋组织效能"建设为目标，建立健全战略导向、高端引领，系统化、一体化、规范化和信息化的人才管理体系。加大高层次人才和国际化人才开发培养力度，努力培育一支数量充裕、具备全球视野和思维、熟悉国外经营环境和商业规则的国际化人才队伍。突出"高精尖缺"导向，引进和培养一批能够支撑公司产业发展的技术领军人才。深入推进职业化员工团队建设，构建职业化人才评价指标体系。优化后备人才选拔、培育、管理体系，加强轮岗交流、外派交流和重大项目锻炼，引导各类人才脱颖而出。

四、加强自身建设，强化整体功能，夯实公司党委发挥政治核心作用的基础

加强两级党组织建设。深化群众联系点活动，党委班子带头改进工作作风，带头深入基层调查研究，带头密切联系群众，带头解决实际问题。坚持政治功能和服务功能相统一，把党支部建设成"组织健全、活动正常、管理规范、作用明显"的战斗堡垒。贯彻"四个同步"要求，坚持党的建设同步谋划、党的组织及工作机构同步设置、党组织负责人及党务工作人员同步配备、党的工作同步开展，通过"四个对接"，把党建工作与企业的生产经营、技术创新、管理提升、市场营销、产业升级等工作有机结合起来。建立动态跟踪考核与年度集中考核相结合的综合评价体系，推进党建主体责任落实。不断扩大党内民主，推进党务公开，保障广大党员对党内工作的知情权、建议权、参与权和监督权。加强"服务型"党组织建设，充分调动员工立足本职创业、创新、创造的热情。

强化党员和党支部书记队伍建设。按照"控制总量、优化结构、提高质量、发挥作用"的总要求，认真做好党员发展工作。坚持"双培养"原则，做到重要岗位有党员、主要骨干是党员、关键时刻见党员，使党员成为优秀人才，使党员队伍成为先锋团队。深入推进"两学一做"学习教育，把全面从严治党落实到每个支部、每名党员，促使广大党员真正读懂、学会、悟透党章党规及讲话精神。通过持续开展党员亮岗履职、志愿服务等活动，构建党员联系和服务群众工作机制。探索流动党员教育管理的新途径，健全让党员经常受教育、永葆先进性的长效机制。选好配强党支部书记，探索实行基层党组织书记"公推直选"模式，加大对党支部书记的教育培养和实践锻炼力度。建立健全党支部书记考核机制，注意从优秀党支部书记中选拔领导人员，使党支部书记岗位成为发现、培养、考察复合型领导人员的平台。

增强党建工作活力。创新党组织活动方式和载体，围绕解决改革发展中的难题，策划开展丰富多样的党内活动，使党支部的活动真正为从严治党所要求、基层所需要、党员所欢迎、员工所拥护。深入开展"四强四优"活动，坚持"一先两优"表彰，选树先进典型，宣传先进事迹，努力营造"比、学、赶、超"的浓厚氛围。丰富"互联网＋"党建形式，充分使用微信、微博等现代技术开展党建宣传，促进基层党建工作更接地气、更聚人心。坚持"于法周延、于事有效"原则，持续加强制度建设。

健全党建工作责任制。完善党建工作责任清单，逐级明确责任，强化工作措施，切实加强领导和指导，推动全面从严治党向基层延伸。建立健全党建工作述职考评机制，把抓基层党建工作情况作为基层党组织和部门领导班子、领导干部年度考核的重要内容和评奖评优、提拔任用的重要依据，不断完善"书记抓、抓书记、党群部门抓，一级抓一级、层层抓落实"的党建工作格局。健全党建工作问责机制，加大对落实党建责任的经常性检查督办力度，及时发现管党治党责任落实方面的问题，形成上下联动、齐抓共管、横向到边、纵向到底的党建工作责任链。

五、从严管党治党，营造风清气正的发展环境

从严教育、管理和监督公司领导人员。从严管理干部，必须管在平时、抓好预防、严到份上、落于实处。要加强党性教育和道德教育，引导领导人员坚定理想信念，坚守共产党人精神追求，自觉按照党对党员领导干部的要求严格要求自己。加强法治教育，引导领导人员依法治企、依法办事，做尊法、学法、守法、用法的模范。加强警示教育，使领导人员受警醒、明底线、知敬畏。坚持抓早抓小，经常性开展函询、谈心谈话，对苗头性、倾向性问题早打招呼、早拍肩膀、早扯袖子，防患于未然，促使各级领导人员心有所畏、言有所戒、行有所止。严格落实领导干部报告个人事项制度。建立健全能上能下相关制度，及时调整不胜任、不称职的领导人员。建立健全权力运行监督制约机制，充分发挥纪检监察、审计、监事会等监督作用，强化对权力运行的制约和监督，督促领导人员依法依规行权履职。加强对领导人员八小时之外情况的了解，发挥群众监督、舆论监督作用，让领导人员养成自觉接受监督的习惯。

扎实推进党风廉政建设。认真贯彻中央和中国中车党委关于党风廉政建设的工作部署，扎实推进党风廉政建设"两个责任"落实。强化各级领导干部党风廉政建设的"一岗双责"，牢固树立"不抓党风廉政建设就是失职、抓不好党风廉政建设就是渎职"的责任担当。宣传贯彻《中国共产党廉洁自律准则》、《中国共产党纪律处分条例》和《中国中车党员领导干部纪律手册》，严明政治纪律和政治规矩。保持常抓的韧劲、长抓的耐心，严格落实中央八项规定精神、坚决整治"四风"突出问题，持续用力将作风建设抓出成效、抓成习惯。把廉洁文化纳入企业文化建设总体规划，教育引导各级领导干部既加强党性修养、廉洁修身，又廉洁齐家，培育好家风，营造廉洁和谐、诚信守法的氛围。

严格监督执纪问责。深入推进纪律检查体制改革和组织制度创新，使纪律检查工作双重领导体制具体化、程序化、制度化。把握执纪监督运用"四种形态"，把纪律挺在前面，加大执纪问责力度，杜绝执纪"失之于宽、失之于松、失之于软"的问题，真正把纪律立起来、严起来。健全完善惩治和预防腐败体系，坚决查处严重违反党的政治纪律和政治规矩、以权谋私、贪污贿赂、失职渎职、利益输送等突出问题，以零容忍态度惩治腐败。深入推进廉洁风险防控和"企检共建"机制有效预防职务犯罪工作，增强从源头上防治腐败的能力，构建"不敢腐、不能腐、不想腐"的长效机制。建立覆盖所有领导干部、重要业务和岗位的廉洁风险信息收集、风险评估和预警处置动态管理机制，建立制约权力的防控措施和协调联动机制。强化对权力集中、资金密集、资源富集、资产聚集等重点领域和部门的监管。实行"一案双查"，对重大腐败案件和严重违纪行为，既追究当事人责任，也倒查追究领导责任。

六、加强思想政治和群团工作，增添改革发展的内生动力

创新思想政治工作。丰富思想政治工作内容、方法和载体，增强针对性和实效性。深入开展社会主义核心价值体系教育，大力加强职业道德建设和作风建设。坚持以人为本，重视员工提出的合理要求，注重人文关怀和心理疏导，及时做好矛盾化解工作，积极构建和谐劳动关系。主动了解掌握员工对企业改革发展的意见和建议，把解决思想问题与解决实际问题结合起来，努力为员工办实事、做好事、解难事，不断增强党组织的感召力。

扎实推进文化建设。努力建设和弘扬先进文化，把社会主义核心价值观融入企业文化建设，持续丰富公司文化内涵。以筑牢"明德成器 利物益世"企业精神和 EVA 价值导向为根本，把公司核心文化普及到基层、渗透到一线、落实到行动。构建精神文化、制度文化、行为文化、物态文化新体系，提升文化建设水平。充分发挥文化的导向、凝聚、激励和约束功能，加强宣传引领，深入挖掘选树"中国第一代高铁工人精神"等一批时代特征突出的新典型，展示创新创效成果，颂扬先进典型事迹。同时，广泛开展群众性精神文明创建活动，不断满足广大员工的精神文化需求，引导员工增强自立意识、竞争意识、效率意识和开拓创新意识。

发挥群团工作优势。坚持党建带群建，继续落实好中央《关于加强和改进党的群团的工作意见》，进一步激发群团活力。健全和完善以职代会为主要形式的民主管理制度，积极推进厂务公开和以班组建设为重点的基层民主管理。围绕企业中心工作，深入开展"四比一创新"等群众性经济技术创新活动，实施技能运动

会等员工素质提升工程，健全完善"六送三关注"等帮扶工作长效机制，开展经常性文化体育活动，努力促进员工体面劳动、舒心工作。支持团青组织探索企业共青团工作的新思路、新方法和新途径，运用青年文明号、青年安全生产示范岗等载体，为青年成长成才、建功立业搭建平台，团结带领广大团员青年担当使命，为公司发展贡献青春的智慧和力量。

各位代表、同志们，站在新的历史起点上，我们面临的任务繁重而艰巨，肩负的使命崇高而光荣。让我们团结和带领全体员工，解放思想、志存高远、同心同德、励精图治，以更加昂扬的斗志，更加扎实的作风，更加振奋的精神，紧紧围绕"十三五"战略目标，大力加强党的建设，持续推进变革创新，为实现公司"三创三化"愿景目标而努力奋斗！

在纪念建党 95 周年暨七一表彰会上的讲话

党委书记 李 瑾

2016 年 7 月 1 日

同志们：

在建党 95 周年之际，我们在这里隆重召开七一表彰大会，共同庆祝中国共产党成立 95 周年，总结过去，展望未来，表彰先进，进一步动员各级党组织和广大党员，牢记使命，明确目标，再创佳绩。在此，我谨代表公司党委，向获得表彰的先进集体和优秀个人表示热烈的祝贺！向奋斗在各条战线上，为公司转型发展做出贡献的全体党员、党务工作者、入党积极分子致以节日的问候和衷心的感谢！

从 1921 年诞生至今，我们党已经走过了 95 年的光辉历程。95 年来，我们党肩负着民族独立、人民解放和国家富强的神圣使命，带领全国各族人民，战胜艰难险阻，取得了中国社会主义革命、社会主义改造和社会主义建设的一个又一个胜利。改革开放后，我们党不断解放思想，与时俱进，开创了建设中国特色社会主义事业的新局面，国家综合实力显著增强，群众生活水平大幅提高，国际地位不断提升，取得了举世瞩目的伟大成就。党的十八大以来，以习近平同志为核心的党中央高举中国特色社会主义伟大旗帜，立党为公，执政为民，从严治党，统揽全局，协调推进"四个全面"战略布局，吹响了实现中华民族自强不息、顽强奋进的新篇章。

过去的一年，公司党委以党的十八大、十八届三中、四中、五中全会精神为指导，深入贯彻中国中车党建工作会议部署，紧密围绕公司生产经营中心，按照"统一、融合、创新、聚力、发展"的原则，充分发挥政治核心作用，不断加强和改进自身建设，将党组织的政治优势、组织优势和群众工作优势切实转化为企业的核心竞争力，为公司顺利完成全年经营目标，实现"十二五"完美收官发挥了极其重要的作用。

2016 年是公司"十三五"发展的第一年，也是公司新一届党委班子履职担当的第一年，完成好 2016 年的目标任务，实现"十三五"的良好开局，对提振全体员工信心，奠定"十三五"的发展基础尤为重要。下面，我代表公司党委提三点意见。

一、认真学习贯彻公司第一次党代会精神，将全体党员和员工的思想行动统一到实现"三创三化"愿景目标上来

公司第一次党代会刚刚胜利闭幕不久。大会选举产生了公司新一届党委领导班子和纪委领导班子，并通过对过去五年工作的总结回顾和未来五年形势的分析研判，凝聚全体与会代表的集体智慧，确立了公司未来五年的奋斗目标和党委工作的指导思想和主要任务。这次大会的召开，必将进一步加快公司变革创新的步伐，我们要运用好这次党代会的重要成果，将全体党员和员工的思想和行动统一到实现"三创三化"的愿景目标上来。

各级党组织要利用中心组学习、"三会一课"等形式及时开展会议精神的学习传达，用会议精神指导实践，推动工作。各级领导干部要带头学习，把党代会精神转化为谋划工作的思路、促进工作的措施、领导工作的本领。全体党员要积极响应大会号召，在贯彻落实党代会精神和主要任务过程中，当先锋、做表率，以积极行动和良好业绩影响和带动全体员工共同致力于企业发展。党代会报告明确了公司未来五年的奋斗目标，为我们描绘了宏伟蓝图，指明了发展方向。但是，目标要落地，还需要将蓝图转化为具体化的行动纲领和路线图。为此，我们还要精心策划，科学制定好公司"十三五"规划，并配置好资源，落实好保障措施，确保"十三五"战略目标顺利达成。

二、深入推进"两学一做"学习教育，充分彰显各级党组织和广大党员的先进性

"两学一做"学习教育是加强党的思想政治建设的一项重大部署，是协调推进"四个全面"战略布局，特别是推动全面从严治党向基层延伸的有力抓手。自公司"两学一做"学习教育启动以来，我们通过实施方案制定、召开学习动员大会、邀请中央党校教授做专题学习培训、领导干部讲党课等形式和载体，有效丰富和促进了学习教育，取得了良好成效。下半年，"两学一做"仍将作为公司党建工作的首要任务来抓，为巩固和提升学习教育成效，我再强调以下三点：第一，要认真落实"基础在学、关键在做"的要求。整个学习教育都要坚持理论与实际紧密联系，坚持学与做的结合、知与行的结合。每个党员、党员领导干部要把自己摆进去，联系思想、工作、作风实际，做到知行合一，切实增强政治意识、大局意识、核心意识、看齐意识。第二，要认真落实"带着问题学、针对问题改"的要求。强化问题意识、问题导向，是党的十八大以来全面从严治党的一个鲜明特点、一条成功经验。各级基层党组织在开展"两学一做"学习教育时，要联系实际问题，将问题带到"两学一做"学习教育中去，以解决实际问题为指引，在学习中发现问题、分析问题、解决问题，在提升学习成果的同时，促进经营工作的开展。第三，要认真落实"抓在日常、严在经常"的要求。公司各级党组织要以支部为基本单位，明确学习教育的具体任务、工作措施、方法载体。要以党的组织生活为基本形式，把党小组会坚持好，把支部党员会议组织好，充分调动党员参与的积极性和主动性。通过抓好党员教育，使党员在思想和行动上彰显先进性，从而更好地发挥模范带头作用，带领广大员工立足岗位创新创业，干出实绩。

三、着力抓好"提质增效"工作，为"十三五"发展开好局、起好步

提质增效是国务院和国资委下达的重要任务，也是国有企业在稳增长、调结构、促改革中须担当的重大使命，我们要充分认识提质增效工作的重要性和紧迫性。从公司2016年上半年总体运行情况来看，轨道交通机车市场呈现下降趋势、风电市场增幅低于去年预期，高效电机和特种变压器市场需求不旺，公司保增长压力空前。同时，今年6月，集团公司下达了《关于调整部分子公司2016年主要经营目标及下达亏损企业减亏目标的通知》，将公司利润指标调增5000万元，对公司今年的发展与经营提出了更高的要求。我们要强化危机意识和责任意识，认真研判形势、外拓市场、内优管理，破解发展瓶颈，提升发展效益和质量，打好提质增效的攻坚战。各级党工团组织要围绕"提质增效"工作，大力开展形势任务教育，发挥组织工作和群众工作优势，调动和发挥全体员工的劳动热情，营造"比、学、赶、帮、超"的良好氛围，形成服务生产经营的强大合力。同时，要特别强调的是，各级党员干部作为关键的少数，要主动担当责任，按照"三严三实"要求，以好干部和四个"铁一般"的标准来要求自己，真抓实干，以上率下，攻坚克难，切实把各项工作抓好抓实抓出成效。

同志们，壮丽的前景鼓舞着我们不断奋进，美好的蓝图激励着我们不懈努力。公司改革发展进入新的历史时期，既面临严峻的挑战，也存在重大的战略机遇，让我们进一步解放思想，齐心协力，开拓进取，把学习先进、赶超先进的精神，转化为攻坚克难的勇气，转化为应对挑战的智慧，为实现公司"三创三化"愿景目标而奋勇争先！

谢谢大家！

坚定意志达成百亿目标

——在中车株洲电机有限公司一届二次职代会上的讲话

董事长　周军军

2017 年 1 月 20 日

各位代表、同志们：

　　今天，各位职工代表肩负着公司全体职工的重托，认真履行代表职责，圆满完成了一届二次职代会各项议程。回首 2016，公司上下勠力同心、奋勇拼搏，积极应对市场变化带来的各种挑战，不断深化能力建设，加速推进变革创新，实现了"十三五"的高点起步、强势开局，经营发展取得了历史性的突破。

　　2016 年，公司经济效益空前卓越，销售收入、净利润、经济增加值、员工收入稳步增长。法人治理结构不断完善，建立了权责对等、运转协调的决策、执行、监督机制，企业运行更加科学高效。市场开拓推陈出新，既有产业地位持续巩固和提升，新产业发展方向和路径更加清晰，形成了良好的产业发展局面。组织变革深入开展，组织绩效不断优化，形成了持续改善的发展氛围，组织内生动力显著提升。技术创新扎实推进，形成一批引领行业发展的新技术、新产品，突破性获得中国专利金奖，以创新引领发展的能力显著增强。管理升级系统推进，精益研发、精益生产、精益供应链全面铺开，全要素、全周期项目管理逐步形成，提质增效扎实开展，运营效率和效益明显提高。职业化团队建设深入推进，员工职业化素养不断提升，工匠精神、绅士风度深度融入，企业活力不断彰显。持续推进企业文化和品牌理念宣贯，编制《企业识别系统（CIS）手册》，召开学习型组织论坛，文化优势有效发挥。深入贯彻党的十八大及十八届历次全会精神，扎实推进国有企业党的建设，营造了和谐良好的内部环境。

　　2017 年是公司不断夯实和巩固轨道交通、风电领先局面，并全面超越竞争对手，新产业从破窗到入门，开启规模化道路的关键一年，如何把住机会、乘势而上，对塑造持久驱动力、抢占战略高地具有重要意义。下面，我重点结合构成战略的"意志""目标""能力"三大要素讲三方面意见。

一、坚定信心，从容应对困难与挑战

当前，国内外环境依然错综复杂，经济运行、市场需求结构性、周期性矛盾依然存在，主导产业与新产业发展不平衡、既有能力与长久发展不匹配矛盾仍然突出，稳定运行的压力持续加大，新困难、新问题集中显现。岁不寒，无以知松柏。在这种形势下，正是我们彰显能力、展示作为的大好时机。更何况，2017年我国经济运行总体仍能保持稳中有进，"稳"，是指经济发展长期向好的基本面没有变，轨道交通作为国家基础设施，风力发电作为重要的清洁能源，发展空间仍大有可为。"进"，是指国家着力振兴实体经济，以战略性新兴产业为主导的经济增长新动力正在加快形成并不断蓄积力量，构筑了我们持久发展的信心。具体到公司实际：

——主导产业的持续巩固是坚定信心的有力保证。我们具备持续巩固提升轨道交通、风电市场的能力和基础。在轨道交通产业领域，在新中车成立不到两年内快速实现了对中车内部主机及系统企业的全覆盖，并建立了良好的合作关系，在技术品质层面我们实现了原南北车技术平台的有效对接与融合，并获得了较高认同度。在风电产业领域，在总量市场保持平稳的情况下，优质客户群持续扩大，形成"1+5+2"的客户格局，实现了与占据中国风电市场总量60%~70%的优质客户的破窗。主要客户配套份额在全面超越竞争对手的基础上，抢住了海上风电市场先机，预计将呈快速发展态势，有较大预期空间。相信只要我们继续推进营销变革、技术升级，深入落实全员营销理念，强力提升市场策划能力，做好与重点客户、优质客户全方位对接，一定可以做到既有客户市场份额的稳固提升，新客户从破窗到入门、登堂入室，全面放大破窗效应，实现更进一步全面合作，以专业能力赢得更广泛的市场。

——新兴产业的快速发展是坚定信心的强大支撑。我们谋划多年的新产业已经具备快速发展的基础。新的产业方向已深入人心并持续深化，高速永磁、磁悬浮等新的技术优势正在不断扩大并持续积累。产业方向和具体项目已经明确，而且都是有可能成长为另一个风电的大产业，相信只要我们继续强化市场调研，补强市场推广和市场策划能力短板，加速全价值链管理市场化转型，从产品设计到售后服务全过程与客户对接，用完全市场化项目管理能力推进既有项目，加快新产业发展机制创新，加大资源投入，既有产业方向和具体项目一定会尽快落地生根、开花结果。

——广大员工的职业精神是坚定信心的核心保障。目前，公司领导班子对公司未来的发展目标清晰、路径明确，班子成员有追求、有理想、有事业心，能够始终保持昂扬向上的精神状态，保持干事创业的澎湃激情，形成了相互支持、相互配合、相互补台的良好风气，是一个难得的坚强有力、团结一致的班子，有着强大的合力。中层管理者、技术管理骨干等中坚力量的水平与往年不可同日而语，大家专业化程度很高、职业化精神很强，在思考问题的深度、广度，解决问题的方式、效果，对格局、理念、知识、技术的掌握程度，都形成了对公司创新创业的强大支撑。以盛金龙同志为代表的广大技管、一线操作人员都有着良好的职业素养，都能够在岗位上兢兢业业工作。有这样强大的员工队伍，基于"三创三化"愿景目标下的"四个一"目标，即一百亿收入规模、一个规模化的新产业、一个规模化的出口业务、一个处于行业高端水平的研究院，一定会加速实现。

总之，我们要对改革发展稳中有进的政策环境有足够信心，要对行业持续健康发展的长期趋势有足够信心，要对企业长期积累的发展实力有足够信心。有了这些信心，再加上不懈的努力，才能够充分化解各种风险和矛盾，紧紧抓住各种有利条件和机遇，牢牢把握发展主动权。

二、坚守目标，咬定百亿目标不放松

目标战略学派安德鲁斯提出"战略就是意志"。面对公司"十三五"战略，是否拥有"无论如何也要达成目标"的愿望，以及这一愿望的强烈程度正是我们实现战略的关键。所谓境由心生，一个目标即使再远大，只要天天讲、月月讲，时间久了也就深入人心，深信不疑，就会形成对远大目标的不懈追求，并将达成目标的强烈愿望逐步渗透潜意识，从而形成强大的意志。这种强大意志一旦形成，在工作中就会付出不亚于任何人的努力，目标也就会在不经意间实现。日本经营之圣稻盛和夫讲的"不要以现在的能力，束缚对未来的想象"的论道也是这个意思。在当前的复杂形势和既有能力条件下，实现百亿目标，需要我们形成这种强大的意志，具体就是要坚持高目标引领，高起点谋划新产业，高标准推进国际化。

——高起点谋划新产业。目前，新产业的产业方向、具体项目都已经很清晰，关键是要增强发展的紧迫感，不游移，不动摇，短期的蓝海市场很快会消失，要牢牢抓住，要加大资源的投入力度，高起点、大格局发展新产业。一方面，要站在产业发展的远期坚定当期发展新产业的信心。以更高的境界与视野，更高的标准与层次，集全公司之力，切入高端市场，引领高新技术，对接高层次客户和打造高水平团队。另一方面，要站在产业发展的全局确定公司的产业链定位。要把新产业发展放在国家推进战略新兴产业发展的大背景下考量，站在完善中车高端装备产业链的角度谋划，在健全公司新产业长效运作模式的要求下创新，力求在大平台、大产业、大项目方面有突破。

——高标准推进国际化。国际化是公司做强做大做优的必由之路。首先要拓展国际化视野，树立起全球观念，充分利用中车品牌优势和本地化契机，对接"一带一路"和高铁"走出去"，积极拓展全球布点布局、加快国际合作和海外合资合作之路，高标准推进国际化进程；多渠道获取全球创新资源，构建面向全球的科技创新平台，加快对接国际技术标准体系，加强知识产权国际布局和管理；统筹国内与国际两个市场、两种资源，通过战略联盟、战略并购等方式构建国际化供应链体系及国际化营销网络体系，优化全球资源配置。在推进国际化进程中也要重点加强风险防范，防范海外市场、经营风险和"国际化陷阱"。

——深层次推动变革创新。着力推进基于新产业、国际化发展的系统性变革。一是推进营销机制创新。细分市场比概念市场更重要，要提升服务于市场开拓和技术研发的市场研究能力，针对细分市场和优质客户精准发力，确保新市场的有效突破和既有市场份额不断提升。二是深化经营管理的制度变革。创新新产业、国际化发展机制，以强激励的措施加快新产业、国际化规模化发展。完善容错机制，优化创新环境，形成谋事创业的内部环境。三是优化内部集团化管控模式，充分调动激发子公司、各产业项目组、高效电机事业部发展动力，从而激发公司内生动力。

三、品质制胜，打造卓越的企业价值

市场竞争制胜的关键在于企业品质。品质创造市场，品质提升价值，品质赢得尊重。企业品质不仅包括产品品质，还有经营管理品质和人的品质。三星Note7的爆炸起火事件告诉我们，产品品质是企业赖以生存和发展的根本；丰田汽车的精益理念提醒我们，经营管理品质是获取持续竞争优势的基础；稻盛和夫的六项精进恰当地说明了，所有的品质都是基于人的品质。

——经营管理品质提升效率、增创效益。在外部环境快速变迁的时代，企业竞争已经由传统的要素竞争转向了经营管理品质的竞争。而提升经营管理品质的重点就是要着力加强基于"质量、成本"的项目管控、基于"高度信息化的"的运营管理和基于"正向激励"的绩效改善。基于"质量、成本"的项目管控，就是要切实建立全要素、全周期的项目管控体系，在项目的策划、设计、实施过程中，平衡质量和成本的对立统一关系，逐步形成一个由总体到具体、由概念到实施、由粗到细的质量和成本最优组合的目标控制体系，保证质量和成本目标结构的均衡性、协调性与合理性，力求达到质量和成本目标的整体最优，做到低投入高产出，创造优质产品。基于"高度信息化的"的管理，指的是管理工具信息化不是在原有管理逻辑基础上把IT工具与经营管理的简单结合，而是要站在战略发展的高度重新审视我们的企业理念、管理制度、组织结构，将信息技术融入企业新的管理模式和方法，有效促动管理效率升级，增强企业竞争力。基于"正向激励"的绩效改善，就是坚持以改善为核心，建立以经营业绩为导向的组织绩效评价体系，突出绩效改善的正面激励，不断推动理念改善、机制改善和方法改善，形成适应变化的动态调整能力，从而提升组织驱动力和管理效率。

——产品品质塑造品牌、创造市场。产品品质即性价比，高性价比是指提供的产品在价格、技术、原料、质量、服务等方面远超客户的预期。消费者碰到自己喜欢的产品和公司时，其实迫切想帮忙代言、讲故事，产品永远是最强有力的营销工具。提高产品品质应通过以下三方面来实现。更新设计理念。纵向以"技术创新"为导向，不断推陈出新，完成前瞻性技术、基础性技术和市场空白产品的全面覆盖，构建"技术驱动"下的卓越品质保障体系。横向以"客户需求"为导向，建立产品、产业市场化强关联机制，建立面向市场、满足产品性能和质量要求前提下成本最优理念。升级制造模式。加快先进制造方式的研究，加大先进自动化设备的应用，结合信息化，实现制造升级，引导生产方式向自动化、柔性、智能转变，达到生产效率与生产柔性、生产成本与产品质量的相互统一，而不是单纯追求工业4.0。升级供应链。要持续打造支持公司百亿目标的优质供应链，重点培育和发展能支持公司竞争实力，与公司产业地位、产业链竞争环境相匹配的供应链，特别能够支撑新产业快速发展的供应链，真正将有品质的供应商作为公司的事业伙伴，建立互利、互惠、共赢的关系，结成长期的战略同盟，共创事业的进步与繁荣。

——人的品质凝聚合力、创造价值。积力之所举，则无不胜也；众智之所为，则无不成也。只有持续提升企业的"群体智力"，筑牢团队建设基石，才能成为不断创造未来、创造价值的企业。而这种"群体智力"需要集合全体员工个人品质的优势而使其最大化。具体而言，对基层员工来讲，要持续积累知识和技能，持续提升职业化素养，把本职岗位的工作做到尽善尽美，做到极致。对中层管理者来讲，要具备基于对知识本质理解之上的见识，强化责任担当，不断提升商务运作能力、拓宽国际化视野，运用先进的生产方式和管理方式创造性地开展工作。对高层管理人员来说，要具备高人一等的胆识和持续昂扬的斗志，敢于面对一切困难、障碍，敢于冲破既有能力限制，不以现有能力决定将来做什么，而是现在就确定一个现有能力达不到的高目标，并决定在将来某个时点达成它。

变化的形势考验我们的意志和能力，发展的责任激发我们的热情和动力。现在内外部环境处于一种机会和危机并存的不确定状态，是否做好准备将呈现完全不一样的结果。做好了准备摆在我们面前的都是机会。

各位代表、同志们，新起点、新征程，我们必须上下同心，保持坚决完成年度经营目标和"十三五"战略目标的信心，众志成城，攻坚克难，努力开创公司品质升级、变革发展的新局面！

加强民主管理　和谐共促发展
——在公司一届二次职代会上的讲话

党委书记　李　瑾

2017 年 1 月

各位职工代表、同志们：

2016 年是公司"十三五"的开局之年，也是广大干部职工攻坚克难、付出最多的一年。一年来，面对机车市场持续低迷，高效电机、特种变压器市场需求不旺等多重不利因素影响，公司上下团结一心，迎难而上，开拓进取，在产品研发、项目管理、市场营销、商业模式、党建机制创新等方面都取得了较大突破，创造了历史最佳业绩，有望再次获得中国中车绩效考核 A 级企业、突出贡献奖、"四好领导班子"等荣誉。能够取得这样的成绩，是非常不容易的，这主要得益于各单位顾全大局、勇挑重担，做了大量卓有成效的工作。最难能可贵的是，我们的广大干部职工，在困难和挑战面前，始终与企业一道，同心协力，艰苦创业，充分诠释了公司"明德成器　利物益世"的企业精神。在此，我代表公司党委，向各位代表，向公司全体干部、职工，表示诚挚的敬意和衷心的感谢！

在这次职工代表大会上，各位职工代表们以高度的责任感和使命感，认真履行职责，充分行使当家做主的民主权利，讨论了《公司 2017 年度经营工作报告》，站在企业如何应对当前挑战、如何实现持续发展的高度，积极建言献策，提出了很多实实在在的意见建议。肖总在报告中对职工代表所提的意见建议进行了采纳和回复。公司副总经理也分别就与员工密切相关的培训、福利、劳动保护的年度情况向大会做了报告，职工代表提出的多项提案经会议审议通过。之后，我们还将接着开展职工代表民主评议公司高层管理者的工作，让职工代表们对高层管理者一年的表现进行评价打分。通常中车集团会对公司领导班子进行评价打分，但是，通过职工代表民主评议公司高层管理者，更看重的还是公司的职工满不满意，群众满不满意。应该说，这次职工代表大会是一次团结民主的大会，一次凝心聚力的大会，一次催人奋进的大会，充分体现了职工是企业的主人和职工的"主人翁"意识。下面我就进一步加强民主管理，促进公司和谐发展谈几点看法。

一、加强民主管理是党对国有企业的长期要求

我们党历来重视职工群众参与国有企业的管理，切实维护职工的各项权利，确保公司职工分享企业发展的成果。党章规定，国有企业党组织要"全心全意依靠职工群众，支持职工代表大会开展工作"。在去年召开的全国国有企业党的建设工作会议上，习近平总书记强调："要健全以职工代表大会为基本形式的民主管理制度，推进厂务公开、业务公开，落实职工群众知情权、参与权、表达权、监督权，充分调动工人阶级的积极性、主动性、创造性。"这为在新形势下加强企业民主管理、健全完善职工代表大会制度提供了遵循，指明了方向。

二、加强民主管理是深化国企改革的现实需要

一方面，加强民主管理有利于进一步构建和谐的劳动关系，通过企业民主管理制度，职工的意愿和要求得以表达和实现，从而使职工群众与企业的劳动关系不断得到协调，体现和保障了职工作为主人翁和劳动主体的地位，增强了职工对企业的归属感、认同感和责任感。另一方面，通过企业民主管理，将职工参与、监督的机制融入企业管理的各个方面，有利于完善企业法人结构，健全和完善企业决策、管理和监督机制，及时发现企业管理中存在的漏洞和不足，防范经营风险。当前，在国有企业改革不断深化的形势下，围绕转型发展、防止腐败和稳定的大局，在企业中建立起团结稳定的新型劳动关系，是新形势和时代的必然要求，更是摆在公司各级工会组织面前的一项重要课题。

三、加强公司民主管理实践，促进企业和谐发展

1.加强民主管理要与坚持党的领导、加强党的建设紧密结合

党的领导是企业民主管理得以实现的基本保证，各级党组织要充分发挥政治核心作用，加强对职代会、工会及其他民主管理形式的领导，支持工会做好民主管理的日常工作，引导广大职工充分行使民主管理和民主监督的权利。在基层党组织"三会一课"加内容，把与职工切身利益相关的热点、重点、难点问题加入党内组织生活，进行研究、讨论、解决，并把相关措施、决议和实施状况予以公布，接受职工监督，建立长效机制。通过加强党组织建设工作，明确党组织联系服务职工、基层的方向，不断增强职工的归属感，提高组织的凝聚力。

2.加强民主管理要以职工为本，找准工作的着力点

要进一步深化厂务公开工作，构建党务公开、业务公开、重大事务公开的"三公开"制度，作为公司民主监督的主要途径，以公司门户网站、公众微信号、论坛等多种方式扩大与职工的沟通渠道，增加职工参与民主管理的途径，积极接受广大员工个体监督和舆论监督。组织实施合理化建议活动，倾听员工意见，充分发挥广大职工的聪明才智，为企业发展献计献策。民主管理的内容要向生产经营的重点延伸，向职工关注的热点延伸，要在着重解决领导层和职工的思想观念转变以及工作机制创新上下功夫。建立和完善职工代表巡查制度，允许代表对职工关

注的问题进行巡查，以了解真实情况。探索职工董事、职工监事制度，鼓励职工代表有序参与公司治理。

3. 加强民主管理要帮助职工代表不断提升自身的素质和履职能力

要增加职工代表的培训机会，培训可以采取岗位培训、办班培训、交流考察相结合的方式，将党的方针政策、国家法律法规和现代企业经营管理，特别是民主管理的方式方法作为培训内容，让我们的职工代表能够系统地了解和掌握。职工代表要敢讲真话，真实地反映基层情况和职工群众的心声，要敢履职，敢担责，要代表职工讲话，而不是个人的"意见领袖"。此外，作为由职工群众推选出来的职工代表，要时时处处、方方面面严格要求自己，模范带头，要做职工的表率，而不是"特等"职工。

各位代表、同志们，勤奋成就梦想，拼搏见证未来。面对新形势、新任务，我们每位代表责任重大、使命光荣。大家要以良好的精神状态，饱满的工作热情，务实的工作作风，认真履行好职代会赋予的职责，团结带领广大职工，共同努力、勇于担当、锐意进取，为实现公司 2017 年发展目标而努力奋斗！以优异的成绩，迎接党的十九大胜利召开！

最后，再有十天不到，新春佳节将如期而至，在此我谨代表公司党委，向各位代表、广大职工和家属拜个早年，提前祝大家阖家幸福、万事如意、鸡年大吉！

加强国资监管力度 依法合规从严治企

——在公司 2017 年党风廉政建设和反腐败工作会议上的讲话

董事长 周军军

2017 年 2 月 21 日

同志们：

刚才，余书记对 2016 年党风廉政建设和反腐败工作做了总结，并对 2017 年工作进行了布置安排，李书记也做了重要讲话，大家要认真学习贯彻，抓好落实。在公司变革创新过程中，落实好全面从严治党要求，依法合规从严治企，既是各级党员领导干部必须履行的政治责任，也是实现公司"三创三化"战略愿景的关键保证。今天的会议很重要，我们要深入贯彻这次党风廉政建设和反腐败工作会议精神，扎实推进好公司党风廉政建设和反腐败工作。下面，作为出资人代表，我提三方面意见。

一、加强监管力度，确保国有资产保值增值

国有资产是全国人民的共同财富，确保国有资产安全，实现国有资产保值增值，是我们对党、对国家、对人民应负的重要政治责任和应承担的光荣使命，对巩固党执政兴国的物质基础和实现全面建设小康社会具有重要战略意义。电机公司总资产从 2010 年的 26.9 亿元到 2016 年的 64.8 亿元，资产规模在这期间增长了 3 倍，产业规模不断扩张，产业领域不断延伸和拓展。在发展壮大的同时，资产监管幅度发生了新的变化，对国有资产保值增值提出了新的挑战。领导干部在国有企业中处于重要地位，拥有重大问题的决策权，因此必须强化对领导干部，尤其是领导干部运用权力的监管力度，用制度管权、管事、管人，认真执行《公司资产损失责任追究暂行规定》等相关制度，并充分发挥党内监督、监事会监督、纪检监察、财务审计监督、员工群众民主监督的作用，形成科学决策、严格管理、规范运行的管理机制，防止国有资产流失。在加强国有资产监管的同时，要建立和完善容错机制，把因缺乏经验先行先试出现的失误与明知故犯行为区分开来，把在改革创新中的无意过失与为谋取私利的故意行为区分开来，保护好广大干部群众的干事热情，并不断激发改革创新者的工作积极性，鼓励敢试、敢闯、敢担当

者创新建功。

二、依法合规经营，有效防范经营风险

在推进公司变革创新过程中，要加强对风险的识别和研判，强化风险管控措施，从科学决策、强化监管、专业化管理等方面入手，有效防范各类经营风险，维护企业生产经营正常进行。具体来说，一方面要健全制度，规范管理。思想政治教育固然是党风廉政建设的重要环节，但如果离开了法律和制度的保证，就显得苍白无力。建章立制是企业加强党风廉政建设，有效防范经营风险的一项重要的治本之策。要从管权、管人、管钱、管物等环节入手，有针对性地健全和完善财务管理制度、选人用人制度、廉政谈话制度、廉政情况通报、重大事项报告制度、重大问题集体决策制度、党内情况通报制度等制度体系，特别是"三重一大"决策制度，消除制度管理"盲区"，切实保障企业经营风险最小化。另一方面要维护制度的约束力和权威性，确保党风廉政建设有关制度的严格落实。首先，要从领导干部抓起，通过领导干部的带头示范，形成落实制度的强大推动力。同时，要加强检查督促，严格执行纪律。制度出台一项，就要落实一项、见效一项，对有章不循，违反制度的，要抓住典型，严肃处理。

三、强化履职尽责，确保党风廉政建设落到实处

落实责任直接关系到党风廉政建设的成效。没有一个好的党风，发展也无从谈起，各级领导干部要提高担当意识，确保党风廉政建设各项任务落到实处。按照党风廉政建设责任制规定，领导干部"一岗双责"，"一岗双责"要求领导干部既要对所在岗位应当承担的具体业务工作负责，也要对所在岗位应当承担的党风廉政建设责任制负责。各级领导干部要高度重视自身肩负的党风廉政建设责任，做到守土有责、守土尽责。对自己分管领域的党风廉政建设要坚持做到重要工作亲自部署、重大问题亲自过问、重点环节亲自协调，经常过问、敢抓敢管，对发现的问题该谈话的谈话，该提醒的提醒，该纠正的纠正，该诫勉的诫勉。两级班子成员，要给全体干部员工做好表率，严格遵守廉洁从业各项规定，自觉接受各方面监督，树立严于律己、清正廉明的良好形象。

同志们，2017年是形势复杂、任务艰巨的一年，我们要认真贯彻中车党委的部署，坚定不移地抓好党风建设和反腐败工作，为完成年度经营指标、达成"十三五"战略目标提供坚强保证！

高起点　大格局　新机制　全力推进新产业发展

——在中车株洲电机有限公司 2017 年度工作会议上的讲话

董事长　周军军

2017 年 2 月 21 日

同志们：

今天我们在这里召开 2017 年工作会议，目的是回顾过去，总结经验，分析形势，谋划好今年的工作。刚才，安华同志、李瑾同志分别做了工作报告，对今年的生产经营和党建工作做出了具体的安排部署，我完全赞同。希望大家认真领会，做好宣贯，抓好落实。刚才，我们还举行了各单位经营和党建目标责任状、各子公司资产经营责任书签字仪式，这是我们落实这次工作会工作报告的第一步，各单位、各子公司要不折不扣落实好责任状和责任书要求，动员组织全体员工，立足岗位职责，勤奋扎实工作，全面落实好年度经营目标。这里，我着重就会议两个工作报告的落实，尤其是我们落实过程中的难点问题和需要我们高度关注的问题，打通我们的思维，超越自我。

2016 年是"十三五"开局之年，面对国家经济下行压力持续加大、市场需求结构性矛盾更加突出的严峻形势，公司上下沉着应对，勇于担当，团结协作，尤其是公司的经营班子，积极应对各种挑战，持续深化能力建设，加快变革创新，圆满完成了中车两次调高后的目标，确保了国有资产保值增值，再次获得中车年度突出贡献奖，中车子公司 2016 年度效绩评价考核紧随四方股份、长客股份之后排名第三，实现中车首个完整财务年度的开门红，得到了主要客户的高度认可，集团的好评，基本确立了中车优势企业的地位。这里说的主要客户的高度认可，就是我们不仅巩固了在株机公司、金风公司优秀供应商的地位，而且获得了四方股份的高度评价，尤为欣喜的是长客股份、唐山公司对我们从不了解、到接触、到了解，实现了很好的突破。这些成绩的取得，离不开各级班子的敬业尽职，离不开广大员工的艰苦努力，在此，我代表公司，对各级班子和广大员工卓有成效的工作和取得的成绩表示衷心的感谢！

关于今年及未来几年的工作，在年前职代会上，已经就达成百亿目标的"意志""目标""能力"三大要素进行了详细阐述，请大家把这两个讲话结合起来。这里，我重点强调一下百亿目标，这是公司在党中央、国务院和国务院国资委加快做强做优做大中央企业的大背景下的必然选择；是在当前中国中车加快改革发展，加大业务重组，促进资源整合和结构调整的前提下，公司抢占发展先机，占据有利地位的关键；是公司经过长期积淀，具备一定实力之后，突破发展瓶颈，实现更高平台、更高层次发展必须迈过去的一道坎。面对当前经营形势，要达成百亿目标，我们必须紧紧抓住未来一段时期轨道交通、风电两大产业相对平稳发展的有利局面，以时不我待、只争朝夕的勇气和决心加快发展新产业。近年来，公司已经实现轨道交通专有技术向高效电机、特种变压器等高端产业领域的延伸和拓展，高速永磁、新能源汽车、特种变压器、工程机械、煤矿机械等诸多具备成长潜力的新产业种子已经落地发芽，但是急需成长壮大，发展成为公司新的支柱型产业。支柱型产业的基本特征可以概括为：定位高端、优势突出、规模发展。"定位高端"需要我们站在更高起点充分谋划，"优势突出"需要我们在更大格局下系统推进，"规模发展"需要我们创新机制，加速落实。2017 年已经是"十三五"的第 2 年，中车打造"总部—战略业务单元—成员企业"的运营架构已经提上日程，并在服务事业部先行试点，这次中车工作会上刘化龙董事长大篇幅地讲了中车未来的运营架构，在这样一个运营架构下，株洲电机有可能成为一个二级企业。时不待我，新产业规划已经明确，我们必须确定一个"三年路线图"，高起点、大格局、新机制发展新产业，努力通过三年时间，开创公司"3＋X"的新产业格局，即三个过十亿的新产业，若干个过亿的孵化产业，力争形成 1 个中车级支柱型产业，在通用机电战略业务单元成员企业中确立旗舰地位。

一、高起点

高起点谋划新产业，顺应国家的产业浪潮，契合中车的品牌定位，符合公司的发展要求。国家的政策导向、中车的品牌形象、公司长期深厚的专业化积淀已经为我们高起点打下了基础，我们要将这种基础迅速转化为我们的优势，在更高水平和层次上切入高端市场，引领高新技术，对接高层次客户和打造高水平团队。

——切入高端市场。高端市场应该是国家战略性新兴产业中与公司发展定位相匹配，增量市场空间达到几百亿甚至上千亿元，行业集中度较高的细分市场，是我们新产业快速发展的沃土。这一点总经理在工作报告中都有非常详细、准确、深入地分析。这里我再次以风电为例。我们的风电规模去年超过轨道交通，这在十年前是谁都没有想到的；而在 2004 年金风公司进入这个市场的时候，清洁能源还只是一个概念，就像我们今天面对国家很多战略性新兴产业一样。金风公司是民间资本，民间资本的嗅觉非常敏感，冒着极大的风险进入这个市场，今天取得了成功，而且不仅自己取得了成功，还带动我们在这个方面获得了很大的成就。今天的两个报告，参会人员一定要用心琢磨其中所提出的一些问题，总经理工作报告花了很大篇幅讲战略性新兴产业市场，就像我们当初面对风电一样，这都是可以复制的经验，所以这一块大家一定要做认真的思考，各部门、各事业部、各项目组下一步都要对国家战略层面现在要做的事情做准确的、到位的研判。回顾历史，公司正是抓住了国家铁路装备升级换代和绿色新能源蓬勃发展的战略机遇，成功切入了轨道交通和风电两个高端市场，才形成了目前的产业规模。两个产业的成功为我们新产业发展提供了具有现实意义的借鉴蓝本。细分市场比战略市场(概念市场)更重要，公司既定的战略性市场空间足够大，为我们提供了总体量的支撑，关键是要进一步强化细分市场研究，选择具备广阔的增长空间和巨大的发展潜力的高端市场，通过产品、技术创新，在性能、质量优势之上叠加价格优势，向产业链、价值链高端攀升，尽快达成规模发展。

——引领高新技术。科学革命导致技术革命，然后才出现产业革命。纵观全球企业版图的变迁，以技术创新的优势，造就了通用电气、杜邦等长盛不衰的一流企业，技术进步跟不上市场变局，也促使诺基亚、柯达等一批"明星"企业在一夜之间倾覆。所以所有的问题都是技术问题。这些企业的兴衰成败生动地诠释了技术创新和变革巨大的颠覆力量。运营考核60万公里0故障的中国标动产品，有可能颠覆行业发展的永磁集成电机，即将落成的对接国际标准的工程研究中心等，打造了我们引领高新技术的基础和能力。但对标国际一流，我们技术创新的思维眼界还不够宽广，体系还不够开放，平台还不够大，尤其是应对市场的技术创新愿望还不够迫切，布局有所欠缺，举措还不够扎实。当然，从昨天技术中心向公司领导展示新产品新技术研发情况来看，现在我们在系统控制、集成电机、变压器革命的技术准备等方面都做了大量工作，已经有了一些很现实的成果，但是这些成果还没有市场效益。

——对接高层次客户。高层次客户是目标产业中20%的市场领跑者、技术引领者、商业模式创造者，能够为公司带来80%的业务和收益，是我们新产业快速规模化、高质量发展、持续进步的推动器。与这些客户的长期战略合作也强化了我们的服务意识和质量意识，提高了我们的管理水平，提升了我们的产品品质，完善了我们的售后服务体系，对公司的发展起到了推动作用。多年发展经验表明，与大客户建立良好的关系是保证业务收入稳步增长、提高市场占有率的重要手段。发展新产业，我们也要秉承优质大客户理念，用有限的精力在无限的客户中寻找能够支撑产业发展的那"20%"，包括提供规模市场支撑的经济大客户，具有重大辐射效应的大型央企等重要客户，中车产业链或价值链中潜在或已有的集团客户，以及具备发展潜力、能够与公司共同成长的战略客户。

——打造高水平团队。彼得·德鲁克提出"人才是企业唯一拥有的有效优势"。发展新产业必须有一支对产业竞争格局、行业资质、技术方向和产业链有深刻认知，综合素质高、业务能力强的高水平团队。谷歌和百度目前都在做人工智能，谷歌做人工智能的人才存量是 3000 个博士，百度做人工智能的人才存量是30 个博士，百度的研究院设在美国，从运营成本来考虑，百度为什么不把研究院设在中国？为什么百度计划要招 300 个博士？北京精进电动和上海电驱动的创始人都是留美归国的高端人才，在国际知名汽车企业拥有丰富的履历和人脉，他们所带领的优秀团队保证了两家公司成立后迅速成为国内领先的新能源汽车驱动系统供应商。龙首席的团队成立以后，很快就取得了成果，他们的工作主要就是几个核心人才在做。我们要站在更高层次，重新审视和变革人员"外引"与"内培"机制。引进人才，要由点及面，引入无边界团队概念，引才和引智相结合，站在整个产业发展的角度，加大对了解行业、技术、标准、运行规则，具备商业策划、技术研发、市场开拓、供应链建设、项目管控等全方位能力的"创业团队"的引进或项目合作，助推新产业的突破。培育人才，要不拘一格，要以"全球一体化的战略人才管理体系建设"为主线，打破体制机制束缚为人才成长营造良好发展环境，打造一批作风优良、执行力强的经营管理人才、科技领军人才和国际复合型人才团队，为新产业发展提供源源不断的智力支撑。

二、大格局

审格局，决一世之荣枯。于新产业而言，放大格局更显重要，格局决定了新产业未来的发展空间和高度。大格局就是以长远、发展、战略的眼光，站在更大的平台，更高的层次来推进新产业，具体而言就是站在国家战略新兴产业发展的全局确定公司的产业链定位，站在打造中车新支柱的远期坚定当期发展新产业的信心，站在稍纵即逝的"蓝海"市场战略机遇期果断投入来抢占先机。

——在国家推进战略新兴产业发展的大背景下考量。把握国家战略新兴产业发展大潮才能顺应国策、抢抓先机。作为国有企业，无论从自身发展考虑，还是从担负国有资产保值增值责任角度考虑，都必须把战略放在国家经济社会发展大局中去谋划。要紧盯中国制造 2025、战略性新兴产业发展，准确把握国家需求、市场需求、用户需求，找准发展新方向。要加强与国家部委、具体政策制定者、行业协会机构及有较强影响力的人员的对接，掌握第一手信息，争取社会舆论、国家消费引导、科技、产业扶持基金、示范性工程，政府市场培育等方面支持，为新产业搭平台。要借助中车强大影响力，尽可能把公司的核心优势、品牌影响力推升到更高平台，在电机、变压器行业充分发挥公司的专业积淀，主动引导国家相关政策、标准制定，运行规则、机制建立，技术重点、方向确立，国家级平台搭建，增强发展新动能。

——在打造中车高端装备产业新支柱的角度谋划。努力打造中车新的支柱产业才能在中车内部抢得住位、站得住脚。中车2017年工作会议是新中车首个完整财务年度结束之后召开的首次会议，是中车新一届领导班子首发施政之举的重大会议，也是在实施"十三五"战略关键一年召开的关键会议，研究提出了一系列重要理念、重大部署和重点项目安排，释放了许多有利的契机和不利的信号。公司各级管理者、各个单位都要强化与中车的对接和联络，抢抓一切有利的契机，扭转一切不利的局面，特别是要利用轨道交通、风电产业已经在中车占据有利契机的良好格局下，站在中车平台高度谋划新产业。发展新产业不仅仅要作为株洲电机的事情来做，更要作为北京总部的事情来做，争取更多政策和资源的倾斜，积极推进新能源汽车电机、高速永磁电机、特种变压器等公司有相当产品技术积累的产业发展，形成新产业蓬勃发展的良好势头，在中车内部赢得充分的话语权，巩固和提升公司在中车整个产业体系中的地位。经营班子现在面对的压力比2016年要大得多，中车现在的排名仍然是靠体量和规模来确定的。

——在"蓝海"战略机遇期果断投入抢占先机。精准把握、果敢投入才能推动新产业乘势而上、借势而为。思科CEO提出"这是一个'快鱼吃慢鱼'的时代，大公司不一定打败小公司，但是快的一定会打败慢的。速度会转换为市场份额、利润率和经验"。"快鱼吃慢鱼"强调了对市场机会和客户需求的快速反应，但绝不是追求盲目扩张和仓促出击，正相反，真正的快鱼追求的不仅是快，更是"准"，只有精准把握市场竞争的关键价值，了解未来技术发展方向后，快速出击才是精准而有效的。我们谋划的新产业已经具备了快速发展的基础，也得到了中车的肯定和支持。加速新产业规模化发展其时已至、其势已成，特别要提醒的是，集团内外竞争对手也在闻风而动，一定要抓住稍纵即逝的机遇，在充分调研的基础上精准把握细分市场方向，以时不我待的决心和勇气，果敢而不失谨慎、大胆而不失理智地强化与产业定位相匹配的人才、技术、装备、供应链、市场等各类资源投入，（9个博士肯定是不够的）提高市场开拓能力、技术开发能力、智能制造能力、项目执行能力、客户维培能力，打造高效完善的新产业供应链，以尽快确立并长期保持领先优势。轨道交通和风力发电的竞争格局基本已经确定，轨道交通中车会协调，风力发电金风科技会平衡，现在能与竞争对手产生差异的就在于我们在风电的新客户方面要尽快形成规模业务，再加上我们愿景中的新产业迅速形成竞争对手所没有达到的规模，我们才能迅速甩开竞争对手。或者说我们现在比较发怵的卧龙电气，只要我们正在强调的事情能够做得好、做得到位，我们超越卧龙电气也不是没有可能。最终在中国的电机行业，株洲电机就是行业老大。但这说的是一种假设，如果我们现在看准的事情不够快，我们所讲的快是指资源配置要快，不能观望，竞争对手绝不会观望。

三、新机制

历来，守成容易突破难。新产业是新事物，新事物尤其需要新机制。我国改革就是以小岗村的"包产到户"为突破口，一举解决了长期困扰中国人的吃饭问题，地还是那块地、人还是那些人，机制变了，结果就天壤之别。新产业发展尤其需要新机制的强大支撑，特别是要推动适应市场化要求的体制机制和管理方式的变革，营造鼓励创新发展、包容失败的氛围，加速新产业发展。

——构建"市场导向、权责对等"的机制。要不断优化产业类项目运作机制。以完全市场化为导向，完善项目组的产业平台孵化器职能，建立责权利对等机制，从产业规划、运营、市场、技术、供应链等全流程对接市场，加速落实新产业项目。充分发挥子公司作用。子公司地理分布均衡，区位优势明显，业务类型丰富，互补性强，在发展新产业方面可以优势互补、资源共享。要以公司整体利益最大化为基础，充分发挥各子公司区位优势、经营特长和专业优势，团结一致发展新产业，齐心协力开拓新市场。优化内部绩效管理机制。以价值管理、市场导向为原则，建立内部结算体系，以价值的创造衡量组织绩效。

——创新"开放合作、资本撬动"的路径。要转变传统买地、建厂房、购置设备、生产制造的发展模式，通过开放合作、金融与资本的撬动，助推新产业的"外延式"扩张发展。一是扩大开放与合作。"互利"是企业之间经济交往的基础，"共赢"是互利基础上的长期目标，要加强同一切有利于新产业发展的组织及个人合作，整合各类优势资源，做到借鸡下蛋、借梯上楼、借船出海，加快发展。在中车工作会议上，刘化龙董事长、奚国华总裁在报告中所提到的以后中车新的合资、投资、并购项目，如果是在中车的战略性新兴产业条件下的项目，审批都不是问题；所说的限制合资、投资、设厂的项目主要是针对既有业务，针对产能过剩的产业，说白了主要是轨道交通产业。我们所需要的投入，只要是我们看准的投入，总部一定会支持。二是积极寻求新产业跨越式发展路径。要善于抓住当前国企改革、企业重组、海外并购的大潮，积极通过引智、产业兼并、股权收购、资产收购等方式快速扩大新产业规模。三是创新商业模式，运用金融与资本杠杆作用助推新产业发展。新产业对资本有较高需求，同时又具备较大风险，要善于利用多层次的资本市场，对接各类产业发展基金，充分利用中车金融平台、资本平台，调动多方面资源助推新产业发展。

——搭建"共同成长、共享共赢"的平台。加快建立一套尊重人才、体现价值创造的激励机制，持续保持企业竞争力。要在精益管理提升的总体要求下，切实改善效绩管理效度，达到组织机器的高效运转，消除磨耗，尽量减少无效能耗，以此确立公司管理文化的显性特征。我们今年没有获得管理一等奖，在管理上面还没有具体特质性的东西，当然这里主要讲的是机制创新的问题。我们来讲件大家都有体验的事，刚才总经理在做工作报告的时候讲到，株洲电机的人均收入处在株洲地区的第一，这句话下面还有一层意思，即株洲电机公司内部贡献了价值的那些员工，那些创造了80%价值的20%员工，他们的收入在我们株洲地区、在我们中车内部、在机电制造行业，特别是在我们国内的市场化的机电行业，尤其是跟民企、跟卧龙电气比较，他们有没有拿到中车内部的电机行业，尤其是民营企业的同类人员的收入水平？如果没有拿到，我们的分配就是有问题的。新产业为什么要发展，怎么促进新产业发展，或者说过去新产业为什么长期没有得到规模化发展，机制没建立好是一个重要原因。株洲电机在株洲地区所谓的人均最高收入并不意味着我们有突出贡献的营销人员、研发人员、项目执行人员、一般管理人员、解决了重大难题的一线作业人员的激励问题得到了解决。如果没有得到解决，我们新产业发展的机制就没有建立起来，我们只有解决了激励机制问题，那么株洲电机的管理文化才有显性特征。持续优化职业发展通道，以新产业发展为载体，加大人才培养力度，建设各类职业化人才的赋能培养平台、价值创造平台和共建共享平台，在激发各类人才干事创业积极性和激情的同时，让做出贡献的人事业上有上升的平台。创新分配机制，密切关注国家及中车股权和分红、员工持股改革动态，争取先行试点，并同步研究推行虚拟股权运作机制，让做出贡献的人才经济上有当量的回报。最终实现公司与员工共同进步的良好格局。

——创造"鼓励创新、宽容失败"的氛围。新产业发展是一个开创性工作，是一项复杂的实践，不可能都是一帆风顺、马到成功的，需要营造"鼓励创新、宽容失败"的氛围。培育创新性文化。创新是组织的一项基本功能，要把这种功能无限放大就要着力培育创新性文化，引进和完善各种内部风投、内部创业形式，提供资源、搭建机制，将创新精神融入文化之中，激发谋事创业的积极性、主动性和创造性。现在电机公司的员工能耐都有了，需要的是条件，5年前我们讲的是要有能耐，5年后的现在我们讲的是能带队伍了，但是我们要给条件，就是提供资源，搭建机制。健全新产业的容错纠错机制。鼓励创新就必须允许试错，谋划改革就必须开放尝试，要宽容"探索性失败"，为产业项目组撑腰鼓劲，让项目组成员卸下思想包袱，"轻装上阵"，鼓励创造性地开展工作。

新产业决定了公司未来的发展，而轨道交通、风电则是我们规模的基础和利润的源泉，是新产业拓展的根基和技术培育的沃土，是我们的立身之本、发展之源。今天因为时间关系讲得少不代表不重视，两大产业仍然是我们的核心产业，要继续补强提升，重点加强市场开拓，强化技术创新，提高资源效率，补足发展短板，加快国际化经营，尤其是要正视、解决好今年最有可能出现的成本管控问题，我们只有解决好了这个问题，完成集团公司下达的指标、继续保持我们在中车的领先地位才不会落空。

同志们，2017 年是公司实施"十三五"战略的关键一年，也是公司变革发展的攻坚年，更是公司大有作为的战略机遇年。让我们迎难而上，勇往直前，高起点谋划，大格局推进，新机制落实，努力打开新产业发展的新局面。这次会后，各分管领导和各相关单位，要对会议报告和讲话要求，做好工作项目翔实分解，明确责任者和里程碑，以此作为今年创精益管理先进单位和内部执行文化提升的开始。谢谢！

融入中心抓党建　管党治党促发展
努力开创新形势下的国企党建新格局

——中车株洲电机有限公司 2017 年度工作会议党委工作报告

党委书记　李　瑾

2017 年 2 月 21 日

同志们：

新一年，新气象，新征程。刚才，安华同志做了经营工作报告，详细部署了 2017 年的生产经营工作。对此，我表示完全赞同和坚决支持，也号召各级党组织、党员干部，发动和带领全体员工，奋勇争先、攻坚克难，为实现公司 2017 年经营目标而努力奋斗。下面，我代表公司党委做 2017 年度党委工作报告。

第一部分　2016 年工作回顾

2016 年，在中国中车党委的正确领导下，公司党委以党的十八大、十八届历次全会和全国国有企业党的建设工作会议精神为指导，深入学习领会习近平总书记系列重要讲话精神，认真贯彻五大发展理念，在全面从严治党新形势下，坚持党对国有企业的领导不动摇，加强和改进公司党的建设，围绕公司发展中心任务，加强各级党组织的自身建设，从严教育、管理领导干部和全体党员，健全工作机制，充分发挥党委的政治核心作用、基层党支部的战斗堡垒作用和广大党员的先锋模范作用，为公司实现全年经营目标提供了坚强的政治和组织保障。

一、提升思想意识，把方向谋发展，推动公司变革创新

坚持两级中心组学习、高中层"学习日"、专题集体学习、务虚研讨等学习形式，切实加强理论武装，提升领导干部政治素质和履职能力。深入学习了"两学一做"学习教育的必学书目和重要文件，十八届五中、六中全会、全国国有企业党的建设工作会议精神，深化国有企业改革、中长期铁路发展规划、中国中车"十三五"发展战略等政治理论和大政方针，引导广大党员干部增强政治意识、改革意识和发展意识。倡导理论与实践相结合，组织召开了公司第一次党委务虚会，研讨变压器产业发展的目标、路径和措施，集思广益、出谋划策，为变压器产业发展提供意见建议。通过学习和实践，各级领导人员解放了思想、拓宽了思路、开阔了视野，思想政治素质、政策理论水平、运用科学理论解决实际问题的能力显著增强。

贯彻执行《公司党委参与重大决策管理办法》等系列制度文件，把握"谋全局、议大事、抓重点"的要求，重点在"三重一大"方面参与决策。2016年，召开党委会18次，对公司"十三五"发展规划、参股中车时代创投项目、德国V集团并购项目、哈密十三间房项目、中车南非铁路装备造修中心项目、组织机构优化方案以及干部调整交流等重大议题，提出了决策意见和建议，有效保障了公司重大决策符合党和国家的方针政策以及法律法规，符合国企应尽的社会责任，符合社会公众和企业、员工的合法权益。同时，进一步做好公司重大决策实施的宣传动员、解疑释惑工作，助推决策有效落地。

二、扎实开展"两学一做"学习教育，培干部育人才，增添发展内生动力

以"两学一做"学习教育为抓手，全面加强思想政治建设和作风建设。召开公司"两学一做"动员部署大会，发布《公司"两学一做"学习教育实施方案》及推进计划。采取理论与实践相结合、集中学习与个人自学相结合、讨论交流与调查研究相结合的多维度学习形式，强化学习效果和实践。树立"四讲四有"合格党员标准，引导党员爱岗敬业、创业奉献，发挥先锋模范作用。以党员中的技能专家、先进模范为基础，深入开展"创岗建区"，带领员工群众献计立功，学先进、做先锋。树立"信念坚定、为民服务、敢于担当、清正廉洁"的好干部标准，引导党员干部带头严守政治纪律和政治规矩，带头攻坚克难、创业奉献。

加强领导干部交流和培养，激发干部队伍活力。制定并发布了《公司中层管理人员岗位交流管理暂行办法》和《关于在基层单位推行党政领导干部交叉任职的意见》，全年对47名中层干部进行了岗位交流，在二级支部书记岗位全部实现了交叉任职。加强青年干部选拔培养，全年从青年骨干和后备人才中择优选拔了19名中层干部。继续推行"党务+业务、行政+思政"的"双目标"干部管理和任用模式，培养党政复合型干部。将"三严三实""两学一做"纳入党员干部的经常性学习教育，不断强化党员干部的党性修养和宗旨意识。加强领导班子建设，积极创建两级"四好"领导班子。公司领导班子有望再次荣获中国中车"四好领导班子"称号。

深化干部日常管理、教育和监督。按照中国中车干部管理的有关要求，完成公司领导人员兼职和子公司副总师层级人员的调整。严格执行领导干部个人事项报告、述职述廉和民主评议等制度。准确核实干部档案信息，针对134名中层干部人事档案进行专项审查，保证干部人事档案的真实、准确、完整。

坚持管宏观、管政策、管协调、管服务，落实人才强企战略。编制《公司人力资源三年滚动规划》，总体规划公司2016—2018年人力资源总量和配置结构。持续优化"选、用、育、留"机制，推进职业化团队建设。精心策划"雏鹰计划"特训营项目，通过专题课堂、对标学习、轮岗锻炼等多种形式，提升后备人才的素质和能力。

三、强化组织制度建设，抓基层打基础，凸显战斗堡垒作用

成功召开公司第一次党代会，完成"两委"换届选举，明确公司未来五年党建的目标和指导思想。按照党建和经营工作同步谋划的要求，将党建目标和内容写入公司"十三五"发展规划。制定了《公司党建工作责任制暨"一岗双责"工作指引》和《公司基层党组织设置及主要职责规定》，落实两级党组织的党建和党风廉政建设责任。以"支部建在连上"为指导思想，在符合党支部建立条件的一级单位，全部建立"基层党组织"，作为公司党建的基本组织单元，在"基层党组织"之上设立联合党总支，实现与行政机构设置的充分对接。建立"四强四优"考评机制，将"四强四优"考评工作与党群绩效考评进行有机结合。修订《公司党群组织绩效考评方案》，建立"月度考评、季度考评、年度考评"三级联考机制。制定《混合所有制子公司党（总）支部工作规定》，在保证经营灵活性的同时，加强党建工作的规范化。完成"在全面从严治党的新形势下落实党建工作责任制的实践与思考"课题调研，明晰今后党建的重点和要求。召开学习型组织论坛，研讨学习型党组织建设。严格按照中国中车党委相关要求，完成年度党费标准核定、收缴，以及失联党员、党员违纪违法情况排查统计。坚持"双培养"方针，全年共发展17名党员。

倡导基层党组织活动形式和载体创新，围绕解决改革发展中的难题，策划开展丰富多样的党内活动。基层党组织开展的"指尖上的课堂""每周一点专业知识分享"等与实际工作紧密贴合的活动，丰富了党建的形式，也为广大党员所喜闻乐见。开通党群信息交流网站和公司微信公众号，推广"互联网＋党建"模式。持续开展"一先两优"活动，重点在生产一线、研发设计、工艺技术、市场营销等领域挖掘先进典型，营造"树典型、学典型、超典型"的良好氛围。

四、推进党风廉政建设，落责任强监督，营造风清气正氛围

抓好主体责任落实，筑牢廉洁防线。修订了《公司党风廉政建设责任制实施办法》，进一步明确公司领导班子和领导人员在党风廉政建设中的责任。贯彻《中共中央建立健全惩治和预防腐败体系2013—2017年工作规划》，推进公司惩防体系建设2016年度任务分解与落实。探索开展党风廉政建设形势评估，定期研究讨论党风廉政建设问题和改进措施。扎实推进巡视整改工作，顺利通过了中国中车党委巡视四组的巡视"回头看"，整改成效受到肯定。开展"守纪律、讲规矩、明底线、知敬畏"集中学习教育，面向全体党员干部统一分发"两项法规"专题读本，分级组织通读"两项法规"原文；邀请株洲市宣讲团成员集中宣贯"六大纪律"及处分规定。加强警示教育，组织广大党员干部观看《永远在路上》专题纪录片，组织关键岗位人员及新任中层领导干部前往株洲市第一看守所参观学习，深植

"不敢腐""不想腐"的廉洁意识。全面开展"四风"整治"回头看"，抓住中秋、春节等关键节点，督促各级党员干部严守纪律规定，勤俭务实过节。

健全监督执纪工作机制，抓早抓小抓日常。修订《公司"三重一大"监督管理规定》，完善对重大事项决策的监督管理。修订《公司基层单位纪检委员定期向公司纪委报告工作制度》，督促指导基层纪检委员履行监督职能。探索子公司党风廉政巡察机制，着力发现子公司在"三重一大"决策执行、领导班子履职待遇、执行中央八项规定精神等重点领域、关键事项中存在的问题和薄弱环节。综合运用财务、审计、监察及"企检共建"等内外部管理职能，拓展案源监管范围，形成针对违纪违规行为的"常态监督"。深入实践"四种形态"，今年以来，累计开展例行教育谈话 450 人次、提醒谈话 112 人次、任前廉政谈话 19 人次、诫勉谈话 1 人次，办结上级纪委转办件 2 起。

五、抓好凝心聚力，重宣传融群团，保障和谐稳定环境

推进"明德成器 利物益世"企业精神和 EVA 价值导向进一步融入员工思想意识及行为规范。以中车"十三五"发展战略宣贯为载体，深化"新中车 中车心"宣传教育活动。弘扬"中国高铁工人精神""工匠精神"和"绅士风度"，重点策划员工盛金龙登上央视舞台成功挑战"不可能"，在中国中车乃至整个行业都引起了强烈反响，得到各行各业的高度赞誉。突出价值导向，围绕新技术、新产品开展宣传推广，积极策划"我国第二代新能源汽车轮边永磁驱动系统下线""中车株洲电机斩获中国专利领域最高奖"等一系列对外宣传报道，有效提升了公司的知名度和影响力。举办"道德讲堂"，策划"电机人的友谊之船"等主题微信推送，拍摄《公民道德歌》《匠心筑梦》等主题微视频、微电影，弘扬社会主义核心价值观。

召开公司一届一次职代会，落实民主管理职权。制定了《公司大众创新活动实施指导意见》，促进经济技术创新活动全面融入公司生产经营的各个环节。组织开展"双创""提质增效"劳动竞赛，营造劳动光荣、崇尚创新的良好氛围；以劳模创新工作室为平台，充分发挥劳模的示范带头作用。组织参加 2016 年中国中车员工运动会，获得团体总分榜第二名的好成绩，运动员和演职人员的优异表现给集团兄弟单位留下了深刻印象。积极落实"六送三关注"，组织开展"两节"送温暖、员工健康体检、金秋助学、日常走访慰问等活动，把公司的关怀传递给员工。深化"周末女校""心悦联盟"品牌活动，成立 EAP 服务中心、建立"爱心妈咪屋"、组织公司员工集体婚礼等，满足员工现实需要。根据当代青年的关注点和兴趣点，开展"同植一片绿，共享蔚蓝天""团干亮牌、服务青年""青年突击保生产、团干服务在一线"等系列活动，发挥青年才智，凝聚青年力量。

第二部分 当前的形势和任务

党的十九大将于今年下半年召开，这是在全面建成小康社会决胜阶段召开的一次十分重要的大会，也是党和国家政治生活中的一件大事。作为党领导下的国有企业，我们必须紧跟党在深化国有企业改革中的战略部署，一心一意谋发展，聚精会神抓党建，以优异的成绩迎接党的十九大胜利召开。

一、必须深刻认识国企党建的新形势、新任务、新要求

十八届六中全会和全国国有企业党的建设工作会议分别以全面从严治党、加强和改进国有企业党的建设为主题，对党建工作提出了很多新要求和新部署。十八届六中全会专题研究全面从严治党，确立新形势下加强和规范党内政治生活、加强党内监督，是全面从严治党的基点和重点。全会审议通过的《关于新形势下加强党内政治生活的若干准则》《中国共产党党内监督条例》，为党内政治生活和党内监督提供了根本遵循。全国国有企业党的建设工作会议是一次具有里程碑意义的重要会议，习近平总书记在会上发表的重要讲话，是坚持党的领导，加强党的建设，深化国企改革的纲领性文献，鲜明地指出了国有企业党的领导、党的建设存在的突出问题，提出了一系列新理念、新思路、新举措，为新形势下加强和改进国有企业党建工作指明了前进方向。中组部和国资委党委联合下发了《关于印发贯彻落实全国国有企业党的建设工作会议精神重点任务的通知》，部署了四个方面三十项重点任务，这些都是我们需要深刻认识和牢牢把握的党建工作重点。

二、必须紧紧抓住深化国有企业改革的"窗口"红利

当前，随着供给侧结构性改革逐渐深入，各领域具有四梁八柱性质的改革主体框架已经基本确立。全面深化国有企业改革是以习近平同志为核心的党中央提出的重大战略决策，2016年中央先后出台了8个专项配套文件，深化国企改革"1＋N"文件体系已经成型。同时，国资委还会同有关部门出台了36个配套文件，国企改革从顶层设计到改革操作细则已基本齐备。中国中车集团紧跟形势，出台了集团版的"1＋19"系列文件，其中就包括《中国中车集团公司在深化改革中坚持党的领导加强党的建设的若干意见》。年前，在中车新领导班子"思想见面"会上，集团党委书记、董事长刘化龙同志指出，"要深刻领会中车的'十三五战略'和'深化改革指导意见'的丰富内涵，这是中车未来改革发展的总纲"，"借助'一带一路'倡议、'走出去'战略和国家领导人的大力宣传，高铁已成为中国的'金名片'，要抓住国家高度重视、行业蓬勃发展的难得机遇期，充分利用政策红利，加快步伐，落实相关改革部署和任务，把加强党的建设和企业改革同步谋划和实施，不能错过改革的'窗口期'"。在中国中车党的建设工作会议上，刘化龙同志又提出"要以服务国家战略目标为天职，以保持国有资产保值增值为首责，以引领轨道交通装备事业享誉全球为己任，努力把中国中车打造成为贯彻和实践习近平总书记治国理政新理念、新思想、新战略的重要阵地"。这些都是我们在做好企业改革发展和加强公司党建上必须要一以贯之的。

三、必须努力实现"抓党建、促经营"的实践成效

习近平总书记要求国有企业的党委"要适应国内外经济形势发展变化，坚持有利于国有资产保值增值，有利于提高国有经济竞争力，有利于放大国有资本功能的方针，推动国有企业深化改革，提高经营管理水平，加强国有资产监管，坚定不移把国有企业做强做优做大"。2017年中央经济工作会议强调稳中求进的工作总基调，作为党领导下的国有企业，我们必须认真履行国有企业的经济责任和社会责任，为经济增长多做贡献。今年，国内轨道交通和风电装备需求总体稳定，公司赖以生存发展的根基没有变。但面对公司"三创三化"战略愿景，要实现百亿目标，我们还需要不断突破，要在优化集团管控，打造经营合力上实现突破；要在挖掘既有业务增值潜力，寻找新的增长空间上实现突破；要在培育新的支柱产业，破解产业单一格局上实现突破。这一过程，需要经营层的创新谋划，也需要公司党委和各基层党组织切实发挥"压舱石"和"推进器"的作用。但目前，如何使党建融入经营、促进经营还有很多难题需要破解，比如，如何提高两级班子的经营决策能力，发挥党委参与重大问题决策的作用；如何提升党群工作绩效，使党群工作对公司经营绩效的改善看得见、摸得着、够得到；如何使公司激励机制和手段多样化，有效推动思想政治工作对经营绩效的激励作用；子公司党组织的设立、管理和党建工作如何加强等都需要深入研究，需要找到行之有效的方法。

针对以上形势，2017年公司党委工作的总体思路是：全面贯彻党的十八届六中全会、全国国有企业党的建设工作会议、中央纪委七次全会精神，深入学习习近平系列重要讲话精神，认真落实党中央、国务院关于国企国资改革发展的系列重大决策部署，以及中国中车党的建设工作会议、年度工作会议的各项任务，按照"把加强党的领导和完善公司治理统一起来"的要求，以"把方向、管大局、保落实"为基准，融入中心抓党建，管党治党促发展，努力开创全面从严治党形势下的国企党建新格局，为打造受人尊敬的国际化新中车做出新的贡献。

第三部分　2017 年党建工作策划

一、坚持政治引领、学以致用，牢固树立全面从严治党和加强国企党建的责任感

加强和改进两级中心组学习制度，切实增强理论学习的吸引力和时效性，突出政治引领和学以致用，以马克思主义最新理论成果为指导，不断强化理论武装，增强广大党员干部做强做优做大企业、加强公司党建的责任感和使命感。认真学习党的十八大、十八届历次全会以及全国国有企业党的建设工作会议精神，学习贯彻习近平总书记系列重要讲话精神和治国理政新理念、新思想、新战略；深入学习中央经济工作会议、中国中车党的建设工作会议、年度工作会议、中国

中车"十三五"发展战略、中国中车集团深化改革指导意见等重要会议和文件精神，结合公司改革发展稳定方面的难点和重点，适时布置学习的主题和内容，开展充分研讨。要通过学习，进一步坚定理想信念，深化对国有企业重要地位作用、加强和改进国有企业党的建设的重要意义、目标任务和基本要求的认识；要切实弄清和承担起全面从严治党和加强国企党建各项责任，公司党委要履行主体责任，纪委要履行监督责任，各级党员干部要履行"一岗双责"，党的组织和领导干部都要明责履责，努力解决党建工作存在的"弱化、淡化、虚化、边缘化"的问题。同时，要全面提升党员干部引领发展的能力和水平，把握经济发展趋势，应对风险挑战，在公司能力建设、技术创新、提质增效、新产业开拓、国际化等方面大胆变革、开拓创新，坚定公司发展壮大的信心。

二、坚持民主集中、科学决策，提高两级领导班子经营决策能力，确保参与重大问题决策的成效

厘清公司党委和其他治理主体的权责边界，完善"三重一大"事项决策的内容规则和程序，落实党委研究讨论是董事会、经理层决策重大问题的前置程序的要求。健全公司党委议事决策机制，按照中国中车党委关于参与重大问题决策的相关规定，进一步明确公司党委直接决策、参与决策的内容和要求。加强重大问题决策前的调研、考察工作，全面准确、及时收集各方面信息和意见，对决策内容是否符合党的路线、方针和政策，是否符合国家法律法规、是否符合宏观调控政策导向、是否符合国企应尽社会责任和保护员工利益等方面的要求，以及决策内容的经济性和风险性进行深入论证。坚持民主集中制原则，充分发挥党委一班人的集体智慧，对决策意见进行集体讨论，发扬党内民主，认真听取不同意见，形成党委对重大问题的集体意见和建议，提高重大决策科学化水平。加强对子公司党委参与重大问题决策的领导和指导，建立有效机制促进子公司党委在重大问题决策中发挥作用。

着力提高两级班子参与决策和正确决策的能力，努力培养政策水平高、专业能力强、实践经验多、善于领导变革创新的两级领导班子。把推进学习型党组织建设与领导班子建设相结合，注重两级班子的理论学习和业务学习，丰富科学知识储备，增强全球思维和战略眼光。围绕改革发展中的重大问题开展学习和深度会谈，在总结反思中深化认识、把握规律，以学习改善促进思维模式转变，不断引导自我超越，把公司两级班子打造成学习型党组织的典范。

健全以职工代表大会为基本形式的民主管理制度，推进厂务公开、业务公开，落实员工知情权、参与权、表达权、监督权，充分调动员工的积极性、主动性、创造性。在重大决策上听取职工意见，涉及职工切身利益的重大问题，必须经过职代会审议。发挥职工监事作用，参与企业决策、管理和监督，切实维护好职工的合法权益。

三、坚持创新驱动、人才强企，建设高素质干部和人才队伍，培养公司改革发展的中坚力量

坚持党管干部原则，贯彻落实中组部印发的《党委（党组）讨论决定干部任免事项守则》，树立正确的用人导向，打造"对党忠诚、勇于创新、治企有方、兴企有为、清正廉洁"的干部队伍。把品行端正和公道正派作为干部工作的核心理念，强化党委的领导和把关作用，严格执行"两个不得""三个不上会""凡提四必""五个不准"等干部选任要求。加快推行公司中层管理人员岗位任期制度，针对任期内履职表现和工作业绩进行综合考核评价，并将考核结果作为中层管理人员调整的重要依据，推动干部能上能下。坚持创新发展理念，完善公司在开展新项目、开拓新市场、发展新产业上的干部激励政策和保障制度；按照"三个区分开来"要求合理划定容错界限，建立容错纠错机制，解除干部干事创业的"后顾之忧"，保证想干事者有机会、能干事者有舞台、干成事者有地位。推进党政干部岗位交流，培养既是经营管理能手又是党建工作专家的复合型领导人才。健全干部教育培训制度，全面推进思想建设、能力培训和知识更新，形成更加开放、更具活力、更有实效的干部教育培训体系。制定《公司领导干部个人有关事项报告抽查核实处理办法》，强化对领导干部的经常性监督管理。

坚持党管人才原则，树立"人才第一"的理念，统筹人才发展和公司发展，重点做好制定政策、整合力量、营造环境的工作，做到用事业造就人才、用环境凝聚人才、用机制激励人才、用法制保障人才。围绕公司"三创三化"战略愿景，完善和落实人才发展三年滚动规划，全面构建"系统化、一体化、规范化、信息化"的战略人才管理体系。聚焦产业发展和技术创新，面向国内外全力"引智"，不断壮大五支职业化人才队伍。推进"中车人才评价中心"项目建设，系统开发职业化人才评价标准，建立人才素质新标尺。加强资源保障，建立一支优秀的内部培训师队伍。落实《公司雏鹰计划三年发展规划》，制定以"成就团队、引领业务"为主的后备人才培养方案，加速后备人才成长成才。

四、坚持落实责任、服务创新，完善两级党组织整体功能和工作准则，建设坚强的基层战斗堡垒

贯彻制度治党要求，持续完善企业党建工作责任体系，形成党委统一领导、党委组织部门牵头抓总、党委工作部门齐抓共管、各级党组织履职尽责的工作格局。建立《公司党建工作考核评价办法》，开展多维度考评，强化考评结果应用，考核评价结果与组织绩效、领导班子奖惩、任免挂钩。健全党建工作责任制和述职考评机制，推进公司党委委员、工作部门负责人和基层书记履行党建工作责任制述职工作。建立党建工作问责机制，加大对落实党建责任的经常性检查和督办力度，及时发现管党治党责任落实方面的问题。修订《关于子公司党组织工作的相关规定》，加强和完善子公司党组织职能职责和工作规范，充分发挥功能和作

用。按照"四个同步、四个对接"要求，及时因地制宜设置和调整党组织，扫除党组织覆盖的盲区和空白点。强化基层基础保障，加强党务工作资源投入，保障各级党组织开展党务活动的资金支持。建设职业化专业化多面化党务干部队伍，选优配强基层党组织书记，配齐党务工作人员，加大党组织书记和党务工作人员培训力度。保障党务工作人员待遇，为优秀的党务工作人员提供广阔的职业发展空间。深化领导干部联系点活动，加强领导干部与基层组织和一线员工的沟通、交流，有效提升对基层党建和经营工作的指导、服务。

重视发挥党（总）支部的主体作用，让支部成为团结群众的核心、教育党员的学校、攻坚克难的堡垒，鼓励基层党组织大胆创新，探索形成一系列典型经验和品牌活动。深入学习贯彻《关于新形势下党内政治生活的若干准则》，认真落实"三会一课"、民主生活会、组织生活会、谈心谈话、党员党性分析等基本制度，增强组织生活的政治性、时代性、原则性、战斗性。注重劳务派遣制员工党员、流动工作党员的管理和组织生活。突出经常性教育，巩固"两学一做"学习教育成果，推动党的创新理论进公司、进工段、进班组。把促进经营作为党建工作的基本出发点和落脚点，以"创岗建区"为载体，把党建工作同市场开拓、技术攻关、管理提升、生产制造等工作相互融合。持续开展晋位升级和创先争优活动，深入推进"四强党组织""四优党员"评比。按照"业余、小型、分散、灵活"的原则有针对性地组织党员活动，增强党员活动吸引力。丰富党建形式，积极探索线上与线下相结合的方式。通过公司网站、微信、微博等新媒体，利用当下流行的"一图说"、微视频等形式，推动党建工作接地气、有成效。探索建立公司内部党建基础数据系统，积极推进党建基础数据信息化、标准化。

五、坚持惩防并举、抓早抓小，牢牢把住清正廉洁的做人做事底线，持之以恒推进党风廉政建设

学习贯彻十八届中央纪委七次全会、2017年中国中车党风廉政建设和反腐败工作会议精神，牢牢把握党风廉政建设"两个责任"，强化责任担当，落实党委主体责任五项具体要求，纪委监督责任三方面工作任务。抓住领导干部这个"关键少数"，采取切实有效措施，推动"两个责任"一级级向基层延伸。继续深化党风廉政建设责任制专项巡察，严格落实中层管理者述责述廉和基层纪检委员定期报告工作制度，督导各级党组织和党员干部切实履行党风廉政建设责任。坚持依规治党与以德治党相结合，广泛组织党性教育、宗旨教育和警示教育，定期编发廉政学习资料和典型案例剖析，促进各级党员干部把握全面从严治党深刻内涵，培育"学思践悟"风气；弘扬中华民族道德规范和传统美德，传承党的优良传统和作风，教育、引导广大党员干部自觉践行"三严三实"，涵养良好家风。全面推进公司2013—2017年惩防体系建设项目结题，总结经验，转化成果，提升源头防治能力。

强化监督执纪问责，保障廉洁从业。认真贯彻落实《中国共产党党内监督条例》，建立健全党内监督制度体系，做到责任清晰、主体明确、制度管用、行之有效。把党内监督同审计监督、法务监督、民主监督、群众监督及监事会监督等各类监管渠道相结合，形成监督合力。聚焦企业改革发展目标，着力抓重大决策执行力，突出严明党的纪律和提质增效这两条主线，深入开展效能监察和专项督察工作，确保资产安全不流失、人员安全不出事。继续完善公司廉洁风险防控工作体系，强化对招标、采购等重要业务和岗位廉洁风险防控工作进展情况的监督检查。坚持力度不减、节奏不变、氛围不淡，持续深化"四风"问题专项整治，紧盯年节假期开展明察暗访，严肃处理违反中央八项规定精神问题。综合运用监督执纪"四种形态"，层层架设纪律防线，加大信访案件查处力度，保持纪律审查高压态势。从严从紧抓纪律提醒和谈话教育，扩大谈话函询范围，让"咬耳扯袖、红脸出汗"成为常态。坚决贯彻《中国共产党问责条例》，健全完善公司问责制度体系，突出失责必问、问责必严。坚持"一案双查"制度，对落实管党治党责任不力进行双向追究，以强有力问责倒逼"两个责任"落实。

六、坚持以人为本、以德育人，发挥宣传和群团工作优势，团结带领广大员工促发展

广泛开展"打造受人尊敬的国际化公司"研讨活动，深刻理解其精神实质，形成思想共识和工作合力。加强"明德成器 利物益世"企业精神和 EVA 价值导向宣传，促进公司核心文化普及到基层、渗透到一线、落实到行动。全方位宣贯《公司 CIS 手册》和《员工手册》，通过专项培训、公司内部媒体刊载、专题考试等手段，引导各级组织倡导培植、全体员工参与践行。精心组织好党的十九大、中车和公司发展新形势的宣贯活动，做好形势任务教育和舆论引导，提振精气神、凝聚正能量。深化以"道德讲堂"为主体的各项精神文明创建活动，践行社会主义核心价值观。深入开展"中国高铁工人精神""工匠精神""绅士风度"的宣传策划，选树先进典型，引导广大员工提升职业素养，爱岗敬业、精益求精。持续做好信访维稳、舆情监控和舆情危机处理工作，做好群体性事件预防和处置。增强"以员工为本"的工作理念，充分发挥政工干部作用，"直通基层"，为员工办实事、做好事、解难事。

贯彻落实党中央群团工作会议精神，坚持党建带群团建设，支持和指导工会、共青团依法依章开展工作，团结带领广大员工在推动公司变革创新中建功立业。以年度"双创"竞赛为主线，组织开展多层次、多形式、多领域的竞赛活动，充分发挥员工创新创效精神，着力解决公司生产经营中的难题。深化"六送三关注"，着重研究减轻员工在重大疾病、意外伤害等方面的医疗负担。持续开展"周末女校""心悦联盟""全民健身日"等品牌系列活动，丰富员工业余生活，提升员工生活品质和幸福感。指导召开公司第一次团代会，严格履行相关程序，精心筹备、有序组织，确保第一次团代会顺利召开。以"凝聚青年思想，激发青年活力，带领青年建功"为主旨，对标央企先进单位共青团工作，丰富"青字号"特色品牌活动，为公司发展贡献青春的智慧和力量。

同志们！风正劲足好扬帆，协力奋进正当时。在全面从严治党和加强国有企业党建的大背景下，我们要坚持服务生产经营不偏离，把党的领导融入公司治理各个环节，找准党建与公司改革发展的契合点和发力点，将政治优势转化为公司的竞争优势和发展优势，为实现公司"三创三化"战略愿景提供坚强保证，为打造受人尊敬的国际化新中车竭力贡献力量，以优异的工作成绩向党的十九大献礼！

抓住关键少数　强化责任担当
扎实推进党风廉政建设和反腐败工作

——在公司 2017 年党风廉政建设和反腐败工作会议上的讲话

党委书记　李　瑾

2017 年 2 月 21 日

同志们：

　　本次会议十分重要，主要是贯彻落实十八届中央纪委七次全会和中国中车党风廉政建设和反腐败工作会议精神，根据公司党风廉政建设和反腐败工作面临的形势任务，安排部署各项工作，在全面从严治党实践中，把公司党风廉政建设和反腐败工作不断推向深入。刚才，余斌同志向大会做了工作报告，报告全面总结了 2016 年党风廉政建设和反腐败工作，部署了 2017 年工作目标和任务，我完全赞同，大家要深入学习并抓好落实。下面我代表公司党委，就公司党风廉政建设和反腐败工作，讲几点意见。

　　一、牢牢把握"两个责任"，充分认识全面从严治党下加强党风廉政建设的重要性

　　十八届中央纪委七次全会总结概括了当前反腐进程：反腐败斗争的压倒性态势已经形成，不敢腐的目标初步实现，不能腐的制度日益完善，不想腐的堤坝正在构筑。这是党的十八大以来，以习近平同志为核心的党中央在全面从严治党下，党的建设取得的重大成果。从公司党风廉政建设的总体形势来看，腐败案件零发生持续保持，信访举报基本很少，骨干队伍和企业风气总体较好，党风廉政建设制度体系逐渐扎牢。特别是过去的一年，公司党委、纪委严格贯彻落实中央全面从严治党要求和中国中车党委、纪委的总体部署，把抓好党风廉政建设作为党的建设的重中之重，系统研究部署党风廉政建设各方面的重点工作，深入开展"两学一做"学习教育，进一步强化思想建党和制度治党。公司各级党组织能够按照全面从严治党的新要求，强教育、抓纪律、整作风；各级纪检组织坚守责任担当，严肃监督执纪问责，纪律审查、效能监督和教育预防等工作取得了新成效。应该说，公司党风廉政建设和反腐败总体形势是不错的。

　　然而我们也应当看到国企党风廉政建设依然任重而道远。不久前中央纪委领导同志严肃指出，中央企业还普遍存在着党的领导弱化、党的建设缺失、全面从严治党不力的问题；权钱交易、利益输送、违规选人用人、执纪问责偏轻偏软等问题还很突出。中央纪委的统计数据显示，十八大以来中央企业纪检机构立案数低于地方纪委，查处力度不够、震慑力度不够的问题比较突出。中国中车集团党委书记刘化龙同志在党风廉政建设和反腐败工作会议上指出，"部分企业党风廉政建设离中央和集团党委的要求还有一定差距，'两个责任'落实还不够到位，'上面九级风浪、下面纹丝不动'，管党治党力度逐级虚化、逐级递减的现象仍然存在，各种违纪问题时有发生"。我们要认真对照上级要求，好好想一想，是否存在同样的问题。从去年中车巡视四组巡视回访、公司内部党风廉政建设专项巡察来看，我们或多或少也存在一些问题和不足。比如，部分党员干部对全面从严治党、落实党风廉政建设"两个责任"认识不够，政治站位不够高；子公司党风廉政建设力度不足，党风廉政建设基础工作不均衡，机制制度不完善；一些轻微的、隐形变异的"四风"问题偶有发生；全面从严治党向基层延伸上还存在着不足等。

这些问题和不足的根本原因，在于落实全面从严治党"两个责任"不彻底，对党风廉政建设的严峻形势有所低估。新时期，公司将持续突破，新市场、新业态、新模式将加速涌现，监督和管理的难度和幅度也将逐步攀升。我们要从"四个战略布局"的高度来深刻认识党风廉政建设的重要性，从深化国企改革的重要支撑来深刻认识党风廉政建设的必要性，从保证公司变革创新的良好环境来深刻认识党风廉政建设的紧迫性，进一步强化政治意识、大局意识、核心意识和看齐意识，牢记党风廉政建设永远在路上。

一是要进一步厘清责任。习近平总书记指出："党委的主体责任是什么？主要是加强领导，选好用好干部，防止出现选人用人上的不正之风和腐败问题；纠正损害群众利益的行为；强化对权力运行的制约和监督，从源头上防治腐败；领导和支持执纪执法机关查处违纪违法问题。"十八届六中全会通过的《中国共产党党内监督条例》也明确规定了党委在监督中负主体责任。公司制定的《党风廉政建设责任制实施办法》明确了各级党政班子都有责任，每一名班子成员都有责任。公司党委领导班子要带头做好表率，全面领导、协调公司党风廉政建设和反腐败工作开展，落实党风廉政建设"一岗双责"要求。各级党组织要围绕党风廉政建设责任状，进一步健全制度、细化责任，真正让主体责任落地生根，形成实实在在的工作支撑。

二是积极承担责任。落实"两个责任"，勇于担当就是态度，发现问题就是水平，破解难题就是业绩。各级领导班子，特别是主要负责同志，要牢牢树立"不抓党风廉政建设就是失职，抓不好党风廉政建设就是渎职"的意识，率先垂范、严格自律，管好班子、带好队伍，旗帜鲜明、坚强有力地支持纪检监察工作。公司各级纪检组织要找准监督重点，围绕资产安全不流失、人员安全不出事，聚焦企业改革发展目标，突出严明党的纪律和提质增效这两条主线，持续深入开展效能监察和专项督察。

三是责任追究要严。去年，中央制定了《中国共产党问责条例》。化龙书记在中车党风廉政建设和反腐败工作会议上通报了集团问责的情况：2016年集团党委对10个集体、26名个人予以问责。并强调"问责不能光说不练，不能不痛不痒。各企业党委、纪委、党的工作部门，都要真正动起来，对在党的建设和党的事业中失职失责的，按照规定严肃追究责任，切实做到有权必有责、有责要担当、用权受监督、失责必追究。"我在这里再强调一下，动员千遍不如问责一次，对于管党治党"宽、松、软"的问题，廉洁方面出现的问题，公司党委将严肃问责、追责。

二、抓住关键少数，牢牢把住做人做事底线，打造清正廉洁的领导干部队伍

党中央高度重视对党员领导干部的教育管理。《中国共产党廉洁自律准则》《中国共产党问责条例》《中国共产党党内监督条例》《中国共产党纪律处分条例》无一例外地都专门针对党员领导干部做出详细规定。国企党员领导干部是推动公司业绩突破、深化改革、转型发展的中坚力量，公司各级党员领导干部都要清醒地认识到自己所处的位置、所肩负的责任。2017年，公司经营目标要实现新的突破，各级党员领导干部肩上的担子很重，面对任务目标，必须忠诚、担当，更重要的是要干净，自觉规范权力运用，在廉洁自律方面做好表率。

一是讲干净，树形象。公司大部分领导干部都是从基层一步步成长起来的，走到今天不容易，大家切记珍惜自己的声誉和形象，珍惜积累到现在来之不易的个人奋斗成果，不要心怀侥幸，去碰那些"定时炸弹"。有的领导干部，在面对一些供应商、中介机构时，不清不楚，拉拉扯扯，行使权力、职务消费不明不白、大手大脚，这样下去是很容易出事情的。"君子防未然，不处嫌疑间"，作为领导干部就应该守纪避嫌，慎言慎行。同时，要树立良好的形象，注重涵养家风，教育管理好亲属和身边人。领导干部的一言一行、一举一动，员工群众其实都看在眼里，记在心上。只有持身端正，做事干净，才能有威信、有威望。

二是知敬畏，慎用权。习近平总书记在提出好干部标准时说："清正廉洁，就是要敬畏权力、管好权力、慎用权力，守住自己的政治生命，保持拒腐蚀、永不沾的政治本色。"党员领导干部的权力是组织赋予的，是代表党委和上级领导行使的，一份权力就是一份责任，要心存敬畏，勿把公权当私权，为所欲为。公司近些年不断健全权力运行制度和程序，出台了《公司"三重一大"决策管理制度》《公司"三重一大"制度实施监督管理规定》等一系列制度文件。领导干部要严格执行这些制度规定，谨慎用权，秉公用权，不能逾越规矩办事。

三是重学习，强定力。领导干部承担着公司经营发展的重大责任，要有强大的学习动力和学习能力。在日常工作和生活中，要勤于学，敏于思，不断丰富自身的知识结构，不断改造自己的主观世界，增强政治定力和引领改革发展的能力。

三、坚持标本兼治、综合治理，推进公司党风廉政建设和反腐败工作再上新台阶

1.持续深化思想政治建设

各级党组织要把思想政治建设放在突出的位置，持续深入开展"两学一做"学习教育，认真学习习近平总书记系列重要讲话精神，学习贯彻十八届六中全会、十八届中央纪委七次全会、全国国有企业党的建设工作会议、中国中车党风廉政建设和反腐败工作会议精神，引导党员干部坚定思想信念、提高党性修养；要深入开展党性教育、宗旨教育和警示教育，不断提高思想觉悟，补足精神之"钙"，把稳思想之"舵"，解决好世界观、人生观、价值观这个"总开关"的问题。纪检组织要加强"两项法规"宣贯，教育党员干部看齐高线、守住底线，不断提高在是非面前的辨别能力、在诱惑面前的自控能力、在警示面前的醒悟能力。

2.大力加强制度建设

制度问题带有根本性、全局性、稳定性、长期性，铲除不良作风和腐败现象滋生蔓延的土壤，根本上要靠制度。要进一步把制度建设贯穿于公司加强党的建设和党风廉政建设各个领域，构建内容科学、程序严密、配套完备、管用有效的制度体系，形成用制度管权、管人、管事的体制机制。要对照中车党委要求，该细化的要细化，该补充完善的要补充完善。同时要强化制度执行，使制度成为硬约束、硬作为。

3.严肃党内政治生活

十八届六中全会提出，要管党必须从党内政治生活管起，从严治党必须从党内政治生活严起。全会审议通过的《关于新形势下党内政治生活的若干准则》，就新形势下加强和规范党内政治生活做出全面部署。党内政治生活和组织生活都要讲政治、讲原则、讲规矩，不能搞假大空，不能随意化、平淡化，更不能娱乐化、庸俗化。严肃党内政治生活，必须把民主集中制、民主生活会、谈心谈话、党员民主评议等措施有效落实在对党员的日常管理中，不断增强公司党组织的自我净化、自我完善、自我革新、自我提高能力。

4.强化党内监督

《中国共产党党内监督条例》对党委、纪检机关、党的工作部门、党的基层组织及党员的监督责任做出了具体规定。各级党组织和党员干部要深刻理解监督角色的定位，增强监督意识，突出监督重点，创新监督机制，拓宽监督渠道，打造监督平台。各级纪检组织，要把监督责任履行好，积极探索实践好监督执纪"四种形态"；以上级部门巡视工作要求为标准，持续深化党风廉政建设责任制专项巡察工作，着重发现问题，发挥巡察效力。

同志们，做好新形势下的党风廉政建设和反腐败工作，任务艰巨，责任重大，使命光荣。我们要坚决贯彻落实全面从严治党，坚持把党风廉政建设引向深入，勇于担当、善于作为，以"踏石有印、抓铁有痕"的硬朗作风，抓廉洁、保落实、促发展，以优异的工作成绩向党的十九大献礼！

谢谢大家！

在 2017 年度公司女工工作总结表彰大会上的讲话

董事长　周军军

2017 年 3 月 8 日

女工同志们：

大家上午好！

三月份是春天，女性的节日放在春天是有意义的，为什么不放在夏天、秋天，或者和重阳节换个时间，九九过女性的节日，三月八号过老同志的节日，这是不可思议的。我们常把女性比喻为花朵，春天没有花朵是不可设想的。我到了电机以后，今年是第八个三八节，每个三八节给都要想想给大家讲点什么东西，谈下我的感想。我想花朵很美丽，很鲜艳，也很脆弱。回忆我年轻的时候，妻子要生产了，当时想如果生个儿子，就让他自己闯，混成什么样子就什么样子。如果生个女儿，就要精心呵护，后来生个女儿，就是这样一直呵护过来的。女性是花朵，很美丽，需要呵护和关心。

刚才，卢沙衡同志做了《创学习型组织，做知识型女性，打造女工工作新局面》的报告，应该说电机公司的女工工作开展得有声有色、亮点纷呈。我感受到从 2010 年以来，客观地说，大家的幸福感没有下降，是在上升的。特别是在余书记的领导下、关怀下，形成了"周末女校"、EAP 服务中心等一大批优秀的品牌活动，什么叫品牌活动？这些工会开展的女工活动名声在外，名声很重要，因为它影响到公司的形象，影响到公司的业务，影响到公司的市场客户，当然也影响到上级领导对公司的评价。它是公司存在发展的部分，如果外界说这个单位的女同志很不满意、不开心，感觉受欺负，这对一个公司来说，肯定是影响不好的。应该说，这些品牌活动体现了创新的时代精神，也契合女同志的切身需求。今天还颁发了"芙蓉之星""芙蓉标兵岗"等奖项，都能看到新的面貌，这些都是公司欣欣向荣的一个表现。每次公司的文艺演出，我们的舞蹈队出现了很多年轻的新面孔，余书记说这其中包括我们很多新招进来的员工，说明公司不断在年轻化，不断在成长。

我曾经和中国移动的老总在一起时说过，公司女员工的颜值基本是这个公司的经营状况的体现，没有哪个女员工的颜值非常差的公司的经营状况是很不错的。虽然之前说的时候是开个玩笑，但是这个玩笑有它本质的东西，如果说一个单位的文艺演出，它的舞蹈水平不高，这个公司的文化生活的品质肯定不高。我们讲逻辑关系，公司文化娱乐生活的品质不高，这个公司一定是经济效益不好的。这个公司的经济效益不好，一定是有原因的，其中一个很大的原因就是公司的队伍作风、风气不正派。我们一般说男同志讲逻辑，女同志讲感性、讲感觉。逻辑关系讲因果，反过来说，一个公司团队正派，团队积极向上，这个公司一定经营状况很好；公司经营状况好，那么员工一定过得很开心；员工过得很开心，那么女员工一定过得很开心；女员工过得开心，那么女员工颜值一定很高。当看到我们的节目非常出彩的时候，甚至在其他兄弟单位表演的舞蹈水平很高的时候，这就是公司的经营水平、经营实力的一个间接表现。当初跟中国移动的老总开的这个玩笑，后面想这个玩笑开对了，中国移动员工的颜值都很高，因为中国移动的效益好，人家愿意去，就是这个道理，这个很重要。在此我代表公司向刚才受表彰的先进集体和先进个人表示热烈的祝贺！这个祝贺，是发自内心的！

看到我们公司欣欣向荣地发展，2016年，公司实现了"十三五"的良好开局，营业收入、净利润创下历史最高水平，在中国中车子公司年度效绩评价考核中名列第三(56家单位第三名)，中车营收超过50亿的单位不超过10家，我们的营收有70亿，这在2010年公司刚开始成立的时候，是不可思议的。能够取得这样的成绩，公司广大女工发挥了举足轻重的作用。公司经营的状况，产业的品质，如果不是广大女工手上一个一个的线圈，一寸一寸地包扎，想要实现公司现在的经营状况，是不可能的。

我喜欢讲细节。大家如果记得的话，前年三八节，我跟大家讲身上穿着不要超过三种颜色，包括服装、鞋帽。女性要品味、要自信，这些都是大的概念，都是由细节构成的。所以说电机的70亿，是怎么来的，是线圈班同志一个个线圈绕出来的，还有叠片班的同志，叠片班原来还是有很多女同志的。我们看风电线圈班，女同志是不少的，我们主要讲线圈，线圈不好，电机怎么会好呢？当然我不是说除了线圈以外就不行，我就是讲有代表性的这一个事，讲细节，它决定了电机的水平，细节决定成败。

展望2017年，公司要继往开来、锐意进取，将冲击更高的经营目标，同样需要广大女工一个个线圈，一寸寸地包扎，不停地、夜以继日地，甚至枯燥地劳动来创造我们美好的现实。把梦想放进现实中，在这一个过程中间，有几点和大家共勉。

一、做富有知识和智慧的新时代女性

几千年以来都说"女子无才便是德"，好像女人超过男人就是不正常，我们这种观念是不对的。随着时代发展，现代社会对女性的认同、尊重都得到了极大提升，女性在方方面面已经打破传统的羁绊，在职场、家庭、社会有了更多的自由和更大的舞台。

一是要多学习，增强自信。要自信，不学习，怎么自信？不看书，怎么会有知识，怎么会自信？我们这里有做技术工作的，在这个专业领域的女同志，你老比男同志差一截，你怎么自信呢？（举自己女儿的例子）这就是很现实的问题，我们做技术管理的女同志，业务一定要强。我们一线工人，你的工效一定要高，那么你拿的钱就比你老公高，说的就是这个道理。因为你不学习，你不通过不断地改善，不通过不断地在职场上进步，你怎么可能超过你老公？这个道理，我们不是人为地制造性别之间的矛盾，但我们讲的是现实，是真话。还有一个真话，公司现在不断发展，公司发展和女同志有什么关系，假设公司不发展，要裁员，我们女同志听了真的会不高兴，肯定先裁你们，为什么？因为我们大部分女工都是手工作业，比如说真正要裁员的时候，公司经营出现困难，怎么可以维持住这么大量的手工作业人员？维持不了，维持不住。我们做技术管理工作的，因为我们女同志大部分时间要放在家庭，相对来说，在家的花精力和时间要比男人长，你说公司在裁员的时候，面对家庭和公司，你做不到以公司为家，你还是以家为家。我相信以公司为家做不到，起码我做不到，家庭是家庭，公司是公司，这个是分得很清楚的。女性在家庭的付出比男性大得多，在这种情况下，势必女性在业务上、工作上要比男性弱一些，女性弱一些，裁员当然是先裁你们。我讲的这些观点，希望大家都听进去，听到心里去。

女性在家里地位要高，学习能力要强，要不断改善自己，职业生涯发展至少不弱于你老公。你在公司的地位要高，如果你不能通过你的有效工作让公司发展。如果不把业务做好，危机是很大的，大家的衣食住行都是来源于电机公司业务发展。所以一定要多学习，不断改善，特别是女同志在学习和改善上有惰性，男同志不改善，面子过不去，女同志不改善无所谓，特别是女同志自己无所谓，这个很坏，后果很严重。

二是多思考，保持独立。我们讲的独立，女性在这方面主要是讲品德和智慧，所以不仅仅只追求在经济上的独立、生活上的自立，并且有着完整独立的人格。独立人格是一个人内心坚守的底线，是自己内心最根本的存在，独立思考，不卑不亢，直面现实，独当一面。这一点，现在有些女性很厉害，以前美国国务卿希拉里、赖斯及德国总理默克尔，讲这些不是说要大家去当国务卿、总理，什么才是有份有格的女性，你要从这些女性中去感受一些东西，这些女性都是很自立、很成功的。

三是弘扬美德，建设美满家庭。我用员工手册中的一段话与大家共勉：事业因员工而兴旺，我们尊重每位员工独特的潜质，并为其发展建立合适的职业化发展通道。以品德、合作性、工作业绩和践行共同价值观为标准提供公平的机会和报酬。关注员工及其家庭的福祉，倡导并支持员工对家庭的重视，倡导健康的工作方式与生活方式。这就是我们讲的弘扬美德，建设美好家庭，员工手册中都有，大家好好看一下。

二、公司的发展需要广大女工立足岗位、展现作为

今年公司要实现新目标，必须在生产、管理、研发、营销等方面取得新突破，需要各个岗位上的女同志们发扬自尊、自信、自立、自强的精神，积极投身公司创新变革。

公司生产一线的女工同志要立足岗位，树立良好心态，提升技能水平，把分内事做好、做精。杜婕、吴细坤、邓艳俐等为代表的女劳模是生产一线岗位上的典范，希望广大一线女工以她们为榜样，学先进、比先进、超先进。在我们的管理岗位上，也有为数不少的女同志，一个包容、多元、进步的优秀企业一定需要有优秀的女性管理者。希望管理岗位的女同志要扬长避短，发挥自身优势，既要善于保持女性温柔、细腻、富于情感等性格优势，又要学习、形成果断、坚定的优秀品质，刚柔并济，敢于接重任、担责任。在技术岗位上的女同志，你们是公司技术创新的重要力量，要充分运用自己的学识，专心致志、坚持不懈，扎实做好技术攻关和研发，为公司技术创新做出更大的贡献。在公司，大家要坚信，不论什么岗位，不论男女，只要有相应的能力、素质和条件，都鼓励大家去做，只要做出工作业绩，就有提升空间。

尤其在株洲电机，相对于其他公司，行业内也好，还是株洲地区也好，田心也好，公司女工的比例是比较高的，尤其是女工的年龄结构相对是比较年轻的。在这种情况下，我们没有理由不为我们女工的成长发展创造很好的空间。我要强调下，对我们女工来说，我们要切实解决为什么工作的问题，这个话不只在一个场合说过，包括对我们男性员工，包括对领导干部，包括对技术管理人员，我都这样讲。对企业的员工来说，一定要正视这个现实，正视企业的现实。就是我们的衣食住行，我们的职业发展都有待于公司事业的进步，如果公司事业不能进步，除非你可以离开这个公司，否则我们的未来，就是跟公司在一起的。所以，讲这段的结论就是，大家一定要解决为自己工作的问题。不管在什么场合，我很少讲为企业做出贡献，我要讲的是为自己工作，因为你的利益的很大一部分是从企业中来，把这个道理讲明白，广大女同志该怎么做，自然就清楚了。

三、各级、各部门要为广大女工提供更好的服务

刚刚女工工作报告提出了"创学习型组织，做知识型女性"的工作思路，我觉得这两句话基本把我们未来应该怎么做的思路提得非常清晰了，女职委要把各项工作落实好，特别是在提高我们所有女同志的专业水平、审美水平、艺术水平等方面，多开展点扎扎实实的项目。不仅仅是做手工，做手工很重要，但只是生活的一个维度，要让女同志多接触点高雅艺术。当然做好女工工作不仅仅只是女职委或是权益保障部的工作，更多地还需要公司各级组织、各个部门的共同作为，为广大女工同志提供更好的服务。要全力支持女工工作开展，跟上时代，针对她们的兴趣、爱好，开展大家喜闻乐见的活动；要关注女工同志的工作，营造良好平等的工作氛围，提供更多锻炼和发展机会，引导和帮助她们不断成长；要多关心女工同志的生活，多沟通，做好思想引领，引导建设和谐家庭。幸福的家庭都是相似的，有哪几个条件呢？基本的经济条件，相互尊重，良好的人格，宽容、包容的家庭氛围等。要提供必要的帮助，在生活上排忧解难；要严格落实相关法律、法规要求，保障女员工的各项权益。要创造一种环境，让广大女工在公司安心有保障、作为有舞台、发展有空间，每位女工同志都能够价值体现。

女工同志们，新一年任务艰巨，希望大家能够以强烈的自信、饱满的热情、勤奋的工作为实现公司各项目标再建新功，展巾帼之志，献巾帼之力。最后，再次祝愿全体女工同志节日快乐！永葆美丽青春！

谢谢大家！

坚定信心 攻坚克难
齐心协力推动公司年度目标达成

——在五一劳动节暨 2016 年度工会工作总结表彰大会上的讲话

党委书记 李 瑾

2017 年 5 月 2 日

同志们：

五一刚刚过去，大家又开始进入劳动和工作状态，在此我还是要送给大家一句迟到的祝福，祝大家五一劳动节快乐，健康生活，快乐工作！今天，我们齐聚一堂，共同表彰为公司经营发展做出贡献的先进集体和个人，目的是树立先进典型，弘扬公司广大工人宝贵的劳动精神和劳动品格。在此，我代表公司党委对受到表彰的先进单位和个人表示热烈的祝贺！

过去的一年，我们认真贯彻落实中国中车和中车党委的各项决策部署，顶住压力，保持定力，持之以恒推进提质增效、能力建设、深化改革、从严治党各项工作，生产经营保持了稳定高效运行，全年实现销售收入 70.3 亿元，同比增长 7.5%，创下历史新高，在中国中车子公司年度绩效评价考核中名列第三，获得中国中车突出贡献奖和"四好领导班子"称号。成绩来之不易，是全体干部职工同心协力、顽强拼搏的结果，也是先进典型充分发挥示范作用、带动影响的结果。

今年公司定下的盘子是销售收入 72 亿，从一季度的运行情况来看，公司面临的经营压力较大。主导产业市场需求冷热不均，新产业尚处在市场培育阶段，主要客户提出大幅降价要求，大宗原材料采购价格持续上涨、固定资产投资和工资刚性支出持续上升。应该说，相较于往年，我们面临的挑战更加严峻。希望全体干部职工能够认清形势，明确任务，以公司"两会"精神为指引，锐意进取，扎实奋斗，始终以主人翁的姿态，积极投身企业改革发展的实践，为此我想讲三点意见。

一、要坚定信心，攻坚克难，创新进取

过去经验告诉我们，必胜的信心、广泛的共识，是我们快速发展的重要保证。回顾我们近几年的发展成果，我们对公司的未来充满信心。"志无休者，虽难必易；行不止者，虽远必臻。"只要我们充分发挥优势，弥补短板，综合施策，自强不

息，顽强奋斗，就没有困难不可战胜！在中国中车深化改革之际，我们要以开创性思维审视把握企业的现状和未来，聚焦如何使管理更精益、运营更高效、资源利用更充分、质量效益更突出，带头大胆探索，大胆创新，奋力闯出一条新的发展之路。广大干部职工要始终保持一种闯劲、冲劲和韧劲，敢接难题，敢啃硬骨头，永不自满，永不懈怠，不断创新，追求卓越。

二、要大力弘扬"中国高铁工人精神"

"中国高铁工人精神"是中车人在新时代留下的印记，它继承了大庆铁人精神、两弹一星精神、载人航天精神等优秀国企精神，同时又有新的突破。这一精神拥有丰富的内涵，主要包含五个方面的内容："为国家争光，为民族争气，一定要打造出中国品牌"的爱国精神；"不畏艰辛，永不止步，在持续超越中不断进取"的创新精神；"融合全球，超越期待，中国高铁最可靠"的民族自信精神；"把标准刻进骨子里，把规则融进血液中"的精益精神；"用户第一，把客户需求当作前进动力"的服务精神。当前，公司正在积极推进时速400公里高速动车组、时速600公里高速磁浮列车、8 MW直驱永磁同步风力发电机等重大研发项目以及新能源汽车电机、高速永磁电机、特种变压器、海外投资并购等产业拓展项目，这些对公司未来发展至关重要的项目，都需要我们各个领域、各项业务、各个岗位的职工大力弘扬"中国高铁工人精神"来推动和实现。

三、要凝民心、聚民智形成共谋发展的合力

公司工会作为联系职工群众的纽带和桥梁，要把坚持群众路线作为工会工作的生命线和根本工作路线。要围绕经营工作这一中心任务，开展形式多样的劳动竞赛活动，赛出水平、赛出典型、赛出精神；要贴近时代和生活热点，开展丰富多彩的文体活动，提高职工群众身体素质和品位修养；要拓宽渠道、深入群众了解职工疾苦，重点做好困难职工帮扶工作；在生产任务波动较大时，针对岗位轮换、人员流动，尤其是长期驻外工作的职工，要做好形势教育、心理辅导工作，要致力构建和谐稳定的发展环境。

要充分发挥职代会在公司民主决策中的重要作用，积极调动、发挥职工代表与决策的积极性和能力，要把职工的意愿和权益充分予以表达和落实，要把职代会精神和决定传达到职工中去。公司上下要形成共识，形成合力，共促企业发展，共享企业发展成果。

同志们！天道酬勤，实干兴企。历史赋予我们伟大而艰巨的任务，时代召唤我们共同谱写崭新的篇章，转型发展的生动实践为广大职工建功立业搭建了广阔的舞台。让我们坚定信心，攻坚克难，大力弘扬爱国、创新、自信、精益、服务的"中国高铁工人精神"，齐心协力推动公司年度目标达成！

牢记使命　奋发有为
为公司发展贡献青春的智慧和力量
——在公司第一次团代会暨五四表彰大会上的讲话

党委书记　李　瑾

2017 年 5 月 17 日

尊敬的各位领导、各位代表、青年朋友们：

大家好！

在这生机盎然、似火的五月参加青年人的盛会，充分感受青年人的青春和活力，我代表公司党委对大会的召开表示热烈的祝贺！向一直以来关心和支持公司改革发展和共青团工作的上级团组织领导表示衷心的感谢！向辛勤工作在公司各条战线上的广大团员青年致以亲切的问候！

自成立公司团委以来，在公司党委和上级团组织的领导下，公司各级团组织大力发扬"党有号召、团有行动"的光荣传统，紧紧围绕全局中心任务，充分发挥自身优势，贴近青年、贴近实际，做了大量卓有成效的工作，在促进青年成长成才，引导青年建功立业，加强团组织自身建设等方面取得了显著成绩。公司党委对共青团工作是充分肯定的。

当前，在全党上下认真学习贯彻党的十八大和十八届历次全会、习近平总书记系列重要讲话精神的重要时期，在推进公司"十三五"发展规划的关键时刻，召开本次团代会，选举新一届团委委员，既是响应党的号召，也是进一步开创共青团工作新局面，引领广大青年投身公司事业的一个新起点。

下面，结合公司形势和团青工作，我讲几点要求和希望。

一、要大力加强和提升团组织的建设，发挥好党的助手和后备军作用

共青团作为党的助手和后备军，承担着巩固和扩大党执政的青年群众基础的使命，决定了共青团要把青年团结凝聚在党的周围。做好赢得青年的工作，重点要把思想统一到中央的新要求上来，在中央党的群团工作会议上，习近平总书记对加强和改进党对群团组织的政治领导、思想领导、组织领导，增强群团组织的政治性、先进性、群众性，发挥群团组织作用，推动群团组织改革创新提出了明确要求。党中央下发的《关于加强和改进党的群团工作意见》为进一步提高共青团工作水平指明了方向。各级团组织要把深入学习贯彻中央党的群团工作会议精神，特别是习近平总书记系列重要讲话精神作为一项重要政治任务，引领团员青年开展"一学一做"学习教育活动，坚定团员青年理想信念，增强共青团工作的使命感和责任感。要按照团中央提出的"凝聚青年、服务大局、当好桥梁、团要管团"的工作格局扎实开展好各项工作，把党的青年群众工作优势转化为实实在在的团建工作成果。要落实好《中长期青年发展规划（2016—2025）》，实施好党和国家的青年政策，让青年在共享改革发展成果中增强获得感。

二、要增强共青团和青年工作成效，服务公司发展大局

未来几年，公司的经营环境更加复杂多变，市场、成本压力空前，要想实现百亿目标，我们将要面临更加严峻的挑战。公司现有4700多员工，平均年龄35岁，30岁及以下员工数量占比超过40%，可以说，青年员工队伍是创造公司经营业绩的主力军，是推动各项业务的主力军，所肩负的使命和任务光荣而艰巨。各级团组织要认清形势，统一目标，把团的工作放在公司的发展大局中去思考、研究和推进。

一是要着眼于提升公司经营能力，服务公司快速增长。各级团组织要找准定位，自觉融入公司经营管理工作，发挥青年员工思维活跃、敢想敢干的特点，引导青年员工立足本职岗位，在营销、技术、制造、服务等方面创新创效，推动公司不断提高经营效率，改善经营质量；要转变角色、抢抓机遇、大胆探索，在公司大力推进新产业发展的形势下，在产业开拓上持续发力，为公司培育新的增长动能。

二是要着眼于为青年提供发展平台和服务，凝聚和留住青年人才。公司成立以来，每一年我们都会不断引入新鲜血液，每一年我们也有员工离开，年轻人追寻着自己的梦想，也不断适应着现实的需求。企业不能承诺给年轻人提供"终身就业的饭碗"，但会努力为员工提供"终身就业的能力"。公司要持续构建良好的职业发展环境来吸引和汇聚青年人才，致力成为青年"梦工厂"。要跟上青年员工的变化和动态，将"线上"信息化服务和"线下"实体化服务相结合，从青年自身需求的角度出发，针对青年婚恋、身心健康、兴趣爱好做好服务工作。

三、广大青年员工要提高自我，做奋斗、学习、美好的时代新青年

狄更斯曾说过"这是一个最好的时代，这是一个最坏的时代"。生活在当今社会，你们会因"互联网＋"的广泛应用而随时随地获得丰富的信息，眼界更加开阔，知识更加丰厚；会因发达、便捷的交通在国内外享受美好假日时光，结交更多的新朋好友，获得多种多样的新奇体验；会因社会提供的广阔机遇而大展拳脚，收获财富，赢得认可。与此同时，你们也会因工作的压力、竞争的焦虑、成功的渴望、现实的"骨感"而感到彷徨和烦恼。要知道"好事尽从难处得，少年无向易中取"，处在一个百舸争流、英才辈出的时代，广大青年该以什么样的姿态来面对机遇和挑战？

一要以奋斗为本。习近平总书记在今年五四青年节上勉励青年时说道："要正确对待一时的成败得失，处优而不养尊，受挫而不短志，使顺境逆境都成为人生财富而不是人生的包袱。"青春是用来奋斗的，"请不要在最能吃苦的年纪选择安逸"。要勇敢地面对生活和工作中的压力和挑战，只有经得了磨难、受得了痛苦、熬得过孤独，才不会被落下，要用你们的奋斗赢得未来。

二要让自己"升级"。我们身处于一个瞬息万变的时代，每一天都有新的事物产生，互联网产品注重不断迭代升级，产品品质和服务随着升级越来越好。青年思维活跃，学习能力强，善于接受新事物，要在学和改上发力，不断自我"升级"。学习是人成长最重要的推动力，要学而信、学而用、学而行，通过学习树立远大志向、坚定理想信念，开阔眼界，习得一身安身立命的技能、知识。青年最不怕的就是失败和犯错，改就是要能够在失败和犯错后查找差距和不足，并以此不断改进，今天比昨天做得更好就是一种进步。

三要涵养恬美心境。要养成良好的生活习惯，锤炼心理素质，培养健康的心态和强健体魄。要树立正确的思维方法、价值取向，始终保持浓厚的创新思维、理性的批判精神、深刻的反思能力、丰富的想象力、坚韧的意志力、独立的生活态度。要学会对美的追求，善于发现美、追求美、创造美，对新生的、积极的、反映社会前进方向的美好事物保持一颗好奇心，对优秀的文化传统和崇高的道德标准保持一颗敬畏心；要提高审美情趣，培养健康的审美观念，正确辨别真与假、善与恶、美与丑，不随波逐流、盲目跟风，保持自身高雅的、积极向上的品位与格调。

青年同志们！青春一去不复返，事业一纵永无成。年轻是你们最大的资本，努力奋斗是你们走向成功的路径，青春因奋斗而绚丽多彩！在走向公司百亿目标的征程上，各级团组织和广大青年同志一定要牢记责任使命，挥洒青春热血，展现青年作为，为公司发展贡献青春的智慧和力量！

最后，预祝本次团代会取得圆满成功！谢谢大家！

立足长远　把握核心
塑造受人尊敬的国际化企业品牌形象
——在公司 BI 建设深化推进工作启动会议上的讲话

董事长　周军军

2017 年 6 月 2 日

同志们：

今天，我们召开公司 BI 建设深化推进工作启动会，是在公司前期全面推进 CIS 工作上的再部署，是贯彻落实"中国中车 BI 建设深化推进工作会议"精神的一次重要仪式，是在"打造受人尊敬的国际化公司"的战略定位下，以 BI 建设为关键抓手，部署提升公司软实力的一次专题活动。当前，在落实公司"十三五"发展规划的重要阶段，组织本次活动，系统谋划部署公司 BI 建设深化推进工作，用行为力量推进公司 CIS 深化建设，推动企业文化和品牌建设，具有十分重要的战略意义。借此机会，就公司 BI 建设深化推进工作，我讲三点意见。

一、强势塑造文化品牌，提升核心竞争力

纵观全球一流企业，无不将文化和品牌视为企业的核心竞争力，无不将文化和品牌推广作为占据市场、赢得客户的重要手段。从集团层面来看，中国中车成立以后，品牌受到国内外瞩目，在国际公认的品牌排行榜中位列全球第 179 位，成为中国装备制造的"金色名片"，中国中车也因此不断在国际高端市场上斩获订单。从株洲电机层面来看，得益于轨道交通和风力发电的稳定发展，企业规模快速增长，在整个电机甚至国家机电行业位居前列，公司在产业地位、经营管理、文化建设、品牌推广等方面取得了快速进步，获得了广大客户及社会各界、集团内部的广泛好评。越是在这种情况下，我们越是要清醒认识到自己的不足，虽然目前在某些领域我们的产品技术还是比较领先的，质量还是比较可靠的，但我们在整个通用机电领域，尤其是在国际通用机电领域的认同度还不够高、品牌还不够响亮、行业影响力还不够大，大部分客户在有相关需求的第一时间，可能还不会想到株洲电机。特别是在发展新产业的过程中，深刻地感受到我们的品牌建设距市场的要求和国际国内竞争对手还有较大差距。面对"三创三化"的战略愿景，面对激烈的市场竞争，需要我们对文化品牌建设进行更高视野的设计、更深层次的思考、更有力度的实践。具体就是要围绕高端品牌定位，实施品牌价值管理，构建融入生产经营全过程的统一品牌体系，系统提升企业创造价值的能力，用文化的引导力、品牌的统合力，使中车株洲电机成为全球知名的行业品牌，成为受人尊敬的企业，使我们的客户一提到"驱动你的心"，就知道是中车株洲电机有限公司。

二、建设行为文化，增强品牌的"行为力量"

品牌是产品的品牌，品牌是企业的品牌，品牌不仅是广告，不仅是外在的形式。员工行为是品牌形象传播的重要载体，是用户审视品牌承诺能否一致的关键。因此，规范员工行为识别、打造世界一流的品牌行为文化，是企业品牌建设中至关重要的内容。目前，我们的员工在国内外与合作伙伴、客户、媒体的接触越来越多，每一次与公司相关的行为，小至客户给我们打一次电话、吃一次工作餐，大至于和我们做一次生意、开展一次商务活动，都折射出公司的经营理念、价值观和员工文化素质。这就要求我们必须重视员工行为塑造，为构建优秀品牌、提高核心竞争力奠定基础。我们的员工来自天南海北，每位员工进入公司时秉承的价值理念和行为准则都有所不同，大家所接受教育的过程和程度也不一样。但进入公司后，"明德成器 利物益世"就应该成为我们共同的企业精神。积善成德、矢志成器、利他而为、有益于世，也应该是我们的行为准则。我们建设企业行为文化，就是要践行"明德成器 利物益世"企业精神，通过 BI 的推进，促动员工从理念认同到行为养成，做到知行合一，把理念贯彻落实于员工行为层面，实现从价值融合向行为融合的演进。我们每一个人都是企业的一个细胞体，建设行为文化就是要从细胞体这个末端入手，通过各岗位全员的行为提升，让整个机体焕发强劲的活力和正能量。

三、找准着力点，打好 BI 建设持久战

客户和公众的评价，一方面来自产品体验，另一方面，更重要的是来自员工行为。前者是员工的思维、行为方式在企业研发、制造、营销、服务等各个环节的释放，通过产品品质展现在用户面前。后者则是员工思维、行为方式直接作用下对品牌形象的影响。归根到底，产品也好，品牌也好，都是来自员工行为。员工行为是把"双刃剑"，任何员工都会对品牌产生积极或消极影响，我们一个小小的行为"失误"，也可能会引发重大事件，让品牌一夜之间消失。如果没有品牌，就没有客户；没有客户，就没有销售；没有销售，就没有我们公司和员工所期待的收益。品牌就像是一面高高飘扬的旗帜，需要我们用实力去高举，用行动去维护。当前，找准 BI 建设着力点最有效的途径，具体来说，就是要学习贯彻好公司《员工手册》。手册从 BI 层面对我们株洲电机全体员工提出了以下六项要求：一要有积极乐观的人格；二要有诚信利人的品德；三要有敬业尽职的操守；四要有精湛严谨的技能；五要有学习创新的精神；六要有文明达礼的仪态。要做到这六项要求，我们高中层管理者首先要做榜样，欢迎全体员工对我们高中层管理者进行监督。我们有充分的理由相信，公司高中层管理者一定能做出行为表率。公司已经制定了礼仪规范准则、工作规范准则和商务规范准则，虽不够详尽，但为 BI 真正落地形成了一个很好文本，关键是要抓好执行，关键是要在各位领导的带头下抓好执行。

公司各级领导、各级党群组织要高度重视 BI 建设，要把 BI 建设同解决企业发展的重大问题结合起来。要将 BI 建设渗透生产经营各个环节，落实到具体工作岗位上，各个部门要紧密衔接、协同推进，分阶段、分步骤、分重点打好 BI 建设的持久战。

各位同仁，站在新的起点上，我们每一个员工都要行动起来，从自身的穿着开始、从上班的第一句话开始、从工作场所的 5S 开始，悉心而尽力做好分内之事，全心全意地为自己而工作，瞄准百亿目标，推动企业创新、升级和发展，把株洲电机打造成行业内公认的高端品牌！

谢谢大家！

坚定信心 砥砺奋进
以优异的业绩迎接十九大胜利召开

——在纪念建党96周年暨公司七一表彰大会上的讲话

党委书记 李 瑾

2017年6月30日

同志们：

今天，我们在这里隆重集会，共同庆祝中国共产党成立96周年，表彰公司优秀共产党员、优秀党务工作者、先进基层党组织，动员公司全体党员和广大员工坚定信心、振奋精神，更加充满自信地朝着公司"三创三化"战略愿景迈进。借此机会，我代表公司党委，向受到表彰的先进集体和优秀个人表示热烈的祝贺！向为公司发展不断奋斗的全体党员、党务工作者致以节日的问候和衷心的感谢！

党的十八大以来，以习近平同志为核心的党中央高瞻远瞩，统筹推进"五位一体"总体布局和协调推进"四个全面"战略布局，开辟了治国理政新境界，实现了党和国家事业的继往开来。面对时代发展，准确把握大势，跟随党的召唤、部署，紧紧围绕国民经济发展这一中心任务，把国有企业做强做优做大，是我们每一位国有企业党员身上都承担着的使命和责任。党的十九大将于下半年召开，下半年也是公司全面完成经营目标的关键攻坚期，站在这一重要的历史时点，我们要充分发挥党委的政治核心作用、党组织的战斗堡垒作用，党员的先锋模范作用，团结、带领广大员工群众进一步解放思想、明确目标、创新进取，贯彻落实国资委党委和中国中车党委的方针政策和工作部署，扎实推进全年各项重点工作任务，为达成实现全年目标奠定坚实基础。下面，我代表公司党委讲三点意见。

一、广大党员要在公司生产经营中凸显模范带头作用

受外部市场需求波动以及内部成本持续走高的影响，公司上半年经营指标较去年同期出现小幅下滑，公司面临较大的经营压力。但从长期来看，经过前些年的快速增长，公司核心业务已经稳固，公司体量达到70亿以后，进入了一个发展的瓶颈期，需要进一步优化现有的业务模式、组织形态、管理方法、分配机制才能促进公司保持平稳快速发展；从当期来看，公司年度的市场需求是基本稳定的，同时公司还在加快新产业、新业务的发展，新能源汽车电机以及特种变压器市场拓展已经取得了一定的成效。因此，大家既要坚定发展的信心，同时也要深刻认识到公司面临的经营压力，努力承担起身上所肩负的使命与责任。公司现有1200多名党员，占据了公司员工总数的1/3，绝大部分都处在领导、骨干岗位，是公司生产经营的核心力量，要立足岗位创先争优，同时也要引导、带动员工群众积极投身生产经营活动，在质量管理、降本增效、精益生产等方面创新创效。成都公司党委组织下属各级党组织、党员，积极开展"双过半"活动，为保障半年经营指标达成做出了积极贡献，也为公司"党建促经营"树立了良好的典范。我相信，只要我们每一个党组织都能够发挥好组织优势和群众工作优势，每一位党员都能够在工作中彰显先进性、每一位员工都被影响和带动，形成服务生产经营的良好氛围，我们就一定能够顺利实现全年目标。

二、领导干部要在公司重点、难点工作领域建功立业

领导干部是党的事业的骨干，也是公司经营管理的核心团队，是干事创业的带头人。现阶段，在公司新产业发展、海外市场开拓、技术创新等重点、难点工作中，领导干部更要拿出"自信人生二百年，会当击水三千尺"的勇气，主动担当，积极作为，争创一流业绩，要对得起身上承担的这份责任。一是要转变发展思路，公司逐步从单一业务格局向多元业务方向发展，特别是从封闭、稳定、有限的传统国内市场转向开放、多元、充分竞争的国内外新兴市场，面对不同产业、市场，有着不同的发展模式和竞争法则，我们要有针对性地转变发展思路，适应市场竞争环境。二是要敢闯敢试，电机公司作为独立运营的一级子公司时间不长，很多工作都需要我们自行摸索，公司风电产业的培育成型就是一个很好的典范。在公司高速永磁电机、新能源汽车电机、特种变压器等新产业发展以及组织、流程、机制等变革工作上，更需要我们敢于探索未知，敢于迎难而上，敢于承担风险。地上本没有路，走的人多了也便成了路。我们需要的正是一批批开路的先锋，一个个"想干事、敢干事、能成事"的领导干部。党中央、集团党委已经出台了相关文件，公司也将制定相应的机制，目的就是为了鼓励大家敢闯敢试，解除干事创业的"后顾之忧"。三是要保证廉洁底线，凡事都要有底线，对于共产党员来说，保持清正廉洁是最基本的要求，也是共产党员的本色。在公司推进转型、变革的过程中，牵扯的关系、涉及的利益会更加广泛、复杂，领导干部要筑牢拒腐防变的思想防线，在廉洁从业、执行中央八项规定等方面要严格要求自己，维护风清气正的发展环境。

三、要持续加强和改进企业党的建设，把党建优势转化为发展优势

自去年全国国有企业党建工作会议以来，国有企业坚持党的领导、加强党的建设只能加强、不能削弱，这一主题思想更加明确，国有企业党建的工作方向和思路也更加清晰、完整。最近，党中央、集团党委又陆续下发了若干加强党的建设相关文件，对"两学一做"常态化制度化、领导干部队伍建设、基层党支部建设

等方面工作进行了细化,提出了更加明确、规范的要求。与此同时,党建工作责任制、党建工作考核评价、党建工作述职等工作全面推行,对国有企业党建工作监督考评更加严格、规范。经过多年探索实践,国企党建的顶层设计、理论依据、工作内容、实践典范都已形成了较为完整的体系、框架,国企党建工作环境处于历史较好时期。十九大即将召开,坚持两手抓、两不误、两促进,切实落实好各项党建、经营重点任务,通过党建保障企业发展,通过经营带动党建水平提升,是我们所有党员干部的责任所在,更是党和国家对我们的期望所在。

同志们,年过半载,时间紧迫,任务繁重。公司各级领导干部、各级党组织要以高度的使命感和责任感,团结带领全体员工,知难而进、迎难而上,撸起袖子加油干,努力实现公司今年各项工作目标,以优异的业绩迎接党的十九大胜利召开!

谢谢大家!

排除万难，决胜"两海"

——在公司"两海"风电战略实施大会上的讲话

董事长　周军军

2017 年 11 月 29 日

同志们：

今天讲话的题目是"排除万难，决胜'两海'"，其中有两个关键词，"难"和"胜"。"难"，一是标准很高，包括技术标准、项目管理标准都超过了我们以往的既有项目；二是要求很严，客户以及项目本身要求都很严；三是经验很缺；四是能力较弱。但是我们为什么要"胜"？一是价值很高；二是意义很大；三是机会很好；四是影响很远。综合起来看，"两海"风电不仅仅是江苏公司的事，也不仅仅是海外营销部的事，而是整个株洲电机公司的事。因此，会议目的是引起全公司的广泛关注，解决当前"两海"风电在公司推进过程中遭遇的现实困难，共同谋划风电产业未来发展之大计，形成举公司全力决胜"两海"的效果，以促进海外、海上风电的快速、健康发展。

会上，几位领导从市场开拓、技术创新、质量管控、项目管理、供应链建设等方面做了周密安排、详细部署。由于时间原因，有些措施可能讲得不是很透彻，各参会人员在会后要以部门为单位，对会议内容做进一步消化吸收，编制好更详细的工作计划，抓好落实，务求实效；请办公室做好会议资料的整理和下发，并做好后续相关工作措施的检查督办。

总体来看，今天的会议可以概括为以下几个特点：一是定位高。"两海"风电的发展，承载着公司实现"三创三化"、完成"十三五"战略目标的光荣使命和艰巨任务。从几位领导的发言来看，都能准确把握这个立场和高度，立足公司的能力基础和相对优势，深入思考谋划公司"两海"风电的定位和发展。二是分析透。会上，各分管领导做了较为客观全面的梳理和分析，包括公司当前发展"两海"风电的优势与劣势，面临的机会与威胁，能够深刻地认知我们目前乃至未来一段时间面临的内外部环境，这是我们发展好"两海"风电的重要基础。三是思路清。在深入分析的基础上，较为清晰地描绘了海上、海外风电的发展方向和路径，呈现出很多新思路、新观点和新认识，比如"差异化质量管控""潜在客户开发"等，大家已经逐步将"两海"风电发展摆在了更加清晰、更加重要的位置。四是措施实。我们今天的会议不是务虚会，围绕发展方向，大家提出了很多有针对性的措施，这些措施的操作性很强，充分体现了这次会议"实"的作风。下面，围绕"两海"风电发展的后期工作，我再提三个方面的意见。

一、充分认识发展"两海"风电的战略意义

当前，我们在福建福清、广东阳江海上风电项目上取得了阶段性进展，与德国森维安风电公司签署了框架供货合同，"两海"风电进入实质推进阶段。发展"两海"风电产业是一项艰巨复杂的系统工程，涉及面广、技术性强，不确定因素较多，风险很高，可以参考和借鉴的经验少，对企业全方位能力要求高。"两海"风电面临着较大的挑战，越是在这种情况下，越是要从思想上、认识上解决问题，形成发展"两海"风电的共识。

发展"两海"风电是实现"三创三化"战略愿景的需要。公司"三创三化"发展战略的最终实现，需要新的发展增量来保证。就规模而言，创百亿企业是我们坚定不移的战略目标，是我们这一届班子成员的责任所在，更是我们全体干部员工的担当所在。当前，轨道交通、国内陆上风电均遭遇产业发展瓶颈，而2017年以来，海上风电遍地开花、海外风电的气象更新可以说是恰逢其时，"两海"风电带来的未来业务增量，极有可能成为我们弥补百亿规模缺口全新的、最重要的途径。就业务形态而言，公司"三化"中专业化和集团化的形态已经初步形成，但是国际化步伐明显偏慢，森维安风电项目让我们看到了新的希望，海外风电能否真正"走出去"，对我们拓展国际市场，实现真正的国际化经营将产生深远影响，同时也将带动和支撑相关产业的快速发展。

发展"两海"风电是实现经营目标的现实需要。保持经营业绩稳步增长是一个优秀企业最基本的特征。近段时间，公司在做2018年预算的时候，可预测的实际收入大概只有63亿元，看到这个数字我个人是很焦虑的，很长一段时间以来，我也一直在思考，公司未来增长的空间在哪里？通过今天的会议，打消了我的忧虑，增强了对公司未来发展的信心，"两海"风电绝对是一个大有可为的市场。近期，我一直在强调，所有的战略问题都是经营问题，而回过头来，所有的经营问题也都是战略问题。我们在战略层面谋划"两海"风电产业发展，其实效则体现在经营业绩的增长上，这解决了我们当前开源不畅、现实经营指标难以突破的难题；我们在经营层面运作"两海"风电产业，从根本丰富了我们的业务形态，推动了风电产业的二次发展，加快了我们百亿战略目标的实现进程。

发展"两海"风电是提升企业发展能力的需要。电机行业不存在所谓市场问题，只存在企业的能力问题。多年以来，持续的、高强度的投入，使我们构建了全系列的风力发电机产品平台，具备了强大的风电装备制造能力，打造了一支高

素质的专业技术人才队伍，并依托长期以来在风电领域的深厚积淀，构建了良好的客户关系和产业布局。这些都是我们发展"两海"风电的先发优势，也是我们的信心来源。但客观来讲，面对"两海"风电产业的全新挑战和高风险，我们无论在项目管控能力，还是技术响应能力、成本控制能力、品质保障能力等方面还远远达不到国际化要求，均存在较大提升空间；福建福清、广东阳江两个海上风电项目的正式生产还未开始，项目从研发、工程化、生产组织、供应链到营运维保都还是未知数。特别是这次森维安项目，对方要求严苛，我们出现了方方面面的不适应，甚至面临项目失败的危险，但这正是我们全面加强能力建设，提升项目管理水平，带动公司整体经营管理能力提升的最好机遇。可以说，这个项目成功了，我们就基本做到了全面领先友商（轨道交通、陆上、海上风电市场及技术我们已经全面领先，这次国际化也站住了，特种电机是差异化发展，但势头上我们也已经超越）。

二、科学谋划"两海"风电实施路径

"两海"风电前景可期、大有可为，机遇已经摆在眼前，而现在我们需要思考和要去做的事情是，如何将这种相较于友商的先发优势、比较优势转化为真正的全面领先优势，如何将我们经长期积累所蕴含的潜力挖掘出来，转化为"两海"风电发展的推动力，转化为我们建立持续、长久竞争优势的核心能力。今天的会议，对"两海"风电做了很好的研判，制定了扎实的措施，接下来在"两海"风电的具体实施推动上，要关注好以下三个方面。

一是要系统谋划风电产业新格局。发展"两海"风电和其他产业一样，必须坚持以战略为核心，突出战略的导向作用，以战略统领"两海"风电各项工作。前期，我们的工作主要集中在点上的突破，缺乏全面、系统的考虑和安排。通过今天的会议，明确了"两海"风电产业的发展战略、发展思路和具体举措，战略部门要认真梳理总结今天战略实施会议的成果，进一步调研论证，立足优势，遵循发展规律，切实做好"两海"风电产业整体规划，作为未来产业发展的基本遵循。要统筹规划产业布局。我们发展"两海"风电，尤其是在海上风电基地的投产上，因项目较多，且地理区位不集中，要重点强化资产经营意识和投资回报意识，要在充分做好经济性分析的基础上，科学谋划产业布局。同时，加强市场研究和预测，科学安排、合理利用产能资源，注重效率和效益，确保资产保值增值。要持续推进海外资本运作。加强对国内外具有领先优势的风电企业的研究与跟踪，采用资本合作、投资并购、产业联盟等方式的策略，打造风电产业国际化经营和运作平台。

二是要持续强化品质保障。品质永远是生命线，市场决不允许失误。上次在明阳总部，张传卫董事长一再强调"海上风电只有一次机会"，对他对我们都一样。海外市场也是同样的道理。相比既有风电业务，"两海"风电无论在技术、质量、寿命等方面，还是在环境适应性、施工安装复杂性、可维护性等方面，都有着更为严苛的要求。这里我特别同意江总在发言中间提到的，"质量，首先是意识和责任，但归根到底是管理能力，管理能力最终决定了质量结果"。发展"两海"风电，绝不可将既有风电业务的做法照搬、照抄，一定要把"两海"风电当成全新的产业来对待，要全面加强技术创新力度，要确保风力发电机关键性能指标上达到国际领先水平；要加强检测试验验证能力建设，确保产品的高可靠性，保证风力发电机的良好运行效率；要秉持并全面贯彻"做好第一次、做好每一次"的品质理念，即第一次就要把正确的事情做正确，所有项点都要达标，做好每一次，自始至终都要追求零缺陷，追求极致，尽善尽美。

三是要系统谋划成本优化管理。当前，我国风电发展依然面临成本较高的现实问题。未来风电成本还要在现在电价基础上再下降20%～25%，而且这个时间窗口可能只有5年，同时，未来我们所面临的竞争不仅有来自同行业电机企业的竞争，更有来自煤电、光伏发电等跨行业领域的竞争，价格必将成为市场拼杀的核心利器之一。为此，我们要着眼于整个行业成本下降的总要求，提前做好公司未来"两海"风电成本的规划，具体到每一年下降多少，达到怎样的水平，变成本下降的被动响应为主动策划，并落实在客户需求的前面，切实践行为客户创造价值的"利他"理念。当然，理性降本也是未来趋势，我们讲性价制胜，成本并不是越低越好，也要关注质量、成本、交期三者的平衡。另外，今天几位领导发言对成本优化都有很好的策划，也有对项目品质的专项管理，我个人建议从项目的性能、品质和成本三个维度上分别做专项管理，并通过一段时间的努力，做成所有项目管理的标杆，做成我们参与市场竞争的砝码。

三、精心组织好既有项目

10月18日，在公司与森维安签订了框架合作协议后，德国《镜报》以《森维安向西门子竞争对手CRRC开放国际市场》为题，对此次事件进行了大幅报道，将此次合作推向了前所未有的高度，无论对我们还是森维安都具有重要影响，而这种影响是双面的。一是上升到了株洲电机公司与ABB、VEM、罗特艾德、舍弗勒等传统老牌企业比肩的高度，关乎公司未来在欧盟等国际市场的生存与发展；二是上升到中国中车风电产业进军欧盟市场的高度，关乎CRRC品牌能否在欧盟落地生根；三是上升到了中德两国风电行业发展模式的高度，关乎中国风电能否打破经过长期考验的"欧洲模式"壁垒；四是上升到了中国制造崛起的高度，关乎能否改变中国产品低端、价格低廉的印象。因此，森维安项目必须不惜代价，全力以赴。具体要做好以下三方面工作。

一是以终为始，坚守目标。坚持目标导向，是我们科学谋划"两海"风电发展的重要方法。目标导向和项目管理，两者加起来，其实就是我们自己知道做什么以及确保做成什么。史蒂芬·柯维博士在《高效能人士的7个习惯》中提出一个观点：任何创造实际是经过 2 个层次，一次是"心智的创造"，在项目管理过程中可以指制定项目目标；另一层次才是"实际的创造"即执行项目目标。其中心智的创造（制定目标）尤为重要，因为它是做事的源头和起始，难度更大，更为难能可贵。我们今天探讨"两海"风电战略实施，一旦定下了项目目标，就不能随便偏移，一定要"咬住青山不放松"，"以终为始"，让项目目标成为我们一切工作的出发点，公司所有的项目干系人都要考虑自己该如何去做，才能最终达成我们"两海"风电的"梦想蓝图"。

二是端正认识，精心组织。森维安项目推进初期遇到的最大问题是客户不满，公司内部往往一听到客户不满就慌了神、乱了手脚，这是缺乏商业经验的体现。营销学最重要的原理之一，抱怨的客户才是最忠诚的客户。大家要明白，抱怨、苛责的客户不可怕，这样的客户是在给我们机会，帮助我们成长，所以我们要珍惜客户的抱怨，客户越抱怨，我们就越响应；我们越响应，客户就越满意；客户越满意，合作就越稳固；而不抱怨的则是已经放弃我们的客户。过去正是由于株机公司、四方股份和金风科技三个重要客户的苛刻要求，才促使我们在研发、制造、工艺、质量、售后服务等方方面面，得以全方位提升。当前，我们更要珍惜森维安风电项目，深刻地认识到该项目对于市场开发、技术提升、管理能力提升、管理方法改进的意义，这叫端正态度。只有端正态度之后，才能精心组织，为此，首先要切实加强项目的组织领导，项目谁牵头，谁就是负责人，就要对整个项目负责到底，就有权指挥、调动全公司资源；项目小组的所有成员，无论在什么部门什么层级，只要是项目组相关方，都要听从项目负责人的安排，项目如果出了问题，最终责任由牵头人负责。同时，要按照客户需求，制定完善好项目计划，建立工作任务层层分解、压力层层传递、责任层层落实的工作推进机制，研究提出可量化、可操作、可考核的工作方案和含金量高、有力管用的工作措施。在项目的商务沟通、技术标准、品质管控、项目执行等方方面面，严格按照客户进度要求统筹推进各项工作的落实。

三是集中资源，凝聚合力。整个项目推进要达到一种"上通人和、下达微物"的状态。"人和"，就是企业的各种活动处于一种和谐状态，在外部竞争时体现集体的力量，在内部管理中化解危机和纷争。这是东方的管理思想。"微物"，就是经营过程中的"定量""确定性"的业务，追求细节的完美、效果的极致，体现一种西方的管理思想。只有"上通人和"，企业才能营造出蓬勃向上、势不可挡的气势；只有"下达微物"，才能关注细节，确保执行到位。具体到"两海"风电发展，公司高中层团队要从产业发展的大局、从公司的整体利益出发，相互理解，紧密配合，齐心协力，在促进"两海"风电发展上要形成无边界管理状态，在与项目目标相匹配的人才、技术、装备、供应链、市场等各类资源方面给予充分保障；项目管理团队要充分发挥合力，对外，要形成高度统一的、上下协同的强相关联动，保持态度一致、语言一致、步调一致，对内，要打破部门的边界壁垒，做好充分沟通、思维碰撞，齐心合力解决项目执行过程中存在的问题，把森维安项目做成"标本"项目；全体员工要充分认识到发展"两海"风电的重要性和紧迫性，认识到"两海"风电发展与自己切身利益的相关性，扎实做好本职岗位工作，以实际行动支持"两海"风电产业发展。

　　最后，我再提两点具体要求。一是彻底转变心智模式，按照学习型组织的要求，把森维安项目作为公司项目管理实务的学习机会，作为公司竞争能力提升的宝贵机会，真正做到项目的高性能、高品质、低成本，并详细记录项目过程操作方法、沉淀项目成果，作为后续执行类似项目、改善技术、提升品质的模型或标本，并逐步将项目经验制度化、文件化、体系化；另外，"两海"不只是既有风电业务的简单延伸，而是一项独立的、高度复杂的技术开发，具有其自身的环境条件，要面对完全不同的挑战。与诸位共勉！

抢机遇 求突破 担责任
齐心协力向百亿目标坚毅前行

——在中车株洲电机有限公司一届三次职代会上的讲话

党委书记、董事长 周军军

2018 年 2 月 8 日

各位代表、同志们：

今天，各位职工代表肩负着公司全体职工的重托，认真履行代表职责，圆满完成了一届三次职代会各项议程。过去的 2017，我们勇立潮头，耕耘电机梦想，用汗水与智慧谱写了又一年的精彩，全面完成了中车下达的各项经营指标，全年实现销售收入 72.8 亿元，净利润、EVA 稳步增长，创造历史最好成绩，综合业绩评价名列中车前列，再次获得突出贡献奖，创造了令股东、客户满意的业绩，确保了员工收入持续稳定增长。

一年来，公司各项工作都获得了前所未有的佳绩。认真学习贯彻习近平新时代中国特色社会主义思想和党的十九大精神，落实两个"一以贯之"要求，推进党建要求进章程，融入治理把方向，党建创新促经营，干部任期制激发活力，企业党的领导和党的建设全面加强，有效推动了公司发展。这一年，我们励精图治，开拓创新的步伐更加稳健，6 MW 半直驱永磁风力发电机超常规研制成功，"复兴号"标准动车组实现主机企业全覆盖并批量投入运营；"两海"风电成果丰硕，森维安项目的顺利推进得到客户肯定、业内称道；作为唯一一家风力发电机供应商入围福建福清、广东阳江海上风电基地，强力推进中国海上风电布局；新产业发展路径更加清晰明确，"1 + 17"体系文件落地为新产业发展保驾护航，发展速度和发展品质提升起步；以新能源汽车驱动和森维安风电项目为代表的项目管理模式强势推进；积极贯彻和践行《CIS 手册》，召开 BI 启动大会，企业形象和品牌推广取得再进步。

回顾公司的发展历程，我们相继突破了 50 亿、60 亿和 70 亿大关，形成了能够适应市场需求的全方位的能力，历练了一支能打硬仗的员工队伍，完善了适应现代企业发展要求的治理体系和管理体系，企业文化和价值理念在内部进一步形成共识并获得各界认可，这些都是我们实现百亿规模的有利条件。在这样的形势和背景下，在迈向百亿目标的征程中，我们各级管理者和员工代表，更要认清并理性应对发展形势，树立必胜信心，准确领会公司战略意图和奋斗目标，以高度的使命感、统一的意志和强大的执行力，在各自岗位上发挥核心作用。下面，我结合当前形势，以"机遇""突破""责任"三个关键词，就推动公司转型发展、实现百亿目标，讲三方面意见。

一、坚守目标，抢抓发展机遇

2018 年，是我们实现"十三五"百亿目标承上启下的关键时期，突破产业瓶颈，加快发展尤其重要。当前和今后一段时期，我们面临的形势依然十分严峻复杂，宏观经济增速放缓，需求不足、产能过剩、价格下滑和成本刚性增长的矛盾仍十分突出，核心主业所处行业的深刻调整，竞争态势的加剧，困难和挑战从未消退，新问题新风险集中显现并有愈演愈烈之势。君子藏器于身，待时而动！纵观世界企业的发展史，伟大的企业都是在危机变革时代产生，在逆境中寻求成长，脱颖而出的。更何况，我们所处行业面临的发展机遇大于挑战，从国家战略、中车发展、行业趋势来看，未来仍有广阔空间供我们尽情驰骋。

——中国新时代。党的十九大报告指出，中国特色社会主义进入新时代。一是十九大做出了制造强国、科技强国、质量强国、交通强国等战略安排，轨道交通作为落实制造强国、交通强国战略的前沿阵地，未来仍有广阔的发展空间，仍是我们发展的重要支撑。二是中央经济工作会议提出要持续深入推进供给侧结构性改革，适度扩大总需求并提高有效性，势必将推动装备制造业转型升级，并加快中高端产业发展，我们必须紧紧抓住产业由低端迈向中高端的机遇期，在新时代找准自身的价值定位、产业定位。三是国家"一带一路"倡议得到越来越多的国家积极响应支持，为我们开展海外业务和国际并购，实现国际化经营提供了难得机遇，我们必须加快推动全方位国际化，在搏击中成长，在竞争中发展。作为国家战略的坚决践行者，我们要深入贯彻落实党的十九大精神，以习近平新时代中国特色社会主义思想为指导，围绕"三创三化"，坚定高端动力装备先锋定位，主动融入国家战略，持续推进高品质发展，在满足人民日益增长的美好生活需要中体现"明德成器　利物益世"企业精神。

——中车金名片。每一个时代，都有打上鲜明印记的大企业强势崛起。作为中国高端装备制造业的典范，在当今时代，中国中车可谓是国人瞩目、闪耀全球，凭借着党和国家领导人的推销，中车品牌如日中天、好评如潮，"《财富》世界 500 强，中国最具影响力的创新公司第一梯队""国际信用评级达到中国制造业最高水平""全球品牌价值 500 强""市值位居国内机械行业首位""2017 最具品牌价值上市公司"……携高铁制造之声威，中国中车金色名片的影响力、辐射力正逐步渗透更多更广更深层次的产业领域。作为中车旗下的核心子公司，我们越来越强烈地感受到中车品牌对我们在市场开拓、产业投资、合资合作等方方面面的影响力。我们从事营销工作的各位同仁，尤其是奋战在新能源汽车驱动、高速永磁、特种变压器等新产业一线的各位同仁，对此都有切身体会。而这种世人尊敬、万众推崇的状态，我们必须牢牢把握中车的品牌红利，把中车金名片效应发挥到极致，积聚资源、集中能力，在新的国家战略中寻找机遇，在既定产业发展中扩大竞争优势。

——产业好前景。目前，我们的主导产业发展形势依然稳定，市场空间拓展仍大有可为，新产业新动能持续积累，产业转型升级蓄势待发。一是人民日益增长的美好生活向往对轨道交通在快捷、绿色、智能、安全方面的要求越来越高，我们在磁悬浮、有轨电车等智能轨道交通领域所积蓄的技术优势将进一步释放。二是"绿水青山就是金山银山"理念的确立，进一步强化了对风电等新能源产业的支撑，同时，随着弃风限电、电价下调预期的改善，海上风电装机的推动，我们从战略层面谋划的"两海"风电，必将推动公司风电产业的二次发展。三是新技术、新产业、新业态、新模式"四新经济"的发展，推动传统产业优化升级。新能源汽车井喷式发展带来百亿级电驱市场空间，业务融合国家战略为特种装备电机带来难得的历史性机遇，高速永磁电机技术优势获得更加广泛认可，蕴含巨大市场潜力；数字经济将成为新时代驱动经济创新发展的重要引擎，我们长期积累的精益管理经验为公司高品质发展提供了支持；国家招投标制度的修订将进一步消除招投标体系的灰色地带，有利于公司市场化、高品质产品打开市场局面。我们要不断深化对产业发展周期、企业成长规律的认识，系统做好产业策划、周密制定市场策略，不断提升产品品质和专业化能力，在核心竞争能力突出、行业地位领先的新支柱业务上实现突破，真正实现多个数10亿级产业齐头并进的良好局面。

——电机好环境。"好风凭借力，送我上青云"，对于一个要突破经营规模的制造型企业来说，政策资源支持是发展壮大最为关键的要素。作为中国中车优质企业，我们已牢牢站稳第一方阵，认可度显著提升，株洲电机未来在投资项目获批、资本金注入等方方面面，必将获得中车层面的倾力支持，具有优异的政策资源禀赋。在当前中车严控投资规模、压缩法人户数的情况下，我们的煤矿电机合资项目、阳江海上风电投资项目的获批就充分证明了这点。与此同时，长期以来我们在公司内部推进的企业能力建设、差异化技术引领、专业化战略、品质文化、积善理念、廉洁文化建设，为我们赢得了越来越多值得信任的合作伙伴。公司领导班子昂扬向上、干事创业的澎湃激情和坚强有力、团结一致的良好风气，中层管理者、技术管理骨干等中坚力量的专业化能力、职业化精神持续提升，一线员工兢兢业业的职业素养，都是支撑百亿规模的力量源泉。只要我们用足用好用活中车地位优势、政策优势，在转型升级、资源配置、机制建设等多方面变革创新，充分激发发展的内生动力和活力，就一定能牢牢把握未来发展的主动权，创造更多的价值。

二、问题导向，全力加速战略突破

千里之行，始于足下。在满怀激情冲刺百亿目标的征程上，我们也越来越强烈地感受到来自市场、产业、机制等方面的不足，由此形成的制约无处不在。如何解决当前面临的这些问题？行动远胜空谈，2018 年绝不仅仅只是一个时点，更应当是我们变革理念、创新机制、优化管理，开创产业发展新时代的新起点。

——革新理念，转变发展模式。理念是行动的先驱。历史反复告诉我们，世界发展进程中每一次发展浪潮的激荡，无不是以理念变革为先导的，企业同样如此。公司已经进入了发展的成熟期和再造期，要想继续保持稳定增长，保持蓬勃发展生机，就必须跳出现有固化的生产性企业思维，改变当前以自我培育为主的产业发展模式，革新理念，高标定位，逐步由装备供应商向专业价值创造者转变。一方面，要以无边界理念推动更大的价值创造。打破思维边界、破除组织边界，着力构建"平台化 + 生态化"的产业链竞争能力。对外，要聚焦生态共赢，前端，强调客户价值，先有客户价值，再有自身价值；中端，立足专业化和差异化，强调竞合关系，摒弃零和博弈；后端，强调互利共生，整合优势供应链资源，共同面对市场、面对客户。通过提升各相关利益者的价值创造能力和能量，最终放大自身价值。对内，要围绕专业化价值创造，立足产业平台，打破部门之间、产业之间的边界，推动信息、资源在企业间快速传递，通过各环节目标一致的增值活动，实现最佳协同合作，推动价值创造最大化。另一方面，要以商业模式创新抢占未来竞争制高点。商业模式创新是保证持续健康发展的关键。一是要讲好"中车故事"。充分利用中车品牌"窗口期效应"，在产业拓展、市场开拓、开放合作等多方面释放中车"品牌红利"，支持产业发展。二是要用好"外部资源"。整合利用一切可以利用的资源，对接一切可以利用的平台，借势、借力、借智、借资，加快既有新兴产业的规模化发展。三是要发展好"四新经济"。积极对接互联网、云计算、大数据等新一代信息技术，全面打造智能制造、智能产品、智能服务，重塑产业链、供应链、价值链，促进传统产业与互联网深度融合。

——创新机制，加快产业发展。当今时代是快速变革的时代，创新是企业可持续发展的原动力和唯一出路。面对未来的机遇和风险，现实的问题和挑战，我们必须站在全局的角度科学开展顶层设计、思考机制创新。系统谋划产业布局。要持续优化完善"1 + 1 + 3 + X"的产业格局，从顶层设计上不断优化业务结构，使公司的产业竞争力更加突出、发展后劲更加充足。轨道交通和风力发电是我们的核心支柱业务，重点是提品质、优成本、国际化，努力实现产品性价比更优，创新能力更强，行业话语权更大，国际化经营水平更高；新能源汽车驱动、特种变压器、高速永磁电机等新产业是我们新的增长极，重点是厘产业、明主体、聚资源、求突破，尽快打造核心竞争能力突出、行业地位领先的支柱业务。着力创新发展机制。战略层面，要着力构建战略执行机制，以战略滚动管理和战略预算执行推动战略落地，以产业研究和商业策划能力提升推动产业落地，以与市场对接的技术成果转化机制推动前瞻性技术成果产业化。产业层面，要加快推进关于新产业发展的"1+17"文件体系的落地，通过实际运作情况，检查政策的针对性、机制的符合性和促进产业发展的有效性，并不断进行优化完善、补强提升。组织层面，要深化体制机制变革，围绕产业布局，结合 SAP 系统建设，探索基于战略落地、面向市场、利于产业发展的集团化组织架构和运行机制，重点构建内部市场化结算体系，解决好产业单元的责权利能绩，增强总部职能部室服务意识和价值创造意识。

——优化管理，提升经营水平。高品质发展必须要有高水平的管理。我们要积极对接国际标准，持续优化管理水平，构建富有株洲电机公司特色的理论成果和管理体系，提升经营管理效率和效益。构建基于国际标准的"两全"项目管理体系。以森维安项目管理和品质管理为标本，形成系统总结报告，提炼形成公司的管理体系，全面建立对接国际标准、以市场为导向的完全项目管理运作模式，移植到未来的重要产品项目管理和品质管理中，提升各产业单元在各领域的行业地位和竞争力。构建基于全价值链的成本管理体系。以客户价值需求为起点，控制价值链各环节成本；以企业价值最大化为终点，优化协调作业流程，以全价值链业务环节的优化和协调、沟通与合作推进全价值链成本管控，提高产品价格竞争力。构建基于价值创造的组织绩效评价体系。要系统谋划、构建公司价值系统，深入推进基于竞争能力的组织绩效评价体系的改进提升，持续推进组织变革以增强变革发展内生动力，进一步激活市场反应机制，优化产品性价比。

三、勇承责任，激发无限内生动力

"上不失天时，下不失地利，中得人和而百事不废。"创百亿企业是我们坚定不移的战略目标，是我们这一届班子成员的责任所在，更是我们全体员工的担当所在，我们要勇担责任、自我超越，激发为百亿目标奋斗的内生动力！

——加强党建，将党建优势转化为发展优势。深入学习贯彻党的十九大精神，结合公司"十三五"发展目标，把握发展机遇、变革经营理念、创新管理举措、优化资源配置，切实把党的十九大精神转化为深化改革、加强党建的强大动力和生动实践。要加强形势任务教育，做好宣传发动，调动一切积极因素，把公司全体员工群众的思想和行动汇聚到实现百亿目标的征程上来，形成攻坚克难的合力。发挥党委领导作用、基层党组织战斗堡垒作用、党员先锋模范作用，融入中心抓党建，嵌入经营起作用，努力提高党建工作价值创造能力，以企业改革发展成果检验党建工作成效。引导党员干部强化变革创新的发展意识、克服因循守旧的思想障碍、突破裹足不前的行动步伐，争做发展的执行者、先行者、引领者。

——自我超越，以学习型组织提高执行力。执行力包括三要素：意愿、专业和能力，包括五个环节：决心、责任、反馈、协调、沟通。学习型组织的五项修炼正是培育组织高效执行力的科学管理体系。我们一定要运用好学习型组织这个工具，深化学习型组织建设，引导员工自我超越，组织行动学习、深度会谈、情景换位等训练活动，不断更新汲取外部的优秀思想、方法、案例，促进员工不断突破自己的能力上限，弥补内部知识与预期绩效要求之间的差距；保持"因能定岗、人尽其才"，把握并充分应用每个人的能力和专长，调动工作热忱和踊跃性，辅助员工实现自身价值，提升员工获得感，形成挑战更高难度工作的驱动力；持续开展心智认知、头脑运动会、逆向思维等培训开发，培育全新、前瞻而开阔的思考方式，改善心智模式，催化团队精神，形成团队一致的行动力；集合群体智力，以更高标准反思公司的发展战略、经营策略、客户资源、组织形态、商业模式等方面的现状和问题，制定系统性、全局性、长远性的解决方案，形成从认知到执行的高度一致，推动工作项目落地。

——文化引领，以共同愿景激发跨越动力。松下幸之助认为：人要有激情，但激情必须建立在共同信仰的基础上。而所谓共同信仰，也就是文化氛围。要进一步发挥文化的引领驱动作用，形成组织、个人愿景的高度契合，把干部和员工努力的焦点聚集到百亿目标上来，形成事业的共同体、利益的共同体，形成破局跨越的原动力。任期制开始的三年与"十三五"剩下三年刚好重叠，任期制的目标关乎"十三五"目标的实现，要大兴干事文化，鼓励干部担当作为、干事创业，让勇于任事、乐于干事、善于成事成为一种精神，一种作风，一种状态，一种品质，一种自觉，最终成为一种文化。引导广大员工积极投身创新变革的浪潮，立足自身岗位，提高职业素养和职业能力，提升工作绩效。同时要营造容错纠错、鼓励创新创业的环境，为干事者撑腰，为创业者鼓劲。

各位代表、同志们，无论从内部还是从外部看，当前确实是我们干事创业最佳时机，虽然可能会面临各种各样的困难，但只要我们坚定信心，自我超越，奋勇向前，必能不断攻坚克难，顺利实现百亿目标！最后，在农历新年即将来临之际，我代表公司给大家拜个早年，祝大家工作顺利、合家安康，谢谢大家！

在干部大会上的讲话

党委书记、董事长　周军军

2018 年 2 月 12 日

同志们：

　　大家好。刚刚安华同志对公司"两制一契"干部管理进行了阶段性总结，并对后续工作进行了系统部署，我都赞同，希望大家认真学习领悟、抓好落实。下面就深入推进公司"两制一契"干部管理工作，我再讲三点内容。

　　一、正确认识"两制一契"干部管理的背景

　　一是"建设高素质国有企业领导人员队伍"的要求。党的十八大以来，以习近平同志为核心的党中央高度重视干部队伍建设工作，提出要"建设高素质国有企业领导人员队伍"的要求。2016 年 10 月，习近平总书记在全国国有企业党建工作会议上提出，国有企业要在破解干部能上不能下上积极探索，要按照市场规律，对经理层进行管理，立下军令状，明确责任，干得好就激励，干得不好就调整，畅通下的渠道，实现职务能上能下、人员能进能出、收入能增能减，保证企业领导干部始终充满生机活力。

　　二是落实上级党委工作部署的要求。近年来，中车党委持续探索干部体制改革。2017 年 8 月，刘化龙董事长在中国中车 2017 年经营管理工作座谈会上着重提出"要强化职业意识和契约意识，按照市场规律管理干部，全面推行聘任制和任期制，推进选人用人市场化，激励约束契约化，建立与企业选人用人相匹配的差异化薪酬制度"。2018 年 1 月，刘化龙董事长在中国中车 2018 年工作会议上的讲话中再次指出：从今年开始，整个集团将全面推行以任期制和聘任制为基础、以任期协议书和聘任协议书为基本形式的契约化管理机制。

　　三是推动公司进一步变革发展的要求。目前公司根据中车党委的相关要求，出台了《公司中层管理人员选拔任用管理暂行规定》等 13 项制度，建立了较为完善的干部管理制度体系。在"干部能上能下"机制构建方面，"上"的竞争性得到充分体现，但是"下"的机制还不健全，"下"的标准还不明晰，"下"的比例还很小。推行任期制、聘任制和契约化管理，就是要打破干部职务终身制，增加领导干部责任担当意识、创新意识、竞争意识和危机意识，克服惰性心理，使中层管理人员心中有方向、肩上有担子、前进有目标、工作有压力，最大限度激发创新创业积极性，从而推动公司战略目标达成。

二、深入领会"两制一契"干部管理的目的

在之前召开的干部大会上，我已经对公司"两制一契"干部管理的目的进行了系统阐述，绝大多数领导能够理解，但也有少数干部仍然存在理念障碍和思想藩篱，今天我再重述一遍。

一是推动中层管理人员轮岗交流。一方面各位在自身职业生涯发展中不断尝试各种岗位，能够全方位熟悉企业经营管理的各个环节，学到更多知识、提升综合能力。另一方面，随着外部竞争环境的加剧、公司内部集团化的管控模式以及新业态的不断出现，公司需要大量跨专业、跨行业、跨企业、跨文化的优秀复合型人才，这也是我们目前的一块短板，需要通过多岗位历练的方式培育符合企业发展需求的优秀人才。

二是激发中层管理人员的动力和干事创业的积极性。当前，公司正面临各种矛盾，要实现公司发展的质量变革、效率变革、动力变革，跨越70亿的"中等收入陷阱"，到2020年达成百亿目标，我们亟待实现"破局"。要破局，关键就需要我们作为中流砥柱的干部担当、作为。"两制一契"干部管理就是要广大干部把个人的自我实现与公司的战略愿景联系起来，把个人的素质和能力提升与公司加快发展的需要匹配起来，把个人的价值创造和公司的变革创新结合起来，敢于担当、勇于进取、善于作为，汇聚成公司"破局"的磅礴力量。

三是畅通中层管理人员"能上能下"渠道。任期制是一种吸纳择优机制，"两制一契"干部管理的核心就在于打破领导干部终身制，推动形成领导干部能者上、庸者下、劣者汰的"能上能下"机制。任期内，领导干部与企业签订契约，清清楚楚地写明了任期内员工要完成的任务和要达到的目标，中层管理人员的考评、管理和调整有明确的依据，真正实现权力与责任的对等。

三、领导干部后续应努力的方向

一是讲政治、突出政治标准。我曾多次讲过，在国有企业，大家都是"双重身份"，既是企业的职业经理人，也是党的领导干部。作为党的领导干部，我们要始终牢记中央企业、国有企业的根本政治属性，要学习领会习近平新时代中国特色社会主义思想和党的十九大精神，贯彻落实习近平总书记关于"忠诚、干净、担当"以及"政治家加专门家"的要求，牢固树立"四个意识"，突出政治引领、提高政治站位，自觉把思想政治建设和作风建设放在首位，始终拧紧理想信念这个"总开关"。同时，要带头严格遵守党的政治纪律和政治规矩，要有"与人不求备，检身若不及"的精神，时刻自重自省自警自励，努力做到"心不动于微利之诱，目不眩于五色之惑",老老实实做人,踏踏实实干事。

二是善作为、注重业绩导向。2018年,是我们实现"十三五"百亿目标承上启下的关键时期,突破产业瓶颈、加快发展尤其重要。当前和今后一段时期,我们面临的形势依然十分严峻复杂,但仍有广阔空间供我们尽情驰骋。能否化压力为动力,化挑战为机遇,很大程度上取决于在座的各位领导干部愿不愿有所作为、能不能有所作为。我们可以从两个方面剖析这个问题。一方面要有强烈的责任心和事业心,才能驱动领导干部愿意作为。没有责任心和事业心的干部就好比"当一天和尚撞一天钟"的僧侣,安于现状、碌碌无为。在构建和完善与契约化管理方式相匹配的绩效考核机制时,要突出业绩导向,重用那些勇挑重担、敢于担当、业绩突出的干部。在本次竞争上岗中,此种导向很明显,对领导干部的触动很大,后续要继续执行。另一方面要有较高的职业化水平和专业能力,才能支撑领导干部能够作为。在激烈的竞争面前,我们都面临着"本领恐慌",这种恐慌源于时代快速发展,科学技术和管理理念不断更新,源于党和国家赋予我们的责任和使命更重更大。没有如履薄冰、如临深渊的警觉,就会瞬间被时代所摒弃、被行业所淘汰、被对手所超越。因此要进一步创新人才培训培养模式,加强专业技术和管理能力的针对性培养,特别注重实践锻炼在人才培养过程中的根本作用,努力打造一支"对党忠诚、勇于创新、治企有方、兴企有为、清正廉洁"的干部队伍,为公司发展提供坚实支撑。

三是抓党建、共襄党建"金名片"。新修订的《党章》进一步明确了国企党组织的作用,规定国有企业党委(党组)发挥领导作用,把方向、管大局、保落实;国有企业基层党组织,围绕企业生产经营工作。新时代党的建设总要求以及国企党组织的重新定位,为新时代国企党建工作提供了根本遵循。党中央对国有企业党组织功能定位的调整和变化,充分体现了"坚持党对国有企业领导"的重大政治原则。我们各级党组织和领导干部要主动适应新调整、新变化、新要求,深刻认识从"政治核心作用"到"领导作用"的重大意义和本质要求,深入研究和探索企业党委发挥领导作用的体制机制和实现路径。在具体工作中,要高举习近平新时代中国特色社会主义思想伟大旗帜,贯彻落实党中央、国资委党委和中车党委关于党的建设和深化改革的各项重大决策和部署,全面落实中车党建"提质换挡年"的各项工作任务,深入推进公司学习型党组织建设,系统推进党建新"五位一体",强化目标引领,突出问题导向,注重典型引路,共同为打造公司党建"金名片"提供有力支撑。

"宝剑锋从磨砺出,梅花香自苦寒来。"所有的美好理想,都不可能唾手可得,都离不开筚路蓝缕的艰苦奋斗。我们始终要以"朝受命夕饮冰"的事业心和"昼无为夜难寐"的责任感,全力以赴、砥砺前行,为公司"三创三化"战略愿景而努力奋斗。

贯彻十九大精神　加强全面从严治党
为公司加速变革创新提供坚强保障
——在公司 2018 年党风廉政建设和反腐败工作会议上的讲话

党委书记、董事长　周军军

2018 年 3 月 5 日

同志们：

本次会议，既是深入贯彻落实党的十九大、十九届中央纪委二次全会、中国中车党风廉政建设和反腐败工作会议精神的一次重要会议，也是深入推进公司党风廉政建设和反腐败工作的再动员、再部署、再落实，对进一步统一思想、坚定信心，增强全面从严治党的使命感和责任感，保障公司持续稳定健康发展具有十分重要的意义。

过去一年，公司党委、纪委严格贯彻落实中央全面从严治党要求和中国中车党委、纪委的总体部署，系统推进公司党风廉政建设各方面工作，公司各级党组织充分发挥作用，党风廉政建设"两个责任"有效落实；持续加强党风廉政教育和廉洁风险防控，源头治理效果明显；加大贯彻落实中央八项规定精神和"四风"问题的监督巡察力度，作风建设不断巩固加强；扎实做好巡视、审计反馈意见问题整改，依法合规治企水平稳步提升；深入推进"四种形态"实践运用，有效杜绝重大廉洁问题发生。可以说，通过一年努力，继续保持了公司风清气正的良好态势，有力促进了公司各项事业发展。

当前，全党正在深入学习党的十九大精神，贯彻落实全面从严治党各项任务，根据党中央和集团公司党委精神要求，结合公司实际，下面我代表公司党委讲几点意见。

一、深入贯彻落实党的十九大精神，准确把握全面从严治党的新形势

党的十八大以来，以习近平同志为核心的党中央以前所未有的力度管党治党，取得了巨大的改变和成就，为改革发展积聚了强大正能量。但是全面从严治党还远没有大功告成，对此党中央有清醒的判断、严格的要求、具体的部署。习近平总书记在党的十九大报告中强调指出，我们党面临的执政环境仍然是复杂的，影响党的先进性、弱化党的纯洁性的因素也是复杂的，全面从严治党永远在路上，并把坚持全面从严治党作为"十四条基本方略"之一；在十九届一中全会讲话时强调指出，"在新时代的征程上，全党同志一定要按照新时代党的建设总要求，坚持和加强党的全面领导，坚持党要管党、全面从严治党，拿出恒心和韧劲，继续在常和长、严和实、深和细上下功夫，管出习惯、抓出成效"；在十九届中央纪委二次全会上强调指出，"要重整行装再出发，以永远在路上的执着把全面从严治党引向深入，开创全面从严治党新局面"。习近平总书记做出的这些重要论断，充分体现了对全面从严治党面临形势和任务的深刻洞察，表明了全面从严治党绝不是一蹴而就、一劳永逸的，十九大以后全面从严治党只会加强，不会削弱。

从中车去年纪检监察信访举报、纪律审查情况来看，违反廉洁纪律问题占比超过一半，仍然占据首位，违反生活纪律和违反群众纪律问题呈现增多趋势。从中车案件处置情况来看，在信访举报和问题线索数量"双下降"的情况下，立案件数、结案件数、处分人数同比增长，释放出越往后执纪越严的强烈信号。对于党风廉政问题，大家不要存在侥幸心理，一定是发现一起，处理一起。特别是刘化龙书记在中车党风廉政建设和反腐败工作会议重点指出，目前中车在反腐倡廉中还存在一些突出问题：一些党员领导干部政治纪律意识、廉洁纪律意识不强，圈子文化仍有市场，行使权力不够规范，开展恶意市场竞争破底线、闯红灯行为时有发生。对干部廉洁问题的信访举报仍然较多。有的企业对全面从严治党要求落实不力，声音大动静小，特别是违反中央八项规定精神的案件仍有发生。还有一些企业建章立制、从严管理不到位，对干部信任多监督少，严格要求不够，某些领域的管理松松垮垮甚至形同虚设，给小金库、违规交易利益输送等提供了土壤，干部廉洁风险比较突出。这里还要特别强调一下，化龙书记还点出了株洲地区三家企业之间相互请吃的问题，大家要引起高度重视，不可等闲视之、明知故犯。

以此为镜，结合公司实际，我们要认真反思、深刻剖析。从去年中车"机动式"巡视、审计署审计以及公司内部党风廉政建设专项巡察来看，我们或多或少也存在一些问题和不足：个别党员干部对全面从严治党认识不够，思想上有所放松，工作中担当作为不够，只抓业务不抓党建，只抓拓展不抓规范；制度执行情况不严，管党治党基础工作没有按照党委的要求落实到位；基层党风廉政建设工作发展不平衡，子公司纪检监察工作力量薄弱；在员工福利待遇和业务支出中，不合规的现象偶有发生；在贯彻落实中央八项规定中，在部分细节上还做不到位；招标、采购等业务程序、机制建设还不够健全，存在一定廉洁风险等。

当前的形势、任务和问题告诉我们，在党风廉政建设和反腐败这个重大政治问题上，决不能有差不多了，该松口气、歇歇脚的想法，决不能有初见成效就见好就收的想法，全面从严治党必须持之以恒、坚持不懈，公司党风廉政建设和反腐败工作任重道远。

二、坚持在"严"上下功夫，坚定不移推进公司全面从严治党向纵深发展

1. 抓政治建设从严

讲政治不是抽象的，而是具体的；不是一时一地的，而是一以贯之的。加强政治建设，就是要坚决维护党中央权威和集中统一领导，向习近平总书记看齐，向党中央看齐；就是要严肃党内政治生活，严守党的政治纪律和政治规矩，牢记政治纪律"五个必须""十二个不准"，严防"七个有之"，不搞小圈子、小团伙；就是要善于从"四个意识"的高度看待和处理具体问题，坚决贯彻落实党中央和上级决策部署，按照中央和上级要求谋划实施各项工作；就是要对党保持绝对忠诚，也要对企业忠诚，坚信企业的使命愿景，捍卫企业核心价值观。

2. 落实责任从严

要紧紧抓住落实责任这个"牛鼻子"，各级党员领导干部要按照党建和党风廉政建设责任制实施办法，层层压实管党治党政治责任，不能将责任分解变相转化为责任下移，把"履责"变成"推责"。领导干部要主动抓、往深里抓，当好落实责任的领导者、直接主抓的推动者和贯彻落实的执行者，把责任落实到"最后一公里"。要强化问责，对执行上级重大决策部署不力、管党治党主体责任缺失、监督责任缺位、"四风"问题多发频发的，要综合运用批评教育、通报曝光、组织处理、执纪审查、纪律处分等方式方法严肃追究责任，以追责问责倒逼责任落实。

3. 执行中央八项规定从严

近期，集团公司印发了《中国中车深入贯彻落实中央八项规定精神，进一步加强作风建设的实施细则》，各级党员领导干部要认真按照实施细则要求，从严格执行出差交通住宿标准、严格执行出访接待要求、严格执行中车"禁酒令"等一件件的具体事情做起，带头遵守廉洁自律各项规定。对于违反中央八项规定精神，公司将严格按照"三个一律"进行处理。要贯彻习近平总书记近期关于纠正"四风"不能止步的重要批示精神，对照形式主义、官僚主义的十种表现，重点纠正一些党员干部回避问题，表态多调门高、行动少落实差等问题，持续加强作风建设，不断拓展深化落实中央八项规定精神成果。

4. 监督巡察从严

必须把严格日常教育管理监督作为重中之重，整合监督力量，完善监督网络，让党员干部知敬畏、存戒惧、守底线，习惯在受监督和约束的环境中工作生活。要加大"四种形态"中第一种形态运用力度，及时预警问题、发现问题、解决问题。进一步加大公司党风廉政建设专项巡察力度，注重深度、加快清零，避免同一问题重复出现。在整改落实方面，要突出在"实"字上下功夫，在防止反复上建机制，在抓整改巩固上打基础，确保整改工作取得实效。

三、牢记使命勇于担当，进一步发挥领导干部遵规守纪、干事创业表率作用

1. 坚定理想信念

理想信念是事业和人生的灯塔。要稳住理想信念这个"压舱石"，党性教育一刻也不能松，理论武装必须坚持不懈。各级党员领导干部都要自觉用十九大精神和习近平新时代中国特色社会主义思想武装头脑，坚定理想信念，增强中国特色社会主义道路自信、理论自信、制度自信、文化自信。要结合中国中车塑造大国重器、打造受人尊敬的国际化公司的发展实践，以及公司的愿景使命，从我们正在从事的事业中感受力量，增强自信，以崭新的精神风貌走好新时代的发展道路。

2. 严守党的纪律

纪律是党的生命线，是党员做人做事的底线。党的十九大首次把纪律建设同其他五方面建设放在一起，共同构成党的建设新布局。各级领导干部要带头严格遵守党的政治纪律、组织纪律、廉洁纪律、群众纪律、工作纪律和生活纪律，加强纪律教育，强化纪律执行。要管好手中的权力，真正从思想深处解决权从何来、为谁用权、怎样用权的问题，要力戒特权思想，不行不义之举，不谋不义之财。相比之下，公司给予各位领导干部的地位、待遇比较高了，特别是现在公司鼓励大家多做业绩，业绩上去了，地位、收入自然就上去了。大家要好好珍惜当前的发展形势和组织给予的信任，不要因小失大、得不偿失。

3. 勇于担当作为

全面从严治党更要求领导干部要勇于担当、敢于负责。这就要求我们一方面树立正确选人用人导向，强化市场意识，突出能力建设，把适应新时代企业发展需要的干部选出来、用起来、培养好；另一方面，加大整治力度，着力解决"不愿担当、不敢担当、不善担当"的问题。年初，公司开展的中层干部任期制竞争上岗，就突显了这种导向。特别强调的是，要着重加强执行力建设，公司现在的发展方向、目标、路径都很清晰，关键就在于各级领导干部的执行，相关部门要在教育培训、宣传引导、监督改进上进行重点策划，进一步提升公司整体执行力。

最后，公司纪委和各级纪检监察人员要深入贯彻落实党的十九大精神，进一步增强政治意识，带头落实和维护党中央和上级的重大决策部署，协助党委扎实推进全面从严治党任务。要及时跟进党的纪律检查体制改革，适应国家监察体制改革，在新的工作格局中把握好纪检监察工作的职责定位。要严字当头，实字托底，不断深化标本兼治，聚焦主责主业，加强党的纪律建设，要严于监督、严格执纪、严肃问责，把全面从严治党的要求落实到位。要继续深化"三转"，不断提高发现问题的能力和监督执纪水平，让党委及时把握"森林"状况；要着力加强纪检监察队伍建设，教育纪检监察干部忠诚坚定、担当尽责、遵纪守法、清正廉洁，认真完成肩负的使命任务。

同志们，全面从严治党永远在路上。我们要在党的十九大精神和习近平新时代中国特色社会主义思想的指引下，保持政治定力、强化责任担当、坚持问题导向，坚定不移推进党风廉政建设和反腐败工作，奋力展示新时代全面从严治党新作为，为公司加速变革发展提供坚强保障，做出新的贡献！

　　谢谢大家！

拥抱新时代 引领新征程
为公司破局跨越汇聚磅礴力量

——中车株洲电机有限公司 2018 年度工作会议党委工作报告

党委书记、董事长　周军军

2018 年 3 月 5 日

同志们：

　　律回春晖渐，万象始更新！过去的 2017 年是极不平凡的一年，公司在上级党委的正确领导和坚定支持下，团结一致、锐意进取、攻坚克难，经受住了市场格局变化、行业起伏波动等各种考验，再次取得了骄人业绩，经营水平再创新高，党建工作建强提升，在"三创三化"的历史征程中又迈出了坚实的一步。在此，我代表公司党委向奋战在经营、党建等各条战线上，为公司发展做出卓越贡献的广大干部员工，致以崇高的敬意和衷心的感谢！

　　2018 年，我们又将迎来新的开始，迈向新的征程。稍后，安华同志将做经营工作报告，详细部署今年的经营管理工作。在此，我号召各级党政工团组织，发挥凝聚力、战斗力和创造力，带领全体员工紧密围绕各项工作部署，乘势而上，奋发进取、开拓创新、建功立业，全面推进 2018 年各项工作任务落实，打好"五大变革"的攻坚战。下面，我代表公司党委做 2018 年度党委工作报告。

第一部分　2017 年主要工作回顾

　　2017 年，公司党委深入贯彻落实党的十八大、十八届历次全会、十九大以及全国国有企业党的建设工作会议精神，坚持和完善党对国有企业的领导，加强和改进国有企业党的建设，以"保方向、保廉洁、促经营"为党建工作目标，以"抓干部、强组织、严纪律"为工作抓手，融入中心抓党建，管党治党促发展，为公司顺利实现全年工作目标，提供了坚强的政治和组织保障。

　　一、思想领航，凝聚发展共识，战略达成意志更加坚定

　　始终围绕上级方针政策，着力强化理论武装，坚定理想信念。学习宣传贯彻十九大精神，通过集中观看十九大开幕式、开展领导干部联系点、邀请十九大代表讲党课等活动，深刻领会习近平新时代中国特色社会主义思想的精神实质和丰富内涵。不断完善中心组学习、高中层"学习日"的内容和形式，紧密结合公司发展实际，狠抓两级领导班子学习教育，提升理论知识水平。认真学习了全国"两会"、中央经济工作会议、"一带一路"建设、中车深化改革指导意见等大政方针，深入了解国家及中车深化改革发展方向，明晰提质增效、"双压减"等重点工作任务。深入学习高端装备制造业数字化转型等前沿知识理论，并有效运用到经营管理实际中。组织召开了党委专题学习会、党委务虚会，进行战略发展研讨，通过理想导航、思想解放、凝聚共识的"深度会谈"，全面剖析公司发展存在的"十大病症"和面临的"六大挑战"，探寻新形势下公司破局跨越的路径，进一步坚定了达成百亿目标的意志和信心。

二、把关定向，融入治理结构，党的领导作用更加凸显

坚持把加强党的领导与完善公司治理统一起来，推动公司章程修订，进一步明确了党委的法定地位、党建工作的总体要求，以及党组织在决策、执行、监督各环节的权责。修订了《公司"三重一大"决策制度实施办法》《公司党委会会议制度》，制定了公司党委会议事范围清单，有效落实党委研究讨论是董事会或经营层决策重大问题的前置程序的要求。2017年，公司党委共召开了16次党委会，严格按照程序要求参与"三重一大"决策事项55项，对北京公司压减、三年滚动规划、矿用防爆合资项目、《公司新产业发展指导意见》、干部调整等议题进行了研究讨论，有效保证重大问题决策符合上级党组织的方针政策、符合国家法律法规、符合国企应尽的社会责任、符合员工的切身利益。

三、变革机制，激发队伍活力，事业骨干力量更加充盈

健全中层干部管理体系，推进中层干部任期管理。积极贯彻"任期制、聘任制、契约化"干部管理要求，制定了《公司中层管理岗位任期制实施方案》以及《公司中层管理岗位任期制管理办法》等配套制度，建立了中层管理者任期考评机制，分两批完成了所有中层管理岗位竞争上岗工作，干部配置、结构进一步优化，更加契合业务发展和经营管理需要，为加快公司事业发展做好了班子和骨干配备。出台公司领导干部改革创新容错纠错机制实施办法，推动领导干部担当尽责、敢于作为。围绕素质能力加强领导班子建设，组织开展"政治家加专门家"领导班子建设专项活动，对照体系标准进行自我检查，制定措施补足短板。组织高管副职参加中车优秀领导力培训项目，选送12名中层干部赴境外参加学习活动，有效提升了干部的格局视野、领导能力。开展公司副职后备干部考核评价工作，全面总结评价工作绩效，帮助改进工作。在两级领导班子的共同努力下，2017年公司各项任务完成得力，经营、党建、廉政建设等各方面表现优异，公司领导班子有望连续第4年获得中车"四好领导班子"称号。

深化人才队伍建设，构建人才竞争优势。着眼战略引领，细化分解公司"十三五"目标，科学开展人力资源规划，优化资源配置，解决业务需要；全力推进职

业化能力建设，强化人才培训和项目锻炼，完善内培外引机制，有效充实"三横五纵"职业化团队。组织策划第二期"雏鹰计划"特训营项目和后备人才国际化培训，提升后备人才素质能力。

四、固本强基，创新基层党建，党的自身建设更加坚实

以全国国有企业党的建设工作会议35项重点工作任务为主线，全面进行对标自查，推进公司党建工作改进提升。将加强党建工作与建设学习型企业的愿景充分融合，制定了《公司学习型党组织深化建设实施方案》，将五项修炼的科学理论、工具方法灵活运用到党建工作中，深化推进学习型党组织建设。坚持"四同步、四对接"，在新产业单元中同步设置了党组织，成立了总部机关党委，进一步加强新产业平台、总部职能部门的党建工作。开展驻外党员调研，规范驻外党组织设置和党员管理。加强制度建设，新增及修订19项党建工作制度，进一步完善公司党建工作制度体系。制定《子公司党委工作规定》，明确子公司党委充分发挥领导作用的功能定位和职责要求，构成了对子公司党委、党（总）支部及混合所有制党组织完备的管理体系。

积极推进"两学一做"学习教育常态化制度化，组织"走好百亿新征程，喜迎党的十九大"等专题系列活动，基层党组织广泛开展微党课、知识竞赛、主题演讲、专题培训等有声有色的活动。以"强意识、炼修养、职业化"为主题，分批组织全体党员深入革命教育基地开展红色主题教育，增强党员意识，提升职业化素养。加强党务工作者培养，开展公司直属基层党组织书记培训班和二级党支部书记"领头雁计划"培训，组织参加中车基层党支部书记培训示范班，实现了基层党组织书记培训教育全覆盖。推进"四强四优"考评与"一先两优"表彰有机结合，树立党内先进模范典型。开展走访慰问，关心关爱困难党员。

严格落实党费使用规定，加强党委活动经费投入，全年党建工作经费共计支出193.8万元，充分保障了党建工作的开展。在员工职业生涯发展通道中增设党务管理，拓展党务工作人员晋升通道。建立公司党内基础数据系统，实现党组织机构、党员管理、党建重点项目等党建基础工作的信息化。坚持服务与引导相结合，推动各基层党组织结合公司经营重点和自身实际，积极开展"一组织一特色"活动。各基层党组织开展的"奋战四十天，实现双过半""三深化、三引领""做合格党员、促公司发展"等各具特色的党建主题活动，有效解决基层组织在党建、廉洁风险防控、精益生产、产品质量等方面存在的实际问题，形成了党建促发展的良好典范。

五、正风肃纪，抓好教育整改，廉洁风险防线更加牢固

分解落实"两个责任"，组织签订党风廉政建设责任状、廉洁承诺书，推动全面从严治党向基层党支部、党员延伸。加强纪律教育和廉政宣传，通报中车纪律审查情况和案例，学习《央企领导人员违纪违法警示录》《巡视利剑》等专题片；编发廉政教育资料、纪检简报、廉政期刊，推送廉洁文明过春节倡议书，不断扩大纪律教育覆盖面。开展"纪检干部讲纪律"教育活动，起到了以教促思、以思促践的良好效果。

积极配合完成中车"机动式"巡视工作，制定了《"机动式"巡视意见整改方案》，细化分解了61项具体措施，扎实开展整改提升。深化党风廉政建设专项巡察机制，围绕中央八项规定贯彻落实情况以及重点效能监察项目，对本部基层党组织和各子公司实现巡察监督全覆盖。围绕采购招标、干部选拔任用及供方管理等重点领域深入开展廉洁风险排查，针对发现的问题累计下发纪检监察建议书5份，提出整改建议17条。充分发挥督导推进作用，聚焦重大决策执行、"2+2"效能监察以及外租库房资产管理、应收账款清理等，推进实施7项监督监察项目，有效促进提质增效工作开展。

六、文化引导，以党建带群建，企业发展环境更加优化

营造学习宣传贯彻十九大精神的浓厚氛围。制定《公司学习宣传贯彻十九大精神工作实施方案》，充分运用公司网站、微信公众号、《新动力》报等各种载体宣传报道十九大精神和系列活动。引导公司党政工团把十九大精神贯彻落实到实际工作中，形成推动各项工作任务的强大动力。组织开展主题研讨和征文活动，充分学习中车"打造受人尊敬的国际化公司"的深刻内涵。深入推进CIS建设，发布公司深化BI建设实施方案，召开BI启动大会，开展VI督查整改，公司文化建设深入人心，外部影响力持续提升，并再次荣获"全国企业文化建设先进单位"。贯彻将内刊做"深"、网站做"精"、微信平台做"优"的理念，筑牢公司报、网、台"三位一体"的宣传阵地。聚焦新技术、新产品、新业务开展对外新闻报道，制作"一分钟读懂高铁动力"短视频，在"复兴号"命名之际赢得社会各界广泛关注；借助公司与德国森维安订单签约契机，大力开展新闻宣传，塑造了公司在风电领域高端制造的品牌形象；策划公司员工盛金龙、黄光宇等多名能工巧匠登陆央视、快乐大本营等知名媒体栏目，开创了"媒体+"的典型传播方式。制作公司"大国工匠"视频，讲好"高铁工匠"故事，积极弘扬"中国高铁工人精神"。围绕"个人道德、社会公德、家庭美德"，持续开展道德讲堂活动。各单位积极开展志愿者服务、扶病帮困等公益活动，深入践行社会主义核心价值观。公司荣获湖南省"2017年度文明单位"。

进一步加强民主管理，修订了《公司厂务公开实施办法》，完善了公司党政工联席会议制度，公司荣获全国"厂务公开民主管理先进单位"。以"双创"竞赛为主，"节支降本""提质增效"竞赛等为辅，扎实开展23项专项劳动竞赛。深入开展"六送三关注"活动，全年慰问、救助650余人次，发放资金113.7万余元。推进标准化"三线"建设，开展跨国建家活动，走访慰问公司驻外售后服务人员。注重形式创新，引入高雅艺术，开展"中国书法名家进企业""清风徐来"茶席设计大赛、"运动达人争霸赛"等颇具特色的文体活动。开展周末女校"送课下基层"活动，将更多优质精品课程惠及广大员工。成立"班组长协会"，强化班组长队伍建设。接受全国总工会和铁路总工会的考察调研，全国总工会副主席许振超高度赞扬了公司工会和技能人才培养工作。成功召开公司第一次团员代表大会，选举产生新一届团委委员，表彰先进团组织和优秀青年。成立"阅读者协会"，提升青年文化品位。建立"青年安全生产示范岗"，开展"青春建功 青年先行"提质增效活动，获得院士点赞。

第二部分　当前面临的形势、任务和挑战

2018 年是全面贯彻落实党的十九大精神的元年，也是公司推进落实"十三五"规划承上启下的关键一年。站在新的历史起点上，我们必须认清时代形势，增强使命担当，把握发展主动。

一、必须准确把握新时代国有企业发展的新方位

党的十九大报告强调，要加快国有经济布局优化、结构调整、战略性重组，促进国有资产保值增值，推动国有资本做强做优做大，培育具有全球竞争力的世界一流企业。国家也在大力实施创新驱动发展战略，鼓励国有企业以市场为导向，持续加大研发投入，突破和掌握一批关键核心技术，培育一批高附加值的尖端产品，打造一批国际知名的高端品牌，形成一批引领全球行业技术发展的领军企业。公司定位于高端动力装备先锋，树立了"三创三化"的远大愿景，必须紧扣形势变化，准确把握新时代国有企业发展的新方位，做国家战略的坚决践行者。目前，我们的规模和利润分别跨过 70 亿、5 亿大关，在中车站位持续靠前。同时，从经营品质来看，我们已经从精益生产企业成功过渡到精益管理企业；学习型组织理论和工具逐渐深入应用于企业管理；"明德成器　利物益世"企业精神和EVA 核心价值观已深入人心；技术领先实力受到业界的高度认可和推崇，子公司业绩整体持续性快速增长，海外业务成功突破了欧洲高端市场，可以说，我们比以往任何时候都更加接近"三创三化"战略愿景。机遇难得，时不我待，"十三五"后三年尤为关键，我们必须牢固树立和贯彻新发展理念，坚决落实国家战略部署，主动适应市场化、现代化、国际化新形势，大胆变革创新、破解发展难题、厚植发展优势，打好"五大变革"攻坚战，提高创新引领和国际竞争能力，进一步提升企业经营质量和效益，努力在供给侧结构性改革中发挥先锋队作用，在加快建设制造强国中发挥顶梁柱作用，在建设创新型国家中发挥国家队作用，在推动形成全面开放新格局中发挥排头兵作用，为加快培育具有全球竞争力的世界一流企业做出应有贡献。

二、必须深入贯彻新时代国企党建工作的新要求

习近平总书记在十九大报告中进一步强调，在统揽伟大斗争、伟大工程、伟

大事业、伟大梦想中，起决定性作用的是新时代党的建设新的伟大工程，并对伟大工程做出了顶层设计、战略部署，提出了党建新的"五位一体"（政治建设、思想建设、组织建设、作风建设和纪律建设），以及八个方面的重点任务，指明了新时代党的建设方向。新修订的《党章》，进一步明确了国企党组织的作用，规定国有企业党委（党组）发挥领导作用，把方向、管大局、保落实；国有企业基层党组织，围绕企业生产经营开展工作；党员在工作、生活中发挥先锋模范作用。新时代党的建设总要求以及国企党组织的重新定位，为新时代国企党建工作提供了根本遵循。党中央对国有企业党组织功能定位的调整和变化，充分体现了"坚持党对国有企业领导"的重大政治原则。我们各级党组织和党员干部要增强政治敏锐性，提高政治站位，主动适应新调整、新变化、新要求，深刻认识从"政治核心作用"到"领导作用"的重大意义和本质要求，深入研究和探索企业党委发挥领导作用的体制机制和实现路径。同时在加强党建方面，中车党委结合实际，提出深入推进新时代高铁先锋工程，着力打造中车党建"金名片"，把中车党建塑造成为中央企业党建典范的构想，并出台了指导意见和实施方案，这将是中车未来党建工作的大工程、主旋律，也是各级子公司党建工作的总纲领、指南针。我们必须深刻理解新时代党建工作的重点和要点，认真贯彻这些新要求、新部署，不断提高党建科学化水平和工作质量。

三、必须深度思考新时代公司党建提升的新境界

国有企业发展的新方位和国企党建工作的新要求，我们必须一以贯之。同时在当前环境下我们还面临着诸多巨大挑战：寻找发展增量的挑战；利润空间受"双重挤压"的挑战；提升企业价值的挑战；整合效应释放不充分的挑战；知识结构与发展需求不相匹配的挑战；意识作风与时代脱节的挑战。这些挑战，有些需要靠董事会和经营层通过经营管理手段加以解决，有些则需要依靠党组织通过思想政治工作、作风建设、党管干部和人才等手段来加以解决。在自身建设方面，公司党群工作部门和各级党组织近年来做了大量卓有成效的工作，建立了较为完善的党建工作体系，深入推进阵地建设和党建活动开展，管党治党意识不断加强，但我们还面临着党建发展不平衡不充分的矛盾，党建亮点、特色、品牌不够突出的矛盾，干部人才队伍不能完全适应发展需求的矛盾以及党建和经营共融共促不够充分的矛盾。这就迫切要求我们要提升党建工作的境界，有针对性地解决问题。所谓新境界，就是要立足公司破局跨越这个最大的实际，坚持问题导向，想大事、抓要点、守本职，融入中心抓党建，嵌入经营起作用，提升党建工作的价值创造能力，打造株洲电机的党建特色品牌。

新方位赋予新使命，新要求赋予新责任。2018年公司党委工作的指导思想是：深入学习贯彻党的十九大精神，以习近平新时代中国特色社会主义思想为指导，贯彻落实党中央、国资委党委和中车党委关于党的建设和深化改革的各项重

大决策部署，全面落实中车党建"提质换挡年"的各项工作任务，以打造中车党建"金名片"下的子名片为主线，系统推进党建新"五位一体"，提升新境界，展现新作为，把党组织的优势转化为企业发展优势，为实现"三创三化"和高端动力装备先锋提供坚强保障。

2018年公司党建工作的总体要求是：抓住"提质换挡塑名片和水乳交融促经营"两个重点，主要目标是：

——重引领，增强意识。旗帜鲜明讲政治，坚定不移抓党建。强化党建工作的政治引领和思想引领，牢固树立"四个意识"、增强"四个自信"、做到"四个服从"。

——抓执行，落实责任。构建落实管党治党责任完整链条，做好责任分解，把党建工作的部署要求落细落小落实，确保党建工作任务有效推进。

——求实效，创造价值。全面提升党建工作水平，努力提高党建工作价值创造能力，以企业改革发展成果检验党建工作成效，检验党组织的创造力、凝聚力和战斗力。

——创典范，塑造品牌。注重党建工作实践创新，紧密结合形势和实际，在阵地建设、活动开展、管理模式等方面创建工作典范，打造有特色、叫得响、有影响、树得住的党建工作品牌。

第三部分　2018年党委工作策划

一、抓学用、掌全局，把党组织的思想政治优势转化为企业发展的机制优势

深入学习宣传贯彻十九大精神。把着力点聚焦到用习近平新时代中国特色社会主义思想武装头脑上来，紧密结合党中央即将开展的"不忘初心、牢记使命"主题教育，面向全体党员开展多形式、分层次、全覆盖的党员教育培训，在学懂弄通做实上下功夫。坚持和改善党委中心组学习、高中层学习日活动，紧跟国内经济发展新形势、行业发展新动态，结合公司发展需求，做好习近平新时代中国特色社会主义思想在企业的理论应用研究，推出一批具有理论性、创新性、指导性的研究成果，为公司经营发展及党建工作提供理论支撑和实践支持。坚持学以致用、学用相长，突出实践特色，加强贯彻落实，紧扣公司"十三五"发展目标，变革经营理念，创新管理举措，优化资源配置，切实把十九大精神转化为深化改革、加强党建的强大动力和生动实践。

加强政治建设。及时学习宣贯党中央重要会议文件精神，不断增强"四个意识"，严守政治纪律和政治规矩，始终坚持党中央权威和集中统一领导，在政治立场、政治方向、政治原则、政治道路上同党中央保持高度一致。严肃党内政治生活，以新形势下党内政治生活若干准则为依据，从严落实"三会一课"、民主生活会、组织生活会、民主评议党员等党内组织生活制度，认真开展批评与自我批评，不断增强党内政治生活的政治性、时代性、原则性、战斗性。

进一步推动党的领导融入公司治理结构。始终坚持党对国有企业的领导，深入研究和探索党委发挥领导作用的体制机制和实现路径。以规范程序、提高效率、防范风险为根本要求，严格执行公司"三重一大"决策规则和程序，确保党委、董事会、经营层分别依据各自职责、权限和议事规则，讨论和决定重大事项，确保党中央、国资委以及中车各项重大决策部署得到贯彻执行，确保公司法人治理结构高效运转。推动子公司把党建要求写入公司章程，完善党建工作体系，推动党组织发挥作用组织化、制度化、具体化。

二、抓班子、带队伍，把党组织的人才培育优势转化为企业发展的动力优势

选优配强领导干部队伍。发挥党组织的领导和把关作用，按照国有企业领导人员"20字"标准要求，以及中车"政治家加专门家"标准体系，切实把企业发展需要、敢于担当负责的好干部选出来、用起来。弘扬企业家精神，加强机制建设，完善相配套的干部管理标准体系、评价体系、发展体系、监督体系，推进形成分类分级管理、契合公司发展需要的干部管理体系。全面推行以任期制和聘任制为基础、以任期目标责任书为基本形式的中层管理岗位契约化管理模式，将任期考评结果运用于干部任免。落实领导干部改革创新容错纠错机制实施办法，营造包容鼓励环境，激发干事创业热情。健全与管理方式相匹配、与经营业绩相挂钩、差异化的领导干部激励考核机制，让担当有为的领导干部赢得地位和回报。系统开展中层干部执行力建设，组织对中层干部的执行力评价、培训以及行为改善活动，建立执行力改善的长效机制。加强公司本部和子公司之间、不同业务岗位之间、不同业务板块之间的中层干部的交流锻炼。坚持严管和厚爱相结合，落实领导干部个人事项报告制度，加强领导干部日常管理和监督教育。

加快构建人才竞争优势。突出"人力资本"理念，围绕公司发展战略，做好"人力资本"配置及协同，提升人才效用和价值创造。聚焦职业化能力建设，积极培育职业化精神，制定职业化人才发展计划，构筑核心人才梯队，推进人才发展与公司业务发展高度匹配。围绕新产业和海外业务，做好内部培养和推进"全球引智"，重点培养和引进高端紧缺型、国际化人才。着眼于公司长远发展，加强后备人才队伍建设，完善政策制度，拓宽来源、优化结构，注重将后备人才放到业务一线锤炼，综合考察公司第一期后备人才的综合能力，开展第二期后备人才选拔。

三、抓自身、创价值，把党组织和党员的先进性优势转化为攻坚克难的组织优势

落实党建工作责任。深入贯彻《中国中车党建工作责任制实施办法》，制定《公司党建工作责任制实施细则》和《党建工作考核评价办法》，完善公司党委、基层党组织及班子成员履行党建工作责任的主要内容、具体方式以及考核、监督方式，形成主体明晰、责任明确、有机衔接的党建工作机制。注重党建工作价值创造能力的考评，由"定性"向"定量"转变。

突出"三基"建设。以提升基层党组织组织力为重点，健全基本组织，建强基本队伍，落实基本制度。认真贯彻"四同步、四对接"要求，在公司组织机构调整、投资并购、海外业务开展的同时，同步开展党建工作。加强党务干部队伍建设，建立党务干部培养长效机制，推进党务、经营人员交流锻炼，充实党务工作者力量。充分利用中车党校等内外部资源，有计划地开展党务干部教育培训，增强党建意识、提升业务能力。以"岗薪晋级＋层级评定＋专项奖励"为主要途径，探索建立基层专兼职党务工作者激励制度。加强对基层党建的督导检查，针对部分党建基础薄弱的单位，开展"帮扶带"工作，列清单、明责任、抓整改，进行"点对点"帮扶，切实解决党建工作发展不平衡不充分的问题。

加强党员教育管理。持续推进"两学一做"学习教育常态化制度化，结合公司职业化队伍建设，加强党员队伍的党性教育、宗旨教育，牢记"党员身份"，强化"党员意识"。严格把关，把政治标准放在首位，重视从生产经营一线的优秀青年、技术能手中发展党员。注重发现培养宣传各个层次、各个方面的先进典型，深入推进以"先锋"为主题的"一先两优"评选活动，着力塑造一批先锋基层党（总）支部、先锋党小组、先锋党员。充分发扬党内民主，畅通党员参与党内事务、监督党的组织和干部、提出意见和建议的渠道，更好地调动广大党员的积极性、主动性和创造性。

打造党建工作品牌。对接中车党建"金名片"建设要求，与公司学习型党组织建设紧密结合，进行整体思考，加强顶层设计，统筹谋划实施，逐步推进"九个一"工程。积极探索党建工作项目化的管理方式和工作机制，借鉴项目管理经验，对党建项目实施全过程管控。牢固树立"党建＋"理念，丰富党建工作内涵，推进以"一组织一品牌"为主线的基层特色主题党建工作，打造形式各样、主题鲜明的基层党建工作品牌。推动基层党组织活动载体、工作方式、运行机制等方面的工作创新、制度创新，使党组织活动更好地融入中心工作、融入党员需求、融入群众关切。结合中车统一规划，加快推进党建信息化，探索建立公司党建移动平台，提升党建工作效率实效，增强时代感和吸引力。

四、抓廉洁、守底线，把党组织的党风廉政建设优势转化为廉洁从业的作风优势

强化不想腐的自律意识。深入学习贯彻十九大、十九届纪委二次全会、2018年中车党风廉政建设和反腐败工作会议精神，强化责任担当，坚持问题导向，保持政治定力，坚定不移地推进公司反腐倡廉工作。加强纪律教育，活用典型案例、丰富方法载体，教育党员干部不断提高思想政治素质、增强党性修养，知敬畏、存戒惧、守底线。强化纪律执行，重点强化政治纪律和组织纪律，带动其他各项纪律在各级组织和党员干部中严起来、立起来。

完善不能腐的约束机制。按照中车纪检监察体制改革的统一部署，推进公司纪检监察体制改革，构建党委统一领导、全面覆盖、权威高效的监督体系，落实监督责任，整合监督资源，形成监督合力。制定"不能腐"体制机制的实施细则，加强制度流程建设，扎紧制度"笼子"，健全权力配置机制、权力运行制约机制、权力监督机制、不当用权防范机制。围绕关键岗位、关键领域和关键环节，积极探索有效的监督方式，逐步完善廉洁风险防控体系。抓好中车"机动式"巡视反馈问题建议的整改，注重举一反三，巩固整改成效。加强子公司党风廉政建设工作，提升母子公司一体联动水平。深入开展提质增效、"两金"压降、资产清查和采购招标四项监察，服务公司改革发展大局。

加大不敢腐的惩戒力度。结合新要求、新举措，进一步修订《公司党委关于深入贯彻落实中央八项规定精神的具体措施》，切实抓好制度执行。关注"四风"问题新表现新动向，一个节点一个节点坚守，一个问题一个问题解决，做到有的放矢、对症施治，坚决防止"四风"反弹回潮。认真执行监督执纪工作规则和中车纪律审查工作要求，充分运用互联网和信息化手段，畅通信访渠道，加大问题线索处置和执纪审查力度。健全完善践行"四种形态"的制度流程，坚持抓早抓小，发现苗头及时纠正，关口前移、防患于未然。严格执行"一案两报告"和"一案双查"。

五、抓文化、塑品牌，把党组织的宣传发动优势转化为企业持续发展的文化优势

做好员工思想教育引导。加强形势任务教育，做好对公司经营及党建工作新形势、新情况、新问题的调查研究，及时化解突出矛盾、理顺情绪，营造稳定发展环境。教育引导党员干部强化变革创新的发展意识，克服因循守旧的思想障碍，突破裹足不前的行动步伐，争做发展的执行者、先行者、引领者。调动一切积极因素，凝聚各方力量，形成发展合力，把公司全体员工的思想和行动汇聚到实现"三创三化"的"电机梦"上来。

加强企业文化建设。树立世界眼光，坚持"开放、兼容、学习、整合"，广泛借鉴国外先进企业的优秀文化成果，塑造具有时代特征又独具魅力的企业文化。制定公司企业文化建设实施方案，进一步推进企业文化建设落实落地，努力培育EVA 文化、客户文化、创新文化、执行力文化、工匠文化等独具公司特色的文化体系。总结 BI 建设阶段性成果，推进 BI 建设有机融入各项管理。加大 VI 督导力度，实现指示系统、包装系统、管理信息系统等 VI 的统一规范，推动企业形象"升级"。

加强品牌建设和推广。制定品牌战略，从品牌价值、形象、传播、管理四个方面逐步推进"大品牌"体系创建工作。精心打造多功能线上线下"智慧展厅"，高标准策划展览会，创建企业品牌与商务活动窗口。注重正面宣传、主动发声，充分运用微信、微视频等新媒体，结合改革开放40周年、"一带一路"建设、国有企业改革等社会关注热点，加大企业改革发展和党建特色亮点的宣传推广力度，讲好株洲电机发展"新故事"，提升品牌美誉度和公司影响力。加大舆情监测研判和处置力度，做好舆情和热点问题引导。

推进精神文明建设。认真践行社会主义核心价值观，弘扬中华传统美德，深入开展宣传教育活动，加强党员群众道德修养，培育良好道德情操和家风。把弘扬"中国高铁工人精神"与践行"明德成器　利物益世"企业精神和"工匠精神"相结合，深入挖掘、宣传典型人物和事例。

六、抓凝聚、惠民生，把党组织的群众工作优势转化为和谐发展的环境优势

完善民主管理体制机制。健全落实好以职代会为基本形式的民主管理制度，按照《公司厂务公开实施办法》要求做好各项业务公开，推进职工代表巡视检查和厂务公开督查，全面落实职工群众知情权、参与权、表达权、监督权。

发挥工会组织桥梁纽带作用。系统策划"双创"劳动竞赛及主题劳动竞赛，注重各项竞赛的协同性、互补性、科学性，突出业绩导向、能力导向、问题导向。持续推进以"大众创新"为主的群众性创新活动。结合"金蓝领工作室"创建，深入开展"劳模创新工作室"建设，在人才育成、创新创效上再出成果。积极履行"两关心双维护"职责，精简工作流程，加大帮扶力度，推进"精准帮扶"。持续改善作业环境，提供心理咨询服务，关爱员工身心健康。充分发挥工会三级劳动保护监督网络作用，推动安全生产。深入挖掘员工需求，注重培养高雅情趣，丰富周末女校、心悦联盟、员工大众运动会等品牌活动。加强"班组长协会"建设工作，着力打造职业化班组长队伍。

发挥青年生力军作用。找准工作坐标，切实围绕企业生产经营，搭建聚合服务平台，推进"青春微积分"项目，引导青年在企业变革发展中创新创效。倡导书香文化，深入推进"阅读者协会"建设。抓好青年思想教育、素质提升、技能培养，持续开展青年喜闻乐见的活动，增强青年对企业的认同感和归属感。

同志们，千钧重任再出发，百亿征程正当时！迈向新时代，我们面临的任务繁重而艰巨，肩负的使命崇高而光荣，让我们以更加昂扬的斗志砥砺前行，坚定不移地推进公司"十三五"战略，努力开创党的建设的新局面；引领公司破局跨越的新征程，为公司实现"三创三化"战略愿景汇聚磅礴力量！

以强大的执行力达成愿景

——在中车株洲电机有限公司 2018 年工作会议上的讲话

董事长、党委书记　周军军

2018 年 3 月 5 日

同志们：

今天我们召开 2018 年工作会议，目的是回顾过去，总结经验，分析形势，谋划未来。会议期间，我和安华同志分别做了工作报告，对今年的党建和经营工作做出了具体的安排部署。希望大家认真研读领会，做好宣贯落实。刚才，我们还举行了各单位党建和经营目标责任状签字仪式，各单位、各子公司要不折不扣落实好责任状和责任书要求，动员组织全体员工，立足岗位职责，勤奋扎实工作，全面落实好年度工作目标。

2017 年，面对严峻复杂的经营形势和市场变局，公司上下积极应对，团结协作，奋发有为，夯实轨道交通、风电领先格局，开启新能源汽车驱动、高速永磁电机和特种变压器等新产业规模化发展道路，超额完成了中车下达的经营业绩考核指标，在中车效绩考评中排名 A 级企业，并荣获了"突出贡献奖"，较好地实现了国有资本的保值增值。这些成绩的取得，离不开各级班子的敬业尽职，离不开广大员工的艰苦努力。在此，我代表公司，对各级班子和广大员工卓有成效的工作和取得的成绩表示衷心的感谢！

2018 年是贯彻落实党的十九大精神的开局之年，也是实施"十三五"战略承上启下、继往开来的关键之年，在这个关键时期，如何将我们的战略落地，如何把挑战转化为前进动力，把机遇转化为发展红利，推动公司持续成长，是我们最近着力思考的问题。应该说，这些年，通过大家的一致努力，公司基本完成了核心理念、组织愿景、价值主导、战略目标和产业发展的总体策划。公司战略、经营、管理和文化的架构、方法、路线应该说是比较清晰的，决策是有效的，问题的关键就是执行落地。所以，这次会议的目的，就是在实现"顶层设计"之后，致力于全公司的执行力建设。在此，我们突出强调，强大的执行力是优秀组织的基因特征。我们还没有找到一家空谈战略、经营、管理和文化而得以生存发展的企业。所谓战略落地、经营改善、管理提升和文化创新，说的就是执行，说的就是把我们的"顶层设计"变成各个层次的具体的工作态度、工作能力和工作绩效。

一、没有执行，战略只是纸上谈兵

迈入"十三五"之际，我们全面总结发展实践，认真研判形势，立足自身实际，提出了"三创三化"的战略愿景，明晰了战略方向、目标任务和路径策略，但回顾审视近两年发展，公司在百亿规模达成、国际化经营落地和核心能力建设等方面仍存在诸多问题。自2014年以来，历年来的经营工作报告围绕公司战略、经营、管理，对目标、项目和任务做出了详尽的安排，公司发展路径的设计已经比较清晰，我们在董事会、总经理办公会、月度绩效讲评会、务虚会等会议上对整体工作策划也越来越翔实周密，然而我们的很多策划、想法、工作项目和任务没能落实下来，或信心不足，或徘徊观望，或心有余悸，或捉襟见肘，或力不从心，或南辕北辙，都在一定程度上妨碍了目标任务的达成。

我们内部明确了2020年达成120亿元的目标，对中车上报了100亿元的目标，无论是自身发展的需要，还是作为中车核心一级子公司的担当，我们都必须加快迈向百亿目标的步伐。但近3年，公司销售规模始终停留在70亿左右，轨道交通、风力发电作为公司的支柱型业务正经历由增量时代到微利时代的洗礼，遭遇产业发展天花板，难以形成更大的跨越，虽然通过召开"两海"风电战略实施大会，明确了"两海"战略和路径，能否达成目标仍取决于我们执行的效度。而我们从2015年新产业研讨会确定的，作为弥补百亿缺口、保持持续发展的"3＋X"新产业构想，到现在已经是第三个年头，总体规模尚未达到规划目标的十分之一，对公司营业收入总体贡献还不到5%。其间，在各种产业研讨和务虚会上，主要业务单元都表现出了对达成新产业目标的信心和决心，并制定了详细的实现路径，但各产业执行情况参差不齐。（新能源汽车驱动产业团队本着项目只许成功、不许失败的理念，不抱怨不等待，在技术优化、成本管控、供应链建设、项目执行、市场开拓等方面开展了一系列创造性的探索和尝试，将不可能变为了可能；高速永磁电机产业，虽然当下遇到一些技术上的难点、可靠性的问题，但这不应该是借口，更多的是要想办法，协调、聚合资源解决问题，事情一件一件抓，一项一项落实，干一件成一件，积小胜为大胜。）

近年来，公司"三化"中专业化和集团化的形态已经初步形成，但国际化仍处于起步阶段，海外业务和国际并购进展均十分缓慢，成为我们战略达成最大的掣肘。海外业务方面，公司于2012年成立海外营销部，至今已有近6年时间，业务拓展尚属星星之火，虽然目前在森维安项目取得阶段性进展，但项目风险与机遇并存，若执行成功，公司独立出口业绩有可能实现新的跨越，若执行不成功，极有可能对公司造成打击。国际并购方面，集团公司和厂、所等兄弟单位都在持续积极推进，甚至我们身旁的联诚都已有所建树，公司近年来也通过VEM、ROSE

等项目对国际并购进行"真刀真枪"地探索和尝试，但并没有取得实质性突破，当务之急就是要加快推进跟踪和接触的项目，不管全资还是控股，要尽快形成实质性突破，弥补国际化的短板。

面对"三创三化"这一美好的愿景，我们深感多方面能力的不足，通过内部诊断和外部对标，顶层设计了《确立竞争优势的企业能力行动纲要》，启动了能力建设工作。近两年，能力建设从思想层面已成为公司上下的一致共识，但能力落地仍基本停留在文件阶段，没有可衡量标准，也没有相应的检查反馈机制，缺乏真正的执行。成本管控不足，盈利模式单一，利润空间承受"双重挤压"；资本经营理念不够深入，未能最大化现有的资本价值；产业链合作、产融结合等新商业模式有待探索；组织出现结构性懈怠情绪和现象，以改善为导向的组织绩效体系需加快优化；支撑公司专业化发展战略的职业化水平、执行力和行动力不够。如果没有强有力的能力支撑，战略目标将难以实现重大突破。

我们能做什么？我们的唯一应对就是变革，舍弃温室效应，摆脱中等收入陷阱，以强大的执行力确保变革达成而换得未来的新生。对于形势的分析和任务安排，在年初党委务虚会和经营工作报告中都进行了强调和部署，我们后续要做的就是执行，通过一个个具体项目的执行、一个个细节的优化，提升战略落地的效度。

二、没有执行，管理只是空中楼阁

领先的管理体系是高效执行力的内核和保障。纵观全球知名的卓越企业，唯有以领先管理体系为内核的强大执行力，才能将美好的战略愿景转化为眼前的现实，方能支撑永续经营。对标卓越企业，我们的管理格局不大、标准不高、应对不快、发力不猛。格局不大，即发展视野和目标不高；标准不高，即对标标杆局限、定位不高；应对不快，即内部市场化的机制变革步伐慢；发力不猛，即决策执行进度不快、管理不严不细、变革的下力不狠。我们要对标 ABB、GE、三菱、发那科等国际标杆企业，不断超越现有的管理知识和能力，提升组织效能、狠抓绩效管理和提高项目管控能力。

组织效能是蕴藏在组织中的潜在的效用能量，包括静态的组织架构和动态的运行体系两个部分。当前，公司支撑百亿规模的产业形态基本确立，但组织变革的力度不大、步子不快，组织结构对产业的支撑力度不够；思维模式仍停留在生产制造型企业，较专业价值创造型企业仍有差距；总部职能服务侧重于轨道交通板块，对新产业、子公司的帮助和支持不够；内部客户意识不强，市场压力不能有效传导，经常出现推诿扯皮。这些问题耗费资源和精力，严重制约了组织效能的发挥，我们必须要加快探索和实施适合自己"体感"的集团化架构和运行机制。要坚持战略导向和市场驱动，按照"平台化＋专业化"原则，研究制定并择机实施"战略管控＋价值创造"的未来集团化组织架构方案。打造专业、高效、精干的总部，横向推动服务职能和核心资源经营平台化，纵向提升战略、财务、人力、信息化等专业职能一体化管理能力，通过主价值链经营协同和副价值链的服务提升，增强内部凝聚力和外部市场张力。落实好新产业"1+17"政策体系，完善创业、创新、充满活力的专业化业务经营单元，做大做强子公司，发挥好工作组、项目部、事业部等多种组织模式优势，快速取得产业新的突破。要以此次SAP项目实施为契机，变革理念和机制，真正建立起以市场为牵引，以客户为中心，以价值为导向的高效运行机制。加快建设基于价值创造的经营型组织运作模式、基于契约制度的内部结算体系和基于市场化的内部资源共享机制，以价值引导要素流向，将外部的市场和客户压力传导到内部非市场主体单位，使内部上下游之间形成明确的市场交易关系，提升全员市场意识和价值创造意识。

绩效是执行的结果性标尺。公司的组织绩效和个人绩效方面仍存在较多问题：组织绩效方面，考核没能追溯到问题源头，绩效改善机制不完善，没有形成倒逼改善的压力和动力，监督检查力度和覆盖面不足，内部考核输出不够充分，存在好人现象；个人绩效方面，一些考核事项不能有效落到个人头上，不能有效引起员工的痛感，激励体系与绩效体系存在偏差，不能引起员工的饥饿感，艰苦奋斗员工的贡献与所得匹配度不高，使得部分员工安于现状、小富即安，奋斗激情衰减，挫伤了工作积极性和创造性。因此，要改善组织绩效。我们要以客户价值为出发点，以价值创造为目标，以改善为核心，加快完善基于竞争能力提升、以业绩改善为导向的绩效体系，加大对潜藏的深层次问题的思考，深度挖掘问题的根源，在源头从制度和流程层面推动管理水平提升。要改善岗位绩效。结合公司发展战略和经营目标，实施标准化岗位管理，设置可量化的刚性的岗位指标体系，从考勤管理、制度执行检查等管理约束层面，以及薪酬激励、职业发展、评优评先等正向激励层面入手，狠抓员工个人绩效提升，鞭策和激励广大员工尽心尽力、尽职尽责。要强化考核效度。落实好PDCA闭环管理机制，加大重大决策和重要会议决议的定期监督检查力度，深入了解影响执行的问题因素，帮助协调督促达成既定绩效指标，千方百计确保公司发展目标的达成。

项目管理是执行力的有效提升工具。项目管理的核心就是性价制胜，性指的是产品的高品质，价指的是产品的价格和成本。近期国内几起动车组故障，虽然不是我们的产品引发，但必须引起我们高度警惕，必须站在客户体验的角度做好既有质量问题整改，必须举一反三、引以为戒确保产品实物质量。（1月25日，由长客股份CRH380BL车承运的G281次列车运行途中电气设备发生故障并冒烟，临时停靠安徽定远站后，2号车起火车体被烧穿。2月初，长客复兴号标动列车在站点即将发车时，装载的由永济公司提供的牵引电机轴承温升报警，严重影响列车运行秩序，临时更换2列车。）成本高企已经成为影响拓展新市场、开发新客户的关键因素。因为成本控制的问题，一些国际风电企业的订单不敢接，一些市场型订单拿不下。时代电气明确向公司提出，如果能将价格控制在 3000 元以内，便可获得其全部 180 万套乘用车电机订单，但我们项目成本就是控制不住，别人可以做，我们做不下来，核心还是项目执行问题。作为市场经营主体，生命力的标准就是执行力。同样是消化系统，狗只能吃肉，而狼连毛发都能消化，所以狼的生命力远远强于狗。同样低价的订单，别人能消化，我们就不能，核心还是消化系统的执行力不行。因此，面对市场苛刻要求，我们必须要保持对市场的敬畏，通过深化内部变革，通过提高项目管控能力来增强对市场的适应力。要对标国际标准。通过森维安等重点项目的运作实施，全面建立以市场为导向、比肩国际一流企业的完整意义的项目管理运作模式，使项目能力成为公司赢得新客户、拓展新市场的靓丽名片，成为提高竞争力的核心手段。要提升品质保证能力。要积极倡导全员参与、"零缺陷"品质理念，推进设计源头品质改进、供应商品质能力提升、工序品质改善和品质预防分析，持续做好产品品质提升。要优化产品成本。实施目标成本控制体系，以市场价格倒逼核算材料、人工和制造成本，从设计、制造、供应链和管理等环节深度挖掘降本潜力，增强产品的市场竞争力。

三、没有执行，文化只是仪式符号

企业要富有执行力，就必须将执行力形成一种文化，使其成为企业文化的一个组成部分，才能使企业的每一个员工理解并深入实践执行力，执行力才能充分发挥作用。所谓执行文化就是把"执行力"作为所有行为的最高准则和终极目标的文化，其关键在于透过企业文化塑造和影响企业所有员工的行为，进而提升企业的执行力。其关键维度有三项：一是能够有效实施的责任体系；二是能够持续改善的行为自觉；三是全员职业化。

构建完善的责任体系。责任是企业的生命线，是做好一切工作和事业的基础。责任体现在能正确理解公司的战略，能够分解公司的战略，更重要的是分解战略责任。要建立两级责任分解体系，一是要将公司总体战略，分解为三年滚动规划，分解为年度经营计划，分解到各单位、各子公司，真正将战略责任落到实处；二是要将指标从高管到中层，再到员工，进行层层落实，真正达到人人头上背指标的状态。责任是选择，也是承诺，接受了任务就意味着做出了承诺，承诺了就要兑现，就要不折不扣的执行，没有任何借口和理由。要建立与责任分解体系相配套的约束机制和问责机制。一方面，要建立完善的以绩效结果为导向的约束机制，绩效与薪酬挂钩，绩效与职业发展直接结合，并按照"热炉法则"的 4 个原则严格奖惩(警告性原则：热炉火红，不用手去摸也知道炉子是热的，是会灼伤人的；一致性原则：任何时候碰到热炉都会被灼伤；即时性原则：当你碰到热炉时，立即会被灼伤；公平性原则：不管是谁碰到热炉，都会被灼伤)。另一方面，要切实建立责任问责机制。执行的关键在中层，今年要特别加强中层干部的执行力培训，避免公司的举措"中梗阻"。党委干部部要深化"三化一契约"干部管理机制，使"重新归零、公平竞争、再次出发"成为常态；纪委要充分发挥好监督执纪的作用，加强执行力的监督检查，加大追责问责力度，使那些真正创造价值的人能够脱颖而出获得回报，使懒人、庸人及占着位置不作为、不创造价值的人出局。

持续推进学习型组织建设。所谓学习型组织，就是既有自发改善愿望又具备有效改善能力的组织，个人犹是如此。所谓执行，仍然是执行的愿望＋执行的能力。这是精益改善、组织学习和执行力养成的共有要素。我们一定要运用好学习型组织这个工具。通过共同愿景和改善心智模式的修炼打开心灵上的内在动因，培育员工的责任心、中层的上进心和高层管理者的事业心，这样执行力就有了支点。通过自我超越，组织中的成员都可以从学习中提升能力，能力越高，执行力就越高，一些看似不可能的将变为可能。通过团队学习，集合群体智力，以更高标准反思公司的发展战略、经营策略、客户资源、组织形态、商业模式等方面的现状和问题，制定系统性、全局性、长远性的解决方案，形成从认知到执行的高度一致，推动工作项目落地。通过系统思考，企业全体人员在战略目标的引导下，加强纵向和横向沟通协调，强化部门内外团队协作，提升学习创新能力，加强企业管控体系，这些都构成了执行力的运营流程，并在此基础上形成稳定的、共识的、长远的执行力文化，这将对企业战略制定和全体人员自身价值、情感、思想和领导及执行行为提供健康的、持续的、稳定的影响和渗透。

努力打造职业化团队。职业化的核心是执行力养成。公司人的职业化程度构成企业的专业能力，而公司的专业化能力直接导致竞争环境中的市场效度。要在资源安排上下功夫，核心是要加快构建职业化的标准、规范和制度，并辅以相应的成长管理机制、培训提升体系、项目实操实践、双向考核评价等多种工具手段，并针对不足进行再培训、再提升，全面提升全员职业化水平。对于作为公司中坚力量的所有中层管理者，从公司层面要围绕执行力，对战略的理解、管理的执行、个人良好的职业操守等多维度进行全面的训练、评价、考核；从个人层面，要开阔视野格局，着力提升对市场、客户、行业趋势的洞察力，基于战略应对市场的随机决断能力，跳出专业和产业局限的跨界能力，跨越部门和业务边界的协同能力。对于基层员工，职业化主要体现在对每一项任务、每一件产品、每一道工序都做到凝心聚力、精益求精，追求极致。

以上就是确保今后达成工作目标任务的"督战"办法。希望大家形成共识，咬定青山，担起责任，不断超越，一步一个脚印，坚决实现我们的愿景。

做新时代优雅的职业女性

——在 2018 年度公司女工工作总结表彰大会上的讲话

党委书记　董事长　周军军

2018 年 3 月 12 日

女工同志们：

　　大家好！

　　早春三月天，芳华尽开颜。在这个春暖花开的时节里，能够参加我们像春光一样明媚的女工同志们的盛会，我感到非常愉快。虽然三八节刚刚过去，但是我还是要向在座的各位女同志们，并通过你们向公司全体女工致以亲切的问候和美好的祝福！祝你们青春永驻，生活美满，家庭幸福！同时，也代表公司向刚才受到表彰的先进集体和先进个人表示热烈的祝贺！

　　自公司成立以来，女工工作总结表彰大会已经是第八年了，作为党委书记，我这是第六次参加这个会议，我很欣喜地看到，随着公司的发展，公司女工以及女工工作有了长远的进步。在公司各个领域、各个岗位上，到处都有优秀女工的身影，她们不仅不比男同志做得差，在某些方面超过了男员工。在生活上，她们更是多才多艺，能歌善舞，开朗大方，对生活充满了热爱和激情。近年来，女工工作者们也做了很多卓有成效的创新工作，芭蕾、戏曲、花艺、茶道、手工、瑜伽这些形式丰富的高雅活动，已经渐渐融入我们女工生活的日常，"周末女校"、EAP 服务中心等一批有影响力的优秀品牌正在形成，在陶冶情操、提升修养、提高品位、增强体面度上起到了很好的作用。刚才的旗袍秀表演就是其中的一个缩影，让人如沐春风，充分展现了电机公司女性之美。应该说，在整个中车，我们的女工工作都是值得称道的，在此，也感谢女工工作者们的辛勤工作和付出。

　　刚才，卢沙衡同志做了《内优素质，外树形象，全力打造女工工作金名片》的报告，全面总结了女职委过去一年来的工作成果，对新一年女职委工作也提出了很好的设想，我完全赞同，也希望大家再接再厉，进一步贴近公司发展大局谋划好女工工作，推动女工工作再上新台阶。借此机会，我也代表公司对女工同志们和女工工作者提几点希望。

一、提升职业素养，展现代女性的职业风采

作为一家央企，株洲电机女工的比例是比较高的，在我们的生产一线、技术岗位和管理岗位有一大批的女性员工。公司今年"两会"上着重强调了职业化能力建设。关于职业化，女员工的职业化是公司职业化能力建设的重要组成部分。2012年三八节我讲过女性穿戴的事、2015年我讲过女工学习化和知识化对颜值的影响。其实说到底，核心就是要提高职业素养，做现代职业女性。一个职场女性只有具备了职业素养，才能真正融入职场、表现卓越。一是要培养优秀的职场礼仪。从外形、装束到谈吐，一点一滴地养成良好的职业素养，才能表现出女性的自信、从容和亲和，才能赢得同事和客户的尊重，也才能赢得男同胞的尊重。二是要有良好的职场心态。要不骄不躁，永远都有一种"行到水穷处，坐看云起时"的好心态，乐观和淡然地看待周遭事务。三是要树立职业精神。最体现职业精神的行为就是敬业，一个敬业的人在工作中碰到问题时，会付出最大努力去解决；一个敬业的人会把一份工作当作自己的事业去做，从而成就事业，实现自我价值。四是要有学习精神。女性在职场，感性思维较强，理性思维相对较弱，容易对一些产品的细节、性能、数据化指标等缺乏了解和理解。在我们从事制造业的企业，从事产品工作，必须沉下心来，认真学习专业知识，不断提高业务素质，唯其如此，才能树立专业的形象，才能有所作为。五是要有行动力。女性有较高的情商，但也往往容易受情绪和情感影响，更需要良好的行动力来推动执行。希望我们的女同胞们深刻理解职业化的内涵，提升自身职业素养，演绎好现代女性的职业风采。

二、提升修养和生活品位，做自带光芒的现代女性

什么是品位？它是一个人的品质，趣味，情操，修养。对生活不同的感受和态度体现出一个人品位的高低。品位高的人，生活优雅、精致、有情趣、有格调、有追求、有意义，品位低的人生活粗鲁低俗，愚昧无聊。要提高自己的生活品位，最重要的一点就是要提高修养。一个有修养的女人静若幽兰，芬芳四溢，不会随着岁月流逝而渐失光泽，而只会越发显得耀眼迷人。修养，一是要注重品格的修养。品格的修养，是一个人的最根本修养，它能从内在提高一个人的品位。一个人品格高尚的人，就会有博爱与仁心，自信而干练，情感丰盈而独立，那么这个人所表现出来的品位自然是高的。第二是注重文化艺术的修养。"腹有诗书气自华"，书籍是美丽不可缺的养分。书读多了，自然就有了气质和内涵，言谈举止就会优雅文明。我们去年组建了"阅读者协会"，女工同志们不妨业余多参加协会的读书活动，通过读书来增益自身。其次，艺术修养有助于提高一个人的审美情趣。学习设计和美术，就会懂得色彩的搭配和谐，穿着打扮上就自然会优雅脱俗，在居家的布置上也会别具一格，饶有情趣。学习音乐舞蹈，举手投足的体态，说话的声音、表情等都会自然而然地表现出一种美感。我们周末女校近几年开办

的芭蕾、瑜伽、茶艺、插花、音乐等内容，就体现了公司对女工的这种导向性。当一个人潜心于文化艺术时，就会慢慢摒弃一些低俗的习惯和爱好，一点点雕琢和重塑灵魂。女性由是如此，周身散透出超然的气质，自带光芒，笑看岁月，美丽依然。

女性本来就比男性更富于人性的某些原始特质，例如情感、直觉和合群性。我们的女工在工作和学习中，往往要承担更加复合的职责，面对的矛盾更加复杂，稍有处理不好，比男同胞更容易引起情绪上的波动、工作生活上的不稳定，这就需要我们女同胞们理顺情绪，正确理解和处理好职场和家庭的关系，发挥女性柔性特质，化解好矛盾。一是扬长避短、游刃职场。职场是由一群性格不同、目标不同、意向不同、想法不同的人组成的大家庭。时下流行"女汉子"，一方面，必要时不要把自己当女性，摒弃女性的优柔寡断、碎片化、情绪化等弱点，要率性而为、雷厉风行。另一方面，大部分时间里不要忘记自己是第二性，工作中把细致认真、柔韧坚强特质放大，把优雅知性、温暖大方等优点融入工作，让工作的旋律更加和谐，让同事之间的关系更加融合。二要善于担当，建设美好家庭。作为现代职业女性，仍然要克服工作的压力与辛劳，去操持好家庭的大事小事，去支持理解好家里的另一半，要多一分细致，多一分鼓励，多一分关爱，用自身魅力将家庭经营得更加幸福美好。

女职委是女工同志们的"娘家人"，要关心爱护好女同胞，以维护好女工权益为宗旨，把握女工工作特点和规律，把创新的工作思路和方法融入女工工作，建设好电机公司的"靓丽的风景线"。公司各单位也要大力支持女职委的工作，在经费、人员、组织等方面加强保障和倾斜，在工作上对女工多支持、多理解、多体谅，让广大女工能够舒心工作、健康生活。

我还是坚持这个观点：一定程度上女士们的颜值决定公司的颜值。因为，世界上若没有女人，这世界至少要失去十分之五的"真"、十分之六的"善"、十分之七的"美"，这是女性典范冰心的名言。希望我们的女工同志们，发扬"真""善""美"，做新时代优雅的职业女性，在公司"三创三化"的征程中发挥"半边天"作用。最后，祝大家工作顺利、身体健康、家庭美满、阖家幸福！

在庆祝五一劳动节暨 2017 年度
工会工作总结表彰大会上的讲话

董事长　周军军

2018 年 4 月 28 日

同志们：

在五一劳动节即将来临之际，我们在这召开大会，共同庆祝属于我们每位员工的节日，表彰为公司生产经营变革发展做出贡献的先进集体和个人。在此，我代表公司暨公司党委对受到表彰的先进单位和个人表示热烈的祝贺，向过去一年工作颇有成效的广大工会工作者表示衷心的感谢，向辛勤工作在公司各条战线、各个岗位上的广大员工群众致以诚挚的节日问候！

2017 年，面对严峻复杂的经营形势和市场变局，我们团结协作，奋发有为，巩固轨道交通、风电领先格局，开启新能源汽车驱动、高速永磁电机和特种变压器等新产业规模化发展道路，超额完成了中车下达的经营业绩考核指标，在中车效绩考评中连续 3 年排名 A 级企业，再次获评突出贡献奖和"四好领导班子"称号。这些成绩的取得，是全体干部员工同心同德、开拓创新、锐意进取的结果，更凝结着广大员工的心血和汗水。

2018 年是"十三五"规划承上启下的关键一年，更是株洲电机公司"破局 跨越"的重要一年，年初公司"两会"已经就全年工作任务做出了详细的部署安排，各项任务的完成对实现公司"十三五"战略目标有着至关重要的影响。希望全体干部员工能够认清形势、明确任务、认真落实，以强大的执行力达成愿景。借此机会，我想讲三点意见。

一、认清当前形势，学习宣传贯彻好党的十九大精神

学习宣传贯彻党的十九大精神是公司当前和今后一个时期的首要政治任务。学习贯彻好党的十九大精神，从根本上讲，就是要以习近平新时代中国特色社会主义思想为指导，不断增强"四个意识"。就是要坚持党对国有企业的领导，充分发挥企业党组织的领导作用，深化全面从严治党，充分把党建优势转化为发展优势和竞争优势。就是要坚定不移贯彻新发展理念，不断提高发展品质和效益，打造具有全球竞争力的世界一流企业。党的十九大描绘了新时代的宏伟蓝图，做出了建设制造强国、科技强国、质量强国、交通强国、数字中国、智慧社会等一系列战略部署。我们作为党领导下的国有企业，贯彻落实党的十九大精神，就是要勇于担当新时代赋予的历史使命和责任，在贯彻落实国家战略中发挥主力军作用，把握新的战略机遇，确立新的发展定位，拓展新的增长空间，培育新的发展动能。

当前，公司所涉足的产业均高度契合国家战略，且面临着良好的发展机遇。轨道交通产业国内市场持续稳定，国际市场空间可期。风电产业积极回暖，"两海"风电战略推进有效。社会对美丽中国的期待、我国城镇化步伐的加速、十九大对业务融合的要求、中车"五位一体"产业新格局，为新能源汽车驱动、高速永磁电机、特种变压器、船舶海工、工程机械等孵化产业创造了有利的政策和市场机遇。我们必须牢牢把握这些历史性机遇，必须将公司产业发展的意图在全体员工中形成共识，因此，在座的各位有责任也有义务将会议精神传达到所在单位、班组，将全体员工的智慧和力量凝聚到公司战略发展、创新变革的各项目标任务上来。

二、成本是企业永恒的主题，着力基于品质的成本优化

在理性分析有利形势的基础上，我们也应该清醒地认识到相较于往年，我们面临的挑战更加严峻。首先，品质提升迫在眉睫。森维安项目对噪声等关键指标的严要求，对品质管控工具和手段应用的严要求，在一定程度上颠覆了我们对品质和品质管控的认知；这次与明阳智慧能源合作，"海上风电只有一次机会"的理念，新能源汽车对驱动产品品质的一致性要求，都对我们品质提升提出了更高的要求。其次，盈利空间面临"双重挤压"。一方面，大宗原材料和上游零部件价格持续上涨；另一方面，中车要求的经营指标年年加码，各大主机及系统商持续压价。同时，我们内部组织效能未有效发挥，执行力欠缺、工作部署无法有效落实，精益理念未深入人心、管理浪费有增无减，EVA理念仍停留在认知层面、全员价值创造系统建设须加快推进，这些都是我们面临的核心问题。

为解决这些问题，公司今年要以下六个方面为抓手通过创新运控模式、提升组织效能，系统解决基于品质的成本优化问题。一是基于绩效改善的执行力建设。执行力的核心评价要素就是执行目标任务的达成效果，没有效果的执行只能是徒劳，我们的执行力建设必须基于工作的绩效改善，绩效提升的执行力才是真正的执行力。二是基于精益目标的项目管理。所谓精益就是生产和管理的高效化，减少一切可能的浪费。关键是要抓住减少浪费这个牛鼻子，在从产品研究到售后服务的全业务链上，切实对品质和成本控制，从理念、知识、方法工具、技术上做一次系统重构，实现目标责任的高度统一，全面推行项目管理，实行由项目负责人直接对品质、成本和交期负责的强矩阵式管理。三是基于战略达成的组织再造。当前公司总部职能部门更多精力服务于轨道交通，而不是按照集团化企业的要求服务于战略发展和新业务新增长，今年年内公司将实施支撑战略的组织再造。四是基于全员价值创造的 EVA 评价。EVA 本质是价值创造，我们各个部门、各个岗位都要为公司创造价值，要量化价值创造就必须对每个部门、每个岗位有 EVA 评价的标尺，以此撬动公司全员价值创造最大化。五是基于竞争能力提升的系统变革。年度工作会上总经理对系统变革已做了全面布置，这次我特别强调我们说过百遍的，这个时代唯一不变的东西——就是变化。竞争靠能力，尤其是当我们的经营管理品质与友商基本处于同一平台情况下，只有在商业模式、组织架构、营运机制、绩效管理等方方面面的系统变革比竞争对手更快，才能真正大幅领先友商，令其望尘莫及。六是基于效能提升的信息化管理系统。信息化建设决定了公司经营管理和技术研发的效度，决定了公司文化的层次，甚至决定了公司的未来发展空间，因此，公司要从战略高度对信息化建设做系统安排，加快实施进度，确保实施效度。这六方面的运控模式变革与我们每位干部员工都是息息相关的，大家要充分认识变革的意义，积极主动拥抱变革、参与变革、融入变革，并担当起变革的责任，全面配合公司层面变革推进工作。

三、着眼竞争优势，持续打造职业化人才队伍

职业化一直都是我们员工队伍建设的"主旋律"，近几年来，围绕职业化团队建设目标，我们构建了初具规模的五支核心人才队伍。但这距我们高端定位的要求还有很大差距，突出表现在行业领军人才不多、影响力不够，经验丰富的国际化人才短缺，具有高度职业精神和职业能力的经理人队伍不够，有能力承担完全项目管理的人才不够，适应智能制造、两化融合的制造工程师和高技术产业工作者短缺。这一方面需要我们加大引进力度，更主要是需要加快自己培养。这里，我愿再次与各位共勉公司《员工手册》中的一段话："我们鼓励并培育员工不断完善职业态度、职业能力和职业操守，注重培育'工匠精神'和'绅士风度'，为其提供继续教育和终身学习的机会，帮助他们适应岗位要求，提升职业技能，创造工作业绩，成就职业理想，感受生命意义。"下一步，我们要继续贯彻"人才是第一次资源"的理念，大力推进"三纵五横"核心人才队伍建设，积聚支撑公司发展战略的人力资本；要继续深化学习型组织建设，引导员工以更快的学习速度适应岗位和事业需求，以更多的改善行为促进组织效能提升；要继续拓展职业化形象、职业化技能和职业化素养培育平台，着力提升团队职业化能力，促进公司获得更大竞争优势。

同志们，工会工作是党的群团工作、群众工作的重要组成部分。新形势下，要坚持党对群众工作的统一领导，坚持发挥桥梁和纽带作用，坚持围绕中心、服务大局，坚持服务群众的工作生命线。公司工会组织要立足维护、建设、参与、教育四大职责定位，着眼公司 EVA 核心价值观，围绕生产经营进一步创新方式方法，丰富活动载体，寻找工会工作价值创造的结合点和着力点，提升员工价值创造意识和价值创造能力；要立足所联系的广大基层员工群众，认真研究公司变革发展中员工遇到的新情况、新困难，更加有效地服务群众、凝聚群众、引导群众，成为员工群众可以信赖、依靠的"娘家人"。各级党组织要加强和改善对工会工作的领导，注重发挥工作组织的作用，为工会工作创造有利条件。

咬定目标　迎难而上
坚定不移推进公司变革创新发展

——在纪念建党 97 周年暨公司七一表彰大会上的讲话

董事长　周军军

2018 年 6 月 29 日

同志们：

在即将迎来中国共产党成立 97 周年之际，我们汇聚一堂，共同庆祝党的生日，动员公司各级党组织和党员干部不忘初心、牢记使命，更加坚定地投身于实现中华民族伟大复兴的中国梦，投身于实现公司"三创三化"愿景的电机梦。会上，还将表彰过去一年在公司发展中涌现出来的优秀共产党员、优秀党务工作者和先进基层党组织，举行新党员入党宣誓仪式。借此机会，我代表公司党委，向受到表彰的先进集体、优秀个人以及光荣入党的各位新党员表示热烈的祝贺！向为公司发展不断奋斗的全体党员、党务工作者致以节日的问候和衷心的感谢！

去年，党的十九大胜利召开，宣告了中国特色社会主义进入了新时代，将习近平新时代中国特色社会主义思想确立为我们党必须长期坚持的指导思想。对于我们国有企业，则进一步明确了企业党委（党组）发挥领导作用，把方向、管大局、保落实，提出了培育具有全球竞争力的世界一流企业的要求。当前，宏观经济形势正在发生深刻变化，经济结构性调整的影响已经显现，原材料和资本成本的增长已成为常态，市场进入了追求低成本、高品质的时代。公司目前正处在增长动能转化和经营品质提升的关键阶段，还面临成本和效益双重挤压、新产业规模化发展不足、两海战略实施有待加快、组织能效亟待提升等突出矛盾。在新的政治和经济形势下，我们必须坚定不移地落实党对国有企业的领导，持续推动变革创新，才能成为新经济体系下的优质供给体，才能实现新的历史条件下的高质量发展。为此，我代表公司党委讲三点意见：

一、提高政治站位，深入学习贯彻党的十九大精神

学习贯彻党的十九大精神，核心任务就是要学习好、领会好、践行好习近平新时代中国特色社会主义思想，在学懂弄通做实上下功夫。要推进"两学一做"学习教育常态化制度化，按照中央和上级党委要求，在党内深入开展"不忘初心、牢记使命"主题教育，用习近平新时代中国特色社会主义思想武装头脑，坚定理想信念，强化"四个意识"，始终在思想上政治上行动上同以习近平同志为核心的党中央保持高度一致。要把学习贯彻同习近平总书记视察中车所做的重要指示精神结合起来，深刻认识总书记提出的"打造中国亮丽名片，引领装备制造产业发展以及推进创新，实现新旧动能转换"等重要指示的现实意义，推动企业始终按照党中央的重大决策部署方向前进。

我们要把加强党的建设、实现企业高质量发展作为贯彻落实习近平新时代中国特色社会主义思想和十九大精神的实践举措。大力发展新产业是实现公司"十三五"发展目标的关键布局，但目前新产业尚未形成规模，可以说我们现在必须举全公司之力发展新产业。这就要求我们要"破""立"并举，既要拿出当下改的举措，又要形成长久立的机制，打破一直以来新产业规模化发展的"困局"。下半年，公司将进一步推进组织再造，与之配套的运控、人事、绩效都会进行调整。这是公司适应时代变化的再次自我变革，新的组织机构将突显战略管控、产业单元，更加侧重效率品质，体现价值创造，聚焦产业发展。体制机制的优化只是基础，更为核心和关键的是人的转变和提升，特别是我们广大党员干部的心智模式要彻底转变，要抛弃小富即安的心态，坚定实现目标的意志，切实把我们设计规划的产业目标进一步落实到具体项目中，敢试敢闯、逢山开路、遇水架桥，"定一件干一件，干一件成一件"，以变革创新实际成果检验学习贯彻十九大精神的成效。

二、坚持问题导向，以巡视整改推动改革发展

这次国资委党委对中国中车的政治巡视，是公司自成立以来所经历的最严厉、最全面、最深刻的一次巡视。经过长达两个多月的问题自我查找，以及国资委巡视三组组长、副组长两次对公司的两次现场巡视，深刻挖掘出了公司党建和经营管理方面存在的突出问题，给了我们一次重新审视自身和改进提升的机会。总体来说，公司存在的问题是"党建抓得不牢，经营冲劲不足"，党建方面，问题在于加强全面从严治党，落实"两个责任"，解决党建"四个化"问题不力；经营方面，问题在于成本过高、新产业和国际化发展严重滞后，这真实地反映出经营管理方面存在的三大突出问题。

习近平总书记强调，巡视发现问题的目的是解决问题，发现问题不解决比不巡视的效果还坏，要做好巡视后半篇文章，推动改革，促进发展。我在不同的场合下都强调过，要扎实、深刻、全面地推进问题整改，以整改成效来推动改革发展。推动发展的关键是要解决好突出矛盾，这次巡视查找出来的减利因素、新产业和国际化严重滞后、创新动力不足、"两个责任"落实不到位就是公司当前面临的突出矛盾，尤其是减利因素，客观系统地反映了公司成本管控上的不足，要把减利因素整改作为"基于品质提升的成本优化"的重点。各级领导干部是落实这次巡视整改责任的主要承担者，特别是各单位的党政一把手，要牢记自身的双重身份，落实好"一岗双责"，既要补党建方面缺的"功课"，更要在经营方面担当作为，按照公司党委的布置扎实有效地推进整改，切实把巡视整改贯穿于今后各项工作中，强化整改落实和成果运用，推动企业改革发展。

三、加强党的建设，以价值创造彰显党的先进性

《党章》规定，国有企业基层党组织围绕生产经营开展工作。作为国有企业，加强党建工作，彰显党的先进性，关键在于充分发挥党员先锋模范作用和基层党组织的战斗堡垒作用，提升党建的价值创造，这是我们党建工作的着力点和切入点。

目前集团公司党委就加强基层党组织建设出台了一系列制度文件，提出打造党建"金名片"的目标以及实施路径。各级基层党组织要围绕打造党建"金名片"目标抓好自身建设，严格党内生活，在方法、内容、载体等方面开展更多探索；要以学习型党组织建设为主体，以党建工作项目化为抓手，进一步优化管理方式和工作机制。职能、业务平台的党组织要打破部门边界，共同思考如何更好地提升管控效率和服务品质，给经营生产一线提供更多支持和帮助；事业部党组织要结合具体工作项目，进一步探索以精益改善、质量攻关等为载体开展党建工作，特别是要通过党建对成本管控发挥直接作用。

充分发挥党员先锋模范作用和党组织战斗堡垒作用，一方面要把党员的职业化作为重点，强化党员的执行力。党组织是最具执行力的组织，党员应该是执行力的先锋和表率，不仅要从执行制度流程、日常规范等小事带头做起，树立良好的工作作风；更要树立高标准、高品质的工作态度，增强使命感和责任感，敢于攻坚克难，积极投身新产业发展等重点难点工作。另一方面基层党组织书记要善于带领团结广大职工群众，做好员工的思想工作，打通认识、提升认知，向职工群众讲清楚目前的环境形势、任务目标，讲清楚员工成长与公司发展之间的关系，最大限度地调动员工的积极性、主动性，为公司发展多做贡献。

各级党组织要全面落实"两个责任"，进一步加强党风廉政建设，做好廉洁警示教育，强化党内监督，严格落实中央八项规定精神，自觉抵制各种不正之风，踏踏实实做事，清清白白做人，保证风清气正的发展环境。

同志们，仲夏时节至，挥汗如雨时。越是到了艰难的关头，越要我们咬紧牙关，坚定意志，顶着压力迎难而上。公司各级党组织和广大党员干部要以习近平新时代中国特色社会主义思想为引领，进一步解放思想、振奋精神、开拓进取，扎实做好党的建设和经营管理各项工作，把成本搞下来，把效益搞上去，把收入搞上去，坚定不移地推进公司变革创新发展！

谢谢大家！

在公司干部大会上的讲话

董事长　周军军

2018 年 10 月 29 日

同志们：

今天是新的组织机构开始宣布营运的第一天，也是电机工程研究中心正式启用的第一天，我们很期待今天在公司发展史上的里程碑意义。刚才在升旗的现场，我们看到了日月同辉的景象，期待这个景象成为我们公司发展前程的一个预兆。聂自强同志和刘建勋同志刚才分别宣读了行政、党群的组织结构以及中层管理人员调整的决定，总经理也宣布了公司领导班子分工调整的决定，稍后总经理还要对调整后的一些具体工作做出安排，大家要抓好落实执行。

今天我的讲话主要围绕本次组织人事调整的背景、考虑的主要因素，以及组织人事调整之后的相关要求展开。具体有三个方面的意见：一是为什么这次组织和人事要做这么大的改变；二是组织和人事调整到位后，我们的干部应该以什么样的态度和姿态去开展工作；三是今后一段时间内，新组织调整到位后，大家应该把握的几个工作重点。

一、为什么要进行组织人事调整

本次调整的核心就是轨道交通事业本部，这是公司战略型组织调整的一个必然结果。电机公司从分厂到二级子公司再到升级为南车一级子公司的过程中，我们的组织结构基本上是围绕轨道交通板块来进行设置的，导致我们在形成多元化产业格局之后，仍然无法对轨道交通的运营水平做出精确的评价；外界对株洲电机公司的评论就是一个做牵引电机、变压器的公司，所以说我们在战略定位上也一直没有解决好这个问题。一个公司的定位都没解决好，那我们在经营管理过程中不就是盲人摸象吗？不就是只顾埋头拉车，没有抬头看路吗？株洲电机的战略定位是高端的机电制造行业，不是一个牵引电机、牵引变压器厂。但是反过来，我们的组织基本上就是一个牵引电机、变压器厂，而且长期没有对这一块做出相对精准的改善。通过本次调整，我们最终在公司升格为一级子公司 9 年之后把这个事情很艰难地完成了。这样一来，株洲电机终于成了一个机电制造企业，终于从轨道交通这样一个定位中摆脱出来了，终于在电机行业找到了自己的位置，这是本次组织调整考虑的最主要的一点。同时，过去我们80%的资源都围绕40%的轨道交通业务运转、设置和耗费，这种不科学的运营状况这一次也一并得到了很好解决。

本次调整解决的另外一个核心问题就是公司经营主体责任的明晰化，经营主体责任明晰化，就是所有的业务单元必须成为利润中心。这一次电机、变压器业务合并成立轨道交通事业本部，就是要让它变成真正的市场主体、利润中心。我们公司所有的业务单元中，最核心的轨道交通板块恰恰不是利润中心，这在组织管理上是非常不合理的，非常有悖于常态、有悖于常理的，通过这次变革我们把这个问题进行了很好地解决。解决这个问题的目的说到底是适应竞争环境的需要。现在我们和友商的竞争，由过去信息不对称的局面发生了根本变化。所谓"知己知彼、百战不殆"，但现在大家彼此了解，又如何获胜呢？这个时候谁的"内功"强，谁的能力强，谁就有胜算。这次把生产经营主体下移，把最核心的一块业务变成经营主体，目的就是要解决株洲电机公司核心竞争力之一：组织能力。一个公司的组织能力是最核心的竞争力，如果我们的组织能力比竞争对手更强，我们不怕把牌摊开来打。

二、干部应有的态度和姿态

这次组织机构变化最大的特点就是明确了主体责任。所谓主体责任，就是在目前的经营环境下，公司领导班子成员该想什么、该干什么；我们在座中层干部该想什么、该干什么。这次组织变革，基本上回答了这个问题。一个公司不外乎就是当下和未来。我们领导班子成员多想未来的事情，在座的中层干部多干当下的事情。当下的事情干好了，公司领导班子成员才有精力去考虑未来的事情。今天稳了，才有明天。

当前公司面临的问题有三个：第一是成本管控能力不够。电机公司最大的短板就是成本控制能力不够。从今年年初开始，新能源汽车驱动事业部在成本管控上所做的努力和效果都证明了我们在轨道交通、工业电机等业务上对成本的研究、对成本问题所做出的应对都是不够的，从理念到方法都不够。所以我建议，我们这次把业务板块明确划分好之后，大家在一起好好交流一下，特别是各个业务单元要和范庆锋同志好好交流一下，找到应对成本解决之道的最好方法。第二是国际化业务不强。如果株洲电机公司在国际化这条道路上迈不出去，株洲电机公司是没有未来的。目前我们的国际业务比重、构成不合理，在国际业务市场上还没有任何举动，这种现状和局面必须要改变。第三是产业发展两业独大。说得难听一点，株洲电机公司就是江苏公司和未来的轨道交通事业本部撑住的。这两大板块若倒了，株洲电机公司就垮了，这与我们战略定位是严重不符的。

因为以上三个问题，我们这次所有职位安排，都有明确导向，凡是与这三大问题有关的，这一次在职位安排上都做了相应加强，希望大家要理解。现在除了这三大问题之外，还有一个现实问题，就是明年我们的经营风险和压力。这次组织、人事重新洗牌，也是对当前公司所面对的经营形势所做出的一次应对，也寄希望诸位在现在的岗位上有一番作为，以解决明年的经营困局。2019 年过关了，电机公司迎接无限光明的未来，大家的职业生涯是无限光明的职业生涯。如果 2019 年这一关过不去，后果难以预料。

　　大家都很清楚，明年还有一个很重要的事情就是混改。我们的混改和集团的产业整合必须要结合起来。大家作为职业经理人，对政策导致的后果要有自己基本的判断。明年永济所报的销售收入和利润指标都远在株洲电机之上，这个事非同小可，和集团产业整合有关系。在产业整合这个最关键的历史节点上，株洲电机一定要站住，站不住就倒下。所以这次调整后即经营主体责任明确后，大家要考虑什么问题，要进入一种什么样的状态，是不言而喻的。所以为什么要明确经营主体责任，是因为现在我们的经营形势、改革形势错综复杂，不迅速进入状态，我们会出不来，站不住。为什么要搞组织人事变革，说到底还是提升效能的需要。提升效能是变革的根本目的。这次调整的主要特征是打造了一个总部和业务平台区隔的组织形态，五大业务板块加上一个总部。总部和业务平台各司其职，业务平台的总部经理切实负起总经理的责任。同时也是为了激发团队活力。这次"双百行动"对我们来说最主要的还是激发组织内部活力、内生动力。2010 年我们升格之后，电机公司团队成长非常快，是一个朝气蓬勃、不断成长的团队，但是还不够。我们的学习能力还需要加强，即我们发现问题、摆脱现实、进入理想状态的过程还需要训练、提高。有人说，判断一个改革是不是真改革，主要看是放权还是收权。若是放权就是真改革，若是收权就是假改革。因为只有放权，只有形成权责利对称的结构，才有可能生成内部活力。我们这次放权以后，我们公司内部会不会产生新的活力，我们的管理团队会不会有新的创造力，会不会按照学习型组织理论所说的出现一种强大的自主自发的意愿，我们对未来是有期许的。希望大家一定要从这几个方面搞清楚，并对部门员工进行宣贯。

　　我反复强调大家一定要有格局。方向不对，格局会出大问题；有人在实现目标的过程中，靠山很多，浪费资源，当然也是格局不够。有的人在朝更高目标努力，但始终处于很低的目标上，都是格局不够的表现。我们的目标就是通过自己的努力，让我的事业平台到达一个新的高度。什么时候公司实现了"三创三化"，成为一个专业能力很强的公司，成为一个经营收益非常好的公司，同时成为一个国际化的公司，在座的各位都是国际化的职业经理人，这才够格。经理人的要求，经理人的维度就是学习型组织里面要求的五种能力、五个修炼，这才叫职业经理人，这才叫有格局。只有拥有这种格局，才会从拉帮结派、斤斤计较中走出来。希望各位要牢记自己的身份，要有确实的担当。

三、今后一段时间工作重点

主要讲三个工作重点：一是扎实推进巡视整改。月底开始，集团公司党委要组织四个巡视整改督导检查组到各个子公司开展专题检查，落实巡视整改工作的进度和完成情况。从目前情况来看，我们有部分巡视整改任务完成难度较大，例如两金问题。巡视整改是一项政治任务，但政治任务需要通过很具体的经验管理指标性数据来体现，也就是说落实政治任务的标准是经营管理数据。从职能部门、业务部门到党群部门，都与巡视整改强相关。巡视整改不是任务，而是要通过巡视来切实提高株洲电机的经验管理水平，株洲电机政治巡视的根本目的是要提高株洲电机的经验管理水平。二是创新运控模式。本次组织人事变革是公司成立以来调整幅度最大的一次，但这也只是开始，后续还会加大变革力度。在项目管理、经营管理、两化融合、执行力建设、职业化建设等方面会进行大量、细致的培训工作。三是深化改革发展。组织变革属于内部变革，公司还有涉及外部、涉及与环境变化发生关系的变革，还有混改。混改的任务非常重，我们希望这次变革成为株洲电机发展史的里程碑，必须要结合混改。没有混改，和环境不发生关系，与客户界面不发生关系，与资本市场不发生关系，那我们就还是一个制造型企业。我们期待混改真正把株洲电机变成一个经营型的公司、变成一个国际化的公司，变成一个真正意义的公司，完全从过去纯生产的状态摆脱出来。

基于品质提升的成本优化工作启动会讲话提纲

董事长、党委书记　周军军

2018 年 11 月 26 日

同志们：

召开"基于品质提升的成本优化工作启动会"目的是分析形势、理清思路、排除万难、共同谋划公司明年成本优化工作。刚才，李敏良副总经理对明年公司成本优化工作做出了周密安排、详细部署。轨道事业本部和江苏公司分别提出了详细的工作计划，并做了表态发言。会后各单位要对会议内容做进一步消化吸收，制定更为详细的工作计划，重点抓好落实执行，务求实效。

企业未来是由战略决定的，战略是由经营决定的，经营是由技术和管理决定的，管理是由成本决定的。所以说我们今天研究的成本问题就是战略问题。

那么首先我们要回归到成本的本质，即什么是成本以及成本的构成。成本是商品经济的价值范畴，是商品价值的组成部分，人们要进行生产经营活动或达到一定的目的，就必须耗费一定的资源，其所费资源的货币表现及其对象化称之为成本。制造型企业总成本费用主要由生产成本、管理费用、财务费用和销售费用组成【生产成本包括各项直接支出（原材料、生产员工工资和其他支出）及组织和管理生产所发生的各项费用；管理费用是指企业行政管理部门为管理和组织经营活动而发生的各项费用；财务费用是指企业为筹集资金而发生的各项费用；销售费用是指企业销售产品和提供劳务而发生的各项费用】。"基于品质提升的成本优化"就是要从战略视角审视品质和成本，其目标就是通过优化全生命周期成本结构来促进品质的提升，从根本上解决公司长期盈利能力的问题。借此机会，重点强调"客户价值、市场环境、竞争能力"三个关键词。

一、客户价值【德鲁克：企业的定义是创造客户】

彼得·德鲁克在《管理的实践》中提出："企业的定义是创造客户"，满足顾客的需求是企业运转的原动力。

客户价值，在客户层面，是客户从企业的产品和服务得到的需求的满足，即客户从某种产品或服务中能获得的总利益与在购买和拥有时所付出的总代价的比较；在企业层面，是企业从客户的购买中所实现的企业收益，即企业从与其具有长期稳定关系的、并愿意为企业提供的产品或服务承担合适价格的客户中获得的利润。由此可见，价值是由生产者创造的，从客户的立场来看，这是生产者之所以存在的理由。

二、市场环境【市场依据丛林法则，敏感环境之变】

企业与市场环境是互为主体的，企业如果不能顺应市场环境的变化，不能与市场环境互动，企业就不可能具有竞争力。企业必须拥有市场环境的匹配能力。

根据系统论和生态学的观点，企业与市场环境共同形成一个大系统，两者必须相互配合，才能产生系统效应。但从企业角度来看，市场环境这一子系统是企业不能控制的客观条件，时刻处于变动之中，因此，企业必须经常对自身系统进行调整，才能适应市场环境的变化。

三、竞争能力【目标达成终归自身能力——适应能力】

达尔文在《物种起源》中指出："不是那些最庞大的物种能存活，也不是最聪明的，而是那些最能适应变化的"。

根据自然界中适者生存法则，处在市场激烈竞争环境中的企业与自然界中的生物一样，自身的适应能力和抗争能力强，便可在严酷的客观环境中生产，步入良性循环；否则就会被环境或竞争对手吞并或淘汰。

经营最佳的企业将是那些满足该行业成功条件中拥有大量竞争优势的企业，这些优势形成企业的竞争能力。

借此机会，围绕基于品质提升的成本优化工作的开展，我再提几点要求。

一是要将此次成本优化工作作为公司经营品质提升的重要举措。当前，公司利润空间遭受双重挤压，成本压力空前，我们所面临的成本压力不仅有来自同行业电机企业竞争的压力，更有来自上、下游等跨行业领域的压力，但最终，都要回归到我们自身经营能力的提升。我们要切实利用此次成本优化的机会，围绕客户价值将原先被动响应变为主动策划，通过不断提升自身基于品质提升的成本管控能力，促进公司总体经营品质的提升。

二是要将此次成本优化工作作为公司可持续发展的重要支撑。从目前的市场环境来看，2019年将会是公司比较困难的一年，新中车成立后净利润指标将出现首次下降，而且下降幅度较大。我们必须要增强危机意识，高度重视此次成本优化工作，通过一系列工作举措的贯彻、一个个工作项目的落实、一项项指标的改善，来扭转即将面临的不利局面，着力提升自身的盈利能力，推动公司可持续发展。

三是要将此次成本优化工作作为公司改革发展的重要基础。当前，公司正在着力推进"双百行动"综合改革工作，总体方案已经获得集团的认可，即将进入全面施工阶段，能否做好混改这篇文章，成功引入优质的战略投资者或资本，很大程度上取决于我们自身的经营水平，取决于我们各项效益效率指标的表现，为此，我们必须在成本优化工作下足功夫、做出实效，为"双百行动"综合改革工作的顺利推进打下坚实的基础。

四是要将此次成本优化工作作为检验责任担当的重要实践。各级党组织要充分发挥战斗堡垒作用，围绕抓工作落实，全面参与"基于品质提升的成本优化"工作过程，做好服务和支持。广大党员领导干部要对标党章对党员的标准要求，对标习近平总书记对干部的标准要求，找差距，补短板，层层示范担当、级级带动担当。公司班子成员要结合落实领导干部联系点制度，深入基层，加强调研，强化"基于品质提升的成本优化"工作指导。各单位班子成员要求真务实，以身作则，以上率下，落实责任，真抓实干，攻坚克难，切实把成本优化各项工作抓好抓实抓出成效。一线党员要时刻牢记党员身份，奋勇争先，敢于担当，发挥好先锋模范作用。

同志们，深入推进"基于品质提升的成本优化"工作，是公司的一项重大的、长期的战略部署。让我们一起齐心协力，攻坚克难，打赢这场攻坚战！将公司经营品质推上一个新的高度，加快"三创三化"战略的实现进程！

在公司第一次干部警示教育大会上的讲话

董事长、党委书记　周军军

2019年1月11日

　　时至年末岁尾，公司各级组织都处于百忙之中，在这样一个时点上，我们召开公司第一次警示教育大会，通过再次传达学习中车干部警示教育大会精神，深入贯彻全面从严治党要求，落实集团公司党委关于党风廉政建设和反腐败工作的要求，推动各级党组织持续强化管党治党政治责任；持续反对和纠正"四风"问题；持续保持惩治腐败的高压态势。

　　刚才，刘建勋同志通报了中车近期查处的10起典型案件，这些案件反映出当前中车反腐败形势依然严峻，违反中央八项规定精神的问题屡禁屡犯，违规违纪案件性质恶劣，我们一定要分析判断反腐败斗争新动向，从典型案件中汲取深刻教训。

　　下面针对近期中央精神、上级要求和我们的工作实际，就党风廉政建设工作和对党员干部廉洁自律要求，我代表公司党委讲几点意见。

　　一、深挖问题根源，进一步增强全面从严治党的紧迫感和危机感

　　中车近期查处的违纪案件反映出的问题，不少都类似之前曾经通报和巡视整改梳理过程中查出的问题，在持续保持反腐败高压态势的情况下，为什么还有这么多人、这么多事依然我行我素、执迷不悟，有些问题屡禁不止、屡教不改，有些查处过的问题，一而再、再而三地发生，特别是在国资委巡视中车之后，还有问题发生？我们要对问题背后的原因进行了深入的剖析，我想原因主要有以下几个方面。

　　一是理想信念滑坡。理想信念的滑坡是最致命的，会让党员干部在复杂的环境中迷失方向。反映在思想"总开关"常年失修拧不紧，缺乏正确的是非观、权力观、事业观，不能正确处理公与私关系。根本原因是不加强学习，放弃世界观的改造，导致政治信仰淡薄，党性观念不强，纪律意识淡化，廉洁自律不够，投机心理严重，忘记了党员干部的理想信念和价值追求，最终导致拿着企业的资源交换个人私利、收受供应商礼品礼金进行利益输送，利用权力谋取个人私利的典型违纪问题。

二是两个责任落实层层衰减。从国资委党委到中车党委，都一直强调党建和党风廉政建设的责任落实，而恰恰是越往基层两个责任弱化的问题越严重，管党治党主体责任缺失、监督责任缺位，抓纪律建设不严不实。有的领导干部政治担当不强，存在好人主义，有的问题该发现的没发现，该提醒的没提醒，该制止的没制止，运用"四种形态"不精准，执纪偏松偏软，造成本单位的违规违纪问题持续发生。

三是缺乏对权力的敬畏。只有敬畏权力，才能用好权力。从查处违纪案件来看，发生违纪问题的人手里都有一定的权力，有的把权力当私人物品，放纵行使权力，随意调整规则程序，使规章制度成为自己手中的"橡皮筋"，使权力不受制约；有的把权力作为享受的资本，公款大吃大喝，公款个人消费，讲求排场，挥霍浪费，贪图奢靡；有的利用权力影响，拉帮结派，团团伙伙，任人唯亲，利益输送；有的特权思想作怪，不愿接受监督，不配合监督部门的工作，大搞权力变通，想方设法规避监督，瞒天过海，只手遮天。这些问题反映出的是对权力缺乏应有敬畏之心，把组织和人民赋予的权力，当成谋取个人私利的工具。

四是把制度当成"稻草人"。看看这些通报的违纪案件，有多少就是打擦边球出的问题，归结起来就在于要么制度制定有漏洞、有缺陷、不严密，要么制度执行的不到位，权力没有真正关进制度的"笼子"，制度就形同虚设。现在看，有制度不执行比没有制度或制度不健全问题还突出，是明知故犯，视制度如儿戏。

二、主动担当作为，压实基层党组织的主体责任

首先，要强化主体责任落实。要深刻理解落实党风廉政建设工作主体责任的重要性和必要性，准确把握主体责任的内涵和基本要求。各级党组织书记要把第一责任抓在手上、扛在肩上。要把党风廉政建设工作纳入重要议事日程，主动推进制度创新、不断强化对权力的制约和监督，选好用好干部，严格执行"三重一大"集体决策机制，定期分析研判本单位党风廉政建设情况，持续抓好中央八项规定精神落实和纠正"四风"。

第二，要切实履行监督责任。各级纪委要积极主动协助党委抓好各项制度的落实，加强对党内监督和问题整改落实情况的检查，要紧盯重点人、重点事、重点问题，对监督中发现的问题，依规依纪展开执纪审查。各级纪委要克服监督缺位、执纪不严、问责不力的现象，敢于监督，严肃执纪，确保监督责任落到实处。

第三，要坚持公正选人用人。选人用人是党委主体责任的重要内容，减少和避免党员干部队伍中出现的问题，选人用人是关键。用一贤人则群贤毕至，用一小人则小人齐聚。选人用人是"风向标"，干部任用要严格德才标准，要坚持公正用人，我们要不断完善干部选拔任用管理制度并严格执行，对干部要做到"善则

赏之、过则匡之、患则救之、失则革之",造就一支忠诚干净担当的高素质干部队伍。

第四,要认真落实巡视问题整改。各级党组织要强化责任担当,做好巡视整改"后半篇文章",把整改的成效作为检验"四个意识"的试金石,整改工作最本质的要求就是做到真改、实改,实事求是地制定立得住、行得通、管得牢的具体措施。要坚决杜绝整改工作搞应付、做选择、走过场,坚决防止出现前紧后松,重易轻难,边改边犯。

三、强化政治建设,筑牢拒腐防变的思想堤坝

一是加强政治理论学习,解决好"总开关"问题。习近平新时代中国特色社会主义思想是新时代中国共产党人的思想旗帜,是我们做好一切工作的根本遵循。公司全体党员干部要坚决把深入学习贯彻习近平新时代中国特色社会主义思想作为首要政治任务,真正学懂弄通做实,牢固树立"四个意识",用理论武装头脑、指导实践、推动工作。

二是强化党规党纪教育,保持政治本色。典型案件一再提醒我们,"权力有边界,政治有规矩",党员干部要始终绷紧纪律这根弦,坚持党性原则,讲纪律、守规矩、心有所畏、言有所戒、行有所止,自觉接受纪律约束。各级党组织要增强纪律教育的针对性,组织党员干部学习党章党规党纪和法律法规,开展好党内主题教育活动,增强党章意识、纪律意识、规矩意识和法治意识,通过经常性的纪律教育,把铁的纪律转化为党员干部的日常习惯和自觉遵循,时刻保持共产党人的政治本色。

三是严肃党内政治生活,提高党性修养。严肃党内政治生活是加强党的政治建设的基本途径,要以新形势下党内政治生活若干准则为依据,对照党章党规党纪监督检查党员干部的言行。从严落实"三会一课"、组织生活会、民主评议党员、党员党性定期分析和党员领导干部民主生活会、双重组织生活等制度,提高党内政治生活质量,强化党内政治生活制度的约束力和执行力。要用好批评和自我批评的有力武器,要做到"真"批评,动真碰硬、触及问题、触动灵魂,要使红脸出汗、咬耳扯袖成为常态,不断锻炼和提高党员干部的党性修养。

四、狠抓作风转变,集中整治形式主义、官僚主义

落实中央八项规定精神、驰而不息纠正"四风"是一场持久战,必须一刻不停歇地盯紧盯牢,拿出真正的恒心和韧劲,坚持抓常、抓细、抓长,以钉钉子精神推动作风建设不断取得新成效。我们党员干部要严格遵守中央八项规定精神和各项禁令要求,坚决摒弃特权思想,自觉净化朋友圈、纯洁社交圈、规矩工作圈、管住活动圈,慎独慎微、不越雷池,时刻以肩负的责任警醒和鞭策自己。

最近,中央纪委下发了《关于贯彻落实习近平总书记重要指示精神集中整治形式主义、官僚主义的工作意见》,中车纪委也对集中整治工作进行了安排部署,

我们一定要以习近平新时代中国特色社会主义思想为指导，从政治高度认识整治形式主义、官僚主义的重要性，各级党组织和领导干部要切实落实责任，紧盯不敬畏、不在乎、喊口号、装样子的问题。

要把整治形式主义、官僚主义贯彻到各项工作中去，主动出击、积极作为，采取有效的措施，真抓实干，力求出实效见真章。一是要深入贯彻落实习近平总书记视察中车的指示精神，加大公司创新变革力度，以钉钉子的精神抓好各项变革举措落实落地，坚决避免形式主义光做样子，特别是公司做出的重大决策部署，要做到有令必行、有禁必止，真正实现以变革打造市场化组织，以变革提升企业的竞争力；二是在推进中车党建"金名片"的"九个一"工程中，要结合本单位的实际，真正把党建和经营水乳交融地去做，推动解决生产经营中的实际问题，避免出现抓党建与生产经营实际相脱节的形式主义问题；三是在推进"双百行动"综合改革过程中，坚持问题导向，深入调查研究，鼓励大胆尝试，坚持改革决策和制度规范相衔接，确保实现改革目标；四是要改进文风会风，按照"确有必要、注重实效"的原则，精简各类会议和文件简报，突出整治开会不解决实际问题，调查研究搞形式、走过场、不深入，调研成果不管用等问题，着重提高会议、文件的质量和时效。

五、推进标本兼治，扎紧扎细制度的笼子

加强制度建设、提高制度执行力，是深化党风廉政建设和反腐败斗争的根本途径。我们要根据党风廉政建设工作提出的新要求、面临的新情况、发现的新问题，及时调整、修订、完善制度，堵塞漏洞，防止出现"牛栏关猫"的问题，提升制度的系统性，健全完善配套制度，防范廉洁风险。要借助推进规章制度"废改立"的机会，突出廉洁风险防控，健全内控体系，构建科学、规范、有效的经营机制和监督机制。特别是要进一步完善细化选人用人、物资采购、供应商选择、招投标、基建工程、财务管理、费用支取、产品销售、市场营销、售后服务、工序外包、用工管理等工作的制度，明确工作标准、规范操作流程、严格审批程序、分解节点权限，形成权力的上下监督和左右监督相互制约的工作机制。同时，要加强制度执行的监督，逐步形成纪检监察监督、巡视巡察监督、审计监督、职能监督、专项检查监督、群众监督的联动机制，将监督力量有效整合起来，最大限度提升监督效能。

六、守住清廉之心，知诫知止走对人生的关键步

我们党员干部都要有一定的胸襟和境界，决不能只打自己的"小算盘"、念自己的"小九九"。真正的好干部，应该对享有的待遇要知足，对自己的贡献要知不足；对所处的岗位要知足，对自己的能力要知不足；对现有的职务要知足，对自己的付出要知不足，多研究自己没做好的地方，没有贡献够的地方。要有大局意识、整体观念，特别是在关键领域不能触及红线、底线。作为一名党员干部，意味着必须承担更重的任务、更大的压力、更多的风险，意味着必须放弃很多个人的利益，面对"取""舍"，是对我们最大的考验，坚持以遵规守纪为要，以无私奉献为先，以干好工作为重，让自己的职业生涯始终清清爽爽、平平安安。

刚才，怀中同志传达了中车党委《关于开展领导干部利用名贵特产类特殊资源谋取私利问题专项整治的通知》，这是上级给我们提出的明确要求，各级领导干部要高度关注，主动开展自查自纠，有则改之、无则加勉；要在民主生活会上对个人自查自纠情况专门说明，并以此为契机，深刻认识利用名贵特产类特殊资源谋取私利的实质和危害，要管住自己，慎独慎微慎行，始终保持廉洁自律、廉洁从业的底线。

从经济人假设来谈谈廉洁从业，经济人都是理性的人、自利的人，职场人什么是根本利益和长远利益？平安、顺畅的职业生涯才是根本利益和长远利益。很多人以短浅的、损人利己为前提而获取的利益，最终都会让自己付出巨大的成本。每一种选择都会要付出一定的"机会成本"，在成本和收益之间需要有理性的判断，经济人都会做出"机会成本"小于收益的选择。那么，在职场上，作为一个理性的经济人，最好的选择莫过于平安顺畅的职业生涯和美好的人生。平安才是最大的聪明。

春节临近，我再重点强调以下几项工作，一是系统谋划好新一年各项工作。2019 年是公司是实现"十三五"发展目标的攻坚之年，各业务单位要主动担当作为，做好新一年工作策划，要千方百计克服困难，主动承接并力争完成指标任务。特别是明年就到了"十三五"收官之年，要实现百亿目标，必须推进跨越发展，在全力完成各项经营指标的基础上，我们还有"双百行动"、投资并购、产业基地建设等若干重大战略任务，一定要紧跟公司发展战略，提前做好安排策划，稳步推进实施，切实打破公司 70 亿收入陷阱。

二是要高度重视安全生产工作。近日，中车印发了安全生产责任制工作办法，明确了落实安全生产责任制的各项要求。1 月 25 日左右，公司将召开 2019 年度安全环保管理工作会议，分析当前安全形势，统筹新组织架构下的安全管理，部署新一年安全工作任务，并与各业务单位签订安全生产责任状。各级组织领导要担负起安全生产责任，"党政同责、一岗双责、齐抓共管、失职追责"，要加强"两节"期间安全生产工作的部署安排，做好安全教育提醒，全面排查风险隐患，确保不发生任何一起安全生产事故。

三是认真细致做好员工队伍稳定工作。假期将近，员工回家心切，各单位要提前做好工作协调安排，在保证生产任务的前提下，让员工得到充分休假时间。党群组织要多关注基层员工思想及舆情动态，做好教育引导，及时化解矛盾、理顺情绪，工作上多支持、生活上多关心。特别是要做好困难员工的帮扶送温暖工作，提前策划，摸清情况，精准帮扶，让广大员工安安心心工作，快快乐乐过年。

四是谋划好春运期间的售后服务和产品运行保障工作。作为轨道交通装备的核心部件企业，我们要认识到铁路行车安全是"政治红线"和"职业底线"。相关单位要全力做好春运期间专项服务工作策划，保障人员配件到位，信息流转通畅准确，提前做好应急预案，确保公司产品安全可靠运行、万无一失，优质高效完成春运服务工作。

　　2019年是新中国成立70周年，也是株洲电机成为一级子公司的10周年，10年创新变革、10年风雨兼程，在中国共产党和中国中车的坚强领导下，株洲电机的发展事业奋勇争先、催人奋进、令人瞩目，让我们认真贯彻落实习近平总书记视察中国中车指示精神，以昂扬向上的精神状态，求真务实的工作作风，推动全面从严治党、党风廉政建设和反腐败斗争取得新成效，为实现公司"三创三化"战略愿景，实现中国中车"双打造、一培育"目标保驾护航！

加速打造世界一流的通用机电集团公司

董事长、党委书记　周军军

2019 年 1 月 14 日

尊敬的各位领导、各位朋友们：

大家好！在今天这个特殊的日子里，我们非常高兴地迎来了中车株洲电机有限公司西南基地暨成都电机公司战略发展研讨会。首先我代表株洲电机公司向参加此次研讨会的各位嘉宾表示热烈的欢迎！向一直以来关心支持株洲电机公司发展的各界朋友表示衷心的感谢！

刚才，江有名副总经理已经就株洲电机"双百行动"综合改革方案以及西南基地布局情况进行了介绍，描绘了一幅美好的蓝图，也许下了与各界朋友共商发展的愿望。下面我就与大家交流一下株洲电机关于加速打造世界一流通用机电集团公司的想法。

一、做足增量

株洲电机公司是一家年轻的企业，到 2019 年才走过升格后的第十年，这十年间，在各界朋友的支持和帮助下，公司经营规模快速壮大，经营品质持续提升，综合业绩、净资产收益率、固定资产周转率等经营指标始终居于中国中车前列，已经成长为中国中车的核心骨干企业，成为诸多细分行业的领先者。

经过多年探索实践，株洲电机走出了一条具有株洲电机特色的发展道路，构建了"三创三化"发展战略，即"创百亿企业、精益企业、学习型企业，努力构筑专业化、集团化、国际化的百年基业"，明确了打造世界一流的通用机电集团公司的定位，确立并形成了以"轨道交通" + "风力发电" + "新能源汽车驱动、工业驱动、特种变压器" + "工业磁悬浮轴承、下一代变压器、成套装备、船舶海工…"为支撑的"1 + 1 + 3 + X"产业构想。方向已经明确，国家政策给予了我们做足增量充分的想象空间，我们多年沉淀的能力为我们做足增量打好了坚实的基础，此次双百行动综合改革为我们做足增量提供了千载难逢的好机遇。

产业好环境。国家"十三五"战略规划为轨道交通和新能源产业发展释放利好信号，"一带一路"建设驱动国际业务加倍增长，"节能、减排、环保"等政策导向推动工业设备更新换代；"复兴"号品牌战略带动铁路产品全线升级，风电市场逐渐回暖并出现新的增长点，永磁产品和特种装备产品发展空间巨大。

发展有基础。面对市场需求，我们具备了作为一家专业化公司所应具备的市场保证和创新能力、技术保证和创新能力、战略管控能力、绩效改善能力、项目管控能力、团队优化能力和文化影响能力，并由此构成了我们产业发展的坚实基础。

改革有机遇。此次公司成功入围国务院国资委国企改革"双百行动"试点企业，为我们之间的合作搭建了桥梁，也为我们做足产业增量、实现快速发展带来了重大历史机遇。在这个关键时期，我们寄希望于抓住历史机遇期，开放合作，在"1＋1＋3＋X"产业领域，通过产业整合、分层分类推进"双百行动"综合改革，全力推进打造世界一流的通用机电集团公司的进程。

二、融入资本

在战略、定位、方向明确的基础上，我们具备了发展的能力支撑，也拥有了宏观环境的支持，加速打造世界一流的通用机电集团公司，还有一个重要元素就是资本，"巧妇难为无米之炊"，没有资本发展就无从谈起。我们希望通过混合所有制改革，引入新的战略投资者、引入新的资本，在与合作伙伴实现共生共赢的基础上，加速世界一流的通用机电集团公司的实现进程。

融入资本发展产业。借助"双百行动"综合改革这个契机，通过引入资本和其他外部资源，在持续做强做优轨道交通、风电产业的同时，重点布局3＋X等新兴增量产业。通过购置土地、建设生产线和厂房持续提升我们的制造能力；通过加大技术研究和新产品开发投入，进一步提升我们的核心研发技术实力和市场占有率；通过海外资本运作，提升我们海外市场规模和拓宽利润来源。通过更强大的制造和研发能力，更广阔的国内外市场，为我们的客户带来更有品质的产品，为我们的供应商带来更大的合作机遇，实现多方共赢，进而成就产业的发展。

借助混改实现上市。目前电机公司是国有股一股独大，双百行动混改，中车会出让股权，实现股权多元化。股权多元化会在两个层次进行。第一是，电机公司整体层面增资扩股，第二，产业平台层面分层分类，引入外部投资者实现公司股权多元化。只有股权多元化以后，我们才能实现株洲电机整体或部分业务上市的可能。后续混改工作中，我们同步联合战略投资者、基金、券商等机构同步筹划上市工作。通过上市募集资金，巩固优势产业地位，发展壮大新兴增量产业，做大做强做优电机产业，成为世界一流的通用机电集团公司。

深化合作共生共赢。上面已经讲了，电机公司进行股权多元化就是为了发展产业，就是为了实现产业链上下游多方共赢。借此机会，我要向各位重要的合作伙伴提醒一下："双百行动"改革引入投资者，将会重点考虑公司产业链上下游优势企业，形成利益共同体，共同巩固优势产业，做大做强增量产业，互惠互利，打造中车优质电机上下游产业链。衷心欢迎各位优势客户、供应商和我们一起进行公司的混改，为成就通用机电产业共同努力。

三、激发活力

企业发展活力源于市场化程度，公司的战略要符合市场环境，能力要满足市场需求，机制要反映市场脉搏，流程要跟随市场导向，价值要由市场评价，公司运作的一切纬度都要与市场对接、为市场激活。只有这样，我们才能不断提高市场化能力和水平，持续提升核心竞争能力，也才能在市场丛林中克敌制胜。通过此次双百行动，我们将针对法人治理结构、职业经理人制度、股权激励、人事制度进行全面改革，以此全面对接市场化，全面激发企业活力。

全面优化法人治理结构。股权多元化过程中必然涉及公司制度的核心——法人治理结构变更。建立行之有效的法人治理结构，是解决公司经营过程中委托代理问题的重要手段。混改进程中，理顺出资人职责，转变监管方式，加强董事会建设，落实董事会职权，维护经营自主权，激发经理层活力。通过依法修订公司章程，严格规范股东会、董事会、经理层、监事会的权责关系，合理配置股东之间以及各治理主体的权利义务，重点将董事会对企业长期发展的决策权、经理层成员选聘权、经理层成员业务考核和薪酬分配权落实到位，充分保障经理层经营自主权，发挥好监事会的监督作用，最终形成权责对等、运转协调、有效制衡的"三会一层"法人治理结构体系，充分保障公司股东的权益。

全面构建职业经理人制度——我们经常讲央企要破解改革难题，引入职业经理人制度就是破解了国有企业改革的一大难题。我们将重点推进"三个一"策略，通过建立一个渠道、搭建一个平台、构建一个机制，建立健全职业经理人制度。一是遵循市场化原则，建立招选结合的市场化选人渠道；二是加强资源整合，利用增资扩股、引入战略投资者等多种股权多元化手段，搭建职业经理人转化平台；三是提升职业化素养，构建现有人员向职业经理人转化的内部培养机制。

全面落实股权激励机制——活力源于激励，而有效的激励机制一直是国有企业改革过程中的阻碍之一。我们将借此机会，完善多层次多元化员工中长期激励体系。实施股权激励计划，积极寻找适合企业的股权激励计划，探索期股、期权、分红权等先进的激励方式，解决对企业经营人员的长期激励问题；探索实行员工持股，采取增资扩股及出资新设等方式，建立利益绑定、风险共担的激励约束长效机制，不断增强企业活力。

全面推进人事制度改革——这是提高市场化程度和推动管理升级的基础和根本性措施。我们将围绕"六突破一加强"，重点做好以人事、劳动、分配三项制度改革为主要内容，以建立公开透明的绩效考评机制、契约化管理为主要特征的人事制度改革，实现用人机制、分配制度与公司经营业绩、绩效评价以及员工贡献全面对接。通过建立一套完善的内部竞争、优胜劣汰和激励约束机制，加速实现"职级能上能下、员工能进能出、收入能增能减"的目标，为全面对接市场化、进一步开放合作营造氛围。

各位领导、各位专家、各位同仁，株洲电机西南基地暨成都电机战略发展座谈会已经接近尾声，但也预示着株洲电机与各位同仁开启全面合作迎来了新的起点，希望我们能够进一步深化合作，共筑繁荣伟业。再次感谢各位嘉宾的到场，真切希望各位嘉宾莅临株洲电机考察指导！谢谢大家！

坚守"三创三化" 打造世界一流的通用机电集团
——在中车株洲电机有限公司一届四次职代会上的讲话

董事长、党委书记 周军军
2019年1月30日

各位代表、同志们：

为贯彻落实习近平总书记重要讲话、党的十九大和工会十七大精神，深入推进企业民主管理，我们在这里隆重召开公司一届四次职工代表大会，未来我们的目标是把公司建成一个规范的现代企业，一个有着规范工会制度的公司。会议期间，各位职工代表肩负着公司全体职工的重托，认真履行代表职责，严格执行会议程序要求，已经圆满完成会议的各项议程。

刚刚过去的2018年，是全面贯彻党的十九大精神的开局之年，是落实习近平总书记视察中车重要指示精神和政治巡视整改要求的重要一年，也是公司有效应对环境变化，迎难而上的关键一年。在巨大的压力和挑战面前，公司上下坚定信心、沉着应对，勇于担当、积极作为，全面完成了中车下达的各项经营指标，全年实现销售收入73.9亿元，净利润、EVA稳步增长，连续四年获得中国中车突出贡献奖，创造了令股东、客户满意的业绩，确保了员工收入持续稳定增长，尽到了公司的政治责任、经济责任和社会责任。

一年来，公司各项工作稳步推进，成果丰硕。认真学习贯彻习近平新时代中国特色社会主义思想和党的十九大精神，以国资委党委巡视为契机对公司党建和经营工作进行了全面诊断和整改，外部董事的加入进一步完善了公司法人治理结构，企业运行更加高效。我们成功跻身国企改革"双百企业"，随着具备国际一流水准的电机工程研究中心投用，实施了公司成立以来最大规模的一次组织结构调整，形成了集团化的组织架构，组织内生动力显著提升。轨道交通和风力发电产业地位持续巩固和提升，新产业"1+17"政策体系全面完成，新能源汽车驱动、高速永磁电机、特种装备等新产业呈现规模化增长态势。我们积极实施创新驱动战略，时速250公里标准动车组项目、7.6 MW中速永磁发电机、分瓣式风电定子模块等重点项目稳步推进，荣膺中国工业大奖表彰奖，斩获中国专利银奖，新技术、新产品不断刷新行业技术新高度。欧洲商务处挂牌营运，与森维安、西门子歌美飒等国际风电一流企业的合作迈入批量化新阶段，公司国际化经营掀开了崭新的一页。成绩来之不易，凝聚着全体员工的艰辛付出。在此，我代表公司，向各位代表，并通过你们向全体员工及家属，表示衷心的感谢，并致以崇高的敬意。

当前世界政治经济格局和国内经济运行错综复杂。在世界经济结构与秩序变化的影响下，世界经济周期整体性回落、全球金融周期持续错位、中美冲突在其他领域展开，国内面临经济下行周期与金融下行周期的重叠，外需回落与内需疲软的重叠，大开放、大调整与大改革的重叠，盈利能力下降与抗风险能力下降的重叠，决定了 2019 年下行压力将持续强化。但同时也要看到，以习近平外交思想为指导的中国特色大国外交正在不断前行，全球化进程持续加快；我国发展仍将处于并将长期处于重要的战略机遇期，经济长期向好的态势不会变，特别是各种内外压力的挤压下，关键性与基础性改革的条件已经具备，新一轮改革开放以及第二轮供给侧结构性改革的窗口期已经全面出现，着力推进企业高质量发展被摆在了重要位置。

在此背景下，中国中车明确了高质量发展的战略路线，稳中求进是推动中车实现高质量发展的总基调：稳的重点将放在稳住经营业绩、防范重大风险、坚持苦练"内功"上，进的重点是深化中车改革、补强发展短板、激发发展活力。同时，中国中车作为唯一制造型央企被国资委列入创建世界一流示范企业名单，并计划在 3 年内在部分细分领域和关键环节取得实质性突破。

作为中国中车的核心骨干企业，我们必须要将高质量发展作为我们改革突破的着力点，将打造世界一流的通用机电集团公司作为我们当前一段时期的主任务，将江苏公司打造成世界一流的海上风电研制基地，从而与中国中车世界一流示范企业的目标形成完整的层级结构。所谓世界一流示范企业，概括起来就是"三个领军""三个领先""三个典范"（即在国际资源配置中占主导地位、引领全球行业技术发展、在全球产业发展中具有话语权和影响力的领军企业，是在全要素生产率和劳动生产率等效率指标、净资产收益率和资本保值增值率等效益指标、提供优质产品和服务等方面的领先企业，在践行新发展理念、履行社会责任、拥有全球知名品牌形象的典范企业。）这既是承担国企改革和中车发展责任的需要，更是公司实现"三创三化"战略目标的必然选择，这也是对公司长期以来奉行的"三创三化"战略最新定位。

2019 年是新中国成立 70 周年，是公司升格为一级子公司后的第十年，也是落实"十三五"战略的关键之年，更是公司实施"双百行动"综合改革的开局之年。这一年重要意义不言而喻，在这个关键时期，需要我们高度重视内外部环境变化带来的机遇和挑战，需要我们统一变革发展的思想，需要我们积极承担使命责任，也需要我们坚定达成目标的信念。下面，我就打造世界一流的通用机电集团，推动公司深化改革和转型升级，以"变革""党建""整改"和"信心"四个方面，强调今年的重点工作任务。

一、以变革引领发展

变革创新是推动企业发展的根本动力。希腊哲学家赫拉克利特指出，"世界上唯一不变的就是变化本身。"只有勇于变革、敢于创新，才能突破发展瓶颈，闯出一片光明。

——加快推进"双百行动"综合改革。"双百行动"是国务院国有企业改革领导小组全面落实国企改革"1＋N"政策要求，深入推进综合性改革，力求在改革重点领域和关键环节率先取得突破，打造一批治理结构科学完善、经营机制灵活高效、党的领导坚强有力，创新能力和市场竞争力显著提升的国企改革尖兵。可以说，我们能够进入"双百行动"试点企业，充分证明了公司具备改革创新的基础，具备了最大限度利用国企改革各项政策、破解体制机制问题的条件和资格，同时，也为公司未来发展提供了千载难逢的战略机遇。四年前，在跟骏发做混改的时候，我每次到骏发讲得最多的就是推动骏发上市。当时大家都觉得不可思议。四年后，现在给你这么好的机遇。当时骏发从14年开始就没有认真做上市准备。所谓的预见性，在跟你说的时候，没有人理解，包括大家都不相信。所有的机遇都是给有准备的人，所有企业的未来的都是自己设计出来的，不是天上掉下来的馅饼。所以我们必须要统一改革思想、凝聚发展共识，全力聚焦"五突破、一加强"目标任务，以股权多元化和混合所有制改革为主要路径，引入战略投资者，勇于探索，大胆尝试，深层次破解转型发展重点与难点。现在我们得到的信息就是我们的友商、竞争对手在做全面的技术、能力的整合，如果这个整合一旦完成，我们的竞争对手，他的能力就远在株洲电机之上。三年以后看，株洲电机可能就不是对手。所以混改是千载难逢的机会，否则前途不可设想。要按照"该控则控，该参则参，该退则退"的基本原则，从整体和产业单元两个层面积极探索和实践，通过体制和机制的改变，加速世界一流的通用机电集团公司的实现进程。

世界一流的通用机电集团公司是我们第一次提出这样的定位，能不能实现，关键程度上取决于这次混改能不能实现。

——加快完善市场化经营机制。所谓竞争，就是讲市场机制。在市场丛林中，比快、比强、比狠。竞争力源于市场化程度，市场化经营机制是变革的核心。市场化从经济学角度，就是将供需机制、价格机制、利益机制和竞争机制引入企业内部，搭建内部经济往来市场化平台，将公司的经济利益和员工的利益联结在一起，真正地调动全员的积极性和创造性。公司如果不能从市场上获得收益，公司就没前途，这样员工就没有依靠，没有安身立命的地方。株洲电机所有的员工都得明白，这份薪水的来源，是从市场上来，从客户上来。反过来，要客户认你，你们要给客户什么，客户凭什么把钱给你。所谓供需机制、价格机制、利益机制和竞争机制，就是如何让客户的钱到你口袋里来的机制，如果没有这个机制，其他都是空白。

从企业经营角度，就是企业战略符合市场环境，能力满足市场需求（前一段时间，森维安项目的问题，你要报出好的价格，是由能力决定的，人家不能赚钱、我可以赚钱，这就是能力），机制反映市场脉搏，流程跟随市场导向（这一次对内部做的调整），价值由市场评价（行不行由市场来评判），企业的一切纬度都要与市场对接、为市场激活。所以市场化转型是公司未来一段时间内公司发展的主旋律和风向标，而当下最重要的核心任务就是要全面推进三项制度改革，三项制度就是激活内部机制，激活内部机制就是全面提升公司能力，全面提升公司能力就是在市场丛林打胜仗。去年，我们推行中层管理人员"两制一契"管理，打破了领导干部终身制的铁饭碗，取得了良好效果。后续，我们要持续强化"两制一契"机制，按照"市场化选聘、契约化管理、差异化薪酬、市场化退出"原则，通过公开透明的绩效考评机制、契约化的人事制度改革、股权激励（是混改的目标之一）等中长期激励政策，敢于动真碰硬，实现用人机制、分配制度与公司经营业绩、绩效评价以及员工贡献全面对接（今年全员价值创造系统肯定要上）。

——深化内部管理机制变革。内部管理决定资源的运用效率。分析公司当前面临的经营困难和诸多挑战，我们不能把外部市场变化归结为最主要的原因，而要从自我固化、自我僵化上找根源，把内部管理机制变革作为思考、解决问题的基点和出发点。通过去年的组织变革，我们初步搭建了以"提高市场化程度、强调主体责任、战略型集团管控"为核心要义的组织架构，但配套的内部管理机制尚未完全跟上。接下来就要通过内部管理机制的优化和提升，夯实基础，练好内功，建立更加符合市场经济发展要求、更加适应多元化发展和国际化经营的管控体系和运营机制，推进公司运控模式向集约化、精细化转变，以真正发挥赋能型总部战略管控的组织效能，激发相对独立的产业单元活力，切实增强市场竞争力和抗风险能力。具体而言，就是要重点落实基于品质提升的成本优化（把成本降下来），推进激发全员经营意识的全员价值创造系统建设（人人都负责任），打造真正的全要素、全周期的强矩阵式项目管理模式（品质、安全、进度维度要求），推行以市场为导向、以改善为核心的绩效管理体系，提升对标世界一流的信息化管理水平（这是公司长期以来的短板），构建注重实际、目标明确、简洁高效、监督有力的执行文化等内容。这里特别强调，在市场丛林，所谓竞争优势的确立，就是比对手好那么一点的能力。而现在国内外的竞争对手，在资源、能力上很多方面都优于我们，所以创新变革是提升能力的主要途径，让我们持之以恒、不断创新、不断变革，以实现战略、市场、技术、经营和管理的优势。

二、以党建促进经营

新形势下国有企业坚持党的领导，加强党的建设，必须坚持服务生产经营不偏离，把提高企业效益、增强企业竞争力，实现国有资产保值增值作为国有企业党建的出发点和落脚点，以企业发展成果检验党组织的工作和战斗力。

——把政治建设放在首位。习近平总书记在党的十九大上指出，党的政治建设是党的根本性建设，决定党的建设方向和效果。国有企业作为党执政的政治基础和经济基础，必须在政治建设中做出表率。可以说，加强政治建设是国有企业做好一切党建工作的大前提，也是经营发展的大前提。要把坚决做到"两个维护"作为最根本的政治准则和政治要求，党中央倡导的坚决响应、党中央决定的坚决执行、党中央禁止的坚决不做，要把保证党和国家方针政策、重大部署在国有企业得到坚决贯彻执行作为检验政治建设成效的重要标准。要通过发挥党委把方向、管大局、保落实的领导作用防范重大生产经营风险，要把党组织研究讨论作为重大决策的前置程序，始终确保决策内容符合党的路线、方针和政策，符合国家法律法规。

——提升党建价值创造。国有企业的首要职责，就是实现国有资产保值增值，这是衡量国企工作优劣的关键。在公司强调市场化竞争、岗位价值创造的形势下，我们必须深入思考提升党建工作价值创造的机制，各业务单元的经营生产一线是推进党建工作的主战场，各基层党组织的规定动作是必须要完成的，自选动作更要精心策划，这是实现党建工作增值的部分，必须要有所作为。要坚持党建工作目标与生产经营方向相统一，党建工作载体与生产经营任务相匹配，要关注生产经营中的技术管理创新、基于品质的成本优化等工作中的重点、难点，注重在凝聚文化精神、提升领导力、建强队伍上找切入点，充分发挥党建工作的优势和作用；要以企业改革发展成果检验党建工作成效，真正实现党建经营互融共促。

——推进党建项目化管理。党建工作是一个专业化的系统工程，由一系列大大小小的部分和项目组成，是科学的、具体的、实践的。今年，我们承接了中车党建"金名片"中的党建活动项目化的课题研究工作，以牵引电机党总支为代表的基层党组织，在项目化党建方面取得了一定的实践成果。在加强基层党建，探索党建促经营的具体实践中，我们要大力推进党建工作项目化管理，借鉴项目管理经验，紧扣计划立项、组织实施、验收评估等环节，对党建工作以及活动实施全过程管控。特别是要对既有成果加以总结提炼，形成典型做法，助力学习型党组织建设。要在各基层党组织积极推广运用，从党委、党总支到党支部，都要有自己的党建项目化工作，形成一批党建工作、活动项目品牌，让我们的党建工作有载体出实效、见成果创价值。这里特别强调全员价值创造包括党群部门，党群岗位要与价值创造的指标挂钩。如果广大群众认为我们的工作是在浪费成本，我认为党群工作就是失败的。从我们自身的角度，促进了公司改革、创新、经营、管理，这就是有价值的。

三、以整改提升品质

做好巡视"后半篇文章"，既是政治任务，更是发展需要。我们要以巡视整改为契机，推动改革、促进发展，推进企业品质提升，既报政治账、又报经济账。"一岗双责"是党中央、国资委党委、中车党委一再强调的要求。对于经营管理者，要高度重视党群工作，既承担经营管理责任、又承担党建责任；对于党群干部，既报政治账、又报经济账。

——锤炼政治品格。巡视整改是严肃的政治任务、严格的政治检验、严实的政治责任，要通过强化巡视整改责任落实，推进真改实改，锤炼干部队伍的政治品格。一要讲忠诚，忠诚是政治品格的首要体现。要忠诚于党组织，坚定理想信念，坚持党对国有企业的领导，听党话跟党走，能够经受各种风险和挑战考验。要忠诚企业，坚守职业道德，不做任何损害企业利益的事情，以个人对企业的价值贡献赢得发展成果共享。二要讲担当，通过组织变革，各业务单位责权利实现了基本良好匹配，谋事创业的环境和条件进一步优化。在公司爬坡过坎、改革攻坚的关键时期，各级领导干部要有敢于迎难而上、舍我其谁的担当精神，要有不进则退、优胜劣汰的市场意识，要有持续精进、领先一步的竞争能力。

——提升经营品质。从巡视自查问题来看，公司经营品质已经呈现出新的"三高两低"（资产高、负债高、成本高；盈利能力低、业务规模增长速度低）的特征，这与中国中车要求的高质量发展还有很大差距。新时代中车高质量发展的经营方针，就是创新驱动、品质一流、结构优化、绿色智慧、开放共赢、协调共享。我们要以巡视问题整改为契机，从企业文化、市场创新、技术创新、战略管理、组织效能、项目管控、人力资源等方面，全面对标 ABB、三菱电机等国际标杆企业，成为全球通用机电行业掌握核心技术、拥有国际知名品牌、具有较强话语权的高质量发展领导者。

——塑造产品品质。对于制造业企业而言，产品品质永远都是市场竞争搏杀的制胜法宝。从价值角度而言，高品质至少包含以下要素：具备客户需求的使用价值、超出客户期待的附加价值以及一定的品牌溢价，这三个要素都离不开公司的技术创新能力。要围绕提升自主创新能力，抢占引领产业发展的前沿阵地和战略制高点，把创新发展主动权牢牢掌握在自己手中。要敢于走前人没走过的路，聚焦突破关键核心技术、卡脖子技术，加强行业发展战略性技术攻关、前沿性技术和颠覆性技术创新。要着力提升标准制定话语权，适时将公司的牵引变压器等自主技术和产品以及企业标准升华为国家和国际标准，提升公司在全球产业链中的话语权。要在保证产品先进性、可靠性的前提下，持续提升工业设计水平，形成独特的产品识别性。

四、以信念凝聚队伍

信仰、信念、信心，任何时候都至关重要。只要有信仰、信念、信心，就会愈挫愈奋、愈战愈勇，否则就会不战自败、不打自垮。面对复杂严峻的内外部形势，公司上下要齐心协力，坚定理想信念，积极应对困难挑战，打造众志成城、谋事创业的工作氛围。

——坚定世界一流的信念。"事者，生于虑，成于务，失于傲。"打造世界一流通用机电集团不是等得来、喊得来的，而是拼出来、干出来的。公司现在所处的，是一个船到中流浪更急、人到半山路更陡的时候，是一个愈进愈难、愈进愈险而又不进则退、非进不可的时候。全体员工要坚定实现世界一流通用机电集团的理想信念，汇聚攻坚克难的磅礴力量。忙碌在各自岗位的党员干部，要敢作敢为，善作善为，面对艰巨任务冲锋在前，面对艰难险阻奋战在先，以实际行动传递信心和信仰。广大劳作在一线的员工，要用辛勤劳动追求梦想，干一行爱一行，钻一行精一行，练就一身真本领，掌握一手好技术，争做大国工匠。特别强调的是，如果混改成功，一定让全体员工分享我们的混改成果。

——坚定国际化经营的信念。国际化是公司做强做优做大、实现高质量发展、打造世界一流通用机电集团的必由之路。但从目前现状来看，我们要清醒地看到，对标国内电机行业标杆，我们的国际化布局起步晚、没有经验；对标 ABB、西门子、三菱等国际标杆，我们的国际化经营更加任重道远。究其根本，我们尚未完全树立起国际化经营的信念，我们的战略布局能力，国际资本运作能力，各项管理标准，技术、管理、商业模式创新能力，尤其我们的供应链建设、我们的国际化团队建设、我们的项目管理、我们的文化建设等都没完全与国际对标、满足国际需求。我们要做强做优做大，具有全球竞争力，成为世界一流的通用机电集团公司，必须要牢固树立国际化经营的信念，做好国际化经营的顶层设计，进一步研判国际发展环境、行业竞争趋势和公司实际，科学制定国际化经营目标、能力提升重点和实现路径。

——坚定改革促发展的信念。随着"双百行动"、市场化经营机制、三项制度改革等一系列举措的落地实施，公司的改革将进入攻坚期和"深水区"。此时，改革涉及利益关系的重构，涉及员工收入的调整，每前进一步，困难就增加十分。我们要以实打实的作风、硬碰硬的气魄，把基层的实践创新和公司的顶层设计结合起来，让改革举措真正接地气、有生命力，在公司形成良好改革预期。要按照"三个区分开来"，建立容错机制，尊重基层首创精神，在推进混合所有制改革，培育新产业、新业务过程中，鼓励敢试敢闯、探索新路。要加强思想工作，及时了解员工的利益诉求，不断增强员工的获得感，集众智、汇众力，让改革创新的源泉充分涌流。

各位代表、同志们，新征程新使命，整行装再出发。春节后将要召开公司工作会议，全面部署年度以及今后一段时期的重点工作，这次工作会将决定株洲电机何去何从。希望大家利用春节这段时期，静下心来，用心思考一下我们株洲电机的方向和未来，真正感受公司已经处于动真碰硬的攻坚阶段、发展处于转型升级的关键时期。以舍我其谁的使命感、不进则退的危机感、时不我待的紧迫感、勇于担当的责任感，以奋进者的姿态，全面推进世界一流的通用机电集团公司建设进程！

最后，在农历新年即将来临之际，我和宁总代表公司给大家拜个早年，祝大家合家安康、工作顺利，谢谢大家！

树牢安全发展理念　提升安全认识水平
为加速打造世界一流的通用机电集团公司夯实发展基础

——在公司2019年安全环保工作会议上的讲话

董事长、党委书记　周军军

2019年1月30日

同志们：

　　今天我们召开2019年度安全环保工作会议，总结了过去一年安全环保的工作经验，分析了安全生产所面临的形势，贯彻全国安全生产会议精神及中车安全环保工作要求，部署了2019年工作任务。刚才余乐同志做了安全环保专项工作报告，文泽同志也做了重要讲话，我都同意，希望大家认真领会，抓好贯彻落实。我们也按照安全生产责任制的要求，与各相关单位签订了2019年度安全生产和环境保护目标责任状，各单位、各子公司要不折不扣、高标准落实，动员全体员工，树牢安全发展理念，提升安全认识水平，为加速打造世界一流的通用机电集团公司夯实发展基础。

　　过去的一年，公司如期实现了各项既定目标，全年未发生一起安全和环保事故，为公司变革转型、高质量发展创造了安全稳定的环境。但在肯定成绩的同时，我们也要清醒认识到，安全生产与环境保护工作只有进行时、没有休止符，不能丝毫松懈；认识到公司安全生产和环境保护形势的严峻性、复杂性；认识到中车及上级对企业安环管理的高标准、严要求；认识到安全、环保在国家层面的重要性、政治性。希望大家再接再厉，一如既往，以更加扎实的工作、更加务实的举措，加速世界一流的通用机电集团公司的实现进程。

　　加速打造世界一流的通用机电集团公司，就需要我们从政治站位、责任担当、品质至上等方面强力落实安全环保工作，把公司建设成内优外美的环境友好型企业。

一、提高政治站位，保障发展安全

　　我们要坚持以习近平新时代中国特色社会主义思想为指导，牢固树立"四个意识"、坚定"四个自信"、坚决做到"两个维护"，坚决把思想和行动统一到习近平总书记关于加强安全环保工作的重要指示精神上来，把安全环保作为头等大事来抓好抓落地。

——全面提升安全环保认识水平。要推动全体员工从安全意识向安全认识转变，使大家都要清楚地知道，什么是安全、怎么样做才安全、为什么这样做才安全。

——积极推进"全员安全认识升级工程"。企业法人代表、经营者、管理者以及各级各类员工都必须绷紧安全生产和环境保护这根弦，时时刻刻关注安全环保工作，安全的认识等级要逐渐提升，有效支撑公司安环工作做实、做细，做出水平、做出特色。

——树立安全环保文化。要对标集团内和行业内的先进企业，学习其先进的管理方法、工具和经验，努力把公司打造成中车内部安全环保管理工作第一的单位。

二、坚定责任担当，保障基础安全

打造世界一流的通用机电集团公司，要求我们必须坚定红线意识、责任意识，严格落实安全生产责任制。

——做实"两级管控"。在总部层面，法人代表和总经理为第一责任人，统筹抓好安全环保工作，同时总部是体系、标准、制度的制定者，是方法、技术、工具的规划者，是落实责任和考核的归口管理者。产业单元层面，各事业部和子公司党政负责人为第一责任人，协调推进做好安全环保工作，同时履职执行责任的承担者，从人、机、料、法、环等方面严格执行要求与标准，提高本质安全度。

——落实"三项责任"。一是落实总部安全环保监管责任，新组织条件下，安技环保必须集中管理。总部安技与环保部是制定安技环保标准、制度的输出部门，是方法、技术、工具的规划和提出部门，是落实责任和考核的归口部门，是培训和教育的总牵头部门。二是落实产业单元生产经营主体责任，各产业单元要全面负责本单位区域内的安全环保工作，实现安全责任、安全投入、安全培训、安全管理、应急救援"五个到位"。三是落实安全环保排查执行责任，各级单位要实施安全环保责任逐级分解，责任到岗，责任到人，做到"全覆盖、全层级、全领域、全空间"的落实，实施预防为主，巡查帮扶与综合治理相结合的管控方式，扎实做好安全环保工作的执行落地。

三、坚持品质至上，保障本质安全

打造世界一流的通用机电集团公司，要求我们必须坚持品质引领，持续提升经营管理品质、设备品质、产品品质，保障本质安全。

——经营品质方面。要不断完善健全安全生产防控体系，优化安全生产与环境保护制度标准，制定分级分类的激励考核制度，强化安全环保问责追责制度，完善隐患排查、整治、消除和督查一体化管理台账，严肃事故报告制度，形成风险常排、隐患常治的长效管理工作机制。

——设备品质方面。要强化安全技术支撑，要视情况加大环保、安技设备的资源投入，加强技术手段的创新与引进，加快安全信息化管理平台的建设，同时要全力保证生产设备、辅助性设备的状态良好，保障本质安全。

　　——产品品质方面。要进一步延伸至"大安全"理念，安全要从厂域到产品、从产品到客户、从客户到服务，要强力做好产品质量控制及性能符合达标，产品品质好，整机运行才安全，乘客人身安全才得保障，公司发展才得稳固。

　　同志们，安全是企业的命脉，我们要切实做到"五个强化"：强化责任落实、强化检查保障手段、强化重点工作内容、强化目标控制、强化工作能力，把公司建设成内优外美的环境友好型企业。

　　最后，借此机会，祝大家新的一年幸福安康！

提升党建质量　凝聚变革动能
以一流党建引领企业开启全面深化改革的新篇章
——中车株洲电机有限公司2019年度工作会议党委工作报告

董事长、党委书记　周军军

2019年2月24日

同志们:

回眸2018年,可以说是栉风沐雨、砥砺奋进的一年,在经济下行压力加大的背景下,面对行业增长乏力、市场竞争加剧、要素成本上升等不利外部形势,面对政治巡视问题整改、经营指标拔高压力、"双百行动"综合改革和国际化加速突破等内部艰巨任务,公司党委以习近平新时代中国特色社会主义思想为指导,坚持变革创新的发展路径,迎难而上、沉着应对,总揽全局、协调各方,有效克服各种困难和考验,推动企业党的建设和经营发展迈出坚实步伐,再次创造了骄人的发展业绩,连续第4年获得中车突出贡献奖,也有望连续第4年荣膺中车"四好领导班子"。这些成绩的取得离不开各级领导班子和全体员工的共同努力,在此,我代表公司党委向为企业发展做出卓越贡献的广大干部员工,致以崇高的敬意和衷心的感谢!

下面,我代表公司党委作2019年度党委工作报告。

第一部分　2018年主要工作回顾

一、充分发挥领导作用,推动变革创新与合规经营

坚持政治思想引领。持续深入学习习近平新时代中国特色社会主义思想和党的十九大精神,进一步牢固树立"四个意识",坚定"四个自信",做到"两个维护"。通过两级中心组学习、分层分批专题培训、领导干部联系点、三会一课等形式,实现学习宣传贯彻十九大精神"五个全覆盖"。在学懂弄通做实上下功夫,坚决贯彻落实新发展理念、深化供给侧改革、全面从严治党等重大决策部署,以及习近平总书记三次视察中车重要指示精神。

坚持抓大事、议重点。贯彻民主集中制,发挥领导班子的集体智慧,高格局谋划运控模式创新和"双百行动"等重大改革方案。落实党委会前置程序要求,全

年召开党委会 28 次，研究讨论了"三重一大"决策、巡视整改等各类议题 156 项。召开以"持续变革提升竞争能力"为主题的党委务虚会，系统谋划新组织架构下各业务板块的战略定位和突破发展之路，统一思想、凝聚共识。落实"两个一以贯之"要求，完成全级次企业党建工作要求进章程，推进子公司党委书记、董事长"一肩挑"，单独设立子公司党委副书记、纪委书记。定期召开党政工联席会和党群工作例会，定期听取并研究党风廉政建设、安全生产、群团、青年、保密、统战等工作，协调推动各项工作开展，有效发挥了党委领导作用，保障公司改革发展和合规经营。

二、扎实开展巡视整改，借势强弱项、补短板、促发展

深入查找"六围绕、一加强"存在的问题。按照国资委党委第三巡视组政治巡视的统一部署，运用问题清单的工具方法，深入查找自身问题和风险，公司全级次企业共梳理出问题 362 个。

扎实推进整改，做好"后半篇文章"。压实整改责任，签订两级包保责任状，严格落实党委主体责任、纪委监督责任和领导班子"一岗双责"。出台《公司党委关于进一步深化政治巡视整改工作的意见》等 8 份规范性文件，建立健全巡视整改的责任体系、工作体系、监督体系和考评体系。始终强调巡视整改是严肃的政治任务、严实的政治责任，增强巡视整改的思想自觉和行动自觉。公司上下付出了艰辛的努力，全级次企业 362 个问题已完成整改 243 个，完成率 67.1%，2018年内需完成的整改措施 565 项，实际完成 562 项，完成率 99.5%。通过巡视整改，我们有力推进了新产业资源配置落地、逾期应收账款处置等重点难点问题，化解了一些企业减利因素和经营风险，补强了党建"四个化"的短板，借势推动了国际化战略进一步落地，解决了一些长期想解决而没有解决的问题，为公司变革发展传导了压力、增添了动力。

三、落实管干部育人才，建强变革创新的中坚力量

优化干部队伍配置和管理。结合组织变革和提升竞争力的实际需要，全面调整中层干部队伍，选优配强事业部和子公司的领导班子，推进党务、经营干部的双向交流，重新设定中层岗位职级、职数和职责，激发干部队伍活力。推进"两制一契"干部管理，修订完善《公司中层管理人员选拔任用管理暂行规定》等配套规章制度，研究制定任期目标责任状，建立了系统完备、科学规范、有效管用的干部管理制度体系。加强干部日常教育和监督管理，引导党员干部过好双重组织生活，持续开展高中层"学习日"活动，有力提升干部队伍的党性修养和素质能力。

深入推进"人才强企"。加强"三横五纵"职业化团队建设，87 人获聘中车第二届核心人才，其中 1 人获聘首席专家、10 人获聘资深专家；推选 1 名高层次人才参评国家"万人计划"。支持重点领域拓展，引进新产业发展成熟人才 11 名，新增国际化人才 19 人。搭建 4 个金蓝领创新工作室，促进技艺传承及成果交流。

综合考评政治素质、专业能力和工作实绩，层层选拔出新一期64名后备人才。修订职业化人才标准体系，开展职业化人才标准试点，推进职业化人才发展体系迭代升级。

四、加强党的自身建设，党建基础提质换挡上水平

深入落实抓基层、打基础。一是调整总部党群部门与基层党组织设置。单设党委组织部，新设党委统战部（与党委宣传部合署办公），强化党委领导下的保密职责；重新设立两级基层党组织98个，消除无党员班组39个；在具备一定规模的一级党组织设置党群工作部。推进基层党组织按期换届选举，12个一级党组织全部完成换届，做到应换必换。二是加强党员教育和管理。制定公司《基层党务工作者培训方案》《"两学一做"学习教育常态化制度化实施方案》，分批组织专题培训。深入开展"四项排查"，完成全国党员信息系统数据导入工作，全面实现党组织、党员信息一体化管理。三是把制度建设贯穿党建工作始终。建立完善党群工作制度36项，重点强化党建责任制落实。开展基层党组织书记述职评议，有效发挥考评"指挥棒"作用。

探索党建机制和载体创新。落实中车党建"金名片"部署要求，坚持顶层设计与基层探索相结合，创新提升与夯实基础相结合，推进基层党建创新。原牵引电机事业部党总支以项目化管理方式推进"基于价值引领的精益党建"，有效推进党建经营互融共促；研究院党委以做好技术创新服务工作为根本，推进三大建设、做好四项支持，为技术人员营造良好的创新氛围；原轨道营销中心党总支和维保事业部党总支充分运用新媒体技术推进"互联网＋党建"，进一步丰富了党内学习教育形式。通过抓基层打基础和党建活动创新，实现了基层党建水平提质换挡。公司获得中车党建责任制考评B级评价。

五、强化"两个责任"落实，营造风清气正发展环境

落实全面从严治党责任，制定了党委主体责任、班子成员"一岗双责"、纪委监督责任三张责任清单，栓紧管党治党责任链条。建立党风廉政建设巡察机制，对贯彻落实党风廉政建设责任制、中央八项规定精神和纠"四风"等情况进行巡察。召开党委会审议《公司党风廉政建设形势评估报告》，研究解决党风廉政建设中的重要风险防控项点，强化从源头及财务最后一道防线把好廉洁关。加强党规党纪宣传及警示教育，召开干部教育警示大会，推进1300余名党员干部知敬畏、明底线。开展290名关键岗位人员及其亲属及特定关系人与企业业务往来专项监察，强化关键岗位人员廉洁自律。围绕"三重一大"决策事项、物资采购、废旧物资处置等11项业务开展廉洁风险排查，下发纪检监察建议书4份。加强纪检监察力量配备和监督执纪制度建设，着力构建不敢腐、不能腐、不想腐的体制机制。

六、注重文化宣传引导，增强员工凝聚力及幸福感

做实宣传思想工作。围绕习近平新时代中国特色社会主义思想、中车"双打

造、一培育"开展系列宣传教育活动。针对250公里标准动车组、森维安批量项目以及基于品质提升的成本优化等重大生产经营活动,广泛深入开展宣传报道,挖掘先进典型,弘扬发展正能量。优化"两微一端"和《新动力》报的内容和形式。归集整理了"明德丛书"系列刊物。落实意识形态工作责任制,做好舆情管理培训。

高标准建设企业文化。深入宣贯中车"正心正道,善为善成"核心价值观,践行公司"明德成器 利物益世"企业精神。加大CIS推行力度。强化VI标准,重新设计制作了2018版宣传片、宣传画册以及户外广告牌等,规范组织变革后事业部、子公司的VI应用。重视BI建设,拍摄了员工行为规范视频《礼仪电机》。精心策划电机工程研究中心文化呈现,选址设置"新动力铭"文化石和"动力之矩"雕塑。借势热点事件大力传播公司品牌,《永磁动力》科普片在央视等主流媒体播出,引发了社会各界广泛关注。公司连续第4年荣获全国企业文化建设先进单位。

加强党建带群团建设。全面落实职代会职权,深入开展职工代表检查、工资平等协商等民主管理活动,保障员工切身利益。开展困难员工、劳模先进走访慰问,共发放慰问金87.51万元。深化"中国梦·电机情·劳动美"主题活动,开展"最美劳动者"评选、"工人阶级宣传月"等系列活动。丰富文体活动,国画、民族乐器、旗袍风采秀等高雅艺术走入员工业余生活;在全国铁路羽毛球赛中,公司包揽了团体赛、男双、女双冠军。重视青年的成长成才和推优,开展青年大学习、"一学一做"、"青年夜校"等学习培训。公司员工申政荣获"全国青年岗位能手"和"中车十大杰出青年"称号。建设图书馆,营造书香文化。公司获评湖南省"2018年度和谐劳动关系企业"。

第二部分 当前面临的形势和任务

2019年,是新中国成立的70周年,是公司升格后的10周年,也是公司全面推进"十三五"战略落地的关键一年,世界面临百年未有之大变局,公司也将迎来全面深化改革的巨大挑战。

一、深刻理解国有企业所应担当的重要使命和责任

受全球化退潮和各国民粹主义抬头的影响,原有的世界多极平衡合作格局逐渐退变为多极单边冲突,全球治理迈入"金德尔伯格陷阱",美国不断"退圈",中美贸易争端在2018年重塑了世界经济和金融格局,并可能在未来几年一直延续下去,中国面临着长期经济增长动能正在孕育,短期政策不协调和国际经济形势动荡加剧的复杂局面。在这一政治经济大背景下,党中央提出,要善于化危为机、转危为安,紧扣重要战略机遇新内涵,加快经济结构优化升级,提升科技创新能力,深化改革开放,加快绿色发展,参与全球经济治理体系变革,变压力为

加快推动经济高质量发展的动力,其重点就是要坚持供给侧结构性改革不动摇。我们国有企业,是中国特色社会主义的重要物质基础和政治基础,是中国特色社会主义经济的"顶梁柱",也是承担供给侧结构性改革的"主力军",必须切实增强责任感、紧迫感,明确方向,找准定位,努力走在高质量发展的前列,建设具有全球竞争力的世界一流企业。

二、深刻明晰深化国有企业改革的重大机遇和挑战

2018年全国国有企业改革座谈会提出,要以"伤其十指不如断其一指"的魄力,大胆务实向前走,突出抓好混合所有制改革、市场化经营机制、改革授权经营体制等六方面工作。中央经济工作会议继续释放国企改革走深走实、增强微观主体活力的信号。2019年有望成为"国企改革年",改革红利将大大惠及参与国企改革的试点单位。去年,公司有幸入选国资委"双百行动"企业;今年1月份,中车入选国资委创建10家世界一流示范企业的名单。示范企业可以获得更大的授权,进行自主决策,综合运用混改、员工持股、股权激励、超额利润分红等各项政策,这些政策利好将为我们突破瓶颈、跨越发展提供绝佳的机遇和平台,也将为我们"十三五"战略落地提供绝佳的路径。但在巨大的机遇面前,我们也面临巨大的挑战。一方面,虽然我们已经具备了一定的基础条件,"小总部、大业务"的组织架构已经建立和运行,内部市场化的结算关系也正在形成,同时也启动了"双百行动"综合改革"四梁八柱"的顶层设计。但总体而言,我们的市场化机制还不够活、国际化程度还不够高、新产业发展还不够好,产业盈利能力还不够强,这将在很大程度上影响我们对战略投资者的吸引力。另一方面,国资国企改革是一项复杂的系统工程,如果缺乏创新的思路、周密的策划、稳妥的实施,将很难取得理想的效果,甚至可能留下改革后遗症。我们必须做好充分的思想和行动准备,周密谋划、稳妥推进,合理布局改革的战略重点、优先顺序、主攻方向、工作机制、推进方式和时间表、路线图,以非凡的勇气和智慧处理好改革中的深层次矛盾,借力改革实现打造世界一流的通用机电集团公司的战略目标。

三、深刻把握加强国企党建和深化国企改革的关系

习近平总书记在全国国有企业党的建设工作会议上指出,坚持党的领导、加强党的建设,是国有企业的"根"和"魂",是国有企业的独特优势,并提出了"两个一以贯之"的原则要求。党的十九大报告提出,坚持党对一切工作的领导,提高党"把方向、谋大局、定政策、促改革"的能力和定力,确保党始终总揽全局、协调各方。新修订的党章也提出,企业党组织要围绕企业生产经营开展工作,保证监督党和国家的方针、政策在本企业的贯彻执行。这就要求国有企业党的建设要坚持服务生产经营不偏离,要把提高企业效益、增强企业竞争实力、实现国有资产保值增值作为国有企业党组织工作的出发点和落脚点。当前,国企改革正处于"攻坚期"和"深水区",我们的"双百行动"综合改革也已经蓄势待发,企业党

组织必须深入落实"两个一以贯之"要求，发挥"把方向、管大局、保落实"作用，引领企业提升竞争实力和高质量发展。我们要树立"大党建"的理念，想大事、抓重点、守本职，把党的领导、党的建设融入和体现在企业管理的方方面面；要建设坚强有力的领导班子、担当作为的干部队伍，以及职业化的党员和员工队伍，强化变革创新的中坚力量和依靠力量。同时，要维护稳定、营造氛围、保护担当，成为改革的根本保障和精神动力，提高党建工作的渗透力、说服力和贡献力。

四、深刻认识加强基层党建的新要求和存在的差距

2018年全国组织工作会议上，习近平总书记提出，基层党组织是党执政大厦的地基，要以提升组织力为重点，突出政治功能，推动基层党组织全面进步、全面过硬。之后的中央企业党的建设工作座谈会、中央企业基层党建座谈会、中央企业地方国资委负责人会议都释放出强烈信号：推动管党治党责任向基层延伸、向深化拓展，全面提升党的建设质量。未来国企党建的要求将越来越严、标准将越来越高、任务将越来越重。距离全国国有企业党的建设工作会议召开已过去两年多，两年来，我们明责任落考核，逐级压实党建工作责任；我们强弱项、补短板，着力突破党建薄弱环节；我们出制度、优机制，不断夯实基层党建制度保障；我们抓融合、促经营，切实激发党建创新活力。然而，从政治巡视以及中车党建责任制考评来看，我们依然存在许多需要加强和改进的地方：党的领导作用在基层党组织的实现途径和机制，还需要进一步研究落实；基层党建发展不平衡不充分，还需要点对点帮扶提升；干部人才队伍素质、能力和作风不过硬，还需要持续锤炼锻造；党建"金名片"没有在基层全面铺开，还需要加大推进和探索力度。这些都是我们要正视和弥补的不足与差距。

针对以上形势和任务，2019年公司党委工作的指导思想是：高举习近平新时代中国特色社会主义思想伟大旗帜，全面贯彻落实党的十九大和十九届二中、三中全会以及全国组织工作会议、全国国企党的建设工作会议、中央企业地方国资委负责人会议、中央企业基层党建座谈会以及中车党委常委扩大会等有关会议精神，贯彻执行党中央、国资委党委和中车党委关于党的建设和全面深化改革的各项重大决策部署，全面落实中车党建"成效跃升年"各项工作任务，着力提升党的建设质量，引领企业全面深化改革，为打造世界一流的通用机电集团公司提供坚强保障。

根据上述指导思想，今年党建工作的总体思路是：以党的政治建设为统领，以服务改革发展为导向，围绕"双百行动"综合改革和创新运控模式两大核心任务，以"强基、固本、增效、保障"为目标和抓手，从六个方面提升党建质量，即政治建设、队伍建设、基层党建、党风廉政、思想宣传以及群团工作，打造具有株洲电机特色的党建工作品牌。

——强基：推进党建责任制考评和"三基建设"，对照中车党建责任制考评48

个项点全面达标、基本组织、基本队伍、基本制度全面过硬，党建工作水平处于中车一流行列。

——固本：深化学习型党组织建设，培育一支"政治家＋专门家"的领导班子，一支忠诚干净担当的干部队伍，一支职业化的党员和员工队伍，一种"变革创新、担当作为"的文化。

——增效：深化巡视整改和党建工作项目化，借势借力推动经营管理和改革发展，运用信息化和可视化的手段，彰显党建促经营和党建价值创造的成效。

——保障：推进"三重一大"决策、党风廉政建设、党建带群团，发挥"把方向、管大局、保落实"作用，担当全面深化变革创新的压舱石和稳定器。

第三部分　2019 年党委工作策划

一、提升政治建设质量，把党的建设成效体现在引领发展上

深入学习贯彻习近平新时代中国特色社会主义思想。按照党中央统一部署，开展好"不忘初心、牢记使命"主题教育。加强中心组政治理论学习，持续深入学习习近平新时代中国特色社会主义思想和党的十九大精神。紧跟理论创新步伐，及时学习总书记在重要会议和活动中发表的最新讲话、做出的最新指示。坚持系统全面学、持续跟进学、联系实际学，深刻领会总书记对新时代新形势新任务的重大分析判断，准确把握总书记对新情况新矛盾新问题的深入剖析指引，提升两级领导班子的战略思维、创新思维、辩证思维、法治思维和底线思维，提高驾驭改革发展复杂局面的能力。

坚决贯彻执行上级重大决策部署。深入贯彻落实供给侧结构性改革、打赢三大攻坚战、创新驱动发展等党中央重大战略决策部署。认真落实中车党委《关于贯彻落实习近平总书记重要指示精神，推动中国中车实现高质量发展的决定》，把学习贯彻重要指示精神，与全面深化变革创新的形势任务紧密结合起来，深入推进"双百行动"综合改革和创新运控模式，实现体制机制向市场化驱动转型，发展方式向高质量发展转型。及时学习宣贯党中央和上级党委重大会议、重要文件精神，定期向上级党委报告"重要指示落实情况""重要思想学习情况""党建工作推进情况"，始终牢固树立"四个意识"，增强"四个自信"，做到"两个维护"。

坚持"两个一以贯之"。坚持党的领导、加强党的建设，确保党建工作与企业改革同步谋划、同步推进。坚持"双向进入、交叉任职"领导体制，准确界定企业党组织、董事会、监事会、经营层等治理主体的职责权限，坚持党委研究讨论是董事会、经营层决策重大问题的前置程序。结合分层分类改革，研究探索混合所有制党建。严格落实"三重一大"决策实施办法，按照集团统一部署，推进"三重一大"信息化监管系统建设。

深化政治巡视问题整改。提高政治站位，坚持把建强党建、推动发展作为出

发点和落脚点，切实做到"真改、实改、彻底改"。深入落实《公司党委关于进一步深化政治巡视整改工作的意见》，层层压实整改责任、层层分解目标任务，完善台账管理，实行销号制度，定期回头检查，推动巡视整改向纵深发展。研究制定巡视整改激励约束办法，将巡视整改情况与责任人薪酬直接挂钩。公开整改工作进度和成效，充分发挥员工群众的监督作用。对立行立改事项，确保如期见底清零；对需要长期治理和逐步解决的问题，进一步明确路线图、时间表和阶段性工作目标；对共性的、易反复的问题，注重根本性、基础性、制度性建设，推动整改工作常态化、长效化，以真改实改的实际成效推动公司发展。

二、提升队伍建设质量，把党的建设成效体现在人才支撑上

坚持党管干部和市场化用人。严格落实新时期"好干部"标准和国有企业领导人员"20"字要求，围绕"政治家+专门家"目标，逐步建立领导干部素质培养、知事识人、选拔任用、从严管理和正向激励五个体系。结合"双百行动"改革，引入市场化机制，逐步推进"市场化选聘、契约化考核、对标化薪酬、制度化退出"等重点领域的改革突破。搭建中层管理人员分类分层管理体系，逐步实现中层管理人员由集中管理向分层行权、市场配置转变。探索推进市场化、契约化选人用人机制，畅通现有中层管理人员与职业经理人身份转换通道，试点推进按市场化方式选聘和管理职业经理人。构建基于契约化的动态考核机制，开展以岗位目标责任为核心的年度考核和以战略绩效为核心的任期考核，明确职业经理人责任、权利、义务，严格任期管理、期末述职和目标考核。坚持"两个优先"选拔使用党务干部，推动落实"双向交流"要求。全面推行"两制一契"，推动干部"能上能下"，有效传导压力，切实解决"干与不干、干多干少、干好干坏一个样"的问题，让想干事、能干事、干成事的优秀人才有机会、有舞台。

着力增强人力资本的竞争力。突出"市场机制、价值导向"，推动人员"能进能出"，收入"能增能减"，调整收入分配结构，完善按要素和贡献分配的机制，提高人力资本的效度。强化柔性引才理念，大力吸引院士、国家"千人计划""万人计划"等高端人才为公司发展服务。系统推进职业化人才标准体系落地，实施"高绩效、高能力"员工发展计划（IDP），不断优化人才结构和质量。建立健全纵横交叉的职业发展体系，全面拉通党务管理、经营管理、专业技术各类人才的职业发展通道，把党务工作岗位打造成为提高素质、丰富阅历、施展才华、培养能力的重要岗位。深入落实中车青年工作会议精神，着力培养一批优秀年轻人才。

三、提升基层党建质量，把党的建设成效体现在建强堡垒上

夯实基本组织。积极探索有效实现形式，提升基层组织覆盖能力和覆盖水平，确保党的组织设置始终和企业改革发展相适应、和生产经营活动相适应、和组织管理幅度相适应。认真贯彻中央企业基层党建座谈会精神，建立董事会的二三级子公司，全面推行党委书记、董事长"一肩挑"，党员总经理兼任党委副书记。严格落实组织健全、制度完善、运行规范、活动经常、档案齐备、作用突出"六条标准"，全面建强基层党支部。做好党建"帮扶带"，切实解决基层党建发展不平衡问题。充分保障党务机构编制、人员经费投入，严格落实两个"不低于1%"的要求。

建强基本队伍。重点加强基层书记队伍、党务干部队伍和党员队伍"三支队伍"建设。注重把懂党务、懂业务、懂管理，会解读政策、会疏导思想、会解决问题，政治过硬、作风过硬、廉洁过硬的"三懂三会三过硬"优秀党员选拔到基层书记岗位。坚持把党务工作岗位作为培养复合型人才的重要平台，落实同职级、同待遇政策，以"建强党务队伍、驱动价值创造、激发担当活力"为导向，加大人员配备、业务培训、激励保障力度，着力解决党务干部进不来、出不去、长不大的问题。坚持把政治标准放在首位，提升发展党员质量，创新党员教育管理，严格党内组织生活，拓展党员发挥作用载体，坚持"双培养一输送"，深化创先争优活动，激励党员当先锋做表率。

健全基本制度。完善党建管理制度体系，形成以议事决策、请示汇报、组织生活、发展党员、党员教育管理、党费收缴使用、党内关怀帮扶等"七项制度"为重点的党建制度框架体系。严格执行三会一课、组织生活会、民主评议党员、谈心谈话、主题党日等党性体检制度，增强基层组织生活的政治性、时代性、原则性、战斗性，确保每名党员都能按时进行党性体检。定期总结和上报党建工作责任制落实情况，重点报告书记履行第一责任和班子成员履行"一岗双责"情况。深入推进基层党组织书记述职评议，一级党组织书记每2年现场述职评议全覆盖，二级党(总)支部书记每3年现场述职评议全覆盖。

深化学习型党组织建设。修订完善《学习型党组织深化建设实施方案》，打造学习工程、宣传文化工程、创新工程、组织队伍工程。运用党委务虚会、中心组学习、高中层"学习日"、三会一课等党内学习交流的丰富形式，结合五项修炼，推动个人学习、团队学习、组织学习，形成动力机制。以学习型党组织建设，促进干部综合素质提升和党员全面发展，培育"变革创新、担当作为"的文化，增强党组织和党员的先进性和贡献力。

全面推进党建工作项目化。推广基层党建项目化的经验，促进基层党组织围绕党建提升、精益管理、成本优化、技术创新等工作，结合自身实际和特色，将党建工作策划为一个个具体项目，以项目管理的方式推进落实落地。建立党建工作的项目库和激励机制，把特色项目打造成"一组织一特色"的小品牌，确保每年输出党建品牌案例不少于3项。推进"互联网＋党建"，开发建立党建信息化管理系统平台。以可视化方式加强党建阵地建设，打造党员之家、党建活动室等阵地。

四、提升党风廉政质量，把党的建设成效体现在净化生态上

强化主体责任落实。学习贯彻十九届中央纪委三次全会、中车党风廉政建设和反腐败工作会议精神，持续深化标本兼治。贯彻落实《中国共产党纪律处分条例》，加强党规党纪教育、宗旨教育、廉洁教育。深入落实《中国中车党委开展深入剖析王晓林严重违纪违法案件典型特征，将办案成果转化为提升企业治理效能的专项行动方案》。严格落实《中车株洲电机深入贯彻落实中央八项规定精神，进一步加强作风建设的实施细则》，深挖细查隐形变异的"四风"问题。集中整治形式主义、官僚主义，着力治理表态多调门高、行动少落实差等问题，坚决纠正上有政策、下有对策，有令不行、有禁不止的行为。健全完善定期分析通报、检查督促、公开曝光、责任追究等工作机制，强化制度执行力。

用好监督巡察利器。贯彻落实《公司党委巡察工作实施办法》，聚焦"六围绕、一加强"对基层党组织开展巡察，每3年对所有直属基层党组织以及子公司巡察全覆盖。强化对"关键少数"、重点领域、关键环节的监督，紧盯"三管"（管钱、管物、管人）、"六外"（外委、外包、外协、外联、外销、外购）等重点业务和岗位人员，开展专项监督监察，堵塞管理漏洞，强化制度执行，防范廉洁风险。认真开展领导干部利用名贵特产类特殊资源谋取私利问题专项整治，坚决查处和遏制靠山吃山、假公济私、以权谋私、利益输送等问题。认真落实监督执纪工作规则和"三个为主"要求，建立健全查办腐败案件以上级纪委领导为主的工作机制。注重抓早抓小、防微杜渐，积极运用"四种形态"中第一、二种形态（咬耳扯袖、轻处分），使党员干部习惯在受监督和约束的环境下工作生活。深入开展干部警示教育，加大典型案例总结和通报力度，用身边事教育身边人，引导党员干部树立正确的价值观、业绩观，筑牢法律底线和纪律红线。

五、提升思想宣传质量，把党的建设成效体现在增添动能上

营造变革发展的良好环境。落实《意识形态工作责任制实施办法》，做好舆情监测研判、处置，维护意识形态安全。聚焦"双百行动"综合改革和创新运控模式等重大决策的实施，深入细致做好宣传思想工作，转变员工观念、统一思想认识，营造拥护和支持变革的良好环境。弘扬社会主义核心价值观和中国高铁工人精神，积极挖掘基于品质提升的成本优化等重大工作中涌现出来的先进集体、典型人物，讲好电机发展新故事。围绕建国70周年、公司升格10周年，策划系列宣传活动，系统展示国家和公司改革发展的历程和成就，提升员工自豪感和自信心。建立党建微信公众号，推进基层新媒体平台建设，打造新媒体传播矩阵。

建设世界一流的文化和品牌。在打造世界一流企业和进行全球布局的过程中，无论是自身文化建设还是跨文化管理，都要做名副其实的"全国企业文化建设先进单位"，成为中车企业文化建设标杆企业。积极发挥党组织在企业文化建设中的独特优势，以中车"正心正道，善为善成"核心价值观为内核，进一步深植"三创三化"愿景和"明德成器　利物益世"企业精神。按国际化标准建设CIS系统，优化企业形象、品牌和员工行为，全力导入工业设计，提升产品价值。加强

VI 和 BI 管理，形成制度约束和文化熏陶的有机结合。牢固树立依法治企理念，使诚信合规经营成为企业文化和价值观念的核心组成部分。对接世界一流企业，建立品牌战略体系，树立"高端、优质、绿色"的品牌形象。

六、提升群团工作质量，把党的建设成效体现在凝聚合力上

深入贯彻落实中国工会十七大、共青团十八大、中国妇女十二大会议精神，加强对群团组织的政治、思想和组织领导，提供必要保障，充分发挥群团组织的桥梁和纽带作用。坚持和完善厂务公开制度，依托新媒体交流平台，拓展厂务公开的领域和渠道。持续深化工会"一会一品牌"和"擦亮金名片、建设新小家"专项活动，推动特色工作出亮点、树精品。以"当好主人翁、建功新时代""基于品质提升的成本优化"为主题，深入开展主题劳动竞赛、"双创"竞赛和大众创新活动。依托劳模工作室、金蓝领工作室，充分发挥劳模示范、引领、辐射作用。坚持"双关心 双维护"理念，运用维权帮扶中心、工会信息化办公服务平台，探索员工一站式服务模式。贯彻落实中车《关于进一步加强新时代党建带团建工作的意见》，通过"六带"全面提高企业青年和共青团工作质量，指导团青组织服务青年成长成才。以"五四"运动 100 周年为契机，开展系列青年文化活动，召开公司第一次青年工作会议。加强阅读者协会、外语协会、文学社等协会社团建设。做好统战工作，团结一切力量谋发展。

同志们，2019 年公司各项目标任务已经明确，让我们高举习近平新时代中国特色社会主义思想伟大旗帜，深入贯彻落实新时代党的建设总要求，以时不待我的紧迫感、舍我其谁的使命感，坚定不移推进创新变革发展，全力提升党的建设质量，努力开创公司高质量发展新局面，为打造世界一流的通用机电集团公司，实现公司"三创三化"战略愿景而努力奋斗！

市场化是检验竞争力的唯一标准

——在中车株洲电机有限公司 2019 年工作会议上的讲话

董事长、党委书记　周军军

2019 年 2 月 24 日

同志们：

这次会议是在党和国家走过改革开放 40 周年、迎来新中国成立 70 周年的大背景下召开的一次重要会议，也是公司全力创建世界一流的通用机电集团、阔步迈向"三创三化"战略愿景、完全达成"十三五"奋斗目标的一次重要会议。会议期间，我和文泽同志分别做了工作报告，对今年的党建和经营工作做出了具体的安排部署。希望大家认真研读领会，做好宣贯落实。刚才，我们还举行了各单位党建和经营目标责任状签字仪式，各单位、各子公司要不折不扣落实好责任状和责任书要求，动员组织全体员工，立足岗位职责，勤奋扎实工作，全面落实好全年各项工作。

2018 年，我们经历了巡视的触动、环境的变动和经营的波动，让我们倍感艰辛，更需要我们深刻铭记、深刻总结、深刻反思。面对严峻复杂的经营形势和巨大的挑战，我们按照党中央、国务院国资委和中国中车的总体部署，提高政治站位，勇于担当作为，高标准推动巡视整改，成功跻身国企改革"双百企业"，实施中层管理者"两制一契"竞争上岗，开展"小总部、大业务"的战略型集团管控组织变革，轨道交通、风力发电市场地位持续巩固，新能源汽车驱动、高速永磁电机、特种装备电机、独立出口等新业务呈现规模化增长，经营业绩再创新高，连续四年荣获中国中车突出贡献奖，实现了国有资本的保值增值。这些成绩的取得，离不开各级班子的敬业尽职，离不开全体员工的艰苦努力，在此，我代表公司，对各级班子和全体员工卓有成效的工作和取得的成绩表示衷心的感谢！

2019 年是公司升格为一级子公司后的第十年，也是落实"十三五"战略的关键之年，更是实施"双百行动"综合改革的开局之年。在这个关键时期，面对未来的发展，总结和回顾这几年我们在职代会和工作会上所讲的突出工作更显重要。从"三创三化"愿景的构建到创建世界一流通用机电集团定位的提出，从变革发展到高起点、大格局、新机制推进新产业，从坚定意志达成百亿目标到以强大的执行力达成愿景，都是我们在充分研判形势变化，落实党中央、国务院国资委和中国中车各项部署基础上，做出的积极有效的应对，对当年和较长时期工作起到了很好的指导作用。这些年，这些安排和部署都有一个共同的特点，就是充分抓住了市场的变化、体现了市场的趋势、反映了市场的脉搏，是公司市场化的良好起步。这里要普及一个常识，越是复杂多变的经济环境，越要回归常识。所谓常识就是市场，所谓"市场"就是把产品变成商品的地方。没有市场、没有交易行为，我们就只有存货和在产品。只有市场才能实现资本、技术的商业增值。所谓市场就是寻找客户的地方，检验竞争能力的地方。市场规律的基本特征就是自由竞争、优胜劣汰、丛林法则、胜者为王，通过看不见的手来影响并调整供需关系。市场化就是企业主动适应市场、满足市场、引导市场，并按照市场的供需机制、价格机制、利益机制和竞争机制有效配置资源，搭建内部经营系统，将公司的经济利益和员工的个人利益直接关联，调动全员积极性和创造性的过程。简单说，市场化就是适应市场需求，符合市场要求，体现市场价值，实现市场收益。关于今年及今后一段时期工作的重点，我要强调的就是要全方位的市场化，以高度的市场化来把握机遇、迎接挑战，进而赢得市场竞争。

一、市场化是改革发展的必然选择

企业与市场是互为主体的，企业如果不能顺应市场的变化，不能与市场互动，企业就不可能具有竞争力。面对市场变化，只有把握时代脉搏，主动适应市场，实施一系列适应性的市场化变革，才能捕捉更多的市场机会，实现基业长青。

——市场化是中国经济体制和国企改革的必然要求。改革开放 40 年以来，我国经历了从计划经济到市场经济的伟大实践，基本建立起社会主义市场经济体制，市场化程度大幅提高，释放了巨大效率和活力，创造了国内生产总值年均增长 9.5%，经济总量增长 200 多倍的世界奇迹，综合国力和国际影响力明显提升、人民生活持续改善、经济活力创新能力显著增强。同时，中共中央、国务院在关于深化国有企业改革的指导意见中明确提出要坚持社会主义市场经济改革方向，适应市场化、现代化、国际化新形势，以提高国有资本效率、增强国有企业活力为中心，完善产权清晰、权责明确、政企分开、管理科学的现代企业制度，十九大以来国企改革的方向、策略、路径更加清晰。其实质就是对市场化的要求，我们作为中国社会主义市场经济中的基本主体，作为"双百企业"国企改革尖兵，必须适应这种要求、匹配这种能力。

——市场化是应对环境不确定性的有效手段。当前，国内外形势错综复杂，以中美贸易摩擦为代表的全球博弈，为全球政治经济增加了未知性，国内经济运行稳中有变、稳中有忧，经济稳定运行面临更大不确定性。公司当前各产业面对的行业市场环境不容乐观，轨道交通领域准入政策的放开、铁路总公司市场化改革的推进，风电国际竞价上网、国内风火同价时代的到来，新产业和国际市场面对的技术、成本、品质的严苛要求，对公司持续快速健康发展形成了更大的挑战。究其根本，都是对企业市场化水平和能力提出了更高的要求，我们必须认真研判形势，紧盯行业变化，坚定不移推进市场化，保证经营管理全方位对接市场、响应市场，不断丰富搏击市场的手段、提高驾驭市场的能力，在市场丛林中克敌制胜。

——市场化是创建世界一流通用机电集团的必由之路。世界一流的企业必然是市场化一流的企业。前些年，公司的产业结构及面临的市场环境都比较简单，产业集中、市场集中、客户集中；面临的运营效率效益压力和经营管理难度都比较小，在相对垄断的经营条件、市场环境下，盈利空间大、指标压力小。在此，相对集中的行政命令式、计划式管理体制，足以保障公司的快速发展。但随着公司产业范围的不断延伸、竞争态势的日益复杂、国际市场的不断开拓、盈利空间的日益窄逼，过去的管理模式已再不适应公司发展的需求，尤其是对照创建世界一流示范企业的"三个领军""三个领先""三个典范"的标准要求，公司战略、经营、管理、文化差距日显。我们必须积极对接国际化，持续加快市场化改革的步伐，大力破除体制机制障碍，发挥市场这只看不见的手的作用，努力推动公司高质量发展。

二、高度重视我们在市场化中存在的问题

目前，公司正处在历史性的关键时期，我们在市场、技术和管理上取得的卓越业绩不容置疑，但百亿征程中遇到的现实困难挑战和问题症结更需我们正视。核心是推进市场化的深度和力度不足，市场化转型的主动意识不强，管理机制的市场化程度不高，满足市场需要的能力建设不到位，发展活力还有很大的提升空间。

一是市场意识淡化。由于轨道交通行业的寡头垄断和风电行业的客户优势，我们这些年并没有真正经历过足够的市场风雨，很多人并没有真正建立起强烈市场主体意识，很多经营管理措施并没有遵循市场规律，公司内部的市场化运作机制尚未真正形成，在行动取向上普遍存在对经营风险管控大于对市场机会的激活。这种市场意识上的差距反映到实际工作中，就是抱着"等靠要"的心态、带着怨天尤人的消极情绪、呈现出束手无策的现实表现。难以从以价值创造为基础的持久共赢的顾客关系上寻找市场机会，难以从自觉建设市场主体、内生发展动力上构筑核心竞争优势，难以从精益管理提升运营效率上深挖发展潜力。

二是管理机制僵化。我们推行多年的全员市场营销工作缺乏具体的制度支撑，成效还有较大提升空间。由于缺乏精细、准确的核算机制，使得我们绩效管理不完善，没有形成倒逼改善的压力和动力，业绩和价值创造不能准确衡量，考核没有追溯到问题源头；绩效评价输出不完整不客观，缺乏良好的绩效管理文化。个人绩效方面，一些考核事项不能有效落到个人头上，二次分配机制未有效落地，贡献多的员工所得匹配度不高，导致干多干少一个样，部分员工安于现状、小富即安，奋斗激情衰减，挫伤了核心技术人才和重点市场领域员工的积极性和主动性。信息化建设方面，缺乏长远规划，孤岛现象严重，系统间的壁垒未完全打通，系统数据未能实现共享，导致各业务在信息层面被割裂，难以实现高效协同。

三是盈利能力弱化。公司利润空间遭受双重挤压，成本压力空前，我们所面临的成本压力不仅有来自同行业竞争的压力，更有来自上、下游等跨行业领域的压力，但最终，都要回归到我们自身。成本控制能力不够是公司管理最大的短板，直接影响就是一些国际项目订单不敢接或接不下，一些市场型订单拿不下或不愿拿，一些高端技术产品"叫好不叫座"。从市场端到售后端，各个环节都需要深度挖潜。特别是决定了成本80%的产品研发，缺乏有效的经济性考量和基础性研究技术的支撑，品质和成本难以达成最优组合；项目管理各环节与市场脱节，未形成利益共同体，项目干系人缺乏降本动力，积极性不高；成本加成定价模式，缺乏成本对标分析，不适应充分竞争的市场环境；独家供应开发、进口物料国产化推进缓慢，大宗原材料未发挥规模和预期优势，导致物料成本高企。

三、坚定不移推进市场化

根据系统论和生态学的观点，企业本身构成一个小系统，企业与市场共同形成一个大系统，两者必须相互配合，才能产生系统效应。但从企业角度来看，时刻处于变动之中的市场这一子系统是企业不能控制的客观条件，企业必须经常利用市场机制对自身系统进行调整，与其他企业实现物质、信息、能量的交换，才能新陈代谢、发展壮大，核心内容就是战略要顺应市场趋势，能力要满足市场需求，机制要反映市场脉搏，流程要跟随市场导向，价值要由市场评价。

——战略要顺应市场趋势。基于对中长期环境和形势研究分析，我们提出了"三创三化"的战略愿景，又明确了"打造世界一流的通用机电集团公司"的发展定位。现在"十三五"还剩最后两年，我们百亿目标的实现面临着一些现实的困难和挑战，我们是束之高阁、熟视无睹，还是任其自然、随行就市，还是坚定意志、攻坚克难？我想这个认识我们必须统一，百亿目标必须毫不动摇想尽一切办法达成。我们有着良好的产业基础，我们有想事干事成事的良好文化，我们有"双百行动"的重大机遇，关键是我们要坚定信心，将目标落实成一个个项目、一件件工作，以实实在在的工作业绩支撑。要加快新产业发展，培育一个以上规模化新产业。借助"双百行动"契机，全面梳理现有产业空间，瞄准整个通用机电行业，结合市场优化调整发展方向、路径与节奏，通过混改、合资合作等多种形式突破资源瓶颈，快速构建新产业发展强大能力，争取尽快提升新产业占比。要实现国际化发展。扎实做好既有市场项目，形成良好的示范效应，不断扩大市场规模，做大国际业务；加快全球业务、资源布局，要在国际研发中心建设、海外合资并购、国际人才引进等方面同步发力，力争尽快完成海外研发中心的建设和国际并购。要做实集团化战略管控。充分发挥产业单元市场主体责任和作用，自主策划业务战略、竞争策略，让听见炮声的人来决策；总部做好公司整体战略方向的把控，做好资源、政策的服务支撑，做好战略目标的跟踪、监督。

——能力要满足市场需求。产业机会是未被满足的市场需求与企业能力的交集，我们只有不断提升能力，才能有效识别、创造和变现产业机会。要以市场研究能力准确识别市场需求。持续加强对整个通用机电行业的研究，充分把握总体市场需求，精准化细分市场特点，准确识别未被满足的市场需求，建立并持续更新产业孵化项目库和产品数据库；正确运用针对不同市场特点的竞争策略，制定并落实好差异化的商业项目计划，为新产业发展做好支撑。要以技术引领能力创造市场需求。持续推进创新驱动发展战略，紧随全球前瞻性技术发展方向，补强提升基础性技术能力短板，通过高速磁浮/气浮轴承、集成电机驱动器等关键前沿技术研究和平台建设，不断提升行业技术引领能力，推出一批引领市场需求，具有极强性价比的产品，进而实现产业的快速发展。要以基于品质的成本保证能力变现市场需求。这是我们 2019 年能力建设的重点。要把成本管控当成一门有效花钱的艺术，而并非盲目节约的本能。要站在战略发展的高度，回归到成本的本质，从产品设计、物料采购、生产制造、售后服务等全寿命周期各个环节上控制成本，从制造、管理、财务和销售等各类费用上挖潜增效。要通过扎实推进"基于品质提升的成本优化"，形成有利于长远发展的成本管控能力。要以产品开发过程、研发产品和客户运用成本最优化为目标，着力提升精益研发能力。要落实《全球供应链优化实施方案》，建设与世界一流企业相匹配的高效全球化的供应链。要持续推进两化融合体系建设和智能制造技术的研究，推动制造模式升级。要坚持精益管理节省、自省、互省的精髓，深入落实"6621 运营管理平台"建设，全面提升精益管理水平。

——机制要反映市场脉搏。深化国企改革的核心就是要建立市场化经营机制。要认真落实全国国有企业改革座谈会精神，按照"六个突出"的总体部署，着力使市场化深入人心、落地生根。要加快推进"双百行动"综合改革。着力推进混合所有制改革，提高国有资本配置效率，更大撬动社会资本，实现各种所有制资本取长补短、相互促进、共同发展。要深入推进"劳动、人事和分配"三项制度改革。力争用三年时间，搬掉"铁交椅"，着力推行"两制一契"，按照"市场化选聘、契约化管理、差异化薪酬、市场化退出"原则，推进职业经理人队伍建设。这方面我们已经开始，但动作力度还不够大，距离市场化程度要求差距很大。打破"铁饭碗"，加快改变选人用人机制，按照用人需求与能力素质匹配原则建立能进能出机制，真正实现市场化人才选聘用人机制。前些年，我们招聘了大量技管人员，进都进来了，表现如何、能力如何、业绩如何，要做一个全面的评估评价，建立一般员工的淘汰机制，态度不好、能力不行的员工一定要淘汰。端掉"大锅饭"，打破分配的平均主义，探索建立超额净利润分成和股权、期权等中长期激励机制，将经营单元的业绩、投资的风险与员工的切身利益直接联系，实现收入能增能减，真正激发经营活力。

——流程要跟随市场导向。作为企业，客户的需求就是一个标的物，或是产品，或是服务。企业内部运营所有流程的指向都应该是按要求完成这项任务，简单说就是做好交付物的项目管理，把控好项目的安全、品质、成本和交期四要素。去年我们开展组织变革的一个核心任务，就是建立项目管理模式。要以市场为导向，以基于品质的成本领先为目标，对标国际先进，建立端到端(市场营销端到客户服务端)的项目管理体系，推行项目经理制的强矩阵式项目管理，标准化项目运作流程、规范化项目管理制度、严格化项目管控程序，响应市场需求，达成项目目标。要以业务为主线，通过全周期、全要素项目管理，打通部门间的边界壁垒，建立从市场到公司、到部门、再到员工的完整的信息流，让市场信息能够及时、准确地从企业外部传递至企业内部，并做出及时的响应。同时，坚持依法合规是所有流程的基础。要按照法律法规、行业准则、公司章程以及国际规则，建立健全合规管理体系，深化风险防范机制，完善投资经营决策机制、内部管控度流程，确保经营管理依法合规、风险防范切实到位。

——价值要由市场评价。企业创造的产品和提供的服务必须到市场上才能实现其价值，而市场又具有自身的价格机制，这种价格机制才是真正影响企业价值创造的根源。要通过建立完善的内部经营核算机制将市场的价格机制反馈、传递到企业内部销售、制造、采购、研发等各环节，传递到运营、人事、财务等各职能活动。要按照市场交易的原则，完善内部交易体系，进而清晰准确的界定、核算每个产业主体、职能部门，每个班组、每个岗位所耗费的管理活动成本、资源消耗和创造的价值。要加快推进全员价值创造系统建设，提升全员市场意识和价值创造意识。要持续优化绩效考评体系，聚焦效益效率，将价值作为组织和个人绩效考评的核心，建立公司经营、组织绩效和个人绩效动态联动机制，让最终的绩效结果指向市场、创造价值，最终促进业务成长。价值核算和绩效考评涉及所有单位和个人，是艰巨的复杂系统工程，必须要有信息化的手段和工具来支撑。去年，我们花费大量时间、精力、财力建设了新一代 ERP 系统，基本满足了集团化管理的要求，打好了内部市场化结算的基础，具备了实时精细化成本核算的能力，当下核心就是要不断完善提升，做好与其他信息系统的融合，提升公司整体信息化水平，助力公司打造智慧、智能企业。

同志们，市场不相信眼泪，商场不同情弱者。推进市场化改革既是党中央、国务院国资委和中国中车交给我们的重大政治任务，也是公司应对外部环境的不确定性，实现持续健康发展的内在要求。目前，公司经营压力很大，稳增长的任务很艰巨。我们要坚定不移地推进市场化改革，破解发展瓶颈，激发发展活力，全力以赴打造世界一流的通用机电集团公司，以优异的成绩献礼中华人民共和国成立 70 周年！

保持政治定力 强化"两个责任"
推动党风廉政建设和反腐败工作高质量发展
——在公司2019年党风廉政建设和反腐败工作会议上的讲话

董事长 周军军

2019年2月24日

同志们：

本次会议，是以习近平新时代中国特色社会主义思想和党的十九大精神为指导，深入传达学习中央纪委三次全会和中车党风廉政建设和反腐败工作会议精神的宣贯会，也是进一步明晰形势任务，统一思想认识，推动公司党风廉政建设和反腐败工作向纵深发展的工作部署会，对保障公司风清气正和持续健康发展具有十分重要的意义。

根据会议安排，稍后文泽同志将传达中央纪委三次全会、中车党风廉政建设和反腐败工作会议精神，建勋同志还将做公司纪委工作报告，大家要认真学习领会，切实抓好贯彻落实。

下面，我代表公司党委讲三点意见。

一、认清形势、保持定力，坚定不移推进全面从严治党

自党的十八大以来，全党在以习近平同志为核心的党中央坚强领导下，以猛药去疴、重典治乱的决心，以刮骨疗毒、壮士断腕的勇气，深入开展党风廉政建设和反腐败斗争，刹住了一些过去被认为不容易刹住的歪风邪气，攻克了一些司空见惯的顽瘴痼疾，党内政治生态呈现出全新气象。去年年末，中央政治局会议提出"反腐败斗争取得压倒性胜利"，令全党上下倍感振奋、备受鼓舞。但是，在全面从严治党取得巨大成就的同时，我们也要清醒地认识到党风廉政建设和反腐败斗争永远在路上。当前党风廉政建设的形势依然很复杂，任务依然很严峻，习近平总书记在十九届中央纪委三次全会上指出，必须坚决同消极腐败现象做斗争，确保党永葆清正廉洁的政治本色。中央企业党风廉政建设和反腐败工作会议也提出，对形势的严峻性和复杂性一点也不能低估，反腐败不能退，也无处可退，必须坚定不移向纵深推进。

从中车情况来看，去年全集团共查处有关违规违纪案件86起，处分120人，分别比 2017 年增长 34% 和 48%。新中车成立以来，全集团各级纪委收到信访举报超过 2000 件，减存量遏增量的任务仍然十分繁重。去年集团召开的四次干部警示教育大会，共通报了 37 起案件，通报的典型问题触目惊心，教训极为深刻。刘化龙书记也在中车党风廉政建设和反腐败工作会议上指出：有的领导班子、领导干部政治担当不强，奉行"好人主义"，"两个责任"落实存在不同程度的"温差""落差"和"偏差"；顶风违纪、有令不行、有禁不止的还大有人在，一些领导干部和管理人员损公肥私，有的甘于被围猎，有的子女亲属违规经商办企业搞关联交易、利益输送；一些企业、一些领域纪律松弛、管理松懈的现象仍然很突出，腐败与监督、违纪与执纪的较量仍然很激烈。这些问题值得我们逐一对照查摆、深入反思。

从公司情况来看，过去一年，公司党委、纪委严格贯彻落实党中央全面从严治党要求和中车党委、纪委的总体部署，系统推进巡视整改，推动"两个责任"逐级落实，管党治党的责任链条越栓越紧，不敢腐、不能腐、不想腐的体制机制逐步健全，持续保持了风清气正的环境，保障了各项事业发展。同时也要看到，通过去年国资委政治巡视、集团党建责任制考评以及公司党风廉政巡察，我们与党中央和上级党委的要求还有很大差距：基层组织廉政学习尚未形成常态化机制，部分党员廉洁自律意识还不强；长时间少信访、少线索、零执纪的现象仍然存在，对于中央八项规定精神的落实和监督还要加强；管理方面还存在一定廉洁风险隐患，比如独家采购和代理采购的问题还未得到彻底解决；招标采购、费用管理还有不规范的地方等等。特别是随着公司改革发展进入深水区和攻坚期，一些新的风险和问题会随之凸显，也给我们党风廉政建设工作带来新的挑战。因此，在党风廉政建设和反腐败这个重大政治问题上，我们务必要保持清醒的头脑，务必要保持坚定的政治定力，以永远在路上、一刻不停歇的冷静清醒和劲不可泄、势不可转的坚忍执着，着力深化标本兼治，把党风廉政建设和反腐败工作深入推进下去。

二、稳中求进、落实责任，不断巩固党风廉政建设和反腐败工作成果

推动党风廉政建设和反腐败工作取得新成效，必须坚持稳中求进总基调。稳就是要立足大局，稳扎稳打，稳住成果，步步为营，确保行稳致远；进就是要坚持问题导向，探索创新，力求在重点难点问题上取得突破，在关键领域有新的进展。我们要深入落实"两个责任"，保持高压态势不减，严字当头、实字托底，持之以恒、坚定不移，巩固党风廉政建设和反腐败斗争胜利成果。

一是要加强政治建设，坚决做到"两个维护"。坚定不移把政治建设摆在首位，在政治上思想上行动上向党中央看齐。坚持以习近平新时代中国特色社会主义思想武装头脑，开展好"不忘初心，牢记使命"主题教育，提高理论水平和政治觉悟，切实做到更加自觉地拥护以习近平同志为核心的党中央的坚强领导，坚决贯彻落实党中央和上级党委、纪委的各项决策部署，进一步树牢"四个意识"，坚定"四个自信"，坚决做到"两个维护"。要严守政治纪律，在重大原则问题和大是大非面前，必须立场坚定、旗帜鲜明。各级领导班子都要注重构建"一个声音、一个目标、一致步伐、一心一意"的氛围环境。要保持健康的工作关系，倡导清清爽爽的同志关系、规规矩矩的上下级关系。

二是要落实"两个责任"，切实履职尽责。抓好党风廉政建设各项工作，落实"两个责任"是牛鼻子。各级党组织要落实主体责任，党组织书记要对党风廉政建设重要工作亲自部署、重大问题亲自过问，态度鲜明，靠前指挥，该红脸就红脸，该碰硬就碰硬，该抓典型就抓典型，做到以上率下，守土尽责。纪委要落实好监督责任，各级纪检监察部门要落实"三转"要求，既要协助党委加强党风廉政建设和组织协调反腐败工作，又要督促检查相关部门落实党风廉政建设各项工作任务。经常进行检查监督、严肃查处腐败问题，集中精力抓好执纪监督主业。班子成员要履行好"一岗双责"，主动开展监督、自觉接受监督，紧盯分管领域、分管业务的党风廉政建设情况。

三是要强化监督执纪，持续保持高压态势。各级纪检组织和纪检干部，要在治"未病"医"小病"防"大病"上下功夫，用好纪律监督、监察监督和巡察监督三种方式，深化标本兼治，实现监督全覆盖。纪律监督要把纪律挺在前面，坚持纪严于法，坚持把纪律监督作为彰显党纪刚性约束的第一主业。监察监督要建立健全监督管理机制、权力制约机制和责任追究机制，推进权力运行规范化。特别是公司组织变革之后，大量管理职能职责下放，要强化对基层单位物资采购、招投标、费用管理、工序外包等关键领域和环节的监督监察，堵塞管理漏洞，化解经营风险。推动党委巡察工作制度化、常态化，建立党委巡察组，规范工作程序和要求，全面启动内部巡察，发现问题、形成震慑、推动改革、促进发展。同时，要用好监督执纪"四种形态"，把第一种形态用在平常，把日常监督做扎实、做到位，力求"不能腐、不想腐"；让后三种形态形成震慑，强化"不敢腐"。

四是狠抓作风转变，整治形式主义、官僚主义。习近平总书记多次就反对形式主义、官僚主义的问题做出重要论述和指示，中央纪委三次全会重点强调要坚决破除形式主义、官僚主义。前期，中央纪委印发了《关于贯彻落实习近平总书记重要指示精神集中整治形式主义、官僚主义的工作意见》，中车以及公司党委、纪委按照要求对集中整治工作进行了安排部署，各级党组织要从政治高度认识整治的重要性，紧盯形式主义、官僚主义具体表现，突出重点、精准发力，由易到难、逐步推进，既注重从日常工作的小事小节抓起，更要关注重大决策部署的执行。特别要以学习贯彻落实习近平总书记视察中车重要指示精神为重点，通过对形式主义、官僚主义的大扫除、大整改，有效解决党员干部不担当、不作为、责任落实不力等问题，进一步提高政治引领、战略谋划和精准落实能力，在加强党的建设、深化变革创新、推进成本优化等方面出实招、求实效。

三、明确导向、干净担当，持续营造企业良好干事创业氛围

一是坚持用人标准，规范选用程序。各级党组织要认真贯彻落实党的十九大关于建设高素质专业化干部队伍的总体要求，坚持党管干部和党管人才原则，坚持德才兼备、以德为先，坚持五湖四海、任人唯贤，坚持事业为上、公道正派，把好干部标准以及"政治家＋专门家"要求落到实处。坚持正确选人用人导向，匡正选人用人风气，注重提拔重用那些政治上过硬、品行上可靠、能力上突出、组织和员工信得过、忠诚干净担当的干部。同时，要严格执行干部选用程序，坚持做好"凡提四必"和"工作纪实"，确保程序合规、流程规范，着力提升选人用人工作的精准度、公信度和满意度。

二是加强纪律教育，确保廉洁自律。"权力有边界，政治有规矩"，党员干部要始终绷紧纪律这根弦，坚持党性原则，讲纪律、守规矩，心有所畏、言有所戒、行有所止，自觉接受纪律约束。各级党组织要增强纪律教育的针对性，加大力度，开展好党内主题教育，要把纪律教育作为"三会一课"等组织生活的重要内容。各级党员干部要加强党章党规党纪和法律法规的学习，增强纪律意识、规矩意识和法治意识。要深入贯彻落实中央八项规定精神，紧跟新形势、新要求，做到知止知诫、清正廉洁。要心底无私，不把管理的公共资源用于个人或者单位结"人缘"、拉关系、谋好处。要切实发挥群众监督作用，坚决抵制来自领导干部亲属和其他特定关系人的违规干预、捞取好处等行为。

三是在强化依法合规的同时，要保护担当作为。随着公司逐步推进"双百行动"综合改革，新业态、新模式、新项目势必加速涌现，我们要紧随公司改革发展进程，同步谋划、同步推进党风廉政建设和反腐败工作，保障企业经营依法合规和资产人员安全。另一方面，要鼓励敢闯敢试的精神，正确把握改革创新中的问题与违规违纪违法问题有本质不同，正确把握创新突破中的失败与以权谋私的腐败有根本区别。各级纪检监察部门要认真贯彻习近平总书记"三个区分开来"重要论述，在监督执纪实践中区别好三种情形，进一步健全容错机制，保护创新创业和担当作为。

最后，强调一下纪检监察工作改革创新问题。党的十九大以来，纪检监察体制改革进入新阶段。中央企业党风廉政建设和反腐败工作会议对探索创新纪检监察体制做出了全面部署，中车2019年党风廉政建设和反腐败工作会议也对纪检监察体制创新变革提出了明确要求。各级纪检监察部门要结合上级指示和公司实际，持续深化转职能、转方式、转作风，把新要求、新部署落实到位，切实提升正风肃纪的治理效能；各级纪检干部要在学好用好党章党规党纪上下功夫，系统掌握法律法规，充分运用"互联网＋"，改进工作方式方法，在实践中练内功、提素质、强本领，不断提高纪检监察工作的专业化水平。

同志们！2019 年我们将迎来中华人民共和国成立 70 周年，也将迎来公司升格 10 周年。我们要坚持以习近平新时代中国特色社会主义思想和党的十九大精神为指引，奋发进取、砥砺前行，不断推动全面从严治党、党风廉政建设和反腐败工作高质量发展，为打造世界一流的通用机电集团公司，实现公司"三创三化"战略愿景提供坚强保障。

　　谢谢大家！

在庆祝五一劳动节暨 2018 年度
工会工作总结表彰大会上的讲话

董事长、党委书记　周军军

2019 年 4 月 28 日

同志们：

在五一即将来临之际，我们在这里隆重开会，共同庆祝劳动者的节日，表彰为公司生产经营做出突出贡献的先进集体和个人。在此，我代表公司党委向受到表彰的单位和个人表示热烈的祝贺！向辛勤工作在各条战线、各个岗位上的广大员工致以诚挚的问候！向过去一年工作卓有成效的工会工作者表示衷心的感谢！

回顾去年，面对严峻复杂的经营形势，在全体员工奋勇攻坚、担当作为的共同努力下，公司再次取得了较好的发展业绩，销售收入和净利润迈上了新高，企业经营品质和党建水平持续提升。2019 年，是新中国成立 70 周年，是公司升格的 10 周年，也是我们深入贯彻党的十九大精神，以及习近平总书记视察中车重要指示精神的极其重要的一年，站在新的历史起点上，大家要继续保持创业、奋斗的初心和韧劲，积极投身改革发展实践，努力创造更好的业绩。下面结合公司当前形势任务，我讲四点意见：

一、提高政治站位，增强竞争实力，用实际行动做到"两个维护"

"两个维护"不是一句空话，我们必须提高思想认识和政治站位，切实找准自身定位和发展方位。国有企业是中国特色社会主义的重要物质基础和政治基础，是党执政兴国的重要支柱，习近平总书记对国有企业提出了"六个力量"的要求。当前，国际政治经济形势错综复杂，民粹主义、单边主义、贸易保护主义、霸凌主义抬头，意识形态领域的斗争日益加剧，而我国正处于将强未强的成长期，一些西方国家竭力遏制中国发展壮大，遏制中华民族伟大复兴，中美贸易战、中兴、华为事件等都是其中的一个缩影。我们提出打造世界一流的通用机电集团公司的目标和定位，就是要贯彻落实总书记三次视察中国中车的重要指示精神，贯彻落实高质量发展战略，对照"三个领军""三个领先""三个典范"的标准来增强竞争力，在制造业转型升级中担当表率，以应对国外企业"卡脖子"和"走出去"的交锋，为国民经济增长和"一带一路"倡议做出积极贡献。我们党员干部和全体员工，都必须要有这样的认识和领悟，切实增强责任感和使命感，立足自身岗位，把"两个维护"转化成实事求是的工作作风和实实在在的工作业绩。当务之急就是要提振信心、坚定意志，化压力为动力，确保全年经营指标的达成以及公司各项改革任务的推进。

二、推进"双百行动"，深化市场化机制变革，提高经营效率和效益

"双百行动"是公司借力补短、激发活力、迈向一流的契机，也是决定公司未来长远发展的战略选择。目前，公司已研究制定了"双百行动"综合改革实施框架方案以及推进工作计划，框架方案是"纲"，明确了改革的目标和重点任务；推进计划是"目"，是改革落实的具体路径和操作性文件，纲举目张，协调推进。这里面的每一项改革举措，都与我们全体员工息息相关，需要我们全体员工的理解和支持，更需要我们全体员工积极参与和实践。这里，我着重强调一下"三项制度"改革的事情。年初的工作会议上，我就市场化做过全面的阐述，简单地说市场化就是适应市场需求，符合市场要求，体现市场价值，实现市场收益。就公司现状而言，我们还大量的存在冗员问题、出工不出力、出力不出效的问题、用工机制不活的问题、绩效评价不科学的问题，这次要通过"三项制度"改革彻底地转变过来，真正地形成市场化经营体制机制，真正地实现"干部能上能下、员工能进能出、收入能增能减"。只有这样，企业的经营效率和效益才能上去，大家的工资收入也才能上去。希望大家要深刻思考变革与自身的关系，进一步提高认识、统一思想，顺应变革形势，认同变革、愿意变革、参与变革，以主人翁的姿态投入到改革发展实践中去，不断提升自身的岗位价值创造能力，把企业做强做优做大的同时，获得更宽阔的事业平台和更丰厚的收入回报。

三、树牢成本意识，转变行为习惯，以成本优化提升公司经营品质

今年，我们还有一项工作特别重点就是全面推进基于品质的成本优化，这是考虑到外部竞争和内部压力做出的必然选择。从外部环境看，随着轨道交通市场竞争加剧，风电竞价上网、新能源汽车补贴逐步取消，大宗原材料和上游零部件价格上涨等，行业已经进入了微利时代，我们和友商、和竞争对手拼的就是成本管控能力，谁的成本更优，谁的品质更好，谁就能赢得市场、赢得客户、赢得先机。从内部压力来看，我们营收、利润多年连续增长，工资总额一直维持在高位，如果一旦出现利润负增长，工资总额将同步下降，大家的收入水平、生活品质也将随之下降。要持续保持发展的势头、保证大家收入不减，就必须通过全价值链的成本优化，提升盈利能力。目前，我们已经下达了基于品质提升的成本优化工作实施方案，各单位也在紧锣密鼓地推进成本优化工作。一方面要在成本管控机制上，严格预算执行、深挖降本潜力。另一方面，更重要的是，要培育精打细算、勤俭节约的精益文化，牢固树立员工的成本意识，让员工自觉把精益理念和节约

思想贯彻到每一项工作和每一道工序中去，从被动执行转变到主动作为，自动自发进行改善和增效。希望我们每一位员工都能从岗位做起、自身做起、小事做起，积极为降本工作出谋划策，以小见大、积沙成塔，切实推进基于品质的成本优化工作取得成效。

四、提高职业素养，增强价值创造，建设高素质职业化员工队伍

无论是"双百行动"综合改革，还是基本品质提升的成本优化工作，都需要一支职业化水平高、专业能力强的员工队伍做支撑。广大员工要主动适应新形势、新变化，坚持与时俱进，努力成为一名在市场化转型中搏击风浪的弄潮儿。公司持续推进的职业化团队建设、全员价值创造系统建设，目的就是要充分发挥每位员工的潜能，增强个体价值创造力，集纳全员的智慧和力量，形成发展的合力。不论大家身处哪个岗位、从事哪一项工作，都要不断丰富自身的知识结构，努力成为部门中的岗位精英；要深耕专业，不断提升自身的专业和技能水平，努力成为领域内的行家里手；要自我超越，不断增强自身的创新能力，努力成为变革创新的时代先锋。今年，集团公司将重点开展新时期产业工人队伍建设，着力培育一支知识型、技能型、创新型的中国高铁工人队伍。公司党政工团和人力资源等部门，要按照上级部署和要求，积极稳妥推进产业工人队伍建设，为公司发展再添力量。

各级党组织要做好对工会工作的支持保障力度，及时研究解决工会工作的重大问题，为工会工作开展创造更有利的条件。新时期，公司工会也要坚持强化理论武装，把保持和增强政治性、先进性、群众性作为工作的根本标尺和长期任务，为公司改革发展凝心聚力，营造良好的发展环境。6月份，公司工会还将组织召开第二次代表大会，这是工会进一步加强自身组织建设，保障员工权益的一件大事，相关部门要精心做好组织安排，广大代表要积极参与，确保会议顺利召开。

最后，祝大家五一节日快乐。希望大家在享受假日、愉悦身心、放松自我的同时，小心驶得万年船，务必要保障自己的人身财产安全，特别是我们的党员干部同志，要严格落实中央八项规定精神，廉洁过节。谢谢大家！

在公司首届青年工作会暨纪念五四运动100周年表彰大会上的讲话

董事长、党委书记　周军军

2019年4月28日

　　当前，从党中央、国资委到中国中车再到公司，上下一体都高度重视青年工作。无论是人类生命延续还是企业事业发展，都是在一代一代新老人员的不断交替更迭中实现的。《少年中国说》中讲道："故今日之责任，不在他人，而全在我少年。少年智则国智，少年富则国富，少年强则国强，少年独立则国独立，少年自由则国自由，少年进步则国进步，少年胜于欧洲，则国胜于欧洲，少年雄于地球，则国雄于地球。"公司召开首届青年工作会议，其重要意义是不言而喻的。

　　广大青年员工要准确把握以下三点。

　　一是落实"两个维护"的政治责任。坚定理想信念，保持正确政治站位，牢记习近平总书记对广大青年的殷切希望和重要嘱托，在思想和行动上切实做到"两个维护"。

　　二是树立"共同体"的思维意识。公司的青年人也是职业人，青年员工的所有的根基和平台都源于公司的事业发展。广大青年员工要自觉在认识层面和操作层面把自身职业生涯与公司事业发展紧密联系在一起，努力推动公司高质量发展，为自己赢得更好的事业平台。

　　三是保持"脚踏实地"的价值取向。广大青年要戒浮戒躁、务实勤干，用职业化的标准和业绩把我们的理想、愿景和目标，与现实行动以及手头每一项工作的细节结合起来，踏踏实实做事、实实在在做人。

　　同时，公司要系统做好青年工作的整体规划，认真落实青年成长成才的十大举措，切实发挥共青团桥梁纽带作用，推动公司青年工作步入新台阶，为企业健康发展提供持久保障。

第二篇

总经理讲话录

持续提升管理，加快转型升级

——在管理提升第二阶段转段会上的讲话

总经理　肖安华

2013 年 11 月 26 日

同志们：

大家好！

活动办公室刚刚对公司管理提升活动第二阶段情况做了总结，对下阶段的活动做了部署，希望大家认真贯彻落实，持续深化，确保管理提升活动"上水平、上台阶、见实效"！

虽然两年期的管理提升活动即将进入"持续改进、总结评价"的收官阶段，但强化管理是企业发展永恒的主题，提升管理水平，打造管理竞争力，是一个永无终点的征程。下面就如何持续深化管理提升活动，我提三个方面要求。

一、进一步提高思想认识，持续提升管理水平

管理提升活动从启动至今，已近两年时间。其间，公司管理提升活动办公室及 24 个专项提升组动了很多脑筋、做了大量工作，付出了时间和精力，也取得了一些成效。但总体看来，依然存在对管理提升活动认识不深刻、提升重点不突出等问题。因此，我们要继续认清形势，统一思想，将管理提升活动落到实处。

1. 持续提升管理水平是深化国有企业改革的必然需求

十八届三中全会上，中共中央在关于全面深化改革若干重大问题的决定中明确提出，要推动国有企业完善现代企业制度，国有企业必须以规范经营决策、资产保值增值、公平参与竞争、提高企业效率、增强企业活力、承担社会责任为重点，进一步深化国有企业改革。企业要实现改革，根本还在于转方式、调结构、转型升级。要从突出速度、高速增长向注重质量和效益、适度增长转变；从技术依赖型向自主创新驱动型转变；从产品优势向技术优势和品牌优势转变；从生产能力提高型向业务结构优化升级型转变。改革既是大势所趋，亦是企业发展的内在需求。当前，我们的管理方式还表现得较为粗放，管理手段还不够现代，我们要集中力量向集约化、精细化、现代化和信息化转变，全面提升管理水平，以实现转型升级的目标和改革发展的要求。

2. 当前公司面临形势对管理水平提出更高要求

在当前经济形势和经营环境下，持续提升管理水平，显得尤为紧迫和重要。一是盈利指标的压力倒逼我们管理上水平。当前，公司在机车、动车、城轨、风电等领域的配套产品，盈利空间越来越小；新项目产品的交付进度要求越来越高；产品质量问题急待解决。要持续维持一定的盈利水平是一个严峻挑战，我们必须坚持推进管理提升，向管理要效益，做"双效"型企业。二是"保增长"的高要求倒逼管理提升。根据三季度经营数据分析，虽然公司销售收入指标出现好转，但在两年以上应收账款处理和存货处理两项"保增长"指标落实上进展缓慢，从一个层面反映了我们管理的精细化、高效化尚有较大提升空间。三是市场环境变化倒逼管理提升。国内无论是轨道交通还是风力发电机市场均出现了产能过剩，特别是风电产品面临残酷的价格竞争；海外市场的高风险和高度竞争等因素，都逼迫着我们要提升内部管控能力，强化核心竞争力，去适应市场环境的需求变化。

3. 立足长远，正确认识管理提升活动开展的意义

管理提升是一个不断改善的循环过程，即"发现问题——改善问题——固化推广——创新突破"，只有落实到具体问题，持续完善优化，才能达到系统的管理提升。此次管理提升活动是一次良好的契机，让我们系统的梳理和认识了自身管理的不足，要正确认识做好这项工作的含义，虽然管理提升活动已渐进尾声，但我们管理提升的路才刚开始。通过前期诊断、整改工作开展，我们在很多管理领域已经取得不错成效，同样，也要清醒认识到，通过对标，在很多方面我们与先进企业还存在不小的差距，在后续的提升工作中，仍要加倍努力，不懈怠，不放松，持续推进管理水平提升，形成长效的提升机制，这才是管理提升活动的意义所在。

二、进一步聚焦目标，抓住核心管理提升

在第三阶段管理提升活动中，要按照中国南车提出的"提高运营质量，优化经营指标，夯实发展后劲，突出风险管控"的指导要求，继续集中力量解决制约和影响发展的关键问题，切实建立健全管理提升长效机制，为实现公司"十二五"战略目标奠定坚实基础。各专项提升组要结合自身实际，重点抓好以下三个方面工作。

1. 夯实基础提升：一是要加强制度建设，提高制度执行力

各部门今年在企划部的组织下，结合南车流程制度大检查的要求，做了大量的流程制度细化、完善工作。后期，要按照"简洁、实效"的原则，强化制度的落地与执行，在流程协同、流程高效、流程信息化建设方面大力突破，提升管理效能。二是进一步深化精益管理，实现降本增效。要进一步夯实精益生产现场基础，以已有示范线、区为依托，推广精益现场建设经验，促进公司整体精益管理

水平上台阶；深入推进节拍化组织生产，加快"两线"建设；继续加大降本增效力度，各部门要进一步细分目标、落实责任，加强过程控制，最终用数据说话，体现工作成果。

2.针对主要课题，突出提升重点：一是要立足当前，落实"保增长"要求

保增长是公司目前经营活动的重要课题之一，从目前的实施情况和全年指标预测来看，在总资产报酬率、存货周转率、成本费用占销售收入比等指标的完成上存在较大压力，各相关提升组要深入结合"保增长"主题，积极主动开展专项提升工作，通过管理响应能力、协调能力的提升，在争取达成指标的同时落实"三确保"要求。二是要抓住重点，实现关键突破。根据中国南车对我们第三阶段重点提升工作的要求，结合公司现阶段经营重点，下阶段要着力实现以下几方面的关键突破。一要继续在市场营销方面形成突破。我们有规模化的轨道交通、风力发电产业，也有完全市场竞争的工业特种电机产业，需要积极探索形成符合产业发展的市场开发模式。同时要积聚新产业发展、国际化经营的技术、人才和管理等核心竞争力；二要加强重大质量问题的整改，有效减少批量性重大质量问题的发生，降低质量损失；三要强化对异地子公司的业务管控，一方面建立激发其活力的资产经营责任制体系，另一方面要加强投资者管理，形成并执行系统、规范的管理制度；四要强化市场风险和信用风险管理，加快应收账款回款进度，加强存货风险管理；五要尽快解决独家供应商问题、规范流程，为打造精益供应链奠定坚实基础。

三、进一步巩固深化，确保第三阶段活动取得实效

管理提升活动第三阶段的具体任务是"持续改进、总结评价"，就是要进一步深化和固化工作成果，以总结提炼、考核评价进一步促进管理提升，持续提升管理能力和管理绩效。为确保第三阶段活动取得实效，我提以下两点要求：

1.要周密部署，做好总结评价工作

管理提升活动第三阶段"持续改进、总结评价"工作将在 2014 年 2 月份结束，在剩下三个多月的时间里，我们在抓好各项整改工作同时，要提前做好内部总结评价工作的筹备部署，活动办公室要重点结合各单位保增长和年度生产经营任务的完成情况，科学衡量各组在活动开展中的贡献，做到表彰先进，固化成果，组织好活动的总结评价工作。各组要全面回顾总结，深入挖掘，固化优秀经验，按照中国南车统一部署要求，公司结合自身实际在 24 个专项领域推广开展提升工作，发掘并推进整改提升问题共 276 项，提升工作很全面，也取得了一定成效，对于这些来之不易的成果和经验我们要善于总结提炼，深入巩固，对于好的方式、方法要固化推广。各专项提升组在后期要做的工作还有很多，要沉下心来回顾我们所做的各类管理改善，找准与核心职责的切合点，深入挖掘优秀课题、案例，充分开展内部验证与研究，做好最终总结评比的工作准备。

2. 要建立管理提升的长效机制

虽然管理提升活动只做2年,但管理提升工作要持续开展下去。要建立起管理长效机制,使管理提升工作真正成为企业的自觉行动。一是要固化方法和经验。管理提升活动这种发现问题、制定对策解决问题、实施过程的评价和持续改进的改善循环要坚持;要抓住指标对标这一有效的工作手段,推进管理对标的深入;要通过科学的方法和工具,系统诊断和解决关键问题,实现短板消除、瓶颈突破。二是要从企业战略角度统筹考虑,统一规划,分级实施管理提升工作。各部门负责人要亲自抓,将管理提升纳入部门常态工作,要明确制度,细化流程,落实责任,落实资金、人力和政策方面的支持。三是要确立检查评价机制,特别是对一些关系到企业长远的、基础的、前沿性的管理提升课题,要确立责任部门长期推进,持续开展督导检查,切实建立管理提升长效机制。

创新经营理念　加快转型升级
刻不容缓打造以市场为导向的南车电机
——在南车株洲电机有限公司一届五次职代会上的报告

总经理　肖安华

2014 年 1 月 19 日

各位代表、同志们：

现在，我向大会做工作报告，请审议。

第一部分　强化管控，适应形势，攻坚克难的 2013

2013 年，面对铁路行业持续改革和市场订单极不均衡的严峻形势，公司以党的十八大、中国南车工作会议精神为指引，坚定目标，锐意进取，不断优化内部管理，加快市场开拓，强化费用管控，积极落实"保增长"措施，全年累计实现销售收入 40 亿元，同比增长 60%，归属母公司净利润稳步增长。圆满完成了中国南车下达的"保增长"任务和年度经营指标。

一、产业整合，拓宽发展空间

公司在 2012 年逆势收购了金风科技下属的江苏金风和内蒙古金风，实现了风力发电机整机制造，抢占了未来海上风力发电发展的先天地域性优势。2013 年，公司持续加快并购整合，推进战略协同、管理对接、体系覆盖、文化融合，实现优势资源叠加，激发协同效应，积极完善子公司管控模式，不断创新风电整机、磁钢结构等关键技术，实现风电销售收入稳步增长。民用变压器领域拓展项目取得了实质性进展，通过深入开展产业调研，对国内知名变压器厂家、科研院所和终端用户进行广泛的走访，分析内外部发展环境，明晰了发展定位，明确了发展路径；建立企业信息库，仔细分析，综合比对，找准目标企业。在中国南车的组织下召开变压器延伸产业论证会，邀请院士、资深专家，论证项目的可行性。目前，项目已完成尽职调查和资产预评估，并购程序正稳步实施。

二、技术领先，铸就核心实力

公司持续从设计和验证、制造和试验、运用及考核等方面入手，完善技术创新体系，构建先进的设计技术平台、科学的制造技术平台、完善的试验验证平台。

2013 年，成功研制南非双流制窄轨电力机车电机和变压器，加快了中国南车开拓非洲市场乃至整个海外市场步伐；开展高寒动车组项目的研究，解决了牵引电机和牵引变压器在高寒等恶劣环境下运行的难题；成功研制国家 863 计划重点科研项目——高速动车组 600 kW 永磁牵引电机，标志着基于永磁技术的牵引时代即将到来。以整合并购企业技术资源为依托，强化风电整机技术的研究，开展了 1.5 MW 直驱永磁风力发电机磁钢及固定结构、2 MW 低风速直驱永磁风力发电机、许继风电 2 MW 双馈等项目的研究，为抢占更大市场做好了铺垫。商用空调、电动轮自卸车系列电机、煤矿用隔爆变频电机的研制，打破了国际巨头的技术垄断，抢占了未来高端电机产业的先机。

三、市场出新，助力结构升级

2013 年，中国铁路深化体制改革，铁总强势降价导致公司部分产品价格大幅下降。风电等产品市场竞争更是激烈。公司上下积极应对，全力争取市场份额。全年新签订单增加，其中，机车一举拿下南非双流制窄轨电力机车 100% 配置率订单，全年新造和修理订单、城轨地铁电机新签合同均同比增长。动车产品主动响应客户降价要求，全年新造和修理及配件销售增加；完成青岛检修基地的建设，达到日检修 8 台电机的能力；新产业高速发展，其中风电产业在国家重新洗牌过程中，针对金风科技降价要求，进行了艰苦的谈判，获得新签订单；工业特种电机产业中，商用空调电机与电动轮电机均形成了市场突破，实现了批量生产；矿用隔爆变频一体机，成功取得防爆证、煤安证等各项矿用资质，并在煤矿电机销售领域实现了零的突破。

四、质控护航，稳固客户价值

2013 年，切实开展产品实物质量控制工作，重点开展了 JD160（A）电机转轴内锥孔修复、无损检测、1.5 兆瓦级直驱永磁发电机绝缘项目等质量控制工作，保证了产品运用安全。深化质量体系建设，依据 IRIS（国际铁路行业标准）要求重新构建文件化质量管理体系，充分发挥体系运行对产品质量的保证作用。全面推行质量信息化建设，建立了完备的信息台账，重新开始搭建运用质量信息系统，继续优化并开展 FRACAS 系统建设。强化供应商质量管理，对供应商技术能力、工艺能力和质量保证能力等方面进行了全面的评估审查。积极开展惯性质量问题整改工作，完成"两局一线"173 台 HXD1C 交流机车电机小齿轮现场整改工作、255 台 HXD1B 机车高压互感器整改工作；完成 1694 台交流机车牵引变压器 A 端子烧损故障普查、650 台交流机车（HXD1、HXD1B）辅助变压器接地故障的辅助工作；完成 JD160（A）牵引电机转轴（小齿轮）故障整改工作；完成动车组速度传感器及温度传感器的普查工作。目前，公司各类产品运行状况稳定，呈良好态势。

五、精益主导,提升管理效能

持续开展以精益管理为主题的管理提升活动。结合公司 24 个专项提升组第一阶段的问题诊断情况,确立了 279 个整改问题;全面覆盖公司管理的各个层面,以扎实的计划确保工作落到实处。坚持以精益生产为主导,全面开展工位制节拍化流水生产线建设,全年共建成辅助变压器铁芯制作工区、牵引电机定子铁芯叠压工区等 13 个工区。实现了生产线管理从班组深入到工位的转变,有效提高了产能,解决了生产高峰瓶颈问题,在下半年从业人数较 2011 年减少近 400 人的情况下,圆满完成年度生产任务,达到历史最高水平。本着以人为本的原则,加大安全投入,推进制度建设,加强安全隐患整改力度,顺利通过安全生产标准化一级达标;全面贯彻落实"保增长"工作,从设计源头到物流采购,从产品制造到生产后勤保障,我们都做了大量的工作,全年落实设计降成本、采购降成本、制造降成本和降低人工生产成本。精益财务方面,公司全年努力争取获得纳税优惠,有效降低公司整体税负。可控费用较年初预算整体降低,其中,财务费用大幅降低,占销售收入比重较 2012 年下降明显。

六、人才选育,铺就强企之路

2013 年,在订单骤增、月产不均衡、用工紧张的情况下,合理调配,采取调整班次、多技能培训、助勤调配、技管人员下现场、大学生参与直接生产、辅助性生产岗位实施计件工资核算模式等一系列措施,突破产能瓶颈,既解决了用工短缺的问题,又有效控制了劳动用工总量。同时优化以绩效为导向的薪酬优化及调整方案,确保了员工收入较高增长。以职业发展通道体系为顶层设计,全面构建起涵盖经营管理类、工程技术类以及技能操作类共计 2245 人的员工职业生涯发展通道,稳步推进"海洋工程"战略落地;强化中国南车核心人才选拔管理,共 12 人获得中国南车核心技术资深专家、核心技能专家等称号。创新培训形式,组织关键岗位管理人员以边学边做的方式深入生产现场,促进职能管理由管理向服务转变。优化牵引装备、风力发电、工业及特种电机三支营销人员队伍,创建杨学军、杨下沙、马建成等个人工作室,培养了一支从基层操作人员到公司技术专家的阶梯形专业技术队伍,实现了知识经验分享和人才培育发展的目标。

七、文化融合,强化发展内核

深入推进文化和品牌理念宣贯,组织策划了南非铁路展、印度铁路展、北京风能展等重大行业展会,在国际和国内舞台上,与业界同类企业比拼实力,展示了良好企业形象,有力提升公司品牌价值。深度挖掘新闻线索,充分利用现代宣传载体,加大内外部宣传力度,全年对外新闻报道共计 270 余篇次,有效提升了公司知名度与"中国南车"品牌,提振了员工信心。创新文化活动,以"道德讲堂"为载体,激励广大员工立足本职岗位践行职业道德,爱岗敬业、乐于奉献。加大宣传教育,持续开设专题栏目,围绕客户文化、精益文化、学习型组织建设、质量文化等专题组织专文，让公司的先进文化深入每位员工心中，《转型发展中的"精益学习"文化建设》项目荣获"湖南省企业管理现代化创新成果二等奖"。通过不断创新文化理念，完善文化体系建设，融入外部先进文化，公司文化星空愈发璀璨，为核心竞争力提升和企业软实力打造发挥了重要作用。

八、党群聚力，创造良好环境

根据国资委党委和中国南车党委的统一部署，深入开展以"为民务实清廉"为主要内容的党的群众路线教育实践活动，坚持开门搞活动，敞开大门听意见，查访实情解难题，通过汇总整理反馈的意见和建议，分类制定整改计划，加强整改计划的监督落实，集中解决了一批员工群众反映强烈的"四风"问题，促进了各级领导干部工作作风的优化与转变，进一步密切了党群、干群关系。开创学习型组织建设评价标准，有力推动了学习型组织建设达标活动的开展，为后续进一步推广及应用打下良好基础。深入推进党风廉政工作，强化党风廉政建设责任制，筑牢反腐倡廉的基础防线。持续抓紧抓实惩防体系建设。注重监察职能发挥，着力降本增效。巩固湖南省"模范职工之家"建设成果，不断优化"三关心、三保证"工作，扎实开展"两关心一关注""服务员工在基层"活动，企业和谐环境构建取得积极成效。

回顾 2013 年，在外部市场改革，经营形势骤变的情况下，我们以雄厚的技术实力、多样的经营方式、灵活的生产组织实现了快速发展。再一次充分证明了，南车电机有着较强的抗市场冲击能力、市场适应能力和强烈的发展愿望。总结这几年的发展，我们深刻体会到：

（1）市场开拓是持续发展之本。今年，在城轨市场，我们积极进取，销售收入快速提升；在风电市场迎难而上，艰苦谈判，获得历史最高的单笔大单；在动车市场，主动响应客户需求，极大提高了市场份额；这些市场开拓措施，为经营目标完成奠定基础，更助推了企业持续发展。

（2）人才培育是持续发展之源。风电整机并购项目的成功运作，以及后续的顺利整合运作；内部各项管理创新和科技创新；市场订单的成功拼抢，都得益于公司有一支敢担当、勇奋斗的核心人才队伍支撑，才实现持续发展。

（3）管理提升是持续发展之基。公司各类产品价格一再降低，盈利空间逐步压缩，降本增效压力重重；面对订单的不均衡，车间、采购、储运等制造系统保证产品交付也倍感压力；正是由于持续的管理提升和精益生产，我们方可从容应对。

（4）科技创新是持续发展之魂。大功率交流传动机车和高速动车组系列产品消化吸收再创新，格力空调、精轧机项目的成功研制，1.5 MW、2.5 MW 直驱风电的研制与改进，历年来的这些科技项目创新为公司开拓了广阔的产业空间，充分说了科技创新的重要意义。

与此同时，也显现出了一些问题和不足，值得我们去深思：

（1）公司的各业务战略研究不足，总体战略缺少有效支撑，全员推进战略落地的愿望和动力不强，支撑战略实现的项目储备不够。客户单一依赖程度过高。一旦客户方面出现波动，公司生产经营将受到巨大影响。

（2）团队的经营理念过于保守，职业经理人发挥作用有限，对公司的发展缺乏主动性的思考，企业快速发展的原动力欠缺。

（3）公司上下缺少发展的紧迫感，危机意识不强，对市场的认识不到位，特别是新兴产业市场的发展观念与市场脱节，市场开拓缺乏实质性进展。激励机制不够健全，发展模式过于单一。

（4）人才队伍建设欠缺力度。缺乏一支能在市场上披荆斩棘、所向披靡的营销人员队伍，一支懂管理、善经营的职业经理人队伍，一支能攻坚克难、抢占行业制高点的科技研发队伍，成为制约公司发展及推进战略落地的瓶颈。特别是国际化人才更是极度匮乏。

（5）企业组织效能有待提升。内部各部门间沟通效率较低，一些工作协调困难，更多关注本部门职责和考核指标，存在本位主义。部门间互相推诿，信息传递缓慢，甚至信息断层，致使客户响应较差，影响和制约发展。

在总结 2013 年工作的基础上，我们深刻地体会到，南车电机想要获得突破式的发展，必须解放思想，打破惯性思维习惯，以市场为导向，创新发展模式。充分挖掘公司每一位员工的潜力，传递压力。除了做好内部经营管理之外，更要内外兼修、内外兼顾。主动立足自身岗位，思考公司的战略定位、产业发展以及市场开拓等问题。进而统一思想认识，瞄准产业拓展的方向，奋勇前行。

同志们，2013 年我们不畏艰难，以百折不挠的信念和灵活多变的机制，齐心协力打下经营的翻身仗。这是每一位操作员工的辛勤劳作、每一位管理人员的废寝忘食、每一位技术人员的奋力拼搏、每一位市场人员的勇于担当结出的硕果。在这里，我谨代表公司，向一直以来勤恳工作的各级管理者和广大员工表示崇高的敬意和衷心的感谢！

第二部分　研判形势，抢抓机遇，积极推进企业可持续发展

2014 年是全面贯彻落实党的十八届三中全会精神的改革之年，也是公司新一届领导班子承上启下，推进南车电机转型升级，实现跨越式发展的开局之年。当前，南车电机正处在加快战略实施，深化企业改革，加大创新力度，激发企业活力，培育支柱产业，实现规模和效益快速增长的重要关头，我们必须着眼于"十二五"后两年乃至更长期的发展，认真研判形势，统一目标、通力协作，向百亿目标奋进。

一、既有产业增量有限，战略目标实现困难重重

2014年我国经济预期增速下调为7%，经济增长进入从高速到中高速的"换挡期"，转变经济增长方式，推进产业升级和科技创新将成为今后一段时期的主旋律。原有大规模基建投资难以为继，2014年后铁路"爆发式"增长的可能性较小，基本维持消化规划余量和略有增长的态势，预计今后两年铁路年均固定资产投资将在7000亿左右。此外铁总深化改革，攻坚市场化，地方铁路局自负盈亏，而铁总的巨额负债将在未来凸显掣肘市场需求的影响。风电行业缓慢复苏，行业新增装机容量较去年仍有小幅下滑。在弃风限电、并网问题、产能过剩等问题得到有效解决前，风电行业难以出现"风头强劲"的局面。工业特种电机产业受制于体制、机制、商业模式和市场能力等问题，发展不尽如人意，短期内仍以产业孵化和培育为主。综上所述，短期内公司既有产业增量有限，仅依托既有产业，难以实现战略目标，必须要依靠新的业务和产业引擎来助推战略达成。

二、市场环境日趋严峻，效益下行压力逐渐加大

轨道交通产品价格受行业影响持续压低；南北车高度同质化，价格白热化的竞争使得下降趋势未有转机。随着国家社会经济政策调整，企业经营的各类资源要素，资金、人工、原材料等价格持续上涨，企业产品毛利率大幅下降，我们的盈利空间逐步被压缩。为获取市场份额，大多产品处于微利经营状况。市场经济深化，越来越多的竞争者可能涌入我们所在的行业和市场，原本壁垒森严的市场边界逐渐消失，将来的市场将会是一个充分竞争、优胜劣汰的市场，而我们的市场机制、运营管控还停留在老国企时代，与市场经济严重脱节。中国南车员工收入倍增计划的实施，也在一定程度上要求我们保持一定的盈利能力。而目前，公司资产周转率不高，体现了我们的经营效率依然不高。净资产收益率持续下滑，缺乏高附加值的新兴产品，利润增长缺乏强劲动力，效益下行的压力在逐渐加大。

三、国家深化改革发展，必将释放更多改革红利

十八大后，国家开始全面深化改革，将释放多种改革红利。一是经济改革红利。经济体制改革重在让市场在资源配置中起决定性作用，打破束缚生产力发展的体制机制障碍，我们将有希望利用自身优势进入其他相对封闭市场，形成新的经济增长点，推动公司新一轮的发展。二是国企改革红利。未来国企改革将以国有资产资本化为重点，鼓励多种所有制资本融合，引入股权基金资本，这对于我们探索灵活机制，跨区域、跨所有制重组很有好处。三是新型城镇化红利。新型城镇化建设步伐加快，通过城际轨道和都市圈铁路连接带动城市间发展将成为发展战略，城轨市场将迎来爆发式增长。四是战略性新型产业政策扶持力度大。"美丽中国"给环保设备产业带来丰厚的政策红利和商机，我们的风电和工业特种电机有着天然优势；五是出口市场前途光明。我国积极推行"高铁"外交，有利于我们的高铁产品"走出去"。

四、轨道风电稳步发展，奠定企业持续发展之基

轨道交通和风电目前是我们的两大支柱产业，贡献了公司销售收入的89%和利润的90%。未来两年，铁路建设将进一步恢复，铁路装备和服务的需求呈现出一种企稳的态势。风力发电市场在国家战略新兴产业政策的带动下，逐渐复苏，未来有一定的市场容量。轨道交通和风电市场销售收入和利润基本可以保持稳定或有小幅上升，为我们开拓新市场和培育新的支柱产业提供了难得的"时间窗口"。我们要充分利用这一段缓冲时间，利用两大产业提供的充足资本支撑，以及在行业内的品牌影响力，加大市场拓展力度，大力推进资本运作，举公司之力全力拓展新产业，培育1-2个有高附加值的、面向高端市场、前景广阔的支柱型产业，力争在两年后实现业务适度多元，产业周期互补，实现更加稳定的增长。

五、中国南车转型突破，企业迎来新的发展机遇

中国南车转型突破，着力打造2.0发展升级版本，更加注重从规模扩张向提升质量效益转变，从国内经营向国际化经营转变，从延伸产业向专注高端转变。在中国南车的战略指引下，我们将在以下方面迎来新的发展机遇：一是中国南车布局海外的步伐加快，海外市场迎来发展机遇。作为中国南车核心零部件供应商，内部配套率保证了我们可以依托主机实现出口，推进海外营销网络的建设，争取海外并购和合作的机会，加速海外市场布局。二是中国南车业务结构升级，着重培育新产业，为公司新产业发展带来机遇。南车电机三大产业板块格局亟须改变。新产业顶层设计中明确提出"高分子、新能源装备、电传动及工业自动化、工程机械产业"四类发展重点，我们现有的产业与新能源装备、电传动及自动化关联度极高，具有产业拓展的先发优势。三是高端化、绿色化带来新的发展动力。中国南车将推进产业向高端市场和绿色市场集中，资源投入倾斜流入这些领域，我们对工业特种电机产业的定位就是高端市场和高效节能，只要措施得当，机制创新，逐步打开市场，必将成为公司未来发展的支柱产业。

第三部分　踌躇满志，内修外张，助推企业创新突破发展

南车电机2014年工作的总体要求是：深入贯彻党的十八届三中全会、中央经济工作会议精神，全面落实中央企业负责人会议、中国南车工作会议精神。创新经营理念，深化企业改革，优化战略定位，加快转型升级，持续加大科技创新和管理创新，完善信息平台，提高管理效能，优化经营模式，落实市场导向，谋求国内和国际市场突破，推进南车电机创新突破式发展。

南车电机2014年的主要经营目标是：实现营业收入45亿元，净利润持续增长。全面完成中国南车下达的各项经营业绩考核指标。公司市场拓展、产业发展有突破，员工收入持续增长。

按照2014年工作的总体要求和经营目标，我们要遵循"1234"的经营思路，

即始终贯穿以市场为导向这条主线；突出创新运营机制和优化战略方向两个重点；实现国际市场、激励考核机制和工业特种电机产业孵化三个突破；处理好存量与增量、规模与效益、速度与质量、科技创新与市场导向四种关系。

为此，要重点做好以下工作。

一、以市场为导向，需要全员观念的转变

长期以来，受国铁计划经济影响，我们更多的是跟随主机企业，采取的是主要关注生产制造的传统经营模式，对市场缺乏正确的认识。

这两年，株机和株洲所强劲的发展势头给我们造成很大的压力。轨道和风电未来两年基本是一个稳步发展态势，再往后很有可能转入下行趋势。这两年为我们提供了一个短暂的开拓新市场、发展新产业的时间窗口期。而一个市场培育一般需要3～5年的时间才能开花结果。因此，时间紧迫，开拓新市场、新产业迫在眉睫，否则，公司未来持续发展势头将会受到严重影响。

市场是企业存在的唯一理由，没有市场，没有订单，企业就没有一切，更不要提内部的生产、物流、成本控制等经营活动。一切工作首要目的就是要抓市场。因此，我们必须要改变惯性思维模式，从以往传统的以生产制造为中心的发展理念，向以市场为导向的经营理念转变。以市场为导向就是根据市场需求能快速、有效做出响应的企业管理理念、管理组织、管理机制和管理手段的有机结合方式。其目的就是通过充分调动和合理使用现有资源，提高运作效率，实现持续健康快速发展。

市场导向要求创新营销理念。市场不只是营销部门的事，而是要全员营销，每个员工在不同岗位上从不同的角度，以不同的身份参与市场的竞争，每个岗位、每个身份所呈现的状态都可能影响到企业对客户的评价、影响到企业产品的竞争力、甚至影响到企业市场订单的获取。然而，市场竞争残酷，发展任务紧迫，这就要求我们必须迅速转变观念，营造"一切都为了市场，处处服务市场"的工作氛围，形成以市场为导向的理念与文化，以理念和文化的原动力构建企业开拓市场的强大动力。

市场导向要求我们改变管理理念。管理要为了市场，以服务市场为主，是为了服务而控制，考虑问题要在公司整体战略的指导下，以市场为终端推导出解决问题的方法。凡是影响到市场响应速度的流程，影响企业市场活力的制度，不利于市场开拓的评价标准都要进行改变。

市场导向要求我们必须保持对市场的高度敏感性，和对市场的快速响应速度。时刻关注市场动向，全面掌握客户需求，密切跟踪竞争对手动态，并且在企业内部跨部门间迅速扩散传播，企业上下全组织性地对该类信息做出积极反应，产生营销活动的正能量。

二、以市场为导向，需要战略的引领

广阔的市场空间与有限的企业资源，要求企业必须在战略的方向指引下，集中资源与精力有选择性地开拓市场。现在，公司正在做"十二五"战略优化，结合目前国家政策、中国南车战略定位及企业自身实际，我们认为公司的发展定位是：以轨道交通装备、风能、高效节能3大战略型新兴产业为方向，以轨道交通牵引电机、变压器，风力发电机，工业特种电机，工业特种变压器，机电一体化及成套装备为5大产品和服务平台，以国内、国际两个市场为目标，积极践行战略使命，实现发展愿景。发展战略是：以"双效南车"为发展原则，以"创新驱动"为发展路径，推行以"技术领先"差异化为基础的发展型战略。按照"资源延伸、高端定位、有限多元"的原则，突出重点，做强、做精轨道交通、风力发电机产业，做大、做强工业特种电机，做快、做优特种变压器产业，大力开展国际化经营，积极探索具有良好发展空间的机电一体化装备延伸产业。

要推进战略的优化与落地，首先要加大对未来市场的研究与开发。未来的市场主要存在于国家政策提供的发展空间、既有客户的潜在需求、既有产品的新客户开拓和技术创新带来的新市场。因此，要加强对国家政策的专项研究，重点研究国家战略性新兴产业的相关政策，瞄准"智能、绿色、环保"产品市场，细化业务战略，对具体业务方向的细分市场充分研究，选择合适的竞争策略，倾公司之力重点培育。加强客户需求调研，全面了解跟进轨道交通市场和客户潜在需求，提前介入，锁定市场。重点拓展双馈、海上风力发电市场，进入研究风电维保市场，寻找突破口。全力推进工业特种电机，工业特种变压器，机电一体化及成套装备等产业方向的技术开发、市场开拓以及兼并重组，创造培育新的支柱产业。其次，要设计好新产业的发展机制，充分发挥业务单位的创造力。对新产业的发展，一方面要"扶"，政策、资源上充分倾斜，快速提升其市场竞争力和产业规模。一方面要"放"，充分信任授权，鼓励创新经营，适度宽容失败，形成有利于新产业发展的良好机制。

中国南车2020年要做到国际市场占销售收入的一半。南车电机一定要紧随步伐，坚定不移推进国际化战略。公司的国际化经营经历一年的磨炼，对国际市场有了初步的认识，但是要真正有突破性进展，仍需进一步努力。要充分利用中国南车品牌影响力，在中国南车品牌认可度较高的区域，密切联系中国南车区域公司和代表处，独立、自主开展国际业务。要依托中国南车海外"内部配套"制度，紧跟主机厂的海外业务拓展步伐，积极做好产品配套，实现借船出海。加快国际化人才的培养，完善国际营销绩效管理和激励机制，激发国际营销积极性。加大海外投资力度，争取在海外并购、合资合作等方面取得突破，形成国际化经营能力。2014年海外市场力争实现独立出口零的突破。

三、以市场为导向，需要具备核心竞争力

（一）坚持技术领先

在市场竞争条件下，技术创新已成为提升企业核心竞争力的重要手段。要赢得市场竞争，必须持续推进以市场为导向的技术创新，在市场接受的前提下保持技术领先。具体而言，一方面要通过技术创新追求产品不断增值，另一方面要通过精益设计等手段不断降低设计成本，减少设计质量风险，提高产品性能，支持企业市场竞争力。

因此，研发要深刻把握行业技术和产业发展方向，增强对市场环境变化的敏感性，突出对市场需求的快速响应，满足客户的个性化需求。坚持内部开发与外部引进相结合，加快产品研发，抢占高端市场。轨道交通方面，高度关注具有完全自主知识产权的中国标准动车组牵引电机和牵引变压器研制，抢占在高速动车组领域的技术主动权、话语权。进一步掌握机车、动车、城轨领域核心驱动技术，取得高端市场关键零部件主导权。加快形成机车、动车和风力发电机检修专业技术，支撑相关产业检修市场开拓。快速推进机车、动车产品关键零部件和原材料的国产化进程，避免关键部件卡脖子，受制于人。风力发电机方面，开发沿海型水冷双馈风力发电机，加快 5 MW 半直驱永磁同步风力发电机研制、为后续风电市场大发展做好前期技术储备。开展更大容量风力发电机、分瓣组合式风力发电机的设计工作、海流发电机的预研究工作，做好技术储备，随时应对市场。工业特种电机方面，紧盯"绿色、节能、环保"产品市场，充分调研行业形势，瞄准 1－3 个优势项目，快速形成产品开发平台，完善产品谱系，迅速将研发成果产业化，走向高端市场。

（二）开展管理创新

1. 业务流程再造，优化组织架构

公司自升格以来，主要经济指标有了一定的提升，企业盈利能力和资产经营质量的指标在集团内排名前列，但由于对市场的认识不够充分，缺乏对外拓展的原动力，公司的总体规模并没有实现突破。为了提升企业经营绩效，实现规模和效益的突破，改革势在必行。因此我们要深刻审视目前公司业务流程和组织架构的导向性、匹配性和效率性，构建以市场为导向、与战略相匹配的高效的业务流程和组织架构。

再造业务流程是为了更好的面向市场、满足需求，推动战略目标的实现，提高企业经营绩效。再造业务流程是优化组织架构的一个重要前提，只有把业务流程中分工环节梳理清楚，才能因势利导，建立与之匹配的组织架构，两者的构建要遵循三个原则。一是以市场为导向。再造业务流程和优化组织架构的最终目的是满足市场的需求，不同的产品市场具有不同的特性，市场细化后的业务流程和组织架构如何设计，要从战略的角度进行深入的思考。二是与战略相匹配。战略

的落实需要一个能够支撑其落地的组织架构，组织架构是战略得以实现的重要保障。我们要根据现阶段产品结构以及未来的产业方向，设计业务流程，选择与之相适应的组织架构，使不同产业达成战略协同。三是运行的高效性。在激烈的市场竞争中，业务流程的简化和顺畅、组织架构的高效运行是快速响应市场的基本条件。

2. 完善绩效体系，健全激励机制

要构建以市场目标实现为核心的绩效评价体系，把南车电机市场导向的组织目标转化成可衡量的指标，设定目标值、设定完成期限、明确责任人，逐级传递压力，让组织的战略变得可测量、可管理。绩效的核心在于改善，因此，要把以市场为导向的绩效激励机制落到实处，探索建立与不同业务板块相适应的考评激励机制，建立以基本工资制度为基础、多种分配方式并存的薪酬体系，重点突出业绩导向，加大激励力度，促进重大市场开拓、重大战略突破、重大技术突破、重要资本运作、国际市场开拓。鼓励员工走向市场，在市场锻炼中培养人才，在市场拼搏中选拔人才。推行用人机制市场化，以业绩量化考评，真正形成干部能上能下、收入能增能减的机制。

中国南车确定了2018年员工收入倍增目标计划，公司要紧密跟进、细化落实步骤和措施；要通过营业收入的增加、效益水平的提升，确保员工收入增长目标的实现；要通过切实有效适用的激励机制，引导、激发、调动员工在促进产业发展、市场开拓和效益提升等方面的积极性和创造性，以员工收入的增长实现员工与企业共成长，分享企业发展成果的目的。

3. 加大资本运作，创新商业模式

南车电机现有的这种传统商业模式，很难实现突破式发展，因此，必须要创新商业模式。可充分借力中国南车的资本运营平台，加快公司商业模式转型。通过对内部组织优化、内部资源和能力的全面分析与合理配置，选择自主经营、战略并购、合资合作、股权投资、BT总包等多种商业模式。

四、以市场为导向，需要精益管理提供坚实的保障

企业想在激烈的市场竞争中生存，除了要具有强大的市场开拓能力外，还要有扎实的内部管理作为支撑。精益管理作为当今制造业一种先进的管理理念，可以很好地提升企业核心能力。精益体现一个完整、系统、永无止境的管理理念，不仅是精益生产，而且是精益研发、精益管理、精益财务全方位的体系。每个人都以精益的理念参与工作，企业管理和生产制造必将持续改善、尽善尽美，开拓市场的能力必会极大提升。

推进精益研发。研发人员要积极预测市场未来走向，与营销一起提前介入，开展预研究，缩短产品开发周期。产品研制阶段，充分应用并行工程，与工艺质量、采购、生产等活动并行交叉进行，缩短从研发到制造的周期。强化研发质量，减少因设计本身存在的缺陷而造成的质量问题发生。严控产品设计成本，注重材料选择及工艺实现方法。

深化精益生产。深化、固化精益示范线（区）、示范车间建设成果，进一步拓展延伸示范车间建设范围。推进"两线"建设，在电机两个组装车间试运行节拍化生产方式的基础上，通过试运行暴露问题，分析原因，逐项解决，广泛推广，逐步实现全公司的工位制节拍化拉动式生产，争取大幅提高生产效率，快速应对市场需求。

加大质量管控。一是强化质量体系建设，向新产业覆盖平移体系标准，提高工艺质量水平，稳固新产业发展根基。二是加大预防投入，降低质量损失，优化质量成本结构。三是加大过程管控力度，确保实物质量。四是持续推进标准作业，开展工艺提升，提高工艺水平。五是加强供应商平台建设，重点培育关键供应商质量保证能力。

持续推进精益管理。一是持续管理提升，从运营指标、成本效益指标全方位对标先进，提升企业运作效率，提高企业价值创造能力。二是做好财务管理。完善全面预算管理体系，持续做好应收账款及经营性现金流的日常监控。树立"过紧日子"思想，严格控制各项费用。继续推进降成本工作。三是完善信息系统。深化 ERP 系统建设及应用，加强内部各信息系统间的集成与融合，突显信息服务管理职能。四是创新人力资源管理。内部培养与外部引进并重，不断完善技术研发、企业管理、市场营销、国际化等核心人才队伍建设。探索建立职业经理人培养集聚机制。五是加强审计监察。围绕降本增效、提高效率扎实开展内部审计和效能监察。

关注客户服务和维保业务。持续深化机车、动车以及风力发电等产品的服务，做好春运、暑运、黄金周、两会以及新线开通的包保工作。积极推动外部检修基地的建设，加大轨道交通检修配件市场、风力发电机维保市场的开拓力度。适时与客户构建联合体，实现售后、检修的一体化服务。

加强文化培育。通过内部总结提炼，外部借鉴、传播，建立以市场为导向的企业文化，并形成企业竞争的软实力。加强内部舆论引导和新闻宣传，传播公司理念、发展思路，营造企业战略自信、发展自信、品牌自信的氛围。

优化党建工作。扎实有力抓好教育实践活动总结工作，巩固教育实践活动成果，不断推进长效机制建设。以创新思维、提升能力为重点，大力强化两级领导班子建设，以两级班子建设带动公司人才队伍建设。加强党风廉政和反腐倡廉教育，深入推进惩防体系建设。严格执行中央八项规定，切实转变工作作风。不断完善职代会制度，深化厂务公开。持续开展以"保安全、促质量、增效益"等为主题的劳动竞赛。关注员工生活，维护员工的合法权益，构建企业和谐发展环境。

同志们，南车电机要实现突破式发展，必须要解放思想，改变思维；要实现高速发展，必须要关注市场，开拓市场。轨道交通的鼎盛时期已经到来；新兴产业的财富等待发掘；国际市场的瓶颈等待突破，让我们冲经营理念之新高，走市场导向之大道，释内蓄已久之潜能，以最大的智慧和勇气，早日实现南车电机的百亿梦！

提升市场能力　实现"五个升级"
开创南车电机持续快速健康发展的新局面
——南车电机公司 2014 年度工作会议经营工作报告

总经理　肖安华

2014 年 4 月

同志们：

这次会议的主要任务是，落实 2014 年中国南车工作会议和公司一届五次职代会精神，审时度势，全面部署 2014 年的各项中心工作，组织和动员全体员工，统一思想、通力协作，坚持客户导向，提升市场能力，加快战略实施，实现"五个升级"，确保南车电机持续快速健康发展。

2013 年，我们奋力攻坚克难，打下了企业生产经营的翻身仗，全年累计实现销售收入 40 亿元，同比增长 60%，归属母公司净利润适度增长，圆满完成了中国南车下达的"保增长"任务和年度经营指标。在中国南车去年以及过去三年任期的资产经营责任制考核中均排在 A 级，这既是对我们过去工作的肯定，也是对我们今后工作的一种鞭策，要求我们再接再厉，进一步提升规模和效益，实现南车电机新的快速增长。

2014 年，南车电机面临着良好发展机遇。机车方面，目前铁总拥有和谐型机车总数已达 7260 台，预计 2016 年和谐型机车配置数量将突破 10000 台，未来三年和谐型机车需求总和预计在 3000 台左右，2014 年计划新增和谐型机车 1016 台。此外，神华集团今年预计需求机车 134 台，南非机车项目随着招标尘埃落定，株机公司大获全胜，预计今年需交付的机车数量也有大幅提升。动车方面，大西、沪昆、兰新二线等 11 条高铁下半年将陆续开通，新建里程 6165 公里，是新建高铁开通最为集中、开通里程最长的一年，也将是铁总动车组招标最多的一年，预计将采购超 400 列。去年铁总招标的动车组也将在今年集中交付。此外，四方股份相继中标温州城际动车组和阿根廷罗卡线动车组项目，预计动车业绩将迎来大幅上涨。城轨地铁方面，得益于国家发改委牵引系统国产化的要求，公司配套时代电气占据了国内大部分份额，今年主要有北京、深圳、南京、杭州、宁波、南昌等项目，预计将实现 60% 的增长。与此同时，相应的机车、动车、地铁检修市场，预计也将有快速增长。

风电市场方面，行业回暖迹象明显，公司最大合作伙伴——金风科技2013年装机规模占国内新增风电容量的比重为22.5%，同比增加3%，市场份额创5年来新高，稳居行业首位，且超行业第二名国电联合动力一倍多，未来发展势头强劲。根据市场预测，预计2014年国内风电行业新增装机容量为16-18GW，综合考虑金风市场占有率与公司市场份额，年内为其提供的永磁直驱风力发电机总台数将超过1600台。另外，株洲所风电今年规模将达到去年的两倍还多，公司双馈风电也将呈现出稳步快速发展的态势。同时，公司积极开发新客户，争取年内与远景、明阳等企业实质性合作，以保证后续市场增量。

工业特种电机方面，商用空调项目已经按照预定计划推进整机的验证，敲定最终方案，形成批量生产；油田电机市场招标开始启动；电动轮项目陆续完成产品试制，交货验证完成后将就后续订单作更深入的洽谈。

产业拓展方面，公司已全面启动对成都公司电机业务的整合，并将发力内燃机车相关业务，布局西南地区工特市场开发。合资公司预计将在6月份挂牌运作。跟踪三年的变压器并购项目已经得到中国南车批复，计划于年内完成收购。

机遇与挑战并存，市场开发能力的不足，研发、营销、国际化、资本运作、管理等核心人才的短缺，内部管理架构和管理体制的不完善，成本费用的不断上升等等都制约了企业快速发展，但只要我们大胆创新，奋力拼搏，一定能牢牢把握发展的主动权。

经过通盘考虑和深入研究，公司确定2014年的主要经营策略是：着力研究客户价值需求，全方位提升公司的市场能力，根据打造中国南车发展升级版的要求，致力于业务结构、管理方式、市场能力、管控模式、盈利能力等五个方面的升级，即由过度依赖轨道和风电业务向主业突出、适度多元转型实现业务结构的升级，由传统低效粗放式管理向高度信息化的精益管理转型实现管理方式的升级，由响应国内市场产品需求为主向面向国际、提高引导培育市场能力转型实现市场能力的升级，由"公司——制造"向"公司——业务"转型实现管控模式的升级，由产能扩张、注重销售规模向新业务拓展、注重效益转型实现盈利能力的升级。

2014年的主要经营目标是：实现营业收入45亿元（争取突破50亿），净利润持续增长。全面完成中国南车下达的各项经营业绩考核指标。公司市场拓展、产业发展有突破，员工收入持续增长。

为此，要重点做好以下工作：

一、深化企业改革，增强发展动力

1. 推进战略优化，加快战略落地

根据中国南车最新下发的《中国南车股份有限公司发展战略（纲要）》，结合公司一届五次职代会精神，认真研判分析市场形势，以中国南车战略为指引，优化公司战略,修订未来三年滚动发展规划(2014—2016年)。积极推进战略分层和分解,全面细化各业务战略、职能战略,构建起完善的战略金字塔,做到发展规划、发展措施和资源需求切实可行,战略实现脉络清晰明了。加强战略实施管控,以年度经营目标责任状为载体,合理运用组织绩效、资产经营责任制,将战略细化到经营活动中,层层分解责任、传递压力,推进战略落地。系统性研究国内外大型电机类企业的发展模式,加强对标管理,从企业定位、业务结构、核心竞争力、盈利模式等四个维度,不断优化发展路径,以适应公司向成套设备、交钥匙工程、系统解决商、机电一体化装备企业发展的需求。积极研究中国南车电机业务发展规划,努力承担中国南车电机业务单元的发展重任,培育中国南车新产业的支柱产业。完善投资管控,重点向海外、研发、高端产品资源配置与研究等产业新增项目投资,并做好投资责任制落实。

2.优化顶层设计,完善经营业绩评价体系

组织开展好业务流程再造与组织重构。以市场为导向,全面梳理公司核心业务流程,以实现战略规划为出发点,再造公司业务流程,在此基础上搭建适应的组织架构,做到流程顺畅、边界清晰,组织职责明确、运作高效,真正构建以市场为导向、与战略相匹配的组织模式。

根据运营实际情况,结合中国南车新一轮资产经营责任制考核,持续优化经营业绩考核与绩效评价体系。坚持"高目标引领、客观可行"的原则,编制公司年度经营计划,签订各单位年度经营目标责任状,不断完善子公司资产经营责任制。实施分类考核,根据不同产业的发展状况、行业形势和发展周期,制定侧重性不同的分类考核指标。强化对标考核,纵向自我比较、横向行业比较,在指标制定和考核打分时,对超越行业平均水平的进行鼓励,低于的进行鞭策。建立健全月度小考、年度大考的关键指标考核体系,加强考核结果应用,突出经营责任追究,对不能完成年度经营指标的相关单位领导和班子进行诫勉谈话或岗位调整。持续优化绩效计划、绩效实施、绩效考核、绩效反馈等四个环节,关注绩效改善,不断完善绩效评价体系。以公司月度绩效讲评会为平台定期发布绩效运行状况,查摆问题,制定绩效改善方案,形成促进绩效改善的长效机制。

3.创新人力资源管理,完善薪酬激励机制

结合公司业务战略人力资源需求,绘制业务学科及人才需求地图,全面开展人才盘点,针对差异,运用招聘、培训等手段来开发人力资源,形成围绕产业发展、满足战略落地需求的,有预见性、前瞻性的人才培养机制。以职业经理人能力建设为重点,推进领导力模型和全员核心胜任力模型在中高层管理人员评价体系中的应用。邀请专业的培训机构,面向公司中高层管理者、经营管理骨干人员,开展企业战略、资本运作、组织再造、项目管理、企业文化的系统性培训。围绕市场开拓、市场巩固,锻炼和培养一支精干高效的营销队伍。建立、健全高端人才的引进机制和配套政策，通过猎头、中介等方式招聘急需的高端精英人才，年内力争实现博士人才的突破引进。通过内部选拔以及校园招聘综合素质高、外语水平好的人员开展国际化专业培训，培育一批国际化人才。

建立以市场为导向的薪酬激励机制，探索建立与不同业务板块相适应的薪酬体系，突出市场价值导向，加大市场拓展激励力度。针对市场开发人员建立以基本工资制度为基础、多种分配方案并存的薪酬体系，针对不同的产业、行业特点、客户特性制定各具特点的营销激励制度。推进研发人员绩效工资与市场订单的挂钩联动，充分尊重市场规律和人才价值，以市场业绩量化考评，强化市场导向激励作用。探索建立新产业项目工资激励机制，促进新产业资源的并购整合。建立基于子公司经营绩效考评体系的薪酬激励机制。进一步完善与补充领导人员选拔任免和日常考核管理制度，建立自动降职制度，实施经营结果与领导干部选拔任免紧密结合，强化能上能下的机制建设。

4. 加大资本运作力度，培育新的经济增长点

利用国家快速发展战略性新兴产业的有利政策，瞄准"智能、绿色、环保"产品市场，积极通过兼并收购、合资合作、产业合作等多种方式全力拓展新产业，改变过度依赖国内轨道交通装备和风电产业的格局，增强企业持续发展能力和抵御市场波动的能力。快速推进中国南车轨道交通电机业务重组，在成都公司原有基础上打造内燃机车配套电机、西南地区轨道交通电机、工业特种电机、工业发电机等产品造修平台。稳步实施民用变压器并购项目，围绕公司车载主变压器专有技术和市场资源，将变压器产业快速覆盖至铁路车载干式变压器、城市轨道车载及线路变压器等特种变压器市场，在轨道交通领域站稳脚跟的同时，在具有较好前景和机会的风力发电（干式）、煤炭防爆（替代进口）等高端变压器市场寻求更大的发展。2014年，争取完成民用变压器项目，并实现销售收入。深入开展行业和企业调研，在新能源、系统集成、成套设备等领域积极搜寻与产业发展战略相匹配的目标企业，密切跟踪目标企业的发展动态，储备2至3家后续兼并收购目标企业。

二、全力拓展市场，确保市场增量

1. 完善营销管理机制，激发市场活力

加强市场调研，做好市场定位、产品定位、竞争策略、定价法则、销售渠道、品牌策略和公关方式的系统性策划，变被动销售为主动营销。加强市场信息管理，建立系统的市场信息情报收集和分析机制，建立客户定期深度沟通机制，业务部门领导和营销人员三分之二时间要在外面跑市场。结合不同产业建立完善相对应的销售价格管理、销售合同管理、客户信用管理流程和制度，统筹营销费用管理，建立健全居间费用管理，以完善的制度提升营销管理效能。建立快速的客户响应机制，加强营销、技术、质量、售后等部门的市场协同，创造优质的客户体验。

2. 深耕轨道交通市场，提高轨道市场占有率

积极适应铁总改革后的市场变化，发挥差异化的竞争优势，满足用户多样化、个性化需求，提供定制化产品。夯实与主机厂的配套地位，强化与主机厂的战略合作。抓住动车和机车统型机遇努力突破北车市场，以大连快轨牵引系统国产化为切入点，实现对中国北车市场的渗透，并逐步提高在北车市场的份额。全面发力内燃机车市场，重点跟踪好资机公司和戚机公司相关项目。挖掘路外市场潜力，稳定重要市场和重要客户。加强地方合作与战略布局，发挥整体优势和协同能力，大力拓展城轨地铁市场，积极抢占城际轨道交通市场。积极配合铁总关于机车二年检属地化和自主修理的要求，研究双方利益的契合点，探索合资合作方式实现双方"共赢"。跟进各路局检修基地、大修厂检修配件需求，包括机车检修备品互换件投放等，完成青岛检修基地扩能改造，建立上海、武汉检修基地的联动生产机制。深度拓展北上广深的地铁检修维保市场，力争今年与地铁业主以合作模式建立一个城轨地铁检修基地。

3. 稳固风电既有客户，大力开发潜在客户

深化与金风科技的战略合作，加快客户响应，努力扩大在金风科技的市场份额。积极推进风电整机株洲基地建设，完善资源配备，形成 1.5 MW、2 MW 和 2.5 MW 永磁直驱风力发电机整机量产能力，满足金风南方市场需求。在稳固与直驱龙头企业良好合作的基础上，进一步加快双馈风电市场明阳、远景等后起之秀的市场开发进度，今年争取开拓 3 个以上新客户，力争完成 1 个以上批量式新项目交付。在集团内部，要从商务、技术、服务等方面全方位支持株洲所风电产业，与客户共发展。国际市场上要以出口印度、德国项目为契机，努力开拓海外风电客户。加强维保体系建设，强化与风电场业主的沟通、交流，深入了解服务市场客户需求，建立长期稳定合作关系。

4. 着力开发高效节能和高端工业特种电机市场

彻底解决北京销售公司遗留问题，尽快成立专项项目组，加大清理力度，为后续工特产业轻装上阵加快发展铺好路。以永磁和变频为方向，大力开发和培育优质市场项目，深度开发电动轮、商业制冷制冰、煤矿机械、工程机械等高端市场。根据产业转型升级的规划，针对不同业务的市场特点，采取有区别的相对应的营销策略，并重点配置营销资源。加强对下游产业的市场调研，逐步减少和退出部分低利润、小规模项目。高压电机市场方面，借力国家优惠政策，积极开发高效节能电机市场。通过与电力、冶金等领域主机厂进行合作，把握钢厂脱硫脱硝节能改造等百万千万级大型项目，采用专项营销政策实现高效节能电机产品在大型项目上的配套应用。加强与下游环保设备厂家的交流和合作，实现高效节能电机快速推广。特种电机市场方面，在电动轮领域，与 6 家企业建立合作伙伴关系，采用入股、合资等战略合作的方式，深度切入电动轮电机系统市场，抢占市

场与技术的主动权；在商业制冷制冰设备领域，通过与制冰设备企业达成战略合作，并开展制冷商用空调整机产业化，在供应链上进一步绑定客户扩大市场销售规模；在煤矿电机领域，与河南重装合作开展项目，拓展煤矿电机在煤矿成套设备上应用，形成成套供应；在油田电机领域，进入山东、东北等区域市场，不断扩大市场份额。

5. 构建海外营销网络，实现海外市场突破

加快自营出口步伐，逐步建立海外营销网络和销售渠道，深度拓展俄罗斯、印度等市场，积极探索贸易出口，力争实现直接出口创汇。依托中国南车海外"内部配套"制度，紧跟主机厂的海外业务拓展步伐，积极做好产品配套，实现借船出海。密切跟踪株机公司南非机车项目，切实推进本地化项目。利用中国南车在国外的业务资源和品牌影响力，加速海外市场布局，加强与国外企业的合资合作，争取海外并购和合作的机会。

三、加大技术创新力度，提高核心竞争力

1. 完善科技创新体系，夯实科技管理基础

规划建设行业领先的研发中心，构建以企业为主体、产学研相结合，全面开放、具有国际先进水平的技术创新体系。推进并行工程，加强研发与营销、采购、工艺、质量、制造等单位的协作，研究研发成本控制机制，以满足适应市场的要求。推行精益研发，持续优化设计开发流程、三维设计和仿真分析应用、试验验证能力、技术标准体系等设计技术平台，强化研发质量控制体系，提高产品设计质量。开展新材料、新技术和新方法的验证与应用，加快推进材料国产化进程，降低产品设计成本。加快推进产品技术平台建设，组织开展产品的模块化、标准化、系列化设计，提升产品开发效率、缩短设计周期。完善研发的梯次结构，合理配置资源，形成前瞻性研究、基础应用研究、技术开发与产品研制相配套的梯次研发结构。进一步加强技术创新平台建设，积极申报"国家认定企业技术中心""国家技术创新示范企业"，力争实现国家级技术创新平台的突破。建立电磁振动噪声、系统仿真等新学科的仿真工程应用能力，规范南车协同仿真公共服务平台在公司的应用。系统建设先进和完善的试验验证体系，拥有和掌握完善的试验验证手段、设施和装备，确保设计的准确性和有效性。完成牵引变压器型式试验站、牵引电机轴承系统设计验证及可靠性试验室建设。

2. 加速新产品、新技术研发，抢占高端市场

坚持技术领先，着力提升公司技术创新能力及设计水平，紧跟行业技术发展前沿，不断拓展新产品、新技术领域，为公司后续产业扩张提供强有力的支撑。轨道交通方面，集中优势资源，全力保证公司一号工程中国标准动车组项目顺利研制，抢占未来动车组市场的主动权。推进快捷客运八轴电力机车、窄轨机车、高寒动车组、时速160公里城际动车组、长株潭城际动车组、时速140公里市域

动车组牵引电机和变压器，地铁系列牵引电机，大功率内燃机车用主辅发电机等产品研制。加大产学研合作力度，加强永磁电机、轮毂电机、直线电机、高压电压互感器、高频变压器等市场潜在需求产品及其关键技术研究，做好相关技术储备，抓住市场发展先机。风力发电方面，完成 2 MW 低风速半直驱永磁同步风力发电机、5 MW 半直驱永磁同步风力发电机、2.5 MW 直驱永磁同步风力发电机、800 kW 高速永磁同步风力发电机、2 MW 高速型双馈风力发电机；预研 2 MW 内转子直驱永磁同步风力发电机、1.5 MW 高速永磁同步风力发电机、海流发电机、永磁体防腐结构、大型风冷双馈风力发电机冷却系统等前瞻性技术，为新市场开拓做好技术储备。工业特种电机方面，开展 220 -240T 交流传动自卸车用主发电机及电动机、高效节能型高压电机、1000 kW 煤矿用变频防爆电机、商用空调用系列电机、工业冷冻螺杆压缩机用电机、储能式电动大巴用电机等产品研制。基础性研究方面，深入开展牵引电机轴承润滑可靠性技术研究、兆瓦级风力发电机轴承润滑系统研究以及绝缘优化等项目，进一步提升产品可靠性。

3.加快工艺提升，持续提高产品质量及服务水平

以西门子、三菱等国际知名企业为标杆，创新工艺研发平台和工艺管理工具，加强对机加、绝缘、组装等工艺的研究，加快工艺装备的研究和应用，全面提升公司的工艺水平及劳动效率；继续深入贯彻南车 17 项工艺管理标准，初步搭建公司的焊接工艺标准和机械技术标准。有效运用 RAMS 分析工具针对性地解决批量生产中重大的工艺问题和惯性质量问题。持续做好关键、特殊工序工艺控制工作，定期开展工艺督察，现场工艺纪律检查合规率≥95%。深化和延伸标准作业，继续全面深入推进包括各子公司在内的标准作业，确保在制批量产品标准作业指导书覆盖率95%以上，员工标准作业的意识和行为规范进一步提高。

全面宣贯、开展"零缺陷"管理，强化零缺陷的工作标准、扎实推进质量预防工作。以源头质量控制、改进为重点，开展产品接口质量管理、质量损失管理、质量信息化建设和检验能力提升，强化质量保障能力，确保产品质量水平不断提升。通过 IRIS（国际铁路行业标准）、ISO9001 质量管理体系年度复评以及焊接质量体系 EN15085 标准认证年度监督审核。推进 IRIS 质量管理标准的全面覆盖，平移 IRIS 至高效能电机产业发展中心及各子公司。加大预防投入，降低质量损失，优化质量成本结构。按照中国南车质量损失的管理要求，严格控制质量损失预算和费用，落实质量损失责任，形成闭环管理。加强供应商平台建设，培育关键供应商质量保证能力，把好新增供应商准入关，实施供应商监造和分级管理。加大专业检测设备的投入，提高产品检验能力和原材料入库检测能力。2014 年，实现铁总、中国南车产品质量监督抽查合格率100%。

进一步完善售后服务标准化建设，畅通信息渠道，优化快速反应机制，以优质的产品和高质量的售后服务，配合用户做好春运、暑运、黄金周、两会及新线

开通等工作，提高顾客满意度，保证运输安全。巩固打造"新绿"服务形象活动成果，持续推动营销、售后、管理层等品牌关键接触点岗位行为方式的制度性固化和优化。

四、夯实内部管理，提升内生动力

1.深化精益管理，构筑精益体系

持续深化精益示范区(线)、精益车间建设，进一步推广工位制节拍化流水线生产方式，全面开展模拟生产线、模拟配送线建设工作，提升精益制造水平。持续优化标准工位建设，细化现场七大任务，实现工位管理表单化、标准化、制度化。在动车牵引电机车间、牵引电机组装车间试运行节拍化拉动式生产的基础上，认真分析暴露问题，查找原因，逐项解决，不断完善停线、异常处理机制。试点推动"6621运营管理平台"建设，构建公司特色的精益管理体系。加快精益供应链建设，推进模拟配送线和电子商务平台两个重点项目，将精益生产延伸到供应商，加强供应链协同，确保物料保质、保量、按时配送到工位。继续抓好轨道、风电、工特供应商平台整合工作，选择一批有实力的优秀供应商重点培育，建立稳固的战略合作关系。加大独家供应物料和瓶颈物料供应商开发工作。全面深化TPM活动，推进设备管理规范化、标准化，提升关键设备技术水平，提高装备的利用效率。大力加强精益安全工位建设，持续推进辅助岗位标准化作业，努力实现"三零"目标(零重伤、零死亡、无新增职业病)。

2.加快信息化建设，向数字化企业迈进

加强信息化顶层设计，以优化、提升企业管理信息化建设为基础，构建公司数据中心平台建设，推进信息化与企业发展战略和管控业务深度融合，逐步向数字化企业迈进。继续做好ERP等各项管理信息系统建设，切实完善基础数据平台，提升数据的准确性、完整性和及时性，确保信息系统运行质量和效率。推进数据集成，规范各信息平台数据接口、数据标准，以数据聚合挖掘信息系统应用价值。推广实施企业门户网站、电子商务平台、南车人才资本管理信息系统、工艺信息化及仿真平台建设。突出加强信息安全工作，加快内外网隔离，确保网络和信息系统的安全。

3.加强财务管理，提升资本运营水平

深化业财融合，进一步完善全面预算管理体系，加强滚动预算管理，确保预算目标有序可控。探索成本价值链管理，深化精益成本管理，持续开展专项降成本活动。加强营运资金管理，持续做好应收账款及经营性现金流的日常监控，加强应收账款清理，做好多渠道筹集资金方案，应对资金短缺风险。做好低效无效资产的梳理，全面规范、合理合规地清理、处置好低效无效资产。紧盯外汇汇率走势，适时执行进口件采购押汇方案，获取外汇汇兑利益和外汇融资利差收益。合理利用财税政策，深入挖潜财税空间。强化投资并购中价值流、现金流的管理，预研并购企业的价值实现途径，完善财务集团管控模式建设，提升财务整合效率。

4. 持续开展管理提升，提升管理水平

扎实开展管理提升活动的总结、评价，成果固化与经验推广，探索建立管理提升长效机制。深化对标提升，突出抓好与国际先进企业、行业标杆的指标比对，找出差距，持续改进，不断提升企业运作效率和价值创造能力。加大重要流程和制度的宣贯力度，加强流程制度的执行情况检查，建立流程制度年度评价机制，促进流程制度的落实。持续推进流程管理信息化工作，提高流程运行速度。修订完善管理创新项目评价管理办法，培育全员积极参与管理创新的文化和氛围，促进管理创新成果得到有效转化。完善公司项目管理，建立起高效的项目管理运作机制，全面提高项目执行效率，畅通部门间的沟通与协调，提高市场协同性。

5. 加强审计监察，防控经营风险

持续做好专项审计，开展三包备品周转件投入及使用、投资项目后评价等专项审计项目。定期测试并评价公司及子公司相关内部控制制度设计的完整性及执行的有效性，提升公司内部控制水平。持续推进全面风险管理，开展年中及年度风险评估，固化公司层与业务层的风险管理协同工作机制，切实做好重大项目风险防范。认真分解执行 2013—2017 年度惩防体系建设规划，继续深入推进重点领域、重要岗位和关键环节的廉洁风险防控工作。

五、增强企业软实力，凝聚和谐发展力量

1. 推进文化再造，加强品牌建设

认真分析并诊断企业文化发展现状，总结过去文化培育经验教训，结合公司战略和转型升级的需要，深入挖掘企业文化内核，再造企业经营哲学、经营理念、企业识别（CI），提炼企业精神。组织开展好新一轮的企业文化宣贯和企业文化手册学习活动，充分利用班前会、OA、报纸等多种手段营造宣传氛围，确保企业文化入脑入心，真正实现员工与企业"同心""同步"。持续推进学习型组织建设，突出反思、反馈、共享与自动自发地改善，完善学习实验室课题研究方式，全面推广学习型组织建设达标活动。

落实中国南车"BI 全员推广年"系列工作，激发员工的自觉意识和行为，提升公司员工队伍的整体素质。大力加强品牌对外传播推广工作，策划实施好 2014 柏林展等海内外重点展会；借助中国南车"车迷有约"活动与有影响力的新闻媒体、网友车迷、网络大 V 等开展互动；建设网上产品交互式展厅，协助推进电子商务，助力公司初步形成以"品牌推广＋电子商务"为核心的新模式；充分利用国际商报等国际化媒体做好公司的海外报道工作，提升品牌美誉度和影响力。积极推广全员营销理念，营造"一切为了市场，处处服务市场"的工作氛围，形成以市场为导向的理念与文化，以理念和文化的原动力构建企业开拓市场的强大动力，为企业经营发展营造良好舆论氛围。

2.深化党建工作，引领科学发展

加强领导，精心组织，深入学习十八届三中全会精神，巩固党的群众路线教育实践活动成果。根据群众路线教育实践活动成果及要求，继续推进"四好"领导班子创建工作，以强有力的领导班子推动企业经营业绩提升。加强基层党组织建设和新形势下发展党员和党员管理工作，充分发挥党员的先锋模范作用和基层党组织的战斗堡垒作用。加强党风廉政和反腐倡廉教育，深入推进惩防体系建设，完善反腐败体制机制，强化对权力运行的制约和监督，抓好党风廉政建设责任制的落实。加强廉洁文化建设，抓好廉洁风险防控工作，增强各级党员领导干部反对"四风"，贯彻执行中央八项规定、《党政机关厉行节约反对浪费条例》的坚定性和自觉性。努力构建和谐劳动关系，扎实推进"三关心、三保证"活动，积极关心困难员工生活，及时解决员工群众的合理诉求，维护员工群众的合法权益，实现发展成果更多更公平惠及全体员工。落实维稳和信访工作机制和责任制，努力消除不稳定因素。

同志们，新的形势催人奋进。面对"十二五"的宏伟目标和远大前景，让我们在市场中搏击风雨、奋勇前进，以更加坚定的信心、更加饱满的热情、更加智慧的运作，团结一致、锐意进取，共同开创南车电机跨越式发展的新纪元。

在执行董事办公会上的发言材料

总经理 肖安华

2014 年 8 月

各位领导,各位同仁:

现在,我代表公司经营班子向执行董事办公会报告 1—7 月份公司经营工作,请审议。

一、1—7 月份生产经营情况

1. 主要经营指标大幅增长

受国内铁路投资增长及风电行业回暖影响,公司上半年营业收入、利润同比均实现大幅增长。截至 7 月份,累计实现销售收入 24.82 亿元,完成年度经营目标的 50%,同比增长 47.86%,预计全年销售收入将超 50 亿元,经济增加值将突破 2 亿元。从各业务板块来看,除高效电机板块外,其他板块均有不同程度增长。其中,机车业务收入 15.57 亿元,同比增长 5.32%;动车业务收入 11 亿元,同比增长 120.42%;城轨业务收入 1.91 亿元,同比增加 59.47%;风电业务收入 17.02 亿元,同比增加 16.74%。

2. 市场开拓成效显著

截至 7 月末,公司新签订单达到 33.2 亿元,同比增长 15.24%。轨道交通方面,协同株机公司获得了南非 100 台四轴与南非 359 台六轴机车订单;积极跟进马来西亚机车、马其顿动车组项目,资机泰国机车项目,戚机 HXN5B 调车机车,四方股份阿根廷罗卡线项目;获取了武汉 4 号线、南昌 1 号线、宁波 1、2 号线以及深圳 1 号线等地铁项目订单,特别是以大连快轨牵引系统国产化为切入点,实现了对中国北车市场的渗透。风电方面,与金风科技签订了价值 23 亿元的历史最大单笔合同;完成了株洲风电基地建设,并启动了风电西北布局规划;与远景、明阳等新客户陆续开展项目合作。海外市场方面,通过了阿海珐风电 VDA 6.3 – P1 过程评审,为获取阿海珐海上风电项目奠定了基础。

3. 产品研发持续突破

坚持技术领先，不断拓展新产品、新技术领域。公司一号工程中国标准动车组项目顺利开展，完成牵引电机技术设计评审、牵引变压器技术设计工作。积极推进出口马来西亚用米轨机车、阿根廷罗卡线动车组、南非六轴车、快捷客运八轴电力机车用牵引电机和牵引变压器、大功率内燃机车用主辅发电机等项目的研制。风力发电方面，开展南车 2 MW、改进型 1.65 MW、1.5 MW 平原型、1.5 MW 沿海型、2 MW 半直驱永磁风电、阿海法 5 MMW 半直驱永磁风电研制，同时积极开展分瓣组合式、海流发电机等前沿技术研究。高效节能电机方面，开展了高效节能型高压电机、500 kW 隔爆变频一体式电机、商用空调用系列电机、精轧线用交流变频调速异步电动机研制。

4. 产业拓展成果丰硕

一是成都公司业务重组基本完成。成都南车电机有限公司已正式揭牌，经营权完成交接，并签订了《资产交易相关事项备忘录》和《人员管理权移交备忘录》，8 月 31 日将正式完成交割。二是民用变压器并购项目进入实施阶段。8 月 18 日，公司与广州骏发签订了《合资成立广州南车骏发电气有限公司的协议书》，标志着项目正式进入合资公司筹备阶段，预计年底前合资公司将正式投入运营。三是布局新能源车辆配套电机领域。抓住国家大力发展绿色交通工具的机遇，与宁波菲士、宁波南车产业基地开发建设有限公司签订了战略合作框架协议。

5. 质控能力有效提升

开展中国标准动车组牵引电机轻量化等项目工艺攻关，完善了工艺方法，提高了产品质量。针对子公司开展设计、工艺、质量诊断及优化，平推公司管理体系，有效提高子公司设计、工艺、质量管控能力。组织公司专家、工艺及质量人员开展供应商现场督查，加大质量索赔力度，切实提高供应商的质量意识。针对兰新线 7200 kW 机车 N 端轴承固死、FYKK06 风冷双馈风力发电机批量质量问题开展专项整改，切实消除产品质量隐患。

6. 精益管理不断推进

业务流程再造项目取得阶段性成果，新的组织机构运行平稳，组织绩效管理体系完成优化，文化再造工作正在有序开展。持续推进工位制节拍化及模拟生产线建设，以电机、变压器组装、双馈风电组装等关键环节为牵引，以点带面，提升精益生产整体水平。扎实开展精益安全工位、TPM 和精益供应链建设等相关工作，形成围绕生产、服务生产、协同高效的管理模式。大力开展降本增效，面对新一轮的降价压力，积极采取应对措施，开展产品制造全过程降成本，维持产品盈利空间。开展低效无效资产清理处置工作，成立低效无效应收账款、存货、固定资产三个专项清理工作小组，完成了数据汇总、处置方案拟定及部分低效无效资产处置等工作。启动外部资源建设，优化制造资源配置，提高公司制造力的专业性和经济性。

7. 人才培育不断深化

根据公司变革发展和人力资源战略需要，全面启动流程再造后的各部门定岗定编工作，组织员工参加"应知应会"培训和职业资格认证考试等，提高全员通用专业知识、技能与职业素养水平。以职业经理人能力建设为重点，推进领导力模型和全员核心胜任力模型在中高层管理人员评价体系中的应用；邀请专业机构面向公司中高层管理者、经营管理骨干人员，开展企业战略、资本运作、组织再造、项目管理、企业文化的系统性培训。启动国际化人才培养，通过内部选拔以及校园招聘培育综合素质高、外语水平好的国际化人才，支持海外业务拓展。

8. 文化建设不断深化

提炼形成"明德成器 利物益世"企业精神，引导和规范员工的道德行为和价值体系，使 EVA 成为公司企业文化的核心。深入开展全员市场投入活动，着力强化"一切为了客户"的意识，促使每位员工将本职工作做到精益求精，为市场开拓做出最大贡献。精心筹备上海国际电机展，运用三维渲染动画制作电机专题视频，起到了良好的宣传效果。制定了公司 BI 全员推广计划和实施细则，大力推进 BI 员工行为规范活动；完成公司 VI 手册整改。

二、经营中的主要问题

回顾上半年的经营情况，也存在一些问题和不足。

1. 集团化管控模式亟待建立

组织机构调整后，未建立与之配套的集团管控机制，对不同性质的子公司角色定位及授权管理划分不清晰；对子公司的战略管理、风险控制、运营协调、职能支持没有相应的制度流程；对子公司及领导班子的责任制考核激励未出台管理办法等等。

2. 产业发展不平衡的矛盾日益突出

高效电机产业未来的业务方向和支撑公司百亿规模新的产业项目或资本运作目标还不清晰。

3. 市场化与机制、人才的矛盾

市场、研发人员的配套激励机制还不完善，研发与营销的协同性还有待加强；营销、国际化、资本运作等核心人才还很匮乏。

4. 盈利空间减小，成本管控压力增大

主机厂降价、用工成本上升、质量损失居高不下、存货、应收账款增长较快等因素严重挤压了公司的盈利空间，如何维持一定的盈利水平是我们面临的难题。

三、下阶段重点工作安排

1. 加快建立集团化管控模式，形成竞争合力

成都南车电机已经成为公司的全资子公司，广州南车骏发电气有限公司预计

将在年底前组建完成，宁波合资公司也在筹划之中。后续要加快整合进度，确保新公司尽快正常运营；着力研究集团化管控模式，通过战略协同、管理体系对接、授权分权机制建立、资产经营责任制考核、股权期权激励等方式完善子公司管理；通过治理、管理、组织、服务等不同方式对子公司实施作用，形成"母合效应"，激发子公司的潜能，支撑和服务集团整体战略的实现。

2. 全力拓展新产业，培育新的经济增长点

一是全力支持高效电机产业发展。彻底解决工特业务历史遗留问题，卸除发展包袱。加强产业研究，科学判断未来市场需求变化和技术发展趋势，明晰发展路径和方向。加强政策引导和资源支持，扶持高效电机事业部发展。坚持产品技术领先差异化，巩固现有优势项目，加快培育新市场和新项目，切实提高核心竞争力和经济效益。多方努力，利用 2～3 年时间再造一个"小体量"的"风电"产业。二是积极储备新产业项目。围绕 5 大战略性新兴产业方向，以电机、变压器核心技术为依托，加强横向、纵向及成套装备产业市场调研和产业研究，积极寻找新的产业发展突破点，为"十三五"发展做好新产业项目储备。

3. 持续加大市场开拓力度，助推经营业绩再上新台阶

密切关注各路局机车市场需求信息，跟进铁路总公司在电力机车市场的招投标。与主机厂展开更全面、更深度的合作，实现内燃机车市场、交流电力机车市场、海外机车市场等领域新的突破。增强对中国北车主机企业的渗透，逐步提高在北车系统的产品占有率。风电方面，落实南京中人、广东明阳、美国 Ogin 公司的具体项目，全力争取批量订单。高效电机，以永磁和变频为方向，坚持产品技术领先差异化路线，大力开发和培育优质市场项目。海外市场方面，积极推进阿海珐风电项目，力争下半年签订样机试制合同。

4. 不断强化技术引领作用，提升企业核心竞争力

积极谋划中国南车电机、变压器研究院建设，争取年内获得南车立项。积极申报"国家认定企业技术中心"，力争实现国家级技术创新平台的突破。开展以"提升品质、提高效率、缩短周期、降低成本"为目标的精益研发模式研究，制定实施推进方案和工作计划。强化试验验证体系，完成变压器型式试验站竣工验收，确保功能和试验产能达到生产和研发要求。全力保障一号工程—中国标准动车组研制成功，加快推进阿根廷罗卡线动车组、马来西亚米轨车、马其顿动车组、5 MW 半直驱永磁同步风力发电机、长株潭城际动车组等产品项目研制。

5. 深入推进精益管理，确保企业运营效率不断提升

绩效管理加快流程再造项目后续工作实施，跟踪分析组织、流程运行情况并进行优化。以 EVA 为价值导向，加强成本、资产管控，加快低效无效资产的处理进程，合理合规的处置资产；深入推进产品全过程降成本，建立降成本激励政策，鼓励全员参与降成本工作；开展主型产品定额工时调整，在确保员工收入适度增

长的情况下，平均优化调整 8%。严格落实材料定额核销，并纳入常态化管理。加快"6621 运营管理平台"建设，深化工位制管理，实现作业人员、物流配送、作业内容、工位区域、生产节拍五个方面的工位稳固。加强信息化建设，构建信息基础平台、信息门户平台、数字化技术管理平台和多维数据仓库。

6. 不断提高质控能力，促进客户价值稳步提升

夯实体系建设，认真做好 IRIS、EN15085、ISO9001、CRCC 等体系认证和复评，并向子公司平推管理体系，通过体系的不断完善提高质量控制能力。加强质量管控，降低质量损失，加大对供应商的质量索赔力度。结合 RAMS 体系建设相关工作，进一步开展质量安全风险管理体系建设，降低产品发生质量故障的风险。深入推行标准作业，将标准作业覆盖到子公司，夯实子公司工艺基础。统筹检修事业部与外部检修基地管理，提高检修队伍的综合素质，提供规范化、标准化检修服务，促进客户满意度的稳步提升。

7. 突出市场价值导向，深化人才、机制培养

加快薪酬激励改革步伐，建立以市场为导向的薪酬激励机制，完善、优化营销、研发人员的薪酬激励机制。进一步完善与补充领导人员选拔任免和日常考核管理制度，建立自动降职制度，实施经营结果与领导干部选拔任免紧密结合，建立能上能下的任用机制。全面推进国际化人才培训，培育具有国际化视野和专业能力的国际化人才；引进关键技术领域独当一面的领军型技术人才，制定薪酬、培训职位配套政策，为实现公司百亿计划做好充足的人力资源储备。

8. 把握文化再造契机，着力提升企业软实力

发挥文化引领作用，提升企业品牌影响力。以国内外各类展会为载体，以现代网络信息技术为手段，将品牌建设工作数字化、模块化、专业化。大力开展弘扬"明德成器　利物益世"企业精神的活动，提升公司员工对核心价值观的认知和认同，进一步加强员工品德建设、充分凝聚发展正能量。强化并购后子公司的文化整合，以统一的企业精神、核心理念、价值观念和企业标识规范，形成集团化的文化。

汇报完毕。请执行董事办公会审议。

在高中层管理者专题培训上的讲话

总经理　肖安华

2015 年 5 月

同志们：

　　创建学习型企业是公司三大发展愿景之一。学习、分享、改善是我们创立学习型企业的基本途径。今年以来，公司开展了多方位、多层次的学习培训，通过党委中心组学习、中高层培训、"应知应会"等多种形式组织了涉及战略、经营管理、团队建设等多方面的学习培训，但在经济学和伦理学方面著作的专题学习这还是头一次。龙登高教授讲授为我们讲述了一堂非常精彩、生动的讲座，让我们受益匪浅。

　　下面，我想就今天听讲座的内容谈两点感想：

　　一、"利己"与"利他"经营哲学的现实运用

　　米尔顿·弗里德曼（1997 年诺贝尔经济学奖得主）曾说过，"不读《国富论》不知道应该怎样才叫作'利己'，读了《道德情操论》才知道'利他'才是问心无愧的'利己'"。

　　"以 EVA 为价值导向"的经营理念是《国富论》的"利己"主义在企业经营中的恰当运用。亚当·斯密在《国富论》中讲到自利性是支配一切行为的根本动机，人们通过分工和交换来追求自身利益的最大化，并最终促使资源实现最优配置，实现整个社会的福利最大化。"以 EVA 为价值导向"是通过从上至下以的价值链贯穿，实现对资源的合理利用，提高对资本的使用效率，从而真正为所有者创造更多财富，促进企业价值和竞争力的持续提升。EVA 的雏形和起源正是《国富论》中所提及的资本利润，可以说"以 EVA 为价值导向"的经营理念正是《国富论》"利己"主义在企业经营中的具体实践。

　　"明德成器　利物益世"企业精神是《道德情操论》"利他"主义在企业追求上中准确诠释。在道德情操论中亚当·斯密从人类的情感和同情心出发，讨论了善恶、美丑、正义、责任等一系列概念，进而揭示出人类社会赖以维系、和谐发展的秘密——"利他"主义。随着现代市场经济的实践发展，企业不仅是追求利润的"经济人"，还是承担社会道德义务的"责任人"。这是市场理性不断经过锤炼、升华，最终归于社会和谐发展理念的必然趋向。我们所倡导的"明德成器 利物益世"中"明德"意指弘扬人类本性中固有的德性，由己及人，止于至善；"成器"意指创造精良物品。"利物"表示用智慧创造，利益万物，提升系统价值；"益世"就是利他，兼相爱，交相利，有益于社会和自然。正是《道德情操论》"利他"主义在企业追求上中准确诠释。

稻盛和夫把"自利则生，利他则久"作为企业持续发展的要素。自利就是需要多做一些有意义有价值的事情，做"善"事，使企业立足于社会中；利他就是要从他人的和利益相关者的角度，为他人提供帮助，恩泽社会。这也是我们所追求的终极目标。

二、亚当·斯密思想对公司未来发展的指导作用

工业4.0的浪潮已经悄然来袭，如何经受浪潮的考验，乃至屹立在潮头？亚当·斯密在《国富论》中举了一个"扣针制造业"的例子，给了我们一些启示——劳动分工创造生产力的提升。将劳动分工进一步引申为产业的转型升级、产业链的分工重组，新的活动领域和合作形式即是我们寻找的答案。为了实现这一深度"分工"，一是要探索数字技术、网络技术和智能技术与产品研发、设计、制造的全过程的融合，建立数字化、智能化工厂。二是加快向绿色化、服务化产业拓展。电动汽车、海上风电、永磁电机、系统集成都是我们未来发展的方向。三是加快新材料的应用，推进产品升级换代。四是创新商业模式，通过商业模式创新来扩展公司的业务边界以及行业的边界，并让价值链上的有关各方都受益。

"利他"主义的本质是为客户创造价值。客户是企业的根基，是企业赖以生存的基本条件。正是客户决定了企业所为，要从市场和客户的视角来看整个企业及其经营的有效方式。要为客户创造价值关键在于专注核心能力的打造。一是技术能力的打造。郑昌泓董事长曾说，一流的企业创造需求（如苹果乔布斯），二流的企业适应市场需求，三流的企业接受市场订单。只有做到技术引领才能创造市场需求。二是市场能力的打造。市场能力打造要关注客户看重的效用（性能、质量），关注客户之所关切（价格、交期），关注客户面临的挑战和现实问题。换句话是，为客户创造价值，就是满足客户需求，超越客户期望。

同志们，创建学习型企业，学习是基础，改善心智是关键，创新是核心，持续发展是目的。公司各级管理者要加强学习和自我修炼，形成一支能征善战、素质精良、专业过硬、敢想敢干的智慧型和国际化的职业经理人队伍，共同迎接工业4.0和国际化浪潮洗礼，将公司打造成为具有国际竞争力的核心动力系统企业。

在成都南车电机有限公司成立庆典上的讲话

南车株洲电机有限公司总经理　肖安华

2014 年 9 月 19 日

尊敬的各位领导、各位来宾，员工朋友们：

大家上午好！非常高兴能够与大家共同见证成都南车电机有限公司的成立。在此，我谨代表南车电机全体员工，向成都电机的成立表示热烈的祝贺！

南车电机作为中国南车专业化电机、变压器研制企业，一直秉承"技术领先"战略，走高品质发展路线，实现了跨越式的发展。在轨道交通领域，通过引进消化吸收再创新，奠定了行业领导者地位。在风力发电机领域，紧紧抓住市场机遇，依托科技创新、产品的高可靠性和优质快速的服务，成为国内最大的风力发电机研制企业之一。在高效节能电机领域，抢占高端技术，强势进入石油、防爆、永磁同步等国内、国际高端市场。

2014 年，公司进入全面深化改革、加快转型升级与市场突破的关键时期，确立了以市场为导向、以战略性新兴产业为发展方向，成为具有国际竞争力的高端机电装备制造与服务企业的愿景目标。在这一重要时期，我们响应集团号召，与成都机车车辆有限公司开展电机业务重组，成都电机成为南车电机全资子公司。成都电机是中国南车内燃机车主发电机及牵引电机专业化企业，拥有几十年的技术积累和制造应用经验，40 余种电机产品覆盖了 18 个铁路局及众多地方铁路，随主机出口土耳其、澳大利亚、泰国等 15 个国家地区，并逐步在矿山、电厂、油田等市场领域实现了突破。

这次重组是成都电机发展历史上的一个转折点，也是南车电机再创新辉煌的新起点。为此，我希望成都电机能够尽快融入这个大家庭，在文化上传承融合，在管理上共同提升，在产业上协同发展，在技术上不断创新；同时，充分利用好川渝地区市场和产业发展机遇，努力拓展高端机电装备产业，共同向着成为具有国际竞争力的高端机电装备产业制造与服务企业的愿景目标迈进。南车电机也将充分关注、全力支持新公司未来的发展，通过新业务注入、资源共享与优化、技术整合与创新等多种措施，导入新的发展元素，助推新公司进入发展的快车道。

　　我也希望地方各级政府、客户同仁和兄弟单位，能够一如既往地支持成都电机的发展。成都电机一定能够不负众望，为客户提供最优质的产品和服务，为成都市经济发展做出新的贡献。

　　最后，祝各位来宾和全体员工工作顺利，身体健康，阖家幸福！

　　谢谢大家。

适应形势变化　着眼能力提升
打造更具竞争实力的高端动力装备先锋
——南车株洲电机有限公司2015年度工作报告

总经理　肖安华

2015年3月6日

同志们：

这次工作会议是为贯彻落实党的十八届三中、四中全会精神，创新经营理念、提升市场能力，全面落实"十二五"战略，系统谋划"十三五"发展，召开的一次重要会议。会议主要任务是，落实中国南车工作会议要求，总结2014年工作，部署2015年任务，组织动员全体员工，进一步解放思想，开拓创新，适应形势变化，着眼能力提升，推动"十二五"战略落地，努力打造更具竞争实力的高端动力装备先锋。

一、抢抓机遇，转型突破，成果丰硕的2014

2014年，面对铁路和风电行业稳步向好的发展形势，公司以市场为导向，抢抓发展机遇，加快转型升级，全面落实"十二五"发展战略，经营业绩再创新高，归属母公司净利润、经济增加值稳步增长。圆满完成了中国南车下达的年度经营指标。

1. 改革推新，流程再造激发组织活力

按照"市场导向、项目运作"的原则，深入开展流程再造。搭建"1+5+X"战略构架，明确总体战略下各业务板块的发展策略，形成主业突出、新产业方向明确的战略优化体系。以项目管理为主线，改革原有职能碎片化、管理效率低的机构设置，强化营销、研发职能，构建快速响应市场、业务板块清晰、组织运转流畅的"哑铃型"组织结构。科学合理调整中层管理者岗位，激发工作效能和组织活力。根据"突出重点、分类排名，结果评价、重在改善"的原则，优化了组织绩效管理体系。推进并购重组项目落地，形成了"4个全资及控股子公司、2个参股子公司、5个检修基地"的母子公司格局，集团化趋势逐步显现。适应发展新要求，制定了《子公司管理办法》《子公司资产经营责任制考核办法》等文件，初步建立了子公司管理体系。规范授权管理，完善治理结构，制定了《公司主要业务授权手册》。启动能力建设规划，打造面向未来的核心竞争力。

2. 谋篇布局，产业扩张有序推进

抓住中国南车推进成都公司业务重组的机遇，快速整合成都公司电机业务，成立成都南车电机有限公司，实现了西南地区市场的战略布局。向成都南车电机平移技术和业务，助推其进入快速、健康发展轨道。探索混合所有制经营，与广州骏发合资成立了广州南车骏发电气有限公司，实现了变压器产业的延伸。利用宁波发展新能源产业的契机，推进宁波合资合作项目，布局快速增长的新能源市场。抢抓区域市场发展机遇，完成株洲风电基地建设，推进风电西北布点，扩大风电市场覆盖范围。参股申通南车(上海)轨道交通车辆维修有限公司，为拓展长三角地区城轨维保市场创造了有利条件。

3. 抢抓机遇，市场开拓成效显著

全年新签订单量创下历史新高。机车市场，获取了南非窄轨机车、HXD1D客运机车、铁八机车、神八机车、4400马力调车机车、泰国内燃机车等项目。动车市场，获取了阿根廷罗卡线动车组、马其顿动车组、高寒动车组，温州、长株潭城际动车组等项目，其中，阿根廷罗卡线动车组项目取得了动车辅助变压器业绩突破。城轨市场，获取了天津、北京、宁波及福州地铁等项目，特别是以大连快轨牵引系统国产化为切入点，实现了对北车市场的渗透。风电市场，签订历史最大额单笔合同，并与新客户开展样机试制合作。高效电机方面，积极开拓流体机械、新能源汽车等高端市场，推进与相关企业的战略合作。特种变压器方面，总部与广州南车骏发协同发力，获取了铁路功率融通、地铁能量回馈、智能微网等市场订单。海外市场，斩获了海外风电原型机合同订单，实现了独立出口"零"突破。

4. 高端引领，技术创新硕果累累

以市场为导向，着力提升技术创新能力。获取了国家技术创新示范企业、国家认定企业技术中心、变压器型式试验CNAS认证三项国家级资质。着手技术中心能力建设，启动电机工程研究实验中心规划。积极抢占技术制高点，构建中国标准动车组技术体系，高标准完成首列中国标准动车组牵引电机、牵引变压器研制；完成国家863计划TQ－600高速永磁同步牵引电机研制，成功掌握了高速动车组用永磁牵引电机核心技术；全力配合海外市场开拓，完成南非六轴机车、马来西亚米轨车、阿根廷罗卡线动车组、泰国内燃机车等项目。紧跟技术发展趋势，开展了轮毂永磁直驱电机、储能式轻轨用永磁直驱牵引电机、高频变压器、分瓣组合式风力发电机、海流风力发电机、磁悬浮轴承、高速永磁同步变频调速电机等前瞻性技术研究。强化知识产权管理和技术标准体系建设，全年完成多项专利申报和国家、行业标准的制定与修订，进一步提升了行业话语权。

5. 品质提升，产品运营持续稳定

扎实开展工艺攻关、重大质量问题整改，完成了机车牵引电机定子绕组端部一体化、地铁牵引电机运输轴承防护等工艺攻关，实施了兰新线机车牵引电机 N 端轴承剥离、HXD1 系列机车牵引电机引线烧损等重大质量问题整改，开展"春运""暑运"包保服务和"动车组产品专项质量月"活动，有效保障了产品安全运行。启动基于总部管控的工艺、质量体系建设，完成子公司质量体系对标和平移，实现 JD160A、JD160 深度国产化及直流电机技术向成都电机平移。持续推进工艺、质量信息化平台建设，完成基于 PDM 系统下的工艺信息化首期建设，搭建产品运用故障信息闭环处理平台。全年策划关特、八防工序，子公司、检修基地质量管理体系等质量审核，发现并整改问题。持续加强供应商开发与管理，强化落实供应商经济责任。

6. 双效引导，精益管理不断深化

持续推进精益生产示范区、精益车间建设，全面建成※※条工位制节拍流水线，获得中国南车一个二级精益车间、两条三星精益生产示范线称号。以阿根廷罗卡线动车组项目为试点拉动职能管理，摸索管理流向实物流的转换，推进"两线"建设、6621 平台建设。扎实开展精益安全工位、安全体系、TPM、EAM 装备信息化和精益供应链建设等相关工作，形成围绕生产、服务生产、协同高效的管理模式。按照"轻资产"经营模式，启动外部资源建设，优化资源配置，提高制造的专业性和经济性，产能质量和运行效率得到大幅提升，顺利完成全年生产任务并刷新了产量历史记录。推进信息化建设，开展了向子公司 ERP 平移、OA、RTX、HCM 等应用系统部署，建立多点高清视频会议系统。大力开展降本增效，实现设计降成本、采购降成本、制造降成本，完成低效无效资产处置。积极争取国家财税支持，全年努力争取纳税优惠和各类扶持资金。加强存货与应收账款管理，在控盘前提下最大限度降低了存货和应收账款。推进全面风险管理，完成海外风电等重大项目风险评估。强化审计监督，并持续推动整改落实。

7. 立足长远，人才队伍建设系统推进

大力开展人才内培外引，打造战略人才队伍。组织团队赴浙大、西安交大、华中科大等一流高校招聘，极大提高了生源质量，为公司未来发展储备了高素质人才。以提升战略运营管控和战略执行能力为核心，邀请专业机构和知名专家面向高中层管理者、核心骨干开展战略、资本运作、经济学等方面的培训，促进核心管理人才向职业经理人转变。启动国际化人才培养，通过内部选拔及校园招聘等方式建立综合素质高、外语水平好的国际化储备人才库。开办营销、客服人员培训班，培育职业化营销、客服队伍。组织员工参加"应知应会"培训和职业资格认证考试等，提升岗位胜任力和职业素养。突出业绩导向，推动薪酬改革，优化营销、技术人员工资体系，建立子公司薪酬预算管理，规范各类专项奖励；科学合理调整工时，在保障员工收入合理增长的前提下，重启工时定额定期调整机制，完成批量产品工时定额均衡调整。全面承担中国南车战略人才盘点项目，人才规划、评价、梯队等管理机制初步搭建，再次获得中国南车"五星HR"称号。

8. 价值为核，凝心聚力营造良好环境

开展文化再造，积极宣贯和践行EVA价值导向和"明德成器　利物益世"的企业精神。不断完善CIS体系，推进公司员工手册、宣传片、画册修订，在京珠高速、长株高速、江苏沿海高速、公司综合实验楼顶精心设计了大型户外广告。承载历史积淀、弘扬企业精神，完成《公司志》首编。加强对外宣传，利用重大事项策划发布对外稿件，提升了公司知名度；精心组织参加德国柏林展、北京国际风能展、青岛经济循环展等国内外展会，持续提升品牌影响力。落实中央八项规定，扎实开展反腐倡廉，以效能监察为抓手，强化履职行为监督，作风建设取得新成效。围绕"两关心一关注"，落实"三关心、三保证"，大力推进售后服务站点三线建设，打造温馨、幸福、体面的员工之家。

回顾2014年，在良好的外部经营形势下，我们抢抓机遇、开拓进取，为"十二五"目标的圆满达成奠定了坚实基础。总结一年来的工作，我们深刻体会到：

（1）市场导向是企业持续发展的保障。企业规模的快速增长，除了得益于市场的回暖，更得益于我们贯彻以市场为导向的经营理念，高度重视客户价值，积极响应客户需求，持续强化客户服务，营造了"一切为了客户、人人服务市场"的良好氛围。

（2）技术创新是企业业务增长的引擎。公司一直强调技术领先，正是基于核心技术的掌握，才能够推出中国标准动车组牵引电机和变压器、高速动车组永磁牵引电机及流体机械配套高速永磁电机等高端产品，在引领行业技术进步的同时，也进一步开辟了广阔的产业发展空间，赢得了新的"蓝海市场"。

（3）管理创新是效率和效益提升的保障。2014年，搭建与战略相匹配的高效组织架构，建立以市场为导向的制度流程体系，优化以绩效改善为目的的绩效管理体系，深化以生产效率提升为着眼点的精益生产，管理上的持续创新，极大提高了公司运营的效率和效益。

（4）人才队伍是企业做大做强、永续经营的基石。企业的发展靠的是核心竞争力，而一切核心竞争力的源泉是人才。我们去年大力推动中层管理者的岗位调整，营销和技术人员的薪酬体系优化，以及重点项目人员的激励倾斜，都极大激发了员工积极努力干事业的动力和企业发展的活力。

二、认准形势，直面挑战，持续推动企业快速健康发展

2015年是"十二五"的收官之年，也是谋划"十三五"的破题之年。我们必须着眼于"十三五"乃至更长远的发展，认真研判形势，把握发展机遇，着力提升能力，持续推动企业健康快速发展。

1. 经济结构优化调整，百亿升级更需转型突破

当前，国家正处于大力推进经济发展方式转变、经济结构调整的关键时期，发展战略性新兴产业和生产性服务业将成为重中之重。我们要抓住机遇，提前研究战略性新兴产业的发展方向，研究制造向服务转型的途径，谋划新的发展模式；我们要从追求规模向全面实现速度、质量和效益的统一转变；我们要改变单一结构，进一步优化业务，防范风险，打造支撑百亿目标的多元增长级和发展支柱；我们要抑制固定资产投资冲动，加强技术研究，创新产业模式，提升核心竞争力，增强发展后劲。

2. 经济迈入"新常态"，抢抓机遇更需能力提升

中央经济工作会议召开，为明年乃至更长远时期的发展定调，中国已从上个十年年均近10%的增速放缓到7%左右的"新常态"，经济发展更注重质量，要素和投资驱动转变为创新驱动。抢抓机遇迫切需要我们全方位提升核心竞争力，确立新优势。未来南车电机发展的动力将更多来源于技术、制造、商业模式的创新能力，市场角逐、产业扩张的开拓能力，资源优化配置和有效利用的运筹能力。

3. 市场形势深度变革，产业发展更需提质增效

我国加快实施"一带一路"倡议、制造强国和高铁外交战略，将轨道交通产业推到了一个史无前例的重要位置，作为关键零部件企业要主动承担起国家战略的重大使命；南北车启动整合、国铁市场竞争白热化，主机厂和系统商将进一步强化在价值链上的强势地位；铁总自负盈亏后对业务进行重新思考和定位；风电产业产能过剩，风火同价趋势对产品质量和成本提出了更高要求；技术创新日新月异，产品和技术更新换代速度加快，增加了我们在新业务领域拓展的风险；经济下行压力加大，要素成本刚性上涨，对企业盈利能力提出了新的挑战。种种形势，都要求我们必须不断提高产品品质，增强发展效率，在新一轮的发展浪潮中抢占先机。

4. "工业4.0"悄然来临，思维眼界更需开放创新

德国工业4.0战略，美国先进制造业国家战略计划，中国制造2025规划，推动着第四次工业革命的到来。公司原有发展模式已无法跟上时代的步伐，我们必须在工业化与信息化的融合、制造业与服务业的融合方面树立开放的思维、高远的视野和与时俱进的精神，加快在"智慧产品"和"智能制造"等创新领域的开拓步伐。

5. 产业形态不断丰富，集团管控更需探索完善

随着公司产业形态不断完善，子公司越来越多，如何充分发挥协同效应，形成经营合力成为新的课题。而目前，公司集团化管控能力尚在形成初期，管理体系还需不断完善；多种所有制管控方式仍需探索；对子公司的战略管理、风险控制、运营协调、职能支持等还需不断积累经验；资源和业务协同还有待加强。

三、提升能力、开拓创新，全力打造高端动力装备先锋

公司 2015 年工作的总体要求是：深入贯彻党的十八届三中、四中全会精神，积极落实中央经济工作会议、中国南车工作会议精神，以"三创三化"目标为指引，深化市场导向，强化创新驱动，着眼能力提升，推动转型升级，拓展市场领域，加快国际化经营，努力打造更具竞争实力的高端动力装备先锋。

公司 2015 年的主要经营目标是：全面完成中国南车下达的各项经营业绩考核指标，继续保持良好发展态势，实现员工收入稳步增长。

按照 2015 年工作的总体要求和经营目标，我们要坚持"提升、协同、深化、突破"的经营原则，围绕 1 条主线，加快能力提升，打造核心竞争力；促进 2 个协同，总部与子公司的协同、子公司与子公司的协同；突出 3 个深化，持续深化市场导向、深化创新驱动、深化精益管理；实现 4 个突破，营业收入规模超过"十二五"目标、集团管控模式更加合理高效、新产业培育取得实质性进展、国际化经营初显成效，为实现"三创三化"目标奠定坚实基础。

为此，要重点做好以下工作：

（一）围绕高端定位，加速产业突破

1. 承前启后，系统谋划"十三五"发展战略

对标主要目标、配套目标和发展举措，全面开展"十二五"战略评估，全力推进战略落地，为"十三五"开局打好基础。围绕高端动力装备定位，以全球化的视野和开放的思维，系统谋划"十三五"战略。通过内外部战略环境研究，探索公司在新一轮改革发展中的转型升级战略，明确战略定位、原则、方向和纲领，编制公司"十三五"发展规划。以总体战略为纲，细化各业务板块战略，强化营销、技术、人才、财务、信息化、风险等职能战略支撑作用。对标三菱、ABB、东洋电机等企业，明确能力提升的路径和措施，编制公司核心能力建设规划。完善战略管控体系，形成研究、制定、分解、实施、评估的战略闭环管理体系；建立战略滚动管理机制，以战略绩效管理为手段，把中长期发展战略与年度经营计划有效衔接，扎实推进战略落地。

2. 加速新产业培育，积极培育新的经济增长点

一是要做好既有新产业项目落地。加快推进宁波合资合作项目，在分瓣式风电、永磁电机等领域实现突破；抓住高效电机市场现有商机，瞄准新能源汽车、流体机械、电动轮、油田电机等中高端细分市场，培育孵化 1-2 个规模化产业；利用成都电机退城进郊，抢抓西南区域产业发展机遇。二是加快新项目培育。进一步完善并购目标跟踪研究机制，坚持战略协同、优势互补、市场带动辐射作用强、资源要素禀赋优的原则，注重以核心技术、高端人才、知名品牌和优质网络等战略性资产为主要内容，充分利用事务所、投行等资源、渠道，在 2015 年储备 1-2 个新产业并购项目；加强境外并购目标跟踪研究，争取海外并购和合作的机

会。三是探索商业模式创新。积极探索产业链、创新链、服务链和资金链的组合，认真研究系统总包、试验认证等新的业务模式和盈利模式。

（二）适应市场变化，加快市场开拓

1. 深刻认知市场，系统策划应对策略

南北车市场边界打破、铁路市场化运作等带来市场格局的深刻变化。我们必须重新认知市场、审视竞争对手，制定相应的应对策略。一是加大市场调研力度，正确分析市场形势，科学把握市场趋势。建立市场信息跟踪分析机制。聚焦客户需求，做好市场细分，致力于发现顾客当前和未来的需求，为营销和研发找准着力点和突破点。二是加强市场竞争性研究。就当前的业务、市场、服务、渠道、价格、品牌、网络与竞争对手进行深刻的对比分析，制定相对应的市场竞争策略。三是完善营销网络和渠道建设。逐步建立起覆盖国内外、全方位、多层次的营销网络，健全大客户、经销商、代理商等营销渠道。四是强化内部以市场为导向的合力。围绕快速响应客户需求完善制度流程，促进营销、技术、质量、售后等部门的高效协同；做好总部与子公司的市场划分，完善营销人员业绩考评和激励政策，加强客户信用管理，促进营销系统高效运转。

2. 深度谋划轨道交通和风电市场，抢占合并先机

轨道交通和风电市场是我们与竞争对手角力的主战场。要巩固大客户营销，牢固树立为客户创造价值的理念，全面提升服务意识，在供应链上做好紧密衔接，以高性价比的产品和优质的服务为客户创造价值。轨道交通市场，要夯实南车内部主机厂配套地位，加快原北车市场的分析和进入策划。抓住机车、动车统型机遇，积极应对铁总对主机大部件供应提出的 2 年内实现 3 家及以上供货商等新要求（《动车组零部件放开市场工作推进会会议纪要》），加强对主机厂、系统商、铁科院的宣传及产品推介，努力突破大连机车、唐客、长客、大连电牵等北车客户，开展与青岛四方庞巴迪公司、铁科院下属纵横公司的合作。把握城轨市场高速增长的利好形势，维系好与系统商和地铁公司的客户关系，持续跟踪在建及拟开工项目，全力抢抓市场订单。开展技术型营销，突出产品技术亮点，发挥差异化的竞争优势，引导和满足用户技术更新换代的需求。进一步完善售后服务标准化建设，畅通信息渠道，优化快速反应机制，持续提高客户满意度。风电市场，由于上网电价下调，2015 年新增装机预计将呈现"井喷"之势。要进一步深化与大客户的战略合作，加快推进风电整机和定子西北生产基地布点，牢牢把握机遇，努力扩大市场份额。深度拓展南京、广东等新客户，争取批量订单。瞄准低风速和海上风电市场等新增长点，充分做好行业和市场调研，捕捉商业机会。在维保市场方面，深入思考和研究行业与市场环境的融合，积极通过战略联盟、合资合作、交叉持股等方式与客户和终端用户合作开发维保市场。

3.细分市场寻求新突破，持续做大高效电机和特种变压器市场

高效电机市场，调研进口高端电机细分市场及国产化情况，编制调研报告，并选取合适领域开展进口替代。利用高速永磁和系统技术优势以及制冷制冰领域的业绩，强势切入流体机械行业，与鼓风机、压缩机、通风机、水泵等领域国际、国内知名企业开展合作；精心培育新能源汽车市场，与新能源汽车企业合作，实现电传动系统集成及装车运行考核；加快高压永磁电机、高效节能电机在电力行业脱硫脱硝改造、冶金行业节能改造及精轧线配套等项目上的推广应用；继续做好电动轮、盾构机及煤矿成套设备配套电机等市场项目，实现批量化生产；推进与石化领域大型企业的战略合作，扩大油田电机销售规模与市场份额。特种变压器市场，重点发展铁路及城市轨道交通变压器市场，持续发展输配电变压器市场。加强在南北车内部变压器、电抗器、配电系统、充电站等领域的合作，并争取在部分领域实现稳定的配套关系。大力开拓铁路功率融通、地铁能量回馈、磁悬浮列车牵引整流供电等细分高端市场。积极尝试进入国网、南网供应链，巩固输配电市场。同时，兼顾发展与南车产业关联度较大的风力发电、矿用防爆等特种变压器市场。

4.适应发展要求，精心开拓海外市场，持续推进"国际化"步伐

抓住国家推进"一带一路"倡议、"高铁外交"和"走出去"战略的历史机遇，积极开拓海外市场，打造国际化运营能力。全力做好南车内部项目出口配套，高质量完成马其顿动车组、南非机车、伊朗客运机车、泰国内燃机车、阿根廷内燃机车等项目。加强北车海外项目跟踪，探索利用技术、质量、成本等比较优势进行战略性配套，全力争取北车二七阿根廷内燃机车等项目配套订单。研究主要竞争对手在印度市场上的业务拓展和合资合作情况，创新营销模式，大力开拓印度、俄罗斯等市场。把握海外风电布局的机会，稳步推进既有海外风电项目，跟进印度、巴西风电项目，努力开拓海外风电市场。加强出口项目质量控制，全面提高履约能力和风险防控能力，积累海外项目经验。树立全球化视野和国际化思维，完善国际化经营战略，以市场拓展为抓手，以海外并购、投资为手段，积极探索适合公司的国际化战略布局和路径。推进南非本地化项目实施，协同株机与TE 组建合资公司。

(三)升级技术能力，引领市场方向

1.全方位开展技术中心能力建设，打造面向未来的技术创新能力

技术中心能力建设项目是我们从战略高度谋划未来，实现从制造向创造、从追赶向引领、从国内向国际跨越的重大举措，将对公司未来发展产生深远影响。2015 年要进一步明确和细化能力建设思路，统筹资源安排，制定详细的实施计划。一是要着力打造产业技术规划及前瞻性技术研究、产品开发、基础性共性技术研究、试验验证、技术支持和技术管理 6 大平台。通过平台，建立产品和核心

技术创新需求与发展图谱，制定细化产品研发和技术创新实施规划；建立起包含工艺、系统结构、电磁、绝缘等若干个基础技术的研究能力；形成永磁电机、磁悬浮轴承等代表未来技术潮流的研发能力；建立代表国际先进水平的"2+N"试验验证体系，重点建设好永磁牵引电机试验系统、高速工业用永磁电机试验系统、牵引电机轴承系统设计验证及可靠性实验室；推广协同仿真、三维设计、工业设计、可靠性设计、虚拟制造等支持技术的应用。二是启动电机工程研究实验中心建设施工，争取在2016年建成主体工程并投入使用。三是建立以市场为导向、产学研相结合、全面开放、具有国际先进水平的技术创新体系。充分利用跨国公司、科研机构等外部资源开展技术合作并促进成果转化。探索建立博士后工作站和院士工作站，集聚高层次技术人才团队。致力于技术标准体系的建设和完善，增强技术标准适应性和话语权。加强海外知识产权预警和布局研究，为"借船出海"做好积极准备。探索集成产品开发（IPD），明晰科研工作流程，强化产品设计质量控制，努力构建高效运转的管理体系。

2. 加快精益研发落地，不断推出满足市场需求的新产品、新技术

精益研发是缩短产品设计周期、提高产品可靠性、降低产品成本的重要工具和手段。要通过精益研发推进产品技术平台的标准化、模块化，打造面向市场和未来的快速设计能力。2015年要重点做好以下项目：在前瞻性技术研究方面，开展低地板有轨电车轮边永磁直驱牵引电机、HXN5B型调车机车用永磁同步牵引电机、基于高阻抗的牵引变压器等技术研究。在基础性研究方面，开展牵引电机定子绕组结构耐振性、基于动车组牵引变压器的减振降噪技术、适用于重载、高振动运行环境下的牵引电机轴承配置等技术研究。在产品开发方面，在轨道交通方面，要认真做好中国标准动车组牵引电机和牵引变压器试验及运行考核，重点推进200公里八轴客运机车、埃塞俄比亚机车、双燃料和混合动力机车、4400交流内燃客运机车、窄轨机车、马其顿动车组、长株潭城际动车组、温州S1线市域动车组等配套产品。在风力发电方面，重点完成5 MW半直驱永磁同步风力发电机、3 MW中压直驱永磁同步风力发电机、南车2.5 MW/3 MW双馈风力发电机等产品研发；在高效电机方面，重点开展高效节能型高压电机、电动轮自卸车配套系列牵引电机、电动汽车永磁电机、高速永磁同步电机、低速永磁电机、直驱永磁变频调速电机等产品研制；在特种变压器方面，开展中低速磁浮交通系统移相整流变压器、轨道交通干式牵引整流变压器、绿色能源分布式智能微电网集成供电系统、风力发电用组合式变压器等产品研制。

3. 加强产品质量管控，持续提升产品质量和可靠性

推进质量预防及质量问题源头整改。建立以质量安全风险管理为基础的质量预防管理，强化设计阶段和试制阶段的充分策划、评审和验证。成立质量攻关项目组，彻底解决既有批量质量问题，如牵引变压器A端子、牵引电机轴承、永磁

直驱电机绝缘故障等。深化子公司、检修基地工艺、质量体系平推，形成工艺、质量一体化管控模式。深入推进质量信息化建设，扩展制造过程和供应商管理信息化，实现质量考核刚性化，减少人为影响；加强质量数据的统计、分析和处理的闭环管理。加强供应商监造、分级管理和质量索赔，切实提高供应商的质量意识。严格控制质量损失预算和费用，落实质量损失责任，2015 年质量损失率力争下降到集团平均水平以下。

4.立足实际提升工艺、制造能力，探索"制造"向"智造"升级

基于公司的实际，对工业 4.0 要保持清醒认识和积极探索。以"智造"为目标，成立"智造"升级推进委员会，紧跟工业 4.0 技术发展趋势，研究工业 4.0 标准体系架构，制定"智造"能力升级的总体规划。创建公司数字化、智能化创新基地，开展新工艺、新材料和新装备的研究及推广应用。探索结构化工艺，利用模板工艺、典型工艺和生产线平衡等工具和方法提高工艺的准确性和指导性。探索虚拟制造技术，研究产品整个生命周期的模拟和仿真。加强标准作业和工艺标准制定。以工位为基本单元持续推进包含子公司在内的标准作业，确保在制批量产品标准作业指导卡覆盖率 95% 以上。不断完善工艺标准和体系文件，促进工艺工作规范化、标准化。加快工艺与装备融合，培育精工艺、懂设备又能发挥集成创新作用的制造工程师队伍。加快焊接机器人应用、AGV 自动配送系统建设，提升装备自动化水平。探索 MES 制造执行系统，推进项目管理异常信息系统、EAM 管理系统、基于 PDM 管理下工艺信息化平台的应用，逐步提升数字化、智能化水平。巩固外部资源建设成果，持续开展外部资源建设工作。

(四)夯实企业基础，增强内生动力

1.强化集团化管控，培育经营合力

建立"公司—业务单元"的架构，将子公司作为战略业务单元运行，加强子公司战略指引，明晰子公司发展方向和产品市场定位，以资产经营责任制推动子公司做大、做强相应业务。加强公司总部与子公司、子公司与子公司之间的资源和业务协同，整合研发、市场和制造资源，优化资源配置，提升利用效率；协调各子公司集成和发挥业务优势，合力开拓市场。严格遵循《公司法》，规范子公司法人治理结构及体系，坚持"有利于子公司发展和不损害小股东利益的原则"，完善各业务层面和职能层面与子公司对接的管理制度、流程。加大对子公司和事业部的授权，逐步下沉经营管理权责，充分激发组织活力。探索构建集团化信息平台，统一管理经营数据。加强审计监督作用，常态化子公司专题审计，防控经营风险。促进母子公司文化的协同融合，形成集团化竞争合力。

2.系统规划，全面提高企业信息化水平

结合大数据、云计算、物联网应用和工业"4.0"，从战略层面做好信息化顶层设计，制定信息化建设"十三五"发展规划，总体策划、分步实施。推进公司数据

中心建设，建立完整的 IT 技术架构，开展服务总线（ESB）平台、统计数据信息化展示平台建设，制定服务标准体系、技术规范体系、接口集成标准，逐步实现信息、数据整合，消除信息孤岛。引入并实施 ISO20000 国际标准，建立信息系统运维管理平台。做好 ERP 系统深化应用，嵌入营销、质量、客户关系管理等业务模块。搭建集团管控模式下的信息化架构，向广州南车骏发、成都电机推广 ERP 等信息化系统应用。开展 OA 办公、异常管理系统等移动办公平台搭建与推广。探索电子商务平台应用研究。持续做好信息系统运行监控和安全保密工作。

3. 深化精益管理，不断提高"双效"水平

健全完善项目管理体系，大力推进营销、设计、采购、制造、成本、服务六大标准化接口管理与项目市场化绩效评价机制。全面推进工位制节拍化生产方式，重点建设牵引电机定子制作、双馈风力发电机、牵引变压器等节拍化流水线。通过看板拉动、储运一体化等精益工具应用，推动机加工准时化生产。深化模拟线建设与项目管理的有机结合，不断完善模拟线建设标准和模板，并逐步固化到项目管理工作流程中。通过工位管理标准化拉动职能管理，推动 6621 运营管理平台建设。推进精益管理向供应商延伸，加强子公司精益管理培训与指导，提升全产业链精益管理水平。建立符合产业特征的差异化供应链战略，细化供应商分级、分类管理，突破独家供应商。2015 年要解决动车电机出风罩、端环导条，城轨电机轴承，变压器夹件、油箱等 6 项物料的独家供应问题。深入了解、学习跨国公司全球采购体系，探索全球化采购。持续深化 TPM 活动，不断提高设备利用效率。贯彻落实新《安全生产法》，抓实抓好安全生产。深化降本增效活动，推进项目成本包管理、产品全生命周期降成本、政府扶持资金申请等工作。强化风险管理和内部控制，抓好重大项目风险评估和预警分析。加强法律管控、法律服务、法律监督职责，深入推进法务工作与经营管理的有效融合。强化责任落实和责任追究，建立评价及追责机制。

4. 突破人才机制，激发市场活力

围绕能力建设，重点做好人才"选、用、育、留"工作，为公司提供坚实的人才保障。结合公司战略需求及人才盘点情况，制定人才队伍建设三年计划，重点做好职业经理人、国际化人才、核心技术人才、核心管理人才、核心技能人才 5 支队伍建设。积极落实中国南车"海洋工程""战略人才"及"HCM"三位一体项目，开展学科地图、人才标准编制，为人才队伍建设提供管理信息化平台和标准。完善人才引进配套政策，加强高端和紧缺型人才引进和培育。通过猎头公司、中介等渠道，引进永磁、磁悬浮、电动汽车等领域的技术领军人物，以及具备项目运作成熟经验的国际化人才和资本运作人才等。针对不同人才队伍的胜任力要素，分层、分类系统策划培训项目，配置培训资源，打造优质培训平台，提升培训能力及效果。组织开展高中层管理者"学习日"、境外对标学习、国际化储备人才

能力培训和项目实践、工程硕士班、博士委培、市场营销、精益管理等培训。突出价值导向，持续优化薪酬体系，探索绩效包干工资制等市场化机制。出台子公司劳动工资统计管理制度，不断加强子公司薪酬管理力度。推动子公司、检修基地人员属地化。探索劳务外包机制，灵活突破用工瓶颈。

（五）加强党建工作，促进和谐发展

1. 推进文化和品牌建设，提升企业形象

加强内部舆论引导和新闻宣传，传播公司理念、发展思路，营造企业战略自信、发展自信、品牌自信的氛围，形成共识，聚力发展。做好 CIS 系统更新等基础工作，建立和培育国际知名品牌，实施品牌战略，提高市场竞争力。以国内外各类展会为载体，以现代网络信息技术为手段，做好展会策划，发挥好展会的传播平台和商业平台作用，加大在专业媒体的广告投放力度，推进品牌建设工作数字化、模块化、专业化。借助新媒体加强宣传策划，以新颖多维的传播方式提升公司知名度与行业影响力。

2. 加强党建工作，创造和谐发展氛围

各单位要扎实推进学习型组织建设，结合精益管理，以学习实验室为载体，有效运用团队学习、头脑风暴等工具方法，选取有针对性、实效性的课题进行交流、研讨及推广，推动改善提升和管理创新，促进能力建设。针对独家供应和代理采购、领导干部管理制度建设、降本增效等方面开展效能监察。加强反腐倡廉，持续培育企业廉洁文化；推进惩防体系建设，严格落实"三转"要求，强化监督执纪问责，抓实关键领域廉洁风险防控，不断巩固风清气正的企业发展环境。关注员工需求，通过优化工艺方法，减轻劳动强度；深化现场管理，改善工作环境；改造、新建员工休息室，提升休息条件；提高就餐品质，满足多样需求，改善员工生活方式；同时，开展多维的学习培训，提升员工技能素质，组织多彩的文体活动，激发员工工作活力。在控制用工总量的同时，确保员工收入适度增长，让企业的发展成果惠及全体员工，不断提高公司员工对工作的满意度和对公司的归属感。

同志们，转型升级任重道远，改革发展时不我待。让我们深入贯彻党的十八届三中、四中全会精神，统一思想，众志成城，行稳致远，坚定不移地向百亿目标迈进，打造更具竞争实力的高端动力装备先锋。

在执行董事会上的发言材料

总经理　肖安华

2015 年 10 月

各位领导，各位同仁：

现在，我代表公司经营班子向执行董事会报告 2015 年 1 - 9 月份公司经营工作，请审议。

一、2015 年 1 - 9 月份生产经营情

（一）1 - 9 月份经营指标完成情况

1 - 9 月份，实现销售收入 47.2 亿元，完成年度经营目标的 72%，同比增长 26%，完成年度经营目标的 79%，同比增长 60%；经济增加值 2.3 亿元，完成年度经营目标的 90%，同比增长 81%。但各业务板块发展不均衡，轨道交通受价格谈判影响，实际完成落后于时间进度，但总体可控；风电板块提前超额完成年度经营目标；高效电机产业，在高端流体机械和新能源汽车领域有所突破，但仍处于培育期，指标完成情况不理想；成都电机受内燃机车招标滞后影响，年度销售收入指标存在一定缺口，11 月初铁总开标，局势将进一步明朗；广州公司受宏观形势以及整合磨合期的影响，传统市场受阻，但在城市轨道交通、智能微网等新市场领域实现了较大的突破；海外业务除阿海珐风电外，新的经济增长点尚不明朗，仍需进一步努力。

（二）重点工作进展

——战略投资。完成《"十三五"发展规划纲要》制定，启动能力建设规划。电机工程研究中心项目获得批复，进入方案设计阶段。成都电机退城进郊项目获得立项批复，正在进行可研编制。新疆哈密风电整机制造基地实现量产，正在开展定子生产基地建设。哈密 5 万千瓦风力发电项目已完成项目建议书上报，并启动可行性研究报告并以及项目公司筹备工作。金力永磁私募股权投资项目进入实施阶段，完成了合伙协议的签订。海外项目，拟与 T、V、A 三家公司开展合资合作，目前，正处于前期调研阶段。

——市场开拓。1—9月份累计新签合同54.4亿元，完成年度经营目标的67%。在轨道交通方面，积极开拓中车北方企业，已在唐客CRH380B型动车组打破垄断项目、250公里标准动车组项目，大连机车尼日利亚拉格斯电动车组项目，长客燕房线，二七刚果金等项目上取得了突破。在风电产业方面，永磁直驱风电签订33.5亿元历史单笔最大额合同；双馈风电打破单一客户局面，与广东明阳陆续签订了75台2MW双馈风电订单合同。在高效电机方面，拓展新能源汽车和流体机械等高端市场，与宇通、格力等企业开展合作。在特种变压器方面，大力开拓智能微网、铁路功率融通、地铁能量回馈等细分高端市场，成功获得长沙磁浮工程供电系统牵引整流变压器订单。在海外市场方面，自主出口实现零的突破，获得阿海珐风电原型机合同，并顺利完成产品试制及交付。

——技术研发。成功完成中国标准动车组、国内首列高速永磁动车组、长株潭城际动车组、马其顿动车组、南非六轴SA22E、200 km/h八轴客运机车牵引电机和牵引主变压器、磁浮直线电机和电磁铁、阿海珐5 MW风电、集成式高速永磁变频电机等产品研制，其中，中国标准动车组、永磁动车组产品线路试验运行情况良好。启动了磁悬浮轴承、低地板有轨电车轮边永磁直驱牵引电机等前瞻性技术研究。推进精益研发，制定了总体实施方案。

——内部管控和精益管理。探索智能制造，制定了《数字化、智能化技术方案》；完成了MES制造执行系统调研并逐步实施；开展了牵引电机定子AGV自动装配线建设；持续推进工位制节拍化流水线建设。推进项目成本包和产品标准成本管理，对135种产品标准成本进行修订。落实中国中车"两金"占用专项清理工作，制定了公司"两金"占用清理工作计划。

——工艺质量。开展了埃塞俄比亚机车牵引电机三轴承工艺攻关、风电定子绝缘工艺提升。平推工艺、质量体系至子公司和检修基地，建立一体化管控模式。完成HXD1D牵引电机轴承固死、动车组牵引电机温度继电器故障整改及牵引电机引线优化设计。以动车组质量整治为切入点，全面、深入开展质量问题大反思、大整改活动。大力推进质量降损，推进专项质量改善。1—9月份质量损失率为0.6%，同比下降47%。

——人力资源开发。编制职业化团队中期(2015—2017)建设规划，启动了职业化团队人才标准体系项目。与浙江大学、西南交通大学达成校企战略合作；建立了博士后工作站。开展现场制造工程师团队建设，培育精工艺、懂设备又能发挥集成创新作用的制造工程师队伍。探索施行了检修基地人员属地化管理。

二、下阶段重点工作

2015年即将进入尾声，本人将继续带领经营班子成员，紧紧围绕当前市场形势，抢抓市场机遇，完成在手项目的签订，加快新产业、新市场的开拓，确保全年实现销售收入63.55亿元，顺利完成达成中国中车下达的各项经营指标，实现

"十二五"的完美收官，为"十三五"开局奠定坚实的基础。

——突出战略导向。谋划"十三五"发展，细化业务、职能规划；扎实开展核心能力建设；完善战略管控体系，形成战略闭环管理体系和滚动管理机制。完善技术能力和产业布局，推进电机工程研究中心、哈密十三间房、成都电机退城进郊等重大项目。加快国际化经营，推进南非本地化项目，与T、V、A公司合资合作项目及巴西风电本地化等项目。

——大力开拓市场。着力提高市场响应和服务能力，深化中车内部企业合作，协同开拓好国内、国外两个市场。抓住风电市场机遇，合理配置四地产能资源，努力扩大市场份额。以广东明阳项目为切入点，加快拓展双馈市场。在高效电机市场，大力开拓高端流体机械、新能源汽车产业，努力实现规模化发展，同时做好项目质量管控。在特种变压器方面，着力培育城市轨道交通牵引整流供电和能量回馈市场，利用哈密风电总包项目，实现风电变压器产品点装。海外市场，依托阿海珐项目，加快海上风电市场拓展，同时，积极寻求俄罗斯、巴西等市场机遇。

——推进创新驱动。依托电机工程研究中心项目，推动永磁牵引电机试验系统、轴承系统设计验证及可靠性实验室建设，重点培育永磁电机、磁悬浮轴承等技术研发能力。持续推进精益研发，尝试与咨询公司开展合作，着力提高研发进程、质量、成本管控能力。逐步尝试开展数字化智能化制造线建设。

——深化精益管理。加快集团化管控模式建设，搭建子公司业务管控管理制度体系以及授权管理体系。探索完全项目管理模式，尝试建立类事业部制项目管理模式。优化生产工序和作业流程，大力推进工位制节拍化生产。探索建立全球供应链体系，寻求质优价廉供应商资源。持续开展降本增效，落实好中国中车增收节支、降本增效和"两金"清理工作，推进低效无效资产清理。持续推进惯性质量问题攻关，强化供应商督察和巡检。加强出口项目质量控制，全面提高履约能力和风险防控能力。开展汽车行业TS16949质量体系标准的导入与实施，TSI产品认证审核。

——人力资源建设。引进永磁、磁悬浮等领域的技术领军人物、具备项目运作成熟经验的国际化人才和资本运作人才。围绕职业经理人建设，加强中层管理人员后备人才培养工作。严格控制用工总量，努力提高生产效率，合理调控人工成本。

深化能力建设　加速创新
努力实现中车株洲电机"十三五"的良好开局

——中车株洲电机有限公司2016年度工作报告

总经理　肖安华

2016年2月29日

同志们：

　　这次会议的主要任务是深入贯彻中央经济工作会议精神，全面落实中国中车工作会议部署，总结2015年工作，科学谋划"十三五"战略，部署2016年任务，组织动员全体员工，解放思想，开拓创新，深化能力建设，加速创新变革，努力实现"十三五"的良好开局，为"三创三化"愿景目标落地奠定坚实的基础。

　　一、抢抓机遇，转型突破，奋发进取的2015

　　2015年，面对严峻复杂的经营形势，公司坚持市场导向，不断淬炼核心能力，主动适应经济新常态，抢抓中车成立带来的新机遇，圆满完成了经营目标，全年实现销售收入同比增长22%，净利润、经济增加值稳步增长。在中车2015年绩效评价考核中被评为A级企业，并获得突出贡献奖和管理一等奖。

　　（一）创新与成就

　　1.战略引领，集团化运作实现良好开端

　　在2014年初步形成集团化雏形的基础上，公司以战略导向为原则，高度关注和支持子公司经营发展，四家实体子公司均步入正常运营轨道，并较好地完成了全年各项经营任务。江苏公司、内蒙古公司经营业绩再创新高，被中国中车列为重点二级子公司。哈密公司的成立更是为风电市场的拓展打下了良好的基础。成都公司重组效应初步显现，顺利达成年度经营目标。广州公司文化整合、新市场开拓取得阶段性成果，顺利平稳实现过渡。

　　2.抢抓机遇，市场导向催生商机不断

　　全年新签合同85亿元，同比增长30%。中车北方市场开拓成效显著。依托技术型营销，成功获得唐客CRH380B动车组、长客350 km/h标准动车组、大连所永磁发电机、二七刚果金等项目，实现了轨道交通在中车北方市场的突破。既有市场稳中有升。机车市场，获得埃塞俄比亚、马来西亚机车等项目，并通过斯里兰卡项目实现了轨道交通的自主出口。动车市场，获得马其顿动车组、长株潭及温州城际动车组等项目，既有市场持续巩固。城轨市场，获得四方永磁低地板车、浦镇红河州低地板车等项目，并首次与中车外部企业合作。新产业市场成效明显。风电市场，全年直驱永磁风电新签合同 37 亿元，创历史新高；双馈风电，实现与中车外部企业的批量化合作。高效电机市场，在新能源汽车、高端流体机械及电动轮自卸车等市场获取小批量订单，特别是高速永磁电机随空调整机入驻人民大会堂，起到了良好的示范带动作用。特种变压器市场，积极开拓智能微网、铁路功率融通等市场，成功获得长沙磁浮工程牵引整流变压器订单，积累了城市轨道交通供电系统业绩。

3. 高端引领，技术创新亮点纷呈

全面推进"2 + N"试验验证体系建设，完成了 7 个实验室技术方案编制，并重点建设高速永磁电机系统和轴承实验室等试验平台。启动精益研发，联合专业机构完成了专项调研诊断，开展了产品技术平台标准化、模块化建设。积极抢占技术制高点，自主研制的中国标准动车组、高速永磁动车组牵引电机、变压器顺利通过了首轮线路试验考核，确立了技术领跑地位。紧跟市场需求，高质量完成了八轴客运机车、埃塞俄比亚机车牵引电机、变压器，国内首条中低速磁浮车配套直线电机、电磁铁、牵引整流变压器的研制。顺利交付阿海珐 5 MW 海上半直驱永磁风电产品。细分高端市场，重点完成了高速鼓风机 23800r/min 永磁直驱电机、100% 低地板电动大巴用轮边永磁驱动电机等高端产品研制。持续加强科技成果管理和创新平台建设，2015 年申报专利 160 件，主持和参与国家标准 12 项、行业标准 15 项，并首次获得"国家知识产权运用标杆企业"称号。

4. 整合资源，项目运控能力显著提升

构建以市场为导向的项目管理体系，在项目策划、风险及评价等方面制定了操作性强的流程与制度。通过项目纽带，加强了营销、技术、成本、进程、质量、采购、关键供应商以及精益团队的融合，初步实现了从生产管控到项目管控理念的转变。通过设置项目质量指标及有效的过程质量管控，确保了项目产品质量。项目人才队伍建设初见成效，初步培育了一批具有项目管理理念及专长的项目、技术、成本、质量及采购经理等人才队伍。积极推进公司重点项目运作，完成了中国标准动车组、八轴客运机车等近 60 个重点项目实施，项目运控能力已成为公司生产经营的有力支撑。

5. 创新驱动，企业发展不断转型升级

完成产融结合规划，并在具体项目上取得突破，参与发起成立私募基金，投资的标的公司正式挂牌新三板。探索业务总包，积极参与哈密 5 万千瓦风场运营项目，以提高风电行业话语权、抢抓风电维保市场机遇。探索"制造"向"智造"升级，成立"两化深度融合"推进委员会，编制《关于数字化、智能化制造的设想与初步技术方案》，启动了装配、加工、检测和物流四大板块自动化建设，重点开展了牵引电机定子线圈全自动包扎等 8 项智能化制造工艺研究，完成了牵引电机定子 AGV 自动装配线建设。顶层设计《建立"智慧株洲电机"的信息化工程规划》出台，推进三维设计软件（CAD）、产品数据管理系统（PDM）与企业资源计划系统（ERP）的集成应用；扎实开展 EAM 系统平台建设，实现 72 台重点关键设备实时状态监控。

6. 工艺护航，产品质量水平稳步提升

全面推广 TCM 系统应用，开展了结构化工艺设计，搭建了设计工艺一体化平台，并以典型产品试点通用工艺文件设计。强化供应商工艺、质量延伸管理，搭建了供应商定期检查评比机制，全年开展供应商检查 41 次，落实问题整改 192 项。扎实开展工艺攻关，完成埃塞俄比亚机车牵引电机三轴承、风电定子绝缘优化等 23 项工艺攻关。惯性质量整改成效显著，动车组牵引电机温度熔断器故障、机车牵引电机引线烧损、地铁电机运输防护、兆瓦级风电绝缘故障等问题从源头上找到根本解决方案。持续加强质量管理体系运行控制，强化质量成本管控，产品质量水平稳步提升，全年质量损失同比下降 44%。

7. 精益主导，管理提升成效显著

完成电机定子装配、青岛基地动车电机检修等 6 条精益示范线和牵引电机线圈、牵引变压器部件工段 2 个精益示范车间建设。打造优质供应链，以成本对标增强大宗原材料供货竞争，打破地铁轴承、风电绝缘漆等独家供应。持续推进 TPM 建设，完成 4 条 TPM 示范线建设，获得全国 TnPM 管理创新一等奖。以安全生产"三大"平台建设、精益安全工位为载体推进本安型企业建设，顺利实现安全生产"四零"目标。开展全寿命周期成本管控，实现设计降成本 1006 万元、采购降成本 5977 万元、制造降成本 1078 万元、低效无效资产处置 939 万元，工程造价审计降低投资 1245 万元。全盘筹划、综合运用各项税收和财政政策，获得财政补助 3700 万元，其他综合利益 6900 余万元。统筹策划"两金"压降，年末"两金"指标较年内峰值下降 20%。持续推进内控制度建设，深化重大项目风险管控，建立《海外销售、投资及并购业务风险识别框架》。落实客户信用管理，编制《客户信用管理办法》，从授信赊销源头严控应收账款。法务工作与经营工作有机融合，有效驾驭法律风险。

8. 立足长远，人才选育成效显著

系统开展战略人力资源管理研究与应用，开发完成 51 个学科体系、6 类工程技术人才标准一级框架。拓宽人才引进渠道，成功引进 5 名博士，填补了流体机械、永磁电机等领域高端人才空白。引入"互联网 + 招聘"新模式，985、211 院校生源占比超过 73%。搭建"三横五纵"职业化团队模式，规范职业经理人选拔任用；加强人才梯队建设，选拔 60 名后备人才。灵活用工方式，在青岛检修基地开启属地化用工新篇章。结合人才地图，系统策划5支核心人才队伍培育，全年参训人员达17000余人次。开展12期高中层管理者"学习日"活动、组织2期核心技管人员赴华为、GE对标学习。搭建高层次人才培育平台，成功设立国家级博士后科研工作站，与浙江大学、清华大学等院校建立战略合作关系。完善激励与约束机制，探索试行绩效承包工资制，编制《特殊人才协议工资制》《新技术、新市场项目突破专项奖励办法》，持续激发组织活力。成功获得中车2015年度"五星HR"单位称号。

9.围绕中心，凝心聚力营造良好环境

积极培育和践行"明德成器 利物益世"企业精神。围绕新技术、新产品、新市场等重大事件开展外宣策划，中国标准动车组、出口欧盟兆瓦级风电等报道获得新华社、人民网、湖南卫视等国家、省市媒体刊发转载，高速永磁动车组牵引电机成功入榜两院院士评选的中国十大科技进展新闻，工匠精神等微视频在微信等自媒体平台加速传播，树立了品牌效应。全面推进中车VI更新，培育"同一个中车"文化氛围。引进"大墙会议"等工具推进学习型组织建设，促进学习型组织与精益管理的融合。以效能监察为抓手，落实履职行为监督，推进工程基建、设备招标、财务管理、独家和代理采购等关键领域效能监察，规范权力运行。通过"冬送温暖夏送清凉"、标准化售后服务站点、员工食堂标准化作业等活动，不断提高后勤工作水平，增强员工体面度和归属感。

（二）经验与提升

回顾"十二五"，公司上下同心、开拓进取，持续推进业务结构升级、加快市场开拓、深化内部管理，经营业绩连年攀升，再造了一个"新电机"。五年间，营业收入增长98%；EVA由2.04亿元增长至3.88亿元，增长90%；净资产收益率持续保持在12%以上，全面达成了"十二五"规划目标。总结五年来的发展，我们获得了一些经验。

1.自主投资与资本运作"双轮"驱动产业发展

2010年，自主投资海上及出口风力发电基地；2011年，收购金风科技包头、大丰总装厂，实现"零部件"向"整机"的延伸；2014年，集团内部电机业务重组，完善了内燃机车产业链条，探索混合所有制，拓展了特种变压器产业……形成了轨道交通、风力发电、高效电机、特种变压器四大产业板块；构建了1个中心（株洲本部）、5个子公司（江苏、内蒙古、成都、广州、北京）的集团化雏形。

2.全员市场导向助推市场地位不断提升

得益于全员市场导向的持续深化，形成了"人人为了市场、处处服务市场"的良好氛围。轨道交通市场持续巩固，中车北方市场取得突破。风电业务不断扩展，商业模式转型升级。高效电机、特种变压器市场孕育了新的希望。

3.技术领先战略提升企业核心竞争力

成功跻身国家技术创新示范企业、国家认定企业技术中心，搭建了国家级电机和变压器检测试验站、电气绝缘电力设备国家重点实验室等国家级试验检测平台。特别是中国标准动车组、高速永磁动车组等一批重大技术创新成果，奠定了企业核心竞争力。

4.管理创新为全面完成"十二五"目标提供了坚强保障

精益生产的深入推进大幅提升了产能；标准作业的全面开展助推了产品质量的提高；现场管理的彻底改变征服了诸多客户；流程再造极大提高了组织运作的效率；系列管理提升举措为企业发展提供了强大支撑。

(三)不足与突破

与此同时，也显现出了一些问题和不足，值得我们去深思。

1.产业结构不尽合理，新产业发展急需突破

"十二五"期间，由于过于依赖占据总体规模95%的轨道交通和风电两大产业，公司经历了"过山车式"的发展。高效电机、特种变压器作为未来新的支柱产业受宏观经济以及自身体制、机制的双重影响，发展缓慢。要在"十三五"期间实现百亿目标，迫切需要我们创新发展思路、变革发展模式，努力实现新产业的快速突破。

2.国际市场刚刚起步，走出去步伐还需加快迈进

经过近三年时间国际市场的自主开拓，我们实现了零的突破，获得了出口欧盟海上风电、斯里兰卡牵引电机项目，但只是刚起步，差距很大。未来国内市场留给我们的时间和空间所剩无几，唯有国际化才能满足自我生存、自我发展和自我创造的需要，也是公司"三创"愿景目标的最终归宿，我们必须多措并举，竭尽全力走出去。

3.支撑"十三五"发展的核心能力还需加速提升

面对"十三五"的宏伟目标，我们的战略管控能力、市场创新能力、技术创新能力、人力资源能力、项目管控能力、组织模式还难以适应未来错综复杂的经营形势，与国际一流企业仍有较大差距，亟待我们快速提升。

二、认清形势，把握机遇，积极推进企业持续健康发展

(一)坚定信心，全面把握宏观形势带来的机遇

国家宏观政策提振产业发展信心。国家"十三五"规划进一步明确了加强城市公共交通等设施建设、实施新能源汽车推广计划、支持绿色清洁生产等政策措施。《中国制造2025》，重点提出要加大对轨道交通装备、高端船舶和海洋工程装备、工业机器人、新能源汽车、高端医疗器械等重点产业的支持，为产业发展提供了政策支撑。国家深入实施"一带一路"倡议，推动国际产能和装备制造合作，推动周边基础设施互联互通和非洲"三网一化"建设，涉及的多个新兴经济体将对

高端装备制造业释放更大的需求，为我们加快"走出去"创造了更为有利的条件。

主导产业发展稳中有升。铁路装备需求基本稳定。"十三五"期间，全国计划新增铁路营业里程2.9万公里。其中，高铁营业里程1.1万公里，铁路装备将保持基本稳定的市场需求，但逐步向动车领域倾斜，机车市场仍会延续下滑态势。城市轨道交通装备需求旺盛。国家正大力推进城市群形成，城际动车组的需求将有较大增量，城际铁路运营里程预计到"十三五"末将达到8000公里；城轨交通建设将进入大发展阶段，预计到2020年，将有超过50个城市建设轨道交通，规划线路里程将超过1万公里。风电产业持续发展。预计到2020年风电装机将达到2.5亿~2.8亿千瓦，未来五年年均装机2600万~2800万千瓦，但弃风限电趋势将会给市场发展带来一定的不确定性，同时，巴西、印度、土耳其、墨西哥等发展中国家陆续启动并加大风电产业投资，前景可期。

战略性新兴产业方兴未艾。在当前经济下行及转型升级期，具有稳增长及转型升级双重效应的战略性新兴产业成为发展重点。其中，新能源汽车产业将呈现喷发式增长，根据《节能与新能源汽车产业发展规划》，到2020年新能源汽车产销量将达500万辆、规模近千亿，配套驱动电机年需求量200亿左右；高速永磁电机以其不可比拟的技术优势，备受污水处理、医药等国家重点支持领域的青睐；国家能源局印发的《配电网建设改造行动计划》给变压器发展注入强心剂，"十三五"期间，变压器市场新增市场容量或将达到50亿千伏安，同时，城市轨道交通、新能源等新兴领域的快速崛起也将带动特种变压器产业的快速发展。

（二）居安思危，充分认识环境变化带来的挑战

新中车带来新格局。新中车成立，公司内部配套的市场定位和中车在电机领域的投资定位发生了重大变化，公司面临着更加直接、严峻的竞争。新格局带来新要求。一方面，集团明确提出不再做低水平、重复性投资，并重点从投资转向资产存量盘活上。另一方面，主要客户在产品价格、合同履约、质量安全等方面提出了更加苛刻的要求，对我们生产组织、运营管控和盈利能力提出了更加严峻的考验。

新产业带来新竞争。战略性新兴产业在未来很长一段时间，仍将保持高速增长，同时，也必会带来新的竞争，部分民营及外资企业凭借其灵活多变的机制体制已经率先实现了突破、抢占了先机，我们必须高起点发力，另辟蹊径。新竞争要求新认知。对新的竞争，必须要有清醒的认知，我们所面对的更多是完全市场化的竞争，而市场化竞争能力将决定着公司发展的深度和广度，这就要求我们加快能力提升。

三、持续创新、大胆变革，努力实现"十三五"的良好开局

公司2016年工作的总体要求是：深入贯彻党的十八大和十八届历次全会精神，按照中央经济工作会议、中央企业负责人会议和中国中车工作会议的总体部

署，以"三创三化"目标为指引，强化战略引领，坚持市场导向，着力创新驱动，主动大胆变革，深化能力提升，推进新产业和国际化经营突破，努力实现"十三五"的良好开局。

公司 2016 年的主要经营目标是：实现营业收入 75 亿元，归属母公司净利润同比增长 16%，全面完成中国中车下达的各项经营指标，保持良好发展态势，实现员工收入适度增长。

按照 2016 年工作的总体要求和经营目标，我们要坚持"创新、变革、协同、突破"的经营原则，积极落实"1357"经营思路，就是坚持以市场为中心，推进产业布局调整、基于智能制造的工艺布局调整、海外并购项目实施，推动组织机构、绩效管理、供应链建设、子公司管理、新产业发展模式变革，着力提升企业文化、战略管控、市场创新、技术创新、人力资源、项目管控、组织效能等七个能力。

为此，重点做好以下工作：

（一）强化战略引领，谋划落实好"十三五"战略

1. 明确定位，系统谋划"十三五"战略

结合中国中车"十三五"发展战略，科学制定《公司"十三五"发展规划》。坚定高端动力装备先锋、中车"通用机电装备（电机、变压器）专业领域旗舰企业"发展定位，围绕高端装备、新能源、新能源汽车、节能环保四大战略性新兴产业，推进"1+1+3+X"战略布局，即持续巩固轨道交通产业核心作用，不断提升风电产业发展地位，着力培育新能源汽车、高端流体机械、特种变压器三个支柱型新产业和若干孵化产业。细化落实总体发展战略，精心制定业务和职能战略，围绕机制、商业模式、市场、技术、供应链制定长期的差异化竞争策略。基于战略目标，加强战略管控和滚动管理，全面量化资源需求，制定中长期战略预算，做到资源配置有的放矢，战略目标与资源良好匹配，建立健全战略决策与评估体系，建立战略闭环管理机制，以强大的战略管理能力保证战略落地。

2. 构建长效机制，稳步推进能力建设

认真落实《确立竞争优势的企业能力指引行动计划》，扎实开展七个维度的能力建设。制定专项管理办法，形成长效工作机制。建立激励约束机制及沟通交流平台，充分调动和发挥各单位主观能动性，高效推动能力建设。建立动态滚动管理机制，与战略动态管理工作相结合，开展能力建设及竞争优势动态评估，持续优化完善能力建设方案。

3. 立足协同与融合，推进产业布局调整

以"全面融合、协同发展"为原则，统筹谋划"十三五"产业布局。一方面，推进各子公司之间的协同和融合。重新审视中车格局下变压器产业，探索建立业务单元模式，合理布局本部与广州公司变压器产业，整合技术、市场、人才等资源，并适时进一步开展资本运作，做大做强变压器产业。以成都公司退城进郊为契

机，谋划本部与成都公司轨道交通、高效电机产业布局的协同和融合。结合检修业务发展趋势，研究检修体系建设，完善"制造＋服务"模式。另一方面，推进各产业板块之间的协同和融合。切实研究风电产业发展经验，探索新产业发展模式并加以推广。以哈密十三间房、智能微网项目为平台，推进风电、变压器协同发展。以新疆哈密风电制造基地为平台，加快广州公司在疆新能源变压器产业的发展。

4.加强市场研究，加速新产业发展落地

深度研究市场，科学谋划新产业的选择与培育。加强对宏观政策，国内外电机、变压器行业，进口替代电机等高端细分市场以及竞争格局的研究，选择产品有市场、投资有效益、科技含量高的产业作为未来孵化方向，精心制定竞争战略。创新模式，加速新产业发展落地。以项目管理模式运作新产业，针对新能源汽车电机、高端流体机械、本部特种变压器等产业，搭建公司级或事业部级项目组，建立"一个项目、一个政策、一套班子、一抓到底"的政策机制。配置全要素资源和机制，从组织搭建、资源配置、政策机制、管控体系等方面加速落实推进，力争2016年取得突破性进展。

5.围绕全价值链增值，持续探索商业模式创新

运用国际化视角、市场化观念来打开思路，不断探索商业模式创新，实现全价值链增值。一是积极贯彻轻资产运营理念，持续探索外部资源建设，集中资源向价值增值高的业务倾斜。二是积极探索全新的资本和产业运作模式，引入金融思维，系统谋划"十三五"财务和产业投资项目，充分利用中车集团和中车股份投资平台开展产业链相关投资。三是探索投资经营化，充分利用经营手段，通过技术、资质的购买、引进和联合开发等方式，实现对新产业、高新技术、优质资源以及国际化经营等高级要素的整合利用，拓展产品价值空间，实现转型升级。

(二)深化市场导向，不断寻求市场新突破

1.精心谋划市场策略，着力提升市场能力

要大力发掘并解决客户当前产品体验中的痛点，不断创造全新的市场，提升市场能力。一是强化市场研究，精心制定新中车环境下的竞争策略，并作为公司各层面当下和未来的工作指引。二是高度关注和重视中车事业部运营模式变革，加强沟通联络，争取主动权。三是持续关注竞争对手，从技术、价格、质量、成本以及服务等方面与竞争对手全方位对比。四是强化技术型营销，提供咨询、产品、技术、服务等全价值链服务，通过技术创新引导和解决顾客的需求，实现共赢。五是提升市场响应速度，加强营销、技术、质量、售后等部门的市场协同，完善客户定期沟通机制，创造优质的客户体验。六是开展营销、售后标准化建设，树立统一形象，提升品牌效应。七是强化客户管理，建立客户事前、事中、事后资信调查和评估机制，严控经营风险。

2. 深耕轨道交通市场，不断提升市场份额

轨道交通要放眼所有的主机企业和系统厂商，精心研究、统一谋划市场竞争策略，进一步加强在集团内部的配套，以更优质的产品与服务，全力确保市场份额最大化。借助 CRH380B 动车组、350 km/h 中国标准动车组、动力集中型动车组、混合动力动车组永磁发电机项目机遇，与中车北方企业、铁科院建立良好合作关系，持续提升市场份额。城轨市场，强化"紧跟系统、深入终端、服务客户"竞争策略，全力抢抓市场订单。提前谋划、合理布局检修市场。快速应对铁路总公司检修修程修制变化，创新业务发展模式，上游联合主机企业开展与路局、检修段之间的业务合作，下游代表供应商对大部件进行揽修。大力拓展路用配件市场，扩大配件市场自主拓展规模。强化售后服务标准化建设，优化快速反应机制，持续提高客户满意度。2016 年，轨道交通市场力争实现销售收入超 35 亿元，新签合同（不含税）不低于 40 亿元。

3. 大力开拓风电市场，努力赶超竞争对手

深化大客户战略合作关系，努力实现直驱永磁风电在产品数量和产值规模、产品技术和质量水平等多维度全面超越竞争对手。深度参与哈密十三间房风场项目，积累经验、锻炼人才。深化双馈市场既有企业的合作关系，提高市场占有率。持续跟进重点潜在客户，力争再实现 1 个批量化合作客户。加快维保服务市场开拓，强化市场研究，开拓五大六小发电商运维市场。积极研究海上风电发展方向，超前布局，抢占先机。高度关注风电市场弃风、电价下调趋势，提前谋划、积极应对。严控"两金"规模，规避经营风险。2016 年，力争实现风电市场销售收入超 36 亿元，新签合同（不含税）不低于 38 亿元。

4. 加快新产业市场突破，培育新的增长点

落实《新产业发展规划实施纲要》，加快新产业培育。立足"集成总包"，调研国内外新能源汽车驱动市场现状、发展方向、行业动态与竞争对手现状，在控制系统领域寻求战略合作伙伴，共拓市场，力争与 3 家以上整车企业形成紧密的合作关系。转化现有商机，高标准、严要求地完成既有流体机械项目，集中资源，力争形成 2～3 家批量化战略性客户。不断稳固高压、油田电机市场份额，在余热发电、工程机械"油改电"等领域实现批量突破。2016 年，高效电机市场力争实现销售收入超 1.7 亿元，新签合同（不含税）不低于 1.5 亿元。特种变压器市场，从机制、人力资源等方面建立完善大客户营销体系，全面提升市场服务意识，树立优质、超值的良好形象。在轨道领域，努力实现 2 条以上地铁线路产品的挂网运行，实现中车内部车载产品的配套突破；在新能源领域，瞄准智能微网、风力发电和光伏发电市场，捕捉机遇实现批量销售；同时，持续推进电力设施承装业务。2016 年，力争实现特种变压器市场销售收入超 2.03 亿元，新签合同（不含税）不低于 2.35 亿元。

5.多措并举，着力提升国际化经营能力

坚持配套出口和自营出口、海外合资合作和本地化并举，加快推进国际化突破。一是认真总结过去两年国际市场开拓模式，不断丰富完善国际市场开拓策略。二是系统研究国家"一带一路"倡议、周边国家互联互通、非洲"三网一化"等部署，寻求战略机遇。三是进一步强化与主机、系统企业的海外项目战略合作，同步推进、拓展海外营销渠道。四是加快与国际同类企业合作步伐，力争在技术和资本合作上取得实质性进展。重点推进南非本地化生产和合资公司的挂牌运营。加快欧洲海上风电批量市场开拓，并在严控风险的基础上，推动巴西本地化项目落地。同时，积极探索印度、阿根廷、俄罗斯等国际市场机遇。2016年，海外市场力争实现独立出口销售收入超2000万元，新签合同（不含税）不低于5000万元。

(三)着力创新驱动，持续打造技术领先优势

1.加快精益研发落地，不断完善技术创新体系

加强与国内外技术咨询机构的合作，制定精益研发顶层规划，从产品模块化建设、研发管理流程优化、数字化研发能力提升、成本管控等方面推进精益研发落地。加快电机工程研究中心建设和6大平台建设，并着手开展国家工程研究中心、工程实验室建设和申报。加强与国内外顶尖科研院校交流合作，构建开放性技术创新平台。提前谋划知识产权工作，重点做好公司新开发和"走出去"产品目标市场知识产权分析、布局。持续抓好国内外标准制定和修订工作，争取行业技术话语权。尝试导入产品工业设计，探索建立产品外形、功能等优选平台，提升产品技术价值和用户体验。

2.积极引领市场需求，持续开展新技术、新产品研究

紧跟行业技术发展前沿，不断拓展新产品、新技术领域，为公司后续产业扩张提供强有力的支撑。前瞻性技术研究方面：开展永磁材料应用、磁悬浮轴承应用、飞轮储能装置、双转子空心轴电机、一体式电源、充电桩（站）等技术研究。基础性研究方面：开展基于弹性悬挂的壳式牵引变压器、高速重载工况下抗冲击长寿命轴承、3 MW中压直驱永磁风力发电机、海上风力发电机可靠性技术、电机定子转子和磁性元件环氧浇注等技术研究。产品开发方面：轨道交通领域，全力以赴做好中国标准动车组和动力集中型动车组项目研制；开展高速磁浮列车、160 km/h交流内燃客运机车等项目研制。风电领域，重点完成6.5 MW半直驱永磁、2 MW高温高海拔直驱永磁同步风力发电机、2 MW高原型风冷双馈风力发电机等项目研制。高效电机领域，重点完成轮边永磁电机、磁悬浮轴承高速永磁电机、1000吨级船舶推进永磁同步电机、高原型90T电动轮主发电机及牵引电机等项目研制。特种变压器，重点开展能效1级干式、油浸式配电变压器、光伏和风电并网升压组合式变电站等项目研制。

3. 强化质量管控，提升产品品质和可靠性

构建集团化质量管控平台和管理体系。坚持"同一个电机、同一个体系"，从体系、供应链管理、过程管控及督察、重大质量问题处理入手，推进质量管理体系深入实施；以 TS16949 体系导入为抓手，提升高效电机产品质量控制水平。实施采购质量管控关口前移，从技术、市场、成本等角度系统开展供应商开发策划。加强过程质量管控。落实制造单元的实物质量主体责任，理顺宏观（体系平台）和微观层面（具体问题管控）质量管理关系。推进标准作业、工艺技术体系优化及工艺装备研究和应用，提升工艺水平及劳动效率。有效运用 FTA，强化跟踪 PFMEA 改善效果，有效解决生产过程工艺和质量问题。优化质量攻关机制。规范重大质量项目的处置流程，推行重大质量问题销号管理，从设计、工艺、检修、质量控制及服务环节有效推动质量问题的根本解决。严控质量损失预算，落实质量损失责任，全面完成集团各项质量指标要求。

4. 立足公司实际，稳步推进两化深度融合

系统研究、制定落实《"十三五"两化深度融合实施规划》。一是立足全局，从精益角度统筹谋划株洲本部工艺、仓储物流布局调整，为自动化、智能化流水线建设奠定基础。二是开展以数字化、智能化为基础的智能制造技术研究。搭建新型结构电机制造工艺平台，推进新工艺、新方法的研究和推广应用。重点建设虚拟制造及工艺研究实验室。三是加快信息化建设。开展信息标准化管理平台建设，打通公司内部信息壁垒；全面推进基于项目管理的企业资源计划系统应用，通过与产品数据管理系统集成应用，建立起高效协同的信息系统；试点推进 MES 系统实施，实现生产过程的透明化、可视化和实时化。

（四）主动大胆变革，增强内生发展动力

1. 深化组织变革，激发组织活力

结合当前形势任务变化及公司实际，优化内部组织体系与运作机制，建立完善支撑"十三五"规划的组织机构。一是研究制定满足新市场和竞争形势的营销机构调整方案，整合梳理营销职能与资源，构建上下协同、高效运转的营销体系。二是研究与电机工程研究中心相匹配，能够发挥资源聚合作用、母子公司协同效应的技术系统组织架构和管理方式，同时，探索建立技术研发内部合同化管理机制，充分调动技术创新的积极性和持续性。三是明确供应商管理责任主体单位，加快精益供应链建设。

2. 完善集团化管控机制，激发子公司、高效电机事业部活力

一是研究"总部—业务单元"的组织架构方案，完善战略管控模式，明确各业务主体的发展定位，研究制定子公司、高效电机事业部业务发展规划路线图。二是以"依法合规、合理授权、适度管控"为原则，优化子公司法人治理结构，制定《子公司主要业务授权体系》。三是实施分类考核，根据子公司发展状况和业务延

伸，在指标权重或考核打分中适当体现培育性产业与成熟产业、经营规模大与小、贡献度高与低的差异。四是突出集团利益最大化，建立子公司协同机制、业务合作市场化、技术平移市场补偿机制。五是建立高效电机事业部完全事业部运作机制，以经营实体的方式实现独立核算，并授予其适当的合同签署权限、合同定价权和供应商推荐参与权。

3. 探索完全项目管理模式，不断提高新形势下市场竞争力

分业务类、市场产业类、制造类三类项目探索建立相应的项目运营模式和政策机制，明确项目管控责任单位和日常管理机制。不断夯实、细化项目管理体系基础建设，完善项目管理各阶段、各专业领域的工作标准。进一步通过项目管理融合公司成本、质量、技术、采购和精益等职能。加强项目专业能力和责任的提升，既强化项目能力的提升，又强调责任的管理，特别是要强调责任经理在项目管理中的全责制。按照市场原则，以质量、成本为主线，建立项目评价机制，开展绩效评价和管理输出。引入全寿命周期项目管理模式，搭建责权利对等的项目管理模式。强化公司项目管理经验和体系向子公司、高效电机事业部的延伸，同步提升项目管控及项目信息化能力。

4. 升化精益管理，持续推进企业提质增效

统筹谋划精益管理"十三五"规划，持续推进"6621"平台建设。开展地铁电机组装、动车电机定子装配和机车电机检修等流水线建设。以新产品项目为试点，推进模拟生产线、模拟配送线建设，固化建设标准和模板，逐步推广实施。拓宽精益覆盖面，推进精益管理向产品开发、供应链、组装上游工序和子公司延伸。开展精益供应链建设，多渠道选择优质供应商，探索海外基地物料供应，推进第三方物流及数字化仓储模式。持续推行安全生产目标管理，夯实安全生产基础。深化降本增效，持续开展全寿命周期降成本工作。开展业务单位自主、自助理财能力建设，搭建理财平台，以管理会计报告为载体，开展管理自评、自助，加强预算管理的纵向协同。以战略和风险为导向，推进业审融合、内外部审计融合，加强重大风险闭环管理；强化审计监督，切实做好建设项目跟踪审计，并建立健全内部审计、风险管理与内部控制管理组织，以实现监督、服务与增值并重。深入贯彻建设法制央企要求，健全法律机构、体系，探索总法律顾问制度，切实增强依法治企能力。

5. 以人为本，扎实推进人才队伍建设

以"职业化团队＋组织活力"建设为目标，全力实施"1241人才攻坚计划"，高质量完成中国中车战略人才管理体系——"人才评价中心"项目。突出一条主线，持续开展职业化团队建设。立足新产业发展与国际化经营突破，建立包括项目经理、外派技术及管理人员、技能操作人员在内的储备队伍，探索国外项目属地化用工一揽子机制，持续推进高端人才及行业领军人物的引进，提高国际化和

新产业人员配置响应速度。夯实四大能力。科学开展人力资源规划，研究制定岗位轮换制度，实现岗位轮换制度化、规范化、长期化，不断优化配置，提升结构活力。探索构建合约年薪制、增量工资分配模式、国际化员工薪酬制度，完善新产业投资激励机制，强化子公司领导干部激励约束，提前谋划研究股权、期权等激励方式，激发组织提升源动力。持续推进五支职业化团队建设，提升全员职业化能力。全面开展"卓越领导力"、境外对标学习等培训项目，不断提升组织学习能力。深耕一个平台，持续推进 HCM 系统、培训管理、招聘等人力资源信息化平台建设。

（五）提升文化软实力，汇聚快速发展正能量

1. 树立品牌优势，构建三位一体的文化价值体系

增强新闻策划性，聚焦公司改革发展、技术创新和市场开拓等重点领域，加强对外宣传，提升公司品牌知名度与行业影响力。对标国际先进企业，打造"工匠精神""绅士风度"，将时代精神融入员工行为规范，提高员工职业化素养。制定公司 CIS 系统，全面更新 VI 应用。丰富产品信息数据，构建品牌化、数字化、模块化、专业化 PI 系统。创新品牌宣传途径，加强在重大展会、重点领域的品牌传播。全面实施品牌国际化战略，培养品牌国际化推广人才，打造国际化品牌形象。

2. 致力持续改善，深化学习型组织建设

倡导自我超越、团队学习、全员改善、系统思考理念，形成组织学习、组织改善、组织创新"三位一体"的学习型组织形态。深入开展员工"睿智工作、精彩生活"主题活动，营造良好的创新工作氛围，引导员工不断改善心智。弱化部门边界，强化业务伙伴关系，加强各单位间业务交流和学习，不断提升组织效率。建立全员参与式管理评价机制，积极推进品质改善、合理化建议、重点项目攻关、专项课题调研、技术技能竞赛学习等多项重点活动，激发员工参与企业管理的积极性、自觉性和主动性，充分发挥员工的个人潜能。

3. 凝心聚力，营造和谐发展环境

加强反腐倡廉，持续推进廉洁文化建设；深入推进代理采购、装备招标以及财务管理等领域的廉洁风险防控；综合运用效能监察方式方法，加强对廉洁风险、"四风"问题以及降本增效等环节的监督，持续营造风清气正的发展环境。认真履行中央企业社会责任，以人为本，不断改善作业环境，加强职业健康监护，提升环保意识，推动绿色发展，促进节能减排。持续做好困难员工的帮扶工作，不断提升后勤工作水平，积极开展相关活动，丰富员工业余文化生活，缓解员工工作压力，提升员工凝聚力。

同志们，"十三五"征程已经开启，让我们紧紧围绕"三创三化"发展战略，坚定信心，团结一致，开拓创新，奋勇攻坚，努力开创中车株洲电机有限公司"十三五"改革发展新局面。

在干部大会上的讲话

总经理 肖安华

2016 年 4 月 17 日

同志们：

刚才聂自强副总经理宣布了此次组织机构和主要职能的调整方案以及相关人事任免决定。下面我就此次组织机构调整的背景、目标和重点做一个说明，并安排布置近期的工作重点。

一、组织机构调整的背景

这次调整是我们主动适应市场竞争形势要求、提高资源整合能力的需要。国家经济步入新常态、新中车成立，市场形势和竞争格局发生了巨大的变化，对公司组织运转提出了更高的要求。一方面，新中车成立后，面临的市场形势发生了很大变化，原来基本上是针对四个大客户，变成了面对更加开放的市场，在这种局面下，各主机企业产业结构分散、产业布局交叉，对公司原有营销、技术资源带来了巨大的耗费。另一方面，国家经济步入新常态，经济由高速增长转变到中高速增长，并着力推进供给侧改革，对我们的市场响应能力和创造、引领客户需求的能力提出了更高的要求。

这次结构调整是我们全面推进"三创三化"进程、完善产业结构的需要。我们从去年开始编制"十三五"规划，目前已明确了"三创三化"的远景目标、"1 +1 +3 +X"的产业构想，并提出了企业文化、市场创新、技术创新、战略管控、组织效能、人力资源、项目管控等七个维度的能力建设项目。新的战略需要有新的组织支撑。原有的组织结构、职责分工、运营体系，与产业发展的要求不相匹配，更无法有效支撑"十三五"战略目标的实现。这次组织机构调整就是为战略的落地提供支撑和保障。

二、组织机构调整的目标和重点

通过此次组织机构调整，由原来 8 个中心、29 个一级行政单位调整为董事会办公室和 7 个平台、33 个一级行政单位，并组建了多产业管理职能部门，初步实现了向集团化的转变；搭建了资源共享平台和机制，将重点支撑新产业发展；从流程上了实现全过程协同，将极大提升组织效能；在组织形态上充分体现了公司"三化"的特点，为实现"三创"提供了重要支撑。

一是集团化。主要体现在集团化管控模式和集团化的产业布局。职能平台是集团化管控的前端，重点集中了战略、运营、人力资源、财务、信息、审计与风险、企业文化以及监察等统一的集团化基础管控职能，同时，各职能部门产业管控和运营职能得到了进一步强化。业务平台是集团化共享平台，其中，供应商合作、后勤保障、海外营销是统一的共享资源，而工艺、质量、安全、装备、环保等专业职能目前处于过渡阶段，必须逐步下沉，以补强事业部和子公司的专业管理能力。在产业平台方面，搭建了轨道交通、风力发电和新产业三个平台。其中，轨道交通做了集团化管控的雏形，集合了营销中心、项目管理部以及电机、变压器、维保三个事业部，成都公司也属于轨道交通平台。风电产业平台主要包括江苏公司和包头公司。新产业平台主要包括广州公司、北京公司、高效电机事业部，成都公司、江苏公司也有一定的新产业资源和业务。

二是专业化。主要体现在技术平台的设置上，重点整合了研发资源，组建了研究院，包括技术管理部、技术研究中心、产品研发中心和检测试验中心 4 个一级行政单位。其中，技术研究中心重点是要在基础性、前瞻性和专业化技术研究等方面做更多方向性思考。产品研发中心整合了原产品开发部门资源，针对产业、市场设置相应的研发部，并对高效电机研发部和子公司研发中心实施业务管理。检测试验中心是技术的支持平台，为产品研发、技术研究提供支撑。我们技术创新体系有 6 个平台，目前，有 2 个平台仍处于培育阶段，涵盖在 4 个平台之中，中期目标要搭建 6 个平台创新体系。

三是国际化。因为当前公司国际化仍处于起步阶段，这次调整把国际化平台简化了，目的是为了突出海外营销的职能。海外业务有三部分组成，一是跟随主机企业出口，这与原来的三个营销部是有交叉、重叠的，此次调整将这部分职能划转至了营销中心；二是海外基地建设和海外并购项目，这与公司战略高度相关，因此由战略与市场部或相应的项目组进行管理；三是自营出口，这是当前海外营销部的重点职能，我们在这方面还是很弱，因此寄予了很大希望。未来，待海外并购方面有所突破，并逐步设立海外子公司、海外研究机构以及海外办事处，与海外营销部共同构成国际化平台。现在仅仅靠营销去支撑这个平台是不够的，所以我们在紧锣密鼓地做很多相关工作，最终要在"十三五"搭建我们的国际化平台。

同时，这次组织机构和主要职能调整还有 5 个比较明显的特点。一是对子公司、高效电机事业部进行了充分的授权，特别是高效电机事业部将按照利润中心模式进行运作，并补强提升了高效电机事业部的人员配置。二是项目管理逐步完善。从组织机构中看不到项目管理的内容，实际上已经启动两个项目，一个是海外并购项目，一个是变压器平台建设项目，后续还有其他专业项目。在这次机构和人员调整里面两个项目部是重点工作，要研究项目管理和项目运作的创新模式。三是精益管理职能调整至运营管理部。这块原来是由企管部负责的，后来到项目部，再回到运营管理部。自 2010 年开始，五年来我们在精益制造取得了很大成就，但职能部门在精益管理方面参与度不够。集团把精益划分为三个阶段：精益制造、精益管理、精益企业，我们做了五年精益制造，有必要提升为精益管理，由项目部推进精益管理力度是不够的，所以精益管理又回到了运营管理部。项目管理部要专注于精益制造。四是新设了供应商合作部。企业和企业之间的竞争已经不是产品的竞争，而是供应链之间的竞争。原来公司没有统一的部门负责供应商管理，在供应商管理方面投入的精力不够。供应商是我们的资源，是我们的合作伙伴，希望与供应商共同发展，这就是董事长在工作会议讲话中提到的积善的概念。新成立供应商合作部，一方面是要做供应商培育和开发、管理及供应商合作关系建立与维护；另一方面，是要负责精益供应链的建设。五是新设后勤保障部。原来后勤保障职能分散在很多部门，包括工会、权益保障部、装备工程部、项目管理部、安保部等。公司后勤管理比较简单，但随着规模扩大和退休人员的增长，工作量越来越大。再加上职能部门和专业部门工作量也非常大，为了不让大家分心，在专业领域把自己的事情做好，新设后勤保障部为公司各平台提供后勤保障与服务工作。

三、近期重点工作安排

在前期组织结构调整论证和干部调整酝酿阶段，大部分单位和人员都能够坚守岗位，但也有个别单位和人员出现了等待观望的现象。调整后，为确保组织和人员顺利过渡，有序开展各项工作，确保年度经营目标的顺利达成，对近期工作重点安排如下。

一是迅速完成调整后续工作。运营管理部要尽快明确职能职责，发布新版组织手册，人力资源部要完成定岗定编，加快人员划拨，公司办公室要组织做好办公室调整。运营管理部、资本与财务部要尽快修订各单位经营目标责任状及费用指标；运营管理部要尽快完成组织绩效体系的优化，指导子公司完成法人变更及治理结构调整；公司办公室要组织各单位做好年度经营目标分解工作。

二是要做好各项工作对接。各单位涉及调整的干部要迅速到位，并以大局为重，积极做好工作交接；同时，做好与中车对口单位、政府部门和重要客户等外部单位的沟通和对接。调整后，这段时间是非常时期，请公司高管多下基层，指导分管单位做好调整和交接。

三是要按期推进重点项目工作。要按计划推进电机工程研究中心、哈密十三间房、南非本地化及海外并购等重点投资项目，特别是要加快作为公司"十三五"

发展重要支撑的电机工程研究中心项目，目前已经较原计划滞后了近4个月时间。项目相关单位或项目组涉及人员变动调整的，新任人员要尽快熟悉相关业务，原有人员要在过渡阶段继续负责完成好相应的工作。

四是要防范研发、质量和安全等风险。研究院要做好新产品研发技术评审和试验验证工作；工艺、质量、安全、项目、装备等部门要加大现场检查力度，确保产品实物质量及生产安全。相关单位要加快推进南非电机轴承问题整改，做好长沙磁悬浮运营保障工作。项目管理部要按照客户要求，按时、保质完成重点项目。

五是做好调整后的人才选聘工作。目前，在新的组织机构中，仍有部分中层岗位还有空缺，请人力资源部尽快组织开展选聘工作。

深化变革创新 加快转型升级 全力推进打造国际一流企业进程

总经理 肖安华

2017 年 2 月 21 日

同志们：

这次会议的主要任务是：深入贯彻落实中央经济工作会议、中央企业负责人会议和中国中车工作会议精神，总结 2016 年工作，分析面临形势，部署 2017 年任务，动员全体员工，深化变革创新，加快转型升级，全力推进打造国际一流企业进程。

一、攻坚克难，变革创新，砥砺奋进的 2016

2016 年是"十三五"开局之年，也是在严峻形势下经受考验、拼搏奋进的一年。一年来，我们不断深化能力建设，加速变革创新，实现了"十三五"的良好开局，完成了新中车完整财务年度的开门红，再次获得年度突出贡献奖。全年销售收入、净利润、经济增加值快速增长，超额完成中车子公司 2014—2016 年任期考核目标，收入、净利润创造历史最好业绩。

1. 内部改革不断深化，发展路径更加清晰

制定了《"十三五"发展规划》，明确了共同愿景及发展路径，并首次运用战略预算优化关键战略行动资源配置。着眼能力提升，编制了《确立竞争优势的企业能力指引及行动纲要》，明确了能力短板提升路径。按照建立现代企业制度要求，搭建了完善的法人治理体系，科学制定了《主要业务授权手册》，决策、执行、监督机制更加健全。深化组织变革，设立轨道交通营销中心，搭建轨道交通平台；统筹研发资源，在原技术中心基础上组建研究院，设立技术研究、产品开发、检测试验三个中心；新设供应商合作部，系统推进精益供应链和优质供应商平台建设；完成部分职能下沉，优化了以改善为核心的组织绩效体系。推进内部协同与融合，制定了《产业协同激励管理办法》，业务主体积极推动联合营销体系建设和供应链系统集成，联动和协同效应不断深化，形成一批项目协同的典范。搭建了新能源汽车电机和变压器产业平台项目组，探索和实践产业项目制管理。

2. 营销创新深入推进，市场开拓稳中有进

克服宏观形势低迷，特别是机车市场"断崖式"下滑带来的不利影响。轨道交通市场，推进以"大客户为主，辐射周边区域"的营销模式和客户服务工作一体化进程，基本实现了中车内部企业的全覆盖，获得了160公里客运机车、肯尼亚内燃机车、350公里标准动车组、大连金普线等项目，并依靠良好的产品品质和快速响应的服务赢得了客户的认可。风电市场，加快新市场开拓，突破单一客户困境，形成"1+5+2"的客户格局，并获评质量信用5A级供应商，双馈及半直驱风电新增多家批量客户；探索产业链延伸，获批哈密十三间房5万千瓦风场项目。高效电机市场，在船舶、盾构机、新能源汽车等高端市场获得小批量订单，为后续市场拓展打下了坚实基础。特种变压器市场，长沙磁悬浮地面供电变压器运行良好；以工程承包方式拓展风电、光伏等新能源市场，获得国电哈密景峡风电场、金风智慧能效和胶州光伏发电等项目。海外市场，自主出口与配套出口相结合，中标菲律宾和加尔各答地铁项目。召开第一次营销专题工作会议，明确了未来市场战略、营销及售后服务策略。

3. 技术创新再结硕果，核心竞争力不断提高

以能力建设为主线，完成了电机工程研究中心主体工程建设，推进"2+N"试验验证体系不断完善，19个专项实验室按计划稳步推进。深化产学研技术交流，完成博士后及院士专家工作站的建设及资质获取。坚持技术领先，中国标准动车组顺利完成60万公里线路考核，下一代地铁永磁牵引电机顺利交付，160/200公里动力集中型动车组、350公里标准动车组等项目顺利完成研制。抢先布局海上风电，完成6兆瓦直驱和半直驱永磁风电试制。以新技术创造新市场，公司首台船舶电机、国内最大功率非晶电机和全球首套永磁盾构机电机等高端产品顺利下线，完成首次出口欧洲的18米超级电容储能式电车永磁电机研制。持续加强科技成果管理，主持和参与国内外标准24项，申报专利170件，"一种电机端盖和一种电机"专利获中国专利金奖。

4. 体系建设扎实推进，产品运行质量明显提升

深入贯彻ISO9001、IRIS、EN15085、CRCC等质量管理体系，完成动车检修基地维修资质审核，为实物质量提供了支撑和保障。成功导入TS16949汽车工业体系，获得了新能源汽车行业入场资质。按照产业布局，制定了基于智能制造的工艺布局调整方案。故障树分析（FTA）与过程失效模式及后果分析（PFMEA）紧密结合，有效降低了产品故障发生率。加强工艺能力提升，系统策划并完成电机机座智能化槽口精整、变压器导线智能化去漆、直驱永磁风电转子磁钢自动分离安装等25项工艺提升。推进新工艺技术研发平台建设，在整体铸造式薄壁机座加工等方面取得突破。突出责任和担当意识，迅速主动完成了由供应商质量问题引发的动车变压器A端子故障整改；通过大量试验，深入查找长沙磁悬浮电磁铁

线圈过热烧损原因，验证了公司产品的高可靠性，提升了客户信任度。加大质量损失管理，持续推进过程质量控制及供应商质量问题索赔，质量损失持续下降。

5. 项目管理理念持续深化，项目运控能力稳步提升

以"质量、成本、交期"为主线，构建了全要素、全周期项目管理模式，形成了相对完整的项目管理体系。以中国标准动车组项目为载体推行项目经理负责制，并初步建立了绩效评价机制。以专业化的咨询调研，诊断了公司项目管理现状及能力；开展了轨道永磁项目能力分析、牵引产品铸件质量问题调研，明晰了项目管理能力瓶颈。变革产品生产管理模式，搭建了项目管理平台网站和项目成本信息化系统。

6. 精益管理全面提升，提质增效成果显著

系统规划精益管理体系，形成了完整的体系支撑平台。制定精益研发实施路线，开展了基于模块化设计规范体系建设。夯实精益制造，制定并推广《目视化要求》企业标准，开展全员生产维护(TPM)、精益安全工位建设，获评中车精益生产一级企业。策划精益供应链，制定并实施《精益供应链建设规划》，系统梳理注册供应商名录，突破独家瓶颈物料 37 项。深入开展并完成中车两化融合主数据贯标清理，通过 ISO20000 信息服务管理体系认证。健全装备管理体系，装备、能源管理持续改善。强化子公司、外部基地及相关方安全管理，圆满完成安全生产"四零"目标。开展全方位提质增效，"两金"指标有效压降，设计、采购、制造等全过程降成本，处置低效无效资产。全面贯彻"营改增"，落实各项优惠政策，努力争取纳税优惠和扶持资金。入股中车时代创投基金，打造新的财务投资平台。深入推进审计、内控、风险和法务管理，开展海外并购等重大项目风险知识体系建设与法律风险防范。

7. 人才队伍建设扎实推进，职业化水平不断提高

承担并完成"中车人才评价中心"项目，构建了 6 个工程技术类人才标准的专业技能维度框架和 13 个工程技术类型标准。开展职业化人才培育，系统组织了高中层管理者"学习日"、卓越领导力、"雏鹰计划"等重点培训 38 项，选派 132 名各级各类员工开展国际化培训，搭建企业微大学，打造内部学习生态结构与学习圈。多渠道引进 11 名公司急需的高端技术领域人才，并配套编制工资和考核管理制度。围绕新产业、新技术、新市场及国际化，形成了一系列激励机制。实现了员工收入与经营业绩的合理匹配，员工收入稳步增长，处于集团较高水平。

8. 文化优势有效发挥，和谐企业建设成效显著

持续深入推进企业文化和品牌理念宣贯。编制《企业识别系统(CIS)手册》，更新宣传画册、形象宣传片和员工手册，形成了独具特色的文化体系，获评"全国企业文化建设典范企业"。系统策划学习型企业建设，制定了《学习型组织中期建设规划》，召开了学习型组织建设论坛，明确学习型企业建设新方向。开展自媒

体宣传，微电影《匠心筑梦》、微视频《技能大师盛金龙背后的故事》展示了"工匠精神"与"绅士风度"精神内涵，特别是盛金龙成功登上央视《挑战不可能》，有效提升了品牌形象。督查履职行为，开展了"两金"、集中采购等效能监察。实施浸漆房环境整体改善，升级防暑降温设施，更换厂房泡沫隔断，有效改善现场作业环境。通过新增工作服清洗，增加员工补充医疗保险，创建"爱心妈咪屋"和 EAP 心理援助中心，提升了员工幸福指数。

回顾 2016 年工作，我们深刻体会到：

（1）持续创新变革是做强企业的着力点。变是情势所逼，理所当然；革是物竞天择，适者生存。我们调整组织结构，优化组织绩效，制定授权手册，搭建新产业项目组，推进学习型企业建设，激发了活力，增强了推动企业发展的主动性和创造性。

（2）坚持市场导向是做大规模的出发点。市场是我们生存和发展的基础。2016 年，面对严峻的市场形势，我们针对不同市场，加强统筹，调整策略，全力开拓，实现了营业收入的稳定增长。

（3）深化技术创新是做优产品的关键点。创新是驱动公司发展的核心动力。我们积极培育自主创新能力，掌握核心技术，推出了中国标准动车组牵引电机和变压器、6 兆瓦海上风电等一系列符合市场需求、引领行业进步的完全自主化产品，突破性拿下中国专利金奖，塑造了高端、可靠、一流的品牌形象。

（4）推进协同融合是发展共赢的切入点。"同一个电机"是我们坚持不变的发展理念。去年，在首届子公司（事业部）高峰论坛上，各业务单位就构建长效沟通机制、联合营销体系等达成共识，并积极强化市场协同，推动技术融合，形成了团结一致，齐心协力的良好局面。

在看到成绩的同时，我们更应清醒地看到存在的问题和不足：一是新产业起点不够高、平台不够大、发展不够快，产业拓展思路、发展模式亟须变革创新。二是市场策划和推广能力不足，市场化运作机制仍需完善。三是国际化能力较弱，国际化研发体系、国际市场开拓和国际化经营能力仍需强化提高。四是成本压力居高不下，提质增效仍需巩固深化。这些问题需要在新的一年里认真寻找对策，采取有效措施一一破解。

二、坚定信心，直面挑战，全面把握企业内外部经营形势

（一）宏观经济形势稳中有进，企业改革发展进入"加速期"

目前我国经济总体形势缓中趋稳、稳中向好，经济运行保持在合理区间。国家陆续出台了一系列稳增长、促改革以及支持实体经济的政策措施，改革发展的政策环境持续优化。

供给侧改革深入推进。2017 年是供给侧结构性改革的"深化"之年，中央经济工作会议提出供给侧结构性改革的主攻方向是提高供给质量，重点强调供给侧改革要始终向振兴实体经济发力、聚力。我们必须坚持"高端动力装备先锋"定位，减少无效和低端供给，扩大有效和中高端供给，着力实施创新驱动战略，实现盈利能力、劳动生产率、全要素生产率和潜在增长率"四个提高"。

国企国资改革持续深化。自《关于深化国有企业改革指导意见》出炉以来，国企改革"1＋N"文件体系已经完成。中央经济工作会议指出，要深化国企国资改革，加快形成灵活高效的市场化经营机制，推动国企国资改革从"设计"阶段全面进入"施工"阶段，将进一步释放改革红利。中车1＋19深化改革体系也已完成顶层设计，其方向和关键围绕强化市场主体建设进行全方位改革。我们必须充分借助国企国资改革大势，发挥在轨道交通等高端制造领域深厚的技术和管理底蕴，加快实施产业结构调整，推动企业提质增效转型升级。

（二）主导产业发展形势稳定，市场空间拓展仍大有可为

轨道交通需求稳定。《中长期铁路网规划》勾勒出新时期现代铁路网络建设的宏伟蓝图。"十三五"期间，铁路固定资产投资3.5万亿元，新建投产营业里程2.9万公里，铁路装备投资规模将达到5000亿元，需求总体稳定。同时，随着新型城镇化、城市群建设进程不断加快，城市轨道交通将成为国民经济新的增长点。从海外市场看，许多国家逐步加大轨道交通等基础设施建设，市场需求逐步释放。风电行业平稳发展。《"十三五"国家战略性新兴产业发展规划》明确提出，到2020年，全国风电累计装机容量确保达到2.1亿千瓦，"十三五"期间，年平均装机容量为2000万千瓦。同时，2016年巴黎协定生效后，全球范围尤其是巴西、美国、土耳其等国家，非化石能源又将迎来新一轮的高速增长。

总体来看，在经济发展持续的新常态下，轨道交通作为国家基础设施，风力发电作为重要的清洁能源，仍将是拉动经济发展和稳增长的重要投资方向，发展空间仍大有可为。我们必须要强化技术创新，做到持续引领，想方设法开拓市场，在有限的市场空间内争取更大的份额、挖掘更多潜在的市场机遇。

（三）新产业新动能持续积累，产业转型升级蓄势待发

国家正在积极推进能源结构优化升级和资源节约集约利用，新兴产业将成为经济社会发展的新动力。《"十三五"国家战略性新兴产业发展规划》明确提出，要把战略性新兴产业摆在经济社会发展更加突出的位置，大力构建现代产业新体系，到2020年，战略性新兴产业增加值要占国内生产总值的15%，形成5个10万亿元级规模的新支柱。《中国制造2025》提出，推动海洋工程装备及高技术船舶、节能与新能源汽车等十大优势和战略产业快速发展。国务院及各部委也出台了一系列政策，鼓励并支持新能源汽车（新能源汽车年均市场规模450亿元，轻型汽车400亿元）、光伏产业（年均市场规模1000亿元）、环保产业（年均市场规模3.4万亿元）、智能装备、船舶及海工装备发展。中车明确将"打造支柱产业"作为2017年两大经营重点聚焦方向之一，并提出在新能源、新材料、节能环保、

新能源汽车、海工装备等领域打造 3 个核心竞争能力突出、行业地位领先的支柱产业。

公司当前重点推动的高端装备、新能源、新能源汽车、节能环保四大战略性新兴产业具备广阔的增长空间和巨大的发展潜力。我们必须要抓住国家高度重视、行业蓬勃发展的难得机遇期，充分利用公司当前在新产业领域的积淀，快速做大、做强新产业。

(四)企业经营效益面临考验，提质增效需持续推进

中车对公司的期望持续升温。2016 年，中车 49 家一级子公司亏损面接近四成。在国务院、国务院国资委提质增效的压力下，中车两次调高公司利润指标，并对 2017 年提出了更高的要求。作为中车核心骨干企业，公司面临着经济新常态带来的业绩增长乏力和承担中车更多发展责任的双重压力和挑战。产品盈利空间进一步压缩。各大主机及系统商持续压价，风电客户也提出了大幅降价的要求，随着宏观经济增长放缓，轨道交通、风电市场趋于稳定，公司产品盈利空间将大幅压缩，这对公司营收和利润指标无疑带来更大压力。大宗原材料采购成本攀升。持续低迷数年的大宗商品与能源价格在去年开始拐头向上，美元也进入加息周期，这些外生通胀与国内原材料、能源等部分周期性行业的供给侧改革相叠加，对铜材和硅钢价格产生了坚实的支撑，对公司制造成本的把控形成了更大的挑战。

面对复杂多变的形势和与日俱增的考验，我们必须坚定不移地开展提质增效，不断提升自身盈利能力；我们必须坚持管理创新，练好内功，强化基础管理，加强自身能力建设，不断提升企业的核心竞争力。

三、外拓市场，内强能力，全力推进打造国际一流企业进程

公司 2017 年工作的总体要求是：深入贯彻党的十八大和十八届历次全会精神，按照中央经济工作会议、中央企业负责人会议和中国中车工作会议总体部署，以"三创三化"和高端动力装备先锋为指引，坚持战略引领，加速营销变革，实施创新工程，创新机制建设，强化价值引导，全力推进打造国际一流企业进程。

按照 2017 年总体要求和经营目标，我们要聚焦中车"创新、变革、国际化"三大主题，围绕"稳增长、保利润"两个核心，把握"加速核心能力提升、加快新产业发展、推进国际化进程"三个重点，实现"产业结构升级、市场升级、品质升级、管理升级、文化升级"五个升级。

为此，重点做好以下工作：

(一)战略引领带动产业结构升级，加快战略落地

面对变幻莫测的宏观形势和与日俱增的改革压力，坚持战略引领是我们实现可持续发展的不二法则。

1. 强化战略管控能力，认真落实"十三五"规划

以《"十三五"发展规划》为指引，细化和完善各项战略举措，绘制战略地图，明确规划实施路径。搭建战略闭环管理机制，建立双向介入、层次合理、高效运转的战略决策体系。加强战略执行过程监督，引入战略平衡计分卡，搭建战略管控信息平台，落实战略询审机制，实现发展规划与年度经营计划的有效衔接。认真制定《能力建设实施细则》，落实《确立竞争优势的企业能力指引行动计划》，将关键任务纳入各单位年度责任状，加快能力提升。稳步推进重点投资项目，完成电机工程研究中心项目建设、成都公司整体搬迁、广州公司产业化能力提升项目主体建设工作。

2. 积极拓展新产业，推进产业结构升级

要在更高水平和层次上谋划新产业发展。一是拓宽思维眼界。在不断夯实轨道交通产业基础的同时，利用既有平台资源，拓展相关领域。二是提升格局高度。要站在完善中车产业链、打造新支柱的高度，推进新能源汽车电机、特种变压器产业发展。深入调研并精准把握行业环境、特点和发展趋势，明确发展路径。着眼长远，着力解决好技术、成本、管理和质量等发展瓶颈。以新能源汽车电机和变压器产业平台项目组为试点，建立并不断优化产业类项目运作机制，落实行业和市场研究、产业布局、技术研发和支持、资本运作、市场开发五大职能。三是扩大平台资源。积极对接并借力政府、行业/标准协会、国内外科研院所、市场咨询机构等各类平台组织，不断丰富政策、信息、资源渠道，助力产业发展。四是培育高端孵化产业。持续加强战略性新兴产业和"中国制造2025"等国家战略、国内外电机和变压器高端细分市场以及竞争格局的研究，选择产品有市场、投资有效益、科技含量高的产业作为未来孵化方向。

3. 推动商业模式创新，构建多元发展方式

充分利用公司在管理、市场、供应链等方面资源优势，深入推进产融结合，创新商业模式，推动公司从制造型企业向经营型企业转变。一是积极稳妥推进产融结合。充分对接中车产业基金、时代创投基金等投资平台，开展产业链延伸投资，2017年完成至少1个产融结合项目。二是紧跟中车商业模式创新步伐。围绕重点新兴产业，利用地域、资源优势互补，探索与产业链上下游优势企业的互换、互持股权，加快产业发展。三是持续推进资本运作。积极寻找优质、具有发展潜力、系统互补性强的标的企业，开展战略性新兴产业并购和合资合作，推动新产业跨越式发展。四是积极延伸产业链。

(二)营销变革加速市场升级，全力以赴拓展市场空间

在既有市场逐步萎缩、新产业市场艰难前行的形势下，竭尽全力的拓展市场空间是我们保持稳定发展的首要任务。

1. 转变思维方式，持续提升市场能力

市场能力就是把客户意向转变为订单的能力。要持续推进营销变革，巩固提升"大铁路和大客户营销"思维，补充构建市场化营销体系，实现从"销售"向"营销"的根本转变。一是深入推进全员市场营销，创新激励机制，全面调动全员营销积极性。二是强化市场调研，优化营销策略。通过提升市场调研能力，更加准确地把握市场、制定策略、研发产品。三是提升市场推广和商业策划能力，由产品营销向品牌营销转变。通过定期与客户开展商务技术交流、策划或参加行业展会等多种手段，提前介入市场、介入客户，以品牌价值提升带动营销。四是不断完善市场化营销网络体系，从公司层面系统谋划建立覆盖重点区域、重点客户、跨行业、多层次的营销网络。五是创新客户服务模式，探索建立具有公司特色的售后服务体系。

2. 稳固轨道交通规模，不断提升市场占有率

轨道交通是公司安身立命之本。要持续稳固既有市场，在总量市场中扩大市场份额。密切关注铁路市场形势和各主机、系统企业动态，抓住中车内部配套机遇，与客户构建营销、技术、项目等点对点、全方位的立体营销网络，满足客户多样化、个性化需求，在持续巩固既有客户资源的同时，加强新客户批量化合作。深度挖掘轨道交通市场潜力，积极寻找增量市场。谋划路用配件市场营销策略，做大、做强路用配件市场。深耕检修业务，加强维保市场营销与售后服务力量，在不断提升市场份额的同时，支持新市场拓展。2017 年，轨道交通市场占有率全面提升。

3. 加大市场开发力度，实现风电客户多元化

风力发电是公司可持续发展之基。要持续壮大直驱风电业务，突破单一客户格局。紧盯关键客户"两海"发展，以可靠的质量、技术、成本优势，持续提升市场占有率。转变思维方式，运用化整为零、转变技术路线等方式，加快新客户开拓。重点突破双馈、异步、半直驱风电和维保业务，实现风电产业的均衡发展。持续巩固双馈和半直驱风电既有客户合作关系，加大优选目标客户开拓力度，同时，创新营销模式，通过业主、供应商等资源互换与客户实现共赢。强化维保市场研究，为五大六小发电商提供定制化的成套运维解决方案，同时，借助合资合作项目，抢先布局维保市场。2017 年，风电市场优势持续巩固。

4. 集中资源突破瓶颈，尽快推进高效电机产业规模化发展

高效电机产业是公司增长的动力之源。提升产品技术、质量水平，加强优质供应链建设，加快在造纸机械、高速风机、压缩机、商用空调行业的规模化应用。新能源汽车电机市场，要充分发挥项目组平台作用，在巩固既有小批量客户关系的基础上，推进与战略性大客户的合作进程。开拓煤矿电机市场，并抢抓检修市场机遇。深度挖掘特种装备升级换代、大型工程机械国产化和电厂"近零排放改

造"机遇，培育电动轮、盾构机等批量合作客户。2017 年，高效电机市场实现规模化发展。

5. 深化协同融合，打造中车变压器产业平台

变压器产业是公司实现差异化发展的根本。要以打造中车独有的变压器产业平台为目标，充分发挥变压器产业平台项目组纽带作用，融合本部和广州公司变压器研发、制造、市场等资源，优势互补、能力共建，实现产业快速突破。轨道交通领域，发挥公司品牌技术优势，不断扩大车载变压器市场；紧跟中车 PPP 城市基础设施建设项目，获取线路变压器供货资质，重点发展铁路干线供电系统，城市轨道交通站台供电主变、整流变和动力变。新能源领域，提升工程总包项目管控能力，推进风电、光伏箱变市场拓展。输配电市场，抢抓五大发电企业变压器市场机遇，以湖南和内蒙古为突破口，快速进入国网配电市场。2017 年，特种变压器市场覆盖范围持续扩大。

6. 加大资源投入，全力推进国际化进程

做好全球市场研究，适应全球贸易规则，完善营销策略和营销网络布局，加快海外市场开拓。优化海外营销绩效管理和激励机制，激发海外营销活力。理清海外营销思路，明确海外市场和产品定位，集中资源和精力，开拓南亚、非洲、拉美等市场。总部与子公司协同发展海外业务。重点加快境外风电市场批量化开拓。树立全球化视野和国际化思维，加大对外投资力度，以海外并购、股权投资和海外本地化为契机，快速提升国际化经营能力。遵循成为行业领袖、培育支柱产业、创造投资价值的宗旨，以获得核心技术、高端人才、知名品牌、优质网络、资质条件等战略性资产为目的，积极储备新项目。2017 年，海外市场和海外并购取得实质性突破。

(三) 创新工程驱动品质升级，塑造高端优质品牌形象

在既有产业发展触碰顶峰、新产业竞争激烈的形势下，持续推进技术创新、占领技术高地是我们挖掘更多市场机会、加速新产业拓展的战略手段。

1. 完善技术体系，打造国际标准研发创新平台

持续优化前瞻性研究、基础性研究、技术开发与产品研制相配套的梯次研发结构，构建以企业为主体、产学研用相结合，面向市场、全面开放、基于全球化的技术创新体系。深化与国内外顶尖高校的科技项目合作，切实发挥院士专家和博士后工作站在推动技术创新和产业升级方面的作用。创新技术合作模式，通过战略联盟、项目合作、并购等多种途径实现研发资源全球化配置。全力推进 19 个专项实验室建设，打造具备国际水平的试验验证体系。综合考虑战略、产品谱系、市场等因素，建立完善的新产品项目评审体系，实现对市场的快速响应。加强与国内外标准化团体协会的沟通交流，积极参与国家和行业标准制定，争取更多的话语权和主导权。加强知识产权保护，重点推进研发专利一体化工作，根据目标市场，统筹开展专利布局。

2.实施创新工程，以新产品、新技术创造新市场

围绕新产业、新市场，实施技术创新工程，开发满足市场需求和引领技术发展方向的新产品、新技术，2018年推出系列升级换代产品，巩固和加强轨道交通、风电核心技术优势，谋求高效电机、特种变压器重大突破，实现技术创新与产业升级的深度融合。

3.提高全员质量意识，塑造高端可靠质量形象

充分发挥IRIS管理体系功效，全面做好ISO9001和TS16949标准升级换版，以TS16949五大工具和8D分析方法为切入点，消除体系和实物质量"两张皮"现象。构建供应商质量管理平台，增加制造单元对外供件的评价，保证源头质量。加大质量问题索赔力度，提高外部质量损失索赔比例。推行"零缺陷"理念，加强工艺过程管控，严抓工艺纪律执行，优化标准作业体系，健全工艺质量攻关机制，持续改进和提升产品质量。推动检测过程数字化和质量档案信息化，提高质量数据追溯效率，助力产品运用状态分析。建立质量损失改善的常态化机制，确保质量损失率逐年下降。

4.立足智能制造，持续提高两化深度融合水平

全面推进智能制造技术研究，打造智能化制造平台和数字化工厂，推动制造模式的变革升级。做好两化融合信息化工程建设，提升数字化管理和技术水平。引进云计算、虚拟化等新技术，构建企业私有桌面云平台，升级服务器主干网络，提高网络基础架构效能。建设PTS模板库，制定PMI标准，推广三维设计应用，提高研发效率。加快适应集团化管控要求的ERP系统建设，实现跨部门业务流程标准化和规范化。试点推进制造执行系统（MES），优化现有生产制造模式，提升生产管控水平。依据"总体规划、分步实施"原则，推进工艺布局调整。统筹考虑生产连续性、缩短生产周期、提高生产效率，评估中间工序委外的合理性和必要性。

（四）机制创新支撑管理升级，加快推进精益企业建设

在我国经济总体形势缓中趋稳、稳中向好下的条件下，正是我们苦练内功、增强体质、不断提升能力的绝佳契机。

1.深入推进机制创新，激发内部活力

坚持简化流程、充分授权、责权匹配原则，以产业化经营、差异化管理为核心，研究拟订具有公司特色的管控架构。优化总部管理职能，以"强体系管理、弱业务管理"为目标，激发组织经营内生动力。健全母子公司授权体系，规范总部与子公司业务关系。以改善为核心，持续优化组织绩效。坚持分类考核、差异化管理原则，搭建子公司（事业部）、产业类项目组考核与激励体系，激发子公司活力，营造鼓励新产业创新发展、包容失败的氛围。固化协同机制，强化各经营单

元之间的业务协作和资源共享，持续提升"母合效应"。

2.强化项目管理理念，全面提升项目履约能力

以 ERP 升级为契机，固化项目管理标准流程，推行全要素、全周期项目管理模式，逐步推进强矩阵式的项目管理，提升管理效能，实现对市场环境变化的快速响应。全面实施并完善订单式项目管理体系，着力提升高效电机、特种变压器等市场化项目履约能力。深入推进项目责任经理负责制，完善项目绩效评价机制，明晰责权利，推进管理改善和管理水平提升。实施项目订单评审制度，按照战略目标确定项目优先级，统筹生产资源，努力提升项目实现能力，重点突破永磁市场履约能力，制定并落实研发、质量、生产、供应链等全方位专项提升计划。

3.深化精益管理，持续推进提质增效

围绕精益管理体系建设规划，以改善为导向推进精益研发、精益生产、精益供应链，加快精益标准体系一级达标。规范以"V"模型为核心的精益研发流程，构建模块化设计规范体系，深化仿真技术和知识共享平台建设。推进制造节拍化和信息化，加强"两模线"与项目管理的融合，提升项目管理能力。打造精益供应链，推进独家供应开发及进口物料国产化，与关键供应商建立战略合作关系，推动供应链信息化建设，重点搭建支撑新产业发展的新型供应商平台。推进节拍化套餐式物料管控及配送，提升准时化供货和配送率。坚持精益安全理念，创建本安型企业。创新能源管理，提升装备管理效能。围绕提质增效，强化预算管控和刚性约束功能，严控各项成本，从严设定和控制"两金"指标，确保"两金"增速不超过营收增幅；开展价值链成本对标，优化产品标准成本，搭建完整的成本管理体系。以"防风险、促发展"为目标，大力开展效益、管理等专项审计，做好重大项目风险防范。持续加大新产业、海外投资、子公司等法务管控力度，形成统一完善的法务管理体系。

4.把住能力关键，提升人力资源效度

坚持"提升人员效能、助推产业发展、支撑国际市场、打造核心能力"的思想，不断提升人才能力素质。综合运用内部培养、实践锻炼、轮岗交流等措施，提高职业化团队能力。健全职业化人才标准，完成四大类 17 个专业人才标准体系，实现与职业发展通道的无缝对接。持续开展职业化人才标准信息化评价系统运行，确保职业化团队建设成果落地。以"传导压力、激发活力"为导向，优化中层管理者年度绩效考评体系，推进定期岗位交流机制，全面提升职业化素养，最大限度激发创新创业积极性。优化人员定岗定编，提升人力资源效能。加大人力资源和培训资源倾斜力度，支撑新产业和国际化发展。创新激励机制，探索新产业项目激励方案，研究南非、巴西等国际化员工薪酬福利。夯实人力资源信息平台，建立社保管理信息系统，顺利完成"五险二金"交接并实现系统、规范、有效管理。

（五）价值引导促动文化升级，促进企业和谐稳定发展

在内外部环境持续严峻的形势下，营造团结共赢、齐心协力、持续改善的文化氛围是我们保持内部经营合力的关键。

1. 加强品牌推广，形成强大的文化凝聚力

积极宣贯和践行《企业识别系统（CIS）手册》，通过内部培训、媒体刊载、微视频拍摄等多种方式，使经济增加值（EVA）价值导向和"明德成器　利物益世"企业精神内化于心、外化于行。持续弘扬"工匠精神"和"绅士风度"，树立标杆和榜样，引导和鼓励员工拼搏进取、精益求精、竭诚奉献。围绕形势任务、经营发展和焦点难点问题，增强新闻宣传引导性，通过传统与新兴媒体、国内与国外媒体、线上与线下媒体相结合，挖掘新闻事件正能量，提升品牌影响力。紧密围绕国际化发展和新产业开拓，做好展会策划工作。立足品牌形象展示和商务交流，打造多功能智慧型展厅。

2. 深化学习型组织建设，提升动态适应能力

以公司《学习型组织中期建设规划》为指引，全面推进组织、人员、学习、知识和技术五个子系统建设。将共同愿景细分到部门和个人，实现共同愿景和个人愿景的有机融合。构建无边界团队协作体系，建立以解决企业运营问题为导向的项目团队，探索运作规范，落实责权利，确保项目团队运行有效。系统策划员工改善方向、领域及专题活动，分层分类建立改善标准，引导广大员工对标改善，树立和表彰优秀改善典型，营造能力建设的良好氛围。制定知识分类标准，打造知识共享平台，搭建完整的知识体系和交流学习平台。建立常态化的推进机制，激发员工自我超越、改善心智模式和提升系统思考，不断提升组织效率。

3. 坚持以人为本，努力构建和谐企业

加强廉洁和反腐教育，深入推进惩防体系建设。围绕"两金"压降、供应链能力建设及资产处置等开展效能监察和专项监察，强化电机工程研究中心及重点采购招标等过程监督。切实履行央企社会责任，构建职业卫生长效机制，深度推进节能减排，强化"三防"建设，持续改善员工作业环境。扎实推进民主管理和厂务公开，健全"六送三关注"制度，解决广大员工合理诉求，维护员工合法权益，实现企业与员工利益的和谐共赢。充分发挥工会"大学校"作用，引导和调动广大员工"苦练内功""对标改进"的积极性、能动性。持续打造公司文体活动品牌，丰富员工业余生活，提升生活品位。

同志们，新形势赋予新任务，新挑战激发新动能。让我们紧密围绕"三创三化"和打造高端动力装备先锋的战略目标，团结一致，开拓创新，顽强拼搏，奋勇攻坚，从新起点再出发，全力推进打造国际一流企业进程。

认清形势 抢抓机遇

——在公司"两海"风电战略实施大会上的讲话

总经理 肖安华

2017 年 11 月 29 日

同志们：

在开始之前，我首先对"两海"风电做一个解释说明："两海"风电顾名思义是指海上和海外风电，同属风电行业范畴，今天为什么单独拿出来开这样一次隆重的会议？"两海"风电虽然仍属于风电行业，但对于电机公司而言却是区别于传统陆上风电的全新产业，对达成"三创三化"具有全新的战略意义，面临着全新的机遇和挑战，需要我们用全新的思维和全新的态度去对待。

近年来，我们抓住了国际装备产业合作和国内沿海地区相继开始发力海上风电的机遇，形成了快速发展的基础，到了全面推进的关键阶段。这次会议的目的就是要全面认识发展"两海"风电的战略意义，准确分析"两海"风电的发展趋势，有效识别各类风险，科学谋划"两海"风电战略实施举措，凝聚力量和智慧，推动"两海"风电快速发展。下面，我着重强调 4 点意见。

一、清醒认识公司当前面临的严峻形势

认清当前的形势，才能更好地谋划未来。近几年，在面对集团大部分企业经营业绩持续下滑、甚至亏损的情况下，我们的经营业绩，至少从数字上依然保持稳步增长、位于集团优秀企业之列，我们或多或少都沉浸在这种增长的喜悦之中，但数字只是表象，数字背后其实蕴藏着危机，近两年公司制造实体实际收入及利润一直处于下滑态势，2018 年可能更严峻。

企业不能只活在憧憬里，更要看清行业发展的大势。轨道交通和风电作为公司的核心主业，规模占比超过了 90%，一旦其中一个产业出现大幅回落，公司总体规模必将随之出现大幅下降。今后几年，轨道交通装备需求趋缓态势更加明显，设备采购结构比例的变化、采购价格的持续下降，将导致产业规模持续走低，盈利能力大幅下降。风电行业步入由量转质的换挡期。引用金风科技副总裁曹志刚的一句话"2017 年的风电，一半是'火焰'、一半是'冰山'"，"火焰"是指风电

的广阔发展前景，"冰山"是指 2017 年风电行业的发展形势（2017 年风电装机相比 2016 年、2015 年出现大规模下降），未来这种形势仍将延续。国家禁止"三北"地区新项目核准，南方面临着选址难度大、建设成本高、环保督查紧等问题，陆上风电发展放缓已成必然趋势；与此同时，具有成本低、容量大、效率高等优势的光伏发电，将对风电产业的发展带来进一步冲击。这些年，我们积极发展新产业，做了大量工作，但成效并未彰显，短期内难以对公司经营形成有效支撑。

面对严峻的经营形势，如果我们继续盲目乐观，不寻找新的战略空间，不内生新的竞争优势，就有可能在与同行的比拼中沦为"二流角色"。公司上下必须增强危机感、紧迫感和责任感，积极地寻找新的发展增量，为公司的发展注入新活力和新动力。

二、准确把握"两海"风电带来的重大机遇

海上风电，是我们壮大风电产业、持续稳固风电行业地位的必然选择；海外风电，是公司拓展延伸空间、实现国际化发展的重要突破口。无论从自身的多年积累来看，还是当前以及未来一段时间面临的机遇来看，"两海"风电已经具备了成为公司新的发展增量的基础，是达成公司"三创三化"战略的现实路径。

"两海"风电在布局、技术、市场等方面实现了多点突破，开好了头，起好了步，赢得了先机。产业布局方面，率先在江苏盐城布局，并成功入围福建三峡、广东阳江海上风电基地，构建了良好的海上风电战略格局。技术方面，紧跟全球单机大功率、永磁、中压技术等技术趋势，成功研制了 5 MW 半直驱永磁、6 MW 直驱永磁和半直驱永磁风力发电机，成为国内最大功率风力发电机研制企业。市场方面，海外与通用电气、维斯塔斯等 12 家主机企业建立了稳定的沟通渠道，并相继获得了阿海珐 5 MW 和森维安 3.8 MW 项目，提升了公司在全球风电行业内的知名度；海上与国内主要主机企业达成了合作意向，累计获得 107 台海上风电产品订单，部分产品已挂机平稳运行。

"两海"风电面临着难得的历史机遇。降低碳排放，发展绿色经济，已成为全球经济发展的重点，这为风电等清洁能源行业注入强劲动力。随着"一带一路"倡议和"中国制造 2025"的深入推进，国家大力支持风电等清洁绿色能源装备的国际合作，为我们"走出去"提供了难得的历史机遇期；同时，中国高端装备制造业的崛起以及中国中车"高铁品质"的品牌优势，也使得国外企业增强了对中国高端装备制造的认可，让公司有机会能够站在世界的舞台之上。海上风电具有资源丰富、发电利用小时数高、靠近电力负荷中心、不占用土地、地理位置优越等优势，近几年欧美国家均把开发重点转向海上，许多大型风电企业正积极探索海上风电发展之路，我国也提出将在"十三五"期间大力推动海上风电跨越式发展，海上风电将从技术、质量、政策等方面取得飞跃式进步，实现高速发展。

三、正确识别发展"两海"风电产业的巨大挑战

发展"两海"风电,在看到机遇的同时,也要正确识别与之同时存在的巨大挑战。昔日风电行业龙头华锐风电因美国知识产权诉讼导致海外市场节节败退,国电联合动力因海上项目持续亏损拟退出专注于海上风电的联合动力长江公司,近期三星重工也因认证许可周期长、追加投资高和收益性差等原因决定放弃海上风电业务,上述种种都揭示了"两海"风电面临的巨大的挑战,对电机公司而言:

我们面临着政策环境不确定性带来的挑战。无论是海上还是海外风电都是政策环境主导性产业。海上风电总体上处于国家大力支持阶段,但相关政策之间缺乏协调和衔接,各级政府对海上风电的认知和态度不明朗,且受政府换届影响政策延续性较差。海外市场,不同的国家和地区,其经济、体制、文化、宗教信仰等方面都有较大差异,跨文化冲突无处不在。我们所参与的巴西项目,因为当地税收、投资环境等政策环境因素影响迟迟不能落地。三峡集团巴基斯坦第一风电项目,对巴基斯坦电力投资市场、政策、法律、资源和环保等方面进行了长达近6年的深入分析和研究,才确保了项目的顺利实施。而这恰恰是我们所欠缺的,我们无论是对于新产业还是"两海"风电,都缺乏系统性和持续性的研究,对政策环境风险缺少全面清醒的认知。

我们面临着技术路线选择不确定性带来的挑战。技术方向的选择决定了产业发展的纵深。纵观风电行业的发展史,技术路线之争从未停歇,且有愈演愈烈之势。目前,风电技术类型主要包括直驱永磁、双馈、异步和半直驱永磁4大技术方向,直驱永磁技术因其可靠性高和维护性好深受青睐;双馈、异步因技术成熟、性价比高仍占据市场主导地位;半直驱永磁技术兼顾了直驱永磁和双馈两种技术的优势,但仍处于起步阶段,尚未成为主流。海上风电和陆上风电一样,每种技术路线都有各自的优缺点,究竟哪种技术更适合有待实践的检验。公司目前所培育的"1+5+2"客户格局以及海外森维安、维斯塔斯等客户,涵盖了所有技术类型,因此,公司也面临着"以技术选择客户"还是"以客户确定技术"的矛盾。同时,海外市场对产品可靠性保障、绝缘寿命、噪声控制等技术要求更加严苛,海上恶劣的海洋环境要求发电机有更高的安全余量、更长的耐久寿命、更好的可维护性,这也对我们技术保证能力提出了更加严峻的考验。

我们面临着国际工业标准严苛的挑战。标准是进入国际市场的第一道门槛。无论是汽车行业TS16949技术规范,国际铁路行业标准IRIS,欧盟CE质量认证、美国UL安全性认证,还是QAP(质量控制计划)、FEMA(失效模式分析)、HALT(高加速寿命试验)等一些质量技术工具,都是行业内优秀企业先进管理经验和管控模式的提炼,也是其凭借强势的行业地位为市场划定的标准壁垒。正是因为这种标准壁垒的存在,海外市场,特别是欧洲市场,供应链早已固化,且产业链资源集中,维斯塔斯、通用电气、西门子等企业大多选择的是ABB、VEM等具有高

品质和高可靠性优势的传统老牌企业，并经过长期考验形成了典型的"欧洲模式"。我们此次与森维安的合作，双方都面临着多层面广泛关注和质疑所带来的挑战，森维安打破传统的"欧洲模式"而选择中国供应商是否正确？我们产品的关键性能、质量水平能否直面欧洲工业标准？一切都需要最终结果来检验。

我们面临着项目管理文化不同带来的挑战。从目前森维安项目执行情况来看，我们项目管理面临的最大问题就是文化理念的不同，"我们一直都是这样做的"是根植于我们头脑中的顽疾。我们近年来一直在探索建立真正意义上的项目管理，但无论从思想上、认识上、能力上，还是工具、方法的应用上，现阶段仍处于从制造管理到项目管理的过渡阶段，面对"两海"风电严苛的环境、质量、成本和运营维护的要求，尚不成熟的项目管理方法和模式整体移植将导致水土不服、管理失效。国外有一份调查，当被问及项目成功最密切的因素是什么时，"好的计划"和"对客户需求的正确理解"高居前两位，而这也正是我们项目管理最大的短板。在公司项目执行中，基本上奉行的都是任务来了就开干的作风，总是有时间去返工，而没有时间去梳理、弄透客户真正的需求；作为项目纲领性文件的项目计划缺乏严肃性和指导性，欧美优秀企业80%的时间制定计划，20%的时间调整计划，而我们20%的时间制定项目计划，80%的时间调整计划，在具体执行中频繁调整和变更项目计划，我们月度项目简报中基本所有项目的计划执行率都是100%，但实际却存在很多问题。

我们面临着成本持续降低的挑战。随着国家对风电行业相关扶植和补贴政策的结束，依靠市场竞争自发调节的风电发展新格局开始确立，成本将成为影响"两海"风电市场竞争力的重要因素。近年来，我们与印度爱诺克斯等国际风电企业开展了实质性接触，但均因产品报价高于客户预期而导致项目终止，同时，近年来我们所接触到的海上风电项目，同样对价格提出了更高的要求，广东明阳6 MW风电产品价格谈判阻力重重，至今尚未谈定。但截至目前，我们并没有深刻反思我们在成本管控方面的问题，也没有对国外风电行业成本领先企业进行对标分析，降低成本是公司面临并将长期存在的一项艰巨挑战。

四、妥善处理"两海"风电机遇与挑战的辩证关系

"两海"风电已经到了全面推进的关键阶段，我们必须以前所未有的战略高度认识"两海"风电发展，既要充分认识到当前是我们大力发展"两海"风电的有利时机，机不可失，必须充分发挥先发优势，抢抓机遇；也要充分正视面临的挑战，认清长远趋势，直面挑战，推动"两海"风电快速、持续、健康发展。

一是要处理好大胆开拓市场和理性防控风险的关系。加强市场调研，是我们开拓市场的基础，更是我们识别风险、制定策略、控制风险的核心手段。要持续加强对"两海"风电形势的研判、政策环境的研究，特别是海外市场，要加强对项目所在国政治、经济、宗教、法律、风俗文化等的研究，加强对国际准入标准、项

目管控体系、运用环境、运维保障条件等的研究，加强对行业标杆企业国际化发展研究，认真借鉴一些企业"走出去"过程中的经验教训，最大程度的规避或降低风险。当然，产业发展一定存在诸多难以预见的风险挑战，但我们不可能完全准备好了再出发，我们也要大胆开拓，边实践、边发现问题、边破解风险。

二是要处理好客户需求与产品技术选择的关系。"以客户确定技术"是我们产业培育的短期行为，而以"技术引领客户"才是我们产业发展壮大的终极目标，而现阶段我们必须两者兼顾。一方面，产品技术选择要与客户需求紧密结合。我们完全具备 4 种技术路线的产品研制实力，在市场做出最终选择之前，我们不能放弃任何一种技术路线。当然，资源是有限的，我们要重点关注战略市场研究，在运行环境类似、技术偏好相近的市场建立统一的产品平台；重点关注战略客户研究，寻找能够支撑产业快速成长的大客户。另一方面，要加强全球技术发展趋势调研分析，不断强化基础性和前瞻性技术研究，同时，通过加强试验验证资源投入及多年产品运营数据统计分析，强化寿命、失效模式等关键性能分析验证，夯实技术基础，形成有竞争力、差异化的产品型谱，并通过专业化的引导和超值服务体系建设引领市场需求。

三是处理好高标准、严要求和自身能力不足的关系。经济学中有个"犬獒效应"，在困境中和压力下，我们才能变得强大、才能进步。森维安项目我们前期面对很大压力，不论是在技术研发、项目管控、质量提升等方面，在文件编制、QAP、FEMA、HALT 等工具应用方面，还是在文化对接、沟通交流等方面都存在极大的挑战，但正是在这种压力之下，经过一段时间的努力，轴承、噪音等一些关键难点已经被我们一一攻克，可以说看到了希望。回顾电机公司的发展经历，也正是由于株机、四方股份、金风科技等客户的高标准、严要求，才促使我们在能力、认知和管理等多方面实现了提升。因此，要把这个项目当作学习实践、锻炼提升、积累经验的机会，更重要的是通过项目实施，促进我们转变观念、创新思路，与市场接轨、与国际接轨，全面提升各项能力。

四是要处理好成本降控与质量优化的关系。美国质量管理大师克劳士比曾提出"质量是免费的，只要我们按已经达成的要求去做，第一次就把事情做对，才是成本的真谛"，所以降本和提质不是对立而是统一的关系。要秉持降成本活动都要建立在保证质量的基础上的原则，开展全价值链降成本工作。设计环节要成为降本和提质的核心力量，改善设计源头，在整个产业链上统领降本和提质工作。供应链环节，要研究现有供应链与"两海"风电成本、技术、交期等方面的差距，明确目标与提升路径，通过广泛寻源，打造符合产业要求的优质高效供应链。制造环节核心在于工艺的改进和劳动效率的提高。销售环节要加强与客户的沟通交流，全面落实好实际需求，做好内部与外部的衔接。管理环节重点要在流程和制度上发力，提高工作效率，减少资源的耗费。

五是处理好发展"两海"风电与轨道交通及新产业的关系。开始我讲到,"两海"风电对我们来说是全新的产业,面对着全新的挑战,但绝对不能脱离公司整个产业体系,要清醒地认识到,"两海"风电与既有产业密切相关,能够相互推动,相互促进。一方面,既有产业成熟的经验和积累是发展"两海"风电的重要基础,我们要充分利用既有产业板块资源和能力的优势,依托长板,补足短板,促进"两海"风电的发展;另一方面,"两海"风电面临诸多方面的挑战,必将促进公司各方面能力的快速提升,我们要在发展"两海"风电的进程中积累经验、锻炼人才、弥补短板,将先进的项目管理理念、成本管理方法、质量管控标准以及风险识别能力作用于轨道交通以及新产业,共同促进,共同发展。

　　同志们,此次会议是公司全面推进"两海"风电产业发展的动员会,更是积极谋划产业发展路径、落实发展举措的部署会,希望每位发言的副总能够立足公司战略发展,为"两海"风电出谋划策贡献智慧,希望全体员工能够通过此次会议全面认识发展"两海"风电的战略意义,强化责任担当,坚定信心,主动作为,形成合力,全面构筑起公司"两海"风电产业发展的竞争优势。

干部大会主持词及讲话稿

总经理　肖安华

2018 年 2 月 12 日

同志们：

　　为提高公司中层管理人员素质，打造"对党忠诚、勇于创新、治企有方、兴企有为、清正廉洁"的干部队伍，深化干部体制改革，建立适应市场规律的"能上能下"干部管理制度，公司全面推行中层管理人员任期制、聘任制和契约化管理。经过不懈努力，已完成四家子公司领导班子正副职岗位和公司本部所有中层管理岗位的竞争上岗工作，竞聘选拔出了公司新一任中层管理人员队伍。今天会议的主要目的是，宣布新一任中层管理者任免决定，并对相关工作进行安排。

　　会议共有三项议程。一是副总经理聂自强同志宣读中层管理人员任期制、聘任制和契约化管理竞争上岗结果；二是党委书记、董事长周军军同志讲话；三是由我安排后续需重点关注的工作。

　　下面开始第一项议程：请聂自强同志宣读公司中层管理人员任期制、聘任制和契约化管理竞争上岗结果。

　　（宣读结束）

　　下面进行第二项议程：请公司党委书记、董事长周军军同志讲话，大家欢迎。

　　（讲话结束）

　　刚刚，周军军同志就公司"两制一契"中层管理者管理工作的背景、目的进行了系统深入阐述，并提出了明确要求，指明了努力方向，希望大家能够认真领会、贯彻执行，做一名理想信念坚定的党员领导干部，做一名高效执行、使命必达的职业经理人，为加速公司变革发展贡献力量、积极作为！

　　下面我针对后续需重点关注的工作再强调三点。

一、公司"两制一契"中层管理者管理工作整体进程

　　公司 2017 年 8 月开始探索构建中层管理者任期管理工作机制，2017 年 12 月编制形成《公司中层管理岗位任期制管理办法》《公司中层管理人员任期目标责任制管理办法》《中层管理人员任期考评管理办法》《公司中层管理岗位社会招聘管理办法》等四项规章制度，以及《公司中层管理岗位任期制、聘任制和契约化管理实施方案》。2018年1月9日至1月30日，公司分批次对包头公司、广州公司、江苏公司和成都公司领导班子正副职岗位及公司本部所有中层管理岗位开展竞争上岗和述职评议工作。

本次共发布竞争上岗职数139个，报名人员共计182人，经过资格审查和公示环节，共计173人进入演讲答辩环节(其中公司现有中层管理人员130人，子公司副总师级人员4人，公司后备干部32人，外派一级子公司担任中层管理职务人员7人)，另有6位中层管理人员因达到公司规定的任职年龄界限1年内退出领导岗位，只参与述职评议。综合考虑竞聘人员的综合素质、从业经历、任职情况及竞争上岗考评结果，结合公司中层管理人员配置要求及业务发展需要，本次共有130人通过竞争上岗进入中层管理岗位，6人通过参与述职评议继续留任，其中，新提拔9人，另有3人不再继续聘用。具体结果刚刚聂自强同志已经进行了宣读，不再赘述。

二、公司"两制一契"中层管理者管理后续工作计划

干部体制改革是深化改革的重要体现，也是加快战略落地的重要举措，希望各级管理者高度重视并正确认识，确保各项改革举措取得实效。在公司党委的正确领导下，公司"两制一契"中层管理者管理工作已经迈出实质性步伐，后续要重点做好以下几个方面工作：

(1)签订任期目标责任状。人力资源部、运营管理部要结合各中层管理岗位职责及公司战略发展和经营目标，制定各岗位任期目标责任状，各中层管理者要主动承接公司战略和经营目标，按照责任状约定履职尽责，确保任期目标和公司战略和经营目标的顺利达成。

(2)进一步完善考评机制。完善与契约化管理相匹配的绩效考核机制，创新和优化考核方式，建立健全差异化的考核指标体系。严格依据任期责任状约定以及绩效考核结果调整岗位、兑现薪酬。

(3)系统开展中层管理者执行力建设。今年公司将制定详细的执行力评价标准、培养方案和实施计划，请大家对照标准和要求，深入开展学习和落实，切实提升自身执行力水平。

(4)着力构建"讲担当、讲业绩、讲贡献"的文化。旗帜鲜明地为敢于担当的干部担当，为敢于负责的干部负责，公司各级管理者要主动作为、敢于作为、善于作为，充分发挥创业精神，以饱满的激情努力达成公司"三创三化"战略目标。

三、近期需重点关注落实的工作

在前期干部调整酝酿阶段，大部分人员都能够坚守岗位，但也有个别单位和人员出现了等待观望的现象。调整后，为确保公司各项工作能够有序开展，对近期需重点关注的工作安排如下。

一是要精心策划好全年工作。运营管理部、资本与财务部要尽快制定各单位经营目标责任状及费用指标；公司办公室要牵头做好 2018 年工作会议各项筹备工作；涉及岗位调整的单位，要做好工作衔接，系统策划好 2018 年工作。

二是要做好各项工作对接。过两天就放假了，各单位涉及调整的干部，我说一个原则，从今天到放假结束，原岗位领导负全责，新任领导节后上班第一天全面履职接；同时，节后做好与中车对口单位、政府部门和重要客户等外部单位的沟通和对接。调整后这段时间是非常时期，请公司高管多下基层，指导分管单位做好调整和交接。

三是要按期推进重点项目工作。要按计划推进电机工程研究中心、成都轨道交通产业园、广州公司产能提升、福清和阳江海上风电基地等重点投资项目和北方稀土生一伦、安徽瑞达等合资项目。项目管理部和森维安项目组要按照客户要求，按时、保质完成重点项目。项目相关单位或项目组涉及人员变动调整的，新任人员要尽快熟悉相关业务，原有人员要在过渡阶段继续负责完成好相应的工作。

四是要防范研发、质量和安全等风险。研究院要做好新产品研发技术评审和试验验证工作；工艺、质量、安全、项目、装备等部门要加大现场检查力度，合理安排生产计划，确保产品实物质量及生产安全。特别是安全工作，要确保节前、节中、节后的无任何安全事故发生，根据国资委和中车要求，项目管理部和安保部要指派专人负责对公司及子公司每天安全生产情况进行汇总，每天下午 5：00前报给公司办公室。

五是做好 2018 年春运服务保障工作。当前，全国春运进入关键阶段，营销、售后、技术、质量等相关单位要把质量安全作为春运服务保障工作的重中之重，严格做好"保春运、保平安"专项售后保障工作，确保公司产品运用质量安全。

六是切实抓好信访维稳工作。要加大信访维稳风险排查力度，对排查出来的问题和隐患采取有效措施，及时予以化解，努力将不稳定因素解决在萌芽状态。特别是春节前后，要深入基层，了解员工愿望，把员工的安危冷暖放在心上，解决好员工切身利益的矛盾和问题。

七是严格落实中央八项规定精神。近日，中车下发了《深入贯彻落实中央八项规定精神进一步加强作风建设的实施细则》，各级领导干部要认真学习，自觉遵守，尤其是在节日期间模范执行党规党纪，坚定不移、深入持久、不折不扣抓好作风建设。

同志们，今天干部大会的所有议程全部结束。值此新春佳节即将来临之际，祝各位同仁新年快乐、阖家幸福、万事如意。

谢谢大家，散会。

迈向新时代　激发新活力
全面谱写株洲电机公司变革发展的新篇章

——在中车株洲电机公司2018年工作会议上的经营工作报告

总经理　肖安华

2018年3月5日

同志们：

这次会议的主要任务是：深入学习贯彻党的十九大精神，全面落实中央经济工作会议、中央企业负责人会议和中国中车工作会议部署，总结2017年工作，直面问题挑战，科学研判形势，部署2018年任务，动员全体员工，解放思想，担当作为，提振发展信心，增强发展定力，全面谱写新时代变革发展新篇章。

一、外拓市场，内强能力，奋发有为的2017

2017年是公司迎难而上、奋勇争先的一年，面对严峻复杂的经营形势，我们聚焦"创新、变革、国际化"三大主题，加速核心能力提升、加快新产业发展、推进国际化进程，经营业绩再创新高，实现营业收入72.6亿元，净利润、经济增加值稳步增长。中车成立后，综合业绩评价始终位居前列，再次获评A级企业、突出贡献奖。

1."十三五"战略加快实施

一年来，我们坚持战略导向，围绕产业发展和重点项目落地，勇于探索，大胆尝试，"十三五"发展基础持续夯实。以滚动管理推动战略落实，编制《2018—2020年滚动发展规划》，明确了关键战略举措的资源支撑计划和保障措施。系统谋划新产业发展，从顶层设计、机制创新、组织变革、资源保障等多方面，营造了新产业发展的良好态势。构建了以《关于加快新产业发展的指导意见》为统领的"1＋17"政策体系；针对新能源汽车驱动、特种变压器、高速永磁电机、特种装备电机等新产业，搭建了适应市场要求的差异化管理架构；政策资源逐步倾斜，搭建新产业发展基金平台，积蓄投资、科技、薪酬等资源动力；联合发起设立基金，打造新产业孵化与投资一体化平台。重点项目有序推进，成都轨道交通产业园项目启动建设，包头公司股权划转顺利推进，矿用防爆等合资合作项目取得阶段性成果，海外潜在并购标的数据库不断完善。

2. 市场开拓成效显著

一年来，我们坚持高目标引领，积极克服经营环境持续严峻带来的不利局面，市场业绩逆势增长。轨道交通，实施区域化市场开发战略，发挥服务二次营销作用，构建标准化联络处，为紧密嵌入客户产业链奠定良好基础。既有机车市场占有率保持稳定，新市场持续渗透；通过新产品突破新客户，实现"复兴号"主机企业的全覆盖，与铁科院签订战略合作协议；稳固集团内城轨市场份额的同时与集团外客户实现批量化合作；检修业务布局日趋完善。风力发电，坚持不放过任何一个市场、客户和项目，直驱永磁风电占有率稳居第一，双馈及半直驱风电批量合作客户持续增长；系统谋划"两海"风电战略实施，市场布点、产业布局逐步完善。高效电机，市场订单实现翻番，凭借良好的运用业绩获得盾构机、电动轮、船舶、煤矿等批量合同，高速永磁电机重点客户实现小批量供货。特种变压器，船舶市场有效突破，新能源市场规模持续壮大，风电箱变基本覆盖"五大四小"发电集团，形成了光伏全产业链共赢的合作模式。国际市场有效突破，斩获阿根廷贝尔拉格新增订单，中标印度加尔各答地铁项目，获得德国森维安公司3.8兆瓦风电样机订单并签订批量合作框架协议。

3. 创新驱动战略深入实施

一年来，我们深入贯彻技术领先战略，不断推进技术创新体系建设、试验验证能力提升、技术成果转化，行业领先地位持续巩固。推进协同创新、开放创新，参与设立先进轨道交通、深海远洋、业务融合等科技创新平台。电机工程研究中心主体工程竣工，与国际接轨的"2＋N"试验验证体系正加速形成，高速永磁电机系统、轴承可靠性实验室和焊接工艺无损检测实验室投入使用。系统推进精益研发，围绕研发流程、设计规范体系、模块化设计与知识工程4大核心推动工作落实。产品研发取得一批重大成果，持续巩固轨道交通领先地位，"复兴号"产品批量交付并实现350公里运行，300公里动力集中型动车组、200公里城际动车组、五模块储能式有轨电车等项目成功研制；风电产品创新奠定"两海"基础，6兆瓦直驱和半直驱永磁风电成功交付并挂网运行，7.6兆瓦半直驱永磁风电和森维安3.8兆瓦异步风电进入试制阶段；以新产品引导市场需求，表贴式转子高速电机、电力电子变压器、虚拟柔性同相供电变压器等高端产品成功研制，构建了8.5米～12米纯电动商用车和3吨～7吨物流车驱动产品平台。积极推进专利布局，申报国内外专利180件，主持和参与制定标准39项，获得国家知识产权优势企业称号。

4. 产品品质稳步提高

一年来，我们始终坚守"客户价值"导向，变革品质理念，强化责任意识，产品运行持续稳定。深化工艺信息化平台建设，开展结构化设计工艺一体化管理系统(TCM)与制造执行系统(MES)集成，推行三维工装模块化设计，初步实现工艺文件到现场终端显示。以标准动车组项目为试点推行设计、工艺、质量"零缺陷"管理，利用故障树分析(FTA)结合过程失效模式分析(PFMEA)实施质量预防，开展供应商工艺质量审查，保障产品质量的同时，积累了"零缺陷"管控经验。扎实开展工艺技术攻关，围绕薄壁机座加工、轴承装配及检测、轴振检测等核心技术，解决了高速永磁电机轴振超差难题。质量管理体系整体有效，启动 IATF16949、ISO9001 等质量管理体系换版，完成所有检修基地认证审核。站在客户体验角度重新审视品质管理理念，统筹规划、整合资源，高标准推进重大质量问题整治，牵引电机端部一体化改造稳步推进，标准动车组牵引变压器油位继电器和机车高压 A 端子故障有效整改，获得客户和终端业主的高度认可。

5. 精益管理提质升级

一年来，我们持续坚守精益理念，深度挖掘内部潜力，不断提升经营品质，逐步实现了由精益生产向精益管理的转型。以价值视角推动流程优化，聚焦"销售合同评审"等痛点流程与"制造管理信息化"等瓶颈能力开展专项改善，运营效率持续提升；打造精益供应链，实施供应商分级分类管理，搭建了新能源汽车驱动、高速永磁电机等新产业和标准动车组、森维安项目等重要产品供应商平台；推进精益物流，套餐式物料配送模式成功运行；推进制造资源的合理配置，制定了工艺布局调整方案并稳步实施；完成两化融合体系贯标和 MES 系统试点运行，《轨道交通牵引电机数字化工厂建设》入选工信部 2017 年智能制造支持项目，社保、档案、商旅等管理信息系统成功上线。2017 年，公司成功获评中车精益管理三级企业，江苏公司、青岛分公司分获二级、三级精益车间，标准动车组牵引电机项目获得优秀模拟线称号。以"1 + 11"总体方案和专项方案推动提质增效，"两金"滚动管理成效显著，资金占用持续改善；推进全过程降成本，探索自助理财新模式，落实各项优惠政策，全年降成本 1.47 亿元，获得纳税优惠 5630 万元、扶持资金 1464 万元；落实中车"压减"要求，完成北京公司注销。强化环保红线意识，落实能源、设备管理责任，环保管理水平不断提升。搭建安全环保信息化监管系统，开展"三防"建设，完成安全生产标准化一级企业期满复评，圆满实现安全"四零"目标。高质量完成审计署问题整改，开展八项规定和融资性贸易业务风险排查，为海外投资提供法律支持，确保了依法合规经营。

6. 项目管控能力持续加强

一年来，我们积极探索产业类、市场类、产品类项目管理，不断完善机制、落实责任，项目管控效能有效提升。以新能源汽车驱动项目为试点探索产业类项目发展机制，对接市场化需求，开展降本提质，形成完整的供应链平台和自动化生产能力，实现了市场的快速突破，为新产业发展提供良好范本。以森维安项目为试点探索市场化项目运作模式，面对比国内更为严苛的管控要求，首次采用强矩阵项目组织模式，在质量预防、供应链建设、文件管理等多方面导入国际标准，通过项目实施，在文化融合、管理理念、标准要求等方面获得了较大提升。订单式项目管理体系不断完善，建立了覆盖项目管理全过程和全要素的管理流程、操作手册、管控表单和可交付物，形成了"管理工具/模板—岗位手册—管理办法"三层一体的体系构架。轨道交通产品项目管控效率逐步提升，平均周期降低9%，偏差率降低20%，有效应对了多品种、小批量的市场趋势。

7. 人才效能加快释放

一年来，我们坚持"提升人员效能、助推产业发展、支撑国际市场、打造核心能力"思想，不断提高人才能力素质，人力资源效度明显提升。开展职业化能力建设，搭建了由人才评价、定岗定编等五大项目构成的"职业化能力建设"实施模型，牵头承担并完成了中车"全球一体化人才盘点"项目。围绕新产业发展，多渠道引进了空气轴承、新能源汽车驱动等瓶颈专业高端人才。建立了新产业项目工资激励机制，完善了特殊人才管理体制，激发了团队活力。系统开展商务英语和国际项目管理等专项培训，选派核心专业人才开展境外学习，提升了"三横五纵"职业化团队全球视野。员工技能水平显著提升，获得中车第二届技能大赛团体三等奖和数控冠军等荣誉。连续4年获评中车"五星HR"称号。

8. 企业软实力不断提升

一年来，我们坚持"明德成器 利物益世"企业精神，深化企业文化和品牌建设，和谐企业建设成效显著。积极践行《企业识别系统(CIS)手册》，召开"深化BI建设，我为公司代言"启动大会，形成了独具特色的文化体系，荣获全国企业文化建设先进单位。围绕新产业和国际化，开展6 MW风电下线、新动力进驻"中国尊"、森维安批量供货框架合同签约等专题宣传策划，极大提高了行业知名度和市场影响力。学习型企业建设扎实推进，提炼"共同成长进步，共促效益升级，共享发展成果"共同愿景，建立"乐享学堂"学习交流机制，搭建59个学习实验室，并以课题大赛形式推进改善提升。实施效能监察，开展独家和代理采购、"两金"压降等专项督察，助力提质增效取得实效。升级等离子环保设备、增加滴漆回流装置、推广新防暑降温设备，改善了现场作业环境。成立阅读者协会、晨风社青年园地、班组长协会，搭建了员工自我提升、民主管理的优质平台。

9. 党的建设有效引领企业发展

深入学习贯彻落实党的十九大和全国国有企业党建工作会议精神，按照"把加强党的领导和完善公司治理统一起来"的要求，坚持党的领导，深入推进党建经营融合发展。以35项党建重点任务为主线，按照中车党委"建强提升年"部署要求，推动各项党建工作落实落地，党建工作基础更加坚实，管党治党意识更加牢固。落实党风廉政建设"两个责任"，加强教育管理，强化监督，保障依法合规，企业风清气正发展环境更加稳固。基层党组织和党员干部充分发挥作用，聚合力、造氛围、促稳定，保生产、强管理、促经营，带领员工变革创新、攻坚克难，引领企业健康稳定发展。

在总结成绩的同时，我们更应该清醒地看到当前公司发展中存在的问题和不足，集中表现为以下几点。一是战略落地仍有欠账。推进新产业发展、以变革促发展的举措不多、不实，各个业务单元、各个子公司发展很不平衡，国际化进程推进缓慢。二是机制缺陷愈发明显。机制建设不健全，力度不大、步子不快，未有效激发创新创业活力，内部协同、深度融合有待提升，管理各环节未形成闭环机制。三是营运绩效未及最优。"两金"占用居高不下，现金回款逐年减少，资金周转效率较低，严重影响经营品质。四是能力建设任重道远。公司在战略落地、精益研发、市场化能力建设、项目管理等方面提升步伐缓慢。

二、直面挑战，厚植优势，准确把握新时代的重大机遇

（一）居安思危，充分认识面临的"六大挑战"

一是面临寻找发展增量的巨大挑战。轨道交通和风电作为公司规模占比超过90%的核心业务，阶段性天花板已现，我们迫切需要寻求新的发展增量。2018年，铁路固定资产计划投资7320亿元，低于前四年8000亿元的平均水平；预计新增机车600台、动车组320组，分别同比下降12%和13%。受到"三北"地区新项目核建禁令、南方环保要求高、光伏产业的冲击等因素影响，风电发展放缓已成必然趋势。

二是面临着利润空间"双重挤压"的巨大挑战。一方面，因市场环境变化以及中车指标压力，各大主机及系统商持续压价传导成本压力，降价幅度越来越大，并且年年都要降。另一方面，随着国家供给侧结构性改革在重工业和能源领域的深入推进，以及最新环保税的开征，大宗原材料和上游零部件价格上涨趋势明显，对公司产品成本把控提出了更高要求。公司增长动能转换处于"空档期"，缺乏新的盈利增长点，新产业利润价值贡献有限。

三是面临提升企业价值的巨大挑战。在"十三五"之初，公司确立了"三创三化"战略愿景，明确了"打造更具国际竞争力的高端动力装备先锋"和"中车通用机电装备（电机、变压器）专业领域旗舰企业"发展定位，充分阐释了公司未来的价值所在。未来公司的价值体现不应该仅仅局限于经营指标的提升和改善，还应该体现在国际化经营能力和新产业拓展提升上，而实现公司"十三五"战略目标，就是提升公司价值的现实途径。但如何推进公司"十三五"战略落地，我们还面临巨大挑战。

四是面临着整合效应释放不充分的巨大挑战。中车整合成立后，一直在推动市场、技术、业务、资源、文化"五个协同"，促进各子公司从物理融合走向化学融合。目前看，公司融入中车整体市场的效果不明显，牵引电机和变压器在集团内部的配套份额还有提高空间，其他产业利用中车产业和布局挖掘价值、拓展市场的力度还需进一步加强。留给我们的时间并不充裕，如果不能加快融入步伐，难以叠加或放大竞争优势，不仅会减缓既定战略意图的实现，还有可能离旗舰企业的差距越来越远。

五是面临着知识结构与发展需求不相匹配的巨大挑战。公司经过多年发展，从分厂转变为公司制，从公司制转变为一级子公司，目前在中车取得了一定地位和品牌优势。但面对市场化、国际化、多元化和新常态，与中车内成熟的百年企业比，与那些在市场上摸爬滚打的企业相比，我们的思想观念、格局视野、知识结构差距比较大。要消除"本领恐慌"，关键要加大学习型组织建设、精益管理等各类学习和实践项目的推进力度。

六是面临着意识作风与时代脱节的巨大挑战。忧患意识不够强，好日子过久了，变革发展的紧迫感和"痛感"不足。干事创业激情和担当意识不够，推诿扯皮、避谈问题、碰到问题躲着走。创新意识不强，技术创新、管理创新仍有很大改善空间。风险意识不够强，去年审计署审计暴露出诸多问题和风险。服务意识不够强，存在"大企业"病，职能部门重管理、轻服务。客户意识不够强，成本居高不下、质量问题频发、产品交付不及时等很多内部问题，都是客户意识不强的表现。市场意识不强，对市场变化不敏锐、不敏感，不清楚竞争对手、不清楚公司的定位目标等。

(二)坚定信心，牢牢把握面临的"六大机遇"

一是党的十九大指明发展"新方向"。十九大制定了全面建成小康社会和实现第二个百年奋斗目标的行动纲领，做出了制造强国、科技强国、质量强国、交通强国等战略安排。中央经济工作会议，提出要深入推进供给侧结构性改革，持续推动经济向高质量发展。这些安排和要求与我们密切相关，为我们的发展指明了方向，提供难得的历史机遇。我们必须深刻领会十九大和中央经济工作会议精神，抓住我国经济转变发展方式、优化经济结构、转换增长动力的窗口期和机遇期，积极培育新的支柱产业，全力推动国际化进程，持续提升行业内地位。

二是世界经济缓中向好释放"新红利"。世界经济整体处于缓慢复苏态势。美国、欧盟等发达国家经济增长普遍强于预期，新兴经济体成为经济增长的重要力量。"一带一路"倡议受到全球多数国家和国际组织积极响应支持，基础设施互联互通与互联网革命相互融合，绿色、清洁能源受到全球能源市场青睐，为我们开辟国际市场提供了广阔空间。受经济危机长期影响，美欧等发达国家政府和企业通过折价出售资产来筹集资金，为我们实施兼并收购获取优秀品牌、技术和营销网络，增强产业核心竞争力，重塑新型比较优势继而实现品质超越提供了难得机遇。

三是国内经济高质量转变营造发展"新环境"。党的十九大做出了我国当前社会主要矛盾转化的判断，中国经济增长动力将在解决不平衡发展的过程中不断释放，经济增长的内核正在从"旧经济、重资本产业为主、债务驱动型模式"转向

"新经济、轻资本产业为主、内生增长型模式"，省级之间、区域之间存在着巨大的国内贸易潜力。同时，通过 2016 年以来的供给侧结构性改革，过剩产能逐步被淘汰出清、僵尸企业逐步被清理、非金融企业高杠杆逐步企稳回落、资金"脱实向虚"向"脱虚向实"转变，新旧动能加速转换，2018 年中国经济有望迎来难得的战略机遇期。

四是主导产业整体稳定创造"新窗口"。轨道交通、风电未来几年仍处于平稳发展阶段，为公司产业转型提供了新的窗口期。轨道交通需求持续稳定。到 2020 年，全国铁路营业里程将达到 15 万公里，其中，高铁 3 万公里，动车组保有量将达到 3800 标准组，"复兴号"将逐步担当主力，保有量力争 900 组以上。随着中国城市化进程的不断加速，城轨车辆将以每年 1200 列至 1500 列的需求持续增长。风电市场依旧可期。经历连续多年低谷后，弃风限电逐渐改善，释放了产业回暖的积极信号，2018 年国内新增风电装机预计将同比增长 15%。同时，随着"一带一路"倡议和"中国制造 2025"的深入推进，以及海上风电资源丰富、利用效率高等优势的逐步显现，"两海"风电面临着难得的历史机遇。

五是政策利好创造新产业发展"新机遇"。国家推动供给侧结构性改革，提高供给质量，扩大有效供给，为我们发展新产业提供了有利条件。传统燃油车退出时间表将加快汽车行业产品转型，推动新能源汽车市场的快速发展。高速永磁电机依托转速高、效率高、体积小、重量轻、噪音低等诸多优势，将在新时代构建清洁低碳、安全高效的国家能源体系中发挥重要作用。随着城镇化步伐的加速、新能源市场的蓬勃发展，特种变压器将迎来从破窗到规模化发展的战略机遇期。社会对美丽中国的期待、十九大对融合业务的要求、中车"五位一体"产业新格局，为船舶海工、工程机械等孵化产业创造了有利的政策和市场机遇。

六是能力提升成效显著构筑发展"新优势"。我们持续加大资源投入，统筹推动各项举措落地，在长期实践中，构筑起了新的发展优势。一是机制优势，创新提出了"1+17"政策体系，初步构建了有利于产业发展的机制体系。二是市场优势，树立"人人为了市场、处处服务市场"的理念，既有市场持续巩固，新市场不断闪现新亮点。三是技术优势，不断完善技术创新体系，创造了行业内诸多首次，巩固了"技术领先"地位。四是队伍优势，我们拥有一支锐意进取、敢为人先的中层管理者队伍，打造了一支知识型、技能型、创新型的职业化员工队伍。五是文化优势，我们提炼形成"明德成器 利物益世"的企业精神、EVA 价值导向，塑造了学习型组织雏形，内部创新、改善氛围越发浓烈。

总的来说，机遇大于挑战。面对新形势、新任务、新要求，我们必须正视问题，坚定信心，增强定力，把挑战转化为前进动力，把机遇转化为发展红利，奋力推进各项事业不断前进。

三、立足长远，求新求变，全面谱写株洲电机变革发展新篇章

2018 年经营工作的总体思路是：深入贯彻党的十九大精神，以习近平新时代中国特色社会主义思想为指导，按照中央经济工作会议、中央企业负责人会议和中国中车工作会议总体部署，以"三创三化"和高端动力装备先锋为指引，坚持新发展理念，紧扣发展质量和效益主线，聚焦"模式变革、产业变革、技术变革、效率变革、动力变革"五大任务，全面谱写公司变革发展新篇章，努力为中车打造受人尊敬的国际化公司而不懈奋斗。

模式变革。模式变革是发展的引擎。我们要坚定"十三五"发展目标的信心和决心，保持战略定力，创新发展模式和方式，推动公司从产品供应商向专业价值创造者转变。

产业变革。产业变革是发展的根本。我们要坚持把产业发展作为重中之重，创新市场观念，变革发展机制，构筑行业领先优势，培育新的经济增长动力，努力实现国际化发展。

技术变革。技术变革是发展的基础。我们要把提高产品性能和品质作为主攻方向，坚持自主创新、开放创新，看齐国际标准，开展全方位品质提升，使产品和服务成为高质量发展的标杆。

效率变革。效率变革是发展的主线。我们要推动适应市场化要求的体制机制变革，深化精益管理，优化管理职能，强化执行力，把效率贯穿到经营管理始终，从根本上提升发展效率和效益。

动力变革。动力变革是发展的内因。我们要始终秉持"明德成器　利物益世"的企业精神和 EVA 价值导向，营造创新、改善、包容、和谐的文化氛围，激发组织活力，凝聚变革发展强大动力。

根据经营工作总体思路和五大任务，2018 年要重点抓好以下六个方面工作：

（一）提振发展信心，全力以赴完成年度经营目标

2018 年，是全面贯彻落实党的十九大精神的开局之年，是在新时代下深化改革的攻坚之年，也是实施"十三五"规划承上启下的关键之年。围绕 2018 年经营工作的总体思路，2018 年经营目标是：保持营业收入稳中有增，经济效益稳中向好，各项经营指标全面优化，实现营业收入不低于 70 亿元，实现员工收入与经营业绩合理匹配。

今年的指标是我们综合外部产业形势和公司实际经营情况，按照"稳中有进"的总基调，立足"十三五"发展，保持合理增长的理性选择；也是我们积极应对市场变化、持续深化变革的统筹考量，但是我们要对公司面临的形势有足够清醒的认识。相比过去十几年的高速发展，我们已经进入属于株洲电机公司的"新常态"，70 亿元的规模，将是横亘在我们通向百亿目标征途上必经的一座大山，绕不开、躲不过，不进则退。面对中车的希望，面对广大员工的期待，我们必须正

视问题挑战，但更应提振发展信心，加快变革创新的步伐，内生新的竞争优势，尽快培育新的支柱产业和增长极，全力以赴完成年度目标。

在目标任务面前，各单位要坚持高目标引领，发挥目标的牵引作用，形成倒逼机制，传递经营压力，激发强烈的发展意识。2018年，轨道交通市场，要发挥产业资源优势和技术优势，积极寻求市场增量，确保实现销售收入30亿元；风电市场，坚持行业引领，立足"两海"，构建领先的风电产业体系。各新产业板块要利用新产业发展"1+17"政策支持体系，以市场为导向，实现产业的快速突破。高效电机市场，要加快既有业务规模化发展，积极培育孵化新产业；新能源汽车驱动产业，要实现客车、物流车产品规模化发展；高速永磁电机产业，要抢占发展先机，实现规模化发展；特种变压器产业，持续巩固扩大配电市场、新能源市场和轨道交通市场份额；海外业务，要充分利用全球资源，全力推进国际化经营。

（二）在资源效能上求新求变，以战略定力推动模式变革

1. 围绕战略落地，构建完善的战略管理机制

围绕"完善体系、推动落地"两大任务，开展"十三五"中期战略评估，优化战略评估与监控平台，将战略规划、三年滚动规划、年度预算和年度经营计划有效衔接，确保战略兑现。搭建完善的战略研究机制，包括宏观形势、政策法规、市场环境、产业趋势、技术方式、行业领军企业研究等，并充分整合利用内外部资源，建立并加强和对机电行业比较熟悉的研究机构、协会的长期合作，形成公司决策和管理的战略研究支持体系。着眼能力提升，全面对标行业一流公司，从产业结构、管控模式、资本效率、经营指标等方面，找差距、取精华、巩固优势，改善不足，打造可持续发展能力。

2. 围绕价值创造，持续推进商业模式创新

积极贯彻"产品+""互联网+""资本+"等新理念，导入现代先进商业模式，助推产业快速成长。完善"产品+制造+服务"商业模式，满足客户多样化、个性化需求，为客户创造更多价值。立足制造优势，利用互联网等现代信息技术构筑产品制造、运营、维保全寿命周期大数据收集与分析体系，充分挖掘增值服务空间。要按照中车要求，勇于撬动外部资源，善于借势、借力、借智、借资、借壳，推动业务融合、矿用防爆项目的落地。持续推进产融结合，对接集团内外发展基金、战略投资者、风险投资和其他基金机构，搭建投资、产业和资本投资运营平台，以产业经营+资本运营双轮驱动规模发展壮大。坚持开放发展的理念，广泛利用全球资源，以获得核心技术、高端人才、知名品牌、优质网络、资质条件等战略资产为目的，开展跨国并购。

3. 围绕效能提升，实现资源盘活创效最大化

积极对接供给侧结构性改革，聚焦资源的释放效应，优化增量、盘活存量。全面盘点、梳理现有资产，理清资产责任、产能布局及利用效能。统筹做好产业

资源配置,加快制定轨道交通检修、风电业务投资及产业布局方案,研究新能源汽车驱动产业布点方案。科学组织实施好成都轨道交通产业园、广州公司产能提升、福清和阳江海上风电基地等项目,严控各项费用,坚决杜绝费用超标。充分发挥新产业发展基金平台作用,加大对市场前景好、技术附加值高、人才聚集效应强的产业领域投资力度,推动资源向真正的成长性业务流动。引导和鼓励轻资产运营,通过经营租赁、委托加工等方式获取高价值、非关键固定资产使用权,降低投资成本与风险。

(三)在市场观念上求新求变,以行业影响力推动产业变革

1. 转变意识观念,积极寻求轨道交通市场增量

适应国铁企业公司制改革后在经营理念、市场意识、成本控制和技术政策等方面的变化,从满足客户"产品需求"向以满足客户"价值需求"的理念转变,加强与主机和系统客户关系管理,提供定制化的产品和服务。以"零距离、零缺陷、零投诉"为目标,建立"大市场、大营销"的营销模式,在巩固既有客户市场的基础上,争取与北方企业和中车外部新客户的批量化合作。准确判断国内外行业技术方向与发展路径,精准把握终端市场对产品技术要求的变化,与客户做好市场、技术、项目的全方位对接,抢先布局高速磁悬浮市场,加大城际动车组市场的研究与开发,挖掘市场增量。强化"快速、准确、优质"的服务体系建设,认真研究铁总对检修业务的需求,探索合作修模式,合理布局属地化检修,推进标准化检修基地建设,塑造差异化竞争优势,获取更多市场份额。

2. 坚持行业引领,构建领先的风电产业体系

按照"立足风电、延伸风电、超越风电"发展路径,加大市场纵深拓展力度,扩大风电行业覆盖范围。积极把握市场动态,强化研发队伍和试验验证能力建设,持续巩固扩大市场客户格局,在"1+5+2"客户格局的基础上,依托新产品开发与新客户开展批量化合作。大力开拓维保服务市场,以发电机维修与维护、发电机技改和备品备件销售为主要业务,积极寻求风电开发商、设备制造商、运维公司等大型公司的深入合作,并充分利用目前覆盖全国的产业布局,抢占市场先机。积极延伸产业链,抢抓风资源市场,主导或参与风场运维,拓宽盈利模式。培育"两海"新的业务增长点,依托新基地建设抢占海上风电市场先机;持续跟进金风科技巴西、土耳其、美国等海外市场,实现"借船出海"。

3. 落实政策机制,加快培育新的支柱产业

认真贯彻"1+17"体系要求,围绕充分授权、激励约束和资源配置三个维度落实新产业发展举措,加快新产业规模化发展。高效电机产业,在持续巩固高压电机、盾构机电机、电动轮电机等既有市场的同时,充分发挥合资平台作用,整合资源、优势互补,开展防爆电机产品认证,快速突破船舶海工、煤矿防爆电机技术、市场、资质壁垒,拓宽产业空间。高速永磁电机产业要瞄准各行业主流产

品，攻克尖端技术，培育一批有影响力的战略客户。新能源汽车驱动产业，利用已有业绩优势，聚焦重点客户，对接IATF16949体系要求，提升面向自动化制造的设计能力，持续强化供应链建设和成本管控，提高产品的性价比，积极探索乘用车市场机遇，实现物流车和客车市场规模化发展。特种变压器产业，全面提升市场、技术、质量和管理能力，建立大客户营销体系，在轨道交通市场，实现地铁线路动力变、牵引整流变及车载产品的业绩突破；在新能源领域，瞄准智能微电网、风电、光伏和工程总包市场，提升市场规模。

4.加大资源投入，全力推进国际化经营

强化国家"一带一路"倡议和国际装备合作等政策研究，加强海外重点市场研究，寻找发展空间。加快全球布局，通过前期市场积淀、中车平台以及互联网平台，广泛利用全球资源，搭建可靠、通畅、高效的海外营销网络。加快设立海外商务和研发机构，主动贴近客户市场，靠近海外技术高地，提升公司国际化经营水平。积极寻求轨道交通海外市场新突破，强化与主机和系统企业的海外项目合作，协同开拓海外市场；密切跟踪西班牙、韩国等地区战略主机企业市场动态，努力寻找配套机会，开辟独立出口新渠道。高标准、高质量完成森维安项目样机交付，通过项目的示范效应，重点攻关欧洲市场，伺机进入印度市场，并以国际市场带动国内市场。推进国际化并购，定期开展目标公司和行业研究分析，在确保风险的基础上，力争取得实质性突破。

(四)在技术引领上求新求变，以核心竞争力推动技术变革

1.坚持自主创新，建设引领发展的核心技术体系

积极对接中车科技体制改革，持续建设和完善具有公司特色的核心技术体系。加强与国内外顶尖科研院校、组织交流合作，研究参股设立的外部创新平台运作方式，寻求互利共赢的协同合作模式，构建开放性技术创新平台。以产品开发过程、研发产品和客户运用成本最优化为目标，通过产品平台化、模块化及信息化的深度应用，加快推进精益研发。完成电机工程研究中心建设，加快19个专项实验室建设进度，完善具备国际先进水平的"2＋N"试验验证体系。用好国家鼓励高校科研人才兼职兼薪的优惠政策，开放猎取外部高端人才，打造"混血型"科技创新队伍。建设以专利为重点的技术标准体系和知识产权体系，主导核心领域标准制修订，有预见地做好海外专利研究和布局，推动知识产权价值的变现交易。全面导入产品工业设计，提升产品技术价值和用户体验。

2.引领行业发展，不断推出新产品、新技术

把握行业发展趋势，扎实做好市场产品研发和储备性技术研发，不断推出满足市场需求和技术发展方向的新产品、新技术。前瞻性研究方面，攻克牵引功率等级电力电子变压器、智能电机振动实时监测无线传感网技术、电动汽车集成永磁同步电机、磁悬浮轴承等领域核心技术，同时，探索建立前瞻性技术研究成果

市场化落地机制。基础性技术方面，开展新结构轴承配置、牵引电机绝缘诊断与剩余寿命预测、超高压风力发电机绝缘系统、中高速磁悬浮电磁铁铝箔绕制工艺技术等研究。产品研发方面，轨道交通，开展德国 DB 调车机车、250 公里标准动车组、600 公里高速磁浮车等项目研制。风电领域，开展森维安 3.8 兆瓦异步风力发电机、7 兆瓦中速永磁风力发电机、8 兆瓦试验台拖动电机等产品研制。高效电机领域，开展航标船推动电机、盾构机系列驱动电机、带档箱型客车驱动产品、高功率密度电动轮系统驱动电机等项目研制。特种变压器领域，重点推进高速磁悬浮牵引供电系统变压器、船用动力系统变压器、内置式风电变压器等产品研制。

3. 健全品质管理机制，持续巩固推广"零缺陷"成果

强化体系管理，建立预防有标准、过程有监督、结果有验证的闭环管理机制，努力形成"事前预防、全面控制、动态管理"的品质观。抓住"中车 Q1.0"质量管理体系推进机遇，积极实施质量管理流程变革，构建牢固的质量安全防火墙。搭建设计、工艺、质量"零缺陷"体系，推广失效模式分析（FEMA）、质量控制计划（QAP）等工具的深度应用；固化标准作业成果，强化工艺纪律执行，重点围绕新产业开展工艺技术攻关和工艺提升；建立并落实产品质量抽查机制，以严格的过程管控保障产品零缺陷。扎实开展重大惯性质量问题攻关，实施机车电机 N 端轴承、引线和标动速传误报等故障的销号管理。建立产品生产、运用、维保全寿命周期质量信息系统，为产品状态监测和质量预防奠定基础。加强三包备品费用管理，建立内部质量责任追溯制度，加强外部质量损失索赔考核力度，降低质量损失。

4. 加快"两化"融合，推动制造模式升级

加快打造智能制造技术平台，抓住离散型智能制造的关键要素，开展车间总体设计、工艺流程及布局数字化建模，推进关键制造工艺数值模拟和加工、装配的可视化仿真，实现现场数据采集和分析系统与既有系统的协同与集成。重点开展支持集团化管控、多元化发展、国际化经营的新一代企业资源管理系统（SAP）建设，建立二级主数据管理平台和业务分类数据管理平台，实现数据标准化与个性化的统一；探索产品数据管理（PDM）系统与 SAP、MES、分布式数控（DNC）等系统的集成，推广 MES 在牵引电机事业部的应用，加快提升生产和管理信息化水平。加强信息安全保护，开展 ISO27001 标准建设，建立信息安全管理体系。

（五）在机制建设上求新求变，以组织执行力推动效率变革

1. 创新管控模式，充分激发企业发展活力

持续推进业务主体管控模式变革，针对组织架构存在的问题，结合 SAP 系统建设对组织架构的要求，提出基于战略落地、面向市场、有利于产业发展的集团化组织架构方案；同步推进绩效体系重构，构建基于业绩改善的业绩评价体系；

针对不同的产业单元,从授权、管控、考核、激励维度实行差异化管理。创新体制机制,以预算指标为牵引、以价值创造为导向、以内部产业链为主线,探索非市场主体单位"全员参与、独立核算、责权利能绩对等"的经营型组织运作模式,传导市场压力、激发组织活力。持续推进流程体系优化,分批次开展痛点流程改善,推动研发和供应链领域流程管理模式应用。推动母子公司融合发展,构建"战略管控型 + 价值创造型"服务总部,提升职能部室服务意识、服务能力和服务效率;完善各产业主体的业务边界和协同机制,实现总部与子公司范围内技术、营销、制造等资源共享和能力共建。落实重大决策、重点工作的 PDCA 闭环管理机制,加强过程监督和结果评价,推动执行力的提升,确保各项工作落地。

2. 对接国际标准,构建完全项目制运作机制

对标国际项目管理标准及一流企业实践,从"产业市场规模预测、客户分析、竞争策略、路径推演与盈利模式、财务预测、资金来源与配置、创业团队组建、项目进程"八个维度,建立完全项目制运作模式。将森维安项目作为项目管理、技术改善、质量提升的实践范本和模板,将经验制度化、文件化、体系化,并推广覆盖全部产业项目。总结提炼产品项目管理标准,开发项目模拟线信息系统,实现对项目的高效、动态、可视化管控。建立项目经验案例库、知识库和成本标准数据库,构建项目管理知识共享平台。完善项目责任经理负责制,以质量、成本、交期为主线,构建科学完备的项目绩效评价激励机制。

3. 夯实精益基础,持续推进精益管理体系建设

深化"6621 运营管理平台"建设,持续完善管理线、管理平台、管控标准和要求,建立支撑精益制造的管理支撑体系。树立"现场就是市场"意识,以打造五星级现场为目标,完成工艺布局调整,建立现场拉动和管理推动的协同机制,持续扩大精益示范线及精益车间覆盖面,固化并推广新产品模拟线工作标准。深度推进精益供应链建设,加快独家和代理采购清理,加强供应商筛选、培育、评价和支持,有效降低采购成本和关键物料质量风险。优化库房布局,开展物流信息化建设,打造智慧物流。强化提质增效,坚持"过紧日子"思想,从严控制各项费用预算,实施全价值链成本管理,开展售后差旅费和"两金"压降等专项改善提升工作。构建创效成果激励与分享机制,增强全员提质增效积极性。组织策划好"全员安全认知"管理创新课题,完善安全作业诚信体系,强化能源、设备管理,逐步淘汰高耗能落后设备,切实做好各类安全环保风险防范。健全"三道防线"风险管理机制,持续完善客户信用管理体系。推进制度、合同、重大决策法律审核把关机制建设,发挥法治工作保发展、稳经营的"压舱石"作用。

4. 突显价值创造,营造人力资本增值环境

建立战略人力资源管理体系,实现"业务伙伴、战略推动、员工服务"的人力资源管理转型。围绕"助推产业发展、支撑国际市场"主线,提升既有产业人员效

能，加大新产业、新市场资源投入。开展战略人才、关键技术人才或创业团队引进，推动核心人才向新产业板块平稳过渡，为新产业发展提供充足的人才保障。依托定岗定编项目成果，试点本部管理人员降比方案，优化人才队伍结构。举行后备人才行动学习大赛，开展第二届后备人才选拔，全面推行公司中层管理人员任期制、聘任制和契约化管理，激发和保护企业家精神。从战略理解、管理执行、职业操守等维度，提升职业化能力，完善执行力制度，确保重点任务落实。引入新产业项目绩效考评机制，实施"预约年薪制"和"承包工资总额制"，提高奖励兑现的及时性，支撑新产业快速突破和规模化发展。

（六）在引导作用上求新求变，以文化凝聚力推动动力变革

1.持续加强党的建设，塑造金名片下的子名片

全面学习宣传贯彻党的十九大精神，把政治建设摆在首位，坚持党对国有企业的领导不动摇，把方向、管大局、保落实，把党的领导融入公司治理各环节，把党的意志贯穿到经营管理全过程。按照中车党委"提质换挡年"工作部署，抓住党建和经营工作的融合点、切入点，突出公司党建主题特色，塑造公司党建工作典范，全力打造中车党建金名片下的子名片。注重提升党建工作的价值创造能力，充分把党建优势转化为发展优势和竞争优势，坚持党建和党风廉政建设与企业生产经营、变革发展深度融合，营造风正、气顺、心齐、干净的经营环境，激发创新发展活力和内生动力。

2.加强品牌建设，构筑立体文化体系

围绕精神层、行为层、形象层，制定企业文化建设实施方案，构筑三层次立体文化体系。持续深化 BI 建设，结合《CIS 手册》和试点成果，细化推行关键接触点岗位和操作岗位行为规范，塑造新时代的职业化形象，进一步提高市场认同感。从公司整体层面设计和推广统一的产品铭牌标准，提高产品行业知名度和识别度。利用国内外媒体资源、展会平台、学术会议等机遇，加强公司重要产品、重大事件的新闻宣传策划，开展新闻营销，不断聚集品牌正能量，提高知名度和影响力。利用三维视频、虚拟现实等手段丰富展示内容，打造多功能实体展厅和网络展厅。

3.加强学习型组织建设，注入变革发展新动力

充分发挥愿景引领驱动效用，开展愿景研讨，解读、分解共同愿景，形成组织、个人一体化愿景体系。持续开展心智认知、头脑运动会、逆向思维等培训开发，组织行动学习、深度会谈、情景换位等训练活动，改善员工心智模式。引导、激发员工自我超越，构建知识共享平台，分层分类推进"乐享学堂"知识、经验分享，建立知识分类标准，搭建、充实内部课程、经验资源库，分步绘制学习地图，夯实学习超越的基础。营造团队学习机制和氛围，健全完善学习实验室运行、管理机制，强化头脑风暴法、PDCA、思维导图等工具、方法的培训，推动员工熟练

应用团队学习方法开展难题攻关、变革创新。提升系统思考能力，培育引导员工、团队构建时间、空间的动态思维，通过 SAP 系统整合、流程重构、项目管理等实践来打破组织边界，促进员工、团队全局、动态地思考问题，制定并实施有效的全局性政策和方案，推动公司发展。

4. 坚持共享共赢，全面促进企业和谐发展

深入实施廉政建设和反腐败工作机制，整合监督资源，形成监督合力。聚焦中心，开展"两金"、供应链、投资项目等重点领域和重大基建项目效能监察和专项监察。履行央企责任，抓好定点扶贫，加强节能减排，提升环保意识，改善作业环境，做好后勤服务保障，丰富员工文化生活，牢固树立负责企业形象。全心全意依靠全体员工，尊重劳动，尊重创造，做好评先树模的激励引导，充分调动员工的积极性和参与热情。扎实推进"六送三关注"活动，关心困难员工生活，解决员工合理诉求，维护员工合法权益，实现企业与员工利益的和谐共赢。

同志们，唯其艰难，才更显勇毅，唯其笃行，才弥足珍贵。新时代已经开启新征程，新时代更需谱写新篇章，让我们同心同德，以更加坚决的战略定力，开拓创新、奋勇争先，全面谱写新时代株洲电机公司变革发展的新篇章！

基于品质提升的成本优化工作启动会主持词

总经理　宁文泽

2018 年 11 月 26 日

同志们：

　　2018 年已经接近尾声，我们即将迎来贯彻落实"十三五"战略的攻坚之年，在这个特殊时期，我们一起来研讨策划公司明年成本优化工作具有重要的战略意义，希望大家高度重视。

　　今天的会议共有四项议程：一是副总经理、财务总监李敏良介绍《公司基于品质提升的成本优化工作策划方案及推进计划》。二是轨道交通事业本部汇报成本优化方案并表态。三是由江苏公司汇报成本优化方案并表态。四是董事长、党委书记周军军讲话。

　　现在我们进行第一项议程，请副总经理、财务总监李敏良介绍《公司基于品质提升的成本优化工作策划方案及推进计划》。

　　（介绍完毕）

　　接下来，进行第二个议程，请轨道交通事业本部汇报成本优化方案并表态。

　　（汇报完毕）

　　接下来，进行第三个议程，请江苏公司汇报成本优化方案并表态。

　　（汇报完毕）

　　最后请董事长、党委书记周军军讲话。

　　（讲话完毕）

　　刚才，刚刚敏良同志向大家介绍了公司此次基于品质提升的成本优化工作的策划方案及推进计划，希望各单位会后要认真研读、学习，并积极贯彻落实。轨道交通和风力发电产业作为公司的支柱产业，是此次成本优化工作中的重中之重，轨道交通费事业本部和江苏公司刚才也都做了很好的表态，希望两个单位能够保质保量落实，并充分做好表率，带动公司总体的成本优化工作。同时，董事长、党委书记周军军同志从经济学角度带大家重温了成本问题的由来及构成，围绕客户价值、市场环境和竞争能力三个维度对基于品质提升的成本优化工作作了深刻的解读，并提出了相关工作要求，希望大家务必认真领会、积极贯彻落实。

借此机会，我再强调以下几点意见。

1. 高度重视，强化组织领导

基于品质提升的成本优化工作，即是贯彻国家五大发展理念、高质量发展要求的重要举措，也是落实价值创造和精益理念、推动公司经营品质提升的重大部署，也是我们能否保持持续稳定发展的关键。公司各级管理者要高度重视，各分管领导要主动承担责任，带领分管单位主动作为，把"基于品质提升的成本优化"的重点工作、专项措施、具体指标落实好。各单位负责人，要带领全体员工，进一步强化经营意识，关注重点指标改善，推动经营绩效持续提升；强化品质意识，更加注重产品品质和企业经营品质；强化风险意识，堵住出血点，控好风险点；加强企业管理，深化精益管理，突出向管理要质量、要增长；要以更加有力的措施，推动成本优化工作取得实效。

2. 统筹规划，落实工作措施

刚才，敏良同志介绍的《公司基于品质提升的成本优化工作策划方案及推进计划》，目标明确，措施具体，针对性和可操作性都很强。总部各部门、各事业部、各子公司要认真学习，把握内涵，结合本单位具体实际，结合生产经营重点，确定积极的工作目标，分解落实工作指标，制定可量化、可操作、可考核的工作方案，切实做到任务层层分解，压力层层传递，责任层层落实，充分调动全体员工的积极性和创造性，确保成本优化措施有效落实。

3. 突出重点，实现专项突破

无论是中车内部巡视，还是国资委党委巡视，都指出了我们经营管理中存在的突出问题：资产占用不断增加，"两金"占用持续高企，各项费用持续增长，企业的费用支出与营业收入不匹配，独家代理采购清理缓慢……等等，这些都是我们当前和未来必须下大功夫攻克的难题。各单位要充分借助此次成本优化工作，制定专项措施，着力解决好以上问题。

4. 创新思路，强化过程管控

要用过程来保结果，突出 PDCA 闭环管理，做到有目标、有计划、有检查、持续改进，形成长效和常态。各单位要加强过程点检和管控，及时发现异常，把好关口，重点管控，做好分类分级管理，形成定期滚动管控机制，以确保总体目标的实现。要突出精益的思维，善于做减法，精简节约，去疴除弊，轻装上阵；要从全价值链视角，减少浪费，拓展增值空间；要创新工作方法，做好过程管控，把隐性的问题显性化，及时暴露问题，解决问题。

5. 完善体系，加强考核激励

一是要加快推进基于市场导向的全员价值创造体系建设。对外，要紧跟客户，以业务为核心开展各项经营管理活动；对内，构建一套全面的内部结算体系，模拟市场核算，不论是事业部还是子公司，各业务板块都要进行经济算账，实现完全市场化的运作。二是要建立基于刚性目标的激励约束机制。重点强调在刚性目标基础上的激励，将是否完成刚性目标作为组织和个人评先评优、晋升的重要条件。三是要建立定期通报机制。各单位要以月或周为单位，对各项指标完成情况与自身做纵向对比，与其他板块的完成情况做横向对比，到最后汇总起来形成报表，把优化过程体现在数据上，做到一目了然。运营管理部、财务与资产部要充分利用好激励约束机制，选树典型，好的坏的都要在月度绩效讲评会或以其他方式进行通报。

不积跬步无以至千里，不积小流无以成江海。最后，希望全体员工能够坚定信心，锐意进取，攻坚克难，从一点一滴做起，全力以赴完成各项任务目标，为公司的持续、健康发展，为"三创三化"愿景目标的实现奠定坚实的基础。

落实安全环保责任　确保体系有效运行
全面夯实株洲电机公司高质量发展基础

——在公司 2019 年度安全环保工作会议上的讲话

总经理　宁文泽

2019 年 1 月 30 日

同志们：

2019 年是公司实现"十三五"战略发展规划的"攻坚爬坡年"。公司 2019 年度职代会和 2019 年度安全生产与环境保护工作会议陆续召开，体现了公司党委领导班子对新组织架构下安全环保工作的高度重视。余总代表经营班子刚刚做了一个很好的工作报告，充分肯定了 2018 年取得的工作成效，客观分析了面临的形势和存在的问题及挑战，系统提出了年度安全与环保工作的目标和思路，全面部署了 2019 年各项安全环保重点工作。请各单位认真贯彻和落实。

2018 年，在安全生产和环境保护工作中，我们注重源头防控与治理，夯实基础管理水平，深化隐患治理，不断完善安全生产、职业健康、环境保护等管控体系，现场本质安全度得到稳步提升，突出环境风险基本得到有效控制，实现了安全"四零"目标，未发生任何突发环境事件。安全生产与环境保护工作总体形势保持持续稳定和可控，我代表公司对大家的努力和辛劳表示衷心的感谢！

下面，围绕"落实安全环保责任，确保体系有效运行"，我讲三点意见。

一、落实安全环保责任，切实发挥"主体责任"作用

2018 年 10 月 29 日，公司围绕"提高市场化程度、战略型集团管控、强调主体责任"三个核心要义进行了组织变革。在新的组织架构模式下，公司安全环保工作实行法人代表和总经理作为第一责任人领导下的两级管理，强调管理与执行主体责任的区分，进一步明确责任主体。主体责任有两个层面含义：一是管理层面，总部安技与环保部是体系责任的主体承担者，要代表公司将各项法律法规、标准要求传递和转化成公司的安全环保制度及执行要求，对公司安全环保体系的有效性负主体责任，并积极赋能产业单元，做好各单位"标准动作"的培训、检查和指导。二是执行层面，各产业单元是执行责任的主体承担者，对本级单位安全环保体系有效运行负主体责任，产业单元的安技与环保部门要代表本级单位负责按照体系要求检查管理安全环保工作的落实。同时各单位的党政负责人是本单位安环工作按标准执行的第一责任人，公司分管领导是所分管产业或业务安环工作的领导第一责任人，要切实履行"一岗双责、党政同责"。从而构建起领导、管理、执行三个层面两级管控的安全环保责任体系，实现安全环保工作的责、权、利对等，实现责任的层层落实、逐层追溯，有效支撑安环工作落实落地。

各责任主体要有高度的政治敏锐性，切实落实好安全环保责任制，高度重视安环风险防控、高度关注安环隐患及问题，牢牢把握公司安全生产和环境保护工作的大方向，为公司生产经营的持续稳定打好安全与环保基础。

二、健全安全环保体系，确保体系规范有效运行

（一）体系有效运行，首先要保证体系的有效

体系的策划应充分且适宜，总部安技与环保部要充分考虑内外部环境、相关方需求与期望等多方面的因素，组织专业部门针对性开展国家安全环境法律、法规，行业标准规范和上级部门工作要求等方面的适用性和合规性评价，并转化、融合为公司安全环保的规章制度、程序文件和标准作业指导书等内容，同时明确安全环保红线与底线，实施"一票否决"制，形成一套规范适用、操作性强、覆盖范围广、平移复制性强的安全环保管控体系，实现所有单位、所有子公司的体系运控延伸，重点关注安全环保基础薄弱、风险突出的异地子公司（基地）和新产业平台。

（二）体系有效运行，关键是体系运行有效

体系的有效仅解决了"怎么写"的问题，关键是要保证体系标准和要求得到宣贯和理解，体系各要素的管理、执行到位；保证各项具体的隐患和风险得到有效管控；保证安全环保绩效与工作持续改善与优化，最终解决"怎么做、怎么记"的问题，实现"怎么写、怎么做、怎么记"的高度一致以及安全环保工作的闭环管理。总部安技与环保部要系统组织识别评价公司安全环保风险，并制定相应的应对措施和解决方案；要构建并实施隐患排查机制，定期或不定期对产业单元进行体系运行有效性及管理品质评估。各产业单元及其他执行主体要系统开展安全环保风险识别与管控，重点抓安全环保源头风险防控，着力解决重大安全隐患和突出环境问题，实现公司经营发展的安全稳定。

（三）体系有效运行，最后是保证体系成为企业文化的重要组成部分

体系有效运行，既是外部环境的需要，也是市场的需要，更是公司发展的需要、自我提升和改善的需要。体系最本质的要求就是让安全环保能够形成一种文化，形成"全员高度关注、全员积极参与"的安全氛围。员工言行举止规范标准，安全环保工作严格自律；安环管理专业规范、职业化程度高，形成日常行为规范，潜移默化中固化成为企业文化的一部分，保障公司持续发展。

三、正视安全环保工作存在的困难和问题，迎接打造"世界一流的通用机电集团公司"新挑战

（一）适当加大安全环保投入力度，不断推动重大项目整改，实现"本质安全"和"源头治理"

在全面识别公司所有作业活动和设备设施的污染源、危险源的基础上，对重大（要）安全环境风险落实专项资金，从人防、物防、技防上下功夫，或消除替代、或整改整治、或实施管控，决不能也不允许发生任何意外。特别是在新组织架构模式下，各产业单元都是成本中心和利润中心，安全环保技改投入的资金提取和使用必须依法合规，公司在总体上会按照"向新产业倾斜、向重大隐患倾斜、向严重职业危害倾斜、向创新示范项目倾斜"的原则，进行资源的统筹安排和合理分配。2019 年，研究院、安技与环保部和相关产业单元要在经济合理情况下，在全公司推广水性表面漆和环保浸渍漆，争取 2019 年能够取得阶段性的成果，在 2020 年底前将环保型漆总用量占比由当前的 38% 提高至 80% 以上，提高产品品质、解决作业现场和环境问题。这是公司践行绿色发展理念的需要，更是政治巡视整改的需要，没有退路也没有商量的余地。

（二）重点加强安全环保基础管理，全力落实安全环保风险防控，坚决杜绝重大安全环保事故

经过大家的努力，2018 年，公司圆满实现各项安全环保目标。但是，我们要清醒地认识到，我们还存在较多的重大风险和管理缺陷，比如：二级及以下子公司、新产业平台安全环保基础管理薄弱，特种设备监督管理，对员工健康有影响又污染环境的油漆作业，大型风电产品吊装作业，产品试验的高压触电风险，还有紧密频繁的外来相关方施工作业等。这些重大安全与环保的风险部位，依然是"高悬的利剑"，稍有疏忽，很容易造成"群死群伤"的重大安全事故、发生较大的环境影响事件。各级单位的"一把手"，要系统地研究本单位安全环保风险的识别和管控问题，通过行之有效的技术手段和管理手段，系统整改、源头控制、防控结合、标本兼治；突出工作重点和难点，狠抓安全环保重大和较大风险问题，坚决解决重大安全隐患，着力解决突出环境问题，杜绝违法违规行为，不断降低安全环保风险，实现安全环保"双归零"目标。

（三）主动对接国内外先进企业，拓宽国际化视野和格局，实现安全环保与国际化接轨

安全环保要"走出去，引进来"，公司要组织到国内外、集团内安全环保标杆性企业进行多方位交流、调研和学习。以安全可视化提升为着力点，有针对性地开展先进对标调研，确保安全环保工作与国际接轨。近期，公司制定了会议室安全须知和外来参观安全须知的中英文版本，这是我们体系要求的规范工作和与国际接轨的一个具体表现。我们必须从责任落实抓起、从高管做起，言必谈安全环

保、行必保安全环保，上行下效，使全体人员真正讲安全环保，实实在在做安全环保，从而得以实现安全环保。我们要清醒认识到，公司安全环保工作对标国际一流还有很大的改善提升空间。

同志们，我们要深刻认识安全发展、绿色发展是公司实现既定战略目标的重要基础。在公司发展的新征程上，我们要牢记使命、不忘初心，勇于担当、砥砺前行，全面打造平安电机、绿色电机、健康电机，为中国中车"金名片"增光添彩！

当前，年关将近，岁末年初历来是安全生产的关键时期，公司全体上下要高度重视，全面落实各项安全环保措施，确保岁末年初安全环保形势稳定，同时，借此机会强调岁末年初及长假期间几方面的工作。

（1）春运包保服务工作责任重大、任务繁重，轨道本部、子公司要精心组织、系统策划，落实好人员、备件与工作措施，保证各干线铁路及城轨地铁的顺畅运行、保证售后服务人员安全。

（2）各单位要尤其重视节前和假期期间的安全保障，有效防控因过节心情与意识放松、心态不稳等可能会造成的各类安全事故风险，保证员工人身财产及出行交通安全。

工会要牵头组织做好春节送温暖活动，重点对困难员工及党员、患病员工、售后人员、劳动模范、离退休人员等群体人员开展慰问看望活动，关爱员工，聚力发展。

节日期间的各项加班任务和项目计划要按项目化、精益思想理念来安排，做到按项目要求、按工位制节拍生产要求明确加班内容及人员责任，保证高效加班，并系统做好应急预案及措施，确保长假期间公司项目安全平稳。

节日期间大家要坚持节俭文明廉洁过节，倡导绿色消费及健康文明生活，同时严守中央八项规定，坚守底线、不越红线，过一个愉快祥和的春节。

最后，新春佳节即将来临，在此给大家，并通过你们给广大员工及家属提前拜个早年，祝大家：新春快乐、身体健康、阖家幸福、万事如意！谢谢大家！

坚定信心 务实创新
以一流的作风确保全年经营目标的达成

——在 2018 年年度绩效讲评会上的讲话

总经理 宁文泽

2019 年 2 月 23 日

各位同仁：

一年春作首，万事行为先。首先我代表公司经营班子祝大家在新的一年里，身体健康、工作顺利、阖家幸福！这三天时间陆续召开 2018 年度绩效发布会、2019 年度工作会议和党风廉政建设工作会议，目的既是要集中归位、调整状态，尽快从假期自由松散的状态中走出来，重整旗鼓、整装待发，也是为新一年的工作打气鼓劲，经过了春节假期，大家的身心得到了休息、休整，希望大家能以信心百倍、充满活力的状态迅速投入到新年的工作中，抢抓时间，务实创新，扎实工作，为今年各项工作任务开好局、起好步。

下面结合公司当前的经营形势，我重点强调一下全面绩效管理、公司 2019 年经营指标以及工作作风等方面的意见。

一、推进全面绩效管理

运营管理部刚刚通报了组织变革后组织绩效体系的方案，这个方案已经通过办公会审议，今年将全面实施，岗位绩效也正在优化调整过程中，组织绩效和岗位绩效是我们全面绩效管理体系的核心，各单位都要深度参与进来。我们推进全面绩效管理，构建围绕战略、落实目标、逐级支撑、全员覆盖的一体化绩效管理体系，期望通过这种方式，打破利益博弈、评价结果与经营成果脱节、员工关注度低的局面，真评、敢晒、能应用，营造全员关注绩效的氛围，进而拉动各项管理的全面提升。在此基础上，深入推进三项制度改革，真正实现"六个能"，真正使得我们公司的人力资源的活力更充足一些，使得我们公司的市场化程度更高一些，让大家感觉到有压力，从而有动力。

构建全面系统的绩效管理体系，首先必须要理解绩效管理，正确认识绩效管理：绩效管理是一种将公司相关各部门和全体员工的行为与结果，通过有效引导，统一到公司要求的目标和方向上的管理手段，目的是使过程管控更加有效，最终能够保障达成我们的既定目标。其核心包括三个维度，即"强调业务导向、强调问题导向、强调过程方法"。

（一）全面绩效管理要强调业务导向

企业的一切行为都是为了实现战略，一切管理活动都是为了提高绩效，而绩效代表了业务和效益，说白了就是收入和利润，这是企业经营的核心目标。这决定了绩效管理的首要目的就是支撑和服务于业务，既强调要实现业绩目标，同时考量如何实现业绩目标。强调实现业绩目标，我们的绩效管理就要围绕业务而非"常规"的标准和数据。业务并非仅仅与业务单位有关，我们所有的部门都要承担起相关的业务指标，因此要坚持战略能力评价和业绩评价相结合，要客观设计和评价公司总部各部门和产业单元在市场业务中不同角色和重点。如何实现业绩目标，就是如何让我们所有的管理、职能和资源都充分发挥出作用，项目管理就是核心途径。我们的绩效管理要通过项目管理这种方式打破我们各个部门之间的壁垒；通过项目管理，拉动我们的各项管理；通过项目管理，反映我们各项管理的水平、各项管理的成果；通过项目管理，转变我们工作作风，最终构建我们株洲电机公司强矩阵项目管理模式。

（二）全面绩效管理要强调问题导向

我们绩效讲评会上讲的基础是数字，数字背后隐藏的是各部门现阶段存在的问题。当然，首先我们必须保证这些"数字"是客观的、真实的。其次，数字背后的问题才是需要我们真正去关注的，也就是我们的绩效管理是要去挖掘公司战略能力支撑、经营指标达成、业务单元价值协同等方面存在的问题。最后，也是最核心的，就是如何去解决问题。解决问题，我们要切实运用好"双归零管理"，"双归零管理"的方法是要求我们客观对待工作中出现的问题，对产生问题的原因寻根溯源，采取标本兼治的措施彻底解决问题。"双归零管理"包括技术归零和管理归零，分别从"定位准确、机理清楚、问题复现、措施有效、举一反三"和"过程清楚、责任明确、措施落实、严肃处理、完善规章"两条路径分析和解决问题。要求对问题的分析处理必须在技术和管理两个方面都形成闭环，从而保证类似问题不再发生。好做管理、技术两方面的分析之后，最后就是人的素质，直接责任人的能力、水平、态度问题等。

（三）全面绩效管理要强调过程和方法

解决好上述两个导向的问题后，我们再回归全面绩效管理的运用。我刚才说，绩效管理是对我们各个部门和全体员工的行为和结果一个有效的引导和过程管控的方法和手段，也就是三个关键词，即"过程、方法、管控"。

关于"过程"。大家应该都很清楚，根据 ISO9000 标准体系要求，公司各项管理实施过程均应该为 PDCA 循环。即针对目标设置阶段性指标，采取行动，达成目标，进行总结、反思、修正，然后进入下一部分，这就是一个 PDCA 循环过程。

"过程"这个关键词强调的是绩效管理，不是针对结果，而是关注全过程，是保证整个过程的质量、进展能够与我们所要求的方向、结果一致。同时要通过有效的过程管控，促使各项工作的 PDCA 循环水平得到往复的螺旋式上升，下一个循环比上一个循环取得更好的效果。

关于"方法"。首先要进行学习。绩效管理是一种管理方法、工具，虽然在公司推行过程中，客观上还存在一些不完善、不合理的地方，必须要通过学习理解绩效管理。其次要掌握运用。这里不讨论绩效管理对公司适用与否，这种管理方法已经在全世界得到了广泛的印证，在我们株洲电机公司推行没有任何问题。关键是要熟练地运用并且还要用好，要能够把它的作用充分发挥出来。第三要解决问题。绩效管理不是简单的指标完成情况展示，而是通过这种方法深入发掘工作中存在的问题，寻求改进措施，从而提高管理能力。无论是对部门还是个人，这都是一个非常科学的评判方法。

关于"管控"。既然绩效管理是对过程引导和管控的有效方法和工具，那么如何管控，如何更好地管控，需要我们认认真真的研究。在达成目标的过程中我们有明确的方向要求，对过程进行有效管控，最主要的目的是纠偏。公司的目的不是为了考核大家，而是通过绩效管理将各部门和员工管控到位，确保在公司要求的方向上没有出现偏差。同时促使各部门提高管理能力，全体员工提升业务水平、能力和素质，实现双赢或者多赢。指标等评价标准，我们追求持久、有序、健康的发展，而不是仅关注财务指标，竭泽而渔。希望各部门和全体员工在这个方法的引导下，不断学习、创新，全方位提升。

二、确保完成 2019 年经营目标指标

2019 年经营目标的选定过程比较艰辛，我们自身压力较大，存在较多困难，经过多次讨论，综合考虑多方面因素，最终我们选择了"销售收入 75 亿"的 T3 目标。主要有以下几个方面的考量。一是集团整体经营目标的要求。作为集团优质企业之一，集团希望我们坚持高目标引领，继续内部挖掘潜能、寻找增量空间，为中车"双打造、一培育"做出应有的贡献。二是推进"双百行动"综合改革的要求。"双百行动"于公司而言是一次千载难逢的机遇，是我们实现转型升级，优化体制机制，拓宽利润来源，激发经营活力，提升发展品质的重要途径。而经营指标的持续向好，是我们深度推进"双百行动"、有效吸引社会资本的重要基础。三是提升自身能力的要求。从坚持高目标引领来说，古语云"求其上，得其中；求其中，得其下；求其下，必败"。我们对公司的经营业绩和员工的幸福指数要有一个高的期望值，通过高目标引领，燃起斗志，激发动力，促使我们自加压力、主动作为。从自身能力空间方面来说，我相信我们有能力来实现这一目标，我们还有很大增量空间能够挖掘，关键是我们需要改变原有的粗放型管理模式，坚持以精细化管理抓住效率的"关键点"、止住成本"失血点"、突出指标的"瓶颈点"，全面提升公司内部管理水平。四是员工对更美好生活的要求。员工对美好生活的向往，也是我们奋斗前进的目标，选取这一目标有利于公司整体薪酬水平稳定，保障员工基本收入，维持人才队伍结构稳定，让员工对企业的未来更有信心。

如何确保明年经营指标的达成，我想重点可以从以下几个方面来开展。从管理层面来考虑，一是强化经营意识。以全面预算为指导，结合内部市场化机制，形成公司整体的全员价值创造体系。突出价值引领和效益导向，形成以价值衡量为基础的内部经济结算关系，促使各责任主体以价值为纽带，按市场规则开展协同合作，引导资源合理配置，激发全员价值创造潜能。二是强化过程管控。以过程管控保证结果实现，强化过程管控，突出 PDCA 闭环管理，加强过程点检和管控，把好关口，重点管控，做好分类分级管理，形成定期滚动管控机制，以确保总体目标的实现。三是强化考核激励。建立基于刚性目标的激励约束机制。重点强调在刚性目标基础上的激励，将是否完成刚性目标作为组织和个人评先评优、晋升的重要条件。四是强化意识与习惯，形成成本管理文化。下大力气来规范员工行为，坚持按照制度和标准来做事，坚持从小事和一点一滴做起，融入"精益"和"集约"的思想，强化意识和习惯，最终形成一种成本文化意识。

从具体业务层面来考虑，组织变革后各业务单元要承担起市场主体责任，以顾客和市场导向，全力开拓市场。在开源方面，轨道交通业务，一是要加强与铁路总公司和主要客户的交流，巩固提升既有轨道交通产品市场占有率的基础上，提升变压器产品在铁路市场的占有率。二是积极寻求发展增量，包括内燃项目配套、轨旁设备延伸以及城轨增量。三是结合铁总"三化一集中"，积极布局检修业务市场。风电业务，一是要尽快完成福清、阳江基地建设，跟进巴西、澳洲、阿根廷直驱项目。二是要完成重点新产品样机试制和小批量交付，提升市场占有率。三是要适应全球风电进入微利时代，制定成本优化方案并实施。新产业业务，要通过技术创新、产业拓展、服务转型、商业模式创新和精益管理等多种途径，提升盾构机、矿用电机等市场占有率，扩大高速永磁电机市场，突破汽车空压机、地铁动力变压器等新市场新领域。同时，要积极研究并抓住"双百行动"机遇，实现产业快速突破。国际业务，一是要高标准完成 Senvion、SGRE、CAF 等在手订单并获取后续批量订单，做出品牌示范效应。二是要持续推进海外布局，现阶段要加快德国分公司和澳洲子公司注册，筹划南美公司，并寻求欧洲、南美洲、非洲及中东等地区布局机会。三是要与国际同行建立战略合作关系，开展项目或合资合作。

在节流方面，核心就是要落实好基于品质提升的成本优化工作。一是要达成百元收入成本费用下降 5 元的目标，这是我们必须完成的刚性目标，每个单位都要参与进来，分解细化成本优化工作举措和目标，制定各单元的成本优化计划。二是针对预算的价格变动带来的 1.1 亿元减利，3 MW 及以下风电产品不再降价，并结合行业招标价格回升、资产承接等，与主机企业建立价格联动和利益分享机制；按照集团价格联动要求，轨道交通产品不轻易降价。三是针对预算中的亏损业务和项目，要制定详细的成本管控计划，将亏损控制在最小或实现扭亏为盈。四是要建立定期帮扶和督察机制，成立帮扶和督导工作组。我们要将"基于品质提升的成本优化"打造成为具有株洲电机特色的管理创新项目。

三、切实转变工作作风

我们常说，"一流的工作作风激发一流的工作状态，一流的工作状态催生一流的工作业绩"。以什么样的工作作风抓落实，以什么样的形象影响落实，不仅关系到工作成效，而且关系到事业成败的关键。

（一）以实为要，迎难而上敢担当

毋庸置疑，今年公司的经营形势依然严峻、指标压力重重，我们寄希望组织变革能带来质的改变，构建"战略管控＋价值创造"服务型总部和内部产业单元市场化机制，但从去年跟各部门沟通的情况来看，部分部门对变革的目的和意义没有理解透彻，照猫画虎，形神分离，表面文章做得多，实际效果并不好。对管理思想、方法、工具学习不够，解决问题和开展工作还是惯性思维、传统套路，不会或没有真正实现变革。为此，当前较长一段时期，我们主要任务是把思维模式由"传统工厂"转向"现代化公司"，把习惯由"运营"转向"经营"，要求公司全体员工，尤其是党员领导干部不畏困难，做到关键时刻敢于负责、重大问题勇于担当、接受任务不找借口、执行任务不讲困难、完成任务不遗余力，以实实在在的行动想问题、办实事、创效益。同时，要克服惯性思维，以全新的视角审视当下的工作，对工作中存在的深层次问题进行研究，不断完善工作思路和措施，做到决策有新思维，工作有新思路，落实有新举措，实施有新方法。

（二）以勤为径，履职尽责不推诿

当前公司内部客户意识不强，市场压力不能有效传导，总部部门与事业部之间、总部部门之间、事业部内部均存在不同程度的责任主体不清晰、职责边界不明确、流程环节中的责权不清楚等问题，推诿扯皮现象时有发生，这些问题耗费了公司资源和精力，也制约了组织效能发挥。为此，要求大家不观望、不忧虑，以勤为根本，勤于思考、勤于学习、勤于探索、勤于实践，不仅要勤做大事、难事，更要勤于小事、琐事，在问题面前不退缩，职责面前敢伸手，把应承担的任务承担好，把应完成的使命完成好，往前多迈一步，保障我们的业务不出任何问题，不留空当区域，做到能挑千斤担，绝不挑九百九。

（三）以言为桥，打破边界多沟通

由于职能职责的不同，公司各部门工作内容跨度较大，不可避免存在一些壁垒，相关部门横向联系较少，造成部门之间沟通协调能力偏弱，简单事情复杂化，容易解决或者难以解决的事情都靠一纸文书来替代，OA通知、业务联系书满屏

飞，让人应接不暇，甚至个别经营班子成员之间也存在沟通不畅的情况。未来我们要实现强矩阵项目制管理，除了基本的流程、制度、标准是必不可少的，良好的沟通协调能力就显得尤其重要。希望大家要树立无边界的理念，要打破部门和级别界限，以及沟通和交流的各种边界，按照市场的要求，将静态管理变为动态管理，依靠一种扁平化的组织模式和无边界的沟通方式，走上灵活主动、不拘一格的发展之路。同时要树立业务沟通是管理最重要的工作理念，只有加强业务沟通，平时做到嘴勤多交流、腿勤多拜访，才能在部门协调中做到高效率、无障碍、无冲突地完成各项交流。

（四）以己为镜，严谨细致干事业

我们常说"天下大事，必作于细"，"细节决定成败"，然而实际工作中存在着不少的"差不多"现象和"差不多"的员工，物料库房配件数量"差不多"、产品出门手续"差不多"、工艺标准执行"差不多"等等乱象，都是差不多就行，只求过得去，不求过得硬，低标准，低要求，马马虎虎，虎头蛇尾，许多工作都是做得离要求差一截。严谨细致是一种工作态度，反映了一种工作作风，严谨细致就是对一切事情都有认真、负责的态度，一丝不苟、精益求精，于细微之处见真章，就是要把做好每件事情的着力点放在每一个环节、每一个步骤，不心浮气躁，不好高骛远。

四、收假收心，立即进入工作状态

这两天，各单位都对2019年工作做了很好的策划，明天我们还要召开2019年度工作会议，我们安排了很多项重点工作，任务比较繁重，希望大家马上从假期的气氛和状态里走出来，按照已经确定的思路、目标、方案、路径、方法、时限，立即启动各项工作。在这里，我想给大家鼓好"四股劲"。

一是拼劲。困难面前勇者胜。2019年我们要想取得优异的成绩，必须发扬"勇往直前、顽强拼搏"的精神，稍有松动，就可能导致进度滞后、标准降低。所以一定要有"拼命三郎"的精神工作态度上要不怕千辛万苦，要锲而不舍，工作方法上要千方百计，要"挤"要"钻"，确保把目标变为现实。二是闯劲。只有敢闯才有出路。邓小平同志曾经讲过："没有一点闯的精神，没有一点'冒'的精神，没有一股气和劲，就走不出一条好路，走不出一条新路，就干不出新的事业"。要善于运用灵活的办法、创新的思路，创造性地解决和处理工作中遇到的各种问题。三是狠劲。工作的圆满完成还要"严"字当头，敢于较真，在工作落实的各个环节要动真的、来实的、碰硬的，在工作标准的把握上要严要求、抠尺度、不松口，在工作责任的担当上要敢于带头、勇于担责、赏罚分明。四是韧劲。完成全年的工作，除了决心大、信心足、办法多、措施硬之外，还要有点韧劲，不管遇到什么困难和问题，都一如既往，坚持连续抓、经常抓，持之以恒，一抓到底，不达目标，绝不罢手。

此次会议是 2018 年年度绩效讲评会，也是 2019 年第一次召开绩效讲评会，应该说开了一个好头，会议效果超出了预期设想，后续每个季度我们都会召开一次，形成常态化，坚持不懈地做下去。一是要将全面绩效管理落到实处，使这种管理提升的手段深入人心，贯穿整个过程。后续在我们株洲电机公司评价一个部门或者一名员工就是通过绩效评价结果，促使大家进行工作改善、能力提升。二是要通过绩效考评这个平台相互学习、沟通、借鉴。能够全面掌握公司的实际情况、学习同性质单位好的工作做法、启发本部门管理提升等。三是要提高逻辑能力和水平。总结提炼汇报内容实际上体现出的是管理人员的逻辑思维能力，思维能力提高了，工作自然就有章法，水平就会逐步提高。四是要进一步规范会议，包括后续指标设置、数据口径统一、商业秘密保护等问题，都需要进一步规范。

　　总而言之，我们就是要认认真真、坚定不移地推行绩效管理。通过长期开展绩效讲评的方式提高大家的"行事"水平，促使大家养成良好的工作习惯，形成公司绩效管理的特色文化，使公司的经营体制、内部管理等各方面得到一个切实的提高。

　　同志们，"一年之计在于春"，做好第一个季度的工作非常关键和重要，第一季度的时间马上就要过完了，各项工作必须要迅速展开。希望全体员工都能心中想全年，突出抓首季，致力保开局，实现各项工作首季开门红，形成推进工作的强大合力，确保各项工作全面推进、优质呈现。

改革助力发展　管理提升质量
全力打造世界一流的通用机电集团公司

——在 2019 年工作会议上的经营工作报告

总经理　宁文泽

2019 年 2 月 24 日

同志们：

这次会议的主要任务是：进一步深入学习党的十九大和十九届二中、三中全会精神，深入学习总书记三次视察中国中车的重要指示精神，以习近平新时代中国特色社会主义思想为指导，全面落实中央经济工作会议、中央企业负责人会议和中国中车工作会议的各项部署，回顾总结 2018 年工作，直面问题挑战，科学研判形势，系统谋划当前一段时间的改革发展，全面部署 2019 年工作任务，动员全体员工，凝心聚力，团结奋进，全力打造世界一流的通用机电集团公司。下面，我代表经营班子做工作报告。

一、解放思想，求新求变，持续奋进的 2018

2018 年，面对严峻复杂的经营形势，全体员工坚持变革创新，担当作为，奋勇攻坚，经营品质和管理水平全面提升。荣获中国中车 2018 年度"突出贡献奖"。借此机会，我代表经营班子向全体员工表示衷心的感谢和诚挚的慰问

（一）坚定四个意识，高标推进巡视整改

我们坚持问题导向，将高标推进巡视整改作为推动改革发展的重要抓手。利用国资委党委政治巡视契机，我们敢于触碰痛点，直面问题亮剑，梳理出全级次各类问题，提出解决措施，立行立改。构建了责任、工作、监督和考评一体化工作推进机制，按期整改完成。回顾政治巡视和整改过程，我们从思想和方法层面都接受了洗礼和教育。通过巡视，我们提高了政治站位，增强了"四个意识"，坚定了"四个自信"，更加坚决地做到"两个维护"，为公司改革发展提供了坚强的政治保证。同时，按照巡视组寻找问题的方法和思路，我们结合实际，出实招、下实功、求实效，实现巡视整改和生产经营双促进、双提升。

（二）发力变革创新，持续推动转型升级

我们坚持高质量发展，出台关于创新运控模式、提升组织效能的"1＋6"文件

体系。以"提高市场化程度、战略型集团管控、强调主体责任"为核心，完成组织变革，搭建了"小总部、大业务"的组织架构，并进一步优化业务流程。重构组织绩效体系，同步推进岗位绩效体系完善。以严控总量、盘活存量、标准配置为原则，稳步推进定岗定编和人员安置。深化分配制度改革，构建"岗位价值、个人绩效、职业能力"联动的分配机制。做好关键岗位人员轮岗交流。积极推动深化改革，成功入选国企改革"双百行动"企业。

（三）围绕市场核心，业务开拓稳步推进

我们坚持以市场为核心，市场影响力不断扩大。轨道交通业务，实现标动产品种类和客户全覆盖；与集团外城轨系统商开展批量战略合作；获得非原造牵引变压器 C6 修资质。风力发电业务，蝉联国内直驱永磁市场第一占有率；以福清、阳江基地为契机布局"两海"市场；创新商业模式，积极推进哈密十三间房、大丰风场项目。工业驱动业务，实现盾构机业务规模化；高速永磁电机获得造纸领域批量订单，并突破冶金、核电领域；搭建煤矿防爆永磁电机产业平台；油气开采业务模式获得独立投标资质。新能源汽车驱动业务，10 m ~ 12 m 大巴、4.5T/2.5T 物流车系列产品订单突破 5000 台，奠定市场地位。特种变压器业务，首次进入船舶领域，新能源产品实现"四大两小"发电企业覆盖。海外业务，设立欧洲商务处，SENVION 产品实现批量交付，SGRE 样机产品通过验证，独立出口取得历史性突破。

（四）持续技术创新，产品研发亮点纷呈

我们持续推进以技术为本的能力建设，不断提升核心竞争力。加强科研管理，加大科研立项，参与发布国家标准、行业标准，获国家专利银奖。夯实技术基础，组建中科院物理所磁学国家重点实验室株洲基地、永磁电机技术湖南省重点实验室和新能源汽车电机湖南省工程技术中心；完成电机工程研究中心建设，"2 + N"试验验证体系稳步推进。保障重点项目，250 km/h 标动产品装车运行考核，160 km/h 动力集中型动车组产品上线运行，400 km/h 高速动车组、捷克动车组、北京新机场线等项目完成研制；3 MW 分瓣式风力发电机完成关键技术攻关；一批高端产品项目有序推进；新能源汽车"三合一"驱动、油冷驱动电机，船用整流变压器取得突破；高速列车永磁牵引电机获铁道学会一等奖。

（五）强化管理创新，持续深化提质增效

我们始终把精益理念贯穿经营始终，不断提升管理效率和效益。深入开展以"提高品质、降本节支"为核心的"1 + 12"提质增效活动，发挥预算引领作用，严控期间费用，完成全过程降成本；推进客户信用管理，坚持"以销定产、以产定采"，持续降低"两金"占用规模。推进"6621 运营管理平台"建设，积极推进标准工位、精益示范线、精益车间、模拟线项目建设；开展精益供应链建设，优化供应商队伍。推进两化融合，启动轨道交通牵引电机数字化工厂建设，完成新一代

ERP系统和牵引电机MES系统上线。贯彻"中车Q"标准，优化质量管理体系，质量形势稳定。夯实安全基础，落实环保责任，实现安全"四零"目标、无突发环境事件。坚持开展效益、管理等专项审计，管理持续规范。

（六）聚焦文化创新，和谐企业加速建设

我们深入贯彻习近平新时代中国特色社会主义思想和党的十九大精神，全力抓党建促发展，打造党建"金名片"。多批次、多途径开展十九大精神学习宣贯，增强"四个意识"。深入推进党风廉政建设和反腐败工作，落实"两个责任"，构建"不能腐"的工作流程和机制。依托效能和专项监察，排查廉洁风险，提升管理效能。推进文化建设，持续开展"道德讲堂"活动；推进VI建设和BI管理，推出2018版宣传片、微年鉴以及《礼仪电机》，蝉联全国企业文化先进单位，党委书记、董事长周军军同志获评全国企业文化建设功勋人物。深入开展"中国梦·电机情·劳动美"主题活动、"双创"劳动竞赛及职业技能大赛，助力经营发展；持续开展病困员工帮扶、金秋助学、员工医疗互助等暖人心、做实事活动，践行社会责任，弘扬公司核心价值观。

总结过去一年的工作，我们深刻地认识到：

——必须坚持深化改革不动摇。坚持改革是永续发展的基础。一年来，我们推进组织变革、谋划"双百行动"，发展活力不断提升。但要清醒地认识到，我们对改革的目的和措施理解不统一，未形成上下一致、同频共振，用人、分配、内部市场化等机制未同步配套。改革远未完成。

——必须坚持创新驱动不动摇。创新是驱动发展的核心动力。一年来，我们积极培育技术创新能力，推出了一系列符合市场需求、引领行业进步的高端产品。但我们的管理、商业模式等创新推进缓慢，利润来源单一、资本运作缓慢、产品盈利能力弱等都需要用创新思维去一一突破。创新一直在路上。

——必须坚持市场化转型不动摇。市场是生存和发展的生命线。一年来，我们针对不同市场，加强统筹，全力开拓，顺利完成年度目标。但与反应高效、灵活机动的市场化组织相距甚远，价值创造理念并未深入人心，意识、能力、机制、流程不能完全对接市场。市场化转型任重道远。

——必须坚持管理提升不动摇。管理水平决定着充分竞争领域的企业盈利能力。一年来，我们深入推进精益管理，开展提质增效，落实政治巡视整改，管理水平和品质得到有效提升。但对照高质量发展要求，管理粗放、效率不高、损耗浪费多、过程不严谨等都是迫切需要解决的现实问题。管理提升必须驰而不息。

——必须坚持国际化发展不动摇。国际化是公司战略愿景，也是企业发展的必然。一年来，我们积极拓展海外市场，海外业务实现了历史性的突破。但对标先进企业，我们仍停留在产品走出去的贸易阶段，海外资产规模小、海外员工尚为零。国际化发展须快马加鞭。

同志们，过去的一年，我们齐心协力，共赴时艰，取得了可喜的成绩，值得庆贺！同时，我们也清醒地认识到存在的问题和差距。无论是总结成绩，还是查摆问题，都是我们未来发展的宝贵财富和坚实基础，都值得认真思考，客观面对。为此，我再次代表公司经营班子，对在座的同志们和全体员工过去一年的辛勤工作表示衷心的感谢！

二、把握大局，顺应大势，积极应对变局

在中央经济工作会议上，习近平总书记指出"世界面临百年未有之大变局"，"经济运行稳中有变、变中有忧、风险和困难明显变多"。我们必须要深入研判形势，沉着应对变局，提前谋划布局，确保公司在复杂多变的形势下实现高质量发展。

（一）面对挑战不畏难，我们必须要有坚忍蓄势的毅力

从宏观经济形势看，当前世界政治经济格局错综复杂，全球经济深刻调整，复苏势头减弱，单边主义、贸易保护主义不断蔓延，大国之间竞争博弈日趋激烈，外部风险挑战加剧。我国供给侧结构性改革处于关键攻坚阶段，产能过剩和需求结构升级矛盾依旧明显。金融下行与经济下行叠加交织，内需疲软与外需回落叠加交织，盈利能力下降与抗风险能力下降叠加交织，国内经济下行压力持续加大。从行业发展环境看，全球轨道交通格局复杂，国际竞争日趋加剧。我国轨道交通装备市场、干线铁路建设、铁路运营权全面放开，国际同行、行业外企业纷至沓来，市场受到巨大冲击。铁总改革进入深水区，市场机会和盈利空间不断压缩。"竞价上网"已是风电行业必然，持续挤压产品利润；特殊的技术和质保要求加上全球一体化市场的逐步形成，带给我们更多的是各类风险。供给侧结构性改革在重工业和能源领域深入推进，大宗原材料和上游零部件价格上涨趋势明显。需求端将更加注重性价比竞争，将极大考验企业的成本控制能力。

然而，经济低迷、环境复杂也是我们蓄势待发、优化结构的"转折点"。在此形势下，我们要坚定发展的信心，心无旁骛拓产业，专注创新攻技术，选贤任能育队伍，眼睛向内抓管理，紧贴市场建机制，切实打造核心竞争力。

（二）面对机遇不迟疑，我们必须要有抢点占位的智慧

放眼国际，虽然贸易竞争、大国角力将常态化，但互惠互利、共生共荣、经济全球化的大趋势并没有改变，特别是以习近平外交思想为指导的中国特色大国外交正在不断前行，中美贸易摩擦重回对话协商的轨道，"一带一路"倡议已经成为世界最受欢迎的合作平台。反观国内，巨大的市场需求不断增加，随着降费减税政策的逐步落地，科创板注册制推出对创新活力的提振，逆周期投资项目的业绩兑现，消费升级带来新的增长点等各种利好值得期待。国家加大基建投资"补短板"，铁路和风电将在短期内获益。"复兴"号品牌战略带动铁路产品全线升级，风电市场逐渐回暖，高速永磁和特种装备发展空间巨大，新能源汽车等新产业风

口正盛，"节能、减排、环保"政策推动装备更新换代。

发展的趋势和良好的机遇为我们改革发展提供了绝佳的"窗口期"。在下一轮经济周期整体性回落到来之前，我们必须要积极抓住有利时机，谋划产业布局、优化资源配置、把主业做强、把新产业做大、把国际化做实，不断夯实可持续发展的根基。

（三）面对改革不畏惧，我们必须要有刀刃向内的勇气

"双百行动"是全面落实国企改革"1＋N"政策体系的重大战略举措，是我们千载难逢的机遇。但能否抓住机遇，深层次破解转型发展重点与难点，需要我们正确认识，认真思考，着力推动。首先必须统一思想，回答"愿不愿"的问题。我们能否将思想完全统一到"双百行动"上来？改变单一国有企业股东局面，国企员工身份没了，铁饭碗不存在了；真正按市场规则打破现有的利益分配格局，一部分人既得利益会受损；很多国企传统与习惯打法会改变，走出"舒适区"去学习、接受一些我们现在可能不接受的做法。我们愿不愿接受和参与改革、是不是认同并付诸行动，是巨大的挑战。其次必须理清思路，回答"会不会"的问题。我们自身能力能否有效承载改革的推进与落地？改革是一个系统工程，我们必须具备相当的专业能力和水平，把总体方案、法人治理、股权设置、配套机制等实现路径设计到位并有效推进。我们能否充分适应大变革时代要求，不断开放学习，有效解读和利用政策，推动公司综合改革高效推进并发挥作用，也是巨大的挑战。三是必须下定决心，回答"敢不敢"的问题。我们是否具备壮士断腕、刀刃向内的勇气和决心？面对变幻莫测的大环境，要抵御各种风险，在更加激烈的竞争中不被淘汰，我们必须敢于否定自己，拿出比以往任何时候都更加坚定的决心，推动彻底的改革。改革不会一帆风顺，改革能够解决一些问题，但不能解决一切问题，可能还会带来新的问题。我们是否能够用改革的思路、用创新的办法，能否有刀刃向内的勇气来解难题、清障碍，更是巨大的挑战。

同志们，我们必须认识到，当前的挑战对公司来说是全方位的、系统性的，机遇更是难得的、稍纵即逝的；必须认识到改革是唯一的出路，也是最大的机遇；必须沉下心来、俯下身子，认真研判、综合施策；必须心往一处想、劲往一处使。只要我们愿意变革、敢于变革，主动抓住市场变化和转型升级的机遇，就一定能在新形势下获得更多的机会，创造更大的辉煌！

三、立足当下，着眼长远，系统谋划当前一个时期的经营发展

面对百年未有之大变局，面对改革发展的重大机遇挑战，面对新形势、新任务、新要求，我们必须积极响应党中央培育具有全球竞争力的世界一流企业的号召，借中国中车入选创建世界一流示范企业的东风，紧紧围绕"三创三化"战略愿景，认真思考和谋划公司当前一个时期的发展目标和实现路径，对照"三个领军""三个领先""三个典范"的标准，把企业的战略融入国家的战略。

当前一个时期的经营发展思路是：以习近平新时代中国特色社会主义思想为指导，全面贯彻习近平总书记视察中车的重要指示精神，按照中车"双打造一培育"和公司"十三五"规划要求，结合双百改革，坚定"三创三化"战略愿景，专注于高效能源转换技术和产品，推动公司由产品制造型企业向提供全生命周期系统解决方案的"制造＋服务"型企业转变，成为轨道交通、风力发电、工业驱动、新能源汽车驱动、输变电、能源开采等行业的领跑者。以"持续变革提升竞争能力"为主线，坚持"市场轴心、价值认同、创新驱动、自我超越"战略发展原则，聚焦"改革突破、全球布局、能力提升、管理提质、文化强核"五大任务，全力打造世界一流的通用机电集团公司

（一）改革突破

改革是时代的呼唤。对我们来说，改革和发展从来没有如此紧密地联系在一起。我们必须一手抓改革、一手抓发展，两手都要抓、两手都要硬。

推进"双百行动"——这是我们当前一个时期的核心任务。围绕"放大国有资本，拓宽利润来源，分散经营风险"和"完善公司治理，建立市场机制，激发经营活力"，聚焦"五突破一加强"，按照"宜控则控，宜参则参，宜退则退"原则，从整体和产业两个层面探索混合所有制改革。

落地组织变革——这是我们实现市场化转型的关键之举。提高公司市场化程度。对外紧密对接市场，将需求精准转化为行动；对内要传递市场压力，建立内部市场交易机制。做实战略型集团管控。通过构建"放管服"机制和打造高水平资源平台来实现集团化管控。落实主体责任。总部是教练员和裁判员，管方向、管长远，定标准、定规则，给政策、给资源；业务单元是运动员，承担市场主体责任，积极拓展市场，实施精益管理，全面达成各项经营指标。

深化三项制度改革——这是我们推动混改和提高市场化程度的基础和保障。用三年时间，实施以人事、劳动、分配三项制度改革为主要内容，以建立公开透明的绩效考评机制、契约化管理为主要特征的经营机制变革，实现用人机制、分配制度与公司经营业绩、绩效评价以及员工贡献的全面对接，真正实现"职级能上能下、员工能进能出、收入能增能减"。

建设全员价值创造体系——这是我们传导压力、创造价值的根本性措施。以全面预算为指导，结合内部市场化机制，形成公司整体的全员价值创造体系。突出价值引领和效益导向，形成以价值衡量为基础的内部经济结算关系，促使各责任主体以价值为纽带，按市场规则开展协同合作，引导资源合理配置，激发全员价值创造潜能。

（二）全球布局

国际化是企业发展的必由之路。我们处在国际化的关键阶段，必须同步发力谋划全球布局、整合全球资源、做大国际业务。

谋划全球布局——树立全球化视野和国际化思维,推进"产品+服务+资本+管理"全面走出去,以"提供全生命周期系统解决方案"为目标,在技术、市场、制造、服务等方面统筹考虑,构建满足不同业务需求的差异化、立体化布局,形成以株洲为总部,产业遍布全球的发展格局。

　　整合全球资源——针对能够提升公司综合实力、市场影响力的业务、技术、服务、制造、人才等资源,采取兼并重组、合资合作、产业联盟等方式为我所用。搭建统一的全球资源平台,发挥合力。

　　做大国际业务——精心维护既有客户,形成战略合作伙伴关系。挖掘全球市场需求,培育潜在客户,加大项目储备。坚持主动贴近客户,建设本土化基地,构建超前、超值的服务体系。以核心业务带动,实现各种产品、各种服务方式、各种商业模式相结合的业务形态。

　　(三)能力提升

　　战略达成取决于自身能力。我们要深入落实《确立竞争优势的企业能力指引》,着力强化战略管控、技术创新、市场开拓等能力,全面提升核心竞争力。

　　战略管控能力——依照"一订二评一输出一滚动"思路,打出战略管理一体化组合拳。利用内外部资源,加强前瞻性政策研究,提升战略决策能力。坚持以战略为主导来分配资源,以战略为标准来评价业绩。建立两级战略管理体系,加强集约化战略管控,突出总部把控战略方向,业务单元实现战略目标。

　　技术创新能力——把满足客户需求作为技术创新的出发点。搭体系,对标国际一流,建立市场导向、产学研结合的技术创新体系。建平台,高度重视技术资源平台建设,解决好专业分工与业务分工的矛盾。提能力,秉承精益研发理念,提高正向研发能力。建机制,建立容错机制,完善激励机制,健全评价体系,夯实创新制度保障。育人才,强化"人才是第一资源"意识,千方百计引人才、聚人才、留人才。

　　市场开拓能力——要在理念意识层面和业务操作层面同步提升市场开拓能力。以市场为导向,以客户为中心,强化市场意识,树立全员营销的理念,全员关注市场。积极与市场对话、与客户交流,了解市场的需求,及时、准确地响应客户,超越客户期待。着力提升市场预测、市场营销、市场选择等能力。善于抓住变化、主动适应变化,抢占市场先机,提前布局。

　　供应链竞争能力——打造匹配公司发展战略的世界一流的供应链。选择有共同追求和目标,有相同价值观的供应商。用同样的技术、质量、管理、经营等标准来衡量我们和供应商。坚持与供应商按照符合市场的规则办事。采用协同包容的态度,统一思想、统一行动、统一步调形成合力共同应对市场。完善供应商管理制度,建立公开透明的选择、管理、考核、评价体系。

　　项目管理能力——全力打造"两全"项目管理模式。搭建涵盖管控模板、流程制度、责权分配、资源配置、绩效管理、薪酬分配等维度的项目管理体系，营造项目管理氛围。加强项目管理人才培育，畅通项目管理人才成长通道，建立选人用人项目管理经历参考机制，培养一支责任心强、综合素质优的职业化项目经理团队。

（四）管理提质

高质量发展需要高品质的管理。改善经营品质、提升发展质量，必须要有先进的理念、完善的体系和科学的方法。

以巡视整改为契机——巡视整改是重大政治责任。要把巡视整改与管理提质紧密结合，运用政治巡视的思想、方法和手段推动管理提升。要明确责任，坚持以上率下，各级领导干部带头做好巡视整改。要健全机制，建立定期通报和督查机制，对整改计划、目标、进度和成效进行公开公示，主动接受全体员工监督。落实考核，针对态度不积极、进度不理想、工作不用心、质量不达标的，及时采取措施。

以追求零缺陷为理念——追求"零缺陷"是各个岗位、各种工作都要秉承的理念。要"做正确的事"。能为客户创造价值的事才是正确的事，才应该去做，而且必须做好。要"正确地做事"。把制度、标准、流程、方法、工具、手段等完整清晰地呈现给员工，确保每个人能干事、会干事、干成事。要"第一次就把事情做对"。加强预防和过程控制，让员工从一开始就能本着严肃认真的态度把工作做得准确无误，重在事前预防，而不是靠事后补救。

以精益管理为核心——精益既是思想又是方法。要改变思维方式，增强效益意识，以充分发挥资源效用为核心，对资源投入产出情况进行整体的考量和分析，不断塑造和升华精益文化。要用精益思想提升运营效率，培育竞争优势，建设精益企业。要把精益思想和方法贯穿到经营全过程，彻底扭转形神分离、现场与管理分离、全员参与度低的局面，做到真懂、真用、出实效。

以预算管理为导向——全面预算管理是企业综合管理水平的标尺。要在战略的基础上，突出预算管理的引领作用，对企业的资源进行全面整合和优化。要强调全面策划，做好预算编制、分解、调整和制度建设等方面工作。要建立激励和约束机制，实现有效控制，开展科学评价。要强化业财融合意识，加强预算知识的学习研究，提高预算水平和能力，真正懂预算、会预算。

以绩效管理为抓手——推进全面绩效管理，构建围绕战略、落实目标、逐级支撑、全员覆盖的一体化绩效管理体系。要坚决打破利益博弈、评价结果与经营成果脱节、员工关注度低的局面。要完善组织绩效管理体系，建立绩效指标跟踪分析与调整优化机制，拉动各项管理全面提升。要搭建全过程透明的绩效管理平台，实现组织绩效与岗位绩效紧密衔接，强化绩效评价结果在评先评优、职位晋升中的应用，营造全员关注绩效的氛围，实现绩效管理真评、敢晒、能应用。

以"双归零管理"为方法——"双归零管理"是科学的工作方法，更是严谨的工作态度。运用"双归零管理"方法分析和解决实际问题，正本溯源、标本兼治。分别从"定位准确、机理清楚、问题复现、措施有效、举一反三"和"过程清楚、责任明确、措施落实、严肃处理、完善规章"两条路径实现技术归零和管理归零，保证类似问题不再发生。

以可视化管理为手段——要创建"开放、平等、包容，公平、公开、公正"的工作环境和氛围。用可视化的手段，将公司战略愿景、价值观、行动理念等广为传播并取得共识；将各种制度、规范、标准、流程、进程、异常情况和处理过程展现出来，保证信息对称；将绩效成果、评价结果和结果应用过程全部透明化，杜绝暗箱操作。形成全员思想统一、标准明确、工作严谨、过程透明、结果优良、考评科学的良性循环。

（五）文化强核

现代企业必须要有先进的文化。通过坚持党的领导，加强党的建设，引领和促进文化力量的形成。

坚持党的领导——坚持党的领导是国有企业的"根"。要深入落实"两个一以贯之"要求，发挥党"把方向、管大局、保落实"的作用，确保企业党组织始终总揽全局，始终引领企业改革转型与经营发展。要把党的领导融入和体现在各个方面，保证党对一切工作的绝对领导。

党建融入经营——加强党的建设才能保证党的领导，党的建设与企业经营深度融合才能更好地发挥作用。创新变革、转型发展的各项工作必须按照"四个同步、四个对接"的原则，落实党的建设要求。围绕生产经营重点，项目化推进党建与经营紧密融合。

文化提升动力——文化是企业发展的核心力量。企业精神要积极践行中车之道，时刻牢记"我是中车人"，将公司"明德成器　利物益世"的企业精神和中国中车"正心正道，善为善成"的核心价值观融为一体。推进文化建设与企业管理深度对接，将价值观、理念与管理标准、员工行为准则全面贯穿融合。培育株洲电机特色企业文化，提升核心竞争力。

同志们，我们站在了一个新的起点上，新时代新使命，新担当新作为。有党和国家坚强的后盾，有中车强大的品牌支撑，有雄厚的技术和能力积淀，有朝气蓬勃的员工队伍，有积极向上的文化底蕴，有"双百行动"的难得机遇，我们具有百倍的信心展望，公司的发展一定会更好，我们的目标一定能实现！

四、凝心聚力，改革突破，打造世界一流的通用机电集团公司

2019 年是公司深化综合改革、提升发展质量至关重要的一年，经营工作的总体思路是：深入学习贯彻党的十九大和十九届二中、三中全会精神，以习近平新时代中国特色社会主义思想为指导，全面落实总书记视察中车重要指示精神，积极贯彻中国中车工作会议精神及"13568"要求，借助"双百行动"改革契机精准发力，努力落实好各项具体工作目标和改革措施，保增长、促改革、提品质、强基础、育文化，持续提升竞争能力，推进公司高质量发展，全力打造世界一流的通用机电集团公司。

总体目标是：保持经营规模稳中有增，经营效益稳中向好，各项效益效率类指标全面优化，员工收入与经营业绩合理匹配。

重点做好以下五方面工作：

（一）保增长——通过持续推进战略落地、强化全面预算管理、深化提质增效、加强市场开拓等"组合拳"，确保完成经营指标，更重要的是为未来参与市场化竞争奠定基础

持续推进战略落地——构建两级战略管理体系。搭建战略业绩评价机制。建立集团管控型投资体系。组建开放式内外部专家资源平台，成立战略咨询委员会。结合"双百行动"，优化产业及检修服务布局。争取财政、产业和科技等政策支持，全年获各类支持资金不低于5000万元。

强化全面预算管理——修订预算管理制度与流程，建立经营计划、预算编制、执行控制、预算调整、预算分析、预算考核六位一体的全面预算管理机制。设置与组织绩效挂钩的差异化预算指标体系。严格执行预算，严控预算调整。建立预算偏差追究机制。实行重点费用项目化、常规预算分类化管理。全年可控费用增长幅度要低于利润增幅，总部日常费用按上年额度的40%控制。

推进成本优化——落实基于品质提升的成本优化方案。分解细化成本优化工作举措和工作目标，制定各经营单元的成本优化计划。成立帮扶和督导工作组，建立定期帮扶和督察机制。将"基于品质提升的成本优化"打造成为具有株洲电机特色的管理创新项目。

做强做优主导产业——轨道交通业务营业收入持续增长。确保250 km/h标动产品通过线上运行考核，扩大350 km/h标动产品客户群。跟进印尼雅万高铁、阿根廷罗卡线EMU增购、土耳其伊斯坦布尔城轨等重点项目。争取铁路牵引变压器市场技术主导权。风电业务营业收入持续增长。完成福清、阳江基地建设。跟进巴西、澳洲、阿根廷直驱项目。完成重点新产品样机试制和小批量交付，提升市场占有率。适应全球风电进入微利时代，制定成本优化方案并实施。检修业务紧盯铁总改革和各产业趋势，科学谋划业务布局，完成南京、武汉、西安、江门等基地布局。

做大做强新兴产业——扩大高速永磁电机市场规模。深度参与特种装备电推化升级和军转民技术应用。探索合同能源管理等商业模式应用。新能源汽车驱动业务实现乘用车批量市场突破。开发重卡、环卫车以及特种车辆等新市场。进入汽车空压机、发电机等新产品领域。特种变压器业务突破地铁动力变压器市场。

拓展有轨、无轨电车和 ART 市场。

加速布局国际市场——高标准完成 SENVION、SGRE、CAF 等项目在手订单并获取后续批量订单。推进海外布局，完成德国分公司和澳洲子公司注册，筹划南美公司，并寻求欧洲、南美洲、非洲及中东等地区布局机会。与国际同行建立战略合作关系，开展项目或资本合作。

（二）促改革——全面落实改革要求，破解高质量发展瓶颈，构建市场化机制，持续传递压力，激发组织内生动力和活力

落实"双百行动"——制定"双百行动"实施方案及行动指南。针对不同改革主体，设计相应的配套方案和激励约束机制。加强政策研究与外部调研，学习先进经验和优秀做法。适时以不同方式向内外部宣传推介公司改革方案，营造良好改革氛围，吸引潜在合作伙伴。争取 1－2 个改革主体取得实质性进展。

确保组织变革落地——持续优化组织机构及职能职责。建立并实施内部市场结算机制。完善《组织手册》《授权手册》和《流程手册》，制定业务单元工作《负面清单》。策划技术、采购供应、人力资源、信息化等平台建设。推进规章制度废、改、立，探索构建满足质量、安全等标准的多体系融合的企业管理标准体系。

推进三项制度改革——制定三项制度改革方案及三年实施计划。开展中层管理人员分类分层管理，试点授权市场化选聘和管理职业经理人。加强职业经理人培育，开展市场、国际化、项目管理等专项培训。总量不增，调整人员结构；对接市场，调整分配结构；强调贡献和绩效，调整薪酬结构。制定员工基本守则，明确红线、底线。

（三）提品质——坚持创新驱动，坚定品质强企，推进"两化融合"，全面提升经营质量

完善技术创新体系——建立融产品研发、技术研究及试验验证一体化的技术研发平台。完成三维设计及知识管理系统平台建设。搭建产品研发数据库、模型库等，推进标准化、通用化、模块化设计。提升电磁场、流体、机械等模拟、仿真能力。建立并推广工业设计体系。制定覆盖相关专业领域的工艺标准体系并推进实施。推行项目分级分类管理，优化产品研发流程。构建基于品质提升的设计成本管控机制。加强知识产权管理和体系建设，开展海外专利的研究和布局，2019年实现新产业技术标准突破。力争实现海外研发中心零的突破。

全面提升产品品质——按照中车 Q 质量体系及公司组织变革与流程优化要求，完善 ISO/TS22163、IATF16949 等体系，并覆盖业务单元。建立体系内审常态化机制。制定质量管理方法、工具等的规范并推广应用。开展 QC 小组等群众性质量管理活动，至少一个 QC 小组获评国优。分批次完成全员质量培训，明确质量管理人员资质和能力要求。培养专业的 SQE 队伍，规范供应商质量管理要求。策划质量品牌建设方案，建设特色质量文化。强化源头质量问题整治和系统性质

量风险预防与攻关。科学设置业务单元质量指标，确保质量损失率与质量损失金额均低于中车考核指标。

深度推进两化融合——围绕数据、技术、业务流程与组织结构四要素完善两化融合管理体系与管理机制，制定数字化工厂建设方案顶层设计和实施计划，完成城轨和标动电机组装智能化生产线方案设计及技术验证。推进 ERP、PLM、MES 等系统深度集成。优化升级科学高效的办公平台和多地视频会议系统。建立统一的软硬件配置管理平台。建设工业控制系统网络安全基础架构，实现数据的高效、安全交换。

(四)强基础——全面提升管理水平，提高管理效能，加强风险管理，促进持续健康发展

全面深化精益管理——以"6621 运营管理平台"为主线，全面开展精益管理，创建精益管理二级企业。聚焦标准工位，借助可视化手段，确保各项管理、各种资源指向工位。建立产品模拟管控平台及流程标准。各产业新产品开发至少一个项目按照精益研发模式进行。建立准时化供应机制，改善物流配送方式，探索株洲本部实现循环取货。搭建精益供应链协同信息平台。明确精益供应链评定标准，将精益管理延伸至供应商。系统开展精益理论及实践培训，建立多层次精益人才梯队。多方式建立精益文化载体，营造全员参与、持续改善的精益文化氛围。

深入推进绩效管理——构建覆盖战略执行、经营业绩、关键能力及重点工作等多维度的组织绩效体系。推行任期、年度、季度、月度绩效并行，长期与短期绩效相结合、兼顾差异化的考评机制。建立指标监控、预警沟通、重大经营异常的绩效质询机制。围绕业务开展，坚持问题导向，践行双归零管理。依托 ERP 系统，实现绩效管理信息化。完善岗位绩效体系，做实考核评价，实现组织绩效与岗位绩效紧密对接。

持续做实项目管理——对接国际标准，规范全周期、全要素项目管理运作流程和操作模板，2019 年新签订单全部实施项目管理。建立项目经理负责、责权匹配的项目管理和绩效考评机制。着眼战略能力、综合素质、专业能力三个维度培育专业项目经理团队，推进项目管理资质认证。

加强全面风险管理——编制《全面风险管理手册》，健全"三道防线"和分类分层风险管理机制。制定重点业务风险指引、防控清单及海外项目风险国别指南。落实重点单位、重点业务审计全覆盖与成果运用。编发《内部控制手册》，开展重要经营主体、重点内控环节巡查。建立违规经营投资责任追究机制。健全安全环保管理体系和标准，落实"两级"管控。编制《员工安全手册》。建立安全生产信息化监管和预测预警系统。开展安全环保标准化、可视化管理。深入开展安全生产大检查大反思大整治。落实公司环保三年攻坚计划。2019 年确保无任何

重大安全环保问题发生。

（五）育文化——积极打造党建"金名片"，构筑精神高地，通过文化软实力，提升内在动力，增强竞争力

积极打造党建"金名片"——系统开展习近平总书记对国企改革和党的建设的重要论述，特别是三次视察中车重要指示精神的学习。落实中车党建"成效跃升年"各项工作，全力打造党建"金名片"。围绕党建提升、精益管理、成本优化、技术创新等工作，推进党建工作项目化。完善落实巡视整改的工作、责任、监督和考评机制，确保2019年巡视整改完成率100%。围绕生产经营重点难点开展专项监察。

全面深化文化引领——围绕习近平新时代中国特色社会主义思想、党的十九大精神、中国中车和公司的相关安排部署，开展系列形势教育和宣传。基于中车企业文化规范要求，丰富和完善公司文化体系，凸显企业特色。对标世界一流企业，系统策划品牌建设工作和文化推广活动。

促进企业和谐发展——探索集团管控模式的群团工作方法。做实"双创""当好主人翁、建功新时代""青春建功、青年先行"等主题竞赛。搭建提供普惠性、常态性、精准性服务的一站式服务平台。调研"擦亮'金名片'、做实'新小家'"，加强"三线"建设，改善作业及休息环境。完成员工俱乐部建设。系列女工品牌文化活动争创集团标杆。开展青年创意大赛、"五小"降本增效课题攻关等活动。

同志们，拼搏正当其时，圆梦恰逢其势。面对充满挑战的目标和任务，我们要迎难而上敢担当，严谨细致戒浮躁，打破边界善沟通，履职尽责不推诿，用一流的工作作风激发一流的工作状态，一流的工作状态催生一流的工作业绩，用一流的工作业绩向新中国成立七十周年献礼，迎接公司升格为一级子公司十周年，为早日实现"三创三化"战略愿景和全体员工更加美好的生活而不懈努力！

对标世界一流 深化精益管理
全面推进株洲电机公司高质量发展
——在公司 2019 年度精益管理工作会议上的讲话

总经理 宁文泽

2019 年 4 月 8 日

同志们：

今天，我们召开公司 2019 年度精益管理工作会议，目的就是统一认识、深化共识，坚定不移地实施精益管理，持续夯实精益基础，持续深化精益管理，为全面推进公司迈向精益企业、加速打造世界一流的通用机电集团公司筑牢管理基础。余总发布了公司 2019 年精益管理工作要点，系统部署 2019 年各项精益管理重点工作，目标导向、问题导向、路径清晰、措施具体，希望各单位认真贯彻和落实。

公司自 2008 年开始推行精益，到现在已经有十一个年头，这十多年来，公司上下持之以恒理解精益、践行精益，推动以精益管理为主线的管理提升和管理创新，取得了显著成绩，无论是精益共识的达成、机制体系的成型还是精益思想的实践、精益人才的育成、经营指标的提升，取得了很大进展，精益管理工作迈进了常态化、系统化、体系化的新阶段。尤其是 2018 年，我们围绕五星级现场打造、基础精益工具应用、工位制节拍化生产线建设、精益生产向精益管理转型等方面，做了很多工作，夯实了精益管理基础，这些成绩的取得与各级干部员工的努力、创新、务实分不开，对此，我代表经营班子对大家表示衷心的感谢！借此机会，我想就精益的内涵、公司精益管理的现状以及后续工作与大家进行交流。

一、理解精益内涵，实现全面导入

精益思想的核心大家都很清楚，就是减少浪费，提升效率效益。这与公司管理提升与发展升级的目的是一脉相承的。精益是解决企业生存的问题。那么我们应该如何正确理解并把握实践这一核心要义呢？我认为主线就应该是价值。精益思想的关键出发点是价值，而价值只能由最终客户来确定，我们只是价值的生产者或创造者，我们生产的产品或提供的服务只有按照特定的要求（质量、成本、交期等）满足客户需求时才产生价值。这就需要我们大家深入理解精益思想的内涵，树牢客户导向的价值观，用最少的资源、最小的投入创造最大的价值奉献给客户，全员、全流程、全价值链杜绝浪费，降本增效。需要我们精于理论，积极实践，将精益管理作为一项系统工程，统筹推进、循序渐进、精准切入、全面导入。牢牢把握精益五大原则，以工位制节拍化流水线为主要抓手，全面推广应用精益工具、方法及程序，坚持问题导向、持续改善，并实施有效的激励措施保障全员参与的积极性、保障精益改善产生价值的共享。最终激发企业经营与改善活力，推动公司实现转型升级、高质量发展。

二、直面问题挑战，实现全面进阶

通过近期对各单位的调研交流，发现当前公司的精益管理工作还存在很多问题和不足，集中体现在"三个不平衡"。

1. 总部与子公司的发展程度不平衡

目前公司已构建了战略管控型的集团化组织架构，公司的产业布局也日益完善，伴随而来的是各产业单元、异地子公司及异地检修基地的精益管理工作难以有效统筹，导致精益管理的能力和水平差异很大、发展程度极不平衡。尤其是部分子公司的精益基础还很薄弱，精益实践还很初级，甚至没有任何精益的体现，在精益理念的理解和贯彻、精益组织与人员配备、制度体系与管理机制、精益认知与项目实践以及精益支撑服务经营的探索与株洲总部还有相当大的差距，普遍存在认知不到位、形神分离、现场和管理分离、全员参与度低的问题，存在重结果、轻过程，重技术、轻管理，重市场、轻现场等问题。我们要做世界一流企业，必须以高标准引领，以精益为思想、抓手、方法，既做大规模又做强经营、做优品质，构建起支撑世界一流企业的能力基石。

2. 精益生产与精益管理的推进深度不平衡

中国中车自2008年探索出从精益制造到精益管理、精益企业的"三步走"路径。株洲电机公司也同步导入精益制造，逐步实现"点—线—面"推进与实践，以工位制节拍化为核心的生产线建设以及精益车间、模拟线建设稳步推进。但精益管理的进阶步伐略显缓慢，"6621运营管理平台"建设不够深入，6个管理平台、6条管理线在全过程的系统协同不充分，精益研发、精益供应链等仍处于起步阶段，各类精益管理人才队伍培育不到位，同心、同步和协同运作机制缺乏，对生产运营的支撑支持极其不足，各项管理资源、管理流程未有效指向及服务工位与产线，直接影响工位制节拍化流水生产线的运行及产出，影响公司经营效率与效益。

3. 精益实践与实际效果的匹配不平衡

前面讲到精益的目的就是减少浪费，提升效率效益。而从公司多年实施精益的实际反馈来看，我们的精益更多停留在形式的表现上，更多表现在生产现场的表面上，更多局限在生产制造上，精益五原则未充分贯彻到每一个细节、每一项管理活动、每一个工序工位上。从具体经营指标的数据来看，精益实践并未获得与之相匹配的效果，多年来，公司两金持续走高，应收账款周转、存货周转效率低等，同时，去年国资委党委巡视查提出的供给侧结构性改革问题突出，资产负债率超过警戒线、成本费用高企、独家采购和代理采购清理慢等都充分反映出，我们的精益管理工作没有有效贯彻精益核心要义的思想，没有充分体现价值创造的理念，精益管理工作对生产经营的改善支撑作用不强。我们的有些精益工作做得不扎实，从价值的识别到价值分析，再到流动、拉动，以及持续改善，没有形成闭环正向循环。导致基于标准工位的节拍化流水线没有真正"流动"起来、客户及后工序没有真正"拉动"起来、全员自主改善的精益文化没有真正建立起来。尚未实现由"精英推动"向"全员改善"转变，由"要我改善"向"我要改善"迈进。

三、做实精益管理，实现全员参与

精益管理的必要性、重要性无须多说，无论是从承接中车发展的战略高度，从应对新形势、新挑战的现实深度，还是从打造世界一流的通用机电集团公司的需求角度，持续深化做实精益管理都有重大意义，需要公司全员、全过程、全力去推动和实施。

1. 对标世界一流，顶层谋划公司精益管理工作

十九大以来，国家经济形势已经发生深刻变化，我国经济已由高速增长阶段转向高质量发展阶段，必须坚持质量第一、效益优先，以供给侧结构性改革为主线，推动经济发展质量变革、效率变革、动力变革，提高全要素生产率，不断增强我国经济创新力和竞争力。同时，打造世界一流的通用机电集团公司，要求我们必须技术一流、产品一流、管理一流，无论是在制造、研发、供应链等各个系统，在成本、质量、安全、人才等各个维度，都需要我们高标引领、顶层谋划、扎实推进。我们要扎实对照高质量发展要求，对标"三个领军""三个领先""三个典范"的标准，深入总结十一年来公司精益管理推进实践，顶层谋划公司精益管理工作，并从全价值链的视角去推动实践，将精益理念延伸到设计源头、供应链系统，去发掘整个链条的价值，全过程降浪费、提效率、增效益；将精益管理融入业务和管理全流程中，将管理输出指向价值增值的制造系统，建立围绕项目、产线的协同改善系统；要将精益思维向服务延伸，高效响应客户需求。尤其是公司总部，更要注重顶层策划，指导子公司开展工作，2019年江苏公司要与总部同步由精益生产向精益管理企业转变，广州公司、成都公司要持续夯实精益基础，确保达标精益生产三级企业。

2. 完善精益体系，构建全面协同改善的精益管理平台

中车去年发布了精益管理体系总则，这是我们健全完善公司精益体系的总纲，精益办公室要牵头认真研究落实落地。要以精益制造体系贯标为重点，着力构建精益制造平台，以产品、项目为载体，突出节拍管控和制造均衡，强化采购、制造、交付全流程管控，细化全要素管控标准，完善全过程制造指标改善体系，

进一步夯实管理基础，向现场要效益。要以精益管理体系构建为方向，对标精益管理体系总则，建立接口清晰、责任明确、同心协作的精益管理平台，实施全流程、全价值链的精益管理。推进"6621运营管理平台"建设，各产业单元是现场管理提升的责任主体，职能部门是专业管理的责任主体，围绕价值提升协同发力，统一管理标准，强化项目执行。要建立完善体系精益管理评价体系，持续扩展精益管理指标，与经营及财务指标相结合，锁定"品质、效率、效益"目标，突出指标改善导向，补短板（尤其是补强子公司精益管理能力）、提质量、增效益，并强化指标考核落实，提升系统改善力。同时要扎实应用推广精益工具方法，深化基础工具应用水平，提升价值流分析、防错技术等高阶工具应用能力；抓好项目实施载体，拓展提升模拟线建设水平与能力；注重管理体系与信息化的深度融合，提升管理效能。

3. 扎实推进精益管理，提升管理核心能力

要紧紧抓住标准工位建设的核心，统筹推进精益制造提质升级、精益研发与精益供应链深度实践。深度实践精益研发，以工位制为核心，运用同心圆协同模式，推行标准化、模块化、通用化、系列化以及数字化设计，打造产品正向设计、模块化研发平台，实现设计、工艺、采购、制造等业务在研发阶段的资源、经验与信息共享，实现全链条效能提升，并且通过系统化、标准化、流程化的研发管理，保障研发周期、工作质量、节拍化、团队协作的有效控制，源头提升产品品质和研发价值，有效提升企业创新能力。围绕工位制节拍化流水线和拉动式生产深入推进精益制造，强化标准工位、产线建设，固化操作流程、表单，实现标准化作业，强化流水线的节拍兑现，最终拉动各项管理、各项业务，实现高效率、低成本、高质量的精益制造。建设精益供应链，打造匹配公司能力的世界一流供应链。按照精益思想去系统分析一体化供应链的价值流向，以工位制节拍化的理念，把供应商当作我们的某些工序，以"拉动式计划"为抓手，拉动供应商与我们保持物流、信息流、价值流的高度协同，实现准时化供应，快速响应公司需求，同时适应需求的调整与变更，形成柔性一体化、高效协作、战略共赢的精益供应链。

最后，希望大家再接再厉，再总结、再认识、再出发，夯实精益基础，持续深化精益管理，持续提升经营品质和价值，加速打造世界一流的通用机电集团公司。谢谢。

图书在版编目（CIP）数据

十年行之成器之道：中车株洲电机有限公司战略与
经营决策文献集／周军军，宁文泽主编；中车株洲电
机企业文化部编.—长沙：中南大学出版社，2020.1
　ISBN 978－7－5487－3863－3

　Ⅰ.①十… Ⅱ.①周… ②宁… ③中… Ⅲ.①牵引电
机—工业企业管理—经验—株洲 Ⅳ.①F426.472

中国版本图书馆 CIP 数据核字（2019）第 278722 号

十年行之成器之道
——中车株洲电机有限公司战略与经营决策文献集
SHINIANXING ZHI CHENGQI ZHIDAO
——ZHONGCHE ZHUZHOU DIANJI YOUXIAN GONGSI ZHANLÜE YU JINGYING JUECE WENXIAN JI

周军军　宁文泽　主编
中车株洲电机企业文化部　编

□责任编辑　沈常阳
□责任印制　易红卫
□出版发行　中南大学出版社
　　　　　　社址：长沙市麓山南路　　　　邮编：410083
　　　　　　发行科电话：0731－88876770　　传真：0731－88710482
□印　　装　长沙雅鑫印务有限公司

□开　　本　710 mm×1000 mm 1/16　□印张 36.75　□字数 737 千字　□插页 2
□版　　次　2020 年 1 月第 1 版　□2020 年 1 月第 1 次印刷
□书　　号　ISBN 978－7－5487－3863－3
□定　　价　128.00 元